常用字构成分类认知

徐志学　臧克和　著

ZHEJIANG UNIVERSITY PRESS
浙江大学出版社
·杭州·

图书在版编目（CIP）数据

常用字构成分类认知 / 徐志学，臧克和著 . -- 杭州：浙江大学出版社，2024.8

ISBN 978-7-308-25058-0

Ⅰ . ①常… Ⅱ . ①徐… ②臧… Ⅲ . ①汉字－常用字－构成－研究 Ⅳ . ① H12

中国国家版本馆 CIP 数据核字 (2024) 第 111602 号

常用字构成分类认知

徐志学　臧克和　著

责任编辑　吕倩岚

责任校对　吴　庆

封面设计　周　灵

出版发行　浙江大学出版社

（杭州市天目山路 148 号　邮政编码 310007）

（网址：http://www.zjupress.com）

排　　版　北京数媒通科技有限公司

印　　刷　浙江新华数码印务有限公司

开　　本　710mm × 1000mm　1/16

印　　张　39.5

字　　数　713 千

版 印 次　2024 年 8 月第 1 版　2024 年 8 月第 1 次印刷

书　　号　ISBN 978-7-308-25058-0

定　　价　98.00 元

浙江大学出版社市场运营中心联系方式：0571-88925591；http://zjdxcbs.tmall.com

国家社科基金后期资助项目
出版说明

后期资助项目是国家社科基金设立的一类重要项目，旨在鼓励广大社科研究者潜心治学，支持基础研究多出优秀成果。它是经过严格评审，从接近完成的科研成果中遴选立项的。为扩大后期资助项目的影响，更好地推动学术发展，促进成果转化，全国哲学社会科学工作办公室按照“统一设计、统一标识、统一版式、形成系列”的总体要求，组织出版国家社科基金后期资助项目成果。

全国哲学社会科学工作办公室

自　序

相较于古文字形，简化字的形体、结构发生了很大变化，很难从字形本身理解其形义关系，古文字源流认知则能正确揭示汉字形义内涵。汉字教学引入古文字源流认知，可让学生系统深入地认知理解汉字，准确把握汉字形义内涵。本书精选唐五代以前出土文献古文字形，对汉字审美认知及书写临摹等具有一定的启发、示范价值。

本书以《现代汉语常用字表》、《通用规范汉字表》一级字表为基础字表，参考部编人教版1—9年级语文教材，确定常用字共4536字。分为三类：三者并见，共3433字；前二表独有，共170字；部编人教版1—9年级语文教材独有，共933字。以4536个常用字为对象，在古文字源流认知的基础上，认知到汉字构成的最小单位，其中非常用字构成单位有487个。

本书采用的古文字形主要来源如下：甲骨文字形，刘钊主编《新甲骨文编》（2014）；金文字形，董莲池编著《新金文编》（2011）；简帛、玺印字形，《睡虎地秦墓竹简》（2001），骈宇骞编著《银雀山汉简文字编》（2001），马承源主编《上海博物馆藏战国楚竹书》（2001），汤余惠主编《战国文字编》（2001），滕壬生主编《楚系简帛文字编》（2008），臧克和、郭瑞主编《秦汉魏晋六朝字形谱》（2019），刘钊主编《马王堆汉墓简帛文字全编》（2020），白于蓝主编《先秦玺印陶文货币石玉文字汇纂》（2021）；石刻字形，北京图书馆金石组编《北京图书馆藏中国历代石刻拓本汇编》（1989），高峡主编《西安碑林全集》（2000），中国文物研究所、河南省文物考古研究所编《新中国出土墓志》（1994，2002），中国文物研究所、陕西省古籍整理办公室编《新中国出土墓志》（2000，2003），中国文物研究所、重庆博物馆编《新中国出土墓志》（2002）。源流构成认知主要参考《甲骨文字诂林》、《甲骨文字诂林补编》、《甲骨文字释林》、《甲骨文字集释》、《金文形义通解》、《金文丛考》、《殷周文字释丛》、《战国古文字典》、《战国文字通论》、《说文解字注》、《说文解字注笺》、《说文通训定声》、《文源》、《说文新证》及相关学者论著。

本书构想于二〇一六年仲秋，定稿于二〇二三年孟春，七年历程，略述如下：

二〇一六年秋，关于石刻典故词的研究从博士毕业算起已做了五年，然屡屡无功。多重压力下，渐虑及转换研究方向。业师臧克和先生知晓我的困境后，多次鼓励、劝勉，并建议、指导我做《千字文》的汉字意象研究。

二〇一七年伊始，臧师就汉字意象的内涵、创作方法、参考书目等给予许多指导，令我提升理论素养的同时，益发坚定了向学之心。

二〇一八年新春，在整理《千字文》汉字意象的基础上，我把研究范围扩大到三千余常用字，初步定名为"常用汉字意象研究"。春末，成功申请到国家留学基金委的国外访学项目资助。夏末，在韩国汉阳大学受到李景远教授的周到安排。能在异域迅速安定下来，静心编写书稿，得益于李教授多矣！

初始，书稿按照《现代汉语常用字表》顺序编排。三千余常用字认知完成后，发现以声类分组编排更便于深入理解汉字意象，便重新调整编排顺序，更名为"汉字声类意象研究"。

在韩一年，无外界干扰，鲜琐细杂务，一年如一日，沉浸在书稿编写中。其间，常跟臧师汇报进展，请教惑难，商讨思路、结构、方法等。书稿编写过程，也是一次汉字系统学习提升过程。曾认真跟臧师说过，书稿编写，相当于跟老师再次读博，得益于老师良多。

二〇一九年夏末归国，臧师重新部署了后续工作安排，将前期研究与中小学教材紧密联系，开展中小学语文在线教学资源数据库研究。数据库建成后，臧师又提供了不少相关资料，便利采集字形图片。

二〇二〇年正旦，宜昌市区防控封城，在承受居家隔离空间局限的同时，再次享有不受打扰的连续整块研究时间的福利。对比部编版小学、初中语文教材字表与常用字表后，发现两者契合度较高，遂将书稿的研究范围再度扩大，包括小学、初中语文教材所有单字，并调整结构，强化构成分类认知，删减文化内涵认知等内容，书稿亦更名作"常用字构成分类认知"。夏，中小学语文在线教学资源库初步完成，书稿也得到深入扩展、完善。戴着口罩打印出书稿及申报书，完成了国家社科基金后期资助项目申报。国庆前两天，书稿获立项公示。非常感谢未知姓名的评审专家！四年多的时间一直沉浸在汉字认知的充实、快乐之中，项目认同所带来的信心和喜悦，虽短暂，却不可或缺。有，则过程圆满；无，则守缺难继。

综上，臧师在书稿从无到有、不断充实发展完善的过程中，从选题、策划、指导，到提供资料、寻找出口、参与申报等，都付出了大量时间、精力。以此，历时七年，在书稿即将出版之际，特署师名，不敢独专。署藏师名，于先生并无增益。先生之硕才丰述，自不必借光；就是书而言，亦无光可借。相反，先生却可能因书稿之粗疏讹误而担责。诚然，作为主要执笔编写者，书稿粗疏讹误之责，自当由本人任之。

癸卯新春，志学谨记。

目　录

凡　例…… 1
常用字及构成单位声类组…… 3
常用字及构成单位义类组…… 545
独立常用字…… 563
独立构成单位…… 591
附录　字形拓片引用书目及简称表…… 597
参考文献…… 603
笔画检字索引…… 605

凡　例

一、本书将常用字分为三类:《现代汉语常用字表》、《通用规范汉字表》一级字表、部编人教版 1—9 年级语文教材并见者，标【常】于字前；前二表独有者，标【常 A】于字前；部编人教版 1—9 年级语文教材独有者，标【常 B】于字前。

二、常用字及构成单位声类组、义类组主要依据组名的现代汉语拼音声韵配合顺序相次。

三、声类组内用数字编码分层排序。组名为声类组内最小的表音构成单位，用 0. 编码，以之为声符的常用字或构成单位第一个用 1. 编码，后面顺次编排，是为第一层。第一层的常用字或构成单位若作声符，用 *.0 编码，以之为声符的常用字或构成单位第一个用 *.1 编码，后面顺次编排，是为第二层。第二层的常用字或构成单位若作声符，在其正常编码后加 0，以之为声符的常用字或构成单位顺次编排，是为第三层。后续分层依此例编码排序。

四、除第一层外，常用字及构成单位声类组内各层字数若达到两位数，则置于（ ）内，避免与前后编码数字相混。

五、常用字及构成单位声类组内各层汉字，见于《说文》者在先，“新附字”次之，后列其余，各以所列首字形时代先后为序。

六、字音主要依据反切拟音。

常用字及构成单位声类组

常用字及构成单位声类组是指以声类关联的若干常用字及构成单位。每一声类组内最小的表音构成单位为组名，组与组之间主要以组名的现代汉语拼音声韵配合顺序相次，始“八”终“用”，凡771组。

“八”组

0.【常】甲骨文“八”字，合26508[1]。金文“八”字，西周05.2725。简帛“八”字，秦律十八种41。石刻“八”字，郑黑志。《八部》[2]：“，别也。象分别相背之形。博拔切。”《甲骨文字诂林》[3]：“按：《说文》以为八字‘象分别相背之形’，其说终有可疑。甲文字象两人相背之形，八则不类。……训‘八’为别，古文字及古文献均无征。‘八’仅用作纪数字，别无它义。”

1.【常】“扒”字从手八声，【常】“叭”字从口八声，【常】“趴”字从足八声，均暂未见唐以前相关古文字形，《说文》无。

“巴”组

0.【常】甲骨文“巴”字，合811正、合15114正。简帛“巴”字，第八层2316、仓颉篇11。石刻“巴”字，曹全碑、张寿志。《巴部》：“，虫也。或曰食象蛇。象形。伯加切。”（309页）《甲骨文字诂林》[4]：“张秉权：‘是巴字。《说文》……是把一个像人形的字，误认为蛇的象形字。’”

1.【常】简帛“把”字，封诊式85。石刻“把”字，司马韶及妻志、卢修娥志、石经五经。《手部》：“，握也。从手巴声。搏下切。”（252页）

---

① “合”为拓片出处简称，“26508”为相应册号、版号、编号、页码等，详见附录。

② （东汉）许慎：《说文解字》，中华书局，2003，28页。按：下引《说文》直接在引文后括注页码。

③ 于省吾主编：《甲骨文字诂林》，中华书局，1999，342页。

④ 于省吾主编：《甲骨文字诂林》，中华书局，1999，342页。

2.【常 B】简帛“杷”字，引书 88。石刻“杷”字，石经五经。《木部》:“，收麦器。从木巴声。蒲巴切。”（122 页）

3.【常 A】石刻“靶”字，申守志。《革部》:“，辔革也。从革巴声。必驾切。”（61 页）《说文通训定声》①：“按：辔首革。”

4.【常 B】“琶”字暂未见唐以前、小篆外其他相关古文字形。《琴部》:“，琵琶也。从珡巴声。义当用枇杷。蒲巴切。”（267 页）

5.【常】石刻“芭”字，宋敬业塔颂，从艸巴声，《说文》无。

6.【常】“爸”字从父巴声，【常】“爬”字从爪巴声，【常】“耙”字从耒巴声，【常】“吧”字从口巴声，【常】“笆”字从竹巴声，【常】“疤”字从疒巴声，均暂未见唐以前相关古文字形，《说文》无。

“犮”组

0. 简帛“犮”字，秦文字编 1545。石刻“犮”字，石经九经。《犬部》:“，走犬皃。从犬而丿之。曳其足，则剌犮也。蒲撥切。”（205 页）

1.【常】金文“髮”字，西周 16.10175。简帛“髮”字，引书 4、仓颉篇 36。石刻“髮”字，石经五经。《髟部》:“，根也。从髟犮声。方伐切。，髮或从首。，古文。”（185 页）段玉裁注②：“眉下曰‘目上毛’，须下曰‘颐下毛’，则发下必当有‘头上毛也’四字。”《金文形义通解》③：“金文‘髮’字从首从犬，……与《说文》或体甚似。《说文》或体从犮声。”“髮”字简化作“发”。

2.【常】简帛“拔”字，法律答问 81。石刻“拔”字，辛穆志。《手部》:“，擢也。从手犮声。蒲八切。”（255 页）

3.【常】石刻“跋”字，元悫志。《足部》:“，蹎跋也。从足犮声。北末切。”（47 页）段玉裁注④：“跋，经传多假借沛字为之。”

4.【常 B】“鈸”字暂未见唐以前相关古文字形，从金犮声，简化作“钹”，《说文》无。

---

① （清）朱骏声:《说文通训定声》，武汉古籍书店，1983，451 页。

② （清）段玉裁:《说文解字注》，上海古籍出版社，2000，425 页。

③ 张世超等:《金文形义通解》，中文出版社，1996，2241 页。

④ （清）段玉裁:《说文解字注》，上海古籍出版社，2000，83 页。

“罢”组

0.【常】甲骨文“罷”字，合集 95。简帛“罷”字，金关 T07：023。石刻“罷”字，元谭妻志。《网部》：“，遣有辠也。从网、能。言有贤能而入网，而贯遣之。薄蟹切。”（158 页）《说文通训定声》[①]：“《论语》‘欲罷不能’皇疏：‘罷犹罷息也。’按：实疲字之转注，疲劳则休止。”“罷”字简化作“罢”。

1.【常】石刻“擺”字，郑忠碑，从手罷声，简化作“摆”，《说文》无。

“叉”组

0.【常】石刻“叉”字，石经五经。《又部》：“，手指相错也。从又，象叉之形。初牙切。”（64 页）段玉裁注[②]：“谓手指与物相错也。凡布指错物间而取之曰叉，因之，凡岐头皆曰叉，是以首笄曰叉，今字作钗。”

1.【常】简帛“杈”字，敦煌简 0681。《木部》：“，枝也。从木叉声。初牙切。”（118 页）

2.【常 B】石刻“釵”字，重藏舍利记。《金部》：“，笄属。从金叉声。本只作叉，此字后人所加。楚佳切。”（299 页）“釵”字简化作“钗”。

3.【常 A】“衩”字暂未见唐以前相关古文字形，从衣从叉，叉亦声，《说文》无。

“臿”组

0. 金文“臿”字，秦文字编 1145。简帛“臿”字，马壹 82_54、敦煌简 0222。石刻“臿”字，杨执一志。《臼部》：“，舂去麦皮也。从臼，干所以臿之。楚洽切。”（148 页）《说文通训定声》[③]：“《释名·释用器》：臿，插也，插地起土也。”

1.【常】简帛“插”字，仓颉篇 6。石刻“插”字，多宝塔碑。

① （清）朱骏声：《说文通训定声》，武汉古籍书店，1983，499 页。

② （清）段玉裁：《说文解字注》，上海古籍出版社，2000，115 页。

③ （清）朱骏声：《说文通训定声》，武汉古籍书店，1983，149 页。

《手部》：“，刺肉也。从手从臿。楚洽切。”（252 页）《说文通训定声》[1]：“刺内也，从手臿声。”

“差”组

0.【常】金文“差”字，战国 16.10373。简帛“差”字，金关 T10：131、仓颉篇 32。石刻“差”字，元钦志、、石经九经。《左部》：“，贰也。差不相值也。从左从𠂹。初牙切。又楚佳切。，籀文𢀩从二。”（99 页）段玉裁注[2]：“貣也，左不相值也。貣，各本作贰。左，各本作差。今正。貣者，忒之假借字。心部曰：忒，失当也。失当即所谓不相值也。”《金文形义通解》[3]：“‘差’字上部所从之、，夏渌以为即‘来’字，亦即‘麦’字之省变形体，曰：‘“差”的初字，是从麦（或省）从左（佐），通过“磨治麦粒”、“加工麦粒”的典型事例，来概括代表一般以手搓物的“搓”的概念。“差”是“搓”的本字。’”

1.【常 B】简帛“嗟”字，老子甲后。石刻“嗟”字，石经尚书，从口差声，《说文》无。

2.【常】“搓”字暂未见唐以前相关古文字形，从手差声，《说文》无。

“查”组

0.【常】石刻“查”字，王大礼志，从木从旦，《说文》无。

1.【常】“喳”字从口查声，【常 A】“碴”字从石查声，【常 B】“楂”字从木查声，【常】“渣”字从水查声，【常 B】“猹”字从犬查声，均暂未见唐以前相关古文字形，《说文》无。

“龖”组

0. 甲骨文“龖”字，合 8197。《龍部》：“，飞龙也。从二龍。读若沓。徒合切。”（245 页）“龖”字音 dá。

1.【常】甲骨文“襲”字，合 27959。金文“襲”字，西周 08.4322.2。石刻“襲”字，石经尚书。《衣部》：“，左衽袍。从衣，龖省声。似入切。，籀文襲不省。”（170 页）“襲”字简化作“袭”。

---

① （清）朱骏声：《说文通训定声》，武汉古籍书店，1983，149 页。

② （清）段玉裁：《说文解字注》，上海古籍出版社，2000，200 页。

③ 张世超等：《金文形义通解》，中文出版社，1996，1092 页。

“大”组

0.【常】甲骨文“大”字，合 11018 正。金文“大”字，商 03.1472。简帛“大”字，日甲《土忌》139。石刻“大”字，元文志。《大部》：“大，天大，地大，人亦大。故大象人形。古文大，他達切也。徒蓋切。”（213 页）《大部》：“亣，籀文大，改古文。亦象人形。他達切。”（215 页）《甲骨文字诂林》[①]：“按：林义光《文源》谓：‘象侧立，象正立。古作、作，亦象躯体硕大形，古今相承以为大小之大，……《说文》从亣之字与从大不容相混，而古无别。’其说较为近是。”

1.0“羍”字暂未见唐以前、小篆外其他相关古文字形。《羊部》：“羍，小羊也。从羊大声。读若达。他末切。羍，羍或省。”（78 页）“羍”字音 dá。

1.10【常】甲骨文“達”字，合 22303、合 27745。金文“達”字，西周 08.4313.1。简帛“達”字，猩敞案 53、银贰 1675。石刻“達”字，石经五经。《辵部》：“達，行不相遇也。从辵羍声。徒葛切。達，達或从大。或曰迭。”（41 页）《说文通训定声》[②]：“行路者不相遇，大通之道也。”“達”字简化作“达”。

1.11【常 B】石刻“撻”字，石经尚书。《手部》：“撻，乡饮酒，罚不敬，挞其背。从手達声。他達切。，古文撻。”（256 页）“撻”字简化作“挞”。

1.12【常 B】石刻“闥”字，吴光志。《門部》：“闥，门也。从門達声。他達切。”（249 页）“闥”字简化作“闼”。

1.13【常 B】“躂”字暂未见唐以前相关古文字形，从足達声，简化作“跶”，《说文》无。

2.0【常】简帛“泰”字，第八层 672。石刻“泰”字，石经五经。《水部》：“泰，滑也。从廾从水，大声。他蓋切。夳，古文泰。”（237 页）《说文通训定声》[③]：“疑泰、太、汏、汰四形实同字。……《论语》‘泰而不骄’按：大也。……《广雅·释诂一》：太，大也。”

2.1【常 B】“傣”字暂未见唐以前相关古文字形，从人泰声，《说文》无。

3.【常】石刻“馱”字，陀罗尼经碑。《馬部》：“馱，负物也。从馬大声。此俗语也。唐佐切。”（202 页）“馱”字简化作“驮”。

---

① 于省吾主编：《甲骨文字诂林》，中华书局，1999，209 页。

② （清）朱骏声：《说文通训定声》，武汉古籍书店，1983，652 页。

③ （清）朱骏声：《说文通训定声》，武汉古籍书店，1983，652 页。

4.【常 B】“耷”字暂未见唐以前相关古文字形，从大从耳，大亦声，《说文》无。

“眔”组

0. 甲骨文“眔”字，合 20399、合 30907。金文“眔”字，西周 05.2724。石刻“眔”字，石经五经。《目部》：“眔，目相及也。从目，从隶省。徒合切。”（72 页）《甲骨文字诂林》[①]：“郭沫若：‘余谓此当系涕之古字，象目垂涕之形。更由音而言，许云“读若与隶同”，隶、涕古本同音字，而从眔声之字为褱，在脂部。’……按：眔象目垂涕形，郭沫若之说可信。”“眔”字音 dà。

1.0 金文“褱”字，西周 16.10175。简帛“褱”字，马壹 98_75。石刻“褱”字，三体石经。《衣部》：“褱，侠也。从衣眔声。一曰橐。户乖切。”（171 页）《金文形义通解》[②]：“《段注》：‘侠，当作夹，转写之误。’金文与小篆同构。于省吾曰：‘褱即怀之初文，金文怀通作褱，……《说文》以褱为侠，以懷为念思，歧为二字，失之。’”“褱”字音 huái。

1.1【常】简帛“壞”字，仓颉篇 41。石刻“壞”字，石经尚书。《土部》：“壞，败也。从土褱声。下怪切。𡊶，古文壞省。𣀔，籀文壞。”（289 页）《说文通训定声》[③]：“按：当训毁也。”“壞”字简化作“坏”。

1.2【常】简帛“懷”字，仓颉篇 50。石刻“懷”字，尚博残碑。《心部》：“懷，念思也。从心褱声。户乖切。”（218 页）“懷”字简化作“怀”。

“乏”组

0.【常】金文“乏”字，铭文选二 884。简帛“乏”字，第八层 1716。石刻“乏”字，、石经九经。《正部》：“乏，《春秋传》曰：‘反正为乏。’房法切。”（39 页）《金文形义通解》[④]：“‘正’‘乏’二字初谊当相关联，‘乏’字晚出，故造字者以‘正’字微变其形以志别也。”

1.【常】简帛“泛”字，秦律杂抄 25。石刻“泛”字，石经五经。《水部》：“泛，浮也。从水乏声。孚梵切。”（233 页）

2.【常】石刻“貶”字，石经九经。《貝部》：“貶，损也。从貝从

① 于省吾主编：《甲骨文字诂林》，中华书局，1999，566 页。

② 张世超等：《金文形义通解》，中文出版社，1996，2079 页。

③（清）朱骏声：《说文通训定声》，武汉古籍书店，1983，552 页。

④ 张世超等：《金文形义通解》，中文出版社，1996，265 页。

乏。方斂切。”（131 页）《说文通训定声》[①]：“按：乏声。”“貶”字简化作“贬”。

3.【常】“眨”字暂未见唐以前、小篆外其他相关古文字形。《目部》：“，动目也。从目乏声。側洽切。”（73 页）

“伐”组

0.【常】甲骨文“伐”字，合 888、合 899。金文“伐”字，商 03.1011、商 10.4805.1、西周 05.2740。简帛“伐”字，第八层 2146、仓颉篇 51。石刻“伐”字，石经周易。《人部》：“，击也。从人持戈。一曰败也。房越切。”（167 页）《甲骨文字诂林》[②]：“按：‘伐’象以戈斩人首，‘戍’象人荷戈，迥然有别。卜辞‘伐’为用牲之法，即斩人首以祭祀神祖。”

1.【常】石刻“閥”字，元寿安志。《門部》：“，阀阅，自序也。从門伐声。义当通用伐。房越切。”（249 页）“閥”字简化作“阀”。

2.【常】石刻“筏”字，李道因志，从竹伐声，《说文》无。

“法”组

0.【常】金文“灋”字，西周 05.2837。简帛“灋”字，第八层 746、奏谳书 94、数 161、算数书 128。石刻“灋”字，慈庆志、石经五经，省作“法”。《廌部》：“，刑也。平之如水，从水；廌，所以触不直者；去之，从去。方乏切。，古文。，今文省。”（202 页）《说文通训定声》[③]：“今文从去从水，古文从亼从正，会意。”

1.【常 B】“珐”字同“琺”，暂未见唐以前相关古文字形，从玉，法省声，《说文》无。

“卡”组

0.【常】“卡”字暂未见唐以前相关古文字形，从上下，《说文》无。

1.【常 B】“咔”字暂未见唐以前相关古文字形，从口卡声，《说文》无。

① （清）朱骏声：《说文通训定声》，武汉古籍书店，1983，148 页。

② 于省吾主编：《甲骨文字诂林》，中华书局，1999，2344 页。

③ （清）朱骏声：《说文通训定声》，武汉古籍书店，1983，148 页。

“刺”组

0.【常B】甲骨文“刺”字，合18514正。金文“刺”字，西周16.9892.2、西周01.246。《朿部》：“，戾也。从朿从刀。刀者，刺之也。盧達切。”（128页）《甲骨文字集释》[①]：“刺字契文、金文均不从朿，……文字衍变，偏旁亦时有更易，不能悉执小篆以上溯古文也。”

1.0【常】简帛“賴”字，为吏15。石刻“賴”字，石台孝经。《貝部》：“，贏也。从貝刺声。洛帶切。”（130页）“賴”字简化作“赖”。

1.1【常B】简帛“獺”字，仓颉篇28。石刻“獺”字，石经五经。《犬部》：“，如小狗也。水居食鱼。从犬賴声。他達切。”（206页）“獺”字简化作“獭”。

1.2【常B】石刻“籟”字，黑齿常之志。《竹部》：“，三孔龠也。大者谓之笙，其中谓之籟，小者谓之箹。从竹賴声。洛帶切。”（98页）“籟”字简化作“籁”。

1.3【常】“懶”是俗“嬾”字，从心賴声，简化作“懒”。《女部》：“，懈也，怠也。一曰卧也。从女賴声。洛旱切。”（264页）段玉裁注[②]：“俗作懶。”“嬾”字音lǎn。

1.4【常】“癩”字暂未见唐以前相关古文字形，从疒賴声，简化作“癞”，《说文》无。

2.【常】“喇”字从口刺声，【常】“辣”字从辛，刺省声，均暂未见唐以前相关古文字形，《说文》无。

“麻”组

0.【常】金文“麻”字，西周09.4555。简帛“麻”字，数106。石刻“麻”字，高猛妻志。《麻部》：“，与𣏟同。人所治，在屋下。从广从𣏟。莫遐切。”（149页）《说文通训定声》[③]：“按：枲已缉续者曰麻，从𣏟，𣏟，人所治也，在屋下，故从广。古无木棉，凡言布皆麻为之。”

1.【常】简帛“靡”字，秦律十八种104。石刻“靡”字，杨厉志。《非部》：“，披靡也。从非麻声。文彼切。”（246页）

---

① 李孝定：《甲骨文字集释》，台湾“中研院”历史语言研究所，1970，2107页。

② （清）段玉裁：《说文解字注》，上海古籍出版社，2000，624页。

③ （清）朱骏声：《说文通训定声》，武汉古籍书店，1983，494页。

2.【常】石刻“摩”字，摩元项志、摓陈天宝造像。《手部》：“摩，研也。从手麻声。莫婆切。”（255 页）

3.【常】石刻“糜”字，糜石经五经。《米部》：“糜，糁也。从米麻声。靡爲切。”（147 页）段玉裁注[①]：“以米和羹谓之糁，专用米粒为之谓之糁糜，亦谓之粥。”

4.【常】石刻“魔”字，魔封魔奴志。《鬼部》：“魔，鬼也。从鬼麻声。莫波切。”（189 页）

5.0【常】石刻“麽”字，麽、么口伯超志，简化作“么”。《幺部》：“麽，细也。从幺麻声。亡果切。”（83 页）

5.1【常 B】“嬷”字暂未见唐以前相关古文字形，从女麽声，《说文》无。

6.【常 B】“麾”是俗“摩”字。石刻“麾”字，麾长孙盛志，从毛麻声。《手部》：“摩，旌旗，所以指麾也。从手靡声。許爲切。”（257 页）段玉裁注[②]：“俗作麾。”“摩”字音 huī。

7.0【常】石刻“磨”字，磨刘阿素志，从石麻声，《说文》无。

7.1【常】“蘑”字暂未见唐以前相关古文字形，从艸磨声，《说文》无。

8.【常】“嘛”字暂未见唐以前相关古文字形，从口麻声，《说文》无。

“马”组

0.【常】甲骨文“馬”字，合 19813、合 27882。金文“馬”字，西周 05.2729、西周 05.2835、战国 18.11705。简帛“馬”字，效律 55。石刻“馬”字，馬石经周易。《馬部》：“馬，怒也。武也。象马头髦尾四足之形。莫下切。，古文。，籀文马与影同，有髦。”（199 页）“馬”字简化作“马”。

1.【常】简帛“駡（罵）”字，王杖 5。石刻“駡（罵）”字，罵严氏玄堂铭。《网部》：“罵，詈也。从网馬声。莫駕切。”（158 页）“駡”字简化作“骂”。

2.【常】“瑪”字从玉馬声，简化作“玛”；【常】“嗎”字从口馬声，简化作“吗”；【常】“媽”字从女馬声，简化作“妈”；【常】“碼”字从石馬声，简化作“码”；【常】“螞”字从虫馬声，简化作“蚂”；均暂未见唐以前相关古文字形，《说文》无。

---

① （清）段玉裁：《说文解字注》，上海古籍出版社，2000，332 页。

② （清）段玉裁：《说文解字注》，上海古籍出版社，2000，610 页。

“杀”组

0.【常】甲骨文“殺”字，合 14294、花东 322。金文“殺”字，西周 16.10175、新收 842 页、文献集成 29 册 474 页、春秋 01.172。简帛“殺”字，法律答问 108、银壹 914，简化作“杀”。石刻“殺”字，石经五经。《殺部》:“，戮也。从殳杀声。所八切。，古文殺。，古文殺。，古文殺。”（66 页）《说文通训定声》[①]：“按:《说文》无杀，疑从殳从乂会意，术声。”

1.【常】石刻“刹”字，净能经幢。《刀部》:“，柱也。从刀，未详。殺省声。初鎋切。”（93 页）

“隡”组

0.“隡”字暂未见唐以前相关古文字形，从阜从産，《说文》无。“隡”字音 sà。

1.【常】石刻“薩”字，元婉志，从艸隡声，简化作“萨”，《说文》无。

“它”组

0.【常】“蛇”是“它”字或体。甲骨文“它”字，2 号卜甲。金文“它”字，西周 16.9897.1。简帛“它”字，法律答问 177。石刻“它”字，石经周易。简帛“蛇”字，日甲《盗者》74、仓颉篇 29。石刻“蛇”字，李凤妃志、、石经九经。《它部》:“，虫也。从虫而长，象冤曲垂尾形。上古草居患它，故相问无它乎。託何切。，它或从虫。”（285 页）《甲骨文字诂林》[②]：“契文‘它’即象蛇之形。……‘它’与‘也’亦本同字。”

1.【常 B】金文“沱”字，西周 08.4273。简帛“沱”字，为吏 34。石刻“沱”字，石经尚书。《水部》:“，江别流也，出嶓山东，别为沱。从水它声。徒何切。”（224 页）

2.【常】“拖”是俗“拕”字。金文“拕”字，圣主佐宫中行乐钱。简帛“拕”字，老乙前。石刻“拖（拕）”字，元乂志、张

---

① （清）朱骏声:《说文通训定声》，武汉古籍书店，1983，690 页。

② 于省吾主编:《甲骨文字诂林》，中华书局，1999，1784 页。

景略志。《手部》："拕，曳也。从手它声。託何切。"（257 页）《说文通训定声》[①]："字亦作拖，作扡。"

3.【常】简帛"駝"字，駝马壹 16_16。石刻"駝"字，駝石经五经，从馬它声，简化作"驼"，《说文》无。

4.【常】"鴕"字从鳥它声，简化作"鸵"；【常】"舵"字从舟它声；【常 B】"陀"字从阜它声；均暂未见唐以前相关古文字形，《说文》无。

"沓"组

0.【常 B】甲骨文"沓"字，沓合 28982、沓合 28789。简帛"沓"字，沓金关 T07：013A、沓仓颉篇 19。石刻"沓"字，沓元项志。《曰部》："沓，语多沓沓也。从水从曰。辽东有沓县。徒合切。"（100 页）

1.【常】石刻"踏"字，踏王仁淑志，从足沓声，《说文》无。

"㒓"组

0."㒓"字暂未见唐以前、小篆外其他相关古文字形。《羽部》："㒓，飞盛皃。从羽从冃。土盍切。"（75 页）"㒓"字音 tà。

1.【常】石刻"蹋"字，蹋龙泉记。《足部》："蹋，践也。从足㒓声。徒盍切。"（46 页）《说文通训定声》[②]："字亦作踏。"

2.【常】石刻"塌"字，塌龙泉记，从土㒓声，《说文》无。

"帀"组

0. 甲骨文"帀"字，帀合 27736。金文"帀"字，帀西周 08.4313.2、帀战国 05.2794。简帛"帀"字，帀日甲 149。石刻"帀"字，帀敬能经幢。《帀部》："帀，周也。从反之而帀也。周盛说。子荅切。"（127 页）《甲骨文字诂林》[③]："孙海波：'帀即帀字。……往而反之意谓回帀，众意也。……孳乳以为师字。'""帀"字音 zā。

1.0【常 B】"匝"字同"迊"。石刻"迊"字，迊檀宾志、迊郑君妻志。从辵帀声，《说文》无。《金文形义通解》[④]："高景成释'迊'曰：'《广

① （清）朱骏声：《说文通训定声》，武汉古籍书店，1983，483 页。

② （清）朱骏声：《说文通训定声》，武汉古籍书店，1983，152 页。

③ 于省吾主编：《甲骨文字诂林》，中华书局，1999，2516 页。

④ 张世超等：《金文形义通解》，中文出版社，1996，356 页。

韵》同“匝”，周也。’”

1.1【常】“砸”字从石匝声，【常B】“咂”字从口匝声，均暂未见唐以前相关古文字形，《说文》无。

“雥”组

0. 甲骨文“雥”字，合27151。《雥部》：“，群鸟也。从三隹。徂合切。”（79页）《甲骨文字集释》[①]：“字从三隹会意，与羴同例，音义与杂并相近（音同义近）。集字从此而音义并远，盖雥象群鸟并飞蜂舞纷沓，集象群鸟在木上，有栖止之象，虽同三隹而动静各殊也。”“雥”字音 zá。

1.0【常】“集”是“雧”字省体。甲骨文“集”字，合15664、合18333。金文“集（雧）”字，商12.6450.1、西周14.8696、铭文选一447、楚系彩版10。简帛“集”字，居EPT52.60。石刻“集”字，尚博残碑。《雥部》：“，群鸟在木上也。从雥从木。秦入切。，雧或省。”（79页）《甲骨文字诂林》[②]：“郭沫若：‘集字于木上契一飞鸟形，示鸟之将止息也。’”《金文形义通解》[③]：“甲骨文……象只鸟止于木端或始临木端之事。金文惟小集母乙觶作三鸟在木上形，其余皆以只鸟构形，与甲文同。”

1.1【常】简帛“雜”字，效律28。石刻“雜”字，石经九经。《衣部》：“，五彩相会。从衣集声。徂合切。”（172页）“雜”字简化作“杂”。

“乍”组

0.【常】甲骨文“乍”字，合904正、合11525。金文“乍”字，商05.2709、春秋16.10008.2、战国09.4551.1。石刻“乍”字，石经九经。《亡部》：“，止也，一曰亡也。从亡从一。鉏駕切。”（267页）《金文形义通解》[④]：“初文形意不明。曾宪通谓据甲文字形，……象歧头之耒形，至于上之，疑是以耒起土时随庇而起的土块。‘乍（作）’之本义即耕作。”

1.【常】金文“作”字，战国．二年少府戈。简帛“作”字，敦

① 李孝定：《甲骨文字集释》，台湾“中研院”历史语言研究所，1970，1353页。

② 于省吾主编：《甲骨文字诂林》，中华书局，1999，1744页。

③ 张世超等：《金文形义通解》，中文出版社，1996，916页。

④ 张世超等：《金文形义通解》，中文出版社，1996，2998页。

煌简 1731。石刻“作”字，史晨碑、元文志。乍声。《人部》：“，起也。从人从乍。則洛切。”（165 页）

2.【常 B】石刻“怍”字，王府君志，乍声。《心部》：“，惭也。从心，作省声。在各切。”（223 页）

3.【常】简帛“詐”字，为吏 34。石刻“詐”字，西狭颂、梁瓌志。《言部》：“，欺也。从言乍声。側駕切。”（56 页）“詐”字简化作“诈”。

4.【常】简帛“昨”字，金关 T31：140、东牌楼 055。石刻“昨”字，冯会苌志。《日部》：“，垒日也。从日乍声。在各切。”（138 页）《说文通训定声》[①]：“《仓颉篇》：隔日也。”

5.0【常】石刻“窄”字，万寿寺记，从穴乍声，《说文》无。

5.1【常】“榨”字暂未见唐以前相关古文字形，从木窄声，《说文》无。

6.【常】“咋”字从口乍声，【常】“炸”字从火乍声，【常】“怎”字从心乍声，【常 B】“蚱”字从虫乍声，均暂未见唐以前相关古文字形，《说文》无。

“夹”组

0.【常】甲骨文“夾”字，合 24239、合 20187、合 6063 正。金文“夾”字，西周 15.9533.2。简帛“夾”字，引书 51。石刻“夾”字，曹全碑、石经九经。简化作“夹”。《大部》：“，持也。从大俠二人。古狎切。”（213 页）《说文解字注笺》[②]：“夹、侠古通，故云从大夹二人。二人夹持，夹辅之义也。引申为凡物在左右之称，又为凡有所挟持之称，别作挟。”《甲骨文字诂林》[③]：“按：《说文》夹与夾有别，……实则大可不必，夹、夾本同字。”

1.【常】“峡”、“狭”是俗“陜”字。金文“陜”字，战国 . 三十四年蜀守戈。简帛“陜”字，金关 T29：098。《阜部》：“，隘也。从𨸏夾声。矦夾切。”（305 页）段玉裁注[④]：“俗作峽、狹。”石刻“峽”字，陈思义志，从山夹声，简化作“峡”。石刻“狹”字，严识玄志，从犬夹声，简化作“狭”。“陜”字音 xiá。

---

① （清）朱骏声：《说文通训定声》，武汉古籍书店，1983，450 页。

② （清）徐灏：《说文解字注笺》（续修四库全书），上海古籍出版社，2002，卷十下 335 页。

③ 于省吾主编：《甲骨文字诂林》，中华书局，1999，240 页。

④ （清）段玉裁：《说文解字注》，上海古籍出版社，2000，732 页。

2.【常】简帛“頰”字，睡255。石刻“頰”字，赫连子悦志、石经周易。《頁部》：“，面旁也。从頁夾声。古叶切。，籀文頰。”（182页）“頰”字简化作“颊”。

3.【常B】“篋”是“匧”字或体，简化作“箧”。简帛“篋（匧）”字，法律答问204、仓颉篇11。石刻“篋（匧）”字，、石经五经。《匚部》：“，藏也。从匚夾声。苦叶切。，匧或从竹。”（268页）

4.【常】简帛“挾”字，张18。石刻“挾”字，石经五经。《手部》：“，俾持也。从手夾声。胡頰切。”（252页）“挾”字简化作“挟”。

5.【常】简帛“莢”字，银贰1811、敦煌简2000，简化作“荚”。石刻“莢”字，石经五经。《艸部》：“，艸实。从艸夾声。古叶切。”（22页）

6.【常A】石刻“俠”字，黄庭经、元悰志，简化作“侠”。《人部》：“，俜也。从人夾声。胡頰切。”（164页）《说文通训定声》①：“《史记·季布传》‘为气任侠’集解：‘甹也。’《汉书》注同是，非为侠。”

7.【常B】“蛺”字，《虫部》：“，蛺蜨也。从虫夾声。兼叶切。”（280页）“蛺”字简化作“蛱”。

“加”组

0.【常】金文“加”字，西周14.8924、西周.首阳107页。简帛“加”字，第八层1522。石刻“加”字，石台孝经。《力部》：“，语相增加也。从力从口。古牙切。”（292页）

1.【常】甲骨文“嘉”字，合36840。金文“嘉”字，春秋07.3903、战国16.10373。简帛“嘉”字，奏谳书1。石刻“嘉”字，曹全碑。《壴部》：“，美也。从壴加声。古牙切。”（102页）

2.【常】金文“賀”字，铭文选二881。石刻“賀”字，鄎国长公主碑。《貝部》：“，以礼相奉庆也。从貝加声。胡箇切。”（130页）“賀”字简化作“贺”。

3.【常】简帛“駕”字，法律答问45、仓颉篇7。石刻“駕”字，曹全碑、元怀志。《馬部》：“，马在轭中。从馬加声。古訝切。，籀文駕。”（200页）“駕”字简化作“驾”。

4.0“痂”字，《疒部》：“，疥也。从疒加声。古牙切。”（155页）

4.1【常A】“瘸”字暂未见唐以前相关古文字形，从肉痂声，《说文》无。

① （清）朱骏声：《说文通训定声》，武汉古籍书店，1983，150页。

5.【常】简帛“茄”字，仓颉篇25。石刻“茄”字，元诠志。《艸部》：“茄，芙蕖茎。从艸加声。古牙切。”（20页）

6.【常】“枷”字暂未见唐以前、小篆外其他相关古文字形。《木部》：“枷，柫也。从木加声。淮南谓之柍。古牙切。”（122页）《说文通训定声》[①]：“《齐语》‘耒耜枷芟’注：柫也，所以击草。《释名》：枷，加也，加杖于柄头以挝穗而出其谷也。”

7.【常B】石刻“笳”字，姬威志，从竹加声，《说文》无。

8.【常】石刻“架”字，石经五经，从木加声，《说文》无。

9.【常B】石刻“伽”字，如是我闻摩崖，从人加声，《说文》无。

10.【常】“咖”字暂未见唐以前相关古文字形，从口加声，《说文》无。

“家”组

0.【常】甲骨文“家”字，合补1265、合34192。金文“家”字，商05.2653、商10.5082.1。简帛“家”字，法律答问106。石刻“家”字，石经周易。《宀部》：“家，居也。从宀，豭省声。古牙切。𡦜，古文家。”（150页）《甲骨文字诂林》[②]：“按：卜辞家字多从豕，亦有从豭者，唐兰释为豭是正确的。其从豕者，不得谓从豭省声。从豕者为会意，从豭者为形声。……卜辞家或从‘亥’，‘亥’亦豕也。”

1.【常】甲骨文“稼”字，合9616、合9619。简帛“稼”字，法律答问150。石刻“稼”字，石经五经。《禾部》：“稼，禾之秀实为稼，茎节为禾。从禾家声。一曰稼，家事也。一曰在野曰稼。古訝切。”（144页）

2.【常】简帛“嫁”字，张192。石刻“嫁”字，张孃志。《女部》：“嫁，女適人也。从女家声。古訝切。”（259页）

“戛”组

0.【常B】石刻“戛”字，石经五经。《戈部》：“戛，戟也。从戈从百。读若棘。古黠切。”（266页）段玉裁注[③]：“百者，头也。谓戟之头略同戈头也。会意。”“戛”字音jiá。

---

① （清）朱骏声：《说文通训定声》，武汉古籍书店，1983，496页。

② 于省吾主编：《甲骨文字诂林》，中华书局，1999，2001页。

③ （清）段玉裁：《说文解字注》，上海古籍出版社，2000，630页。

1.【常B】"嘎"字暂未见唐以前相关古文字形，从口戛声，《说文》无。

"叚"组

0. 金文"叚"字，西周05.2833。简帛"叚"字，秦律十八种105。石刻"叚"字，段峻德志。《又部》："，借也。阙。古雅切。，古文叚。，谭长说：叚如此。"（64页）《金文形义通解》①："字从𠬪石声。……据甲骨文，'石''厂'本同字。……'厂''叚'声近，而'石''叚'韵近，故以'石'若'厂'为'叚'声符。……所从之'石'若'厂'作者，''为饰笔也。""叚"字音jiǎ。

1.【常】金文"假"字，四十八年上郡假守鼂戈。简帛"假"字，马壹88_201。石刻"假"字，高湑志。《人部》："，非真也。从人叚声。一曰至也。古疋切。又古頟切。"（165页）

2.【常】石刻"暇"字，王媛志。《日部》："，闲也。从日叚声。胡嫁切。"（138页）

3.【常B】简帛"葭"字，敦煌简0043、仓颉篇24。石刻"葭"字，李侯志。《艸部》："，苇之未秀者。从艸叚声。古牙切。"（26页）

4.【常】石刻"蝦"字，石经五经。《虫部》："，蝦蟆也。从虫叚声。乎加切。"（282页）"蝦"字简化作"虾"。

5.【常】石刻"霞"字，登百峰诗。《雨部》："，赤云气也。从雨叚声。胡加切。"（242页）

6.【常B】石刻"遐"字，石台孝经。《辵部》："，远也。从辵叚声。胡加切。"（42页）

"甲"组

0.【常】甲骨文"甲"字，合1079。金文"甲"字，商04.1519、西周05.2824、战国18.12108B。简帛"甲"字，秦谳书36。石刻"甲"字，乙瑛碑。《甲部》："，东方之孟，阳气萌动，从木戴孚甲之象。一曰人头宜为甲，甲象人头。古狎切。，古文甲，始于十、见于千、成于木之象。"（308页）《甲骨文字诂林》②："按：《说文》训'甲'为'从木戴孚甲之象'，但据小篆为言，不合于古文字。又谓'人头宜为甲'，段

① 张世超等：《金文形义通解》，中文出版社，1996，646页。

② 于省吾主编：《甲骨文字诂林》，中华书局，1999，3585页。

玉裁据《集韵》改作‘人头空为甲’，谓‘人头空为骷髅也’，亦属臆解。郭沫若以为‘甲’象鱼鳞，实难以取信，叶玉森已辨之。……丁福保谓‘十为古文甲字，即押字。’此可备一说。……卜辞为‘上甲’之专用字。”《金文形义通解》[①]：“十为较原始之形，据之，则与‘七’同字。刘宗汉谓‘七’‘甲’古音义有相通之迹，源于同字而分化。”

1.【常】简帛“匣”字，户律 331。石刻“匣”字，报德像碑。《匚部》：“，匵也。从匚甲声。胡甲切。”（268 页）

2.【常】简帛“閘”字，马壹 98_76。《門部》：“，开闭门也。从門甲声。烏甲切。”（248 页）“閘”字简化作“闸”。

3.【常 B】“呷”字暂未见唐以前、小篆外其他相关古文字形。《口部》：“，吸呷也。从口甲声。呼甲切。”（32 页）

4.【常】石刻“鴨”字，王鸭脸造像。《鳥部》：“，鶩也。俗谓之鴨。从鳥甲声。烏狎切。”（82 页）“鴨”字简化作“鸭”。

5.【常 A】石刻“鉀”字，元彧志，从金甲声，简化作“钾”，《说文》无。

6.【常】石刻“押”字，白知礼志，从手甲声，《说文》无。

“夏”组

0.【常】甲骨文“夏”字，合 31613，从日在首上，会暑热意。金文“夏”字，商 06.3312.1、西周 03.719、西周 05.2584、西周 08.4315.1、春秋 01.175、战国 16.10007。简帛“夏”字，银贰 1623、金关 T10：066。石刻“夏”字，石经尚书。《夊部》：“，中国之人也。从夊从頁从臼。臼，两手；夊，两足也。胡雅切。，古文夏。”（112 页）《说文通训定声》[②]：“又按：此字本谊当训大也，万物宽假之时也，从頁臼夊，象人当暑热燕居，手足表露之形，于六书为指事。”

1.【常】“厦”字同“廈”。石刻“廈”字，严识玄志。石刻“厦”字，袁仁志，从厂夏声。《广部》：“，屋也。从广夏声。胡雅切。”（193 页）

“牙”组

0.【常】金文“牙”字，西周 15.9723.1。简帛“牙”字，马壹

① 张世超等：《金文形义通解》，中文出版社，1996，3400 页。

② （清）朱骏声：《说文通训定声》，武汉古籍书店，1983，446 页。

4_11、金关 T24：822。石刻“牙”字，石经九经。《牙部》：“，牡齿也。象上下相错之形。五加切。，古文牙。”（45 页）

1.0【常】金文“邪”字，战国 17.11379。石刻“邪”字，石经五经。《邑部》：“，琅邪郡。从邑牙声。以遮切。”（135 页）

1.1【常 B】石刻“琊”字，、司马金龙墓表，从玉邪声，《说文》无。

2.【常】简帛“雅”字，法律答问 12、敦煌简 2016。石刻“雅”字，从事冯君碑、石经尚书。《隹部》：“，楚乌也。一名鷽，一名卑居。秦谓之雅。从隹牙声。五下切。又烏加切。”（76 页）《说文通训定声》[①]：“按：大而纯黑反哺者乌，小而不纯黑不反哺者雅。雅即乌之转声，字亦作鸦。”

3.【常】简帛“訝”字，日甲《诘》57。石刻“訝”字，元举志、卢兰志。《言部》：“，相迎也。从言牙声。吾駕切。，訝或从辵。”（53 页）《说文通训定声》[②]：“按：《尔雅·释诂》：迓，迎也，古本皆作讶。”“訝”字简化作“讶”。

4.【常】“芽”字暂未见唐以前、小篆外其他相关古文字形。《艸部》：“，萌芽也。从艸牙声。五加切。”（22 页）

5.【常】“呀”字暂未见唐以前、小篆外其他相关古文字形。《口部》：“，张口皃。从口牙声。許加切。”（35 页）

6.【常】“鴉”字从鳥牙声，简化作“鸦”；【常】“蚜”字从虫牙声；均暂未见唐以前相关古文字形，《说文》无。

“襾”组

0.“襾”字暂未见唐以前、小篆外其他相关古文字形。《襾部》：“，覆也。从冂，上下覆之。读若晋。呼訝切。”（158 页）“襾”字音 yà。

1.0【常】甲骨文“賈”字，合 1090、花东 367、花东 367。金文“賈”字，新收 211 页、西周 07.4047、西周 05.2827。简帛“賈”字，效律 58。石刻“賈”字，石经五经。《貝部》：“，贾市也。从貝襾声。一曰坐卖售也。公户切。”（130 页）“賈”字简化作“贾”。

1.1【常】石刻“價”字，高淯志、朱齐之志。《人部》：“，物直也。从人、賈，賈亦声。古訝切。”（168 页）“價”字简化作“价”。

---

① （清）朱骏声：《说文通训定声》，武汉古籍书店，1983，444 页。

② （清）朱骏声：《说文通训定声》，武汉古籍书店，1983，444 页。

“亚”组

0.【常】甲骨文“亞”字，合 32911。金文“亞”字，商 03.1416。简帛“亞”字，马壹 37_36。石刻“亞”字，元悰志。《亞部》：“亞，丑也。象人局背之形。贾侍中说：以为次弟也。衣駕切。”（307 页）《甲骨文字诂林》[①]：“何金松：‘亚字应为母系家族房屋平面图的象形。’”“亞”字简化作“亚”。

1.【常】简帛“惡”字，奏谳书 144。石刻“惡”字，暴诞志。《心部》：“惡，过也。从心亞声。烏各切。”（221 页）“惡”字简化作“恶”。

2.【常】石刻“啞”字，石经周易。《口部》：“啞，笑也。从口亞声。於革切。”（32 页）“啞”字简化作“哑”。

3.【常 B】石刻“婭”字，杨约志，从女亞声，简化作“娅”，《说文》无。

“穵”组

0.“穵”字暂未见唐以前、小篆外其他相关古文字形。《穴部》：“穵，空大也。从穴乙声。烏黠切。”（152 页）段玉裁注[②]：“空也。铉本作‘空大也’，非是。”“穵”字音 yà。

1.【常】“挖”字暂未见唐以前相关古文字形，从手穵声，《说文》无。

“瓜”组

0.【常】金文“瓜”字，秦文字编 1149。简帛“瓜”字，仓颉篇 25。石刻“瓜”字，石经周易。《瓜部》：“瓜，𤓰也。象形。古華切。”（149 页）《金文形义通解》[③]：“金文与小篆同意，象形，外象蔓，蔓下之椭圆形者，象瓜实。”

1.【常】甲骨文“狐”字，合集 10255。金文“狐”字，战国 17.10916。简帛“狐”字，第八层 406。石刻“狐”字，石经五经。《犬部》：“狐，祆兽也。鬼所乘之。有三德：其色中和，小前大后，死则

---

① 于省吾主编：《甲骨文字诂林》，中华书局，1999，2904 页。

② （清）段玉裁：《说文解字注》，上海古籍出版社，2000，345 页。

③ 张世超等：《金文形义通解》，中文出版社，1996，1807 页。

丘首。从犬瓜声。户吴切。”（206 页）《甲骨文字诂林》[①]：“叶玉森：‘从犬从亡，疑即古文狐字。’”《甲骨文字典》[②]：“无字与瓜字古音同在鱼部，……盖亡音渐入阳部，故后世以瓜代亡为声符。”

2.【常】金文“弧”字，战国 03.537。简帛“弧”字，马贰 38_70。石刻“弧”字，石经五经。《弓部》：“，木弓也。从弓瓜声。一曰往体寡，来体多曰弧。户吴切。”（269 页）

3.【常】简帛“孤”字，为吏 2、东牌楼 120。石刻“孤”字，石经五经。《子部》：“，无父也。从子瓜声。古乎切。”（310 页）

4.【常 B】石刻“呱”字，石经五经。《口部》：“，小儿啼声。从口瓜声。古乎切。”（30 页）

“冎”组

0. 甲骨文“冎”字，合 3236、合 18837。《冎部》：“，剔人肉置其骨也。象形。头隆骨也。古瓦切。”（86 页）《说文通训定声》[③]：“俗字作剐。”《甲骨文字典》[④]：“甲骨文冎或又作，乃由形简化为，进而简化为、形。”“冎”字音 guǎ。

1.0 简帛“咼”字，日甲《诘》27。《口部》：“，口戾不正也。从口冎声。苦媧切。”（34 页）“咼”字简化作“呙”。

1.1【常】金文“過”字，西周 07.3907、西周 14.8991。简帛“過”字，效律 9、金关 T04：098B。石刻“過”字，元孟辉志。《辵部》：“，度也。从辵咼声。古禾切。”（39 页）《说文通训定声》[⑤]：“《广雅·释诂二》：渡也。”《金文形义通解》[⑥]：“金文或从止，与从辵同意。声符‘咼’作，亦见于甲骨文。”“過”字简化作“过”。

1.2【常】石刻“禍”字，元诲志。《示部》：“，害也，神不福也。从示咼声。胡果切。”（9 页）“禍”字简化作“祸”。

1.3【常 A】石刻“媧”字，洛神十三行。《女部》：“，古之神圣女，化万物者也。从女咼声。古蛙切。，籀文媧从嬴。”（260 页）“媧”字简化作“娲”。

---

① 于省吾主编：《甲骨文字诂林》，中华书局，1999，1581 页。

② 徐中舒主编：《甲骨文字典》，四川辞书出版社，1990，1103 页。

③ （清）朱骏声：《说文通训定声》，武汉古籍书店，1983，481 页。

④ 徐中舒主编：《甲骨文字典》，四川辞书出版社，1990，464 页。

⑤ （清）朱骏声：《说文通训定声》，武汉古籍书店，1983，481 页。

⑥ 张世超等：《金文形义通解》，中文出版社，1996，289 页。

1.4【常】“蝸”字暂未见唐以前、小篆外其他相关古文字形。《虫部》：“蝸，蝸蠃也。从虫咼声。亡華切。”（282页）“蝸”字简化作“蜗”。

1.5【常】石刻“鍋”字，鍋渎庙祭器铭，从金咼声，简化作“锅”，《说文》无。

1.6【常】石刻“渦”字，渦檀宾志，从水咼声，简化作“涡”，《说文》无。

1.7【常】“窩”字暂未见唐以前相关古文字形，从穴咼声，简化作“窝”，《说文》无。

2.0【常】简帛“骨”字，骨法律答问75、骨金关T23：412。石刻“骨”字，骨给事君妻志。《骨部》：“骨，肉之覈也。从冎有肉。古忽切。”（86页）冎亦声。

2.1【常】简帛“滑”字，滑金关T08：034。石刻“滑”字，滑徐盼志。《水部》：“滑，利也。从水骨声。户八切。”（231页）

2.2【常B】“髁”字暂未见唐以前、小篆外其他相关古文字形。《骨部》：“髁，髀骨也。从骨果声。苦卧切。”（86页）

2.3【常】石刻“猾”字，猾尔朱敞志，从犬骨声，《说文》无。

“夸”组

0.【常】甲骨文“夸”字，夸合4813。金文“夸”字，夸商03.790、夸西周09.4345。简帛“夸”字，夸为吏14。石刻“夸”字，夸阿史那贞忠志、夸唐嘉会志。《大部》：“夸，奢也。从大于声。苦瓜切。”（213页）

1.【常】简帛“胯”字，胯第八层1327。石刻“胯”字，胯石经五经。《肉部》：“胯，股也。从肉夸声。苦故切。”（88页）

2.石刻“瓠”字，瓠薛慧命志。《瓠部》：“瓠，匏也。从瓜夸声。胡誤切。”（150页）《说文通训定声》[1]：“今苏俗谓之壶庐，瓠即壶庐之合音。”“瓠”字音hù。

3.【常】石刻“跨”字，跨元昭志、跨石经五经。《足部》：“跨，渡也。从足夸声。苦化切。”（46页）

4.【常】石刻“挎”字，挎石经五经，从手夸声，《说文》无。

5.【常】“垮”字暂未见唐以前相关古文字形，从土夸声，《说文》无。

---

① （清）朱骏声：《说文通训定声》，武汉古籍书店，1983，422页。

“匕”组

0.“匕”字暂未见唐以前、小篆外其他相关古文字形。《匕部》：“，变也。从到人。呼跨切。”（168 页）段玉裁注[1]：“凡变匕，当作匕，教化当作化，许氏之字指也。”《说文通训定声》[2]：“倒子为𠫓，生也；倒人为匕，死也。”“匕”字音 huà。

1.0【常】甲骨文“化”字，合 19769。金文“化”字，商 03.1014、春秋 16.10137。简帛“化”字，银贰 1025。石刻“化”字，夏承碑、石经周易。《匕部》：“，教行也。从匕从人，匕亦声。呼跨切。”（168 页）《甲骨文字诂林》[3]：“契文‘化’正从‘人’从‘匕’，乃会意兼形声字。”

1.1【常】简帛“貨”字，法律答问 209。石刻“貨”字，任轨志。《貝部》：“，财也。从貝化声。呼卧切。”（130 页）“貨”字简化作“货”。

1.20【常】“花”是俗“𠌶”字。金文“𠌶”字，西周 05.2736、春秋 01.245。《𠌶部》：“，艸木华也。从𠂹亏声。况于切。，𠌶或从艸从夸。”（128 页）《说文通训定声》[4]：“或从艸夸声。……俗作花。”石刻“花”字，王翊志，从艸化声，《说文》无。“𠌶”字音 huā。

1.210【常】简帛“華”字，银贰 1811、金关 T08：063。石刻“華”字，胡明相志、石经九经。《華部》：“，荣也。从艸从𠌶。户瓜切。”（128 页）段玉裁注[5]：“华与𠌶音义皆同。”《说文通训定声》[6]：“按：𠌶亦声。开花谓之华，与花朵之𠌶微别。”“華”字简化作“华”。

1.211【常】“嘩”字同“譁”，从口華声，简化作“哗”。石刻“譁”字，敏之志。《言部》：“，讙也。从言華声。呼瓜切。”（56 页）

1.212【常】“樺”字暂未见唐以前相关古文字形，从木華声，简化作“桦”，《说文》无。

1.3【常】“靴”字暂未见唐以前相关古文字形，从革化声，《说文》无。

---

① （清）段玉裁：《说文解字注》，上海古籍出版社，2000，384 页。
② （清）朱骏声：《说文通训定声》，武汉古籍书店，1983，496 页。
③ 于省吾主编：《甲骨文字诂林》，中华书局，1999，150 页。
④ （清）朱骏声：《说文通训定声》，武汉古籍书店，1983，420 页。
⑤ （清）段玉裁：《说文解字注》，上海古籍出版社，2000，274 页。
⑥ （清）朱骏声：《说文通训定声》，武汉古籍书店，1983，421 页。

“画”组

0.【常】甲骨文“畫”字，合3054正、合3844正。金文“畫”字，西周15.9723.2。简帛“畫”字，日书134、金关T30：186。石刻“畫”字，石经尚书。《畫部》：“，界也。象田四界。聿，所以画之。胡麦切。，古文畫省。，亦古文畫。”（65页）《金文形义通解》[①]：“金文从聿从周（琱），或从乂从周。篆文所从之田乃‘周’之讹，所谓‘象田四界’者，上画为‘聿’字所有，左右二画为‘乂’向左右两侧垂下之笔所讹，……下画乃秦系文字所误增者。”“畫”字简化作“画”。

1.【常】石刻“劃”字，剑阁诗刻。《刀部》：“，锥刀曰划。从刀从畫，畫亦声。呼麦切。”（92页）“劃”字简化作“划”。

“㕞”组

0. 石刻“㕞”字，石经五经。《又部》：“，拭也。从又持巾在尸下。所劣切。”（64页）《说文通训定声》[②]：“从尸者，从屋省也，经传皆以刷为之。”“㕞”字音shuā。

1.0【常】简帛“刷”字，马壹87_176。石刻“刷”字，石经五经。《刀部》：“，刮也。从刀，㕞省声。《礼》：‘布刷巾。’所劣切。”（92页）

1.1【常A】“涮”字从水刷声，【常B】“唰”字从口刷声，均暂未见唐以前相关古文字形，《说文》无。

“爪”组

0.【常】甲骨文“爪”字，合集22050。金文“爪”字，西周09.4468（“叉”字重见）。石刻“爪”字，杨孝恭碑。《爪部》：“，丮也。覆手曰爪。象形。侧狡切。”（63页）

1.【常】石刻“抓”字，张玄志，从手从爪，爪亦声，《说文》无。

“㤅”组

0. 金文“㤅”字，战国16.10583。《心部》：“，惠也。从心旡

① 张世超等：《金文形义通解》，中文出版社，1996，675页。

② （清）朱骏声：《说文通训定声》，武汉古籍书店，1983，689页。

声。烏代切。𢛴，古文。”（219 页）《说文通训定声》[①]：“经传皆以爱为之。”“㤅”字音ài。

1.0【常】简帛“愛”字，日甲《人字》153、银贰 2082。石刻“愛”字，石经周易。《夊部》：“𢖻，行皃。从夊㤅声。烏代切。”（112 页）段玉裁注[②]：“今字假愛为㤅，而㤅废矣。”“愛”字简化作“爱”。

1.1【常 B】“噯”字暂未见唐以前相关古文字形，从口愛声，简化作“嗳”，《说文》无。

“白”组

0.【常】甲骨文“白”字，合 20078。金文“白”字，西周 05.2760。简帛“白”字，第八层 529、银贰 1459。石刻“白”字，石经周易。《白部》：“白，西方色也。阴用事，物色白。从入合二。二，阴数。㫄陌切。𣅀，古文白。”（160 页）《甲骨文字诂林》[③]：“按：白既象人面，亦假作黑白之白。……白、百、首实本同出一源，皆象人首形，白象其正面，首象其侧面……白与百初本同源。初民以一‘白’为百，即以一人头表‘百’，犹一‘人’为‘千’。……陈世辉以‘白’象人首，说无可易。人头骨刻辞皆书‘白’字，可为明证。”

1.0【常】甲骨文“百”字，合 21247、合 22185、合 302。金文“百”字，西周 07.4041、西周 08.4235.1。简帛“百”字，秦律十八种 48。石刻“百”字，石经周易。《白部》：“百，十十也。从一、白。数，十百为一贯。相章也。博陌切。𦣻，古文百从自。”（74 页）《甲骨文字诂林》[④]：“按：百不从白，而从白，白之初形象人首。卜辞记数字以虿表万，以人表千，以白即人首表百。……避免与白色之白、伯长之伯混淆，卜辞百字稍变异其形作或，二字已有严格之区分。其作者，均不得读作百，无一例外。”

1.1【常】简帛“陌”字，金关 T05：069。石刻“陌”字，辛穆志。从阜百声，《说文》无。

2.【常】甲骨文“柏”字，合 33380。金文“柏”字，新收 656 页。简帛“柏”字，第八层 659。石刻“柏”字，郭显志、石经

---

① （清）朱骏声：《说文通训定声》，武汉古籍书店，1983，570 页。

② （清）段玉裁：《说文解字注》，上海古籍出版社，2000，233 页。

③ 于省吾主编：《甲骨文字诂林》，中华书局，1999，1026 页。

④ 于省吾主编：《甲骨文字诂林》，中华书局，1999，1028 页。

五经。《木部》:“，鞠也。从木白声。博陌切。”（118 页）《说文通训定声》[①]：“字亦作栢。《尔雅》：柏椈。《礼记·杂记》：鬯臼以椈。许书无椈字，文阙夺也。此注以鞠为之。”

3.【常 B】甲骨文“帛”字，H11：3。金文“帛”字，春秋 01.196。简帛“帛”字，封诊式 22。石刻“帛”字，石经周易。《帛部》:“，缯也。从巾白声。旁陌切。”（160 页）

4.【常】金文“伯”字，商 06.3625。简帛“伯”字，马壹 75_40、东牌楼 113。石刻“伯”字，窦泰志。《人部》:“，长也。从人白声。博陌切。”（162 页）

5.【常】简帛“迫”字，金关 T23：880A。石刻“迫”字，元举志。《辵部》:“，近也。从辵白声。博陌切。”（41 页）

6.【常】石刻“魄”字，元纂志。《鬼部》:“，阴神也。从鬼白声。普百切。”（188 页）

7.【常】石刻“怕”字，朝侯小子碑、李德孙志。《心部》:“，无为也。从心白声。匹白切。又葩亞切。”（219 页）

8.【常】石刻“碧”字，斛律氏志、刘子志。《玉部》:“，石之青美者。从玉、石，白声。兵尺切。”（13 页）段玉裁注[②]：“从玉石者，似玉之石也。碧色青白，金克木之色也，故从白。云白声者，以形声包会意。”

9.0【常】金文“拍”字，春秋 09.4644。石刻“拍”字，石经五经，从手白声，《说文》无。

9.1【常】“啪”字暂未见唐以前相关古文字形，从口拍声，《说文》无。

10.0【常】简帛“泊”字，马壹 143_2。石刻“泊”字，多宝塔碑，从水白声，《说文》无。

10.1【常 B】“箔”字暂未见唐以前相关古文字形，从竹泊声，《说文》无。

11.【常 B】石刻“珀”字，道奣造像，从玉白声，《说文》无。

12.【常】石刻“舶”字，苗弘本志，从舟白声，《说文》无。

13.【常】“帕”字暂未见唐以前相关古文字形，从巾白声，《说文》无。

---

① （清）朱骏声:《说文通训定声》，武汉古籍书店，1983，459 页。

② （清）段玉裁:《说文解字注》，上海古籍出版社，2000，17 页。

“拜”组

0.【常】金文“拜”字，西周 05.2803、西周 15.9723.1、考古与文物 06.6。简帛“拜”字，金关 T30：114、金关 T24：512A。石刻“拜”字，杨著碑、石经五经。《手部》：“，首至地也。从手、𠦪。𠦪音忽。博怪切。，古文拜。，杨雄说：拜从两手、下。”（251 页）《金文形义通解》[①]：“金文‘拜’字从手，𠦪声。”“㨜（拜）”字音 bài。

1.【常】“湃”字暂未见唐以前相关古文字形，从水拜声，《说文》无。

“才”组

0.【常】甲骨文“才”字，合 7、合 36938。金文“才”字，商 10.5395.1、西周 10.5402.1、西周 04.2183。简帛“才”字，马壹 244_1、傅律 355。石刻“才”字，郑君妻志、康赞羑志。《才部》：“，艸木之初也。从丨上贯一，将生枝叶。一，地也。昨哉切。”（126 页）《甲骨文字诂林》[②]：“按：自许慎以来，说解‘才’字皆迂曲难通。李孝定亦承其讹误以说解甲骨文‘才’字形体，不可据。‘才’字无由‘象中在地下初出地上之形’。卜辞皆假借为‘在’字，‘才’与‘在’实本同源，‘在’乃后起之专用字。”

1.0 甲骨文“𢦏”字，合 28188。金文“𢦏”字，西周 10.5429.1。简帛“𢦏”字，马壹 88、奏谳书 172。《戈部》：“，伤也。从戈才声。祖才切。”（266 页）“𢦏”字音 zāi。

1.1【常】甲骨文“戴”字，合 17992。简帛“戴”字，银贰 1788。石刻“戴”字，石经五经。《異部》：“，分物得增益曰戴。从異𢦏声。都代切。，籀文戴。”（59 页）《文源》[③]：“此义经传无用者。戴相承训为头载物，当即本义。”《甲骨文字诂林》[④]：“按：甲骨文異字象人首戴物之形，实为‘从異𢦏声’之‘戴’之初文。”

1.2【常】甲骨文“栽”字，屯 3029。简帛“栽”字，秦律十八种 125。石刻“栽”字，石经五经。《木部》：“，筑墙长版也。从木𢦏声。昨代切。”（120 页）《说文通训定声》[⑤]：“古筑墙之法，既度其广轮，

---

① 张世超等：《金文形义通解》，中文出版社，1996，2797 页。

② 于省吾主编：《甲骨文字诂林》，中华书局，1999，3397 页。

③ 林义光：《文源》，中西书局，2012，卷十二。

④ 于省吾主编：《甲骨文字诂林》，中华书局，1999，285 页。

⑤ （清）朱骏声：《说文通训定声》，武汉古籍书店，1983，190 页。

先植桢于两头，又植干于两边，而后横版于干内，以绳束干，实土筑之。”

1.3【常】金文“哉”字，春秋 01.245。石刻“哉”字，暴诞志、石经周易。《口部》：“，言之间也。从口𢦏声。祖才切。”（32 页）

1.4【常】金文“載”字，战国 15.9735、战国 17.11220。简帛“載”字，秦律十八种 125。石刻“載”字，石经尚书。《車部》：“，乘也。从車𢦏声。作代切。”（302 页）“載”字简化作“载”。

1.5【常】简帛“裁”字，仓颉篇 9。石刻“裁”字，石经五经。《衣部》：“，制衣也。从衣𢦏声。昨哉切。”（170 页）

2.0【常】甲骨文“在”字，合 371 反、英 1989。金文“在”字，西周 05.2837、西周 07.4046。简帛“在”字，为吏 13、敦煌简 0620。石刻“在”字，朝侯小子碑、石堂画像石题记。《土部》：“，存也。从土才声。昨代切。”（287 页）《金文形义通解》①：“‘在’从才从士，‘士’当为后增之声符。……秦简文‘士’‘土’颇相混淆，汉印犹然。故《说文》篆文‘在’讹从土。”

2.1【常】简帛“茬”字，马壹 43_43。石刻“茬”字，杨叔恭残碑侧。《艸部》：“，艸皃。从艸在声。济北有茬平县。仕甾切。”（23 页）《说文通训定声》②：“《字林》：茬，艸亦盛也。”

3.【常】简帛“材”字，法律答问 140、田律 249。石刻“材”字，冯邕妻志。《木部》：“，木梃也。从木才声。昨哉切。”（119 页）

4.【常 A】简帛“豺”字，日甲《盗者》77、仓颉篇 56。石刻“豺”字，石经五经。《豸部》：“，狼属，狗声。从豸才声。士皆切。”（198 页）

5.0【常】简帛“存”字，秦律十八种 161、老子 12。石刻“存”字，石经五经。《子部》：“，恤问也。从子才声。徂尊切。”（310 页）

5.1【常】石刻“荐”字，元寿安志。《艸部》：“，薦席也。从艸存声。在甸切。”（24 页）段玉裁注③：“薦，见廌部，艸也。”

6.【常】石刻“財”字，石经周易。《貝部》：“，人所宝也。从貝才声。昨哉切。”（130 页）“財”字简化作“财”。

---

① 张世超等：《金文形义通解》，中文出版社，1996，3162 页。

② （清）朱骏声：《说文通训定声》，武汉古籍书店，1983，191 页。

③ （清）段玉裁：《说文解字注》，上海古籍出版社，2000，42 页。

“采”组

0.【常】甲骨文“采”字，合 13377。金文“采”字，西周 10.5402.1。简帛“采”字，秦律十八种 181、东牌楼 043。石刻“采”字，契苾夫人志。《木部》：“采，捋取也。从木从爪。倉宰切。”（124页）《甲骨文字诂林》①：“罗振玉：‘象取果于木之形，故从爪果，或省果从木。’按：罗振玉说‘采’字之形甚是。徐灏《说文解字注笺》云：‘木成华实，人所采取，故从木从爪。’”

1.【常】简帛“菜”字，上三周 21。石刻“菜”字，韩思志。《艸部》：“菜，艸之可食者。从艸采声。蒼代切。”（23 页）

2.【常】石刻“彩”字，慈庆志。《彡部》：“彩，文章也。从彡采声。倉宰切。”（185 页）

3.【常】“踩”字从足采声，【常】“睬”字从目采声，均暂未见唐以前相关古文字形，《说文》无。

“隶”组

0. 金文“隶”字，春秋 01.226。简帛“隶”字，郭店尊 31。《隶部》：“隶，及也。从又，从尾省。又，持尾者，从后及之也。徒耐切。”（65 页）“隶”字音 dài。

1.【常】简帛“逮”字，第八层 135、马贰 32_4。石刻“逮”字，石经五经。《辵部》：“逮，唐逮，及也。从辵隶声。徒耐切。”（40 页）《说文通训定声》②：“按：逮者，行相及也。古曰唐逮，双声连语。”

2.【常】“肆”字同“肆”。甲骨文“肆”字，合 1306、合 15883、合 15885 正、合 18529。石刻“肆”字，曹全碑、徐显秀志。《長部》：“肆，极、陈也。从長隶声。息利切。肆，或从髟。”（196 页）《说文通训定声》③：“字亦作肆。愚按：此字本训长。”

“带”组

0.【常】甲骨文“帶”字，合 13935、合 35242。金文“帶”字，西周 17.10954；从巾，故宫文物月刊 13 卷 1 期、文物 87.8；从糸，

① 于省吾主编：《甲骨文字诂林》，中华书局，1999，1366 页。

② （清）朱骏声：《说文通训定声》，武汉古籍书店，1983，551 页。

③ （清）朱骏声：《说文通训定声》，武汉古籍书店，1983，551 页。

文物 72.6。简帛“帶”字，银贰 1837。石刻“帶”字，石经五经。《巾部》：“帶，绅也。男子鞶带，妇人带丝。象系佩之形。佩必有巾，从巾。當蓋切。”（158 页）“帶”字简化作“带”。

1.【常】石刻“滯”字，多宝塔碑。《水部》：“滯，凝也。从水帶声。直例切。”（234 页）“滯”字简化作“滞”。

“匃”组

0.“匃”是俗“匄”字。甲骨文“匃”字，花东 218、合 32315。金文“匃”字，西周 07.3977、西周 09.4452。简帛“匃”字，第八层 157、居 EPF22.298、仓颉篇 32。石刻“匃”字，张世宝造塔记。《亡部》：“匄，气也。逯安说：亡人为匄。古代切。”（267 页）《说文通训定声》[①]：“按：亡人会意者，亡逃之人求食于他乡也。……《广雅・释诂三》：匄，求也，字亦误作匃，又作丐。”《甲骨文字诂林》[②]：“按：契文匄作，从刀，不从人，金文犹然。卜辞亦用为乞求之义。”“匃”字音 gài。

0.10【常】“丐”是俗“匄”字。石刻“丐”字，屈元寿志，《说文》无。

0.11【常 A】“鈣”字暂未见唐以前相关古文字形，从金丐声，简化作“钙”，《说文》无。

1.0 简帛“曷”字，马壹 37_37。石刻“曷”字，冯季华志、石经五经。《曰部》：“曷，何也。从曰匃声。胡葛切。”（100 页）

1.1【常】金文“渴”字，铭文选二 881。简帛“渴”字，脉书 15、银贰 1065。石刻“渴”字，元瞻志。《水部》：“渴，尽也。从水曷声。苦葛切。”（235 页）段玉裁注[③]：“渴、竭，古今字。古水竭字多用渴，今则用渴为潵字矣。”《金文形义通解》[④]：“金文渴字从水，声。……盖战国时有此写法。”

1.20【常】简帛“謁”字，秦律十八种 105、金关 T10：134、金关 T24：023A。石刻“謁”字，葛亮祠堂碑。《言部》：“謁，白也。从言曷声。於歇切。”（51 页）《说文通训定声》[⑤]：“若今书刺自言爵里姓名并列所白事。”“謁”字简化作“谒”。

---

① （清）朱骏声：《说文通训定声》，武汉古籍书店，1983，665 页。

② 于省吾主编：《甲骨文字诂林》，中华书局，1999，2453 页。

③ （清）段玉裁：《说文解字注》，上海古籍出版社，2000，559 页。

④ 张世超等：《金文形义通解》，中文出版社，1996，2618 页。

⑤ （清）朱骏声：《说文通训定声》，武汉古籍书店，1983，665 页。

1.21【常B】石刻“靄”字，▇唐嘉会志，謁声。《雨部》：“▇，云皃。从雨，藹省声。於蓋切。”（242页）“靄”字简化作“霭”。

1.3【常】简帛“褐”字，▇秦律十八种91、▇仓颉篇17。石刻“褐”字，▇元纂志、▇石经五经。《衣部》：“▇，编枲韈。一曰粗衣。从衣曷声。胡葛切。”（173页）《说文通训定声》[①]：“［转注］《诗·七月》‘无衣无褐’笺：毛布也。”

1.4【常】简帛“揭”字，▇得之案183。石刻“揭”字，▇密多心经碑。《手部》：“▇，高举也。从手曷声。去例切。又基竭切。”（254页）

1.5【常】简帛“歇”字，▇第八层1523。石刻“歇”字，▇冯会苌志。《欠部》：“▇，息也。一曰气越泄。从欠曷声。許謁切。”（179页）

1.6【常】简帛“竭”字，▇银贰1173。石刻“竭”字，▇元诲志。《立部》：“▇，负举也。从立曷声。渠列切。”（216页）段玉裁注[②]：“凡手不能举者，负而举之。”

1.7【常】简帛“蝎”字，▇马贰31_62。石刻“蝎”字，▇高洛周造像、▇石经五经。《虫部》：“▇，蝤蛴也。从虫曷声。胡葛切。”（279页）

1.8【常】石刻“喝”字，▇支敬伦志。《口部》：“▇，㵣也。从口曷声。於介切。”（34页）《说文通训定声》[③]：“按：音之歇也。”

1.9【常】简帛“遏”字，▇银贰1751。石刻“遏”字，▇王基志、▇石经五经。《辵部》：“▇，微止也。从辵曷声。读若桑虫之蝎。烏割切。”（41页）

1.（10）0【常】简帛“葛”字，▇敦煌简1135。石刻“葛”字，▇韩氏志、▇石经周易。《艸部》：“▇，絺綌艸也。从艸曷声。古達切。”（21页）

1.（10）1【常】石刻“藹”字，▇元诱志、▇李凤妃志。《言部》：“▇，臣尽力之美。从言葛声。於害切。”（52页）“藹”字简化作“蔼”。

1.（11）【常B】石刻“碣”字，▇元颢志、▇石经尚书。《石部》：“▇，特立之石。东海有碣石山。从石曷声。渠列切。▇，古文。”（194页）

“亥”组

0.【常】甲骨文“亥”字，▇合20583、▇合25938。金文“亥”字，▇商05.2709、▇春秋05.2650、▇春秋01.245。简帛“亥”字，▇日甲《盗

① （清）朱骏声：《说文通训定声》，武汉古籍书店，1983，666页。

② （清）段玉裁：《说文解字注》，上海古籍出版社，2000，500页。

③ （清）朱骏声：《说文通训定声》，武汉古籍书店，1983，665页。

者》74、睡43、历谱14。石刻“亥”字，胡明相志、杜济志、石经九经。《亥部》：“，荄也。十月，微阳起，接盛阴。从二，二，古文上字。一人男，一人女也。从乙，象褢子咳咳之形。胡改切。，古文亥为豕，与豕同。亥而生子，复从一起。”（314页）《甲骨文字集释》[①]：“许说亥字支离灭裂，上文云一人男一人女，下复言亥为豕，实风马牛不相及。亥豕之说，除古文字形略同外，当仍本十二肖兽之说，郭说是也。至从上从二人，乙象怀子形，则纯属望文生义，……契文作上出之形，其初义未详。”

1.【常】甲骨文“刻”字，合7938。简帛“刻”字，效律40。石刻“刻”字，韩震志。《刀部》：“，镂也。从刀亥声。苦得切。”（91页）

2.【常】“孩”是“咳”字古文。简帛“咳”字，银贰1674。石刻“咳”字，夏承碑、高湝志。简帛“孩”字，居新10。石刻“孩”字，元文志、马君妻董志。《口部》：“，小儿笑也。从口亥声。户來切。，古文咳从子。”（31页）《说文通训定声》[②]：“《礼记·内则》：咳而名之。《孟子》‘孩提之童’注：二三岁之间，在襁褓知孩笑可提抱者也。”

3.【常】石刻“核”字，道因法师碑。《木部》：“，蛮夷以木皮为箧，状如奁尊。从木亥声。古哀切。”（123页）段玉裁注[③]：“今字果实中曰核，本义废矣。”

4.【常】简帛“該”字，仓颉篇6。石刻“該”字，杨无丑志。《言部》：“，军中约也。从言亥声。读若心中满该。古哀切。”（57页）“該”字简化作“该”。

5.【常】石刻“駭”字，尔朱袭志、张翙志。《馬部》：“，惊也。从馬亥声。矦楷切。”（201页）“駭”字简化作“骇”。

“岂”组

0.【常】简帛“豈”字，为吏10、马壹81_33。石刻“豈”字，元嵩志。《豈部》：“，还师振旅乐也。一曰欲也，登也。从豆，微省声。墟喜切。”（102页）《说文通训定声》[④]：“按：从壴省，敳省声。经传

---

① 李孝定：《甲骨文字集释》，台湾“中研院”历史语言研究所，1970，4425页。

② （清）朱骏声：《说文通训定声》，武汉古籍书店，1983，194页。

③ （清）段玉裁：《说文解字注》，上海古籍出版社，2000，262页。

④ （清）朱骏声：《说文通训定声》，武汉古籍书店，1983，549页。

皆以恺为之。”《说文解字注笺》[1]：“豈即古恺字。《尔雅·释乐》：恺，乐也。乃字之本义。”“豈”字简化作“岂”。

1.【常B】简帛“鎧”字，金关T28：011。石刻“鎧”字，唐嘉会志。《金部》：“鎧，甲也。从金豈声。苦亥切。”（297页）“鎧”字简化作“铠”。

2.【常B】石刻“皚”字，崔隋妻志。《白部》：“皚，霜雪之白也。从白豈声。五來切。”（161页）“皚”字简化作“皑”。

3.【常】石刻“凱”字，皇甫深志，从几豈声，简化作“凯”，《说文》无。

“来”组

0.【常】甲骨文“來”字，合20076、合2367。金文“來”字，西周08.4329。简帛“來”字，封诊式20。石刻“來”字，赵菿残碑、闾叱地连志，简化作“来”。《來部》：“來，周所受瑞麦来麰。一来二缝，象芒朿之形。天所来也，故为行来之来。洛哀切。”（111页）《甲骨文字集释》[2]：“契文正来麰之象形，与麦字同为象形。”

1.【常】甲骨文“麥”字，合9620、合补11299反。金文“麥”字，西周05.2706、西周.三代十七/十。简帛“麥”字，法律答问153。石刻“麥”字，元颙志、石经九经，简化作“麦”。《麥部》：“麥，芒谷，秋穜厚薶，故谓之麦。麦，金也。金王而生，火王而死。从來，有穗者；从夊。莫獲切。”（112页）《甲骨文字集释》[3]：“今按：来、麦当是一字，罗说是也。夊本象倒止形，于此但象麦根。来假为行来字，故更制繁体之麥以为来麰之本字。”

2.【常】石刻“萊”字，郑君妻志，简化作“莱”。《艸部》：“萊，蔓华也。从艸來声。洛哀切。”（26页）

3.【常A】简帛“睞”字，仓颉篇7。石刻“睞”字，王绍志，简化作“睐”。《目部》：“睞，目童子不正也。从目來声。洛代切。”（73页）

---

[1] （清）徐灏：《说文解字注笺》（续修四库全书），上海古籍出版社，2002，卷五上519页。

[2] 李孝定：《甲骨文字集释》，台湾“中研院”历史语言研究所，1970，1890页。

[3] 李孝定：《甲骨文字集释》，台湾“中研院”历史语言研究所，1970，1892页。

"买"组

0.【常】甲骨文"買"字，合 21185、合 10976 正。金文"買"字，新收 1064 页。简帛"買"字，法律答问 140。石刻"買"字，、石经九经。《貝部》："，市也。从网、貝。莫蟹切。"（131 页）《甲骨文字诂林》[①]："孙海波：'古者交易以贝，网贝有市利之义。'……李孝定：'契文正从网从贝。网或在下，与在上同。'""買"字简化作"买"。

1.【常】简帛"賣"字，第八层 1055、奏谳书 11。石刻"賣"字，、石经九经。《出部》："，出物货也。从出从買。莫邂切。"（127 页）段玉裁注[②]："出买者，出而与人买之也。"《说文通训定声》[③]："按：买亦声。""賣"字简化作"卖"。

"乃"组

0.【常】甲骨文"乃"字，合 21339、合 10405 正。金文"乃"字，商 15.9823、商 04.2431。简帛"乃"字，效律 39、金关 T23：238。石刻"乃"字，王翊志。《乃部》："，曳词之难也。象气之出难。奴亥切。，古文乃。，籀文乃。"（100 页）《金文形义通解》[④]："其造字之意，尚难塙知。郭沫若曰：'象人侧立，胸部有乳房突出，是则"乃"盖"奶"之初文。'"

1.【常】简帛"仍"字，居新 6574。石刻"仍"字，张去逸志。《人部》："，因也。从人乃声。如乘切。"（164 页）

2.【常】"扔"字暂未见唐以前、小篆外其他相关古文字形。《手部》："，因也。从手乃声。如乘切。"（255 页）《说文通训定声》[⑤]："按：以手摎之也。……《广雅·释诂一》：扔，引也。《老子》'则攘臂而扔之'，《释文》：'引也，因也。'"

3.【常】"奶"字暂未见唐以前相关古文字形，从女乃声，《说文》无。

① 于省吾主编：《甲骨文字诂林》，中华书局，1999，1890 页。

② （清）段玉裁：《说文解字注》，上海古籍出版社，2000，273 页。

③ （清）朱骏声：《说文通训定声》，武汉古籍书店，1983，530 页。

④ 张世超等：《金文形义通解》，中文出版社，1996，1118 页。

⑤ （清）朱骏声：《说文通训定声》，武汉古籍书店，1983，70 页。

“𠂢”组

0. 金文“𠂢”字，考古96.4。石刻“𠂢”字，王温志。《𠂢部》：“，水之衺流，别也。从反永。读若稗县。匹卦切。”（240页）段玉裁注[①]：“𠂢与《水部》派音义皆同，派盖后出耳。”《金文形义通解》[②]：“金文‘𠂢’与‘永’同字无别。”“𠂢”字音pài。

1.【常】“𧖴”是“衇”字或体。简帛“脉（𧖴）”字，马.合阴阳。石刻“脉（𧖴）”字，、石经五经。简化作“脉”。《𠂢部》：“，血理分衺行体者。从𠂢从血。莫獲切。，衇或从肉。，籀文。”（240页）《说文通训定声》[③]：“按：𠂢亦声，字俗作脉。”

2.【常】石刻“派”字，郭敬墓记。《水部》：“，别水也。从水从𠂢，𠂢亦声。匹賣切。”（232页）《说文通训定声》[④]：“按：即𠂢字之或体。”

“寒”组

0. 甲骨文“寒（𡫳）”字，合集29365。金文“寒（𡫳）”字，春秋16.10276。《㠭部》：“，窒也。从㠭从廾，窒宀中。㠭犹齐也。穌則切。”（100页）《说文解字注笺》[⑤]：“𡫳隶变作寒，寒、塞古今字。”《甲骨文字释林》[⑥]：“按：《说文》之寒来源于周代金文。寒又孳乳为塞与𡫳或赛，由于用各有当，遂至分化。但文字学家皆知从𡫳之字隶变作寒，今验之于甲骨文，才知道寒之初文本作。”“寒（𡫳）”字音sài。

1.【常】简帛“塞”字，脉书9、金关T05：071。石刻“塞”字，石经九经。《土部》：“，隔也。从土从寒。先代切。”（288页）《说文通训定声》[⑦]：“从土从寒，会意，寒亦声。”

2.【常】简帛“賽”字，金关T24：040，简化作“赛”。《貝部》：“，报也。从貝，塞省声。先代切。”（131页）

3.【常】石刻“寨”字，李审规墓记，从木，寒声，《说文》无。

---

① （清）段玉裁：《说文解字注》，上海古籍出版社，2000，570页。

② 张世超等：《金文形义通解》，中文出版社，1996，2669页。

③ （清）朱骏声：《说文通训定声》，武汉古籍书店，1983，530页。

④ （清）朱骏声：《说文通训定声》，武汉古籍书店，1983，530页。

⑤ （清）徐灏：《说文解字注笺》（续修四库全书），上海古籍出版社，2002，卷十三下22页。

⑥ 于省吾：《甲骨文字释林》，中华书局，1979，393页。

⑦ （清）朱骏声：《说文通训定声》，武汉古籍书店，1983，214页。

“台”组

0.【常】甲骨文“臺”字，村中南 364。简帛“臺”字，金关 T24：261、王杖 6。石刻“臺”字，元诠志、石经尚书（吉声）。《至部》：“臺，观，四方而高者。从至从之，从高省。与室屋同意。徒哀切。”（247 页）段玉裁注[①]：“云‘与室屋同意’者，室、屋篆下皆云‘从至者，所止也’，是其意也。”《说文通训定声》[②]：“按：积土四方高丈曰台，不方者曰观曰阙，台上有屋曰榭，‘之’象上出远而可见。”“臺”字简化作“台”。

1.【常 B】石刻“薹”字，杨孝公碑，从艸臺声，《说文》无。

2.【常】“抬”字同“擡”，暂未见唐以前相关古文字形，《说文》无。

“太”组

0.【常】简帛“太”字，西 . 诏书。石刻“太”字，石经尚书。从大，《说文》无。《说文通训定声》[③]：“《广雅·释诂一》：太，大也。”

1.【常 A】甲骨文“汏”字，合 19866、合 3070。简帛“汏”字，马贰 79_206。《水部》：“汏，淅灡也。从水大声。代何切。又徒盖切。”（235 页）段玉裁注[④]：“或写作汰，多点者误也。”石刻“汰”字，侯掌志，从水太声。“汏”字音 tài。

“巛”组

0. 甲骨文“巛”字，屯 344、合 28360、合 12836。金文“巛”字，商 04.1694。石刻“巛”字，石堂画像石题记。《川部》：“巛，害也。从一雝川。祖才切。”（239 页）《甲骨文字诂林》[⑤]：“按：契文早期作、，稍后或作，晚期则作、。……并象洪水横流，灾害之义。则从‘才’声。《说文》‘从一雝川’，乃形体之讹。……卜辞、通用无别。、、、并有灾害义。”“巛”字音 zāi。

1.【常】“灾”是“烖”字或体。“災”是“烖”字籀文，简化作“灾”。甲骨文“灾”字，合 7996 甲、合 18741。石刻“灾（烖）”字，

---

① （清）段玉裁：《说文解字注》，上海古籍出版社，2000，585 页。
② （清）朱骏声：《说文通训定声》，武汉古籍书店，1983，193 页。
③ （清）朱骏声：《说文通训定声》，武汉古籍书店，1983，652 页。
④ （清）段玉裁：《说文解字注》，上海古籍出版社，2000，561 页。
⑤ 于省吾主编：《甲骨文字诂林》，中华书局，1999，1275 页。

、石经尚书、石经五经。《火部》："，天火曰烖。从火𢦏声。祖才切。，或从宀、火。，古文从才。，籀文从巛。"（209页）《文源》[①]："烖或从宀火。按：象屋下火。"

"宰"组

0.【常】甲骨文"宰"字，合1229反、合补11300。金文"宰"字，商10.5395.2、文物98.8。简帛"宰"字，金关T30：022。石刻"宰"字，高湝志。《宀部》："，辠人在屋下执事者。从宀从辛。辛，辠也。作亥切。"（151页）《甲骨文字诂林》[②]："詹鄞鑫：'宰字甲骨文作，宀表示屋室，辛是手工业工具的代表，由此观之，宰的本义是室内手工业劳动。以宰为官，则是手工业主管，旧称为司工或司空。原来在奴隶社会，手工业者是工匠奴隶，身份跟仆妾相似，管理他们的头目，就叫做宰。'"

1.【常A】石刻"滓"字，东方朔画赞。《水部》："，淀也。从水宰声。阻史切。"（236页）《说文通训定声》[③]："泥之黑者为滓。"

"丫"组

0."丫"字暂未见唐以前、小篆外其他相关古文字形。《丫部》："，羊角也。象形。读若菲。工瓦切。"（77页）"丫"字音guǎ。

1.【常】简帛"乖（𠁥）"字，张32。石刻"乖（𠁥）"字，、石经九经，丫亦声。《丫部》："，戾也。从丫而兆。兆，古文别。古懷切。"（77页）

"夬"组

0.简帛"夬"字，睡44、马壹4。石刻"夬"字，熹平石经残石五。《又部》："，分决也。从又，象决形。古賣切。"（64页）《说文通训定声》[④]："按：本义当为引弦彄也，从又，象彄形，丨象弦，今俗谓之扳指，字亦作觖。""夬"字音guài。

① 林义光：《文源》，中西书局，2012，卷六。
② 于省吾主编：《甲骨文字诂林》，中华书局，1999，2042页。
③ （清）朱骏声：《说文通训定声》，武汉古籍书店，1983，191页。
④ （清）朱骏声：《说文通训定声》，武汉古籍书店，1983，662页。

1.【常】简帛“决”字，秦律杂抄 6、马贰 212。石刻“決”字，石经周易、张去奢志。俗作“决”。《水部》：“，行流也。从水从夬。庐江有決水，出于大别山。古穴切。”（233 页）《说文通训定声》[①]：“字亦误作决。”

2.【常 B】简帛“抉”字，秦律十八种 84。石刻“抉”字，石经五经。《手部》：“，挑也。从手夬声。於説切。”（253 页）

3.【常】简帛“缺”字，第八层 157、马贰 212_2。石刻“缺”字，陈立行志、姬温志。《缶部》：“，器破也。从缶，決省声。傾雪切。”（109 页）《说文通训定声》[②]：“按：谓瓦器破。”《说文解字注笺》[③]：“《六书故》引唐本‘夬声’。”

4.0【常】简帛“快”字，识劫案 125、金关 T30：028A。石刻“快”字，兰亭序真本。《心部》：“，喜也。从心夬声。苦夬切。”（217 页）

4.1【常】“筷”字暂未见唐以前相关古文字形，从竹快声，《说文》无。

5.【常】石刻“訣”字，元乂志。《言部》：“，诀别也。一曰法也。从言，決省声。古穴切。”（58 页）“訣”字简化作“诀”。

“凷”组

0.【常】“塊”是“凷”字或体，简化作“块”。简帛“凷（塊）”字，银壹 628、金关 T29：098。石刻“凷（塊）”字，韦孟明志、何楚章志。《土部》：“，墣也。从土，一屈象形。苦對切。，凷或从鬼。”（286 页）

1.【常】简帛“届（屆）”字，仓颉篇 68。石刻“届（屆）”字，元朗志。《尸部》：“，行不便也。一曰极也。从尸凷声。古拜切。”（174 页）

“率”组

0.【常】甲骨文“率”字，合 95、合 34185。金文“率”字，西周 05.2837。简帛“率”字，敦煌简 1584、金关 T30：018。石刻“率”字，石经五经。《率部》：“，捕鸟畢也。象丝罔，上下其竿柄也。

---

① （清）朱骏声：《说文通训定声》，武汉古籍书店，1983，663 页。

② （清）朱骏声：《说文通训定声》，武汉古籍书店，1983，662 页。

③ （清）徐灏：《说文解字注笺》（续修四库全书），上海古籍出版社，2002，卷五下 549 页。

所律切。”（278 页）《甲骨文字诂林》[1]：“按：徐灏《说文解字注笺》云：‘传注未有训率为畢者，许说殆非也。戴氏侗曰：“率，大索也。上下两端象所用绞率者，中象率，旁象麻枲之余。又为率带之率，别作繂、䋎。”灏按：戴说是也。……率之本义为索，因之有率带之名。率、䋎古今字，以麻枲为之，故从索。以帛为之谓之䋎，则从素，又省为繂也。率有牵引义，故引申为表率。’”

1.【常】“蟀”是俗“䗨”字。石刻“蟀”字，阿史那贞忠志，从虫率声。《虫部》：“，悉䗨也。从虫帥声。所律切。”（280 页）“䗨”字音 shuài。

2.【常】“摔”字暂未见唐以前相关古文字形，从手率声，《说文》无。

“安”组

0.【常】甲骨文“安”字，合 22094、合 5373。金文“安”字，西周 15.9556.2、文物 94.4。简帛“安”字，为吏 23。石刻“安”字，曹全碑。《宀部》：“，静也。从女在宀下。烏寒切。”（150 页）《金文形义通解》[2]：“从女在宀下，以安居之象示安定、安静之意。……女旁或增短画，乃饰笔。”

1.【常】简帛“案”字，语书 7、东牌楼 066。石刻“案”字，元湛志。《木部》：“，几属。从木安声。烏旰切。”（122 页）

2.0 简帛“晏”字，睡 162、敦煌简 0614。石刻“晏”字，皇甫深志。《日部》：“，天清也。从日安声。烏諫切。”（138 页）

2.1【常 B】“鼹”字暂未见唐以前相关古文字形，从鼠晏声，《说文》无。

3.【常】简帛“鞍（鞌）”字，马贰 32_22。石刻“鞍（鞌）”字，石经五经。《革部》：“，马鞁具也。从革从安。烏寒切。”（61 页）按：安亦声。

4.【常】简帛“按”字，敦煌简 1271B、仓颉篇 3。石刻“按”字，石经五经。《手部》：“，下也。从手安声。烏旰切。”（252 页）

5.【常 B】简帛“桉”字，马壹 136_63。石刻“桉”字，谢彦璋志，从木安声，《说文》无。

6.【常 A】“氨”字暂未见唐以前相关古文字形，从气安声，《说文》无。

---

① 于省吾主编：《甲骨文字诂林》，中华书局，1999，3184 页。

② 张世超等：《金文形义通解》，中文出版社，1996，1829 页。

“班”组

0.【常】金文“班”字，班西周08.4341。简帛“班”字，班居新96。石刻“班”字，班司马显姿志。《玨部》：“班，分瑞玉。从玨从刀。布還切。”（14页）《金文形义通解》①：“金文象刀分玉之形。”

1.【常】石刻“斑”字，斑石经五经，从文，班省声，《说文》无。

“半”组

0.【常】金文“半”字，半春秋08.4315.3。简帛“半”字，半秦律十八种180。石刻“半”字，半元怀志。《半部》：“半，物中分也。从八从牛。牛为物大，可以分也。博幔切。”（28页）《说文通训定声》②：“按：此字实即判之本字，或曰即胖之古文，故从牛。”《金文形义通解》③：“‘半’是数量概念，以分牛作解，殊不类。……本应从八从斗。‘八’有分义，‘斗’为先秦常用量具，则从八从斗即取分斗之意以表物量之半。”

1.【常】石刻“畔”字，畔元仙志。《田部》：“畔，田界也。从田半声。薄半切。”（291页）

2.【常】石刻“絆”字，絆杨承胤志。《糸部》：“絆，马絷也。从糸半声。博幔切。”（276页）“絆”字简化作“绊”。

3.【常】石刻“判”字，判胡明相志。《刀部》：“判，分也。从刀半声。普半切。”（91页）《说文通训定声》④：“按：此实半之本字，字亦作胖。……《汉书·翟义传》注：判之言片也。《字林》：胖，半也。”

4.【常】简帛“伴”字，伴东牌楼065。石刻“伴”字，伴成淑志。《人部》：“伴，大皃。从人半声。薄滿切。”（163页）

5.【常】“胖”字暂未见唐以前、小篆外其他相关古文字形。《半部》：“胖，半体肉也。一曰广肉。从半从肉，半亦声。普半切。”（28页）《说文通训定声》⑤：“按：此实即半之后制字。《周礼·腊人》‘膴胖’注：胖之言片也，析肉意也。‘大夫’注：膴胖皆谓夹脊肉。礼家以胖为半体。……《广雅·释诂四》：胖，半也。”

6.【常】“拌”字暂未见唐以前相关古文字形，从手半声，《说文》无。

---

① 张世超等：《金文形义通解》，中文出版社，1996，63页。

② （清）朱骏声：《说文通训定声》，武汉古籍书店，1983，743页。

③ 张世超等：《金文形义通解》，中文出版社，1996，135页。

④ （清）朱骏声：《说文通训定声》，武汉古籍书店，1983，744页。

⑤ （清）朱骏声：《说文通训定声》，武汉古籍书店，1983，744页。

“㚘”组

0. 石刻“㚘”字，黄晨黄芍墓砖。《夫部》：“㚘，并行也。从二夫。辇字从此。读若伴侣之伴。薄旱切。”（216 页）“㚘”字音 bàn。

1.0 甲骨文“輦”字，合 29693。石刻“輦”字，元瞻志。《甲骨文字诂林》[①]：“按：此正象两人輓车之形。”《車部》：“輦，輓车也。从車，从㚘在車前引之。力展切。”（303 页）“輦”字简化作“辇”。

1.1【常】“攆”字暂未见唐以前相关古文字形，从手輦声，简化作“撵”，《说文》无。

“㢟”组

0. 甲骨文“㢟”字，合 4566、合 7041。金文“㢟”字，西周 05.2763.1。《㢟部》：“㢟，安步㢟㢟也。从廴从止。丑連切。”（44 页）《金文形义通解》[②]：“容庚已指出，古‘㢟’‘延’同字。今进而论之。郭沫若曰：‘㢟读丑连，辵读丑略，亦一音之转。’甚是。‘㢟（延）’即古‘辵’字形变分化者也。”“㢟”字音 chān。

1.0【常】金文“延”字，西周 07.4059、春秋 01.217.2。简帛“延”字，仓颉篇 4。石刻“延”字，石经五经。《㢟部》：“延，长行也。从㢟丿声。以然切。”（44 页）《说文通训定声》[③]：“长行是与廴同字。按：长也，从丿㢟声，字亦作延。”

1.1【常】金文“誕”字，假“㢟”字为之，西周 07.4059。石刻“誕”字，胡明相志。《言部》：“誕，词誕也。从言延声。徒旱切。𧨑，籀文誕省正。”（55 页）《说文通训定声》[④]：“按：词，疑当作詷。”“誕”字简化作“诞”。

1.2【常 B】石刻“筵”字，李凤妃志。《竹部》：“筵，竹席也。从竹延声。《周礼》曰：‘度堂以筵。’筵一丈。以然切。”（96 页）

1.3【常】石刻“涎”字，鲜于璜碑，从水延声；【常】石刻“蜒”字，王操志，从虫延声；《说文》均无。

1.4【常】“蛋”字古作“蜑”，从虫延声，暂未见唐以前相关古文字形，《说文》无。

① 于省吾主编：《甲骨文字诂林》，中华书局，1999，3178 页。

② 张世超等：《金文形义通解》，中文出版社，1996，415 页。

③（清）朱骏声：《说文通训定声》，武汉古籍书店，1983，761 页。

④（清）朱骏声：《说文通训定声》，武汉古籍书店，1983，761 页。

“毚”组

0. 简帛“毚”字，银壹687。石刻“毚”字，石经五经。《㲋部》：“，狡兔也，兔之骏者。从㲋、兔。士咸切。”（203页）“毚”字音chán。

1.【常B】简帛“讒”字，马壹8_34。石刻“讒”字，石经尚书。《言部》：“，譖也。从言毚声。士咸切。”（56页）“讒”字简化作“谗”。

2.【常】石刻“攙”字，尉迟敬德志。《手部》：“，刺也。从手毚声。楚衔切。”（258页）“攙”字简化作“搀”。

3.【常B】石刻“巉”字，石经五经，从山毚声，《说文》无。

4.【常】“饞”字暂未见唐以前相关古文字形，从食毚声，简化作“馋”，《说文》无。

“廛”组

0. 简帛“廛”字，马壹257_4。石刻“廛”字，奚智志、石经五经。《广部》：“，一亩半，一家之居。从广、里、八、土。直連切。”（192页）《说文通训定声》[①]：“二亩半，一家之居也，从广、里、八、土会意。按：八者，别也。在里曰廛，在野曰庐。……按:《周礼·廛人》注：民居区域之称。”“廛”字音chán。

1.【常】简帛“纏”字，马贰34_31。石刻“纏”字，元子正志、石经五经。《糸部》：“，绕也。从糸廛声。直連切。”（272页）“纏”字简化作“缠”。

“奴”组

0. 金文“奴”字，西周11.6015。《奴部》：“，残穿也。从又从歺。读若残。昨干切。”（84页）“奴”字音cán。

1.0【常B】简帛“粲”字，日甲《诘》57。石刻“粲”字，檀宾志、石经五经。《米部》：“，稻重一秙，为粟二十斗，为米十斗，曰毇；为米六斗太半斗，曰粲。从米奴声。倉案切。”（147页）

1.1【常B】石刻“璨”字，元显俊志。《玉部》：“，玉光也。从玉粲声。倉案切。”（14页）

---

① （清）朱骏声：《说文通训定声》，武汉古籍书店，1983，766页。

1.2【常】石刻“燦”字，李承嗣造像。《火部》：“燦，灿爤，明瀞皃。从火粲声。倉案切。”（210页）“燦”字简化作“灿”。

2.【常】简帛“餐”字，敦煌简0243B。石刻“餐”字，元显俊志、崔暟志。《食部》：“餐，吞也。从食㕞声。七安切。湌，餐或从水。”（107页）

“戋”组

0. 甲骨文“戔”字，合4759、合36348。金文“戔”字，商14.8465、春秋16.10160。石刻“戔”字，石经周易。《戈部》：“戔，贼也。从二戈。昨千切。”（266页）《说文通训定声》[①]：“按：即残字之古文。”“戔”字简化作“戋”。

1.【常】金文“淺”字，吴越433页。简帛“淺”字，马壹90_251、脉书61，简化作“浅”。石刻“淺”字，元恩志、石经尚书。《水部》：“淺，不深也。从水戔声。七衍切。”（231页）《金文形义通解》[②]：“金文‘浅’字今但见于越王剑，为鸟书，然其从水戋声之结构可见。”

2.【常】金文“踐”字，新收1025页。简帛“踐”字，第八层651、史律486。石刻“踐”字，李凤妃志。《足部》：“踐，履也。从足戔声。慈衍切。”（46页）“踐”字简化作“践”。

3.0【常】简帛“賤”字，日乙《入官》237。石刻“賤”字，元颢志。《貝部》：“賤，贾少也。从貝戔声。才線切。”（131页）段玉裁注[③]：“贾，今之價字。”“賤”字简化作“贱”。

3.1【常】简帛“濺”字，银壹871。石刻“濺”字，杨氏志、郑恕己志，从水賤声，简化作“溅”，《说文》无。

4.【常】简帛“錢”字，效律13、奏谳书223。石刻“錢”字，檀宾志。《金部》：“錢，铫也。古田器。从金戔声。即淺切。又昨先切。”（296页）段玉裁注[④]：“云古田器者，古谓之钱，今则但谓之铫，谓之臿，不谓之钱，…… 按：《貝部》下曰：‘古者货贝而宝龟，周而有泉，至秦废贝行钱。’……玉裁谓秦汉乃叚借钱为泉。《周礼》、《国语》早有钱字，是

① （清）朱骏声：《说文通训定声》，武汉古籍书店，1983，762页。

② 张世超等：《金文形义通解》，中文出版社，1996，2609页。

③ （清）段玉裁：《说文解字注》，上海古籍出版社，2000，282页。

④ （清）段玉裁：《说文解字注》，上海古籍出版社，2000，706页。

其来已久，钱行而泉废矣。”“錢”字简化作“钱”。

5.【常】石刻“棧”字，石经五经。《木部》：“，棚也。竹木之车曰栈。从木戔声。士限切。”（123 页）“棧”字简化作“栈”。

6.【常】简帛“殘”字，马壹 176_45。石刻“殘”字，石经五经。《歺部》：“，贼也。从歺戔声。昨干切。”（85 页）“殘”字简化作“残”。

7.【常 B】石刻“餞”字，檀宾志。《食部》：“，送去也。从食戔声。才線切。”（108 页）“餞”字简化作“饯”。

8.【常】石刻“綫”字，卢兰志、石经五经。《糸部》：“，缕也。从糸戔声。私箭切。，古文綫。”（275 页）“綫”字简化作“线”。

9.【常】“盞”字同“琖”，简化作“盏”。金文“盞”字，战国 09.4634。《玉部》：“，玉爵也。夏曰琖，殷曰斝，周曰爵。从玉戔声。或从皿。阻限切。”（14 页）《金文形义通解》[①]：“《说文》所无，字当从皿戋声。”“琖”字音 zhǎn。

“丹”组

0.【常】甲骨文“丹”字，合 8014。简帛“丹”字，金关 T24：140、仓颉篇 10。石刻“丹”字，石经尚书。《丹部》：“，巴越之赤石也。象采丹井，一象丹形。都寒切。，古文丹。，亦古文丹。”（106 页）《甲骨文字诂林》[②]：“按：林义光《文源》谓：‘形近字，故从井之字，古或讹从丹，然丹字无作者。古丹砂以柝盛之。……象柝，一象丹在其中。’”

1.【常 B】石刻“坍”字，利水大道记，从土丹声，《说文》无。

“单”组

0.【常】甲骨文“單”字，合 28116、合 34220、合 10615。金文“單”字，商 12.7191、西周 15.9456。简帛“單”字，第八层 92、金关 T04：108A。石刻“單”字，元珍志、石经尚书。《吅部》：“，大也。从吅、甲，吅亦声。阙。都寒切。”（35 页）《说文通训定

① 张世超等：《金文形义通解》，中文出版社，1996，1232 页。

② 于省吾主编：《甲骨文字诂林》，中华书局，1999，2851 页。

声》[①]："按:《匈奴传》集解：单于者，广大之貌。"《甲骨文字诂林》[②]："按:单本象某种武器的形体，类似于干，但不同于干。甲骨文单字无作Y形者。甲骨文獸（狩）字的偏旁或从单，或从干，盖狩用犬与干，或用犬与单。""單"字简化作"单"。

1.【常】甲骨文"彈"字，合集10048、合集18477。简帛"彈"字，马壹98_79。石刻"彈"字，尚博残碑。《弓部》："彈，行丸也。从弓單声。徒案切。，彈或从弓持丸。"（270页）《甲骨文字诂林》[③]："契文、并当释弹，从又从攴，偏旁可通。"《甲骨文字诂林》[④]："契文之弹象丸在弦上，与矢在弦上为射之谊相同。""彈"字简化作"弹"。

2.【常】甲骨文"撣"字，合27302、合31787。《手部》："撣，提持也。从手單声。读若行遅驒驒。徒旱切。"（252页）"撣"字简化作"掸"。

3.【常B】金文"鄲"字，战国05.2574.2。简帛"鄲"字，奏谳书24、金关T07：038。石刻"鄲"字，元固志。《邑部》："鄲，邯鄲县。从邑單声。都寒切。"（133页）"鄲"字简化作"郸"。

4.【常B】石刻"憚"字，曹全碑。《心部》："憚，忌难也。从心單声。一曰难也。徒案切。"（223页）"憚"字简化作"惮"。

5.【常】金文"戰"字，战国05.2794。简帛"戰"字，秦律杂抄37、敦煌简0133。石刻"戰"字，石经五经。《戈部》："戰，鬭也。从戈單声。之扇切。"（266页）"戰"字简化作"战"。

6.【常】简帛"蟬"字，马壹86_146。石刻"蟬"字，胡明相志、苏斌志。《虫部》："蟬，以旁鸣者。从虫單声。市連切。"（281页）"蟬"字简化作"蝉"。

7.【常】石刻"禪"字，慈庆志。《示部》："禪，祭天也。从示單声。時戰切。"（9页）《说文通训定声》[⑤]："按:《大戴・保傅》'封泰山而禅梁父'注：除地于梁甫之阴为墠，以祭地也。变墠为禅，神之也。""禪"字简化作"禅"。

8.【常】石刻"闡"字，石经九经。《門部》："闡，开也。从門單声。昌善切。"（248页）"闡"字简化作"阐"。

---

① （清）朱骏声:《说文通训定声》，武汉古籍书店，1983，740页。

② 于省吾主编:《甲骨文字诂林》，中华书局，1999，3080页。

③ 于省吾主编:《甲骨文字诂林》，中华书局，1999，2606页。

④ 于省吾主编:《甲骨文字诂林》，中华书局，1999，2602页。

⑤ （清）朱骏声:《说文通训定声》，武汉古籍书店，1983，741页。

9.【常B】石刻“嬋”字，元详志。《女部》：“，嬋娟，态也。从女單声。市連切。”（265页）“嬋”字简化作“婵”。

10.【常B】石刻“殫”字，高湝志。《歺部》：“，殛尽也。从歺單声。都寒切。”（85页）“殫”字简化作“殚”。

11.【常B】石刻“簞”字，杭季棱袝志。《竹部》：“，笥也。从竹單声。汉律令：簞，小筐也。都寒切。”（96页）“簞”字简化作“箪”。

“旦”组

0.【常】甲骨文“旦”字，合1074正、合34601、合28566。金文“旦”字，西周08.4252.1、西周08.4303.2。简帛“旦”字，日甲101、金关T03：022A。石刻“旦”字，石婉志、石经五经。《旦部》：“，明也。从日见一上。一，地也。得案切。”（140页）《甲骨文字释林》[①]：“按：即旦之初文。金文旦字，望簋作，……古文虚框与填实同，甲骨文旦字下不填实者，契刻之便也；其上从日或无点者，文之省也。甲骨文二体分离，金文多上下相连。”

1.【常】金文“但”字，战国18.12041。简帛“但”字，仓颉篇3。石刻“但”字，元均志。《人部》：“，裼也。从人旦声。徒旱切。”（167页）《说文通训定声》[②]：“经传皆以袒为之。……［假借］又发声之词。”

2.0 简帛“亶”字，金关T24：247。石刻“亶”字，石经尚书。《亩部》：“，多谷也。从亩旦声。多旱切。”（111页）

2.1【常】甲骨文“檀”字，合29408。简帛“檀”字，仓颉篇34。石刻“檀”字，石经五经。《木部》：“，木也。从木亶声。徒乾切。”（117页）

2.2【常】简帛“擅”字，秦律杂抄34、徭律410。石刻“擅”字，石经五经。《手部》：“，专也。从手亶声。時戰切。”（254页）

2.3【常】简帛“壇”字，银贰1930、金关T26：182。石刻“壇”字，华山庙碑。《土部》：“，祭场也。从土亶声。徒干切。”（289页）“壇”字简化作“坛”。

2.4【常】简帛“顫”字，仓颉篇10。《頁部》：“，头不正也。

① 于省吾：《甲骨文字释林》，中华书局，1979，14页。

② （清）朱骏声：《说文通训定声》，武汉古籍书店，1983，738页。

从頁亶声。之缮切。”（183 页）《说文通训定声》[①]：“按：头摇动不定也。”“顫”字简化作“颤”。

2.5【常】石刻“氈（氊）”字，氈安元寿志。《毛部》：“氈，撚毛也。从毛亶声。諸延切。”（174 页）段玉裁注[②]：“撚毛者，蹂毛成毡也。”“氈”字简化作“毡”。

3.【常】简帛“袒”字，袒敦煌简 0497。石刻“袒”字，袒杨执一志。《衣部》：“袒，衣缝解也。从衣旦声。丈莧切。”（172 页）《说文通训定声》[③]：“《广雅·释诂一》：袒，解也。字亦作绽、作綻。”

4.【常】石刻“坦”字，坦慈庆志、坦石经周易。《土部》：“坦，安也。从土旦声。他但切。”（287 页）

“凡”组

0.【常】甲骨文“凡”字，凡合 28945。金文“凡”字，凡西周 03.908。简帛“凡”字，凡日甲 6。石刻“凡”字，凡石经五经。《二部》：“凡，最括也。从二，二，偶也。从乃，乃，古文及。浮芝切。”（286 页）《甲骨文字诂林》[④]：“李孝定：‘契文象承槃之形。’按：‘凡’即‘槃’之初形。《说文》训‘凡’为‘最括而言也’（小徐本），乃其假借义。久假不归，别制槃字以代之。《说文》释其形体，尤为支离。”

1.0【常】甲骨文“般”字，般合 8173、般合 8838。金文“般”字，般西周 05.2783。石刻“般”字，般石经五经。《舟部》：“般，辟也。象舟之旋，从舟。从殳，殳，所以旋也。北潘切。般，古文般从支。”（176 页）《甲骨文字诂林》[⑤]：“李孝定：‘般字本从凡从支，象凡槃之旋，讹而从舟，遂有“象舟之旋”之义。’按：字当释般。古文字从殳从支每无别。许书古文从支乃从攴之讹。甲骨文或从‘舟’或从‘凡’，‘凡’即‘盤’之初形。”

1.1【常】“盤”是“槃”字籀文，简化作“盘”。金文“盤（槃）”字，盤西周 16.10174、盤西周 16.10127、盤收藏界 07.4。简帛“槃”字，槃算数书 66。石刻“盤（槃）”字，盤臧怀恪碑、槃石经五经。《木部》：“槃，承槃也。从木般声。薄官切。鎜，古文从金。盤，籀文从皿。”（122 页）段

① （清）朱骏声：《说文通训定声》，武汉古籍书店，1983，739 页。

② （清）段玉裁：《说文解字注》，上海古籍出版社，2000，399 页。

③ （清）朱骏声：《说文通训定声》，武汉古籍书店，1983，738 页。

④ 于省吾主编：《甲骨文字诂林》，中华书局，1999，2849 页。

⑤ 于省吾主编：《甲骨文字诂林》，中华书局，1999，3166 页。

玉裁注[①]："今字皆作'盘'。"

1.2【常】石刻"搬"字，何晏志，从手般声，《说文》无。

2.【常】甲骨文"鳳"字，合 21019、合 34150。金文"鳳"字，考古 94.5、西周 05.2751。简帛"鳳"字，金关 T08：051B、金关 T08：008、马壹 7_44。石刻"鳳"字，曹全碑、石经九经。《鳥部》："，神鸟也。从鳥凡声。馮貢切。，古文凤，象形。凤飞，群鸟从以万数，故以为朋党字。，亦古文凤。"（79 页）《甲骨文字诂林》[②]："按：卜辞凤字象凤鸟形，或增凡为声符。""鳳"字简化作"凤"。

3.0【常】简帛"風"字，效律 42。石刻"風"字，石经五经。《風部》："，八风也。从虫凡声。方戎切。，古文风。"（284 页）"風"字简化作"风"。

3.1【常】简帛"諷"字，敦煌简 1459A。石刻"諷"字，元诱志。《言部》："，诵也。从言風声。芳奉切。"（51 页）《说文通训定声》[③]："《周礼·大司乐》'兴道讽诵言语'注：倍文曰讽，以声节之曰诵。""諷"字简化作"讽"。

3.2【常】石刻"楓"字，李则政志。《木部》："，木也。厚叶弱枝，善摇。一名欇。从木風声。方戎切。"（117 页）"楓"字简化作"枫"。

3.3【常】"瘋"字暂未见唐以前相关古文字形，从疒風声，简化作"疯"，《说文》无。

4.【常】石刻"帆"字，石经五经，从巾凡声，《说文》无。

"棥"组

0."棥"字暂未见唐以前、小篆外其他相关古文字形。《爻部》："，藩也。从爻从林。附袁切。"（70 页）《说文通训定声》[④]："按：爻象交午之形。今俗所谓篱笆是也。""棥"字音 fán。

1.0【常 A】金文"樊"字，西周 04.2351、西周 05.2679、春秋 16.10329.2、春秋 09.4487。简帛"樊"字，仓颉篇 72。石刻"樊"字，李凤妃志。《𠬜部》："，鸷不行也。从𠬜从棥，棥亦声。附袁切。"

① （清）段玉裁：《说文解字注》，上海古籍出版社，2000，260 页。

② 于省吾主编：《甲骨文字诂林》，中华书局，1999，1714 页。

③ （清）朱骏声：《说文通训定声》，武汉古籍书店，1983，100 页。

④ （清）朱骏声：《说文通训定声》，武汉古籍书店，1983，752 页。

（59页）《金文形义通解》[1]："金文或从廾，象双手攀篱之形，或省廾作棥。字所从之棥或省作林。"

1.1【常】"攀"是"𠬥"字或体。简帛"攀"字，马壹88_194。石刻"攀（𠬥）"字，元瞻志、檀宾志、碧落碑。《𠬥部》："，引也。从反廾。普班切。今变隶作大。，𠬥或从手从樊。"（59页）《说文通训定声》[2]："或从手樊声，字亦作攀。""𠬥"字音pān。

1.2【常A】"礬"字暂未见唐以前相关古文字形，从石樊声，简化作"矾"，《说文》无。

"㔾"组

0."㔾"字暂未见唐以前相关古文字形，《说文》无。

1.0 石刻"氾"字，张迁碑。《水部》："，滥也。从水㔾声。孚梵切。"（230页）《说文通训定声》[3]："与汎、泛字皆别。""氾"字音fàn。

1.1【常】简帛"范"字，金关T25：062。石刻"范"字，郭显志。《艸部》："，艸也。从艸氾声。房㚬切。"（26页）

1.20 简帛"笵"字，盖卢12。石刻"笵"字，杨著碑。《竹部》："，法也。从竹，竹简书也；氾声。古法有竹刑。防㚬切。"（96页）《说文通训定声》[4]："按：水曰法，木曰模，竹曰笵，土曰型，金曰镕。经传以範为之。"

1.21【常】金文"範"字，新收736页。石刻"範"字，赵宽碑、石经尚书，简化作"范"。《車部》："，范軷也。从車，笵省声。读与犯同。音犯。"（302页）《说文通训定声》[5]："按：范軷，祖道之祭也，出将有事于道，必先告其神，立坛为山，象四通，树茅若菩蒭棘柏以依神。既祭，轹牲而行为範。"

2.【常】简帛"犯"字，语书5。石刻"犯"字，石经周易。《犬部》："，侵也。从犬㔾声。防險切。"（205页）

① 张世超等：《金文形义通解》，中文出版社，1996，562页。
② （清）朱骏声：《说文通训定声》，武汉古籍书店，1983，753页。
③ （清）朱骏声：《说文通训定声》，武汉古籍书店，1983，135页。
④ （清）朱骏声：《说文通训定声》，武汉古籍书店，1983，136页。
⑤ （清）朱骏声：《说文通训定声》，武汉古籍书店，1983，136页。

“甘”组

0.【常】甲骨文“甘”字，合10936正。金文“甘”字，文物89.6。石刻“甘”字，石经九经。《甘部》：“甘，美也。从口含一。一，道也。古三切。”（100页）《甲骨文字诂林》[1]：“按：王筠《说文释例》云：‘恐是以会意定指事字。口是意，一则所含之物也。物则当属形，而曰指事者，甘乃味也，味无形，故属事。不定为何物，故以一指之。’”

1.0 金文“猒”字，铭文选一447。简帛“猒”字，仓颉篇20。石刻“猒”字，崔祐甫志。《甘部》：“猒，饱也。从甘从肰。於鹽切。猒，猒或从㠯。”（100页）段玉裁注[2]：“‘猒’、‘厭’古今字。”《说文通训定声》[3]：“甘亦声。”“猒”字音yān。

1.10【常】简帛“厭”字，仓颉篇72。石刻“厭”字，石经五经。《厂部》：“厭，笮也。从厂猒声。一曰合也。於輒切。又一琰切。”（194页）《说文通训定声》[4]：“按：迫迮也。”《说文解字注笺》[5]：“猒者，猒饫本字，引申为猒足、猒恶之义。俗以厭为厭恶，别制饜为饜饫、饜足，又从厭加土为覆壓字。”“厭”字简化作“厌”。

1.11【常】简帛“壓”字，马壹211_17。石刻“壓”字，元徽志。《土部》：“壓，坏也。一曰塞补。从土厭声。烏狎切。”（289页）“壓”字简化作“压”。

1.12【常B】“懨”字暂未见唐以前相关古文字形，从心厭声，简化作“恹”，《说文》无。

2.【常B】简帛“邯”字，秦谳书24。石刻“邯”字，元固志。《邑部》：“邯，赵邯郸县。从邑甘声。胡安切。”（133页）

3.【常】简帛“鉗”字，金关T08：011。石刻“鉗”字，张兴志。《金部》：“鉗，以铁有所劫束也。从金甘声。巨淹切。”（296页）“鉗”字简化作“钳”。

4.0【常】石刻“甜（甛）”字，王遗女志。《甘部》：“甛，美也。从甘从舌。舌，知甘者。徒兼切。”（100页）《说文通训定声》[6]：“甘亦声。《广雅·释器》：甜，甘也。”

---

① 于省吾主编：《甲骨文字诂林》，中华书局，1999，683页。

② （清）段玉裁：《说文解字注》，上海古籍出版社，2000，202页。

③ （清）朱骏声：《说文通训定声》，武汉古籍书店，1983，137页。

④ （清）朱骏声：《说文通训定声》，武汉古籍书店，1983，137页。

⑤ （清）徐灏：《说文解字注笺》（续修四库全书），上海古籍出版社，2002，卷九下256页。

⑥ （清）朱骏声：《说文通训定声》，武汉古籍书店，1983，137页。

4.1【常】石刻“恬”字，王悦及妻志、屈突通志。《心部》：“，安也。从心，甛省声。徒兼切。”（218 页）

5.【常】石刻“酣”字，支成志。《酉部》：“，酒乐也。从酉从甘，甘亦声。胡甘切。”（312 页）

6.【常 A】“柑”字暂未见唐以前相关古文字形，从木甘声，《说文》无。

“干”组

0.【常】甲骨文“干”字，合 9801、合 28059。金文“干”字，西周 15.9621。简帛“干”字，效律 27、金关 T23：731B。石刻“干”字，弔比干文、奚真志。《干部》：“，犯也。从反入，从一。古寒切。”（50 页）《甲骨文字诂林》[①]：“李孝定：‘契文有字，……即为盾之象形字。……干当以训盾为本义，训犯则其引申义。’按：字乃象干盾之形。戴侗《六书故》引蜀本训‘盾也’。此实存本义。”

1.【常】金文“奸”字，商 03.1498。简帛“奸”字，法律答问 27、杂律 192。石刻“奸”字，元昭志、石经五经。《女部》：“，犯婬也。从女从干，干亦声。古寒切。”（264 页）

2.【常】简帛“刊”字，睡 246、马壹 43_43。石刻“刊”字，曹全碑。《刀部》：“，剟也。从刀干声。苦寒切。”（91 页）

3.0【常】简帛“旱”字，日甲《诘》38。石刻“旱”字，神策军碑。《日部》：“，不雨也。从日干声。乎旰切。”（138 页）

3.1【常】简帛“悍”字，仓颉篇 10。石刻“悍”字，郭克全志。《心部》：“，勇也。从心旱声。侯旰切。”（220 页）

3.2【常】“秆”是“稈”字或体。简帛“稈”字，马贰 32_17。石刻“秆（稈）”字，、石经五经。《禾部》：“，禾茎也。从禾旱声。古旱切。，稈或从干。”（145 页）

3.3【常】简帛“扞”字，金关 T06：092。石刻“扞”字，石经五经。《手部》：“，忮也。从手干声。矦旰切。”（257 页）《说文通训定声》[②]：“字亦作捍。”石刻“捍”字，李镐志，从手旱声。

3.4【常 A】“焊”字暂未见唐以前相关古文字形，从火旱声，《说文》无。

4.【常】金文“罕（罕）”字，秦文字编 1249。简帛“罕（罕）”

① 于省吾主编：《甲骨文字诂林》，中华书局，1999，3088 页。

② （清）朱骏声：《说文通训定声》，武汉古籍书店，1983，730 页。

字，马壹 104_35。石刻“罕（罕）”字，李超志、、石经五经，楷书作“罕”。《网部》：“罕，网也。从网干声。呼旱切。”（157 页）《说文通训定声》[①]：“小网似畢，长柄。”

5.【常】简帛“肝”字，敦煌简 0667。石刻“肝”字，王诵志、王偃志。《肉部》：“肝，木藏也。从肉干声。古寒切。”（87 页）

6.【常】石刻“竿”字，高湛志。《竹部》：“竿，竹梃也。从竹干声。古寒切。”（97 页）《说文通训定声》[②]：“《管子》‘禁藏毋拊竿’注：竿，笋之初生也。”

7.【常】简帛“汗”字，马.天下、引书 109。石刻“汗”字，侯愔志。《水部》：“汗，人液也。从水干声。矦旰切。”（237 页）

8.【常】简帛“軒”字，银贰 1164。石刻“軒”字，夏承碑。《車部》：“軒，曲辀藩车。从車干声。虚言切。”（301 页）《说文通训定声》[③]：“车之曲辀而有藩蔽者，人所乘小车也。”“軒”字简化作“轩”。

9.0【常】简帛“岸”字，居新 4323。石刻“岸”字，狄湛志。《屵部》：“岸，水厓而高者。从屵干声。五旰切。”（191 页）

9.10【常】简帛“炭”字，奏谳书 165。石刻“炭”字，石经五经。《火部》：“炭，烧木余也。从火，岸省声。他案切。”（208 页）

9.11【常】“碳”字暂未见唐以前相关古文字形，从石炭声，《说文》无。

10.【常】“赶”字暂未见唐以前、小篆外其他相关古文字形。《走部》：“赶，举尾走也。从走干声。巨言切。”（38 页）《说文通训定声》[④]：“谓兽畜急走，字亦作趕。”

11.【常 B】“鼾”字暂未见唐以前、小篆外其他相关古文字形。《鼻部》：“鼾，卧息也。从鼻干声。读若汗。矦幹切。”（74 页）

12.【常】简帛“杆”字，居 EPT52.555，从木干声，《说文》无。

“敢”组

0.【常】甲骨文“敢（叡）”字，合 6577、合 6959、合 10719、H31：4。金文“敢（叡）”字，西周 05.2783、战国 18.12108A。简帛“敢（叡）”字，秦律十八种 192、魏晋残纸。石刻“敢（叡）”字，

① （清）朱骏声：《说文通训定声》，武汉古籍书店，1983，730 页。
② （清）朱骏声：《说文通训定声》，武汉古籍书店，1983，729 页。
③ （清）朱骏声：《说文通训定声》，武汉古籍书店，1983，731 页。
④ （清）朱骏声：《说文通训定声》，武汉古籍书店，1983，729 页。

石经九经。《𠬪部》："，进取也。从𠬪古声。古覽切。，籒文叡。，古文叡。"（84 页）《甲骨文字典》[①]："甲骨文敢字象双手持干刺豕形。"《金文形义通解》[②]："段注：'今字作敢，之隶变。'……林义光曰：'象两手相持形，与争同意，甘声。'"

1.0 金文"厰"字，西周 08.4328。《厂部》："，崟也。一曰地名。从厂敢声。魚音切。"（193 页）"厰"字音 yín。

1.10【常】金文"嚴"字，西周 01.240.2。简帛"嚴"字，金关 T06：052、金关 T03：054A。石刻"嚴"字，石经周易。《吅部》："，教命急也。从吅厰声。語杴切。，古文。"（35 页）《说文通训定声》[③]："《释名·释言语》：严，俨也，俨然人惮之也。""嚴"字简化作"严"。

1.11【常】"岩"字同"巖"。石刻"巖"字，石经尚书。《山部》："，岸也。从山嚴声。五緘切。"（191 页）今"岩"字通行。石刻"岩"字，净悟浮图记。

1.12【常 B】石刻"儼"字，檀宾志。《人部》："，昂头也。从人嚴声。一曰好皃。魚儉切。"（163 页）"儼"字简化作"俨"。

1.2【常 A】石刻"憨"字，陈宣鲁志，从心敢声，《说文》无。

1.3【常 B】石刻"瞰"字，李福志，从目敢声，《说文》无。

1.4【常】"橄"字暂未见唐以前相关古文字形，从木敢声，《说文》无。

"厂"组

0. 金文"厂"字，西周 16.10176。《甲骨文字典》[④]："甲骨文厂、石一字。"《厂部》："，山石之厓巖，人可居。象形。呼旱切。，籒文从干。"（193 页）"厂"字音 hǎn。

1.0【常】甲骨文"反"字，合 36537、合 31009。金文"反"字，西周 08.4140。简帛"反"字，银贰 1848。石刻"反"字，元诲志。《又部》："，覆也。从又，厂反形。府遠切。，古文。"（64 页）《说文通训定声》[⑤]："按：厂声。"《金文形义通解》[⑥]："金文从厂从又，象以手攀

① 徐中舒主编：《甲骨文字典》，四川辞书出版社，1990，457 页。
② 张世超等：《金文形义通解》，中文出版社，1996，978 页。
③ （清）朱骏声：《说文通训定声》，武汉古籍书店，1983，139 页。
④ 徐中舒主编：《甲骨文字典》，四川辞书出版社，1990，1031 页。
⑤ （清）朱骏声：《说文通训定声》，武汉古籍书店，1983，713 页。
⑥ 张世超等：《金文形义通解》，中文出版社，1996，640 页。

厂厓之形。杨树达曰：‘反者，𠬧之或字也。……反字从又从厂者，厂为山石厓巖，谓人以手攀厓也。’”

1.1【常】简帛“返”字，魏晋残纸。石刻“返”字，李超志。《辵部》：“𨒅，还也。从辵从反，反亦声。扶版切。彶，《春秋传》返从彳。”（40页）

1.2【常】简帛“飯”字，引书53、敦煌简0174，简化作“饭”。石刻“飯”字，石经九经。《食部》：“飯，食也。从食反声。符萬切。”（107页）

1.3【常B】简帛“阪”字，仓颉篇4。石刻“阪”字，邢多等造像。《𨸏部》：“阪，坡者曰阪。一曰泽障。一曰山胁也。从𨸏反声。府遠切。”（304页）

1.4【常】简帛“販”字，仓颉篇48。石刻“販”字，石祠堂石柱题记。《貝部》：“販，买贱卖贵者。从貝反声。方願切。”（131页）“販”字简化作“贩”。

1.5【常】简帛“版”字，银贰1889。石刻“版”字，石经五经。《片部》：“版，判也。从片反声。布綰切。”（143页）段玉裁注①：“片也。旧作判也，浅人所改，今正。凡施于宫室器用者皆曰版，今字作板。”

1.6【常】石刻“叛”字，元寿安志。《半部》：“叛，半也。从半反声。薄半切。”（28页）段玉裁注②：“叛，半反也。反，覆也；反者，叛之全；叛者，反之半。以半反释叛，如以是少释尟。从半反，半亦声。”

1.7【常】简帛“板”字，引书67。石刻“板”字，多宝塔碑，从木反声，《说文》无。

1.8【常】石刻“扳”字，石经五经，从手反声，《说文》无。

2.0 金文“彦”字，西周04.2499。石刻“彦”字，朝侯小子碑。《彣部》：“彥，美士有文，人所言也。从彣厂声。魚變切。”（185页）

2.1【常】金文“顏”字，西周05.2831。简帛“顏”字，法律答问174。石刻“顏”字，史晨前碑。《頁部》：“顏，眉目之间也。从頁彦声。五姦切。𩔢，籀文。”（181页）“顏”字简化作“颜”。

2.2【常】金文“諺”字，西周16.10350。石刻“諺”字，石经尚书。《言部》：“諺，传言也。从言彦声。魚變切。”（53页）“諺”字简化作“谚”。

2.30【常】金文“産”字，春秋05.2782。简帛“産”字，法律答

① （清）段玉裁：《说文解字注》，上海古籍出版社，2000，318页。
② （清）段玉裁：《说文解字注》，上海古籍出版社，2000，50页。

问 108。石刻“産”字，産檀宾志。《生部》：“産，生也。从生，彦省声。所簡切。”（127 页）“産”字简化作“产”。

2.31【常】石刻“鏟”字，鏟唐沙志。《金部》：“鏟，鏶也。一曰平铁。从金産声。初限切。”（295 页）《说文解字注笺》[①]：“平铁者，平木器之铁也。”“鏟”字简化作“铲”。

3.【常】“雁”字，《隹部》：“雁，鸟也。从隹从人，厂声。读若鴈。五晏切。”（76 页）

“马”组

0.“马”字暂未见唐以前、小篆外其他相关古文字形。《马部》：“马，嘾也。艸木之华未发圅然。象形。读若含。乎感切。”（142 页）《说文解字注笺》[②]：“华之菡萏谓之马，芙蕖华最大，遂专其名。马即菡萏之合声，其小者谓之蓓蕾。”“马”字音 hàn。

1.0【常】“函”字同“圅”。甲骨文“圅”字，合 10244 正、合 18469、合 27930。金文“圅”字，西周 16.10225。简帛“函（圅）”字，马壹 132_27、金关 T31：087。石刻“函”字，函窦泰志。《马部》：“圅，舌也。象形。舌体马马。从马，马亦声。胡男切。肣，俗圅从肉、今。”（142 页）《甲骨文字诂林》[③]：“王国维：‘象倒矢在函中，……小篆圅字由此讹变，殆即古文函字。……藏矢所用者为函，则全矢皆藏其中，字象之。……函本藏矢之器，引申而为他容器之名。’”

1.1【常】“涵”字同“涵”。甲骨文“涵”字，合 31826。石刻“涵”字，涵多宝塔碑。《水部》：“涵，水泽多也。从水圅声。胡男切。”（234 页）

1.2【常 B】“菡”字同“菡”。石刻“菡”字，菡石经五经。《艸部》：“菡，菡萏也。从艸圅声。胡感切。”（20 页）

“竷”组

0.“竷”字暂未见唐以前、小篆外其他相关古文字形。《夊部》：“竷，繇也舞也。乐有章。从章从夅从夊。苦感切。”（112 页）“竷”字音 kǎn。

---

① （清）徐灏：《说文解字注笺》（续修四库全书），上海古籍出版社，2002，卷十四上 51 页。

② （清）徐灏：《说文解字注笺》（续修四库全书），上海古籍出版社，2002，卷九上 220 页。

③ 于省吾主编：《甲骨文字诂林》，中华书局，1999，2559 页。

1.【常A】“贛”字同“贑”，简化作“赣”。简帛“贛（贑）”字，马壹76_62。石刻“贛（贑）”字，谯敏碑、石经五经。《貝部》：“，赐也。从貝，竷省声。古送切。，籀文贛。”（130页）

“𦭝”组

0.“𦭝”字，音mián。《𦍌部》：“，相当也。阙。读若宀。母官切。”（77页）

1.0 金文“㒼”字，西周08.4195.2。《㒳部》：“，平也。从廿，五行之数，二十分为一辰。㒳，㒼平也。读若蛮。母官切。”（157页）《说文通训定声》[1]：“此字疑从㒳𦭝声。”《金文形义通解》[2]：“字当从竹若艸，𦭝声。”“㒼”字音mán。

1.1【常】简帛“滿”字，金关T07：090。石刻“滿”字，石经五经。《水部》：“，盈溢也。从水㒼声。莫旱切。”（231页）“滿”字简化作“满”。

1.2【常】石刻“瞞”字，石经五经。《目部》：“，平目也。从目㒼声。母官切。”（71页）“瞞”字简化作“瞒”。

1.3【常B】“蹣”字暂未见唐以前相关古文字形，从足㒼声，简化作“蹒”，《说文》无。

“南”组

0.【常】甲骨文“南”字，合378正。金文“南”字，新收1086页、西周10.5410.1、西周11.6001。简帛“南”字，日甲《土忌》138。石刻“南”字，穆循志盖。《𣎵部》：“，艸木至南方，有枝任也。从𣎵羊声。那含切。，古文。”（127页）《甲骨文字诂林》[3]：“唐兰：‘余谓南本即**青**，**青**者瓦制之乐器。……以字形言之，字上从中，象其饰，下作形，殆象瓦器而倒置之，口在下也。’”

1.【常B】“喃”字从口南声，【常B】“楠”字从木南声，均暂未见唐以前相关古文字形，《说文》无。

---

① （清）朱骏声：《说文通训定声》，武汉古籍书店，1983，745页。

② 张世超等：《金文形义通解》，中文出版社，1996，1942页。

③ 于省吾主编：《甲骨文字诂林》，中华书局，1999，2865页。

“肰”组

0.“肰”字暂未见唐以前、小篆外其他相关古文字形。《肉部》：“，犬肉也。从犬、肉。读若然。如延切。，古文肰。，亦古文肰。”（90页）“肰”字音rán。

1.0【常】金文“然”字，吴越217页。简帛“然”字，效律54。石刻“然”字，石经尚书。《火部》：“，烧也。从火肰声。如延切。，或从艸、難。”（207页）《说文通训定声》①：“俗字作燃。”

1.1【常】石刻“燃”字，元瑹志，从火然声，《说文》无。

“冉”组

0.【常】甲骨文“冉（冄）”字，合8088反。简帛“冉（冄）”字，第八层背157、金关T31：077、仓颉篇17。石刻“冉（冄）”字，、石经九经。《冄部》：“，毛冄冄也。象形。而琰切。”（196页）《说文通训定声》②：“今字误作冉。”

1.0【常】简帛“那（冄阝）”字，秩律451。石刻“那（冄阝）”字，王僧男志、张涣志。《邑部》：“，西夷国。从邑冄声。安定有朝那县。諾何切。”（134页）

1.1【常】石刻“娜”字，张思禄经幢，从女那声，《说文》无。

1.2【常】“哪”字从口那声，【常】“挪”字从手那声，均暂未见唐以前相关古文字形，《说文》无。

2.【常B】简帛“髯”字，仓颉篇36。石刻“髯”字，阿史那贞忠志，从髟冉声，《说文》无。

“山”组

0.【常】甲骨文“山”字，合20980正。金文“山”字，商04.2026、春秋09.4539.2。简帛“山”字，日甲2。石刻“山”字，王蕃志。《山部》：“，宣也。宣气散，生万物，有石而高。象形。所閒切。”（190页）段玉裁注③：“宣也，谓能宣散气，生万物也。”

1.【常】“仙”字同“僊”。简帛“僊”字，金关T01：064。石刻

① （清）朱骏声：《说文通训定声》，武汉古籍书店，1983，721页。

② （清）朱骏声：《说文通训定声》，武汉古籍书店，1983，126页。

③ （清）段玉裁：《说文解字注》，上海古籍出版社，2000，437页。

“僊”字，僊华山庙碑、僊石经五经。《人部》：“僊，长生僊去。从人从䙴，䙴亦声。相然切。”（167页）《说文通训定声》[①]：“字亦作仙。按：即仚字。”段玉裁注[②]：“老而不死曰仙。仙，迁也，迁入山也。故其制字人旁作山也。”石刻“仙（仚）”字，仙黄庭经、仚夏金虎志。《人部》：“仚，人在山上。从人从山。呼堅切。”（167页）

“彡”组

0. 甲骨文“彡”字，彡合585正、彡合22688、彡合补11299反。石刻“彡”字，彡高句丽好太王碑。《彡部》：“彡，毛饰画文也。象形。所銜切。”（184页）《甲骨文字诂林》[③]：“罗振玉：‘肜之义为不绝。卜辞有彡日，或作彡、彡诸形，正象相续不绝，殆为肜日之本义。彭字盖从此得声。’”《甲骨文字典》[④]：“段注：‘饰画者，㕞而画之也；毛者，聿也，……所以画者也。’乃以笔所画之文为彡。”“彡”字音 shān。

1.0【常】甲骨文“彭”字，彭合7064、彭合15264。金文“彭”字，彭商03.856。简帛“彭”字，彭敦煌简2253。石刻“彭”字，彭石经尚书。《壴部》：“彭，鼓声也。从壴彡声。薄庚切。”（102页）《甲骨文字诂林》[⑤]：“李孝定：‘彭之音读即象伐鼓之声。从壴，即鼓之初字。彡，卜辞或作彡，为鼓声之标志。许君解为彡（肜）声，虽略失初谊，然亦可通。’……其本义当为鼓声。”

1.1【常】石刻“澎”字，澎刘粲志，从水彭声，《说文》无。

1.2【常】“膨”字暂未见唐以前相关古文字形，从肉彭声，《说文》无。

2.【常】石刻“衫”字，衫潘氏衣物券、衫刘君妻王志。《衣部》：“衫，衣也。从衣彡声。所銜切。”（173页）

3.【常】金文“杉”字，杉西周09.4437。石刻“杉”字，杉麻姑仙坛记，从木彡声，《说文》无。

“龏”组

0. 甲骨文“龏”字，龏英618。金文“龏”字，龏商03.1107。《龏

① （清）朱骏声：《说文通训定声》，武汉古籍书店，1983，825页。

② （清）段玉裁：《说文解字注》，上海古籍出版社，2000，383页。

③ 于省吾主编：《甲骨文字诂林》，中华书局，1999，3379页。

④ 徐中舒主编：《甲骨文字典》，四川辞书出版社，1990，995页。

⑤ 于省吾主编：《甲骨文字诂林》，中华书局，1999，2781页。

部》:"，羊臭也。从三羊。式連切。，羴或从亶。"（78 页）《甲骨文字诂林》[①]："按：俞樾《儿笘录》谓：'羶者羊臭也，羴者群羊也，犹雥为群鸟，驫为众马也。羼字从羴，义亦相近，故曰羊相厕也。羼从羴在尸下，犹集从雥在木上也。许君合羴羶为一字，则羼字从羴亦失其意矣。'""羴"字音 shān。

1.【常 B】"羼"字暂未见唐以前、小篆外其他相关古文字形。《羴部》:"，羊相厕也。从羴在尸下。尸，屋也。一曰相出前也。初限切。"（78 页）段玉裁注[②]："《释名》曰：'厕，杂也。'相厕者，杂厕而居。"

"夾"组

0."夾"字暂未见唐以前、小篆外其他相关古文字形。《亦部》："，盗窃褱物也。从亦，有所持。俗谓蔽人俾夾是也。弘农陕字从此。失冄切。"（213 页）《说文通训定声》[③]："按：与从大从二人之夹迥别。夹者，公然持人；夾者，私有怀物。""夾"字音 shǎn。

1.【常】简帛"陜"字，马贰 32_5。石刻"陜"字，元恭志、周藻志。简化作"陕"。《𨸏部》："，弘农陜也。古虢国，王季之子所封也。从𨸏夾声。失冉切。"（306 页）

"㪔"组

0. 甲骨文"㪔"字，合集 29289。金文"㪔"字，西周 07.3886。《林部》："，分離也。从攴从林。林，分㪔之意也。穌旰切。"（149 页）《甲骨文字诂林》[④]："李孝定：'《说文》：㪔，分离也。……又隹部：𢿥，缴𢿥也，……𢿥为正体，㪔为省文，字当从攴从林从隹会意。以手执杖于林中殴鸟飞㪔（𢿥）也，为其本谊。'……按：、即小篆之，典籍皆以'散'为之。金文字从，古文字偏旁'木'与'屮'每不分。《说文》训㪔为'分离'，本象持杖以分离丛木之形，引申为一切离散之义。李孝定《集释》以'㪔'为'𢿥'之省文，取义于林中殴鸟。实则'𢿥'字较晚出，未免本末颠倒。""㪔"字音 sàn。

1.0【常】甲骨文"散（㪔）"字，英 2290、合 28828、合

① 于省吾主编：《甲骨文字诂林》，中华书局，1999，1542 页。

② （清）段玉裁：《说文解字注》，上海古籍出版社，2000，167 页。

③ （清）朱骏声：《说文通训定声》，武汉古籍书店，1983，127 页。

④ 于省吾主编：《甲骨文字诂林》，中华书局，1999，1380 页。

29092。金文“散（㪔）”字，西周16.10193。简帛“散（㪔）”字，秦律十八种117、马贰33_4。石刻“散（㪔）”字，赵宽碑、敬觉志、石经五经。《肉部》：“，杂肉也。从肉㪔声。穌旰切。”（90页）《说文通训定声》[①]：“今隶作散。”《金文形义通解》[②]：“金文有‘㪔’字，然此金文不从㪔，实从，即从攴竹以象分散之意，竹甚易击破也。此又从月作，非如许慎所言‘从肉’。高鸿缙以为‘月声’。”

1.1【常B】石刻“潸”字，石经五经。《水部》：“，涕流皃。从水，散省声。所姦切。”（237页）

1.2【常】“撒”字暂未见唐以前相关古文字形，从手从散，散亦声，《说文》无。

“扇”组

0.【常】简帛“扇”字，奏谳书172。石刻“扇”字，元显俊志。《户部》：“，扉也。从户，从𦐔声。式戰切。”（247页）段玉裁注[③]：“从羽者，如翼也。”《说文通训定声》[④]：“从户从羽会意，门两旁如羽翼也。”

1.【常A】石刻“煽”字，贾令珪志。《火部》：“，炽盛也。从火扇声。式戰切。”（210页）

“善”组

0.【常】“善”是“譱”字篆文，俗作“善”。金文“譱”字，西周05.2695。简帛“善”字，秦律杂抄15、金关T24：015A。石刻“善”字，石经五经。《誩部》：“，吉也。从誩从羊。此与義美同意。常衍切。，篆文善从言。”（58页）

1.【常】金文“膳”字，春秋09.4645。石刻“膳”字，崔眷妻志。《肉部》：“，具食也。从肉善声。常衍切。”（89页）

“昙”组

0.【常】石刻“曇”字，司马绍志。《日部》：“，云布也。从日、

---

① （清）朱骏声：《说文通训定声》，武汉古籍书店，1983，754页。

② 张世超等：《金文形义通解》，中文出版社，1996，1006页。

③ （清）段玉裁：《说文解字注》，上海古籍出版社，2000，586页。

④ （清）朱骏声：《说文通训定声》，武汉古籍书店，1983，756页。

雲。会意。徒含切。”（139 页）“曇”字简化作“昙”。

1.【常】“罈”字暂未见唐以前相关古文字形，从缶曇声，简化作“坛”，《说文》无。

“覃”组

0.“覃”是“㫃”字篆文。甲骨文“㫃”字，怀 347。金文“㫃”字，商 14.8890。石刻“覃”字，司马显姿志、石经九经。《𣆪部》：“，长味也。从𣆪，鹹省声。徒含切。，古文覃。，篆文覃省。”（111 页）《金文形义通解》①：“郭沫若曰：‘许此所揭古文覃，盖形之误也。按：此乃象形文，象皿中盛果实之形……’按：郭释字上所从之为‘果实之形’未塙，……明为卤字省文，况巨口狭颈容器亦不宜存置果类。盐卤乃调味之物，故器中盛置盐卤，训为‘长味’。许慎所述之本义，当是。”

1.【常】甲骨文“潭”字，怀 347。石刻“潭”字，杨舒志。《水部》：“，水，出武陵镡成玉山，东入郁林。从水覃声。徒含切。”（226 页）

2.【常】简帛“譚”字，金关 T23：996A、金关 T24：140。石刻“譚”字，元广志，从言覃声，简化作“谭”，《说文》无。

“詹”组

0.【常 B】简帛“詹”字，秩律 463。石刻“詹”字，尔朱绍志、孙君妻李志。《八部》：“，多言也。从言从八从户。職廉切。”（28 页）

1.【常】金文“檐”字，战国 18.12102。石刻“檐”字，石经五经。《木部》：“，梍也。从木詹声。余廉切。”（120 页）

2.【常】“擔”是俗“儋”字，简化作“担”。简帛“儋”字，奏谳书 158、金关 T01：005。石刻“儋”字，临辟雍碑。《人部》：“，何也。从人詹声。都甘切。”（163 页）段玉裁注②：“儋，俗作擔。”石刻“擔”字，石经五经。简帛“担”字，银壹 515。石刻“担”字，元飏志。“儋”字音 dān。

3.【常】简帛“瞻”字，马壹 136_59、奏谳书 223。石刻“瞻”字，元谧志、石经五经。《目部》：“，临视也。从目詹声。職廉切。”（72 页）

---

① 张世超等:《金文形义通解》，中文出版社，1996，1382 页。

② （清）段玉裁:《说文解字注》，上海古籍出版社，2000，371 页。

4.【常】石刻“膽”字，娄叡志、石经五经。《肉部》：“，连肝之府。从肉詹声。都敢切。”（87 页）“膽”字简化作“胆”。

5.【常 B】石刻“澹”字，元纂志。《水部》：“，水摇也。从水詹声。徒濫切。”（231 页）

6.【常 A】石刻“贍”字，暴诞志。《貝部》：“，给也。从貝詹声。時豔切。”（131 页）“贍”字简化作“赡”。

“先”组

0.【常 B】“簪”是俗“先”字。简帛“簪”字，奏谳书 82。石刻“簪”字，石经五经。《先部》：“，首笄也。从人，象簪形。側岑切。，俗先从竹从朁。”（177 页）《文源》①：“按：象簪在人首形。”段玉裁注②：“朁声。”

1.0 金文“兟”字，商 10.5057、商 17.10680。《先部》：“，朁朁，锐意也。从二先。子林切。”（177 页）段玉裁注③：“先主入，故两先为锐之意。”“兟”字音 jīn。

1.10 甲骨文“朁”字，合 583 正。金文“朁”字，新收 1110 页。简帛“朁”字，金关 T27：011。石刻“朁”字，北海相景君碑。《曰部》：“，曾也。从曰兟声。七感切。”（100 页）“朁”字音 cǎn。

1.11【常】简帛“蠶”字，仓颉篇 43。石刻“蠶”字，须蜜多志、石经五经。《蚰部》：“，任丝也。从蚰朁声。昨含切。”（283 页）“蠶”字简化作“蚕”。

1.12【常】“潜”字同“潛”。石刻“潜（潛）”字，元暐志、石经五经。《水部》：“，涉水也。一曰藏也。一曰汉水为潛。从水朁声。昨鹽切。”（233 页）

“㠭”组

0.“㠭”字暂未见唐以前、小篆外其他相关古文字形。《㠭部》：“，极巧视之也。从四工。知衍切。”（100 页）段玉裁注④：“凡展布字当用此，展行而㠭废矣。”“㠭”字音 zhǎn。

① 林义光：《文源》，中西书局，2012，卷二。

② （清）段玉裁：《说文解字注》，上海古籍出版社，2000，405 页。

③ （清）段玉裁：《说文解字注》，上海古籍出版社，2000，405 页。

④ （清）段玉裁：《说文解字注》，上海古籍出版社，2000，201 页。

1.0“襄”字暂未见唐以前、小篆外其他相关古文字形。《衣部》：“襄，丹縠衣。从衣珡声。知扇切。”（170 页）“襄”字音 zhàn。

1.10【常】简帛“展”字，金关 T22：065、仓颉篇 48。石刻“展”字，侯刚志、史思礼志。《尸部》：“展，转也。从尸，襄省声。知衍切。”（174 页）《说文解字注笺》①：“《广雅》曰：‘展，舒也。’此乃展之本义。其训为转者，由《周南》‘辗转’之文为说耳。”

1.11【常】石刻“碾”字，渎庙祭器铭，从石展声，《说文》无。

1.12【常】石刻“輾”字，石经五经，从車展声，简化作“辗”，《说文》无。

“斩”组

0.【常】简帛“斬”字，法律答问 126。石刻“斬”字，王基断碑。《車部》：“斬，截也。从車从斤。斩法车裂也。侧减切。”（303 页）段玉裁注②：“截者，断也。”《文源》③：“按：车裂不谓之斩。斩，伐木也。《考工记·轮人》：‘斩三材。’从斤从车，谓斩木为车。”“斬”字简化作“斩”。

1.【常】简帛“漸”字，马壹 13_86。石刻“漸”字，常季繁志、石经周易。《水部》：“漸，水，出丹阳黟南蛮中，东入海。从水斬声。慈冉切。”（226 页）《说文通训定声》①：“《水经》‘渐江水’注：渐江，《山海经》谓之浙江也。按：即今之钱塘江。”“漸”字简化作“渐”。

2.【常】简帛“慚（慙）”字，东牌楼 035。石刻“慚（慙）”字，暴诞志、卢璇芷志。《心部》：“慙，媿也。从心斬声。昨甘切。”（223 页）“慚”字简化作“惭”。

3.【常】石刻“暫”字，石经五经。《日部》：“暫，不久也。从日斬声。藏濫切。”（138 页）“暫”字简化作“暂”。

4.【常】“嶄”字暂未见唐以前相关古文字形，从山斬声，简化作“崭”，《说文》无。

---

① （清）徐灏：《说文解字注笺》（续修四库全书），上海古籍出版社，2002，卷八上 177 页。

② （清）段玉裁：《说文解字注》，上海古籍出版社，2000，730 页。

③ 林义光：《文源》，中西书局，2012，卷六。

④ （清）朱骏声：《说文通训定声》，武汉古籍书店，1983，140 页。

“占”组

0.【常】甲骨文“占”字，合 367 正、合集 21067。简帛“占”字，奏谳书 28。石刻“占”字，高珪志。《卜部》：“，视兆问也。从卜从口。職廉切。”（70 页）《甲骨文字集释》[1]：“字从或，乃冎字，象卜骨（牛胛骨）之形，……从占，占亦声，乃贞卜之事，故以象卜骨形之为其义符，作占者其省体也。”

1.【常】简帛“點”字，奏谳书 9。石刻“點”字，笔阵图。《黑部》：“，小黑也。从黑占声。多忝切。”（211 页）《说文通训定声》[2]：“按：小黑曰点。《尔雅・释器》‘灭谓之点’注：以笔灭字为点。”“點”字简化作“点”。

2.【常 B】石刻“拈”字，石经五经。《手部》：“，掫也。从手占声。奴兼切。”（252 页）段玉裁注[3]：“《篇》《韵》皆云‘指取也’。”

3.【常】石刻“苫”字，刘奇秀志。《艸部》：“，盖也。从艸占声。失廉切。”（24 页）《说文通训定声》[4]：“《尔雅・释器》‘白盖谓之苫’注：白茅苫，今江东呼为盖。李注：编菅茅以盖屋者曰苫。”

4.【常】石刻“沾”字，曹全碑。《水部》：“，水，出壶关，东入淇。一曰沾，益也。从水占声。他兼切。”（226 页）段玉裁注[5]：“沾、添古今字，俗制‘添’为沾益字，而‘沾’之本义废矣。”

5.【常】石刻“帖”字，石经九经。《巾部》：“，帛书署也。从巾占声。他叶切。”（159 页）《说文通训定声》[6]：“以木曰检，以帛曰帖。”

6.【常 B】“粘”字同“黏”。石刻“黏”字，樊廉志。《黍部》：“，相箸也。从黍占声。女廉切。”（146 页）《说文通训定声》[7]：“字亦作粘。”石刻“粘”字，读庙祭器铭，从米占声，《说文》无。

7.【常 B】“砧”字暂未见唐以前、小篆外其他相关古文字形。《石部》：“，石柎也。从石占声。知林切。”（196 页）

8.【常】“貼”字暂未见唐以前、小篆外其他相关古文字形。《貝部》：“，以物为质也。从貝占声。他叶切。”（131 页）“貼”字简化作“贴”。

---

① 李孝定：《甲骨文字集释》，台湾“中研院”历史语言研究所，1970，1112 页。

② （清）朱骏声：《说文通训定声》，武汉古籍书店，1983，125 页。

③ （清）段玉裁：《说文解字注》，上海古籍出版社，2000，598 页。

④ （清）朱骏声：《说文通训定声》，武汉古籍书店，1983，125 页。

⑤ （清）段玉裁：《说文解字注》，上海古籍出版社，2000，526 页。

⑥ （清）朱骏声：《说文通训定声》，武汉古籍书店，1983，125 页。

⑦ （清）朱骏声：《说文通训定声》，武汉古籍书店，1983，125 页。

9.【常】石刻“玷”字，王悦及妻郭氏志，从玉占声，《说文》无。

10.0【常】石刻“店”字，李眈志，从广占声，《说文》无。

10.1【常】“掂”字从手店声，【常】“惦”字从心店声，【常B】“踮”字从足店声，均暂未见唐以前相关古文字形，《说文》无。

11.【常】“站”字暂未见唐以前相关古文字形，从立占声，《说文》无。

“扁”组

0.【常】简帛“扁”字，数131。石刻“扁”字，卢昂志。《冊部》：“扁，署也。从户、冊。户冊者，署门户之文也。方沔切。”（48页）

1.【常】甲骨文“編”字，合26801。简帛“編”字，金关T30：059A。石刻“編”字，元项志、桑蕚志。《糸部》：“編，次简也。从糸扁声。布玄切。”（276页）段玉裁注①：“以丝次弟竹简而排列之曰编。”《甲骨文字诂林》②：“郭沫若：‘疑编之古字，从冊从糸。’李孝定：‘契文从冊从糸会意，冊则为象形，（编）当为冊之后起字，至从糸扁声之编则又为之后起字也。’”“編”字简化作“编”。

2.【常】简帛“偏”字，张758。石刻“偏”字，石经五经。《人部》：“偏，颇也。从人扁声。芳連切。”（166页）段玉裁注③：“颇，头偏也。引申为凡偏之称。”

3.【常】简帛“篇”字，仓颉篇44。石刻“篇”字，石经五经。《竹部》：“篇，书也。一曰关西谓榜曰篇。从竹扁声。芳連切。”（95页）《说文通训定声》④：“谓书于简册可编者也，其书于帛可卷者谓之卷。”

4.【常】石刻“翩”字，石经周易。《羽部》：“翩，疾飞也。从羽扁声。芳連切。”（75页）

5.【常】“蝙”字暂未见唐以前、小篆外其他相关古文字形。《虫部》：“蝙，蝙蝠也。从虫扁声。布玄切。”（282页）

6.【常】石刻“遍”字，封魔奴志，从辵扁声，《说文》无。

7.【常】“騙”字从馬扁声，简化作“骗”；【常】“匾”字从匚扁声；均暂未见唐以前相关古文字形，《说文》无。

---

① （清）段玉裁：《说文解字注》，上海古籍出版社，2000，658页。

② 于省吾主编：《甲骨文字诂林》，中华书局，1999，2978页。

③ （清）段玉裁：《说文解字注》，上海古籍出版社，2000，378页。

④ （清）朱骏声：《说文通训定声》，武汉古籍书店，1983，841页。

“辡”组

0.“辡”字暂未见唐以前、小篆外其他相关古文字形。《辡部》：“，辠人相与讼也。从二辛。方免切。”（309 页）“辡”字音 biǎn。

1.【常】金文“辨（辧）”字，西周 11.6001。简帛“辨（辧）”字，金布律 429。石刻“辨”字，石经五经。《刀部》：“，判也。从刀辡声。蒲莧切。”（91 页）

2.【常】简帛“辯”字，为吏 15、奏谳书 42。石刻“辯”字，石经五经。《辡部》：“，治也。从言在辡之间。符蹇切。”（309 页）“辯”字简化作“辩”。

3.【常】简帛“瓣”字，银贰 2144。石刻“瓣”字，石经五经。《瓜部》：“，瓜中实。从瓜辡声。蒲莧切。”（149 页）

4.【常】石刻“辮”字，杨执一志。《糸部》：“，交也。从糸辡声。頻犬切。”（272 页）《说文通训定声》[①]：“《后汉·张衡传》注引《说文》：交织也。”“辮”字简化作“辫”。

5.【常】简帛“辦”字，金关 T28：026。石刻“辦”字，崔植志。《力部》：“，致力也。从力辡声。蒲莧切。”（293 页）“辦”字简化作“办”。

“便”组

0.【常】金文“便”字，西周 16.10285.2。简帛“便”字，第八层 141。石刻“便”字，肥致碑。《人部》：“，安也。人有不便，更之。从人、更。房連切。”（165 页）《金文形义通解》[②]：“金文‘便’象持鞭以殴人背，乃鞭刑之象事字。……后世假写便安义，复增革作‘鞭’。”

1.【常】甲骨文“鞭”字，合 20842。金文“鞭”字，西周 05.2831、西周 16.10285.2。简帛“鞭”字，金关 T26：084B。石刻“鞭”字，石经尚书。《革部》：“，驱也。从革㪅声。卑連切。，古文鞭。”（62 页）《金文形义通解》[③]：“‘鞭’之初文……象持鞭挥动，鞭梢卷曲之形。……字作，上部索形变为，乃冕之象形文，字已声化。”

① （清）朱骏声：《说文通训定声》，武汉古籍书店，1983，840 页。

② 张世超等：《金文形义通解》，中文出版社，1996，2008 页。

③ 张世超等：《金文形义通解》，中文出版社，1996，583 页。

"釆"组

0. 金文"釆"字，商10.5075。石刻"釆"字，孟孝琚志。《釆部》:"，辨别也。象兽指爪分别也。读若辨。蒲莧切。，古文釆。"(28页)《金文形义通解》[1]："《说文》所言非其初形初谊。'釆'与'番'古本一字。……从耒从，象翻地播种之意。""釆"字音biàn。

1.0【常】金文"番"字，西周15.9705、西周16.10271、春秋16.10258。简帛"番"字，金关T07:095。石刻"番"字，石经五经。《釆部》:"，兽足谓之番。从釆；田，象其掌。附袁切。，番或从足从煩。，古文番。"(28页)《金文形义通解》[2]："按：'釆'本为'播'之初文，……假借写辨别之'辨'，如《尚书》:'釆章百姓'，乃于'釆'形下加'田'作'番'……以表播种之谊。'兽足谓之番'，乃'番'之假借义。"

1.1【常】金文"播"字，西周05.2809。简帛"播"字，仓颉篇。石刻"播"字，石经尚书。《手部》:"，穜也。一曰布也。从手番声。補過切。，古文播。"(256页)《金文形义通解》[3]："金文'播'字从攴釆声。釆，即播种之'播'字象事初文。"

1.2【常B】简帛"蕃"字，仓颉篇9。石刻"蕃"字，石经五经。《艸部》:"，艸茂也。从艸番声。甫煩切。"(27页)

1.3【常A】简帛"潘"字，癸琐案18。石刻"潘"字，卢文构志。《水部》:"，淅米汁也。一曰水名，在河南荥阳。从水番声。普官切。"(236页)

1.4【常B】石刻"蟠"字，杨曜生志。《虫部》:"，鼠妇也。从虫番声。附袁切。"(280页)

1.5【常】石刻"翻（飜）"字，元熙志、崔琪志。《羽部》:"，飞也。从羽番声。或从飛。孚袁切。"(75页)

"卞"组

0. 石刻"卞"字，礼器碑侧、临辟雍碑、元仙志，疑从丌上置物，《说文》无。

---

① 张世超等:《金文形义通解》，中文出版社，1996，131页。

② 张世超等:《金文形义通解》，中文出版社，1996，132页。

③ 张世超等:《金文形义通解》，中文出版社，1996，2809页。

1.【常B】简帛“汴”字，金关T21：419。石刻“汴”字，王震志，从水卞声，《说文》无。

“典”组

0.【常】甲骨文“典”字，合集33029、合集38305。金文“典”字，商03.1358、西周08.4241、西周08.4293。简帛“典”字，马壹36_48、金关T24：245。石刻“典”字，石经尚书。《丌部》：“典，五帝之书也。从册在丌上，尊阁之也。庄都说，典，大册也。多殄切。笶，古文典从竹。”（99页）《甲骨文字释林》①：“即古典字。”《甲骨文字诂林》②：“按：‘典’乃由‘册’所孳乳，间有与‘册’通用之例。”

1.【常B】石刻“腆”字，石经五经。《肉部》：“腆，设膳腆腆多也。从肉典声。他典切。㥏，古文腆。”（89页）

2.【常A】“碘”字暂未见唐以前相关古文字形，从石典声，《说文》无。

“奠”组

0.【常】甲骨文“奠”字，合9080、合32183。金文“奠”字，西周09.4626、战国18.11693。石刻“奠”字，三体石经春秋、侯刚志。《丌部》：“奠，置祭也。从酋。酋，酒也。下其丌也。《礼》有奠祭者。堂練切。”（99页）《说文通训定声》③：“按：《书·禹贡》疏、《诗·云汉》疏、《礼·檀弓》疏皆以‘置之于地为奠’。”《甲骨文字诂林》④：“罗振玉：‘从酋从丌并省，象尊有荐，乃奠字也。’”

1.0【常】金文“鄭”字，战国17.10994。简帛“鄭”字，封诊式34、金关T28：100。石刻“鄭”字，石经五经。《邑部》：“鄭，京兆县。周厉王子友所封。从邑奠声。宗周之灭，郑徙澮洧之上，今新郑是也。直正切。”（132页）“鄭”字简化作“郑”。

1.1【常】石刻“擲”字，卢知宗志，从手鄭声，简化作“掷”，《说文》无。

---

① 于省吾：《甲骨文字释林》，中华书局，1979，71页。

② 于省吾主编：《甲骨文字诂林》，中华书局，1999，2972页。

③（清）朱骏声：《说文通训定声》，武汉古籍书店，1983，843页。

④ 于省吾主编：《甲骨文字诂林》，中华书局，1999，2688页。

“幵”组

0. 石刻“幵”字，董幵志。《幵部》：“，平也。象二干对构，上平也。古賢切。”（299 页）段玉裁注[①]：“凡岐头两平曰幵。”“幵”字音 jiān。

1.【常 B】甲骨文“妍”字，合 32168、合 30459。石刻“妍”字，赵广者志，“幵”讹作“开”。《女部》：“，技也。一曰不省录事。一曰难侵也。一曰惠也。一曰安也。从女幵声。读若研。五堅切。”（263 页）《说文通训定声》[②]：“按：慧巧之意。”

2.【常 B】简帛“笄”字，奏谳书 199。石刻“笄”字，司马显姿志，“幵”讹作“开”。《竹部》：“，簪也。从竹幵声。古兮切。”（96 页）

3.【常 B】石刻“羿（羿）”字，、石经五经，“幵”讹作“廾”。《羽部》：“，羽之羿风。亦古诸侯也。一曰射师。从羽幵声。五計切。”（75 页）段玉裁注[③]：“从羽幵。锴本无声，铉有。盖会意兼形声也。……俗作羿。”

4.【常】简帛“研”字，仓颉篇 18。石刻“研”字，元斌志，“幵”讹作“开”。《石部》：“，礦也。从石幵声。五堅切。”（195 页）

“𢦏”组

0. 甲骨文“𢦏”字，合 96。《戈部》：“，绝也。一曰田器。从从持戈。古文读若咸。读若《诗》云‘攕攕女手’。子廉切。”（266 页）《甲骨文字集释》[④]：“象戈击二人之形。”“𢦏”字音 jiān。

1.0 简帛“韱”字，第八层 1239。石刻“韱”字，叔孙协及妻志。《韭部》：“，山韭也。从韭𢦏声。息廉切。”（149 页）“韱”字音 xiān。

1.1【常】简帛“籤”字，魏盗案 168。石刻“籤”字，张姜志。《竹部》：“，验也。一曰锐也，贯也。从竹韱声。七廉切。”（98 页）“籤”字简化作“签”。

1.2【常】石刻“殲”字，王温志、石经五经。《歺部》：“，微尽也。从歺韱声。子廉切。”（85 页）“殲”字简化作“歼”。

1.3【常】石刻“纖”字，石经五经。《糸部》：“，细也。从糸韱

---

① （清）段玉裁：《说文解字注》，上海古籍出版社，2000，715 页。

② （清）朱骏声：《说文通训定声》，武汉古籍书店，1983，723 页。

③ （清）段玉裁：《说文解字注》，上海古籍出版社，2000，139 页。

④ 李孝定：《甲骨文字集释》，台湾“中研院”历史语言研究所，1970，3779 页。

声。息廉切。”（272 页）《说文通训定声》[1]：“《方言》二：缯帛之细者谓之纤。”“纖”字简化作“纤”。

1.4【常 B】石刻“懴”字，元濬嫔耿氏志，从心韱声，简化作“忏”，《说文》无。

“兼”组

0.【常】金文“兼”字，十七年丞相启状戈、西周 06.2836。简帛“兼”字，秦律十八种 137。石刻“兼”字，寇治志、石经五经。《秝部》：“，并也。从又持秝。兼持二禾，秉持一禾。古甜切。”（146 页）《金文形义通解》[2]：“一手而同时持二禾，以象兼并之意。”

1.【常】石刻“歉”字，景氏志。《欠部》：“，歉食不满。从欠兼声。苦簟切。”（180 页）

2.0【常】简帛“廉”字，为吏 9。石刻“廉”字，曹全碑。《广部》：“，庆也。从广兼声。力兼切。”（192 页）《说文通训定声》[3]：“按：堂之侧边曰廉。”

2.1【常】石刻“簾”字，石经五经。《竹部》：“，堂帘也。从竹廉声。力鹽切。”（96 页）“簾”字简化作“帘”。

2.2【常】“鐮”字暂未见唐以前相关古文字形，从金廉声，简化作“镰”，《说文》无。

3.【常】简帛“謙”字，奏谳书 228。石刻“謙”字，石经尚书。《言部》：“，敬也。从言兼声。苦兼切。”（53 页）“謙”字简化作“谦”。

4.【常 B】简帛“蒹”字，仓颉篇 24。石刻“蒹”字，石经五经。《艸部》：“，雚之未秀者。从艸兼声。古恬切。”（20 页）

5.【常】石刻“嫌”字，闾炫志、石经周易。《女部》：“，不平于心也。一曰疑也。从女兼声。户兼切。”（263 页）

6.【常】“賺”字暂未见唐以前相关古文字形，从貝兼声，简化作“赚”，《说文》无。

---

① （清）朱骏声：《说文通训定声》，武汉古籍书店，1983，124 页。

② 张世超等：《金文形义通解》，中文出版社，1996，1794 页。

③ （清）朱骏声：《说文通训定声》，武汉古籍书店，1983，121 页。

“柬”组

0.【常A】金文“柬”字，文物98.4。石刻“柬”字，石经五经。《柬部》：“，分别简之也。从束从八。八，分别也。古限切。”（128页）《说文通训定声》[①]：“分别择之也，从束从八会意。八，分别也。字亦作拣。”

1.0【常B】金文“闌”字，商07.3861.2。简帛“闌”字，法律答问139。石刻“闌”字，张某志。《門部》：“，门遮也。从門柬声。洛干切。”（248页）“闌”字简化作“阑”。

1.1【常】石刻“爛（爤）”字，元愿平妻王氏志、修多罗志。《火部》：“，孰也。从火蘭声。郎旰切。，或从閒。”（208页）段玉裁注[②]：“隶作爛，不从艸。”“爛”字简化作“烂”。

1.2【常B】金文“讕”字，西周05.2837。《言部》：“，怟讕也。从言闌声。洛干切。，讕或从閒。”（57页）段玉裁注[③]：“抵谰也。抵，各本作诋，误。……按：‘抵谰’犹今俗语云‘抵赖’也。”“讕”字简化作“谰”。

1.3【常】简帛“蘭”字，金关T23：145。石刻“蘭”字，夏承碑。《艸部》：“，香艸也。从艸闌声。落干切。”（16页）“蘭”字简化作“兰”。

1.4【常B】“漣”是“瀾”字或体，简化作“涟”。石刻“瀾”字，石经五经，简化作“澜”。石刻“漣”字，石经周易。《水部》：“，大波为瀾。从水闌声。洛干切。，瀾或从連。”（230页）

1.5【常】石刻“欄”字，修定寺记碑，从木闌声，简化作“栏”，《说文》无。

1.6【常】“攔”字从手闌声，简化作“拦”；【常B】“斕”字从文闌声，简化作“斓”，均暂未见唐以前相关古文字形，《说文》无。

2.【常B】简帛“諫”字，仓颉篇39。石刻“諫”字，石台孝经。《言部》：“，証也。从言柬声。古晏切。”（52页）“諫”字简化作“谏”。

3.【常】简帛“練”字，银壹415。石刻“練”字，石经五经。《糸部》：“，湅缯也。从糸柬声。郎甸切。”（273页）《说文通训定声》[④]：“《华严音义》引《珠丛》：煮丝令熟曰练。”“練”字简化作“练”。

---

① （清）朱骏声：《说文通训定声》，武汉古籍书店，1983，726页。

② （清）段玉裁：《说文解字注》，上海古籍出版社，2000，483页。

③ （清）段玉裁：《说文解字注》，上海古籍出版社，2000，101页。

④ （清）朱骏声：《说文通训定声》，武汉古籍书店，1983，727页。

4.【常】简帛“煉”字，马贰 66_2。石刻“煉”字，晖福寺碑。《火部》：“，铄治金也。从火柬声。郎電切。”（209 页）“煉”字简化作“炼”。

5.【常】“揀”字暂未见唐以前相关古文字形，从手柬声，简化作“拣”，《说文》无。

“建”组

0.【常】甲骨文“建”字，合 36908。金文“建”字，商 14.8896、文物 99.9、战国 18.11758A。简帛“建”字，第八层 1289、金关 T24：022。石刻“建”字，石堂画像石题记。《廴部》：“，立朝律也。从聿从廴。居萬切。”（44 页）《金文形义通解》[①]：“早期金石铭文中尚有类似图文、，……林义光解……为‘有所树立之形’。裘锡圭承林义光说，谓……‘正象持物树立于乚内之形，所树立物似是木柱一类东西’，图文中之诸小点‘大概是象土粒的’。……裘锡圭以‘树立’之事象解其初文，甚塙。又，张亚初据上举早期铜器图文谓‘建字初文正象一人立于庭隅用手持棍棒夯筑之形，棒下几个小点表示泥土形’，‘本义确实与土木建筑有关’。此亦足备一说。”

1.【常】简帛“鍵”字，仓颉篇 19。石刻“鍵”字，石经五经。《金部》：“，铉也。一曰车辖。从金建声。渠偃切。”（295 页）段玉裁注[②]：“谓鼎扃也。以木横关鼎耳而举之，非是则既炊之鼎不可举也，故谓之关键。”“鍵”字简化作“键”。

2.【常】简帛“健”字，金关 T23：298、魏晋残纸。石刻“健”字，石经周易。《人部》：“，伉也。从人建声。渠建切。”（163 页）

3.【常 B】“毽”字暂未见唐以前相关古文字形，从毛建声，《说文》无。

“薦”组

0.【常】甲骨文“薦”字，怀 1690。金文“薦”字，春秋 03.597、春秋 16.10299、战国 09.4649。简帛“薦”字，法律答问 151。石刻“薦”字，石经五经。《廌部》：“，兽之所食艸。从廌从艸。古者神人以廌遗黄帝。帝曰：‘何食？何处？’曰：‘食薦；夏处水泽，冬处松柏。’

① 张世超等：《金文形义通解》，中文出版社，1996，412 页。

② （清）段玉裁：《说文解字注》，上海古籍出版社，2000，704 页。

作甸切。”（202 页）《金文形义通解》[①]：“金文从茻，与从艸同。”“薦”字简化作“荐”。

1.【常 B】“韉”字暂未见唐以前、小篆外其他相关古文字形。《革部》：“，马鞁具也。从革薦声。則前切。”（62 页）“韉”字简化作“鞯”。

“见”组

0.【常】甲骨文“見”字，合 799。金文“見”字，商 03.944。简帛“見”字，秦律十八种 27、金关 T23：896A。石刻“見”字，石经周易。《見部》：“，视也。从儿从目。古甸切。”（177 页）《甲骨文字诂林》[②]：“赵诚：‘甲骨文的见字写作，象人跪坐着睁开眼睛；或写作，象人站着睁开眼睛，都表示有所看见。’”“見”字简化作“见”。

1.0【常】甲骨文“監”字，合 27742。金文“監”字，西周 05.2827、西周 15.9731.1。简帛“監”字，法律答问 151。石刻“監”字，石经五经、张去奢志。《卧部》：“，临下也。从卧，㓩省声。古銜切。，古文監从言。”（170 页）《甲骨文字诂林》[③]：“唐兰：‘余谓监字本象一人立于盆侧，有自监其容之意，后世变为，又变为，其实非从卧从血也，其本义当为“视也”，……监字本从皿从见，以象意声化例推之，当是从皿见声。’”“監”字简化作“监”。

1.1【常】金文“鑑（鑒）”字，春秋 16.10289。石刻“鑑（鑒）”字，高湑志、石经五经。《金部》：“，大盆也。一曰监诸，可以取明水于月。从金監声。革懺切。”（294 页）“鑑”字简化作“鉴”。

1.2【常】金文“鹽”字，战国 17.10975。简帛“鹽”字，秦律十八种 182、奏谳书 181。石刻“鹽”字，石经五经。《鹽部》：“，咸也。从鹵監声。古者，宿沙初作煑海盐。余廉切。”（247 页）《说文通训定声》[④]：“天生曰卤，人作曰盐。”“鹽”字简化作“盐”。

1.3【常】简帛“藍”字，秩律 448。石刻“藍”字，郑善妃志。《艸部》：“，染青艸也。从艸監声。魯甘切。”（16 页）“藍”字简化作“蓝”。

1.40【常】石刻“覽”字，斛律氏志、石经五经。《見部》：“，

---

① 张世超等：《金文形义通解》，中文出版社，1996，2390 页。

② 于省吾主编：《甲骨文字诂林》，中华书局，1999，608 页。

③ 于省吾主编：《甲骨文字诂林》，中华书局，1999，618 页。

④（清）朱骏声：《说文通训定声》，武汉古籍书店，1983，134 页。

观也。从見、監，監亦声。盧敢切。”（177 页）“覽”字简化作“览”。

1.41【常】石刻“攬”字，冯季华志，从手覽声，简化作“揽”，《说文》无。

1.42【常】“欖”字从木覽声，简化作“榄”；【常】“纜”字从糸覽声，简化作“缆”；均暂未见唐以前相关古文字形，《说文》无。

1.5【常】石刻“濫”字，石台孝经。《水部》：“，氾也。从水監声。一曰濡上及下也。一曰清也。盧瞰切。”（230 页）“濫”字简化作“滥”。

1.6【常】石刻“檻”字，五经石经。《木部》：“，栊也。从木監声。一曰圈。胡黯切。”（125 页）“檻”字简化作“槛”。

1.7【常】石刻“籃”字，智度等造像。《竹部》：“，大篝也。从竹監声。鲁甘切。，古文籃如此。”（96 页）“籃”字简化作“篮”。

1.8【常 B】“襤”字暂未见唐以前、小篆外其他相关古文字形。《衣部》：“，裯谓之襤褛。襤，无缘也。从衣監声。鲁甘切。”（171 页）“襤”字简化作“褴”。

1.9【常】“尷”字暂未见唐以前相关古文字形，从尢監声，简化作“尴”，《说文》无。

1.（10）【常】“艦”字暂未见唐以前相关古文字形，从舟監声，简化作“舰”，《说文》无。

2.【常】石刻“硯”字，敬觉志。《石部》：“，石滑也。从石見声。五甸切。”（195 页）《说文通训定声》[①]：“《释名·释书契》：砚，研也，研墨使和濡也。”“硯”字简化作“砚”。

3.【常】简帛“現”字，金关 T10：088。石刻“現”字，无量义经，从玉見声，简化作“现”，《说文》无。

4.【常】“筧”字暂未见唐以前相关古文字形，从竹見声，简化作“笕”，《说文》无。

“间”组

0.【常】“間”字同“閒”，简化作“间”。金文“間（閒）”字，战国 16.10478A、战国 15.9710。简帛“間（閒）”字，银贰 1823。石刻“間（閒）”字，曹全碑、崔惟悌志。《門部》：“，隙也。从門从月。

① （清）朱骏声：《说文通训定声》，武汉古籍书店，1983，728 页。

古閑切。閖，古文閒。”（248 页）段玉裁注[①]：“隙者，壁际也。引申之，凡有两边有中者皆谓之隙。隙谓之閒。閒者，门开则中为际。……閒者，稍暇也，故曰閒暇。今人分别其音为户閑切。或以閑代之。閒者，隙之可寻者也。”《金文形义通解》[②]：“徐锴《系传》：‘大门当夜闭，闭而见月光，是有閒隙也。’金文‘閒’字以闭门犹可见月之形意，显示门中之閒隙。”

1.【常】金文“簡”字，新收 537 页。简帛“簡”字，为吏 9。石刻“簡”字，池阳令残碑、石经尚书。《竹部》：“簡，牒也。从竹閒声。古限切。”（95 页）“簡”字简化作“简”。

2.【常】简帛“澗”字，银壹 415。石刻“澗”字，元思志。《水部》：“澗，山夹水也。从水閒声。一曰澗水，出弘农新安，东南入洛。古莧切。”（232 页）《说文通训定声》[③]：“从水从閒会意，閒亦声。”“澗”字简化作“涧”。

“连”组

0.【常】简帛“連”字，马贰 33_20、敦煌简 0639B。石刻“連”字，封魔奴志、娄黑女志。《辵部》：“連，员连也。从辵从車。力延切。”（41 页）《说文通训定声》[④]：“段氏订‘员连’为‘负车’误字，谓‘连’即‘辇’古文，大乱许书之例矣。或曰两人輓者为辇，一人輓者为连，求之全书列字以类相从之例，终属不合。陈编散落，古义无征，宜从盖阙。”“連”字简化作“连”。

1.【常】简帛“蓮”字，马壹 142_3、金关 T21：379。石刻“蓮”字，元纯陀志。《艸部》：“蓮，芙蕖之实也。从艸連声。洛賢切。”（20 页）“蓮”字简化作“莲”。

2.【常】“鏈”字暂未见唐以前、小篆外其他相关古文字形。《金部》：“鏈，铜属。从金連声。力延切。”（293 页）《说文通训定声》[⑤]：“《广雅·释器》：铅矿谓之链。”“鏈”字简化作“链”。

---

① （清）段玉裁：《说文解字注》，上海古籍出版社，2000，589 页。

② 张世超等：《金文形义通解》，中文出版社，1996，2764 页。

③ （清）朱骏声：《说文通训定声》，武汉古籍书店，1983，726 页。

④ （清）朱骏声：《说文通训定声》，武汉古籍书店，1983，766 页。

⑤ （清）朱骏声：《说文通训定声》，武汉古籍书店，1983，767 页。

“臱”组

0. 简帛“臱（𦣝）”字，马贰 33_16。《自部》：“𦣝，宫不见也。阙。武延切。”（74 页）“臱（𦣝）”字音 mián。

1.【常】甲骨文“邊（邉）”字，合 28058。金文“邊（邉）”字，西周 05.2837、西周 16.10176。简帛“邊（邉）”字，秦律杂抄 35、敦煌简 1962A。石刻“邊（邉）”字，石经五经。《辵部》：“邉，行垂崖也。从辵𦣝声。布賢切。”（42 页）《金文形义通解》[①]：“金文或从彳，辵、彳义符通作。声符作，下从方，《说文》篆文讹作，乃汉以后事。‘邊’为‘臱’之加旁字。‘臱’‘旁’同源，词根‘方’……增‘自’以标音，……复增‘丙’以标音，遂成，……‘旁’‘臱’所谓转注字也。后增辵标义为‘邊’，典籍之‘旁’，之‘邊’，初本于‘方’，于殷虚甲骨文可见。《广雅·释诂四》：‘邊，旁，方也。’”“邊”字简化作“边”。

“绵”组

0.【常】石刻“綿（緜）”字，元谧志、石经五经、杨会志。《系部》：“緜，聯微也。从系从帛。武延切。”（270 页）“綿（緜）”字简化作“绵”。

1.【常】“棉”字暂未见唐以前相关古文字形，从木，綿省声，《说文》无。

“丏”组

0. 甲骨文“丏”字，合 28686。金文“丏”字，商 06.3457.1、西周 16.10175。石刻“丏”字，屈元寿志。《丏部》：“丏，不见也。象壅蔽之形。彌兖切。”（184 页）“丏”字音 miǎn。

1.【常 B】石刻“沔”字，石经五经。《水部》：“沔，水，出武都沮县东狼谷，东南入江。或曰入夏水。从水丏声。彌兖切。”（225 页）

“免”组

0.【常】甲骨文“免”字，合集 33069。金文“免”字，商

---

① 张世超等：《金文形义通解》，中文出版社，1996，353 页。

12.7067、西周 08.4240。简帛“免”字，秦律十八种 83。石刻“免”字，元昭志。《甲骨文字诂林》：“按：《说文》无免字，而形声偏旁多用之。……卜辞方国名之、等，象人戴帽形，金文作，小篆作，犹存其初义。其后‘免’既用为‘脱免’，复孳乳从冃免声之‘冕’字以代之。”《说文》无。

1.【常】甲骨文“冕”字，合 33069。金文“冕”字，商 12.7067、西周 08.4240。石刻“冕”字，景君碑、石经五经。《冃部》：“，大夫以上冠也。邃延、垂瑬、紞纩。从冃免声。古者黄帝初作冕。亡辨切。，冕或从糸。”（156 页）

2.【常】简帛“勉”字，秦律杂抄 41。石刻“勉”字，王芳媚志。《力部》：“，彊也。从力免声。亡辨切。”（292 页）

3.【常】简帛“晚”字，敦煌简 0411。石刻“晚”字，张轲志。《日部》：“，莫也。从日免声。無遠切。”（138 页）段玉裁注[①]：“莫者，日且冥也。”

4.【常】石刻“挽”字，王蕃志，从手免声，《说文》无。

5.【常 A】石刻“娩”字，冯会苌志，从女免声，《说文》无。

“面”组

0.【常】甲骨文“面”字，花东 113、花东 226。简帛“面”字，日甲《盗者》69、东牌楼 050。石刻“面”字，无量义经二、石经五经。《面部》：“，颜前也。从𦣻，象人面形。彌箭切。”（184 页）《甲骨文字集释》[②]：“契文从目，外象面部匡廓之形，盖面部五官中最足引人注意者莫过于目，故面字从之也。篆文从𦣻，则从囗无义可说，乃从目之讹。”

1.【常】石刻“緬”字，卢兰志。《糸部》：“，微丝也。从糸面声。弭沇切。”（271 页）“緬”字简化作“缅”。

2.【常 B】“腼”字暂未见唐以前相关古文字形，从肉面声，《说文》无。

“千”组

0.【常】甲骨文“千”字，合 5339、合 19946 正。金文“千”字，

---

① （清）段玉裁：《说文解字注》，上海古籍出版社，2000，305 页。

② 李孝定：《甲骨文字集释》，台湾“中研院”历史语言研究所，1970，2851 页。

西周05.2837。简帛“千”字，数182、敦煌简0086。石刻“千”字，石堂画像石题记、崔素志。《十部》：“，十百也。从十从人。此先切。”（50页）《甲骨文字诂林》①：“朱芳圃：‘一千作，二千作，……五千作，数至六千，合书不便，乃析为二字矣。’按：千字仅从人，人亦声，并不从十。沿用既久，人字加一横画作，成为千百之千专用字。”

1.【常】“秊”字草书楷化作“年”。甲骨文“秊”字，合6649正甲、合28289。金文“秊”字，商05.2653、西周07.3893、战国18.11653。石刻“年（秊）”字，乙瑛碑、郑黑志。《禾部》：“，谷孰也。从禾千声。奴顛切。”（146页）《甲骨文字诂林》②：“按：‘年’象人首戴禾之说，纯属臆测。小篆为从禾千声，而契文皆从人，而‘千’与‘人’实本同音。”

2.【常B】石刻“阡”字，爨君志。《𨸏部》：“，路东西为陌，南北为阡。从𨸏千声。倉先切。”（307页）

“佥”组

0. 金文“僉”字，吴越472页、秦文字编804。简帛“僉”字，马壹136_61。石刻“僉”字，石经五经。《亼部》：“，皆也。从亼从吅从从。七廉切。”（108页）“僉”字简化作“佥”。

1.【常】“劍”是“劒”字籀文，简化作“剑”。金文“劍（劒）”字，西周05.2779。简帛“劍（劒）”字，金关T07：005、日甲《诘》35。石刻“劍（劒）”字，、石经五经。《刃部》：“，人所带兵也。从刃僉声。居欠切。，籀文劒从刀。”（93页）《金文形义通解》③：“金文‘剑’字皆从金。”

2.0【常】简帛“斂”字，为吏7。石刻“斂”字，苏斌志。《攴部》：“，收也。从攴僉声。良冉切。”（68页）“斂”字简化作“敛”。

2.1【常B】石刻“瀲”字，皇甫弘敬志，从水斂声，简化作“潋”，《说文》无。

3.【常】简帛“儉”字，睡46。石刻“儉”字，石经周易、朱君妻赵志，简化作“俭”。《人部》：“，约也。从人僉声。巨險切。”

① 于省吾主编：《甲骨文字诂林》，中华书局，1999，31页。

② 于省吾主编：《甲骨文字诂林》，中华书局，1999，1441页。

③ 张世超等：《金文形义通解》，中文出版社，1996，1041页。

（165页）段玉裁注①："约者，缠束也；俭者，不敢放侈之意。"

4.【常】简帛"險"字，日甲《盗者》75、东牌楼031。石刻"險"字，石经周易。《阜部》："險，阻，难也。从𨸏僉声。虚检切。"（304页）"險"字简化作"险"。

5.【常】简帛"驗"字，金关T04：063A。石刻"驗"字，吴洛族造像。《馬部》："驗，马名。从馬僉声。魚窆切。"（200页）"驗"字简化作"验"。

6.【常】简帛"檢"字，敦煌简0974B。石刻"檢"字，阿史那贞忠志、石经五经。《木部》："檢，书署也。从木僉声。居奄切。"（124页）段玉裁注②："书署谓表署书函也。……《广韵》云：书检者，印窠封题也。则通谓印封为检矣。""檢"字简化作"检"。

7.【常】石刻"撿"字，元恩志。《手部》："撿，拱也。从手僉声。良冉切。"（251页）段玉裁注③："凡敛手宜作此字。""撿"字简化作"捡"。

8.【常B】石刻"瞼"字，崔廷妻志。《目部》："瞼，目上下睑也。从目僉声。居奄切。"（73页）"瞼"字简化作"睑"。

9.【常】简帛"簽"字，遣策22，从竹僉声，简化作"签"，《说文》无。

10.【常】石刻"臉"字，王鸭脸造像，从肉僉声，简化作"脸"，《说文》无。

"前"组

0.【常】金文"前（歬）"字，西周08.4224。简帛"前（歬）"字，绾等畏耎还走案238、引书56、敦煌简1464B、东牌楼055B。石刻"前（歬）"字，乙瑛碑、石经九经。《止部》："歬，不行而进谓之歬。从止在舟上。昨先切。"（38页）《说文通训定声》④："今隶作前，盖以𠝣为之。"《金文形义通解》⑤："'止'为'趾'之象形，'舟'于此非舟船，乃与舟船相类之履之象形。《说文》'履'字下言：'舟象履形。'趾在履上，当象前行之意。"

1.【常】简帛"箭"字，第八层454、银贰1663。石刻"箭"字，

① （清）段玉裁：《说文解字注》，上海古籍出版社，2000，376页。
② （清）段玉裁：《说文解字注》，上海古籍出版社，2000，265页。
③ （清）段玉裁：《说文解字注》，上海古籍出版社，2000，595页。
④ （清）朱骏声：《说文通训定声》，武汉古籍书店，1983，765页。
⑤ 张世超等：《金文形义通解》，中文出版社，1996，245页。

元维志。《竹部》:"箭，矢也。从竹前声。子賤切。"(95 页)

2.【常 A】简帛"煎"字，遣策 29、仓颉篇 21。石刻"煎"字，高湝志。《火部》:"煎，熬也。从火前声。子仙切。"(208 页)

3.【常】石刻"剪"字，丘哲志、谭伍志。《刀部》:"𠜂，齐断也。从刀歬声。子善切。"(91 页)段玉裁注[①]:"后人以齐断之𠜂为'歬后'字，又以羽生之'翦'为'𠜂齐'字。"《说文通训定声》[②]:"今隶误作剪，从二刀。"

"𠳋"组

0. 甲骨文"𠳋"字，合集 5318。金文"𠳋"字，西周 08.4239.1、西周 08.4140。《𨸏部》:"𠳋，𦥑商，小块也。从𠂤从臾。去衍切。"(306 页)《甲骨文字诂林》[③]:"按：甲骨文𦥑字从臼从𠂤，……林义光《文源》以为𦥑'即遣之古文，从𠂤，𠂤者师省，所遣者也，象两手遣之'。其说近是。""𠳋"字音 qiǎn。

1.0【常】甲骨文"遣"字，合 5318、合 7884。金文"遣"字，商 13.8137、西周 11.5992、西周 08.4239.1。简帛"遣"字，秦律十八种 159。石刻"遣"字，多宝塔碑。《辵部》:"遣，纵也。从辵𠳋声。去衍切。"(40 页)

1.1【常】石刻"譴"字，成朗志。《言部》:"譴，谪问也。从言遣声。去戰切。"(56 页)"譴"字简化作"谴"。

"欠"组

0.【常】甲骨文"欠"字，合 914 反、屯 942。《欠部》:"欠，张口气悟也。象气从人上出之形。去劍切。"(179 页)《甲骨文字诂林》[④]:"按：字当释欠，象人张口出气形。……《说文》又谓:'旡，饮食气屰不得息曰旡，从反欠。'实则古文字反正每无别，、俱当释'欠'。……'欠'口向前，'旡'则口向后。"

1.0 甲骨文"次"字，合 20227、合 7004、合 21181、合 8317。金文"次"字，新收 1007 页、西周 01.105。石刻"次"字，石经

① (清)段玉裁:《说文解字注》，上海古籍出版社，2000，68 页。

② (清)朱骏声:《说文通训定声》，武汉古籍书店，1983，765 页。

③ 于省吾主编:《甲骨文字诂林》，中华书局，1999，3050 页。

④ 于省吾主编:《甲骨文字诂林》，中华书局，1999，382 页。

五经。《次部》："，慕欲口液也。从欠从水。叙連切。，次或从侃。，籀文次。"（180 页）《甲骨文字释林》[①]："甲骨文次字，有的象以手拂液形，有的象口液外流形，故后世形容人之贪饕，以垂涎为言。……口液为次之本义。""次"字音 xián。

1.1【常】"羡"字同"羨"。石刻"羨"字，元熙志、石经五经。《次部》："，贪欲也。从次，从羑省。羑呼之羑，文王所拘羑里。似面切。"（180 页）《说文通训定声》[②]："按：次亦声。"

2.【常】甲骨文"坎"字，合补 2716、合 14313 正、合 19800、合 22374。简帛"坎"字，马贰 78_192。石刻"坎"字，侯刚志、石经周易。《土部》："，陷也。从土欠声。苦感切。"（288 页）

3.【常】石刻"嵌"字，王礼志，从𡸔欠声。《山部》："，山深皃。从山，㪁省声。口衔切。"(191 页) 按："𡸔"字从山甘声，《说文》无。

4.【常】简帛"軟"字，金关 T30：139。石刻"軟"字，无量义经二，从車欠声，简化作"软"，《说文》无。

5.【常】简帛"砍"字，敦煌简 0222，从石欠声，《说文》无。

"天"组

0.【常】甲骨文"天"字，合 20975、H11：96、合 22103、屯 643。金文"天"字，商 10.4976.2、西周 05.2829。简帛"天"字，日甲 104、敦煌简 0099、金关 T04：098B。石刻"天"字，石堂画像石题记、净悟浮图记。《一部》："，颠也，至高无上。从一、大。他前切。"（7 页）《甲骨文字诂林》[③]："按：甲骨文天字作，金文作，本象人之形体而突出其颠顶。……或以为'天与大，其始当本为一字'，这是有可能的。但在甲文已明显分化，实际上当如陈桂所说：'大字本象人形，所重不在顶，故首形不显，天字则所重在顶，故首形特大也。'"

1.【常】简帛"吞"字，马贰 82_272。石刻"吞"字，石䮠铭。《口部》："，咽也。从口天声。土根切。"（30 页）

2.0 简帛"忝（忝）"字，魏晋残纸。石刻"忝（忝）"字，石台孝经、石经五经。《心部》："，辱也。从心天声。他點切。"（233 页）

2.1【常】石刻"添"字，雁塔圣教序，从水忝声，《说文》无。

---

① 于省吾：《甲骨文字释林》，中华书局，1979，384 页。

② （清）朱骏声：《说文通训定声》，武汉古籍书店，1983，718 页。

③ 于省吾主编：《甲骨文字诂林》，中华书局，1999，213 页。

2.2【常】"舔"字暂未见唐以前相关古文字形，从舌忝声，《说文》无。

"田"组

0.【常】甲骨文"田"字，合 20196、合 20495。金文"田"字，商 06.3142、战国 17.11165。简帛"田"字，语书 4。石刻"田"字，麻姑仙坛记。《田部》："田，陳也。树谷曰田。象四囗。十，阡陌之制也。待季切。"（290 页）段玉裁注[①]："各本作陳，今正。敶者，列也。田与敶古皆音陳，故以叠韵为训，取其敶列之整齐谓之田。凡言田田者，即陳陳相因也，陳陳当作敶敶。"《甲骨文字诂林》[②]："按：田字其中象阡陌形，不必从'十'，其作、诸形者，亦为'田'字。"

1.【常】甲骨文"男"字，合 21954、合 3455、合 3456。金文"男"字，西周 16.9901.1。简帛"男"字，病方 368、仓颉篇 9。石刻"男"字，肥致碑、石经九经。《男部》："男，丈夫也。从田从力。言男用力于田也。那含切。"（291 页）《甲骨文字诂林》[③]："徐中舒：'男从力田，力字即象耒形。'……于省吾：'甲骨文的男字作……系会意字，是说致力于农田耕作。'"

2.【常】金文"佃"字，西周 01.138、西周 05.2805。石刻"佃"字，三体石经尚书、师弘礼志。《人部》："佃，中也。从人田声。堂練切。"（166 页）《说文通训定声》[④]："佃字本训当为治田也。"

3.【常】金文"甸"字，西周 01.138。简帛"甸"字，法律答问 190。石刻"甸"字，崔湛志。《田部》："甸，天子五百里地。从田，包省。堂練切。"（290 页）《文源》[⑤]："《说文》从勹之字，古作从人。甸当与佃同字，……从人田，田亦声。"

"先"组

0.【常】甲骨文"先"字，合 177、合 2952。金文"先"字，商 10.5417.1。简帛"先"字，秦律十八种 167、王杖 7。石刻"先"字，石经周易。《先部》："先，前进也。从儿从之。穌前切。"（177 页）《甲

① （清）段玉裁：《说文解字注》，上海古籍出版社，2000，694 页。

② 于省吾主编：《甲骨文字诂林》，中华书局，1999，2108 页。

③ 于省吾主编：《甲骨文字诂林》，中华书局，1999，2132 页。

④ （清）朱骏声：《说文通训定声》，武汉古籍书店，1983，843 页。

⑤ 林义光：《文源》，中西书局，2012，卷十。

骨文字诂林》[①]："赵诚：'先，甲骨文写作，从之从人。或写作，从止从人。本义是走在人前。'……按：契文从止从人，或从。止在人前，故有先义。"

1.【常】甲骨文"洗"字，合123、合4819、合5540。简帛"洗"字，马贰69_22。石刻"洗"字，曹全碑。《水部》："，洒足也。从水先声。稣典切。"（237页）

2.【常A】石刻"銑"字，赫连子悦志。《金部》："，金之泽者。一曰小凿。一曰钟两角谓之铣。从金先声。稣典切。"（294页）《说文通训定声》[②]："《尔雅·释器》'绝泽谓之铣'注：即美金最有光泽也。""銑"字简化作"铣"。

3.【常B】石刻"跣"字，刘濬志。《足部》："，足亲地也。从足先声。稣典切。"（47页）

4.0 石刻"兟"字，周孟瑶志。《先部》："，进也。从二先。赞从此。阙。所臻切。"（177页）"兟"字音shēn。

4.10【常】简帛"贊"字，马壹88_208。石刻"贊"字，石经五经。《貝部》："，见也。从貝从兟。則旰切。"（130页）《说文通训定声》[③]："见必有赞，故从貝；兟者，进也。按：玉帛雉羔雁之属皆贝类。贝者，佐见之具。""贊"字简化作"赞"。

4.11【常】简帛"鑽"字，马壹81_27。石刻"鑽"字，元钻远志。《金部》："，所以穿也。从金贊声。借官切。"（296页）"鑽"字简化作"钻"。

4.12【常B】简帛"酇"字，秩律449。石刻"酇"字，石经五经。《邑部》："，百家为酂。酂，聚也。从邑贊声。南阳有酂县。作管切。又作旦切。"（131页）"酇"字简化作"酂"。

4.13【常】石刻"攢"字，桑嵦志，从手贊声，简化作"攒"，《说文》无。

4.14【常B】"臢"字暂未见唐以前相关古文字形，从肉贊声，简化作"臜"，《说文》无。

---

① 于省吾主编：《甲骨文字诂林》，中华书局，1999，828页。

② （清）朱骏声：《说文通训定声》，武汉古籍书店，1983，808页。

③ （清）朱骏声：《说文通训定声》，武汉古籍书店，1983，753页。

“闲”组

0.【常】金文“閑”字，西周 08.4271。简帛“閑”字，秩律 460。石刻“閑”字，寔真志、石经周易。《門部》：“，阑也。从门中有木。户閒切。”（248 页）“閑”字简化作“闲”。

1.【常 B】“嫻”字同“嫺”，简化作“娴”。简帛“嫺”字，仓颉篇 17。石刻“嫺”字，李皋妻志。《女部》：“，雅也。从女閒声。户閒切。”（262 页）

“咸”组

0.【常】甲骨文“咸”字，合 20098、合 32164。金文“咸”字，西周 05.2763.1。简帛“咸”字，秦律十八种 93。石刻“咸”字，石经周易。《口部》：“，皆也，悉也。从口从戌。戌，悉也。胡監切。”（32 页）《说文通训定声》[①]：“又按：咸字亦作喊。……字从二口，犹俗慽字从二心；俗暮之从二日。”《甲骨文字诂林》[②]：“按：‘咸’乃‘戌’之孳乳分化字，增‘口’以示区别。”

1.【常 B】金文“緘”字，铭文选一 447。简帛“緘”字，第八层 913。石刻“緘”字，重藏舍利记。《糸部》：“，束箧也。从糸咸声。古咸切。”（276 页）“緘”字简化作“缄”。

2.【常】“减”字同“減”。简帛“減”字，效律 60、敦煌简 1305。石刻“減”字，司马显姿志、石经五经。《水部》：“，损也。从水咸声。古斬切。”（237 页）

3.0【常】简帛“感”字，芮盗案 71。石刻“感”字，石经周易。《心部》：“，动人心也。从心咸声。古禫切。”（222 页）

3.1【常】“撼”字同“摵”。简帛“摵”字，马贰 212_7。《手部》：“，摇也。从手咸声。胡感切。”（255 页）《说文通训定声》[③]：“字亦作撼。”“摵”字音 hàn。

3.2【常】石刻“憾”字，宗达志，从心感声，《说文》无。

4.【常 B】简帛“箴”字，法律答问 86。石刻“箴”字，石经尚书。《竹部》：“，缀衣箴也。从竹咸声。職深切。”（98 页）

---

① （清）朱骏声：《说文通训定声》，武汉古籍书店，1983，101 页。

② 于省吾主编：《甲骨文字诂林》，中华书局，1999，2420 页。

③ （清）朱骏声：《说文通训定声》，武汉古籍书店，1983，102 页。

5.【常】“針”字同“鍼”，简化作“针”。简帛“鍼”字，银壹 898。石刻“鍼”字，元新成妃李氏志。《金部》：“鍼，所以缝也。从金咸声。職深切。”（295 页）《说文通训定声》①：“字亦作針。”石刻“針”字，何氏志。

6.【常】石刻“鹹”字，石经五经。《鹵部》：“鹹，衔也。北方味也。从鹵咸声。胡毚切。”（247 页）“鹹”字简化作“咸”。

7.【常】“喊”字从口咸声，【常】“碱”字从石咸声，均暂未见唐以前相关古文字形，《说文》无。

“鲜”组

0.【常】金文“鮮”字，西周 09.4361.2。简帛“鮮”字，银贰 1716。石刻“鮮”字，王基志、石经尚书。《魚部》：“鮮，鱼名。出貉国。从魚，羴省声。相然切。”（244 页）“鮮”字简化作“鲜”。

1.【常 A】石刻“癬”字，李仙蕙志。《疒部》：“癬，乾疡也。从疒鮮声。息淺切。”（155 页）“癬”字简化作“癣”。

2.【常 B】“蘚”字暂未见唐以前相关古文字形，从艸鮮声，简化作“藓”，《说文》无。

“㬎”组

0. 金文“㬎”字，战国 16.10447A。《日部》：“㬎，众微杪也。从日中视丝。古文以为显字。或曰众口皃。读若唫唫。或以为茧；茧者，絮中往往有小茧也。五合切。”（139 页）《文源》②：“日中视丝，正显明之象。”“㬎”字音 xiǎn。

1.【常】甲骨文“溼”字，合集 8354、合集 8356。金文“溼”字，西周 15.9714、西周 16.10176。石刻“溼”字，石经五经。《水部》：“溼，幽溼也。从水；一，所以覆也，覆而有土，故溼也。㬎省声。失入切。”（235 页）段玉裁注③：“今字作濕。”《甲骨文字诂林》④：“商承祚：‘此省土从止，象足履湿，与从土之谊同。散氏盘作，亦省土。’……按：释‘溼’可从。……契文从水从𢇁，或增止。”简帛“濕”字，

① （清）朱骏声：《说文通训定声》，武汉古籍书店，1983，102 页。

② 林义光：《文源》，中西书局，2012，卷六。

③ （清）段玉裁：《说文解字注》，上海古籍出版社，2000，559 页。

④ 于省吾主编：《甲骨文字诂林》，中华书局，1999，3208 页。

马.合阴阳。石刻“濕”字，石经五经。《水部》：“，水，出东郡东武阳，入海。从水㬎声。桑钦云：出平原高唐。他合切。”（227页）“濕”字简化作“湿”。

2.【常】金文“顯”字，西周05.2808。简帛“顯”字，银贰1460。石刻“顯”字，石经周易。《頁部》：“，头明饰也。从頁㬎声。呼典切。”（184页）《文源》[①]：“象人面在日下视丝之形，丝本难视，持向日下视之乃明也。”“顯”字简化作“显”。

“县”组

0.【常】甲骨文“縣”字，花东37。金文“縣”字，西周08.4269。简帛“縣”字，效律30。石刻“縣”字，石经五经。《県部》：“，系也。从系持県。胡涓切。”（184页）《金文形义通解》[②]：“金文‘縣’字象悬首于木之形，或以目形代首形，乃古文字常例。刘心源曰：‘縣从首系木，形义为备。小篆省木。’”“縣”字简化作“县”。

1.【常】简帛“懸”字，张994。石刻“懸”字，王令媛志，从心縣声，简化作“悬”，《说文》无。

“臽”组

0.金文“臽”字，西周01.260.1。简帛“臽”字，日乙101。石刻“臽”字，西狭颂。《臼部》：“，小阱也。从人在臼上。户猎切。”（148页）《说文通训定声》[③]：“会意。按：古掘地为臼，臼即坎也。《广雅・释水》：臽，坑也。”《甲骨文字释林》[④]：“甲骨文臽字作、（从卩与从人同）、等形，象陷人于坑坎之中。……甲骨文陷人以祭的字，即臽的初文。从臼的臽乃后起字，从阜的陷，又系臽的后起字。后世不仅陷行而臽废，并且甲骨文从各种兽形从凵的几个古文陷字，也都废而不用。”“臽”字音xiàn。

1.【常】甲骨文“陷”字，合322正、合6664正。简帛“陷”字，睡35、银贰1577。石刻“陷”字，石经五经。《𨸏部》：“，高下也。一曰陊也。从𨸏从臽，臽亦声。户猎切。”（305页）《说文通训定

---

① 林义光：《文源》，中西书局，2012，卷六。

② 张世超等：《金文形义通解》，中文出版社，1996，2227页。

③ （清）朱骏声：《说文通训定声》，武汉古籍书店，1983，132页。

④ 于省吾：《甲骨文字释林》，中华书局，1979，272页。

声》[1]："自高而入于下也。"

2.【常】简帛"閻"字，日乙 88。石刻"閻"字，石经五经。《門部》："，里中门也。从門臽声。余廉切。，閻或从土。"（248 页）"閻"字简化作"阎"。

3.【常 B】"萏"字同"藺"。石刻"萏"字，石经五经，从艸臽声。《艸部》："，菡藺，芙蓉华未发为菡藺，已发为芙蓉。从艸閻声。徒感切。"（20 页）"藺"字音 dàn。

4.【常】"掐"字暂未见唐以前、小篆外其他相关古文字形。《手部》："，爪刺也。从手臽声。苦洽切。"（258 页）

5.【常】石刻"焰"字，李英志、张安志，从火臽声，或从炎，《说文》无。

6.【常】"餡"字从食臽声，简化作"馅"；【常 B】"鵮"字从鳥臽声，简化作"鹐"，均暂未见唐以前相关古文字形，《说文》无。

"焉"组

0.【常】简帛"焉"字，法律答问 185。石刻"焉"字，杨孝恭碑。《烏部》："，焉鸟，黄色，出于江淮。象形。凡字：朋者，羽虫之属；乌者，日中之禽；舄者，知太岁之所在；燕者，请子之候，作巢避戊己。所賫者故皆象形。焉亦是也。有乾切。"（82 页）《金文形义通解》[2]："从鸟从（正），为左右结构。秦简作上下结构，上从正，下与小篆同。"

1.【常 B】石刻"嫣"字，陈叔度志。《女部》："，长皃。从女焉声。於建切。"（261 页）

2.【常 A】"蔫"字暂未见唐以前、小篆外其他相关古文字形。《艸部》："，菸也。从艸焉声。於乾切。"（23 页）《说文通训定声》[3]："今苏俗谓物之不鲜新者曰蔫。"

"言"组

0.【常】甲骨文"言"字，合 4521、合 440 正。金文"言"字，西周 04.2456。简帛"言"字，法律答问 77、金关 T10：120A、东

---

① （清）朱骏声：《说文通训定声》，武汉古籍书店，1983，132 页。

② 张世超等：《金文形义通解》，中文出版社，1996，930 页。

③ （清）朱骏声：《说文通训定声》，武汉古籍书店，1983，716 页。

牌楼 015。石刻“言”字，言石经周易。《言部》：“言，直言曰言，论难曰语。从口辛声。語軒切。”（51 页）《甲骨文字诂林》[①]：“按：言之初形从舌，加一于上，示言出于舌，为指事字。”

1.【常】石刻“唁”字，唁杜行方志。《口部》：“唁，弔生也。从口言声。魚變切。”（34 页）

“炎”组

0.【常】甲骨文“炎”字，炎合 36509。金文“炎”字，炎西周 10.5416.1。简帛“炎”字，炎法律答问 179、炎东牌楼 048。石刻“炎”字，炎元诲志。《炎部》：“炎，火光上也。从重火。于廉切。”（210 页）《说文解字注笺》[②]：“炎、餤古今字。”

1. 甲骨文“焱”字，焱合 22132。石刻“焱”字，焱道颖等造像，炎亦声。《焱部》：“焱，火华也。从三火。以冄切。”（212 页）“焱”字音 yàn。

2.【常】简帛“談”字，談引书 52。石刻“談”字，談元崇业志。《言部》：“談，语也。从言炎声。徒甘切。”（51 页）“談”字简化作“谈”。

3.【常】简帛“淡”字，淡马壹 149_76。石刻“淡”字，淡黄庭经。《水部》：“淡，薄味也。从水炎声。徒敢切。”（236 页）

4.【常】石刻“毯”字，毯渎庙祭器铭，从毛炎声，《说文》无。

5.【常 A】“氮”字从气炎声，【常】“痰”字从疒炎声，均暂未见唐以前相关古文字形，《说文》无。

“嵒”组

0. 石刻“嵒”字，嵒韦彪志。《山部》：“嵒，山岩也。从山、品。读若吟。五咸切。”（191 页）“嵒”字音 yán。

1.【常】“癌”字暂未见唐以前相关古文字形，从疒嵒声，《说文》无。

“㫃”组

0. 甲骨文“㫃”字，㫃合 27352、㫃合 31023。金文“㫃”字，㫃商 06.3232。《㫃部》：“㫃，旌旗之游，㫃蹇之皃。从屮，曲而下，垂㫃相出入也。读若偃。古人名㫃，字子游。於幰切。㫃，古文㫃字。象形。及象

---

① 于省吾主编：《甲骨文字诂林》，中华书局，1999，697 页。

② （清）徐灏：《说文解字注笺》（续修四库全书），上海古籍出版社，2002，卷十上 325 页。

旌旗之游。”（140 页）《甲骨文字诂林》[①]：“罗振玉：‘盖㫃字全为象形。卜辞作，与古金文同。象杠，与首之饰，象游形。’”“㫃”字音 yǎn。

1.0【常】甲骨文“旋”字，合 27747。金文“旋”字，西周 . 三代十三 / 四十二。简帛“旋”字，引书 18。石刻“旋”字，义福碑。《㫃部》：“，周旋，旌旗之指麾也。从㫃从疋。疋，足也。似沿切。”（140 页）《说文通训定声》[②]：“按：此字当系疋部，从疋㫃声。”《甲骨文字诂林》[③]：“李孝定：‘契文从㫃从止（或从足）会意，止、足与疋同意，罗、孙二氏之说皆是也。’按：徐锴《系传》谓：‘疋者足也，故从疋为旋，人足随旌旗也。’……徐灏《笺》云：‘旌旗所以齐众，执以指麾，令士卒望而前却，非运转其扛之谓也。从疋为足者，楚金云，人足隋旌旗以周旋是也。’”

1.1【常】“漩”字同“淀”，从水从旋，旋亦声。《水部》：“，回泉也。从水，旋省声。似沿切。”（231 页）《说文通训定声》[④]：“字亦作漩。”“淀”字音 xuán。

2.0 金文“倝”字，战国 01.158.1。《倝部》：“，日始出，光倝倝也。从旦㫃声。古案切。”（140 页）“倝”字音 gàn。

2.10【常】“幹”是俗“榦”字，简化作“干”。简帛“榦”字，秦律杂抄 24。石刻“幹（榦）”字，石经周易、石经五经。《木部》：“，筑墙端木也。从木倝声。古案切。”（120 页）《说文通训定声》[⑤]：“俗作幹。”

2.11【常 B】“擀”字暂未见唐以前相关古文字形，从手幹声，《说文》无。

2.2【常】简帛“韓（韓）”字，日甲 22。石刻“韓（韓）”字，、石经五经。《韋部》：“，并垣也。从韋，取其帀也；倝声。胡安切。”（113 页）《说文通训定声》[⑥]：“井垣也。”“韓”字简化作“韩”。

2.30【常】简帛“翰”字，第八层 1662。石刻“翰”字，石经五经。《羽部》：“，天鸡赤羽也。从羽倝声。矦幹切。”（75 页）

2.31【常 B】石刻“瀚”字，段威志，从水翰声，《说文》无。

---

① 于省吾主编：《甲骨文字诂林》，中华书局，1999，3055 页。
② （清）朱骏声：《说文通训定声》，武汉古籍书店，1983，714 页。
③ 于省吾主编：《甲骨文字诂林》，中华书局，1999，3057 页。
④ （清）朱骏声：《说文通训定声》，武汉古籍书店，1983，716 页。
⑤ （清）朱骏声：《说文通训定声》，武汉古籍书店，1983，715 页。
⑥ （清）朱骏声：《说文通训定声》，武汉古籍书店，1983，715 页。

2.4【常】简帛“乾”字，乾算数书83。石刻“乾”字，乾石经周易。《乙部》：“乾，上出也。从乙，乙，物之达也；倝声。渠焉切。又古寒切。乹，籒文乾。”（308页）段玉裁注[1]：“上出为乾，下注则为湿，故乾与湿相对。”《说文解字注笺》[2]：“乾之本义，谓艸木出土乾乾然强健也，故从乙。”

“㕣”组

0. 甲骨文“㕣”字，㕣合21114。《口部》：“㕣，山间陷泥地。从口，从水败皃。读若沇州之沇。九州之渥地也，故以沇名焉。以轉切。𠔾，古文㕣。”（35页）《说文通训定声》[3]：“按：泲水上流以㕣得名，后别制沇字专以命水，又以水名命州，别作兖也，故《说文》沇篆下出古文㕣。”“㕣”字音yǎn。

1.【常】金文“船”字，船战国．吴越265页。简帛“船”字，船贼律7。石刻“船”字，船元瞻志、船邢彦褒志。《舟部》：“船，舟也。从舟，鉛省声。食川切。”（176页）段玉裁注[4]：“从舟㕣声。”

2.【常】简帛“鉛”字，鉛钱律197。石刻“鉛”字，鉛元仙志。《金部》：“鉛，青金也。从金㕣声。與專切。”（293页）“鉛”字简化作“铅”。

3.【常】石刻“沿”字，沿、沿石经五经。《水部》：“沿，缘水而下也。从水㕣声。与専切。”（233页）

“奄”组

0.【常】金文“奄”字，奄西周05.2554。简帛“奄”字，奄秦律十八种181。石刻“奄”字，奄华山庙碑、奄石经五经。《大部》：“奄，覆也。大有余也。又，欠也。从大从申。申，展也。依檢切。”（213页）《金文形义通解》[5]：“金文从申在大上。”

1.【常】简帛“掩”字，掩马壹266_9。石刻“掩”字，掩张海翼志、掩石经五经。《手部》：“掩，斂也。小上曰掩。从手奄声。衣檢切。”（256页）

2.【常】石刻“淹”字，淹元过仁志。《水部》：“淹，水，出越嶲徼外，东入若水。从水奄声。英廉切。”（225页）

---

① （清）段玉裁：《说文解字注》，上海古籍出版社，2000，740页。

② （清）徐灏：《说文解字注笺》（续修四库全书），上海古籍出版社，2002，卷十四下108页。

③ （清）朱骏声：《说文通训定声》，武汉古籍书店，1983，808页。

④ （清）段玉裁：《说文解字注》，上海古籍出版社，2000，403页。

⑤ 张世超等：《金文形义通解》，中文出版社，1996，2467页。

3.【常】“俺”字暂未见唐以前、小篆外其他相关古文字形。《人部》：“俺，大也。从人奄声。於業切。”（163 页）

4.【常】“腌”字暂未见唐以前、小篆外其他相关古文字形。《肉部》：“腌，渍肉也。从肉奄声。於業切。”（90 页）

5.【常 A】简帛“庵”字，银壹 404，从广奄声，《说文》无。

“艳”组

0.【常】石刻“豔”字，越国太妃志。《豐部》：“豔，好而长也。从豐。豐，大也。盍声。以贍切。”（103 页）《说文通训定声》[①]：“今本字作艷，俗体。”石刻“艷”字，元弼志，从豐色，简化作“艳”，《说文》无。

1.【常 B】石刻“灧”字，多宝塔碑，从水艷声，简化作“滟”，《说文》无。

“晏”组

0. 石刻“晏”字，石经五经。《女部》：“晏，安也。从女、日。烏諫切。”（262 页）《说文通训定声》[②]：“按：从女宴省声，此字疑即安之古文。”“晏”字音 yàn。

1.0 金文“匽”字，商 15.9439.1、春秋 01.267.2。简帛“匽”字，日甲《盗者》81。石刻“匽”字，石经五经。《匸部》：“匽，匿也。从匸晏声。於蹇切。”（267 页）《金文形义通解》[③]：“‘匽’与‘安’为同源词，二者书写形式取意相关而有异。‘安’字从女，从宀，象女子安居于屋内之意。‘匽’字本从女，从日，从乚，象女子匽安于廷中日下之意。乚，曲径以示室外之廷地也。……乚或变作匸，为小篆所本。”

1.1【常 B】金文“偃”字，西周 05.2810。简帛“偃”字，秩律 458。石刻“偃”字，石经五经。《人部》：“偃，僵也。从人匽声。於幰切。”（167 页）《说文通训定声》[④]：“仰而倒曰偃。”

1.2【常 B】简帛“揠”字，得之强与弃妻奸案 174。《手部》：“揠，拔也。从手匽声。烏黠切。”（255 页）

1.3【常 A】石刻“堰”字，黎干志，从土匽声，《说文》无。

---

① （清）朱骏声：《说文通训定声》，武汉古籍书店，1983，147 页。

② （清）朱骏声：《说文通训定声》，武汉古籍书店，1983，703 页。

③ 张世超等：《金文形义通解》，中文出版社，1996，3012 页。

④ （清）朱骏声：《说文通训定声》，武汉古籍书店，1983，703 页。

2.【常】金文“宴”字，西周 07.4118.2。石刻“宴”字，石经五经。《金文形义通解》[①]：“疑‘宴’为‘匽’字变体分化，从宀，以专其宴饗之义。”《宀部》：“，安也。从宀妟声。於甸切。”（150 页）

“鬳”组

0. 甲骨文“鬳”字，合 4827、合 7150 正。金文“鬳”字，西周 03.910（“献”字假为“鬳”）。简帛“鬳”字，日甲《岁》67。《鬲部》：“，鬲属。从鬲虍声。牛建切。”（62 页）《甲骨文字诂林》[②]：“按：字当释鬳，或从虍作，乃繁体。……甲骨文字正象加甑于鬲上之形。……鬳、甗、獻初本同文，从‘犬’之‘獻’乃‘甗’形之讹变。”《甲骨文字诂林》[③]：“罗振玉：‘上形如鼎，下形如鬲，是甗也。古金文加犬于旁已失其形，许书从瓦，益为晚出。’”“鬳”字音 yàn。

1.0【常】甲骨文“獻”字，合 31812。金文“獻”字，西周 08.4293、西周 09.4413.1、新收 665 页、考古 96.9。简帛“獻”字，第八层 1022。石刻“獻”字，元羽志、石经五经。《犬部》：“，宗庙犬名羹献。犬肥者以献之。从犬鬳声。許建切。”（205 页）“獻”字简化作“献”。

1.1【常 B】石刻“巘”字，李丽质志，从山獻声，《说文》无。

“川”组

0.【常】甲骨文“川”字，合 20319、合 21801。金文“川”字，西周 10.5410.1。简帛“川”字，马壹 5_22。石刻“川”字，高元圭志。《川部》：“，贯穿通流水也。《虞书》曰：‘濬く巜，距川。’言深く巜之水会为川也。昌緣切。”（239 页）《甲骨文字诂林》[④]：“孙海波：‘象畔岸而水在中流之形。’按：契文独体之‘水’‘川’有可能同字。”

1.【常】甲骨文“巡”字，合 21739、合 21744。金文“巡”字，战国 18.11701.1。石刻“巡”字，石经尚书。《辵部》：“，延行皃。从辵川声。詳遵切。”（39 页）

2.【常】金文“順”字，铭文选一 32、战国 . 吴越 368 页。简帛

① 张世超等：《金文形义通解》，中文出版社，1996，1832 页。

② 于省吾主编：《甲骨文字诂林》，中华书局，1999，2718 页。

③ 于省吾主编：《甲骨文字诂林》，中华书局，1999，2737 页。

④ 于省吾主编：《甲骨文字诂林》，中华书局，1999，1270 页。

“順”字，日甲《除》3、金关 T31：074。石刻“順”字，石台孝经。《頁部》：“，理也。从頁从巛。食閏切。”（182 页）《说文通训定声》[①]：“从頁从川会意，川亦声。按：本训谓人面文理之顺。”“順”字简化作“顺”。

3.【常】金文“訓”字，西周 05.2724（从顺）。简帛“訓”字，包山文 193、吴简嘉禾．五九三。石刻“訓”字，杨震碑、吕氏志，简化作“训”。《言部》：“，说教也。从言川声。許運切。”（51 页）

4.【常】简帛“馴”字，马贰 3_6。石刻“馴”字，石经周易。《馬部》：“，马顺也。从馬川声。詳遵切。”（201 页）《说文通训定声》[②]：“《一切经音义》引《说文》：养野鸟兽使服谓之驯。”“馴”字简化作“驯”。

“舛”组

0. 简帛“舛”字，金关 T10：165。石刻“舛”字，独孤骧志。《舛部》：“，对卧也。从夊㐄相背。昌兖切。，杨雄说：舛从足、春。”（113 页）“舛”字音 chuǎn。

1.【常 B】简帛“舜”字，金关 T10：103、仓颉篇 65。石刻“舜”字，石经五经。《舜部》：“，艸也。楚谓之葍，秦谓之藑。蔓地连华。象形。从舛，舛亦声。舒閏切。今隶变作舜。，古文𦱉。”（113 页）

2.【常】石刻“瞬”字，荆肆志，从目舜声，《说文》无。

“窜”组

0.【常】简帛“竄”字，第八层 1069。石刻“竄”字，檀宾志、石经尚书。《穴部》：“，坠也。从鼠在穴中。七亂切。”（153 页）《说文通训定声》[③]：“匿也，从鼠在穴中会意。”“竄”字简化作“窜”。

1.【常 B】“躥”字从足竄声，简化作“蹿”；【常 B】“攛”字从手竄声，简化作“撺”，均暂未见唐以前相关古文字形，《说文》无。

---

① （清）朱骏声：《说文通训定声》，武汉古籍书店，1983，809 页。

② （清）朱骏声：《说文通训定声》，武汉古籍书店，1983，810 页。

③ （清）朱骏声：《说文通训定声》，武汉古籍书店，1983，672 页。

“耑”组

0. 甲骨文“耑”字，合20070。金文“耑”字，春秋12.6506。简帛“耑”字，马壹242_8、仓颉篇64。《耑部》：“，物初生之题也。上象生形，下象其根也。多官切。”（149页）《甲骨文字诂林》[①]：“按：卜辞耑字下象根，上象初茁之形。与‘止’字作者有别。金文形体已稍讹而近于小篆，林义光《文源》据之以为‘上即之字，下即而字’，其说非是。契文下乃‘不’字，‘不’即象根形。”“耑”字音duān。

1.【常B】石刻“湍”字，兰亭序真本。《水部》：“，疾濑也。从水耑声。他耑切。”（230页）

2.【常】简帛“端”字，银贰1070、仓颉篇34。石刻“端”字，石经九经。《立部》：“，直也。从立耑声。多官切。”（216页）

3.【常】石刻“瑞”字，萧玚志。《玉部》：“，以玉为信也。从玉、耑。是僞切。”（11页）

4.【常】石刻“喘”字，元过仁志。《口部》：“，疾息也。从口耑声。昌沇切。”（31页）

5.【常】石刻“揣”字，三十五佛名经。《手部》：“，量也。从手耑声。度高曰揣。一曰捶之。初委切。”（253页）《说文通训定声》[②]：“从手从耑会意。”

6.【常B】“踹”字暂未见唐以前相关古文字形，从足耑声，《说文》无。

“段”组

0.【常】金文“段”字，西周11.5863、考古91.8。简帛“段”字，马壹36_29。石刻“段”字，封魔奴志、石经五经。《殳部》：“，椎物也。从殳，耑省声。徒玩切。”（66页）《金文形义通解》[③]：“金文从殳从石，象以殳椎锻于石，‘耑省声’非是。‘石’者，碫石也。……段氏改‘厉石’为‘碫石’，据《诗》郑笺谓碫石者，可为椎段椹质之石，甚是。古本一‘段’字，后世别之，椎铁椎物作‘锻’，为锻质之石作‘碫’，‘段’则专为姓氏人名矣。”

1.【常】简帛“鍛”字，金关T23：980。石刻“鍛”字，石经

---

① 于省吾主编：《甲骨文字诂林》，中华书局，1999，842页。

② （清）朱骏声：《说文通训定声》，武汉古籍书店，1983，601页。

③ 张世超等：《金文形义通解》，中文出版社，1996，693页。

五经。《金部》:“，小冶也。从金段声。丁貫切。”（294 页）段玉裁注[①]：“段，椎物也。锻从段金，会意兼形声。”《说文通训定声》[②]：“按：镕铸金为冶，以金入火焠而椎之为小冶。”“鍛”字简化作“锻”。

2.【常】“緞”是“韍”字或体，简化作“缎”。简帛“緞”字，金关 T21：262。《韋部》:“，履后帖也。从韋段声。徒玩切。，韍或从糸。”（113 页）《说文通训定声》[③]：“按：履跟著以韦，使坚厚也。[转注]今俗用缎为缯帛之名，殆谓帛之坚厚如韦软。”

“官”组

0.【常】甲骨文“官”字，花东 416。金文“官”字，西周 08.4289.1。简帛“官”字，为吏 8。石刻“官”字，石经尚书。《𠂤部》:“，史，事君也。从宀从𠂤。𠂤犹众也。此与师同意。古丸切。”（304 页）《说文通训定声》[④]：“官，吏事君也。”《甲骨文字诂林》[⑤]：“按：俞樾《儿笘录》云：‘今按官者馆之古文也。以宀覆𠂤，正合馆舍之义。”

1.【常 B】金文“綰”字，西周 01.190、吴越 225 页。简帛“綰”字，绾等案 243。石刻“綰”字，石信志、刘庭训志，简化作“绾”。《糸部》:“，恶也，绛也。从糸官声。一曰绡也。读若鸡卵。烏版切。”（273 页）《金文形义通解》[⑥]：“金文‘绾’字从官声，……象双手治丝。”

2.【常】金文“棺”字，战国 16.10478A。简帛“棺”字，芮盗案 65。石刻“棺”字，石台孝经。《木部》:“，关也。所以掩尸。从木官声。古丸切。”（125 页）

3.【常】简帛“管”字，脉书 6。石刻“管”字，元愿平妻志。《竹部》:“，如篪，六孔。十二月之音。物开地牙，故谓之管。从竹官声。古滿切。，古者玉琯以玉。从玉官声。”（98 页）《说文通训定声》[⑦]：“按：物开地牙，开者，关字之误；关者，毌字之借，当作物毌地芽，以声训也。《风俗通》：物贯地而牙，故谓之管。”

---

① （清）段玉裁:《说文解字注》，上海古籍出版社，2000，703 页。
② （清）朱骏声:《说文通训定声》，武汉古籍书店，1983，736 页。
③ （清）朱骏声:《说文通训定声》，武汉古籍书店，1983，736 页。
④ （清）朱骏声:《说文通训定声》，武汉古籍书店，1983，733 页。
⑤ 于省吾主编:《甲骨文字诂林》，中华书局，1999，3052 页。
⑥ 张世超等:《金文形义通解》，中文出版社，1996，3071 页。
⑦ （清）朱骏声:《说文通训定声》，武汉古籍书店，1983，733 页。

4.【常】石刻“館”字，石经五经。《食部》：“，客舍也。从食官声。古玩切。”（108 页）“館”字简化作“馆”。

5.【常 B】“倌”字暂未见唐以前、小篆外其他相关古文字形。《人部》：“，小臣也。从人从官。古患切。”（165 页）

“毌”组

0. 甲骨文“毌”字，一期乙五二四八、一期乙六三〇五。金文“毌”字，西周．史征 283 页、春秋 05.2826。《毌部》：“，穿物持之也。从一横贯，象宝货之形。读若冠。古丸切。”（142 页）《说文通训定声》[1]：“按：小篆亦作串。”《甲骨文字诂林》[2]：“按：字当释毌，象干盾之形。”《甲骨文字典》[3]：“象以丨穿物以便持之。”“毌”字音 guàn。

1.0【常】简帛“貫”字，银贰 2094。石刻“貫”字，曹全碑。《毌部》：“，钱贝之贯。从毌、貝。古玩切。”（142 页）《说文通训定声》[4]：“《仓颉篇》：以绳穿物曰贯。”“貫”字简化作“贯”。

1.1【常 B】石刻“摜”字，石经九经。《手部》：“，习也。从手貫声。古患切。”（253 页）“摜”字简化作“掼”。

1.2【常】“慣”字暂未见唐以前相关古文字形，从心貫声，简化作“惯”，《说文》无。

2.0【常】金文“串”字，商 04.1693，《说文》无。《说文通训定声》[5]：“按：串即毌字。”

2.1【常】石刻“患”字，石经周易。《心部》：“，忧也。从心上贯吅，吅亦声。胡丱切。，古文从關省。，亦古文患。”（223 页）段玉裁注[6]：“古本当作‘从心，毌声’四字，毌、贯古今字。……患字上从毌，或横之申，而又析为二中之形，盖恐类于也。”《说文通训定声》[7]：“按：串即毌字。从心毌声。”

---

① （清）朱骏声：《说文通训定声》，武汉古籍书店，1983，734 页。

② 于省吾主编：《甲骨文字诂林》，中华书局，1999，2333 页。

③ 徐中舒主编：《甲骨文字典》，四川辞书出版社，1990，753 页。

④ （清）朱骏声：《说文通训定声》，武汉古籍书店，1983，734 页。

⑤ （清）朱骏声：《说文通训定声》，武汉古籍书店，1983，734 页。

⑥ （清）段玉裁：《说文解字注》，上海古籍出版社，2000，514 页。

⑦ （清）朱骏声：《说文通训定声》，武汉古籍书店，1983，734 页。

“丱”组

0. 石刻“丱”字，元纯陁志、元显志、孙审象志。象儿童束发总角貌，《说文》无。“丱”字音 guàn。

1.0 “𢇇”字暂未见唐以前、小篆外其他相关古文字形。《絲部》：“𢇇，织绢从糸贯杼也。从絲省，卝声。古還切。”（278 页）段玉裁注[①]：“‘以丝’，各本皆误作‘从糸’。……以丝贯于杼中而后织，是之谓𢇇。”“𢇇”字音 guān。

1.1【常】金文“關”字，战国 16.10371。简帛“關”字，法律答问 140、金关 T06：009。石刻“關”字，石经五经。《門部》：“關，以木横持门户也。从門𢇇声。古還切。”（249 页）《金文形义通解》[②]：“金文‘关’字从門，卵声。……案：秦简‘卵’字作，增䜌以标声，实秦系文字所特有，则‘关’字所从之𢇇即之省变也。篆文‘关’字形体，即源于此。”“關”字简化作“关”。

“萈”组

0. 甲骨文“萈”字，村中南 31、合 6062、怀 1079、合 20280、合 20397、合 952 正。《萈部》：“萈，山羊细角者。从兔足，苜声。读若丸。寬字从此。胡官切。”（203 页）“萈”字音 huán。

1.【常】金文“寬”字，考古文选。简帛“寬”字，为吏 3。石刻“寬”字，石经五经。《宀部》：“寬，屋宽大也。从宀萈声。苦官切。”（151 页）“寬”字简化作“宽”。

“奐”组

0. 金文“奐”字，新收 41 页。简帛“奐”字，仓颉篇 4。石刻“奐”字，李氏志。《収部》：“奐，取奐也。一曰大也。从廾，敻省。呼貫切。”（53 页）“奐”字今作“奂”。

1.【常】简帛“換”字，居新 3424。石刻“換”字，石经五经。《手部》：“換，易也。从手奐声。胡玩切。”（257 页）“換”字今作“换”。

2.【常】石刻“渙”字，石经五经。《水部》：“渙，流散也。从水奐

① （清）段玉裁：《说文解字注》，上海古籍出版社，2000，663 页。
② 张世超等：《金文形义通解》，中文出版社，1996，2771 页。

声。呼貫切。”（229 页）“渙”字今作“涣”。

3.【常】石刻“喚”字，敬昭道志。《口部》：“，評也。从口奐声。古通用奐。呼貫切。”（35 页）“喚”字今作“唤”。

4.【常】石刻“煥”字，元暐志、娄黑女志。《火部》：“，火光也。从火奐声。呼貫切。”（210 页）“煥”字今作“焕”。

5.【常】“瘓”字暂未见唐以前相关古文字形，从疒奐声，今作“痪”，《说文》无。

“䜌”组

0. 甲骨文“䜌”字，H11：153。金文“䜌”字，西周 15.9668。简帛“䜌”字，马贰 38_77。《言部》：“，乱也。一曰治也。一曰不绝也。从言、絲。吕員切。，古文䜌。”（54 页）《金文形义通解》①：“金文从言，亦声。象丝联之形，乃‘联’之本字，裘锡圭说。……‘䜌’本义当为‘不绝也’。张日昇曰：‘乃言之不绝也。’可从。”“䜌”字音 luán。

1.【常】金文“巒”字，西周 07.3784。简帛“巒”字，仓颉篇 61。石刻“巒”字，华岳庙碑。《山部》：“，山小而锐。从山䜌声。洛官切。”（190 页）“巒”字简化作“峦”。

2.【常 B】金文“鑾”字，春秋 04.2214。石刻“鑾”字，慈庆志，从金䜌声。《金部》：“，人君乘车，四马镳，八銮铃，象鸾鸟声，和则敬也。从金，从鸞省。洛官切。”（298 页）“鑾”字简化作“銮”。

3.【常】简帛“變”字，为吏 40。石刻“變”字，皇甫瑶志、石经周易，简化作“变”。《攴部》：“，更也。从攴䜌声。祕戀切。”（68 页）

4.【常】简帛“蠻”字，仓颉篇 40。石刻“蠻”字，寇凭志。《虫部》：“，南蛮，蛇穜。从虫䜌声。莫還切。”（282 页）“蠻”字简化作“蛮”。

5.0【常】石刻“彎”字，张去逸志。《弓部》：“，持弓关矢也。从弓䜌声。烏關切。”（270 页）段玉裁注②：“凡网相交曰关。……矢栝檃于弦，而镝也弓背外，是网耑相交也。孟子曰：越人关弓而射之。……皆谓引弓将满，是之谓弯。”“彎”字简化作“弯”。

5.1【常】石刻“灣”字，吴基阴堂志，从水彎声，简化作“湾”，

① 张世超等：《金文形义通解》，中文出版社，1996，500 页。

② （清）段玉裁：《说文解字注》，上海古籍出版社，2000，640 页。

《说文》无。

6.【常】石刻“戀”字，戀于仙志，从心䜌声，简化作“恋”，《说文》无。

“𤔔”组

0. 甲骨文“𤔔”字，花东159。金文“𤔔”字，铭文选一447、西周08.4326。《𠬪部》：“𤔔，治也。幺子相乱，𠬪治之也。读若乱同。一曰理也。郎段切。𤔔，古文𤔔。”（84页）《说文通训定声》[①]：“按：从幺从冂从𠬪会意。幺，丝也；冂，介也；丝棼𠬪分理之。……此字实即乱之古文。”《金文形义通解》[②]：“金文象两手治丝之形。H，杨树达谓收丝之器。”“𤔔”字音 luàn。

1.【常】金文“亂”字，文物07.8。简帛“亂”字，马壹137_55、仓颉篇10。石刻“亂”字，乱鲁铨表、亂石经周易，简化作“乱”。《乙部》：“亂，治也。从乙，乙，治之也；从𤔔。郎段切。”（308页）

“祘”组

0. “祘”字暂未见唐以前、小篆外其他相关古文字形。《示部》：“祘，明视以筭之。从二示。读若筭。蘇貫切。”（9页）《说文通训定声》[③]：“四横六直，象觚之形，实即筭字之古文也。”“祘”字音 suàn。

1.【常】石刻“蒜”字，蒜石经五经。《艸部》：“蒜，荤菜。从艸祘声。蘇貫切。”（25页）

“算”组

0.【常】石刻“算”字，算石经五经。《竹部》：“算，数也。从竹从具。读若筭。蘇管切。”（99页）段玉裁注[④]：“筭为算之器，算为筭之用，二字音同而义别。”

1.【常】简帛“篡”字，脉书9。石刻“篡”字，篡石𠭯志。《厶部》：“篡，屰而夺取曰篡。从厶算声。初官切。”（189页）

---

① （清）朱骏声：《说文通训定声》，武汉古籍书店，1983，768页。

② 张世超等：《金文形义通解》，中文出版社，1996，966页。

③ （清）朱骏声：《说文通训定声》，武汉古籍书店，1983，755页。

④ （清）段玉裁：《说文解字注》，上海古籍出版社，2000，198页。

2.0 石刻“纂”字，■石经五经。《糸部》：“■，似组而赤。从糸算声。作管切。”（274 页）

2.1【常 B】“攥”字暂未见唐以前相关古文字形，从手纂声，《说文》无。

“彖”组

0. 甲骨文“彖”字，■合集 24604。金文“彖”字，■西周 08.4241。简帛“彖”字，■马贰 224_43、■金关 T32：010。石刻“彖”字，■元彬志、■石经五经。《彑部》：“■，豕走也。从彑，从豕省。通貫切。”（197 页）“彖”字音 tuàn。

1.【常】简帛“緣”字，■封诊式 82、■贼律 19。石刻“緣”字，■李审规墓记。《糸部》：“■，衣纯也。从糸彖声。以絹切。”（275 页）《说文通训定声》[①]：“《尔雅·释器》‘缘谓之纯’注：衣缘饰也。”“緣”字简化作“缘”。

2.【常 B】简帛“喙”字，■银壹 415。石刻“喙”字，■石经五经。《口部》：“■，口也。从口彖声。許穢切。”（30 页）

3.【常 B】石刻“篆”字，■王普贤志。《竹部》：“■，引书也。从竹彖声。持兖切。”（95 页）

“丸”组

0.【常】简帛“丸”字，■仓颉篇 71。石刻“丸”字，■黄庭经。《丸部》：“■，圜，倾侧而转者。从反仄。胡官切。”（194 页）《说文通训定声》[②]：“按：此字不从反仄。从鸟而首翼未成，孚卵也，指事。”

1.【常 B】石刻“紈”字，■元项志。《糸部》：“■，素也。从糸丸声。胡官切。”（273 页）《说文通训定声》[③]：“素者，粗细绢之大名，纨则其细者。”“紈”字简化作“纨”。

“万”组

0.【常】甲骨文“萬”字，■合 6477 正、■英 150 正。金文“萬”字，■西周 08.4201、■西周 07.3846。简帛“萬”字，■效律 38。石刻“萬”

① （清）朱骏声：《说文通训定声》，武汉古籍书店，1983，740 页。

② （清）朱骏声：《说文通训定声》，武汉古籍书店，1983，704 页。

③ （清）朱骏声：《说文通训定声》，武汉古籍书店，1983，705 页。

字，圉令赵君碑、冯会苌志，简化作“万”。《内部》：“，虫也。从厹，象形。無販切。”（308 页）《甲骨文字诂林》[①]：“按：徐灏《段注笺》谓‘万即虿字，讹从厹，此古文变小篆时所乱也。因为数名所专，俗书又加虫作虿，遂歧而为二’，其说是正确的。……字本象蝎形。”

1.【常】金文“邁”字，西周 05.2655。简帛“邁”字，仓颉篇 68。石刻“邁”字，元怀志。《辵部》：“，远行也。从辵，蠆省声。莫話切。，邁或不省。”（39 页）《金文形义通解》[②]：“按：金文字或从止，或从彳，同意。”“邁”字简化作“迈”。

2.0【常】金文“厲”字，西周 05.2832。简帛“厲”字，日甲《除》5。石刻“厲”字，石经周易。《厂部》：“，旱石也。从厂，蠆省声。力制切。，或不省。”（193 页）《说文通训定声》[③]：“字亦作厲、作礪。”《金文形义通解》[④]：“徐锴《系传》：‘旱石，麤悍石也。’唐写本《文选集注》引《说文》：‘厉，磨石也。’金文‘厉’字从厂万声，与小篆形声同。古文字偏旁‘厂’‘石’通作，从‘厂’可视为从‘石’省。……故训‘厉’之本义为‘麤悍石’‘磨石’，当可信。然则‘厉’即‘礪’之古字。”“厲”字简化作“厉”。

2.1【常 B】石刻“礪”字，石经尚书。《石部》：“，䃺也。从石厲声。经典通用厲。力制切。”（195 页）“礪”字简化作“砺”。

2.2【常】“勵”是俗“勱”字，简化作“励”。石刻“勵（勱）”字，石经五经、周藻志。《力部》：“，勉力也。读若萬。从力萬声。莫話切。”（292 页）《说文通训定声》[⑤]：“锴本读若厲。按：字亦作勵。”

2.3【常 B】“蠣”字暂未见唐以前相关古文字形，从虫厲声，简化作“蛎”，《说文》无。

“孨”组

0. 石刻“孨”字，包筠志。《孨部》：“，谨也。从三子。读若翦。旨兖切。”（310 页）《说文解字注笺》[⑥]：“此当以弱小为本义，谨为引申义，三者皆孺子，是弱小矣。孨、孱盖古今字。”“孨”字音 zhuǎn。

---

① 于省吾主编：《甲骨文字诂林》，中华书局，1999，1806 页。

② 张世超等：《金文形义通解》，中文出版社，1996，278 页。

③（清）朱骏声：《说文通训定声》，武汉古籍书店，1983，659 页。

④ 张世超等：《金文形义通解》，中文出版社，1996，2332 页。

⑤（清）朱骏声：《说文通训定声》，武汉古籍书店，1983，660 页。

⑥（清）徐灏：《说文解字注笺》（续修四库全书），上海古籍出版社，2002，卷十四下 115 页。

1.0【常B】金文“孱”字，西周04.2417。简帛“孱”字，第八层467。石刻“孱”字，程虔志。《孨部》：“孱，迮也。一曰呻吟也。从孨在尸下。七連切。”（310页）“孱”字音chán。

1.1【常B】石刻“潺”字，王令媛志。《水部》：“潺，水声。从水孱声。昨閑切。”（238页）

“叀”组

0. 甲骨文“叀”字，合25913、合34103。金文“叀”字，西周16.10175、西周05.2814。简帛“叀”字，敦煌简0486。《叀部》：“叀，专小谨也。从幺省；屮，财见也；屮亦声。職緣切。叀，古文叀。叀，亦古文叀。”（84页）《甲骨文字诂林》① ：“王献堂：‘纺塼之塼为后起字，初本作專。專之初文为叀，小篆作叀，金文作叀，契文作叀……诸体，先后相承为一字。正象线锤形，上作屮，为丝系，中作，为线穗，下作，为线锤。仅象一锤，其形不显，且易与他体混淆，故作全形。’”“叀”字音zhuān。

1.0【常】甲骨文“專”字，合5414、合16218。金文“專”字，商02.363。简帛“專”字，马贰32_16。石刻“專”字，李固碑、冯邕妻元氏志。《寸部》：“專，六寸簿也。从寸叀声。一曰專，纺專。職緣切。”（67页）《甲骨文字诂林》② ：“罗振玉：‘此字从叀从又。凡篆文从寸之字，古文皆从又，疑即许书之专字。’……李孝定：‘契文即象纺锤之形，从又所以运之。’”“專”字简化作“专”。

1.1【常】甲骨文“傳”字，花东113。金文“傳”字，西周08.4206、西周11.5925。简帛“傳”字，法律答问184。石刻“傳”字，石经五经。《人部》：“傳，遽也。从人專声。直戀切。”（165页）“傳”字简化作“传”。

1.20【常】金文“轉”字，西周16.10055。简帛“轉”字，为吏3。石刻“轉”字，石经五经。《車部》：“轉，运也。从車專声。知戀切。”（302页）“轉”字简化作“转”。

1.21【常B】石刻“囀”字，沈士公志，从口轉声，简化作“啭”，《说文》无。

1.3【常B】简帛“摶”字，甲《少牢》32。石刻“摶”字，石

① 于省吾主编：《甲骨文字诂林》，中华书局，1999，2989页。

② 于省吾主编：《甲骨文字诂林》，中华书局，1999，3001页。

经五经。《手部》:“，圜也。从手專声。度官切。”（256 页）“摶”字简化作“抟”。

1.4【常】石刻“團”字，石经五经、玄秘塔碑。《囗部》:“，圜也。从囗專声。度官切。”（129 页）“團”字简化作“团”。

1.5【常】“磚”字暂未见唐以前相关古文字形，从石專声，简化作“砖”，《说文》无。

“㔾”组

0. 甲骨文“㔾（卯）”字，合 809 正、合 4499 正乙。金文“㔾（卯）”字，战国 15.9700A。《卩部》:“，二卪也。巽从此。阙。士戀切。”（187 页）《甲骨文字诂林》[①]：“按：林义光《文源》谓：‘巽顺之义，当以为本字，即逊之双声旁转也。象二人俯伏相谦逊形。’……卜辞㔾即象俯伏恭顺之状。……当为降伏之敌方人员。”“㔾（卯）”字音 zhuàn。

1.0 金文“巽”字，战国 02.301.7A。简帛“巽”字，老乙前。石刻“巽”字，石经周易。《丌部》:“，具也。从丌㔾声。蘇困切。，古文巽。，篆文巽。”（99 页）《说文通训定声》[②]：“馔字当为巽之或体。”

1.1【常】金文“選”字，西周 05.2831、西周 16.10176。简帛“選”字，银贰 1889。石刻“選”字，胡明相志。《辵部》:“，遣也。从辵、巽，巽遣之；巽亦声。一曰选，择也。思沇切。”（40 页）“選”字简化作“选”。

1.2【常】石刻“撰”字，史晨碑，从手巽声，《说文》无。

“弄”组

0. 甲骨文“弄”字，合集 6650、合集 22537。金文“弄”字，西周 08.4237、战国 16.10365。《金文形义通解》[③]：“孙诒让曰：‘《说文》无弄字而有弄声，盖传写挩之。’《玉篇》有‘弄’，曰：‘主倦切，火种。’乃另一字，与此无干。此当隶定作‘’。早期金文象二手奉一玉形，……‘弄’为‘送’之本字。”《说文》无。“弄”字音 zhuàn。

---

① 于省吾主编:《甲骨文字诂林》，中华书局，1999，412 页。

② （清）朱骏声:《说文通训定声》，武汉古籍书店，1983，757 页。

③ 张世超等:《金文形义通解》，中文出版社，1996，554 页。

1.0 甲骨文“朕”字，合 152 正。金文“朕”字，西周 08.4169、西周 08.4124、春秋 16.10081。简帛“朕”字，马壹 137_63。石刻“朕”字，慈庆志。《舟部》：“，我也。阙。直禁切。”（176 页）段玉裁注[①]：“‘朕’在舟部，其解当曰：‘舟缝也，从舟，灷声。’……本训舟缝，引伸为凡缝之称。”《甲骨文字诂林》[②]：“按：朕当从舟灷声，犹倂从人灷声。《说文》无灷字，盖偶佚耳。”

1.1【常】金文“勝”字，战国 17.11302。简帛“勝”字，日乙 80、金关 T01：042。石刻“勝”字，石经五经。《力部》：“，任也。从力朕声。識蒸切。”（292 页）“勝”字简化作“胜”。

1.20【常 B】金文“滕”字，西周 03.565。简帛“滕”字，仓颉篇 47。石刻“滕”字，石经五经。《水部》：“，水超涌也。从水朕声。徒登切。”（230 页）

1.21【常】石刻“藤”字，李瑱志，从艸滕声，《说文》无。

1.3【常】简帛“騰”字，语书 4。石刻“騰”字，石经五经。《馬部》：“，传也。从馬朕声。一曰騰，犗马也。徒登切。”（201 页）《说文通训定声》[③]：“谓传车马驰。”“騰”字简化作“腾”。

1.4【常】简帛“謄”字，第八层 1151。石刻“謄”字，李媛志。《言部》：“，移书也。从言朕声。徒登切。”（54 页）“謄”字简化作“誊”。

1.5【常 B】金文“媵”字，西周 07.3815。石刻“媵”字，韦埙志，从女朕声，《说文》无。

2.【常】简帛“送”字，秦律杂抄 38、东牌楼 043。石刻“送”字，石经九经，从辵灷声。《辵部》：“，遣也。从辵，倂省。蘇弄切。，籀文不省。”（40 页）

“龹”组

0.“𢍏”字暂未见唐以前、小篆外其他相关古文字形。《収部》：“，抟饭也。从廾釆声。釆，古文辨字。读若书卷。居劵切。”（59 页）按：“𢍏”字音 juàn，疑从廾从米，非从釆声，隶作“龹”。

1.【常】简帛“券”字，法律答问 179。石刻“券”字，石经五经。《刀部》：“，契也。从刀𢍏声。券别之书，以刀判契其旁，故曰契

① （清）段玉裁：《说文解字注》，上海古籍出版社，2000，403 页。

② 于省吾主编：《甲骨文字诂林》，中华书局，1999，3164 页。

③ （清）朱骏声：《说文通训定声》，武汉古籍书店，1983，67 页。

券。去願切。”（92页）

2.【常】简帛“拳”字，法律答问90。石刻“拳”字，张贵男志。《手部》：“，手也。从手𠔉声。巨員切。”（251页）《说文通训定声》[①]：“按：张之为掌，卷之为拳。”

3.0【常】简帛“卷”字，引书36。石刻“卷”字，石经五经。《卩部》：“，𦁁曲也。从卩𢍏声。居轉切。”（187页）

3.1【常】简帛“圈”字，日甲22。石刻“圈”字，孟孝敏妻志。《囗部》：“，养畜之閑也。从囗卷声。渠篆切。”（129页）

3.2【常】石刻“倦”字，石经尚书。《人部》：“，罷也。从人卷声。渠眷切。”（167页）《说文通训定声》[②]：“《汉书·司马相如传》集注：倦，疲也。”

3.3【常B】石刻“鬈”字，石经五经。《髟部》：“，发好也。从髟卷声。衢員切。”（185页）

3.4【常B】“蜷”字暂未见唐以前相关古文字形，从虫卷声，《说文》无。

4.【常B】简帛“豢”字，敦煌简0285。石刻“豢”字，刘娘子志。《豕部》：“，以谷圈养豕也。从豕𢍏声。胡慣切。”（197页）

5.【常】石刻“眷”字，元颢志、石经尚书。《目部》：“，顾也。从目𢍏声。居倦切。”（72页）《说文通训定声》[③]：“字亦作睠。”

“隽”组

0.“隽”是俗“雋”字。简帛“隽（雋）”字，仓颉篇76。石刻“隽”字，李府君妻志。《隹部》：“，肥肉也。从弓，所以射隹。徂沇切。”（77页）《金文形义通解》[④]：“‘上从隹，下……正是张弓引弦发矢之形，矢头上有倒刺。……战国弋射图，一人张弓引弦发矢，对准飞鸟或大雁弋射，去其人形，即“雋”字象形。’”“雋”字音juàn。

1.【常B】“鎸”是俗“鐫”字，简化作“镌”。石刻“鎸”字，尧遵志。《金部》：“，穿木镌也。从金雋声。一曰琢石也。读若瀸。子全切。”（295页）

① （清）朱骏声：《说文通训定声》，武汉古籍书店，1983，749页。

② （清）朱骏声：《说文通训定声》，武汉古籍书店，1983，749页。

③ （清）朱骏声：《说文通训定声》，武汉古籍书店，1983，748页。

④ 张世超等：《金文形义通解》，中文出版社，1996，885页。

"全"组

0.【常】"全"是"仝"字篆文。简帛"全"字，[古文字形]法律答问69。石刻"全（仝）"字，[古文字形]、[古文字形]石经五经。《入部》："仝，完也。从入从工。疾缘切。[古文字形]，古文仝。[古文字形]，篆文仝从玉，纯玉曰全。"（109页）《说文通训定声》[1]："完也，从亼从工，会意。……《考工·玉人》'天子用全'注：纯玉也。""仝"字音quán。

1.【常A】石刻"痊"字，[古文字形]尉富娘志，从疒全声；【常】玺印"栓"字，[古文字形]汉印文字征，从木全声；【常】"拴"字暂未见唐以前相关古文字形，从手全声；《说文》均无。

"犬"组

0.【常】甲骨文"犬"字，[古文字形]合21077、[古文字形]合5676。金文"犬"字，[古文字形]商10.4826、[古文字形]西周11.6168。简帛"犬"字，[古文字形]秦律十八种7。石刻"犬"字，[古文字形]元子直志。《犬部》："[古文字形]，狗之有縣蹏者也。象形。孔子曰：'视犬之字如画狗也。'苦泫切。"（203页）

1.【常B】"畎"是"𡿨"字篆文。石刻"畎"字，[古文字形]石经尚书。《𡿨部》："[古文字形]，水小流也。倍𡿨谓之遂，倍遂曰沟，倍沟曰洫，倍洫曰巜。姑泫切。[古文字形]，古文𡿨从田从川。[古文字形]，篆文𡿨从田犬声。六畎为一亩。"（239页）"𡿨"字音quǎn。

"泉"组

0.【常】甲骨文"泉"字，[古文字形]花东484、[古文字形]合8372、[古文字形]合补10642甲。金文"泉"字，[古文字形]西周05.2762。简帛"泉"字，[古文字形]田律249、[古文字形]金关T24：149。石刻"泉"字，[古文字形]石经周易。《泉部》："[古文字形]，水原也。象水流出成川形。疾缘切。"（239页）《甲骨文字诂林》[2]："按：契文[古文字形]、[古文字形]、[古文字形]并象泉水之形。"

1.0【常】"原"是"厵"字篆文，从厂，泉亦声。金文"原"字，[古文字形]西周05.2559。简帛"原"字，[古文字形]第八层92、[古文字形]金关T24：847。石刻"原"字，[古文字形]建宁三年残碑。《灥部》："[古文字形]，水泉本也。从灥出厂下。愚袁

---

① （清）朱骏声：《说文通训定声》，武汉古籍书店，1983，764页。

② 于省吾主编：《甲骨文字诂林》，中华书局，1999，2072页。

切。，篆文从泉。”（239 页）《说文通训定声》[①]：“俗字作源。”《金文形义通解》[②]：“金文‘原’字从泉从厂。‘泉’象泉水涌出形，‘原’为‘源’古字。”“厵”字音 yuán。

1.1【常】简帛“源”字，马壹 110_164。石刻“源”字，石台孝经，从水原声，《说文》无。

1.2【常】石刻“願”字，石经五经。《頁部》：“，大头也。从頁原声。魚怨切。”（182 页）“願”字简化作“愿”。石刻“愿”字，石经尚书。《心部》：“，谨也。从心原声。魚怨切。”（217 页）

2.【常 A】“腺”字暂未见唐以前相关古文字形，从肉泉声，《说文》无。

“吅”组

0. 甲骨文“吅”字，乙五八二三。《吅部》：“，惊嘑也。从二口。读若讙。况袁切。”（35 页）“吅”字音 xuān。

1.0 甲骨文“雚”字，合 27824。金文“雚”字，商 11.6150。简帛“雚”字，仓颉篇 64。石刻“雚”字，李嶡志。《雈部》：“，小爵也。从雈吅声。工奐切。”（77 页）《说文通训定声》[③]：“水爵也，从雈吅声。”《甲骨文字诂林》[④]：“杨树达：‘按：吅、雈、雚三文音并相近，余疑雈、雚一字，雚于雈加注声符吅。’……按：字当释‘雚’。《说文》训为‘小爵’，未知所本。”甲骨文“雈”字，合 9607 正。石刻“雈”字，石经五经。《雈部》：“，鴟属。从隹从𦫳，有毛角。所鸣，其民有旤。读若和。胡官切。”（77 页）《甲骨文字典》[⑤]：“象隹戴毛角之形。”“雈”字音 huán。

1.1【常】金文“觀”字，西周 04.2076。简帛“觀”字，为吏 34。石刻“觀”字，石经五经。《見部》：“，谛视也。从見雚声。古玩切。，古文觀从囧。”（177 页）“觀”字简化作“观”。

1.2【常】简帛“權”字，为吏 27。石刻“權”字，石经五经。《木部》：“，黄华木。从木雚声。一曰反常。巨員切。”（117 页）“權”字简化作“权”。

1.3【常】简帛“勸”字，奏谳书 228。石刻“勸”字，石经周易。

① （清）朱骏声：《说文通训定声》，武汉古籍书店，1983，720 页。
② 张世超等：《金文形义通解》，中文出版社，1996，2661 页。
③ （清）朱骏声：《说文通训定声》，武汉古籍书店，1983，705 页。
④ 于省吾主编：《甲骨文字诂林》，中华书局，1999，1691 页。
⑤ 徐中舒主编：《甲骨文字典》，四川辞书出版社，1990，408 页。

《力部》:"勸，勉也。从力雚声。去願切。"（292 页）"勸"字简化作"劝"。

1.4【常】简帛"灌"字，甲《少牢》9。石刻"灌"字，石经五经。《水部》:"灌，水，出庐江雩娄，北入淮。从水雚声。古玩切。"（226 页）

1.5【常】石刻"歡"字，石经五经。《欠部》:"歡，喜乐也。从欠雚声。呼官切。"（179 页）"歡"字简化作"欢"。

1.6【常 B】"鸛"字同"鸛"。《鳥部》:"鸛，鸛专，畐蹂。如誰，短尾。射之，衔矢射人。从鳥雚声。呼官切。"（81 页）"鸛"字简化作"鹳"。

1.7【常】石刻"罐"字，读庙祭器铭。《缶部》:"罐，器也。从缶雚声。古玩切。"（110 页）

1.8【常 B】"獾"字，从犬雚声，《说文》无。

1.9【常 B】"顴"字暂未见唐以前相关古文字形，从頁雚声，简化作"颧"，《说文》无。

"亘"组

0.【常 B】甲骨文"亘"字，合 33180、合补 1002。金文"亘"字，文物 01.6。简帛"亘"字，马壹 77_70。石刻"亘"字，王玄志。《二部》:"亘，求亘也。从二从回。回，古文回，象亘回形。上下，所求物也。須缘切。"（286 页）《甲骨文字诂林》[①]："吴其昌：'其字象回环之形。'……按：字当释亘，亘、回实本一字，后始分化。"《金文形义通解》[②]："小篆作亘，今楷作亘，与'恒'之古字'亙'混同。曾侯乙钟之字，当视为从匚亘声，……曾宪通……曰：'、本是城垣女墙的象形，初当横写作……后来为了与偏旁配合而竖写作。'""亘"字音 xuān。

1.0【常】甲骨文"宣"字，合 28003。金文"宣"字，西周 08.4297、西周 16.10173。简帛"宣"字，金关 T04：108A。石刻"宣"字，胡明相志。《宀部》:"宣，天子宣室也。从宀亘声。須缘切。"（150 页）《说文通训定声》[③]："按：当训大室也。"

1.1【常】石刻"喧"字，唐邕刻经记，从口宣声，《说文》无。

1.2【常】"渲"字暂未见唐以前相关古文字形，从水宣声，《说文》无。

---

① 于省吾主编:《甲骨文字诂林》，中华书局，1999，2223 页。

② 张世超等:《金文形义通解》，中文出版社，1996，3143 页。

③ （清）朱骏声:《说文通训定声》，武汉古籍书店，1983，711 页。

2.【常B】金文“垣”字，战国16.10478A。简帛“垣”字，秦律十八种59、金关T01∶037。石刻“垣”字，元恪嫔李氏志。《土部》：“，墙也。从土亘声。雨元切。，籀文垣从𩫖。”（287页）

3.【常B】简帛“桓”字，仓颉篇5。石刻“桓”字，石经九经。《木部》：“，亭邮表也。从木亘声。胡官切。”（121页）

4.【常B】石刻“姮”字，孙幼实志，从女亘声，《说文》无。

“玄”组

0.【常】金文“玄”字，西周11.6015。石刻“玄”字，张玄志。《玄部》：“，幽远也。黑而有赤色者为玄。象幽而入覆之也。胡涓切。，古文玄。”（84页）

1.【常】甲骨文“牽”字，怀156、合18475。简帛“牽”字，日甲4。石刻“牽”字，石经五经。《牛部》：“，引前也。从牛，象引牛之縻也。玄声。苦堅切。”（29页）“牽”字简化作“牵”。

2.【常】甲骨文“弦”字，合9410正、怀1582。简帛“弦”字，第八层458、金关T23∶145。石刻“弦”字，寇凭志。《弦部》：“，弓弦也。从弓，象丝轸之形。胡田切。”（270页）段玉裁注[1]：“象古文丝而系于轸，轸者系弦之处。”

3.【常B】简帛“眩”字，马壹42_15。石刻“眩”字，元隐志。《目部》：“，目无常主也。从目玄声。黄絢切。”（70页）

4.【常】石刻“炫”字，石台孝经。《火部》：“，燿燿也。从火玄声。胡畎切。”（209页）

5.【常】“舷”字暂未见唐以前相关古文字形，从舟玄声，《说文》无。

“爰”组

0.甲骨文“爰”字，合6473正。金文“爰”字，商10.4738.1、楚系彩版10。简帛“爰”字，银贰1576、金关T10∶206。石刻“爰”字，石经五经。《受部》：“，引也。从受从于。籀文以为车辕字。羽元切。”（84页）《说文通训定声》[2]：“即援之古文也。”《甲骨文字诂

---

① （清）段玉裁：《说文解字注》，上海古籍出版社，2000，642页。

② （清）朱骏声：《说文通训定声》，武汉古籍书店，1983，723页。

林》[①]：“李孝定：‘契文正象相爰（援）引之形。’按：王筠谓爰字‘与手部援《说文》皆曰引也，盖一字也。’”“爰”字音 yuán。

1.【常】“缓”是“緩”字省体，简化作“缓”。简帛“缓”字，蓋卢 51、仓颉篇 4。石刻“缓”字，杨济志。《素部》：“，繛也。从素爰声。胡玩切。，緩或省。”（278 页）

2.【常】简帛“援”字，日甲《岁》66、仓颉篇 3。石刻“援”字，石经五经。《手部》：“，引也。从手爰声。雨元切。”（255 页）

3.【常】“暖”字同“煖”。简帛“煖”字，脉书 57。石刻“煖”字，张轲志。《火部》：“，温也。从火爰声。况袁切。”（210 页）《说文通训定声》[②]：“字亦作暄、作暖。”简帛“暖”字，仓颉篇 21。石刻“暖”字，房敬志，从日爰声。

“元”组

0.【常】甲骨文“元”字，合 13837、合 14822。金文“元”字，商 10.5278.1、西周 08.4288.1、春秋 16.10008.1。简帛“元”字，马壹 3_6、金关 T24：022。石刻“元”字，石经九经。《一部》：“，始也。从一从兀。愚袁切。”（7 页）《甲骨文字诂林》[③]：“按：即元字，……商代金文作，即突出人首形。”

1.【常】甲骨文“冠”字，合 6947 正。简帛“冠”字，银贰 1837。石刻“冠”字，元璨志、石经五经。《冖部》：“，絭也。所以絭发，弁冕之总名也。从冖从元，元亦声。冠有法制，从寸。古丸切。”（156 页）按：“冠”字从冃（冃），讹从冖。

2.0【常】简帛“完”字，秦律杂抄 15。石刻“完”字，石经五经。《宀部》：“，全也。从宀元声。古文以为宽字。胡官切。”（150 页）

2.1【常】简帛“院”字，法律答问 186。石刻“院”字，卢初志。《𨸏部》：“，坚也。从𨸏完声。王眷切。”（307 页）

2.2【常 B】“浣”是“澣”字或体。简帛“浣”字，甲《少牢》43。石刻“浣”字，石经五经。《水部》：“，濯衣垢也。从水榦声。胡玩切。，澣或从完。”（237 页）

2.3【常】“皖”字暂未见唐以前相关古文字形，从白完声，《说文》无。

---

① 于省吾主编：《甲骨文字诂林》，中华书局，1999，969 页。

② （清）朱骏声：《说文通训定声》，武汉古籍书店，1983，724 页。

③ 于省吾主编：《甲骨文字诂林》，中华书局，1999，63 页。

3.【常】简帛“玩”字，马壹 124_46。石刻“玩”字，九成宫铭。《玉部》：“，弄也。从玉元声。五换切。，玩或从貝。”（12 页）

4.【常 B】简帛“阮”字，仓颉篇 61。石刻“阮”字，青州元湛志。《𨸏部》：“，代郡五阮关也。从𨸏元声。虞遠切。”（306 页）

5.【常】简帛“頑”字，仓颉篇 31。石刻“頑”字，朝侯小子碑。《頁部》：“，梱头也。从頁元声。五還切。”（182 页）《说文通训定声》[①]：“谓头梱钝不锐。”“頑”字简化作“顽”。

“○”组

0. 金文“○”字，商 03.1065，《说文》无。《甲骨文字诂林》[②]：“裘锡圭：‘于省吾先生认为○是圆的初文。……其说可信。’”“○”字音 yuán。

1.0【常】甲骨文“員”字，合 20592、英 1784。金文“員”字，西周 07.3950、考古 89.6。简帛“員”字，为吏 29、敦煌简 1961。石刻“員”字，石经九经，从鼎○声。《員部》：“，物数也。从貝囗声。王權切。，籀文从鼎。”（129 页）《甲骨文字诂林》[③]：“孙海波：‘从鼎象形，……鼎古作，与貝形近易混。’”“員”字简化作“员”。

1.1【常】石刻“隕”字，石经周易。《𨸏部》：“，从高下也。从𨸏員声。于敏切。”（305 页）“隕”字简化作“陨”。

1.2【常】简帛“損”字，马壹 95_13、银贰 1056。石刻“損”字，石经尚书。《手部》：“，减也。从手員声。穌本切。”（254 页）“損”字简化作“损”。

1.3【常】简帛“圓”字，曾乙 203。石刻“圓”字，高淯志。《囗部》：“，圜全也。从囗員声。读若員。王問切。”（129 页）“圓”字简化作“圆”。

1.4【常】石刻“韻”字，元斌志。《音部》：“，和也。从音員声。裴光远云：古与均同。未知其审。王問切。”（58 页）“韻”字简化作“韵”。

2.0【常】甲骨文“袁”字，合 22274、合 31012、合 18165、合 30085。简帛“袁”字，马壹 107_97、东牌楼 040。石刻“袁”字，

---

① （清）朱骏声：《说文通训定声》，武汉古籍书店，1983，708 页。

② 于省吾主编：《甲骨文字诂林》，中华书局，1999，1915 页。

③ 于省吾主编：《甲骨文字诂林》，中华书局，1999，2736 页。

圉令赵君碑、■斛律氏志。《衣部》："■，长衣皃。从衣，叀省声。羽元切。"（171 页）《甲骨文字诂林》[①]："裘锡圭：'于省吾先生认为〇是圆的初文，袁字本从〇声。其说可信。……■显然不是追加形旁而成的多形形声字，所以■应该就是它的初文，〇则是追加的声旁。……袁应该是擐的初文。'按：字当释'袁'，亦即'远'，古'袁''远'同字。"

2.1【常】甲骨文"遠"字，■屯 2061、■屯 3759。金文"遠"字，■西周 . 保利。简帛"遠"字，■日书乙种《行者》140、■北图五卷四号。石刻"遠"字，■朝侯小子碑、■高湝志。《辵部》："■，辽也。从辵袁声。雲阮切。■，古文遠。"（42 页）"遠"字简化作"远"。

2.20 金文"睘（瞏）"字，■西周 10.5326.2、■西周 11.5989。简帛"睘（瞏）"字，■日甲《诘》30。石刻"睘（瞏）"字，■石经五经。《目部》："■，目惊视也。从目袁声。渠營切。"（71 页）《金文丛考》[②]："余谓瞏即玉环之初文，象衣之当胸处有环也。从目，示人首所在之处。"《金文形义通解》[③]："伯瞏卣加■形于义符目，疑以'萑'之省形表音。""睘（瞏）"字音 qióng。

2.21【常】甲骨文"還"字，■H11：47。金文"還"字，■西周 16.10176。简帛"還"字，■东牌楼 069。石刻"還"字，■韩长志。《辵部》："■，复也。从辵瞏声。户關切。"（40 页）"還"字简化作"还"。

2.22【常】金文"環"字，■西周 16.9897.1（袁声）、■西周 05.2841A（睘声）；假"睘"字为之，■西周 08.4326。简帛"環"字，■法律答问 102。石刻"環"字，■邓君妻志。《玉部》："■，璧也。肉好若一谓之环。从玉睘声。户關切。"（11 页）"環"字简化作"环"。

2.23 金文"繯"字，■新收 918 页。简帛"繯"字，■马壹 211_12。《糸部》："■，落也。从糸瞏声。胡畎切。"（272 页）"繯"字简化作"缳"。

2.24【常 B】石刻"寰"字，■元颢志。《宀部》："■，王者封畿内县也。从宀瞏声。户關切。"（152 页）

2.25【常 B】石刻"鬟"字，■董美人志。《髟部》："■，总发也。从髟睘声。案：古妇人首饰，琢玉为两环。此二字皆后人所加。户關切。"（186 页）

2.3【常】简帛"園"字，■秦律杂抄 20。石刻"園"字，■石经周易。《囗部》："■，所以树果也。从囗袁声。羽元切。"（129 页）"園"字

---

① 于省吾主编：《甲骨文字诂林》，中华书局，1999，1915 页。

② 郭沫若：《金文丛考》，人民出版社，1954，232 页。

③ 张世超等：《金文形义通解》，中文出版社，1996，807 页。

简化作“园”。

2.4【常】简帛“轅”字，■法律答问179。石刻“轅”字，■尉迟敬德志。《車部》：“轅，辀也。从車袁声。雨元切。”（302页）“轅”字简化作“辕”。

2.5【常】石刻“猿”字，■谢彦璋志，从犬袁声，《说文》无。

3.0“肙”字暂未见唐以前、小篆外其他相关古文字形，从肉〇声。《肉部》：“肙，小虫也。从肉囗声。一曰空也。烏玄切。”（90页）《说文通训定声》[①]：“按：当作水虫也，从肉无骨也，〇象首尾可接之形，即蜎之古文。”“肙”字音 yuàn。

3.1【常B】简帛“涓”字，■第八层682、■第八层141。石刻“涓”字，■元乂志。《水部》：“涓，小流也。从水肙声。古玄切。”（229页）

3.2【常】简帛“捐”字，■仓颉篇33。石刻“捐”字，■元宝建志。《手部》：“捐，弃也。从手肙声。與專切。”（257页）《说文通训定声》[②]：“按：粪除秽污谓之捐。”

3.3【常】简帛“絹”字，■奏谳书215。石刻“絹”字，■檀宾志。《糸部》：“絹，缯如麦稍。从糸肙声。吉掾切。”（273页）“絹”字简化作“绢”。

3.4【常B】“罥”是俗“䍛”字，暂未见唐以前、小篆外其他相关古文字形。《网部》：“䍛，网也。从网、繯，繯亦声。一曰绾也。古眩切。”（157页）《说文解字系传》[③]：“今人多作罥字。”“䍛”字音 juàn。

3.5【常】石刻“娟”字，■斛律氏志。《女部》：“娟，婵娟也。从女肙声。於缘切。”（265页）

3.6【常】“鵑”字暂未见唐以前相关古文字形，从鳥肙声，简化作“鹃”，《说文》无。

“夗”组

0. 甲骨文“夗”字，■合1824反。金文“夗”字，■西周.商金579页。石刻“夗”字，■北海太守为卢氏妇刻石。《夕部》：“夗，转卧也。从夕从卪。卧有卪也。於阮切。”（142页）“夗”字音 yuàn。

1.0【常】甲骨文“宛”字，■合30268。金文“宛”字，■西周05.2748。简帛“宛”字，■仓颉篇43。石刻“宛”字，■元谧志。《宀

① （清）朱骏声：《说文通训定声》，武汉古籍书店，1983，732页。

② （清）朱骏声：《说文通训定声》，武汉古籍书店，1983，732页。

③ （南唐）徐锴：《说文解字系传》，中华书局，1998，156页。

部》:“，屈草自覆也。从宀夗声。於阮切。，宛或从心。”（150 页）《说文解字注笺》[1]：“夗者，屈曲之义，宛从宀，盖谓宫室窈然深曲，引申为凡圆曲之称，又为屈折之称。”《甲骨文字诂林》[2]：“按：字当释‘宛’，读作馆。”

1.1【常】石刻“婉”字，赵充华志。《女部》:“，顺也。从女宛声。於阮切。”（261 页）

1.2【常 B】“剜”字暂未见唐以前、小篆外其他相关古文字形。《刀部》:“，削也。从刀宛声。一丸切。”（92 页）

1.3【常 B】石刻“蜿”字，弔比干文阳，从虫宛声;【常】石刻“惋”字，元新成妃李氏志，从心宛声;【常】石刻“腕”字，韩恒志，从肉宛声;《说文》均无。

1.4【常】“豌”字从豆宛声，【常】“碗”字从石宛声，均暂未见唐以前相关古文字形，《说文》无。

2.【常】甲骨文“苑”字，合 9506。简帛“苑”字，为吏 34。石刻“苑”字，李凤妃志。《艸部》:“，所以养禽兽也。从艸夗声。於阮切。”（23 页）

3.【常】简帛“怨”字，为吏 13。石刻“怨”字，石经五经。《心部》:“，恚也。从心夗声。於願切。，古文。”（221 页）

4.【常】简帛“鴛”字，仓颉篇 56。石刻“鴛”字，沈浩祎志。《鳥部》:“，鴛鴦也。从鳥夗声。於袁切。”（80 页）“鴛”字简化作“鸳”。

“昌”组

0.【常】甲骨文“昌”字，合 19924。金文“昌”字，战国 16.10453。简帛“昌”字，第八层背 745。石刻“昌”字，石经九经。《日部》:“，美言也。从日从曰。一曰日光也。尺良切。，籀文昌。”（138 页）《金文形义通解》[3]：“金文‘昌’字形意不明，似非初文，写讹既久。……李孝定从之曰:‘双日为昌，于义较胜。’‘本义为日光昌盛，引申得有美义。’”

1.【常】简帛“倡”字，奏谳书 175。石刻“倡”字，元年画像石墓题记一。《人部》:“，乐也。从人昌声。尺亮切。”（166 页）《说文

① （清）徐灏:《说文解字注笺》（续修四库全书），上海古籍出版社，2002，卷七下 65 页。

② 于省吾主编:《甲骨文字诂林》，中华书局，1999，2040 页。

③ 张世超等:《金文形义通解》，中文出版社，1996，1650 页。

通训定声》①："《字林》：倡，优乐也。"

2.【常】石刻"唱"字，元悌志。《口部》："，导也。从口昌声。尺亮切。"（32页）

3.【常A】石刻"猖"字，弔比干文，从犬昌声，《说文》无。

"仓"组

0.【常】甲骨文"倉"字，合18664、屯3731。金文"倉"字，西周09.4351。简帛"倉"字，效律27。石刻"倉"字，石经五经。《倉部》："，谷藏也。仓黄取而藏之，故谓之仓。从食省，口象倉形。七岡切。，奇字倉。"（109页）《金文形义通解》②："本整体象形字，许慎所云'从食省'者，非。亼，象上覆之苫盖；，象坑穴形，古仓储与居住同，皆为半地穴式。，即户，象出纳之门。""倉"字简化作"仓"。

1.【常】金文"蒼"字，战国04.1992。简帛"蒼"字，银贰1779。石刻"蒼"字，张镇志。《艸部》："，艸色也。从艸倉声。七岡切。"（23页）"蒼"字简化作"苍"。

2.0【常】"創"是"刅"字或体，简化作"创"。简帛"創"字，银壹681。石刻"創"字，石经五经。《刃部》："，伤也。从刃从一。楚良切。，或从刀倉声。"（93页）《金文形义通解》③："唐兰释贞簋之字曰：'……本象人的手足因荆棘而被创伤，人形讹为刀形，因而或加井形而作刱字，即创伤之创的本字。'据唐说，、为一字。"石刻"刱"字，元天穆志、向清志。《井部》："，造法刱业也。从井刅声。读若創。初亮切。"（106页）《说文通训定声》④："经传皆以創为之。""刱"字音chuàng。

2.1【常】甲骨文"梁"字，合27884。金文"梁"字，西周09.4447.2、中国历史文物07.6。简帛"梁"字，居新8011、仓颉篇54。石刻"梁"字，石经尚书、惟贞庙碑。《木部》："，水桥也。从木从水，刅声。吕張切。，古文。"（124页）《金文形义通解》⑤："金文从木刅声。"

2.2【常】金文"粱"字，新收41页。简帛"粱"字，奏谳书75、

① （清）朱骏声：《说文通训定声》，武汉古籍书店，1983，897页。

② 张世超等：《金文形义通解》，中文出版社，1996，1324页。

③ 张世超等：《金文形义通解》，中文出版社，1996，1039页。

④ （清）朱骏声：《说文通训定声》，武汉古籍书店，1983，901页。

⑤ 张世超等：《金文形义通解》，中文出版社，1996，1463页。

银贰 1167。石刻“粱”字，石经五经。《米部》：“，米名也。从米，梁省声。吕張切。”（147 页）《金文形义通解》[①]：“许慎所谓‘梁省声’，似是而非。、粱古今字，粱字晚出。于金文中，粱以为声。”

3.【常】简帛“槍”字，为吏 23。石刻“槍”字，石经五经。《木部》：“，歫也。从木倉声。一曰槍，欀也。七羊切。”（121 页）“槍”字简化作“枪”。

4.【常 B】石刻“愴”字，韩显宗志。《心部》：“，伤也。从心倉声。初亮切。”（222 页）“愴”字简化作“怆”。

5.【常】石刻“滄”字，石经尚书。《水部》：“，寒也。从水倉声。七岡切。”（236 页）“滄”字简化作“沧”。

6.【常 B】石刻“蹌”字，石经五经。《足部》：“，动也。从足倉声。七羊切。”（46 页）“蹌”字简化作“跄”。

7.【常】石刻“搶”字，辟雍颂阳，从手倉声，简化作“抢”，《说文》无。

8.【常】石刻“瘡”字，玄秘塔碑，从疒倉声，简化作“疮”，《说文》无。

9.【常】“艙”字从舟倉声，简化作“舱”；【常】“嗆”字从口倉声，简化作“呛”；【常 B】“戧”字从戈倉声，简化作“戗”；均暂未见唐以前相关古文字形，《说文》无。

“长”组

0.【常】甲骨文“長”字，合 17055 反、合 17920。金文“長”字，西周 04.1968、西周 16.10175、总集 01.246、战国 17.11363A1。简帛“長”字，效律 37、金关 T09：122、金关 T23：408。石刻“長”字，曹全碑、石经周易。《長部》：“，久远也。从兀从匕。兀者，高远意也。久则变化。亾声。𠤎者，倒亾也。直良切。，古文長。，亦古文長。”（196 页）《甲骨文字诂林》[②]：“按：余永梁谓‘象人发长皃，引申为长久之义’，最为近是。契文‘长’字变异多端，然均象人发长皃则不变。”“長”字简化作“长”。

1.0【常】金文“張”字，总集 10.7832。简帛“張”字，第八层 95、脉书 8。石刻“張”字，曹全碑、张思文造像。《弓部》：“，

① 张世超等：《金文形义通解》，中文出版社，1996，1796 页。

② 于省吾主编：《甲骨文字诂林》，中华书局，1999，75 页。

施弓弦也。从弓長声。陟良切。”（269 页）“張”字简化作“张”。

1.1【常】石刻“漲”字，漲栖严寺诗刻，从水，張亦声，简化作“涨”，《说文》无。

2.【常 B】简帛“悵”字，悵东牌楼 120。石刻“悵”字，悵鲜于璜碑、悵和丑仁志。《心部》：“悵，望恨也。从心長声。丑亮切。”（222 页）段玉裁注[①]：“望其还而不至为恨也。”“悵”字简化作“怅”。

3.【常】石刻“帳”字，帳王普贤志、帳马少敏志。《巾部》：“帳，张也。从巾長声。知諒切。”（159 页）“帳”字简化作“帐”。

4.【常】“脹”字从肉，長亦声，简化作“胀”；“賬”字从貝長声，简化作“账”；均暂未见唐以前相关古文字形，《说文》无。

“匚”组

0. 甲骨文“匚”字，匚合 19852、匚合 1162、匚合 27082。金文“匚”字，匚商或西周 04.2431。《匚部》：“匚，受物之器。象形。读若方。府良切。匚，籀文匚。”（268 页）《甲骨文字诂林》[②]：“按：陈梦家曾归纳众说，谓‘上甲至报丁皆以口匚与日名合文，匚是盛主匣之象形。……匚是盛物之器，……自其侧面看作匚形，正面看作口形，金文国字或从口或从匚，可证口匚之无别。以其形方或音读如方。’”“匚”字音 fāng。

1.【常】简帛“匠”字，匠秦律十八种 124。石刻“匠”字，匠赫连子悦志。《匚部》：“匠，木工也。从匚从斤。斤，所以作器也。疾亮切。”（268 页）按：匚亦声。

“方”组

0.【常】甲骨文“方”字，方合 19777、方合 6728、方合 33094、方合 36443。金文“方”字，方商 05.2694、方西周 08.4302。简帛“方”字，方日甲 90。石刻“方”字，方张玄志。《方部》：“方，并船也。象两舟省、总头形。府良切。汸，方或从水。”（176 页）《甲骨文字诂林》[③]：“按：段玉裁注谓：‘下象两舟并为一，上象两头总于一处。’徐灏段注笺谓：‘象两舟并系横视之形，今字作舫。’……皆承许慎之讹，臆为之解。徐中舒以为

① （清）段玉裁：《说文解字注》，上海古籍出版社，2000，512 页。

② 于省吾主编：《甲骨文字诂林》，中华书局，1999，2191 页。

③ 于省吾主编：《甲骨文字诂林》，中华书局，1999，3159 页。

象耒形，独具卓识。”

1.0【常】甲骨文“旁”字，合6665、合6666、合33198。金文“旁”字，西周11.5922、西周07.3845。简帛“旁”字，日甲《诘》60、引书21、金关T21：059。石刻“旁”字，石经五经。《丄部》：“，溥也。从二，阙；方声。步光切。，古文旁。，亦古文旁。，籀文。”（7页）《甲骨文字诂林》①：“孙海波：‘卜辞旁字从凡方声。’”

1.1【常】简帛“謗”字，为吏8。石刻“謗”字，张审文志。《言部》：“，毁也。从言旁声。補浪切。”（54页）“謗”字简化作“谤”。

1.2【常】石刻“傍”字，段威志。《人部》：“，近也。从人旁声。步光切。”（165页）

1.3【常】石刻“榜”字，元宝建志。《木部》：“，所以辅弓弩。从木旁声。補盲切。”（123页）

1.4【常】“膀”字暂未见唐以前、小篆外其他相关古文字形。《肉部》：“，胁也。从肉旁声。步光切。，膀或从骨。”（87页）

1.5【常】石刻“磅”字，韦孟明志，从石旁声，《说文》无。

1.6【常】“螃”字从虫旁声；【常A】“鎊”字从金旁声，简化作“镑”；均暂未见唐以前相关古文字形，《说文》无。

2.【常】甲骨文“防”字，合7570反、合7888、合27826正、屯756、合18700。简帛“防”字，金关T23：311。石刻“防”字，娄黑女志。《𠂤部》：“，隄也。从𠂤方声。符方切。，防或从土。”（305页）

3.【常】金文“放”字，西周05.2835、铭文选二881。简帛“放”字，金关T27：047。石刻“放”字，石经尚书。《放部》：“，逐也。从攴方声。甫妄切。”（84页）

4.【常B】简帛“枋”字，银贰1532。石刻“枋”字，石经五经。《木部》：“，木。可作车。从木方声。府良切。”（117页）

5.【常】简帛“紡”字，郭店语三7。石刻“紡”字，石经五经。《糸部》：“，网丝也。从糸方声。妃两切。”（271页）段玉裁注②：“纺丝也。纺各本作网，不可通。唐本作拗，尤误。”“紡”字简化作“纺”。

6.【常】简帛“房”字，封诊式73。石刻“房”字，王诵妻元氏志。《户部》：“，室在旁也。从户方声。符方切。”（247页）

7.【常】简帛“仿”字，马壹48_10。石刻“仿”字，洛神十三

① 于省吾主编：《甲骨文字诂林》，中华书局，1999，3159页。

② （清）段玉裁：《说文解字注》，上海古籍出版社，2000，645页。

行。《人部》:“，相似也。从人方声。妃罔切。，籀文仿从丙。”(163 页)

8.【常】简帛“芳”字，马壹 14_92。石刻“芳”字，任显及妻志。《艸部》:“，香艸也。从艸方声。敷方切。”(24 页)

9.【常 A】简帛“肪”字，东牌楼 112。《肉部》:“，肥也。从肉方声。甫良切。”(87 页)

10.【常】简帛“妨”字，银壹 530。石刻“妨”字，萧炼志。《女部》:“，害也。从女方声。敷方切。”(263 页)

11.【常】石刻“訪”字，曹全碑。《言部》:“，汎谋曰访。从言方声。敷亮切。”(52 页)“訪”字简化作“访”。

12.【常】石刻“坊”字，元诱志。《土部》:“，邑里之名。从土方声。古通用堕。府良切。”(290 页)

13.【常 B】石刻“舫”字，敬节塔铭。《舟部》:“，船师也。从舟方声。甫妄切。”(176 页)

14.【常 B】石刻“彷”字，李镐志，从彳方声，《说文》无。

“亢”组

0.【常】甲骨文“亢”字，合 20318。金文“亢”字，西周 11.5943。简帛“亢”字，马壹 174_32、仓颉篇 60。石刻“亢”字，娄黑女志、石经九经。《亢部》:“，人颈也。从大省，象颈脉形。古郎切。，亢或从頁。”(215 页)《甲骨文字诂林》①:“按：释亢可备一说。……契文不得谓象颈脉形。”《金文形义通解》②:“金文象人正立形，两股间着一斜画，构字之意未明。”“亢”字音 gāng。

1.【常】“杭”是“抗”字或体。简帛“抗(杭)”字，马壹 16_5、敦煌简 2010。石刻“抗(杭)”字，赵宽碑、石经五经。《手部》:“，扞也。从手亢声。苦浪切。，抗或从木。”(257 页)

2.【常】简帛“炕”字，马壹 36_32。《火部》:“，乾也。从火亢声。苦浪切。”(210 页)段玉裁注③:“谓以火干之也。”

3.【常 B】石刻“沆”字，苏嗣君志。《水部》:“，莽沆，大水也。从水亢声。一曰大泽皃。胡朗切。”(230 页)

4.【常】石刻“坑”字，元延明志，从土亢声，《说文》无。

---

① 于省吾主编:《甲骨文字诂林》，中华书局，1999，310 页。

② 张世超等:《金文形义通解》，中文出版社，1996，2495 页。

③ (清)段玉裁:《说文解字注》，上海古籍出版社，2000，486 页。

5.【常】石刻“航”字，多宝塔碑，从舟亢声，《说文》无。

6.【常A】石刻“骯”字，贾温志，从骨亢声，简化作“肮”，《说文》无。

7.【常】“吭”字暂未见唐以前相关古文字形，从口亢声，《说文》无。

“行”组

0.【常】甲骨文“行”字，合4899。金文“行”字，商10.5093.1、西周15.9689。简帛“行”字，秦律十八种3。石刻“行”字，石经周易。《行部》：“，人之步趨也。从彳从亍。户庚切。”（44页）《甲骨文字诂林》①：“罗振玉：‘象四达之衢，人所行也。……由而讹变为，形已稍失。……古从行之字，或省其右作彳，或省其左作亍。’”

1.【常】金文“衡”字，西周05.2841B。简帛“衡”字，效律7。石刻“衡”字，石经五经。《角部》：“，牛触，横大木其角。从角从大，行声。户庚切。，古文衡如此。”（94页）《金文形义通解》②：“《说文》古文无‘行声’，其上部之乃‘角’之讹，形迹甚明，由此可拟测‘衡’之初文即类形式，殆象人头戴直竖之角，中正不偏，以表平衡之意。”

2.【常B】“荇”是“莕”字或体。石刻“莕”字，高猛妻元瑛志、石经五经。《艸部》：“，菨余也。从艸杏声。何梗切。，莕或从行，同。”（21页）

“茻”组

0.“茻”字暂未见唐以前、小篆外其他相关古文字形。《茻部》：“，众艸也。从四中。读与冈同。模朗切。”（27页）“茻”字音mǎng。

1.【常】甲骨文“莽”字，合18430、合18409。简帛“莽”字，封诊式22。石刻“莽”字，石经五经。《茻部》：“，南昌谓犬善逐菟艸中为莽。从犬从茻，茻亦声。謀朗切。”（27页）《甲骨文字诂林》③：“按：字或从茻，或从林，或从森，释茻可从。”

---

① 于省吾主编：《甲骨文字诂林》，中华书局，1999，2227页。

② 张世超等：《金文形义通解》，中文出版社，1996，1050页。

③ 于省吾主编：《甲骨文字诂林》，中华书局，1999，1562页。

2.0【常】甲骨文“葬”字，合 17176、合 17178、合 17171、屯 4514、合 32831。金文“葬”字，铭文选二 884。简帛“葬”字，日甲 11。石刻“葬”字，口伯超志、萧氏志。《茻部》：“葬，藏也。从死在茻中；一其中，所以薦之。則浪切。”（27 页）《甲骨文字诂林》[①]：“裘锡圭：‘象人埋坑中而有“爿”荐之，象残骨埋于坑中，应为一字异体，或释“葬”，似可从。’”

2.1【常】石刻“髒”字，贾温志，从骨葬声，简化作“脏”，《说文》无。

“桑”组

0.【常】甲骨文“桑”字，合 6959。简帛“桑”字，日甲《诘》32、仓颉篇 63。石刻“桑”字，元纯阤志。《叒部》：“桑，蚕所食叶木。从叒、木。息郎切。”（127 页）《甲骨文字诂林》[②]：“按：罗振玉释‘桑’是正确的。象桑之形，不从叒。”

1.【常】“嗓”字从口桑声，【常 B】“搡”字从手桑声，均暂未见唐以前相关古文字形，《说文》无。

“章”组

0.【常】金文“章”字，西周 10.5425.1、西周 08.4298。简帛“章”字，马壹 4_9。石刻“章”字，曹全碑、石经尚书。《音部》：“章，乐竟为一章。从音从十。十，数之终也。諸良切。”（58 页）《金文形义通解》[③]：“字从‘辛’，古施黥之刑具；从，象人面上所刺之纹。‘文’‘章’二字相类，‘文’为求美观于人身或人面所刺之纹，‘章’则为求志别于罪人面部所刺之纹，故古‘文’‘章’连文。”

1.【常】甲骨文“商”字，合 32968、花东 494、合 33128、合 2940。金文“商”字，商 03.944、商 15.9491、西周 07.4020、春秋 09.4557。简帛“商”字，日甲《诘》47、马壹 48_13。石刻“商”字，曹全碑。《㕯部》：“商，从外知内也。从㕯，章省声。式陽切。，古文商。，亦古文商。，籀文商。”（50 页）《甲骨文字诂林》[④]：“王玉哲：

① 于省吾主编：《甲骨文字诂林》，中华书局，1999，3100 页。

② 于省吾主编：《甲骨文字诂林》，中华书局，1999，1404 页。

③ 张世超等：《金文形义通解》，中文出版社，1996，529 页。

④ 于省吾主编：《甲骨文字诂林》，中华书局，1999，2063 页。

'上面的辛即凤凰的凤字上部之鸟冠，大概"商"字以辛代表他们所崇拜的鸟图腾。'"

2.【常B】金文"璋"字，文物07.8、春秋01.118.2。石刻"璋"字，元譿志。《玉部》："璋，剡上为圭，半圭为璋。从玉章声。諸良切。"（11页）

3.【常B】石刻"漳"字，石经尚书。《水部》："漳，浊漳，出上党长子鹿谷山，东入清漳。清漳，出沾山大要谷，北入河。南漳，出南郡临沮。从水章声。諸良切。"（226页）

4.【常】石刻"障"字，石经五经。《阜部》："障，隔也。从𨸏章声。之亮切。"（305页）

5.【常】石刻"彰"字，石经九经。《彡部》："彰，文彰也。从彡从章，章亦声。諸良切。"（185页）

6.【常B】石刻"瘴"字，杜君妻志，从疒章声；【常B】石刻"獐"字，石经五经，从犬章声；【常】石刻"樟"字，庞履温碑，从木章声；【常B】"嶂"字，从山章声；【常B】"幛"字暂未见唐以前相关古文字形，从巾章声；《说文》均无。

"丈"组

0.【常】简帛"丈"字，日甲《诘》33、金关T32：010。石刻"丈"字，元显志。《十部》："丈，十尺也。从又持十。直兩切。"（50页）

1.【常】简帛"杖"字，仪礼甲《服传》2。石刻"杖"字，无量义经二。《木部》："杖，持也。从木丈声。直兩切。"（123）

2.【常】简帛"仗"字，秦律十八种147。石刻"仗"字，韩震志，从人丈声，《说文》无。

"畕"组

0. 甲骨文"畕"字，英744。金文"畕"字，春秋05.2603.2。《畕部》："畕，比田也。从二田。居良切。"（291页）《甲骨文字诂林》[①]："罗振玉：'象二田相比，界画之义已明。知畕与畺为一字矣。'""畕"字音jiāng。

1.0【常】"疆"是"畺"字或体。金文"疆（畺）"字，西周

① 于省吾主编：《甲骨文字诂林》，中华书局，1999，2134页。

07.4009。简帛“疆（畺）”字，金关 T21：008。石刻“疆（畺）”字，元瞻志、石经周易、石经五经。《畕部》：“畺，界也。从畕；三，其界画也。居良切。疆，畺或从彊、土。”（291 页）《说文解字注笺》[1]：“畺、疆古今字。”《金文形义通解》[2]：“金文‘畺’与‘畕’乃繁简异构，‘畕’为疆界之初文。”

1.1 金文“彊”字，西周 16.10175。简帛“彊”字，仓颉篇 53。《弓部》：“彊，弓有力也。从弓畺声。巨良切。”（270 页）《甲骨文字诂林》[3]：“罗振玉：‘吴中丞曰：“《仪礼·乡射礼》‘侯道五十弓’疏云：‘六尺为步，弓之古制六尺，与步相应。’此古者以弓纪步之证。古金文亦均从弓。”’”“彊”字音 qiáng。

2.0【常】金文“强（強）”字，战国 05.2794。简帛“强（強）”字，秦律十八种 31、敦煌简 0243B。石刻“强（強）”字，石经五经。《虫部》：“强，蚚也。从虫弘声。巨良切。𧍢，籀文强从蚰从彊。”（279 页）《说文通训定声》[4]：“按：彊省声。”

2.1【常 B】石刻“襁”字，石经五经。《衣部》：“襁，负儿衣。从衣强声。居两切。”（170 页）

2.2【常 B】“糨”字暂未见唐以前相关古文字形，从米强声，《说文》无。

3.【常】“薑”字或省作“畺”，简化作“姜”。《艸部》：“薑，御湿之菜也。从艸彊声。居良切。”（16 页）石刻“畺”字，张濬志，从艸畺声。

4.【常】石刻“僵”字，石经五经。《人部》：“僵，偾也。从人畺声。居良切。”（167 页）《说文通训定声》[5]：“锴本：偃也，从人畺声。”

5.【常】“韁”字暂未见唐以前、小篆外其他相关古文字形。《糸部》：“韁，馬绁也。从糸畺声。居良切。”（276 页）“韁”字简化作“缰”。

“夆”组

0. 金文“夆”字，商 15.9808。简帛“夆”字，金关 T32：010。石刻“夆”字，石经五经。《夂部》：“夆，服也。从夂、干，相承不敢竝

---

① （清）徐灏：《说文解字注笺》（续修四库全书），上海古籍出版社，2002，卷十三下 36 页。

② 张世超等：《金文形义通解》，中文出版社，1996，3212 页。

③ 于省吾主编：《甲骨文字诂林》，中华书局，1999，2134 页。

④ （清）朱骏声：《说文通训定声》，武汉古籍书店，1983，904 页。

⑤ （清）朱骏声：《说文通训定声》，武汉古籍书店，1983，903 页。

也。下江切。”（114页）《甲骨文字集释》①：“罗振玉曰：‘象两足由上而下。’……象两足下降形。……许君以服诂夅，是以夅为夅服专字，降为下降专字，实则夅作，亦但象下降形耳。”“夅”字音 xiáng。

1.0【常】甲骨文“降”字，合6664正。金文“降”字，西周16.10175。简帛“降”字，尸等案38。石刻“降”字，石经五经。《阜部》：“，下也。从𨸏夅声。古巷切。”（305页）《甲骨文字诂林》②：“吴大澂：‘陟降二字相对，二止前行为陟，到行为降。’罗振玉：‘案：从阜示山陵形，象两足由上而下。此字之意，亦但示二足下行，故左右足，亦或别或否。’”

1.10【常】“隆”字同“隆”。简帛“隆”字，银贰1728。石刻“隆”字，寔泰志。《生部》：“，丰大也。从生降声。力中切。”（127页）

1.11【常】石刻“窿”字，王僧志，从穴隆声，《说文》无。

“良”组

0.【常】甲骨文“良”字，合9276反、合4955、合13016、英172。金文“良”字，西周08.4263、西周15.9443、西周07.3914、新收470页。简帛“良”字，金关T23：811A。石刻“良”字，夏承碑、石经周易。《畗部》：“，善也。从畗省，亡声。吕張切。，古文良。，亦古文良。，亦古文良。”（111页）《甲骨文字诂林》③：“徐中舒：‘良字，甲骨文作、……就是描绘半穴居两道出入的走廊。’”

1.【常】甲骨文“娘”字，合集11423反。石刻“娘”字，王大剑志，从女良声，《说文》无。《甲骨文字诂林》④：“李孝定：‘从女从良，《说文》所无而今隶有之。”

2.【常】甲骨文“狼”字，花东108。简帛“狼”字，第八层135、仓颉篇56。石刻“狼”字，尉迟敬德志。《犬部》：“，似犬，锐头，白頬，高前，广后。从犬良声。鲁當切。”（206页）

3.【常】金文“琅”字，商11.6000。简帛“琅”字，第八层657。石刻“琅”字，王颂妻元氏志。《玉部》：“，琅玕，似珠者。从玉良声。鲁當切。”（13页）

---

① 李孝定：《甲骨文字集释》，台湾“中研院”历史语言研究所，1970，4141页。

② 于省吾主编：《甲骨文字诂林》，中华书局，1999，1255页。

③ 于省吾主编：《甲骨文字诂林》，中华书局，1999，3355页。

④ 于省吾主编：《甲骨文字诂林》，中华书局，1999，511页。

4.0【常】简帛“郎”字，[图]津关令513。石刻“郎”字，[图]尚博残碑、[图]石经九经。《邑部》：“[图]，鲁亭也。从邑良声。鲁當切。”（135页）

4.1【常】石刻“廊”字，[图]口伯超志。《广部》：“[图]，东西序也。从广郎声。《汉书》通用郎。鲁當切。”（193页）

4.2【常B】“螂”字同“蜋”，暂未见唐以前相关古文字形，从虫郎声。《虫部》：“[图]，堂蜋也。从虫良声。一名蚚父。鲁當切。”（280页）“蜋”字音 láng。

4.3【常A】“榔”字从木郎声，【常B】“啷”字从口郎声，均暂未见唐以前相关古文字形，《说文》无。

5.【常】石刻“朗”字，[图]石经九经。《月部》：“[图]，明也。从月良声。盧黨切。”（141页）

6.【常】石刻“浪”字，[图]石经尚书。《水部》：“[图]，沧浪水也，南入江。从水良声。來宕切。”（225页）

7.【常B】“踉”字暂未见唐以前相关古文字形，从足良声，《说文》无。

“㒳”组

0.“㒳”字暂未见唐以前、小篆外其他相关古文字形。《入部》：“[图]，二入也。两从此。阙。良奬切。”（109页）“㒳”字音 liǎng。

1.0 金文“网”字，[图]西周05.2729、[图]西周07.3745、[图]战国16.10478A。《网部》：“[图]，再也。从冂，阙。良奬切。”（157页）《金文形义通解》[1]：“‘网’‘兩’本一字，‘网’字顶增饰横即为‘兩’。‘网’若‘兩’迄今最早者但见于西周金文而未见于甲文。于省吾曰：‘网字初文作[图]，乃截取古文字车字的部分构形而为之。’”“网”字音 liǎng。

1.10【常】甲骨文“兩”字，[图]合1098。金文“兩”字，[图]西周08.4141.1、[图]战国05.2576。简帛“兩”字，[图]效律3。石刻“兩”字，[图]奚真志。《网部》：“[图]，二十四铢为一两。从一；网，平分，亦声。良奬切。”（157页）《金文形义通解》[2]：“于省吾曰：‘兩之初形，本象缚双轭于横，引申之则凡成对并列之物均可称两。’”“兩”字简化作“两”。

1.11【常】石刻“輛”字，[图]刘氏志，从車兩声，简化作“辆”，《说文》无。

1.12【常】“倆”字暂未见唐以前相关古文字形，从人兩声，简化作

① 张世超等：《金文形义通解》，中文出版社，1996，1939页。

② 张世超等：《金文形义通解》，中文出版社，1996，1939页。

“俩”，《说文》无。

“量”组

0.【常】甲骨文“量”字，合 18505、合 22097。金文“量”字，西周 08.4252。简帛“量”字，法律答问 195。石刻“量”字，和丑仁志、石经尚书。《重部》：“，称轻重也。从重省，曏省声。吕張切。，古文量。”（169 页）《金文形义通解》[①]：“（孙海波）‘象张囊橐之口以量物之形。’”

1.【常】金文“糧”字，西周 08.4294。简帛“糧”字，银贰 1223。石刻“糧”字，报德像碑、石经五经，简化作“粮”。《米部》：“，谷也。从米量声。吕張切。”（147 页）

“襄”组

0.【常 B】甲骨文“襄”字，合 3458 反、合 39434、合 1133、英 593、合 28902、合 24234、合 29273。金文“襄”字，商 12.6552、西周 16.10133、西周 16.10176、西周 16.10080。石刻“襄”字，石经尚书。《衣部》：“，汉令：解衣耕谓之襄。从衣㗊声。息良切。，古文襄。”（172 页）《甲骨文字释林》[②]：“甲骨文习见的字……乃《说文》㗊字的初文。……丁佛言《说文古籀补补》：‘窒㗊即今所谓扰攘，许说从交吅是矣。……古襄字无一从爻从工者，可知爻为或攴之误，工盖土之讹耳。’按：丁氏以许说从交吅为是，殊误。其余的分析是对的。……㗊字的初文，甲骨文作（字所从，即瀼）。字，商器祖辛爵作，象人赤足之形，上从，不知所象，待考。字春秋时器……孳化作。……西周金文变作（散氏盘），春秋时器变作……综上所述，由于已经寻出字的发生发展和变化的规律，从而判定它是㗊字的初文。它和从衣的字古通用，隶变作襄。”金文“㗊”字，西周 16.10133、西周 16.10176。《吅部》：“，乱也。从爻、工、交、吅。一曰窒㗊。读若禳。女庚切。，籀文㗊。”（35 页）“㗊”字音 níng。

1.【常】简帛“壤”字，封诊式 78。石刻“壤”字，石经尚书。《土部》：“，柔土也。从土襄声。如兩切。”（286 页）

2.【常】简帛“讓”字，为吏 11、金关 T07：008。石刻“讓”

① 张世超等：《金文形义通解》，中文出版社，1996，2059 页。

② 于省吾：《甲骨文字释林》，中华书局，1979，132 页。

字，夏承碑。《言部》："，相责让。从言襄声。人漾切。"（56页）"讓"字简化作"让"。

3.0【常】石刻"囊"字，石经周易。《櫜部》："，櫜也。从櫜省，襄省声。奴當切。"（128页）

3.1【常】"囔"字暂未见唐以前相关古文字形，从口囊声，《说文》无。

4.【常】石刻"釀"字，崔煴志。《酉部》："，酝也。作酒曰酿。从酉襄声。女亮切。"（311页）"釀"字简化作"酿"。

5.【常】简帛"鑲"字，仓颉篇62。《金部》："，作型中膓也。从金襄声。汝羊切。"（294页）"鑲"字简化作"镶"。

6.【常】石刻"攘"字，景君碑、赵叡冲碑。《手部》："，推也。从手襄声。汝羊切。"（251页）

7.【常B】石刻"曩"字，石经五经。《日部》："，曏也。从日襄声。奴朗切。"（138页）

8.【常】"嚷"字从口襄声，【常A】"瓤"字从瓜襄声，均暂未见唐以前相关古文字形，《说文》无。

"卯"组

0. 甲骨文"卯"字，乙一二七七。《𨛜部》："，邻道也。从邑从𨙨。阙。今隶变作郒。胡絳切。"（136页）《甲骨文字诂林》[①]："罗振玉：'此字从，即人相向之向……许君训卯为事之制亦误，未知其为嚮背字也。'……从两人相向，与（即背）之从两人相背者谊正同，嚮背之嚮当如此作。'"《甲骨文编》[②]："卜辞卯、𨛜同字。"《卯部》："，事之制也。从卩、。阙。去京切。"（187页）"卯"字音qīng。甲骨文"𨛜"字，余.二二。《甲骨文编》[③]："𨛜，象二人相向之形。《说文》训从二邑，非是。"《金文形义通解》[④]："（孙海波）'以地区概念，变为𨛜。'""𨛜"字音xiàng。

1.0【常】甲骨文"鄉（𨞰）"字，合集5239、合集16050。简帛"鄉（𨞰）"字，日甲21、第八层1147。石刻"鄉（𨞰）"字，曹全碑、李矩兰志。《𨛜部》："，国离邑，民所封乡也。啬夫别治。封圻

① 于省吾主编：《甲骨文字诂林》，中华书局，1999，373页。

② 孙海波：《甲骨文编》，大化书局，1983，378页。

③ 孙海波：《甲骨文编》，大化书局，1983，281页。

④ 张世超等：《金文形义通解》，中文出版社，1996，2268页。

之内六乡，六乡治之。从𨛜皀声。許良切。”（136 页）按：𨛜亦声。《甲骨文字诂林》[①]：“罗振玉：‘此字从从，或从从皀，皆象饗食时宾主相向之状，即饗字也。古公卿之卿，乡党之乡，饗食之饗，皆为一字。’又曰：‘公卿之卿与饗食之饗古为一字，则嚮背之嚮也。卿彝卿字作，象两人相向就食之形，盖饗食之饗本字也。’……按：卿、鄉、嚮、饗古本同字。”“鄉”字简化作“乡”。

1.1【常】石刻“響”字，史晨前碑、元谧志。《音部》：“，声也。从音鄉声。許兩切。”（58 页）“響”字简化作“响”。

1.2【常】石刻“嚮”字，冯令华志，从向鄉声，简化作“向”，《说文》无。

2.【常】金文“卿”字，商 05.2709、春秋 08.4155.1。简帛“卿”字，田律 255、金关 T10：308、金关 T23：359A。石刻“卿”字，石勘志、石经五经。《卯部》：“，章也。六卿：天官冢宰、地官司徒、春官宗伯、夏官司马、秋官司寇、冬官司空。从卯皀声。去京切。”（187 页）《金文形义通解》[②]：“（孙海波）‘周金文卿、鄉、饗、嚮犹然一词，……用小篆来说，属人事，承袭的原形；以地区概念，变为𨛜，并在这个基础上，以“乡人饮酒”之礼，加食写成饗字，以写饗食之词。嚮不见于《说文》（金文用，古书多用鄉写之），出现较晚，可它还是通过鄉保持着它和它的词根卿的关系。’”

3.0【常】“巷”是“䢽”字篆文，今作“巷”。简帛“巷”字，金关 T01：121、仓颉篇 53。石刻“巷”字，曹全碑。《𨛜部》：“，里中道。从𨛜从共。皆在邑中所共也。胡絳切。，篆文从𨛜省。”（137 页）段玉裁注[③]：“巷，今作巷。”按：“䢽”字音 xiàng，从共从𨛜，𨛜亦声。

3.1【常】石刻“港”字，卫和志。《水部》：“，水派也。从水巷声。古項切。”（238 页）

“享”组

0.【常】“享”、“亨”是“亯”字篆文。甲骨文“亯”字，合 13619。金文“亯”字，西周 06.2987、西周 07.4097、文物 96.7、春秋 16.10273。简帛“享”字，日甲《诘》37、马壹 4_11。石刻“享

---

① 于省吾主编：《甲骨文字诂林》，中华书局，1999，373 页。

② 张世超等：《金文形义通解》，中文出版社，1996，2268 页。

③ （清）段玉裁：《说文解字注》，上海古籍出版社，2000，301 页。

（亯）”字，张迁碑、石经九经。【常B】简帛“亨”字，马壹4。石刻“亨”字，谯敏碑、石经周易。《亯部》：“，献也。从高省，曰象进孰物形。許兩切。又普庚切。又許庚切。，篆文亯。”（111页）《甲骨文字诂林》[①]：“按：吴大澂《说文古籀补》以为亯‘象宗庙之形’，可从。徐灏《说文解字注笺》云：‘享即亯字，小篆作，因变为享，又变为亨，又加火为烹，实一字也。’”“亯”字音xiǎng。

1.1【常】石刻“烹”字，严识玄志，从火亨声，《说文》无。

1.2【常】“哼”字暂未见唐以前相关古文字形，从口亨声，《说文》无。

“相”组

0.【常】甲骨文“相”字，合18410。金文“相”字，商10.5147、西周11.6002、战国17.11396B1。简帛“相”字，上二子1、金关T08：004、敦煌简0046。石刻“相”字，斛律氏志。《目部》：“，省视也。从目从木。《易》曰：‘地可观者，莫可观于木。’息良切。”（72页）《金文形义通解》[②]：“春秋战国期间多增饰笔一、二于目形下。”

1.【常】简帛“想”字，东牌楼050。石刻“想”字，元譿志。《心部》：“，冀思也。从心相声。息兩切。”（218页）

2.【常】金文“湘”字，楚系彩版10。简帛“湘”字，东牌楼100。石刻“湘”字，元新成妃李氏志。《水部》：“，水，出零陵阳海山，北入江。从水相声。息良切。”（226页）

3.0【常】简帛“霜”字，银贰1744。石刻“霜”字，刘阿素志。《雨部》：“，丧也。成物者。从雨相声。所莊切。”（242页）《说文通训定声》[③]：“按：岁功以雪始，以霜成。《释名》：其气惨毒，物皆丧也。”

3.1【常B】石刻“孀”字，娄黑女志，从女霜声，《说文》无。

4.【常】简帛“箱”字，金关T10：151、仓颉篇63。石刻“箱”字，冯邕妻元氏志、石经九经。《竹部》：“，大车牝服也。从竹相声。息良切。”（97页）

5.【常】“厢”字同“廂”。石刻“廂”字，郭顺志。《广部》：“，廊也。从广相声。息良切。”（193页）

---

① 于省吾主编：《甲骨文字诂林》，中华书局，1999，1934页。

② 张世超等：《金文形义通解》，中文出版社，1996，813页。

③ （清）朱骏声：《说文通训定声》，武汉古籍书店，1983，894页。

“向”组

0.【常】甲骨文“向”字，屯598。金文“向”字，西周06.3572。简帛“向”字，仓颉篇2。石刻“向”字，张正子父母镇石。《甲骨文字诂林》[①]：“按：从宀从口，口即象牖形，非‘口舌’之意。”《宀部》：“向，北出牖也。从宀从口。許諒切。”（150页）

1.0【常】甲骨文“尚”字，H11：2。金文“尚”字，西周04.1769、总集10.7823。简帛“尚”字，效律24。石刻“尚”字，石经九经。《八部》：“尚，曾也，庶几也。从八向声。時亮切。”（28页）《金文形义通解》[②]：“周原甲骨文字作，与西周金文相同，不从向作。……尚字构形原意，尚不得塙知。”

1.10【常】金文“賞”字，西周05.2838。简帛“賞”字，为吏12。石刻“賞”字，山晖志。《貝部》：“賞，赐有功也。从貝尚声。書兩切。”（130页）“賞”字简化作“赏”。

1.11【常】金文“償”字，西周05.2838。简帛“償”字，具律95、金关T22：152。石刻“償”字，黄庭经。《人部》：“償，还也。从人賞声。食章切。”（165页）“償”字简化作“偿”。

1.2【常】金文“嘗”字，西周10.5433A。简帛“嘗”字，奏谳书225。石刻“嘗”字，石经九经。《旨部》：“嘗，口味之也。从旨尚声。市羊切。”（101页）“嘗”字简化作“尝”。

1.3【常】简帛“棠”字，上一孔10、敦煌简2130。石刻“棠”字，卢璠志。《木部》：“棠，牡曰棠，牝曰杜。从木尚声。徒郎切。”（115页）

1.40【常】金文“堂”字，战国16.10478A。简帛“堂”字，张19。石刻“堂”字，石堂画像石题记。《土部》：“堂，殿也。从土尚声。徒郎切。，古文堂。，籀文堂从高省。”（287页）

1.41【常B】石刻“鏜”字，石经五经。《金部》：“鏜，钟鼓之声。从金堂声。上郎切。”（297页）“鏜”字简化作“镗”。

1.42【常B】“螳”字暂未见唐以前、小篆外其他相关古文字形。《虫部》：“螳，螳螂也。从虫堂声。徒郎切。”（283页）

1.43【常B】“蹚”字从足堂声，【常】“膛”字从肉堂声，均暂未见唐以前相关古文字形，《说文》无。

---

① 于省吾主编：《甲骨文字诂林》，中华书局，1999，1984页。

② 张世超等：《金文形义通解》，中文出版社，1996，117页。

1.50【常】“裳”是“常”字或体。金文“常”字，故宫文物月刊13卷1期。简帛“常（裳）”字，包山卜244、日甲《毁弃》119。石刻“常（裳）”字，李贤志、石经周易。《巾部》：“，下帬也。从巾尚声。市羊切。，常或从衣。”（159页）《说文通训定声》[1]：“按：常、裳二字经传截然分用，并不通借。疑常训旗，裳训下裙，宜各出为正篆也。或曰旗虚悬摇曳如裙，故为裙之转注，今姑从许。”

1.51【常】“嫦”字暂未见唐以前相关古文字形，从女常声，《说文》无。

1.60【常】金文“黨”字，战国17.11054。简帛“黨”字，封诊式69。石刻“黨”字，夏承碑。《黑部》：“，不鲜也。从黑尚声。多朗切。”（211页）《说文解字注笺》[2]：“乡党之党，本作鄙，《娄寿碑》‘乡鄙州邻’用其本字。经典皆通作党。”“黨”字简化作“党”。

1.61【常B】石刻“儻”字，元玕志。《人部》：“，倜傥也。从人黨声。他朖切。”（168页）“儻”字简化作“傥”。

1.70【常】金文“當”字，假“堂”之异文为之，战国18.12112。简帛“當”字，为吏49。石刻“當”字，石堂画像石题记。《田部》：“，田相值也。从田尚声。都郎切。”（291页）段玉裁注[3]：“值者，持也，田与田相持也。引申之凡相持、相抵皆曰当。”“當”字简化作“当”。

1.71【常】石刻“鐺”字，渎庙祭器铭。《金部》：“，锒铛也。从金當声。都郎切。”（298页）“鐺”字简化作“铛”。

1.72【常】“擋”字从手當声，简化作“挡”；【常】“檔”字从木當声，简化作“档”；【常】“襠”字从衣當声，简化作“裆”；均暂未见唐以前相关古文字形，《说文》无。

1.80【常】简帛“敞”字，猩敞案57、金关T10：179。石刻“敞”字，桐柏淮源庙碑。《支部》：“，平治高土，可以远望也。从支尚声。昌两切。”（68页）段玉裁注[4]：“惟平治，故字从支。后人乃谓高土可以远望为敞，而昧其本始矣。”

1.81【B常】“氅”字，《毛部》：“，析鸟羽为旗纛之属。从毛敞声。昌两切。”（174页）

1.82【常】“廠”字暂未见唐以前相关古文字形，从广敞声，简化作“厂”，《说文》无。

① （清）朱骏声：《说文通训定声》，武汉古籍书店，1983，889页。

② （清）徐灏：《说文解字注笺》（续修四库全书），上海古籍出版社，2002，卷十上329页。

③ （清）段玉裁：《说文解字注》，上海古籍出版社，2000，697页。

④ （清）段玉裁：《说文解字注》，上海古籍出版社，2000，123页。

1.90【常】简帛“掌”字，敦煌简1845。石刻“掌”字，石经尚书。《手部》：“，手中也。从手尚声。諸兩切。”（250页）

1.91【常】“撑”是俗“撐”字，从手掌声，《说文》无。石刻“撐”字，支讷志。

1.（10）【常】“躺”字从身尚声，【常】“趟”字从走尚声，【常】“淌”字从水尚声，【常】“倘”字从人尚声，【常B】“徜”字从彳尚声，均暂未见唐以前相关古文字形，《说文》无。

2.【常】石刻“晌”字，道宝碑记，从日向声，《说文》无。

“象”组

0.【常】甲骨文“象”字，合13625正、屯2539。金文“象”字，商13.7509。简帛“象”字，睡17。石刻“象”字，吴叔悦志、李雄志、石经周易。《象部》：“，长鼻牙，南越大兽，三季一乳，象耳牙四足之形。徐兩切。”（198页）

1.【常】简帛“像”字，敦煌简1457A。石刻“像”字，郭世昌志。《人部》：“，象也。从人从象，象亦声。读若養。徐兩切。”（167页）

2.【常】石刻“橡”字，苍山元嘉题记，从木象声，《说文》无。

“央”组

0.【常】甲骨文“央”字，合3019。金文“央”字，西周06.3370。简帛“央”字，秩律449。石刻“央”字，元朗志。《冂部》：“，中央也。从大在冂之内。大，人也。央旁同意。一曰久也。於良切。”（110页）《甲骨文字诂林》[①]：“李孝定：‘丁氏谓象人颈荷枷之形则未敢必，盖凵形究象何物难以确指，且字在卜辞亦无凶咎罪戾之意也。’白玉峥：‘字盖象人以头戴物之形，……戴物必得凵及头顶之中央，始可求所戴之物平衡，故引申为中央或中点之义。’”

1.【常】金文“英”字，吴越225页。简帛“英”字，马壹132_36、金关T26：119。石刻“英”字，元理志。《艸部》：“，艸荣而不实者。一曰黄英。从艸央声。於京切。”（22页）

2.【常B】金文“怏”字，战国16.10478A。简帛“怏”字，银贰2090。石刻“怏”字，束良志。《心部》：“，不服，怼也。从心央声。

① 于省吾主编：《甲骨文字诂林》，中华书局，1999，223页。

於亮切。”（221 页）

3.【常】石刻“殃”字，殃石经周易。《歺部》：“殃，咎也。从歺央声。於良切。”（85 页）

4.【常 B】石刻“盎”字，盎高元珪志。《皿部》：“盎，盆也。从皿央声。烏浪切。瓮，盎或从瓦。”（104 页）

5.【常】简帛“鴦”字，鴦仓颉篇 56。《鳥部》：“鴦，鴛鴦也。从鳥央声。於良切。”（80 页）“鴦”字简化作“鸯”。

6.【常】石刻“映”字，映卢令媛志。《日部》：“映，明也。隐也。从日央声。於敬切。”（139 页）

7.【常】“秧”字暂未见唐以前、小篆外其他相关古文字形。《禾部》：“秧，禾若秧穰也。从禾央声。於良切。”（145 页）

“羊”组

0.【常】甲骨文“羊”字，羊合 20680、羊合 22310。金文“羊”字，羊商 03.1463、羊西周 08.4313.1。简帛“羊”字，羊秦律杂抄 31。石刻“羊”字，羊石经周易。《羊部》：“羊，祥也。从𦍌，象头角足尾之形。孔子曰：‘牛羊之字以形举也。’與章切。”（78 页）《金文形义通解》[①]：“羊字初文本象羊首形。”

1.【常】甲骨文“姜”字，姜合 22099。金文“姜”字，姜西周 07.3820。石刻“姜”字，姜元纯陀志。《女部》：“姜，神农居姜水，以为姓。从女羊声。居良切。”（258 页）

2.0【常 B】甲骨文“羌”字，羌合 321、羌屯 636、羌合 26955。金文“羌”字，羌商 03.1464、羌商 12.6926、羌考古 90.1、羌春秋 03.660。简帛“羌”字，羌马壹 78_92、羌仓颉篇 61。石刻“羌”字，羌石经五经。《羊部》：“羌，西戎牧羊人也。从人从羊，羊亦声。去羊切。𢀜，古文羌如此。”（78 页）《甲骨文字释林》[②]：“甲骨文前期羌字均作羌，乃独体象形字，本象人戴羊角形，并非从羊。”《甲骨文字集释》[③]：“象身加缧绁之形。羌为殷之敌国，殷人遇其俘虏，其酷烈往往甚于其他敌国，用人为牲，亦未见有羌人以外之记载，故制字亦象之也。”

2.1【常 B】“蜣”字暂未见唐以前相关古文字形，从虫羌声，《说文》无。

---

① 张世超等：《金文形义通解》，中文出版社，1996，906 页。

② 于省吾：《甲骨文字释林》，中华书局，1979，438 页。

③ 李孝定：《甲骨文字集释》，台湾“中研院”历史语言研究所，1970，1342 页。

3.0 金文“羕”字，文物 89.4。简帛“羕”字，仓颉篇 30。《永部》：“，水长也。从永羊声。余亮切。”（240 页）“羕”字音 yàng。

3.1【常】金文“漾”字，战国 15.9710。石刻“漾”字，高淯志、王通志、石经尚书。《水部》：“，水，出陇西相道，东至武都为汉。从水羕声。余亮切。，古文从養。”（225 页）

3.2【常】石刻“樣”字，职名残石。《木部》：“，栩实。从木羕声。徐两切。”（116 页）段玉裁注[1]：“今人用样为式样字。”“樣”字简化作“样”。

4.【常】金文“祥”字，战国 09.4630。简帛“祥”字，马壹 96_37。石刻“祥”字，李仙蕙志。《示部》：“，福也。从示羊声。一云善。似羊切。”（7 页）

5.【常】简帛“養”字，为吏 27。石刻“養”字，曹全碑。《食部》：“，供养也。从食羊声。余两切。，古文養。”（107 页）《甲骨文字诂林》[2]：“按：即牧字。……屈万里释羖固然非是，李孝定释养亦误。……许慎生当汉之末叶，不识为牧之异构，列于养下，糊涂了事，未可厚非。”“養”字简化作“养”。

6.【常】简帛“洋”字，同显案 148。石刻“洋”字，元崇业志。《水部》：“，水，出齐临朐高山，东北入钜定。从水羊声。似羊切。”（227 页）

7.【常】简帛“詳”字，银贰 1557。石刻“詳”字，石经周易。《言部》：“，审议也。从言羊声。似羊切。”（52 页）“詳”字简化作“详”。

8.【常】石刻“翔”字，张士陵志。《羽部》：“，回飞也。从羽羊声。似羊切。”（75 页）

9.【常】石刻“癢”字，庞履温碑。“癢”字从疒養声，简化作“痒”。石刻“痒”字，石经五经。《疒部》：“，疡也。从疒羊声。似陽切。”（154 页）

10.【常】“氧”字从气羊声，【常 B】“徉”字从彳羊声，均暂未见唐以前相关古文字形，《说文》无。

---

① （清）段玉裁：《说文解字注》，上海古籍出版社，2000，243 页。

② 于省吾主编：《甲骨文字诂林》，中华书局，1999，1545 页。

“昜”组

0. 甲骨文“昜”字，合 6460 正、合 8592。金文“昜”字，西周 07.4042、西周 05.2678、春秋 17.11289。简帛“昜”字，效律 45。石刻“昜”字，石经五经。《勿部》：“昜，开也。从日、一、勿。一曰飞扬。一曰长也。一曰彊者众皃。與章切。”（196 页）《甲骨文字诂林》[①]：“李孝定：‘契文从日在丅（此疑可之异体，可，古柯字）上，象日初升之形。’”“昜”字音 yáng。

1.【常】甲骨文“陽”字，屯 4529。金文“陽”字，西周 . 保利、西周 16.10173、战国 17.11361.1。简帛“陽”字，法律答问 163。石刻“陽”字，石经周易。《𨸏部》：“陽，高、明也。从𨸏昜声。與章切。”（304 页）“陽”字简化作“阳”。

2.【常】金文“揚”字，西周 05.2613、西周 05.2729、西周 05.2791、西周 08.4332.1。简帛“揚”字，敦煌简 2253。石刻“揚”字，石经五经。《手部》：“揚，飞举也。从手昜声。與章切。敭，古文。”（254 页）《金文形义通解》[②]：“金文‘扬’字数量极多而变化纷繁，其最初结构当有两类三种。第一类作，从丮昜声，乃‘昜’之孳乳字。……第二类两种可视为象意字，象人屈身跪跽而高举宝玉之形，殆表敬事奉扬君上之意。……唐兰曰：‘金文丮字本象人坐着（用膝和足趾着地）两手扬起之形，字象两手捧玉之形，字象举两手向着太阳之形，字变为字，又变为字，就是《说文》的扬字。’”“揚”字简化作“扬”。

3.【常】金文“楊”字，文物 94.8。简帛“楊”字，金关 T24：416A、仓颉篇 63，简化作“杨”。石刻“楊”字，石经五经。《木部》：“楊，木也。从木昜声。与章切。”（117 页）

4.0【常】金文“湯”字，西周 05.2780、西周 16.10155。简帛“湯”字，马壹 88_204。石刻“湯”字，石经周易。《水部》：“湯，热水也。从水昜声。土郎切。”（235 页）“湯”字简化作“汤”。

4.1【常】“燙”字暂未见唐以前相关古文字形，从火湯声，简化作“烫”，《说文》无。

5.【常】简帛“場”字，秦律十八种 1、仓颉篇 52。石刻“場”字，石经五经。《土部》：“場，祭神道也。一曰田不耕。一曰治谷田也。从土昜声。直良切。”（289 页）“場”字简化作“场”。

---

① 于省吾主编：《甲骨文字诂林》，中华书局，1999，1099 页。

② 张世超等：《金文形义通解》，中文出版社，1996，2804 页。

6.【常】简帛“傷”字，秦律杂抄27、日甲《诘》57、仓颉篇51。石刻“傷”字，石经周易。《人部》：“，创也。从人，煬省声。少羊切。”（167页）“傷”字简化作“伤”。

7.【常B】简帛“殤”字，睡50、仓颉篇50。石刻“殤”字，石经五经。《歺部》：“，不成人也。人年十九至十六死，为长殇；十五至十二死，为中殇；十一至八岁死，为下殇。从歺，傷省声。式陽切。”（85页）“殤”字简化作“殇”。

8.【常】简帛“腸”字，脉书8。石刻“腸”字，石经尚书。《肉部》：“，大小肠也。从肉昜声。直良切。”（87页）“腸”字简化作“肠”。

9.【常B】简帛“碭”字，敦煌简1462。石刻“碭”字，石门颂。《石部》：“，文石也。从石昜声。徒浪切。”（194页）“碭”字简化作“砀”。

10.【常B】石刻“颺”字，石经尚书。《風部》：“，风所飞扬也。从風昜声。與章切。”（284页）“颺”字简化作“飏”。

11.0“募”字暂未见唐以前、小篆外其他相关古文字形。《艸部》：“，艸，枝枝相值，叶叶相当。从艸昜声。楮羊切。”（18页）“募”字音 tāng。

11.1【常】简帛“蕩（盪）”字，秩律455、金关T03：083。石刻“蕩（盪）”字，石经尚书。《水部》：“，水，出河内荡阴，东入黄泽。从水募声。徒朗切。”（226页）“蕩（盪）”字简化作“荡”。

12.【常】石刻“暢”字，石台孝经，从申昜声，简化作“畅”，《说文》无。

“卬”组

0. 简帛“卬（卬）”字，马壹84_121。石刻“卬（卬）”字，元继志、石经五经。《匕部》：“，望，欲有所庶及也。从匕从卪。伍岡切。”（168页）《说文通训定声》[1]：“按：字即仰之古文，亦作昂。”“卬（卬）”字音 yǎng。

1.【常】简帛“迎”字，马壹176_42、银壹344、金关T01：167。石刻“迎”字，石经五经。《辵部》：“，逢也。从辵卬声。語京切。”（40页）

2.【常】石刻“仰”字，冯季华志。《人部》：“，举也。从人从

① （清）朱骏声：《说文通训定声》，武汉古籍书店，1983，891页。

印。魚兩切。”（164 页）

3.【常】简帛“昂”字，敦煌简 0190。石刻“昂”字，元思志。《日部》：“，举也。从日卬声。五岡切。”（140 页）

“囱”组

0.【常】“窗”是“囱”字或体。《囱部》：“，在墙曰牖，在屋曰囱。象形。楚江切。，古文。，或从穴。”（212 页）《说文解字注笺》[①]：“囱、窗古今字，又作窻。许于穴部窻训通孔，义似稍别，其实通孔即囱之本义。在墙曰墙曰牖，在屋曰窗，对文则异，散言通谓之窗耳。《系传》曰‘囱象交疏影’，是也。”《说文通训定声》[②]：“按：与窻微别，在上者为窗，在旁者为窻。……今苏俗谓之烟囱。”“囱”字音 chuāng，今作“囪”。

1.0 甲骨文“悤”字，合 5346。金文“悤”字，西周 08.4326。简帛“悤”字，日甲《马禖》158、东牌楼 036、东牌楼 030。石刻“悤”字，普泰元年四面造像。《囱部》：“，多遽悤悤也。从心、囱，囱亦声。倉紅切。”（212 页）《说文解字注笺》[③]：“悤，古聰字，隶省作怱。……‘多遽悤悤’非古义。……按：勿部曰：‘遽称勿勿。’盖勿本作忽，因误认为悤字，而读勿勿为匆匆，遂又讹为悤悤耳。”《金文形义通解》[④]：“裘锡圭曰：‘其本义似与心之孔窍，囱、悤、聰同音，盖由一语分化。“囱”指房屋与外界相通之孔，……“悤”字初文的字形只能通过强调心有孔窍来表意。’‘秦简汉印和西汉前期简帛上的“悤”字，犹多袭周人之旧，作“心”上加点形，较晚的汉简和汉碑的隶书多变点为“△”，有时还在中间空白处加交叉线而成“”形。从“囱”声的“悤”虽然已见于《说文》，但是其出现很可能在“悤”字的上述那些写法之后。’”“悤”字音 cōng。

1.1【常】简帛“總”字，秦律十八种 54、奏谳书 106、仓颉篇 19。石刻“總”字，元子正志、元思志、石经尚书。《糸部》：“，聚束也。从糸悤声。作孔切。”（272 页）“總”字简化作“总”。

1.2【常】“葱”字同“蔥”。简帛“蔥”字，马贰 33_18、金关

① （清）徐灝：《说文解字注笺》（续修四库全书），上海古籍出版社，2002，卷十下 331 页。

② （清）朱骏声：《说文通训定声》，武汉古籍书店，1983，59 页。

③ （清）徐灝：《说文解字注笺》（续修四库全书），上海古籍出版社，2002，卷十下 331 页。

④ 张世超等：《金文形义通解》，中文出版社，1996，2445 页。

T24：572。石刻“蔥”字，石经五经。《艸部》：“，菜也。从艸悤声。倉紅切。”（25页）

1.3【常】石刻“聰”字，刘华仁志、石经五经。《耳部》：“，察也。从耳悤声。倉紅切。”（250页）“聰”字简化作“聪”。

“爿”组

0. 甲骨文“爿”字，合集32982、合集22394。《甲骨文字诂林》[①]：“按：《说文》有片无爿，而大徐本《说文》牀字作‘从木爿声’，《六书故》引唐本有‘爿’部，说者多疑之。……孔广居《说文疑疑》云：‘牀古作，象形，以为偏旁之用，不便横书，故作，……或省作，通。加木作牀，赘。’……徐灏《段注笺》、林义光《文源》、章炳麟《小学答问》亦并谓‘爿’为‘牀’之古文。”“爿”字音chuáng。《说文》无。

1.【常】甲骨文“妝”字，合5652、合18063。简帛“妝”字，第八层1328、马壹257_4。《甲骨文字诂林》[②]：“隶可作妆。”《女部》：“，饰也。从女，牀省声。側羊切。”（263页）《说文通训定声》[③]：“从女爿声。”“妝”字简化作“妆”。

2.0 甲骨文“戕”字，合35301。金文“戕”字，春秋01.96。石刻“戕”字，石经五经。《戈部》：“，枪也。他国臣来弑君曰戕。从戈爿声。士良切。”（266页）

2.10【常B】甲骨文“臧”字，合6404反。简帛“臧”字，效律42、仓颉篇48。石刻“臧”字，石经五经。《臣部》：“，善也。从臣戕声。則郎切。，籀文。”（66页）《甲骨文字释林》[④]：“即臧之初文。……以甲骨文为据，则应作从爿声。……字从臣从戈，乃会意字，后世加爿为声符，变为会意兼形声。”《金文形义通解》[⑤]：“金文皆从戈从口爿声，或省口，从戈爿声，绝不从臣。”

2.110【常】简帛“藏”字，金关T04：014。石刻“藏”字，石经五经。《艸部》：“，匿也。昨郎切。”（27页）

2.111【常】“臟”字，从肉藏声，简化作“脏”，《说文》无。

2.112【常】石刻“贓”字，陈思义志，从貝藏声，简化作“赃”，

---

① 于省吾主编：《甲骨文字诂林》，中华书局，1999，3091页。

② 于省吾主编：《甲骨文字诂林》，中华书局，1999，3114页。

③（清）朱骏声：《说文通训定声》，武汉古籍书店，1983，899页。

④ 于省吾：《甲骨文字释林》，中华书局，1979，52页。

⑤ 张世超等：《金文形义通解》，中文出版社，1996，686页。

《说文》无。

3.【常】“墙”字同“牆”。甲骨文“牆”字，合 36481 正。金文“牆”字，西周 14.9067。简帛“牆”字，秦律十八种 195。石刻“牆”字，营陵置社碑、元诱志、高灵胜诗刻、石经五经，简化作“墙”。《嗇部》：“，垣蔽也。从嗇爿声。才良切。，籀文从二禾。，籀文亦从二來。”（111 页）《甲骨文字诂林》①：“按：字隶可作，乃‘牆’之初文。”

4.【常】金文“牀”字，战国 16.10442A。简帛“牀”字，金关 T27：062。石刻“牀”字，王怜妻赵氏志、玄秘塔碑、石经五经，简化作“床”。《木部》：“，安身之坐者。从木爿声。李阳冰言：‘木右为片，左为爿，音墙。且《说文》无爿字，其书亦异，故知其妄。’仕莊切。”（121 页）《说文通训定声》②：“字亦作床。”

5.0【常】金文“壯”字，吴越 387 页。简帛“壯”字，秦律十八种 190。石刻“壯”字，元颢志、石经周易，简化作“壮”。《士部》：“，大也。从士爿声。側亮切。”（14 页）

5.1【常】简帛“莊”字，第八层 1612、金关 T01：092。石刻“莊”字，长孙子泽志、伍道进志、吕胡志，简化作“庄”。《艸部》：“，上讳。側羊切。，古文莊。”（15 页）《金文形义通解》③：“金文从甾从口爿声。案：此即古‘酱’字，用为庄公之号。‘莊’乃晚出字。《说文》古文中之当即形之讹。”

5.2【常】简帛“裝”字，马壹 103_25、敦煌简 0177。石刻“裝”字，王祯志。《衣部》：“，裹也。从衣壯声。側羊切。”（172 页）“裝”字简化作“装”。

5.3【常 B】石刻“奘”字，雁塔圣教序。《大部》：“，驵大也。从大从壯，壯亦声。徂朗切。”（215 页）段玉裁注④：“《馬部》‘驵’下曰：‘壮马也。’《士部》‘壮’下曰：‘大也。’奘与壮音同，与驵义同。”

6.【常】金文“醬（酱）”字，战国 16.10478A。简帛“醬（酱）”字，日甲《诘》26。石刻“醬（酱）”字，石经五经。《酉部》：“，醢也。从肉从酉，酒以和酱也；爿声。即亮切。，古文。，籀文。”（313

① 于省吾主编：《甲骨文字诂林》，中华书局，1999，3113 页。

② （清）朱骏声：《说文通训定声》，武汉古籍书店，1983，899 页。

③ 张世超等：《金文形义通解》，中文出版社，1996，76 页。

④ （清）段玉裁：《说文解字注》，上海古籍出版社，2000，499 页。

页）《说文通训定声》[①]：“字俗误作醬。……又按：鹽也，读为鹹。《广韵》引《说文》：醢也。疑鹽实醢之误字，故宋本或误作鹽也。”“醬”字简化作“酱”。

7.【常】简帛“狀”字，秦律十八种 87、脉书 8。石刻“狀”字，畅洛生造像、石经五经，简化作“状”。《犬部》：“，犬形也。从犬爿声。盈亮切。”（204 页）

8.0【常】甲骨文“將”字，合 809 正、合 13532。简帛“將”字，秦律十八种 84、金关 T06：174、金关 T01：173。石刻“將”字，元谧志、石经五经。《寸部》：“，帅也。从寸，𤖅省声。即諒切。”（67 页）《说文通训定声》[②]：“按：帅也，读为率，谓率领众卒者也。”“將”字简化作“将”。

8.1【常】简帛“獎（獘）”字，第八层 1069。石刻“獎（獘）”字，高湝志、契苾夫人志、张翼志。《犬部》：“，嗾犬厉之也。从犬，將省声。即兩切。”（204 页）段玉裁注[③]：“厉之，犹勉之也，引申为凡劝勉之偁。”“獎”字简化作“奖”。

8.2【常】简帛“漿（牀）”字，张 288。石刻“漿（牀）”字，元子直志、石经五经。《水部》：“，酢牀也。从水，將省声。即良切。，古文牀省。”（236 页）《说文通训定声》[④]：“今隶作漿，将声。”“漿”字简化作“浆”。

8.3【常 A】简帛“蔣”字，银贰 1550。石刻“蔣”字，李媛华志、崔璆志。《艸部》：“，苽蔣也。从艸將声。子良切。又即兩切。”（21 页）“蔣”字简化作“蒋”。

8.4【常 B】简帛“鏘”字，马壹 132_27。石刻“鏘”字，元子正志，从金將声，简化作“锵”，《说文》无。

8.5【常】“槳”字暂未见唐以前相关古文字形，从木將声，简化作“桨”，《说文》无。

“光”组

0.【常】甲骨文“光”字，合 20057、合 22158、合 1551。金文

① （清）朱骏声：《说文通训定声》，武汉古籍书店，1983，899 页。

② （清）朱骏声：《说文通训定声》，武汉古籍书店，1983，900 页。

③ （清）段玉裁：《说文解字注》，上海古籍出版社，2000，474 页。

④ （清）朱骏声：《说文通训定声》，武汉古籍书店，1983，901 页。

“光”字，商 10.5417.1、西周 16.9893。简帛“光”字，蓋卢 12、仓颉篇 46。石刻“光”字，石经五经。《火部》：“光，明也。从火在人上，光明意也。古皇切。𤉙，古文。炗，古文。”（210 页）《甲骨文字诂林》[①]：“李孝定：‘火在人上取光明照耀之意。’”

1.0【常】石刻“晃”字，景君碑、成晃碑。《日部》：“晄，明也。从日光声。胡廣切。”（137 页）段玉裁注[②]：“晃，各本篆作晄。”

1.1【常】石刻“幌”字，崔沔志，从巾晃声，《说文》无。

2.【常 B】“觥”是俗“觵”字。石刻“觥”字，王僧男志。《角部》：“觵，兕牛角可以饮者也。从角黄声。其状觵觵，故谓之觵。古横切。觥，俗觵从光。”（94 页）

3.【常】石刻“恍”字，戴满志，从心光声，《说文》无。

“黄”组

0.【常】甲骨文“黄”字，合 19771、合 13682 正、合 32509。金文“黄”字，西周 15.9454.1、西周 11.5970、西周 08.4303.2。简帛“黄”字，脉书 13。石刻“黄”字，胡明相志、石经五经。《黄部》：“黄，地之色也。从田从炗，炗亦声。炗，古文光。乎光切。𡕛，古文黄。”（291 页）《甲骨文字诂林》[③]：“按：契文‘矢’、‘寅’、‘黄’本同源。……金文‘黄’字，乃形之讹变。”《金文形义通解》[④]：“唐兰曰：‘黄字古文象仰面向天，腹部膨大，是《礼记·檀公下》“吾欲暴尪而奚若”的“尪”字的本字。’金文……大多增、形于上。”

1.0【常】金文“廣”字，战国 18.11918。简帛“廣”字，封诊式 80。石刻“廣”字，高归彦造像、石经尚书。《广部》：“廣，殿之大屋也。从广黄声。古晃切。”（192 页）《甲骨文字诂林》[⑤]：“郭沫若：‘字乃从宀黄声之字，即广字之异。’……按：郭沫若释广可从。古文字从宀从广每无别。”“廣”字简化作“广”。

1.1【常】石刻“曠”字，元子直志、石经尚书。《日部》：“曠，明也。从日廣声。苦謗切。”（137 页）“曠”字简化作“旷”。

1.2【常 B】石刻“獷”字，石经五经。《犬部》：“獷，犬犷犷不可附

① 于省吾主编：《甲骨文字诂林》，中华书局，1999，352 页。

② （清）段玉裁：《说文解字注》，上海古籍出版社，2000，303 页。

③ 于省吾主编：《甲骨文字诂林》，中华书局，1999，2537 页。

④ 张世超等：《金文形义通解》，中文出版社，1996，3216 页。

⑤ 于省吾主编：《甲骨文字诂林》，中华书局，1999，2538 页。

也。从犬廣声。渔阳有犷平县。古猛切。”（204 页）“獷”字简化作“犷”。

1.3【常 A】“礦”字同“磺”，简化作“矿”，暂未见唐以前、小篆外其他相关古文字形。《石部》：“磺，铜铁朴石也。从石黄声。读若穬。古猛切。卝，古文磺。《周礼》有卝人。”（194 页）段玉裁注[①]：“铜铁朴者，在石与铜铁之间，可为铜铁而未成者也。”《说文通训定声》[②]：“字亦作礦、作鑛。”

2.【常 A】简帛“簧”字，马贰 32_2。石刻“簧”字，张海翼志。《竹部》：“簧，笙中簧也。从竹黄声。古者女娲作簧。户光切。”（98 页）

3.【常】简帛“横”字，第八层背 1434、敦煌简 0697。石刻“横”字，元悌志、石经五经。《木部》：“横，阑木也。从木黄声。户盲切。”（124 页）段玉裁注[③]：“阑，门遮也，引伸为凡遮之偁。凡以木阑之皆谓之横也。”

“王”组

0.【常】甲骨文“王”字，合 21471 反、合 367 正、合 23811、大墓 M11。金文“王”字，商 10.5379.2、西周 05.2827。简帛“王”字，法律答问 203。石刻“王”字，谯敏碑、石经周易。《王部》：“王，天下所归往也。董仲舒曰：‘古之造文者，三画而连其中谓之王。三者，天、地、人也，而参通之者王也。’孔子曰：‘一贯三为王。’李阳冰曰：‘中画近上。王者，则天之义。’雨方切。𤣪，古文王。”（9 页）《甲骨文字诂林》[④]：“王字本象斧钺形，是表示军事统率权的，古代以斧钺为军事统帅的权杖。……总之，王的本义应该就是军事总指挥。”

1.0 甲骨文“㞷”字，合 914 正、合 37826。金文“㞷”字，西周 10.5322、新收 1204 页。《之部》：“㞷，艸木妄生也。从之在土上。读若皇。户光切。”（127 页）《甲骨文字诂林》[⑤]：“按：从止王声，其或体从土，小篆复讹变为从之在土上，许慎解为‘艸木妄生’。此乃往来之本字。”“㞷”字音 huáng。

1.1【常】简帛“汪”字，金关 T26：035。石刻“汪”字，元鉴

① （清）段玉裁：《说文解字注》，上海古籍出版社，2000，448 页。

② （清）朱骏声：《说文通训定声》，武汉古籍书店，1983，906 页。

③ （清）段玉裁：《说文解字注》，上海古籍出版社，2000，268 页。

④ 于省吾主编：《甲骨文字诂林》，中华书局，1999，3277 页。

⑤ 于省吾主编：《甲骨文字诂林》，中华书局，1999，834 页。

志。《水部》:“𣴎,深广也。从水王声。一曰汪,池也。乌光切。”(229 页)

1.20【常】“筐”是“匡”字或体。金文“匡”字,西周 09.4552、西周 09.4553。简帛“匡(筐)”字,马壹 44_43、马壹 7_38。石刻“匡(筐)”字,元顺志、石经周易。《匚部》:“匡,饮器,筥也。从匚㞷声。去王切。筐,匡或从竹。”(268 页)《金文形义通解》[①]:“䵹弔䀉字乃倒书,增从金。”

1.21【常】“眶”字从目匡声;【常】“框”字从木匡声;【常 B】“哐”字从口匡声;【常 B】“誆”字从言匡声,简化作“诓”;均暂未见唐以前相关古文字形,《说文》无。

1.30【常】简帛“往”字,法律答问 4。石刻“往”字,元诠志、刘子志。《彳部》:“徃,之也。从彳㞷声。于两切。𢓸,古文从辵。”(43 页)《金文形义通解》[②]:“‘往’即‘㞷’之加旁字。……春秋时始见增从彳之‘往’字。侯马盟书及战国陶文复有从辵之𢓸字,即《说文》古文。”

1.31【常】“旺”是“暀”字异体。石刻“暀”字,石经五经。《日部》:“暀,光美也。从日往声。于放切。”(139 页)《说文通训定声》[③]:“字亦作旺。”玺印“旺”字,汉印文字征。

1.40【常】简帛“狂”字,奏谳书 52。石刻“狂”字,、石经五经。《犬部》:“狴,狾犬也。从犬㞷声。巨王切。㤮,古文从心。”(205 页)

1.41【常】“逛”字暂未见唐以前相关古文字形,从辵狂声,《说文》无。

1.5【常】简帛“枉”字,盗律 60。石刻“枉”字,杜法真志。《木部》:“枉,衺曲也。从木㞷声。迂往切。”(119 页)

2.0【常】甲骨文“皇”字,合 6354 正、合 6961。金文“皇”字,新收 1088 页、考古与文物 06.6、西周 05.2815。简帛“皇”字,第八层 406、贼律 9。石刻“皇”字,杨孝恭碑。《王部》:“皇,大也。从自。自,始也。始皇者,三皇,大君也。自,读若鼻,今俗以始生子为鼻子。胡光切。”(10 页)《金文形义通解》[④]:“许氏据篆文说解,不合造字之古意。金文不从自,上作形,象冠冕之形。……‘皇’即冠冕之本义,汪荣宝说。上象羽饰形。……原始人戴羽称‘皇’,冠饰羽亦称‘皇’。郭沫若说。下从王,或王省,标声。”

2.1【常】简帛“煌”字,金关 T28:008A。石刻“煌”字,张

① 张世超等:《金文形义通解》,中文出版社,1996,3017 页。

② 张世超等:《金文形义通解》,中文出版社,1996,378 页。

③ (清)朱骏声:《说文通训定声》,武汉古籍书店,1983,907 页。

④ 张世超等:《金文形义通解》,中文出版社,1996,49 页。

茂弘志。《火部》:“煌，煌，煇也。从火皇声。胡光切。”(209页)

2.2【常A】石刻“蝗”字，蝗尉迟敬德志、蝗赵君妻李志。《虫部》:“蝗，螽也。从虫皇声。乎光切。”(280页)

2.3【常】简帛“惶”字，惶敦煌简0177。石刻“惶”字，惶徐义志。《心部》:“惶，恐也。从心皇声。胡光切。”(223页)

2.4【常B】石刻“篁”字，篁朱齐之志。《竹部》:“篁，竹田也。从竹皇声。户光切。”(95页)

2.5【常】石刻“凰”字，凰李讷妃志、鶤李凤妃志，从凡皇声，或从鸟，《说文》无。

2.6【常B】石刻“徨”字，徨李镐志，从彳皇声，《说文》无。

“亡”组

0.【常】甲骨文“亡(亾)”字，亡合21702、亡H11：64。金文“亡(亾)”字，亡西周08.4140、亡西周11.6015。简帛“亡(亾)”字，亡日甲3、亡东牌楼006。石刻“亡”字，亡淳于元皓志。《亡部》:“亡，逃也。从入从乚。武方切。”(267页)《金文形义通解》[①]:“林洁明曰:‘亡盖为锋芒之本字，从刀，一点以示刀口锋芒之所在，当为指事字，……假借为无有之亡，又借为逃亡之亡，本义遂湮。’”

1.【常】甲骨文“喪”字，喪合20407、喪合54、喪合4198正、喪合18120。金文“喪”字，喪西周07.3908。简帛“喪”字，喪金关T24：833。石刻“喪”字，喪元孟辉志、喪石台孝经、喪杨执一志，简化作“丧”。《哭部》:“喪，亾也。从哭从亾。会意。亾亦声。息郎切。”(35页)《甲骨文字释林》[②]:“按：喪字本从桑声，其从两口者为初文，其从数口者乃随时滋多所致。其所从之两口是代表器形，乃采桑时所用之器。由于商代已有丝织品，故以喪为采桑之本字，其以喪为丧亡之丧者乃借字。……按：许氏谓从亡声是也，但以喪为从哭，则殊为妄诞。”

2.0石刻“巟”字，巟曹全碑。《川部》:“巟，水广也。从川亡声。呼光切。”(239页)“巟”字音huāng。

2.10【常】石刻“荒”字，荒华山庙碑、荒石经尚书。《艸部》:“荒，芜也。从艸巟声。一曰艸淹地也。呼光切。”(23页)

2.11【常】石刻“慌”字，慌法藏塔铭，从心荒声，《说文》无。

---

① 张世超等:《金文形义通解》，中文出版社，1996，2990页。

② 于省吾:《甲骨文字释林》，中华书局，1979，75页。

2.2【常】"謊"字暂未见唐以前、小篆外其他相关古文字形。《言部》:"謊，梦言也。从言巟声。呼光切。"(56页)"謊"字音huǎng，今作"謊"，简化作"谎"。

3.【常】金文"妄"字，西周05.2841B。简帛"妄"字，王杖5。石刻"妄"字，石经周易。《女部》:"妄，乱也。从女亡声。巫放切。"(263页)

4.【常】简帛"忘"字，为吏23、东牌楼070。石刻"忘"字，刘揽志。《心部》:"忘，不识也。从心从亡，亡亦声。武方切。"(220页)

5.【常】简帛"盲"字，仓颉篇51。石刻"盲"字，曹全碑。《目部》:"盲，目无牟子。从目亡声。武庚切。"(73页)

6.0【常】甲骨文"芒(芷)"字，合5475。简帛"芒(芷)"字，马壹173_26、银贰1497。石刻"芒(芷)"字，缑光姬志、于景志。《艸部》:"芒，艸耑。从艸亾声。武方切。"(22页)

6.1【常】石刻"茫"字，司马氏志，从水芒声，《说文》无。

7.【常】石刻"氓"字，封魔奴志。《民部》:"氓，民也。从民亡声。读若盲。武庚切。"(265页)《说文通训定声》[①]:"按：自彼来此之民曰氓，从民从亡会意，亡亦声。"

8.【常B】简帛"虻"字，居EPF22.183，从虫亡声，《说文》无。

9.【常】石刻"忙"字，苻进昌志，从心亡声，《说文》无。

"网"组

0.【常B】甲骨文"网"字，合10514、合10976正、怀319。金文"网"字，商03.797、西清续鉴甲编02.13。石刻"网"字，曹全碑、谯敏碑。《网部》:"网，庖牺所结绳以渔。从冂，下象网交文。今经典变隶作网。文紡切。罔，网或从亡。网，网或从糸。网，古文网。网，籀文网。"(157页)《甲骨文字诂林》[②]:"罗振玉:'此作网，象张网形。'……按：王筠《释例》云:'网字全体象形，说曰从一，非也。'""罔"、"網"是"网"字或体。简帛"罔"字，睡35。石刻"罔"字，杨震碑、石经尚书，从亡网声。石刻"網"字，侯刚志，从糸罔声，简化作"网"。

1.【常B】"惘"字暂未见唐以前相关古文字形，从心罔声，《说文》无。

---

① (清)朱骏声:《说文通训定声》，武汉古籍书店，1983，912页。

② 于省吾主编:《甲骨文字诂林》，中华书局，1999，2832页。

2.0【常】金文“岡”字，春秋 01.226。简帛“岡”字，马贰 34_34。石刻“岡”字，朱君妻王志、沈士公志、石经五经。《山部》：“岡，山骨也。从山网声。古郎切。”（190 页）《说文通训定声》[①]：“《释名》：山脊曰冈。冈，亢也，在上之言也。”“岡”字简化作“冈”。

2.1【常 B】“崗”、“罡”是俗“岡”字。石刻“崗”字，冯邕妻志，从山岡声，简化作“岗”。“罡”字暂未见唐以前相关古文字形。《说文通训定声》[②]：“俗亦误作崗、作罡。”

2.2【常】甲骨文“剛”字，合 21955、合 8203、合 13675 正。金文“剛”字，西周 16.10175。简帛“剛”字，银贰 1728。石刻“剛”字，熹平石经残石四、石经五经。《刀部》：“剛，彊断也。从刀岡声。古郎切。𠛦，古文剛如此。”（91 页）《说文通训定声》[③]：“刚，本训芒刃之坚利。”《甲骨文字诂林》[④]：“李孝定：‘字亦以网为声，各家收此作刚是也。’……按：释刚可从。……林义光《文源》谓：‘即刚之古文，从刀断网。……’、……均其异构，通用无别。”“剛”字简化作“刚”。

2.3【常】简帛“綱”字，仓颉篇 59。石刻“綱”字，石经五经。《糸部》：“綱，维纮绳也。从糸岡声。古郎切。㭃，古文綱。”（275 页）“綱”字简化作“纲”。

2.4【常】石刻“鋼”字，王玄志，从金岡声，简化作“钢”，《说文》无。

“朢”组

0. 甲骨文“朢”字，合 547、合补 1884、合 26993、合 13506 正。金文“朢”字，商 10.5417.1、西周 05.2748、西周 05.2755。简帛“朢”字，为吏 29、马壹 130_9。石刻“朢”字，史晨碑。《王部》：“朢，月满与日相朢，以朝君也。从月从臣从壬。壬，朝廷也。無放切。𦣠，古文朢省。”（169 页）《甲骨文字诂林》[⑤]：“商承祚：‘卜辞见字作，朢作，目平视为见，目举视为朢，决不相混。又有作者，象人登丘陵而朢也。’……按：字，象人挺立土上，举目企望之形。《说文》以朢、

① （清）朱骏声：《说文通训定声》，武汉古籍书店，1983，914 页。

② （清）朱骏声：《说文通训定声》，武汉古籍书店，1983，914 页。

③ （清）朱骏声：《说文通训定声》，武汉古籍书店，1983，915 页。

④ 于省吾主编：《甲骨文字诂林》，中华书局，1999，2837 页。

⑤ 于省吾主编：《甲骨文字诂林》，中华书局，1999，638 页。

望二字分列，实本同字。”《金文形义通解》[①]：“其他金文诸‘朢’字皆月形于人目之正前方。增形之后，仍是象事字，象人遥望天月。”“朢”字音 wàng。

1.【常】金文“望”字，西周 05.2814。简帛“望”字，金关 T24：046。石刻“望”字，石经周易。《亡部》：“，出亡在外，望其还也。从亡，朢省声。巫放切。”（267 页）《金文形义通解》[②]：“金国泰曰：‘“望”字，其中无“亡”形而有“臣”形。“臣”形是人眼的象形，到西周中期，却把“臣”错成“耳”形，到周晚，“耳”形又被十分近似的“亡”形取代，讹成“望”字。’”

“敖”组

0.【常 B】甲骨文“敖”字，合 53 正、合 10923、合 31762、合 37434。金文“敖”字，西周 08.4213、西周 08.4331。简帛“敖”字，法律答问 165。石刻“敖”字，石经九经、卢行毅志。《出部》：“，游也。从出从放。五牢切。”（127 页）《放部》重出，释义“出游也”。《说文通训定声》[③]：“俗字作遨。”《金文形义通解》[④]：“金文从支，其左旁……下象人形，上部取象不明。……许慎所解非是。”

1.【常】金文“熬”字，西周 15.9671.1。《火部》：“，乾煎也。从火敖声。五牢切。，𤎎或从麦。”（208 页）

2.【常】石刻“傲”字，石经尚书。《人部》：“，倨也。从人敖声。五到切。”（163 页）

3.【常 B】石刻“嗷”字，石经五经。《口部》：“，众口愁也。从口敖声。五牢切。”（34 页）

4.【常 B】石刻“遨”字，刘渊志，从辵敖声，《说文》无。

5.【常 B】“鳌”字暂未见唐以前相关古文字形，从魚敖声，简化作“鳌”，《说文》无。

“奥”组

0.【常】石刻“奥”字，石经五经。《宀部》：“，宛也。室之西南

① 张世超等:《金文形义通解》，中文出版社，1996，2055 页。

② 张世超等:《金文形义通解》，中文出版社，1996，3003 页。

③（清）朱骏声:《说文通训定声》，武汉古籍书店，1983，309 页。

④ 张世超等:《金文形义通解》，中文出版社，1996，963 页。

隅。从宀弄声。烏到切。”（150 页）段玉裁注[①]：“宛、奥双声。宛者，委曲也。室之西南隅，宛然深藏，室之尊处也。”《说文通训定声》[②]：“即牖下也，室中幽隐之处。”

1.【常】石刻“澳”字，澳越国太妃志。《水部》：“澳，隈，厓也。其内曰澳，其外曰隈。从水奥声。於六切。”（232 页）《说文通训定声》[③]：“此义借为隩，本训当是水名。”

2.【常】“襖”字暂未见小篆外其它相关古文字。《衣部》：“襖，裘属。从衣奥声。烏皓切。”（173 页）“襖”字简化作“袄”。

3.【常】石刻“懊”字，懊崔蠑妻合志，从心奥声，《说文》无。

4.【常 B】“噢”字暂未见唐以前相关古文字形，从口奥声，《说文》无。

“勹”组

0.【常】甲骨文“勹”字，合 14295、合 14294。《勹部》：“勹，裹也。象人曲形，有所包裹。布交切。”（187 页）《甲骨文字诂林》[④]：“于省吾：‘象人侧面俯伏之形，即“伏”字的初文。’……冯良珍：‘总之，《说文》“象人曲形，有所包裹”之勹，在古文字中是存在的，而且《说文》从勹之字中确有从“包裹”之勹的。……甲骨文和早期金文中，它们之间的区别是显而易见的。如与。上部（头部）之笔垂直，重点突出其怀中有所抱形；而则头身部俯向地面，臀部向下前方伸去，重在突出其伏地之形。’按：于先生释‘象人侧面俯伏之形’，为‘伏’字初文，至确。然其以《说文》‘勹’字说解‘似是而非’似有未安。冯氏所论《说文》‘勹’的多种来源‘趋于统一的原因主要是形混、讹变和文字的规范化趋势造成的’及‘与的区别’等，较妥当可信。”“勹”字音 bāo。

1.0 金文“匋”字，西周 11.5984、西周 09.4422.1、春秋 18.11651A。《缶部》：“匋，瓦器也。从缶，包省声。古者昆吾作匋。案：《史篇》读与缶同。徒刀切。”（109 页）《金文形义通解》[⑤]：“此为‘陶’之本字，象人执午（杵）以造器，制瓦器须以杵捣坯，故以此象其事。”按：“匋”字当从缶勹声。“匋”字音 táo。

1.1【常】甲骨文“陶”字，合 5788。金文“陶”字，西周

① （清）段玉裁:《说文解字注》，上海古籍出版社，2000，338 页。

② （清）朱骏声:《说文通训定声》，武汉古籍书店，1983，280 页。

③ （清）朱骏声:《说文通训定声》，武汉古籍书店，1983，281 页。

④ 于省吾主编:《甲骨文字诂林》，中华书局，1999，87 页。

⑤ 张世超等:《金文形义通解》，中文出版社，1996，1334 页。

16.10105、西周 08.4328。简帛“陶”字，金关 T09：069。石刻“陶”字，石经五经。《𨸏部》：“，再成丘也，在济阴。从𨸏匋声。徒刀切。”（306 页）《说文通训定声》[①]：“《释名》：陶丘，于高山上一重作之，如陶灶然也。”《金文形义通解》[②]：“按：此字声符……从重，盖从土勹声字。勹者，‘伏’之象事初文。……‘勹’‘包’‘伏’‘陶’声皆通。”

1.2【常】“萄”字暂未见唐以前、小篆外其他相关古文字形。《艸部》：“，艸也。从艸匋声。徒刀切。”（26 页）

1.3【常】石刻“淘”字，郑𨱑志，从水匋声，《说文》无。

1.4【常】石刻“掏”字，吴基阴堂志，从手匋声，《说文》无。

2.0【常】简帛“包”字，法律答问 61。石刻“包”字，石经五经。《包部》：“，象人裹妊，巳在中，象子未成形也。元气起于子。子，人所生也。男左行三十，女右行二十，俱立于巳，为夫妇。裹妊于巳，巳为子，十月而生。男起巳至寅，女起巳至申。故男秊始寅，女秊始申也。布交切。”（188 页）段玉裁注[③]：“勹，象裹其中，巳字象未成之子也，勹亦声。”《文源》[④]：“包当即胞之古文，胎衣也。”

2.1【常】甲骨文“雹”字，合 7370、合 21777。《雨部》：“，雨冰也。从雨包声。蒲角切。，古文雹。”（241 页）

2.2【常】甲骨文“苞”字，合 20624、合 8640、合 33201。简帛“苞”字，日甲《诘》56。石刻“苞”字，石经周易。《艸部》：“，艸也。南阳以为麤履。从艸包声。布交切。”（19 页）

2.3【常】甲骨文“飽”字，合 20326、合 9100。简帛“飽”字，引书 6、仓颉篇 25。石刻“飽”字，石经周易。《食部》：“，猒也。从食包声。博巧切。，古文飽从采。，亦古文飽从卯声。”（108 页）“飽”字简化作“饱”。

2.4【常】“抱”是“捊”字或体。甲骨文“捊”字，合 16429。石刻“抱（捊）”字，李宪志、张安姬志。《手部》：“，引取也。从手孚声。步矦切。，捊或从包。”（253 页）

2.5【常】简帛“袍”字，遣策 12、金关 T01：061。石刻“袍”字，玄秘塔碑。《衣部》：“，襺也。从衣包声。薄褒切。”（170 页）

---

① （清）朱骏声：《说文通训定声》，武汉古籍书店，1983，275 页。

② 张世超等：《金文形义通解》，中文出版社，1996，3359 页。

③ （清）段玉裁：《说文解字注》，上海古籍出版社，2000，434 页。

④ 林义光：《文源》，中西书局，2012，卷一。

《说文通训定声》[①]："按：或曰箬以乱麻曰袍，以新绵曰襺。"

2.6【常】简帛"鲍"字，金关T08：078。石刻"鲍"字，乙瑛碑、杨仲雅志。《魚部》："，饐鱼也。从魚包声。薄巧切。"（244页）段玉裁注[②]："盐鱼湿者为饐鱼。""鮑"字简化作"鲍"。

2.7【常】简帛"炮"字，仓颉篇21。石刻"炮"字，石经五经。《火部》："，毛炙肉也。从火包声。薄交切。"（208页）《说文解字注笺》[③]："炮本连毛裹烧之名，故用'包'为声。引申之为凡炮炙之称。"《说文通训定声》[④]："字亦作炰。"

2.8【常】石刻"胞"字，张方仁志。《包部》："，儿生裹也。从肉从包。匹交切。"（188页）《说文通训定声》[⑤]："按：包亦声。"

2.9【常】石刻"泡"字，石经五经。《水部》："，水，出山阳平乐，东北入泗。从水包声。匹交切。"（227页）

2.（10）【常】石刻"咆"字，张思鼎志。《口部》："，嗥也。从口包声。薄交切。"（34页）

2.（11）【常】"刨"字从刀包声，【常】"跑"字从足包声，均暂未见唐以前相关古文字形，《说文》无。

"保"组

0.【常】甲骨文"保（保）"字，合20305、合10133反、合18970、H11：50。金文"保（保）"字，商03.1002、西周06.3235、西周07.3744、春秋01.101、春秋01.87、战国09.4649；从玉，新收1118页。简帛"保（保）"字，封诊式86、敦煌简1108A。石刻"保（保）"字，卢修娥志、石经九经。《人部》："，养也。从人，从𤓽省。𤓽，古文孚。博袌切。，古文保。，古文保不省。"（161页）《甲骨文字诂林》[⑥]："唐兰：'即保字。……字象人反手负子于背也。保字孳乳为緥，是为儿衣。襁緥者古亦以负于背（今日人犹如此）。则即保字无疑焉。……字书之不便，因省而为，更省则为。……金文作者，多一饰笔耳，更进作，则饰两笔矣。其作者，殆又从玉，为保玉

① （清）朱骏声：《说文通训定声》，武汉古籍书店，1983，276页。

② （清）段玉裁：《说文解字注》，上海古籍出版社，2000，393页。

③ （清）徐灏：《说文解字注笺》（续修四库全书），上海古籍出版社，2002，卷十上316页。

④ （清）朱骏声：《说文通训定声》，武汉古籍书店，1983，276页。

⑤ （清）朱骏声：《说文通训定声》，武汉古籍书店，1983，275页。

⑥ 于省吾主编：《甲骨文字诂林》，中华书局，1999，172页。

之专字耳。……仔即保字也。盖后人不知仔即保字，因读为子声耳。'”

1.【常B】简帛“葆”字，银贰1576、金关T10：118A。石刻“葆”字，李凤妃志。《艸部》：“，艸盛皃。从艸保声。博裒切。”（26页）

2.【常A】简帛“褒（褒）”字，奏谳书167。石刻“褒（褒）”字，暴诞志、崔元二志。《衣部》：“，衣博裾。从衣，𠍒省声。𠍒，古文保。博毛切。”（171页）段玉裁注[①]：“博裾，谓大其褒囊也。……引申之为凡大之称，为褒美。”

3.【常B】“褓”字同“緥”。石刻“褓（緥）”字，孙松女志、元寿安志、侯海志、李福志。《糸部》：“，小儿衣也。从糸保声。博抱切。”（275页）段玉裁注[②]：“褓，緥之俗字，古多云小儿被也。”

4.【常】石刻“堡”字，慕容怀固，从土保，保亦声，《说文》无。

“𣗥”组

0. 甲骨文“𣗥”字，合6942。金文“𣗥”字，商14.8956。《東部》：“，二東，曹从此。阙。”（126页）《甲骨文字诂林》[③]：“丁山：‘𣗥为𣍘省。……徐灏曰：“《楚辞·招魂》：‘分曹并进。’王逸注：‘曹，偶也。’《史记·扁鹊仓公列传》：‘曹偶可人。’索隐曰：‘曹偶犹等辈也。’此当是曹之本义。”……自造字原则言之，𣗥字本义为曹偶，其形从二東，殆尢可疑也。’”“𣗥”字音cáo。

1.0【常】甲骨文“曹”字，合36828。金文“曹”字，西周05.2783。简帛“曹”字，第八层241、东牌楼104。石刻“曹”字，史晨后碑、郑黑志。《曰部》：“，狱之两曹也。在廷东。从𣗥，治事者；从曰。昨牢切。”（100页）《甲骨文字诂林》[④]：“按：许慎说解有误。苗夔《声订》以为当从𣗥声。卜辞𣗥字当为𣍘之初形。丁山谓‘𣍘之本义为曹偶’，其说极是。”

1.1【常B】简帛“漕”字，津关令523。石刻“漕”字，郑𨱾志。《水部》：“，水转毂也。一曰人之所乘及船也。从水曹声。在到切。”（237页）按：王筠《说文句读》作“水转榖”。

1.2【常】金文“糟”字，汉铭.代食官糟钟。石刻“糟”字，石

---

① （清）段玉裁：《说文解字注》，上海古籍出版社，2000，393页。

② （清）段玉裁：《说文解字注》，上海古籍出版社，2000，393页。

③ 于省吾主编：《甲骨文字诂林》，中华书局，1999，3012页。

④ 于省吾主编：《甲骨文字诂林》，中华书局，1999，3012页。

台孝经、成朗志。《米部》:"，酒滓也。从米曹声。作曹切。，籀文从西。"（147 页）

1.3【常】简帛"遭"字，东牌楼 003。石刻"遭"字，夏承碑、荆肆志。《辵部》:"，遇也。从辵曹声。一曰迺行。作曹切。"（40 页）

1.4【常】"槽"字暂未见唐以前、小篆外其他相关古文字形。《木部》:"，畜兽之食器。从木曹声。昨牢切。"（123 页）

1.5【常 B】石刻"嘈"字，李嗣庄志，从口曹声，《说文》无。

"巢"组

0.【常】甲骨文"巢"字，H11：110。金文"巢"字，西周 08.4341、西周 07.4047。简帛"巢"字，银贰 1803。石刻"巢"字，元暐志。《巢部》:"，鸟在木上曰巢，在穴曰窠。从木，象形。鉏交切。"（128 页）《金文形义通解》[①]："周原甲骨作，与金文校核，知古'巢'字象木上有巢形。……篆文之巢形，上下左右皆讹断者也。"

1.【常 A】"剿"是俗"勦"字。简帛"勦"字，仓颉篇 2。石刻"剿（勦）"字，北狱庙碑、王容志。《力部》:"，劳也。从力巢声。小子切。又楚交切。"（292 页）《说文通训定声》[②]："字亦讹作剿。"

"刀"组

0.【常】甲骨文"刀"字，合 32625。石刻"刀"字，寇凭志。《刀部》:"，兵也。象形。都牢切。"（91 页）

1.0【常】甲骨文"召"字，合 33181。金文"召"字，西周 10.5020.1、西周 08.4252.1。简帛"召"字，日甲《诘》25、奏谳书 153。石刻"召"字，石经五经。《口部》:"，評也。从口刀声。直少切。"（32 页）

1.1【常 B】金文"貂"字，考古与文物 91.6、西周 08.4331。石刻"貂"字，高湝志、李神符碑。《豸部》:"，鼠属。大而黄黑，出胡丁零国。从豸召声。都僚切。"（198 页）

1.2【常】金文"紹"字，战国 17.11355、战国 05.2795。简帛"紹"字，敦煌简 0497。石刻"紹"字，慈庆志、尔朱绍志。《糸

① 张世超等:《金文形义通解》，中文出版社，1996，1526 页。

② （清）朱骏声:《说文通训定声》，武汉古籍书店，1983，314 页。

部》:“䋡,继也。从糸召声。一曰绍,紧纠也。市沼切。䋡,古文紹从邵。”(272页)“紹”字简化作“绍”。

1.3【常B】金文“詔”字,▇战国17.11380.2。简帛“詔”字,▇奏谳书147、▇金关T30:068,简化作“诏”。石刻“詔”字,▇肥致碑、▇惟贞庙碑。《言部》:“䛦,告也。从言从召,召亦声。之紹切。”(52页)

1.40【常】简帛“昭”字,▇为吏27。石刻“昭”字,▇元弼志、▇石经周易。《日部》:“昭,日明也。从日召声。止遥切。”(137页)

1.41【常】石刻“照”字,▇元鉴志、▇刘氏志、▇石经周易。《火部》:“照,明也。从火昭声。之少切。”(209页)

1.5【常】石刻“沼”字,▇元子正志。《水部》:“沼,池水。从水召声。之少切。”(232页)

1.6【常】简帛“招”字,▇引书27。石刻“招”字,▇王僧男志、▇石经五经。《手部》:“招,手呼也。从手、召。止摇切。”(253页)

1.7【常】石刻“超”字,▇姜纂造像、▇多宝塔碑。《走部》:“超,跳也。从走召声。敕宵切。”(36页)

1.8【常】石刻“迢”字,▇檀宾志。《辵部》:“迢,迢,遰也。从辵召声。徒聊切。”(42页)

1.9【常】石刻“韶”字,▇元嵩志。《音部》:“韶,虞舜乐也。从音召声。市招切。”(58页)

1.(10)【常B】石刻“髫”字,▇李祈年志。《髟部》:“髫,小儿垂结也。从髟召声。徒聊切。”(186页)

1.(11)【常】“笤”字暂未见唐以前相关古文字形,从竹召声,《说文》无。

2.【常B】简帛“釗”字,▇第八层背1435。石刻“釗”字,▇口伯超志。《刀部》:“釗,刓也。从刀从金。周康王名。止遥切。”(92页)《说文通训定声》①:“刀亦声。”“釗”字简化作“钊”。

3.0【常】简帛“到”字,▇效律3、▇金关T06:014B。石刻“到”字,▇李超志、▇云荣志。《至部》:“到,至也。从至刀声。都悼切。”(247页)

3.1【常】石刻“倒”字,▇穆纂志。《人部》:“倒,仆也。从人到声。當老切。”(168页)

4.【常】“叨”是“饕”字或体。石刻“叨(饕)”字,▇尚博残碑、

① (清)朱骏声:《说文通训定声》,武汉古籍书店,1983,321页。

石经五经、石经尚书。《食部》：“，贪也。从食號声。土刀切。，饕或从口刀声。，籀文饕从號省。”（108 页）《说文通训定声》[1]：“《埤仓》：叨，食也。”

5.0【常 A】简帛“刁”字，金关 T04：083。石刻“刁”字，刁翔志、云荣志，即“刀”字变体，《说文》无。

5.1【常】“叼”字暂未见唐以前相关古文字形，从口刁声，《说文》无。

“道”组

0.【常】金文“道”字，西周 10.5409.1、春秋 09.4632。简帛“道”字，第八层 573、王杖 5。石刻“道”字，娄黑女志、石经尚书。《辵部》：“，所行道也。从辵从䭫。一达谓之道。徒皓切。，古文道从䭫、寸。”（42 页）《金文形义通解》[2]：“金文‘道’字初从行首声，……其后复增止……至战国，省从辵。所从之‘止’或写成……等形，然非从‘又’。……古文……当即从寸道声之‘导’字肇端，然彼时绝非‘导’字，经典用‘道’字而不用‘导’字，秦简及至今所见西汉早期简帛亦不用‘导’字，足证‘道’之讹体‘导’曾长期受排斥而后方被利用，终于与‘道’字分化。”

1.【常】石刻“導”字，石经尚书。《寸部》：“，导，引也。从寸道声。徒皓切。”（67 页）《说文通训定声》[3]：“按：道下有古文，从寸、首，当为导之古文。”“導”字简化作“导”。

“高”组

0.【常】甲骨文“高”字，合 376 反、合 709 反。金文“高”字，西周 16.10565。简帛“高”字，睡 135。石刻“高”字，石经九经。《高部》：“，崇也。象台观高之形。从冂、口。与仓、舍同意。古牢切。”（110 页）《金文形义通解》[4]：“甲金文‘高’字与‘京’字甚似，皆象台观兀立之形。‘高’字所从之……地穴之象也。然则‘高’本象土台上之建筑，此与‘京’异。甲文已具其外形，当为初文。”

1.【常】甲骨文“蒿”字，合 28132、合 29375、合 38152、合

① （清）朱骏声：《说文通训定声》，武汉古籍书店，1983，308 页。

② 张世超等：《金文形义通解》，中文出版社，1996，348 页。

③ （清）朱骏声：《说文通训定声》，武汉古籍书店，1983，265 页。

④ 张世超等：《金文形义通解》，中文出版社，1996，1350 页。

36534。金文“蒿”字，西周05.2661。简帛“蒿”字，仓颉篇24。石刻“蒿”字，夏承碑、元彝志。《艸部》：“蒿，菣也。从艸高声。呼毛切。”（26页）《金文形义通解》[1]：“金文或从茻，茻、艸义近通用。”

2.【常】甲骨文“膏”字，合7927、合15062。简帛“膏”字，脉书20。石刻“膏”字，元项志、元洛神志。《肉部》：“膏，肥也。从肉高声。古劳切。”（87页）《甲骨文字诂林》[2]：“于省吾：‘膏字本作，从肉高省声。’”

3.0【常】“豪”是“豪”字籀文。甲骨文“豪”字，合39460。简帛“豪”字，马壹122_22上。石刻“豪”字，石经五经。《希部》：“豪，豕，鬣如笔管者。出南郡。从希高声。乎刀切。豪，籀文从豕。”（197页）《说文通训定声》[3]：“俗字作豪。此豕能以脊上豪射物。”“豪”字音háo。

3.1【常】“壕”字，从土豪声，《说文》无。

3.2【常B】石刻“濠”字，董敬志，从水豪声，《说文》无。

3.3【常】“嚎”字暂未见唐以前相关古文字形，从口豪声，《说文》无。

4.0【常】金文“喬”字，西周07.3726、春秋.秦政伯丧戈之二、战国05.2794。石刻“喬”字，窦泰志、石经五经。《夭部》：“喬，高而曲也。从夭，从高省。巨嬌切。”（214页）《甲骨文字释林》[4]：“按：据古文字则乔字既不从夭，也不从高省。乔字东周金文部钟作，……乔字的造字本义，系于高字上部附加一个曲划，作为指事字的标志，以别于高，而仍因高字以为声。”《金文形义通解》[5]：“金文从高，上部所从，或为曲画，或为止，或为屮，或为。……如此，则止、屮、当皆其变形。”“喬”字简化作“乔”。

4.1【常】简帛“橋”字，为吏74、仓颉篇54。石刻“橋”字，义桥石像碑额。《木部》：“橋，水梁也。从木喬声。巨驕切。”（124页）“橋”字简化作“桥”。

4.2【常】简帛“矯”字，语书2。石刻“矯”字，高淯志。《矢部》：“矯，揉箭箝也。从矢喬声。居夭切。”（110页）《说文通训定声》[6]：“正曲使直。”“矯”字简化作“矫”。

---

① 张世超等:《金文形义通解》，中文出版社，1996，95页。

② 于省吾主编:《甲骨文字诂林》，中华书局，1999，1957页。

③ （清）朱骏声:《说文通训定声》，武汉古籍书店，1983，325页。

④ 于省吾:《甲骨文字释林》，中华书局，1979，458页。

⑤ 张世超等:《金文形义通解》，中文出版社，1996，2477页。

⑥ （清）朱骏声:《说文通训定声》，武汉古籍书店，1983，326页。

4.3【常】简帛“驕”字，为吏25、仓颉篇10。石刻“驕”字，元纂志、石经周易。《馬部》：“，马高六尺为骄。从馬喬声。一曰野马。舉喬切。”（200页）“驕”字简化作“骄”。

4.4【常】简帛“僑”字，法律答问55。石刻“僑”字，石经五经。《人部》：“，高也。从人喬声。巨嬌切。”（162页）“僑”字简化作“侨”。

4.5【常】石刻“嬌”字，独孤开远志。《女部》：“，姿也。从女喬声。舉喬切。”（265页）“嬌”字简化作“娇”。

4.6【常】简帛“轎”字，癸琐案18。石刻“轎”字，李爽志，从車喬声，简化作“轿”，《说文》无。

4.7【常】“蕎”字暂未见唐以前相关古文字形，从艸喬声，简化作“荞”，《说文》无。

5.【常】简帛“稿（稾）”字，秦文字编1117。《禾部》：“，秆也。从禾高声。古老切。”（145页）

6.【常】石刻“鎬”字，王通志、李寿志。《金部》：“，温器也。从金高声。武王所都，在长安西上林苑中，字亦如此。乎老切。”（294页）“鎬”字简化作“镐”。

7.【常B】简帛“縞”字，仓颉篇42。石刻“縞”字，李璧志、徐盼志。《糸部》：“，鲜色也。从糸高声。古老切。”（273页）段玉裁注[①]：“鲜卮也。各本作鲜色，今正。”“縞”字简化作“缟”。

8.【常】石刻“敲”字，龙泉记、石经五经。《攴部》：“，横擿也。从攴高声。口交切。”（69页）《说文通训定声》[②]：“横挝也。按：挝即築字，宋本作横擿，非。”

9.【常】“篙”字暂未见唐以前、小篆外其他相关古文字形。《竹部》：“，所以进船也。从竹高声。古牢切。”（99页）

10.【常】石刻“毫”字，多宝塔碑，从毛，高省声，《说文》无。

11.【常】玺印“搞”字，汉印文字征，从手高声，《说文》无。

“羔”组

0.【常】甲骨文“羔”字，屯2892。金文“羔”字，西周14.9091、西周15.9726。简帛“羔”字，上二子8、仓颉篇21。石刻“羔”字，苗善物志。《羊部》：“，羊子也。从羊，照省声。古牢

① （清）段玉裁：《说文解字注》，上海古籍出版社，2000，648页。

② （清）朱骏声：《说文通训定声》，武汉古籍书店，1983，324页。

切。”（78 页）《说文解字注笺》[①]：“疑羔之本义为羊炙，故从火。小羊味美，为炙尤宜，因之羊子谓之羔。”《金文形义通解》[②]：“金文象羊在火上，即象以火炰羊之事也。”

1.【常】简帛“窯”字，第八层 2030、奏谳书 2。《穴部》：“，烧瓦灶也。从穴羔声。余招切。”（152 页）“窯”字后作“窰”、“窑”。

2.【常】“餻”字暂未见唐以前、小篆外其他相关古文字形。《食部》：“，饵属。从食羔声。古牢切。”（108 页）“餻”字后作“糕”。

“告”组

0.【常】甲骨文“告”字，合 1859、合 6250、合 22911。金文“告”字，商 03.1483。简帛“告”字，秦律十八种 68。石刻“告”字，石经九经。《告部》：“，牛触人，角箸横木，所以告人也。从口从牛。古奥切。”（30 页）《甲骨文字诂林》[③]：“甲骨文‘告’字皆不从牛，盖以从者与牛字形近致误。奚世幹《说文校案》舌字条下云：‘告字自来多不得其解，窃谓告字亦从舌加丨于上，殆即箸告人之象乎？可备一说。’”《甲骨文字典》[④]：“上象铃舌，本以突出铃舌，会意为舌。古代酋人讲话之先，必摇动木铎以聚众，然后将铎倒置始发言，故告、舌、言实同出一源，卜辞中每多通用。”

1.0【常】金文“造”字，西周 04.2326、西周 05.2829、西周 08.4338、战国 17.11210、春秋 17.11034。简帛“造”字，秦律杂抄 1、户律 314、金关 T24：121。石刻“造”字，石经尚书。《辵部》：“，就也。从辵告声。谭长说：造，上士也。七到切。，古文造从舟。”（39 页）《金文形义通解》[⑤]：“此字金文变化颇多，从辵告声者仅其一体。或从宀，作若，当为造访专字，……春秋战国间，歧形纷出，……皆制造之专字。‘金’标其造物质料，‘戈’标其所造，‘攴’示其造作行为，从‘贝’盖示其所造为宝贵之物，要之，诸异构皆涉语意所之而改易义符所致也。”

1.1【常】“糙”字，从米造声，《说文》无。

2.【常】石刻“浩”字，石经尚书。《水部》：“，浇也。从水告

① （清）徐灏：《说文解字注笺》（续修四库全书），上海古籍出版社，2002，卷四上 407 页。

② 张世超等：《金文形义通解》，中文出版社，1996，907 页。

③ 于省吾主编：《甲骨文字诂林》，中华书局，1999，689 页。

④ 徐中舒主编：《甲骨文字典》，四川辞书出版社，1990，85 页。

⑤ 张世超等：《金文形义通解》，中文出版社，1996，293 页。

声。胡老切。”（230 页）《说文通训定声》[①]：“按：浇者，许以声训。《字林》：浩，遶也，水大也。”

3.【常 B】简帛“鵠”字，马贰 227_71、仓颉篇 56。石刻“鵠”字，元暐志。《鳥部》：“鵠，鸿鹄也。从鳥告声。胡沃切。”（80 页）“鵠”字简化作“鹄”。

4.【常】简帛“窖”字，仓颉篇 55。《穴部》：“窖，地藏也。从穴告声。古孝切。”（152 页）

5.【常】“晧”字同“皓”。石刻“皓”字，淳于元皓志、石浮图铭。《日部》：“晧，日出皃。从日告声。胡老切。”（138 页）段玉裁注[②]：“日出皃，谓光明之皃也。天下惟絜白者冣光明，故引伸为凡白之偁，又改其字从白作皓矣。”

6.【常】石刻“酷”字，元恭志。《酉部》：“酷，酒厚味也。从酉告声。苦浃切。”（312 页）《说文解字注笺》[③]：“酷，谓酒酷烈，因之为刑罚酷烈之称。”

7.【常】石刻“靠”字，窦真志。《非部》：“靠，相违也。从非告声。苦到切。”（246 页）段玉裁注[④]：“相违者，相背也，故从非。今俗谓相依曰靠，古人谓相背曰靠。”

“丂”组

0. 甲骨文“丂”字，合 20860。金文“丂”字，西周 06.3696、文物 98.9。《丂部》：“丂，气欲舒出。勹上碍于一也。丂，古文以为亏字，又以为巧字。苦浩切。”（101 页）《甲骨文字诂林》[⑤]：“按：卜辞‘丂’字与金文形体同。……当为‘柯’之本形。”“丂”字音 kǎo。

1.0【常】甲骨文“可”字，合 2218 反、合 18892。金文“可”字，西周 14.9087、春秋 05.2738。简帛“可”字，秦律十八种 89、金关 T02：079。石刻“可”字，石经周易。《可部》：“可，肎也。从口丂，丂亦声。肯我切。”（101 页）《甲骨文字诂林》[⑥]：“李孝定：‘契文可字实象枝柯之形。……按：字从‘丂’从‘口’，当释为‘可’。卜辞多用

① （清）朱骏声：《说文通训定声》，武汉古籍书店，1983，284 页。

② （清）段玉裁：《说文解字注》，上海古籍出版社，2000，304 页。

③ （清）徐灏：《说文解字注笺》（续修四库全书），上海古籍出版社，2002，卷十四下 122 页。

④ （清）段玉裁：《说文解字注》，上海古籍出版社，2000，583 页。

⑤ 于省吾主编：《甲骨文字诂林》，中华书局，1999，3457 页。

⑥ 于省吾主编：《甲骨文字诂林》，中华书局，1999，2632 页。

为‘可否’之‘可’。”

1.1【常】甲骨文“河”字，合776正、合18774、合30401、合30439、合36780、花东36、合18896。金文“河”字，西周08.4271、文献集成29册474页。简帛“河”字，金关T24：148、仓颉篇57。石刻“河”字，石经尚书、王天志。《水部》：“河，水，出焞煌塞外昆仑山，发原注海。从水可声。乎哥切。”（224页）《甲骨文字诂林》①：“于省吾：‘丂、河古今字。……《说文》‘河’从可声，按：可从丂声。……契文字，右从，即丂字。’……李孝定：‘于氏说字形演变极是，作者当为初形。’”《甲骨文字诂林》②：“，按：字为‘河’之异构。”

1.20【常】甲骨文“何”字，合20239、合27673正、怀961。金文“何”字，商10.4910、战国17.11329。简帛“何”字，银贰1510、金关T01：014A。石刻“何”字，石经尚书。《人部》：“何，儋也。从人可声。胡歌切。”（163页）《甲骨文字诂林》③：“按：‘何’象人负戈形，小篆从人可声，则演变为形声字。”

1.210【常】简帛“荷”字，马壹12_79。石刻“荷”字，元晫志。《艸部》：“荷，芙蕖叶。从艸何声。胡哥切。”（20页）

1.211【常B】“嗬”字暂未见唐以前相关古文字形，从口荷声，《说文》无。

1.30【常】金文“阿”字，总集10.7400。简帛“阿”字，第八层219、仓颉篇61。石刻“阿”字，常季繁志。《𨸏部》：“阿，大陵也。一曰曲𨸏也。从𨸏可声。烏何切。”（304页）

1.31【常】“啊”字暂未见唐以前相关古文字形，从口阿声，《说文》无。

1.4【常B】甲骨文“訶”字，屯656、屯4544。金文“訶”字，春秋01.184.2、战国17.11182A。简帛“訶”字，马壹257_4。石刻“訶”字，杨思立志。《言部》：“訶，大言而怒也。从言可声。虎何切。”（56页）《金文形义通解》④：“案：此为‘歌’若‘謌’之古字，《说文》所释乃后起义。”“訶”字简化作“诃”。

1.5【常】金文“苛”字，战国16.9931。简帛“苛”字，为吏39、金关T09：062A。石刻“苛”字，严识玄志。《艸部》：“苛，小艸

① 于省吾主编：《甲骨文字诂林》，中华书局，1999，1284页。
② 于省吾主编：《甲骨文字诂林》，中华书局，1999，1292页。
③ 于省吾主编：《甲骨文字诂林》，中华书局，1999，107页。
④ 张世超等：《金文形义通解》，中文出版社，1996，508页。

也。从艸可声。乎哥切。”（23 页）段玉裁注[①]：“引申为凡琐碎之称。”

1.6【常 B】简帛“柯”字，第八层 478。石刻“柯”字，奚真志。《木部》：“，斧柄也。从木可声。古俄切。”（123 页）

1.70【常】简帛“哥”字，日甲《稷丛辰》40。石刻“哥”字，刘宝及妻志。《可部》：“，声也。从二可。古文以为謌字。古俄切。”（101 页）《说文通训定声》[②]：“按：发声之语，如可而平，今以为称兄之词。”《说文解字注笺》[③]：“哥、歌，古今字。”

1.71【常】金文“歌”字，春秋 01.184.2。石刻“歌”字，元贤志、石经九经。《金文形义通解》[④]：“金文‘歌’字不从欠，从言可声。”《欠部》：“，咏也。从欠哥声。古俄切。，謌或从言。”（179 页）

1.8【常 A】石刻“坷”字，阳济志。《土部》：“，坎坷也。梁国宁陵有坷亭。从土可声。康我切。”（289 页）

1.9【常 B】石刻“叵”字，李超志。《可部》：“，不可也。从反可。普火切。”（101 页）《说文解字注笺》[⑤]：“叵者，不可之合声。”

1.（10）【常 B】石刻“珂”字，无量义经二、李鼎志。《玉部》：“，玉也。从玉可声。苦何切。”（14 页）

1.（11）【常】简帛“呵”字，马.老乙。石刻“呵”字，白敏中志，从口可声，《说文》无。

2.0【常】金文“考”字，西周 15.9527.1。简帛“考”字，敦煌简 2142。石刻“考”字，张君残碑、石经尚书。《老部》：“，老也。从老省，丂声。苦浩切。”（173 页）《金文形义通解》[⑥]：“甲骨文‘考’‘老’本一字，象长发老人伛背扶杖之形。……金文‘老’‘考’已经分化，然尚有分化不彻底或通用例。大体言之，‘考’字变初文之手杖形为，即丂声。”

2.1【常 A】石刻“拷”字，程思义志，从手考声，《说文》无。

2.2【常】“銬”字从金考声，简化作“铐”；【常】“烤”字从火考声；均暂未见唐以前相关古文字形，《说文》无。

3.【常】“朽”是“殀”字或体。金文“朽”字，西周 04.2504（从

---

① （清）段玉裁：《说文解字注》，上海古籍出版社，2000，40 页。

② （清）朱骏声：《说文通训定声》，武汉古籍书店，1983，491 页。

③ （清）徐灏：《说文解字注笺》（续修四库全书），上海古籍出版社，2002，卷五上 514 页。

④ 张世超等：《金文形义通解》，中文出版社，1996，2192 页。

⑤ （清）徐灏：《说文解字注笺》（续修四库全书），上海古籍出版社，2002，卷五上 514 页。

⑥ 张世超等：《金文形义通解》，中文出版社，1996，2108 页。

木）。简帛“殀”字，效律22。石刻“朽（殀）”字，朝侯小子碑、韩显宗志。《歺部》：“，腐也。从歺丂声。許久切。，殀或从木。”（85页）

4.0【常】简帛“号”字，银壹486。石刻“号”字，多宝塔碑。《号部》：“，痛声也。从口在丂上。胡到切。”（101页）

4.1【常】金文“號”字，西周15.9723.1、春秋09.4539.2。简帛“號”字，法律答问98。石刻“號”字，郑君妻志、张俭及妻志。《号部》：“，呼也。从号从虎。乎刀切。”（101页）“號”字简化作“号”。

5.【常】简帛“巧”字，为吏12。石刻“巧”字，石经尚书。《工部》：“，技也。从工丂声。苦絞切。”（100页）

“劳”组

0.【常】甲骨文“勞”字，合24284、村中南212。金文“勞”字，春秋01.271.1、铭文选二880。简帛“勞”字，秦律杂抄29、金关T30：028A。石刻“勞”字，慈庆志、寇慰志，简化作“劳”。《力部》：“，剧也。从力，熒省。熒，火烧冂，用力者劳。魯刀切。，古文勞从悉。”（292页）《金文形义通解》[1]：“金文‘劳’字已见形式有二：其一从衣从炏，……其二从心从炏。其得形之由不可塙说。然疑其为形声字，谐炏声。炏，《说文》所无，其音义不详。白川静曰：‘两火交叉之形为燎，字之音亦从之而出。’白氏之言可备一说。赵诚曰：‘疑古劳力从炏（或焱）从力，劳心从炏（或焱）从心，炏或焱以标志焰焰烈火。此铭劳字从炏从心，正会劳心之意。后世劳心之意并于劳，字遂不行。’此亦为一说。”

1.【常A】“澇”字，《水部》：“，水，出扶风鄠，北入渭。从水勞声。魯刀切。”（225页）“澇”字简化作“涝”。

2.【常】“嘮”字暂未见唐以前、小篆外其他相关古文字形。《口部》：“，唠呶，讙也。从口勞声。敕交切。”（33页）“嘮”字简化作“唠”。

3.【常】简帛“撈”字，敦煌简1166，从手勞声，简化作“捞”，《说文》无。

---

① 张世超等：《金文形义通解》，中文出版社，1996，3226页。

“老”组

0.【常】甲骨文“老”字，合20280、合20743、怀S1517。金文“老”字，新收1258页、西周15.9713、春秋16.10282、总集08.6769。简帛“老”字，为吏3。石刻“老”字，曹全碑、王诵志。《老部》：“，考也。七十曰老。从人、毛、匕。言须发变白也。盧皓切。”（173页）《甲骨文字诂林》[①]：“赵诚：‘象老者扶杖徐行之状。’按：‘老’‘考’古本同字。……‘老’字所从之或丨，象杖形。‘考’演变为从丂声。”《金文形义通解》[②]：“金文‘老’‘考’已经分化，然尚有分化不彻底或通用例。大体言之，‘老’字变初文之手杖形为不复象形之匕、类形式，为小篆从匕所本。”

1.0【常】金文“孝”字，西周08.4224。简帛“孝”字，蓋卢46、金关T32：046。石刻“孝”字，尚博残碑、卢兰志、石经五经。《老部》：“，善事父母者。从老省，从子。子承老也。呼教切。”（173页）《说文通训定声》[③]：“按：老亦声。”《金文形义通解》[④]：“字从食，不从子，乃书写者随文意而改作，以表奉食之意。”

1.1【常】石刻“哮”字，黑齿常之志。《口部》：“，豕惊声也。从口孝声。許交切。”（34页）

1.2【常】“酵”字暂未见唐以前相关古文字形，从酉孝声，《说文》无。

2.【常】石刻“姥”字，囗宣造像，从女老声，《说文》无。

3.【常B】“佬”字暂未见唐以前相关古文字形，从人老声，《说文》无。

“毛”组

0.【常】金文“毛”字，西周07.4028。简帛“毛”字，第八层1529、东牌楼055。石刻“毛”字，唐嘉会志。《毛部》：“，眉发之属及兽毛也。象形。莫袍切。”（173页）《金文形义通解》[⑤]：“金文‘毛’即象兽尾末向上形。中竖下部或增肥而作圆点状者，示其为根柄也，亦别于‘手’之意。或变其肥点为短画。”

1.0【常B】金文“毳”字，西周16.10119。简帛“毳”字，汉

---

① 于省吾主编：《甲骨文字诂林》，中华书局，1999，71页。

② 张世超等：《金文形义通解》，中文出版社，1996，2095页。

③ （清）朱骏声：《说文通训定声》，武汉古籍书店，1983，279页。

④ 张世超等：《金文形义通解》，中文出版社，1996，2112页。

⑤ 张世超等：《金文形义通解》，中文出版社，1996，2115页。

流简纸。石刻“毳”字，毗伽特勤志。《毳部》：“，兽细毛也。从三毛。此芮切。”（174 页）

1.1【常】“撬”字从手毳声，【常 B】“橇”字从木毳声，均暂未见唐以前相关古文字形，《说文》无。“毳”读 qiāo，亦从毛声。

2.0【常】简帛“表（衺）”字，为吏 3、敦煌简 1448、金关 T10：127。石刻“表（衺）”字，元子正志、石经尚书。《衣部》：“，上衣也。从衣从毛。古者衣裘，以毛为表。陂矯切。，古文表从麃。”（170 页）

2.1【常 B】“婊”字暂未见唐以前相关古文字形，从女表声，《说文》无。

3.【常】“耗”是俗“秏”字。简帛“秏”字，效律 24。石刻“秏”字，石经五经。《禾部》：“，稻属。从禾毛声。呼到切。”（144 页）《说文通训定声》[1]：“俗字误作耗。”

4.【常 B】简帛“芼”字，武甲《少牢》26。石刻“芼”字，越国太妃志。《艸部》：“，艸覆蔓。从艸毛声。莫抱切。”（23 页）段玉裁注[2]：“覆地蔓延。”

5.【常 B】甲骨文“髦”字，合 3105。简帛“髦”字，仓颉篇 36。石刻“髦”字，石经五经，从髟毛声。《髟部》：“，发也。从髟从毛。莫袍切。”（185 页）

6.【常 B】石刻“耄”字，祁惠志、石经五经，从老毛声，《说文》无。

“矛”组

0.【常】金文“矛”字，西周 08.4322.1。简帛“矛”字，遣策 37。石刻“矛”字，刘庭训志。《矛部》：“，酋矛也。建于兵车，长二丈形。莫浮切。，古文矛从戈。”（300 页）《金文形义通解》[3]：“金文上象矛叶两翼，中象环形系，下象矛柄。”

1.0 金文“敄”字，商 12.6474、铭文选二 881。简帛“敄”字，第八层背 1435。《攴部》：“，彊也。从攴矛声。亡遇切。”（67 页）“敄”字音 wù。

1.1【常】金文“務”字，假“敄”字为之，铭文选二 881。简帛“務”字，为吏 29。石刻“務”字，黄庭经。《力部》：“，趣也。从

① （清）朱骏声：《说文通训定声》，武汉古籍书店，1983，319 页。

② （清）段玉裁：《说文解字注》，上海古籍出版社，2000，39 页。

③ 张世超等：《金文形义通解》，中文出版社，1996，3314 页。

力敄声。亡遇切。”（292 页）段玉裁注[①]：“趣者，疾走也。务者，言其促疾于事也。”“務”字简化作“务”。

1.2【常 B】石刻“蝥”字，■石经五经。《虫部》：“■，盘蝥也。从虫敄声。莫交切。”（280 页）

1.3【常】简帛“騖”字，■马贰 36_45。石刻“騖”字，■李贤志。《馬部》：“■，乱驰也。从馬敄声。亡遇切。”（201 页）“騖”字简化作“骛”。

1.4【常 B】简帛“鍪”字，■遣策 26。《金部》：“■，鍑属。从金敄声。莫浮切。”（294 页）

1.5【常】“霧”是俗“霚”字，简化作“雾”。石刻“霧”字，■石经五经。《雨部》：“■，地气发，天不应。从雨敄声。亡遇切。■，籀文省。”（242 页）

2.【常 B】简帛“袤”字，■数 176。石刻“袤”字，■石经五经。《衣部》：“■，衣带以上。从衣矛声。一曰南北曰袤，东西曰广。莫候切。■，籀文袤从楙。”（170 页）段玉裁注[②]：“此古义也，少得其证。”

3.【常】简帛“茅”字，■日甲《诘》57。石刻“茅”字，■石经周易。《艸部》：“■，菅也。从艸矛声。莫交切。”（17 页）

“卯”组

0.【常】甲骨文“卯”字，■合 19798、■合 359。金文“卯”字，■商 03.1413。简帛“卯”字，■日甲《土忌》132、■金关 T10：400。石刻“卯”字，■李仙蕙志。《卯部》：“■，冒也。二月，万物冒地而出。象开门之形。故二月为天门。莫飽切。■，古文卯。”（311 页）《甲骨文字诂林》[③]：“古‘卯’‘丣’同字。《说文》以‘丣’为‘酉’之古文，不可据。《说文》从‘丣’之字，金文皆从卯可证。”

1.【常】甲骨文“柳（桺）”字，■屯 88。金文“柳（桺）”字，■西周 16.10176。简帛“柳（桺）”字，■秦律十八种 131、■金关 T10：152。石刻“柳（桺）”字，■石经五经。《木部》：“■，小杨也。从木丣声。丣，古文酉。力九切。”（117 页）

2.【常】金文“貿”字，■西周 05.2719。简帛“貿”字，■市律 261。

① （清）段玉裁：《说文解字注》，上海古籍出版社，2000，699 页。

② （清）段玉裁：《说文解字注》，上海古籍出版社，2000，391 页。

③ 于省吾主编：《甲骨文字诂林》，中华书局，1999，3441 页。

石刻“貿”字，独孤信志、、石经五经。《貝部》：“貿，易财也。从貝丣声。莫候切。”（130 页）“貿”字简化作“贸”。

3.0【常】金文“留”字，西周 05.2815。简帛“留”字，为吏 39。石刻“留”字，高湝志、石经九经。《田部》：“畱，止也。从田丣声。力求切。”（291 页）

3.1【常】石刻“溜（澑）”字，段金志。《水部》：“澑，水，出郁林郡。从水留声。力救切。”（226 页）

3.2【常 B】“鎦（鐂）”字暂未见唐以前、小篆外其他相关古文字形。《金部》：“鐂，殺也。力求切。”（298 页）“鎦”字简化作“镏”。

3.3【常 A】“瘤（癅）”字暂未见唐以前、小篆外其他相关古文字形。《疒部》：“癅，肿也。从疒留声。力求切。”（155 页）

3.4【常 B】“遛”字，从辵留声，《说文》无。

3.5【常】石刻“餾”字，石经五经，从食留声，简化作“馏”，《说文》无。

3.6【常】“榴”字从木留声，【常 B】“蹓”字从足留声，均暂未见唐以前相关古文字形，《说文》无。

4.【常】简帛“聊”字，敦煌简 1742。石刻“聊”字，李府君妻祖氏志。《耳部》：“聊，耳鸣也。从耳卯声。洛蕭切。”（249 页）

5.0【常】石刻“劉”字，王令媛志、石台孝经，从金从刀丣声，简化作“刘”，《说文》无。《甲骨文字诂林》[①]：“‘劉’乃‘卯’之孳乳字，《说文》作镏。惠栋《读说文记》云：‘留以邑氏，《公羊》说也。又见《王风》毛传，则留即刘，又何疑？卯金刀之说，见于谶纬，光武笃信之，诸儒不敢言其非，故《说文》无一言及之。’……‘卯’既借为干支字，姓氏字乃增‘田’作‘留’，……其后复增金作‘镏’，训为杀，姓氏字乃作‘刘’。”

5.1【常】石刻“瀏”字，石经五经。《水部》：“瀏，流清皃。从水劉声。力久切。”（229 页）“瀏”字简化作“浏”。

6.【常 A】“鉚”字暂未见唐以前相关古文字形，从金卯声，简化作“铆”，《说文》无。

“冃”组

0.“冃”字暂未见唐以前、小篆外其他相关古文字形。《冃部》：“冃，

① 于省吾主编：《甲骨文字诂林》，中华书局，1999，3441 页。

重覆也。从冖、一。读若艸莓莓。莫保切。”（156 页）《说文解字注笺》[①]：“冃与冃形声义皆相近，疑本一字。”“冃”字音 mǎo。

1.0“冃”字暂未见唐以前、小篆外其他相关古文字形。《冃部》：“冃，小儿蛮夷头衣也。从冂；二，其饰也。莫報切。”（156 页）《说文通训定声》[②]：“按：从冂从一，首也，指事，冂亦声。……今字作帽。”“冃”字音 mào。

1.10【常】甲骨文“冒”字，合 10405 反。金文“冒”字，西周 05.2831。简帛“冒”字，语书 11。石刻“冒”字，石经尚书。《冃部》：“冒，冢而前也。从冃从目。莫報切。，古文冒。”（157 页）《说文解字注笺》[③]：“冒，即古帽字。冃之形略，故从目作冒。”《金文形义通解》[④]：“甲骨文‘冒’字作，……以形代人首，于古文字中习见。加形于形内，意在衬托显示即头上之盔。”

1.11【常】石刻“帽”字，支讷志，从巾冒声，《说文》无。

2.0【常】甲骨文“曼”字，合 583 反、合 4508。金文“曼”字，新收 127 页。石刻“曼”字，曹全碑、常季繁志。《又部》：“曼，引也。从又冒声。無販切。”（64 页）《金文形义通解》[⑤]：“甲文有，郭沫若曰：‘金文曼龏父盨作……从此冃声，则盖曼之初文也，象以两手张目。’冃乃后增之声符。金文……皆省去原字目上之形，为篆文形体所本。”

2.1【常 B】“謾”字，《言部》：“謾，欺也。从言曼声。母官切。”（54 页）“謾”字简化作“谩”。

2.2【常】石刻“蔓”字，尔朱袭志、石经五经。《艸部》：“蔓，葛属。从艸曼声。無販切。”（21 页）

2.3【常】石刻“幔”字，徐盼志。《巾部》：“幔，幕也。从巾曼声。莫半切。”（159 页）

2.4【常】石刻“慢”字，石台孝经、石经尚书。《心部》：“慢，惰也。从心曼声。一曰慢，不畏也。謀晏切。”（220 页）

2.5【常 B】石刻“墁”字，唐思礼志，从土曼声，《说文》无。

2.6【常】石刻“漫”字，元瞻志、宋庄志，从水曼声，《说文》无。

---

① （清）徐灏：《说文解字注笺》（续修四库全书），上海古籍出版社，2002，卷七下 92 页。

② （清）朱骏声：《说文通训定声》，武汉古籍书店，1983，277 页。

③ （清）徐灏：《说文解字注笺》（续修四库全书），上海古籍出版社，2002，卷七下 93 页。

④ 张世超等：《金文形义通解》，中文出版社，1996，1937 页。

⑤ 张世超等：《金文形义通解》，中文出版社，1996，626 页。

2.7【常】“饅”字从食曼声，简化作“馒”；【常B】“熳”字从火曼声，均暂未见唐以前相关古文字形，《说文》无。

“皃”组

0.【常】甲骨文“皃”字，合集21881。简帛“貌（皃）”字，吴简嘉禾.五.六〇一、马壹107_107。石刻“貌（皃）”字，元弼志、多宝塔碑、石经五经。《皃部》：“，颂仪也。从人，白象人面形。莫教切。，皃或从頁，豹省声。，籒文皃从豹省。”（177页）段玉裁注[①]：“颂者，今之容字。必言仪者，谓颂之仪度可皃象也。凡容言其内，皃言其外。”《甲骨文字典》[②]：“从白从人，与《说文》篆文同。”“皃”字音mào。

1.0【常B】石刻“邈（邈）”字，元过仁志、赫连子悦志、杨孝恭碑，“貌”、“額”皆是“皃”字或体。《辵部》：“，远也。从辵額声。莫角切。”（42页）

1.1【常A】石刻“藐”字，常季繁志、石经五经，从艸貌声，《说文》无。

“夒”组

0.甲骨文“夒”字，合21102、合14367、怀1571。金文“夒”字，故宫05.6。《夊部》：“，贪兽也。一曰母猴，似人。从頁，巳、止、夊，其手足。奴刀切。”（112页）《甲骨文字诂林》[③]：“按：王国维释‘夒’，字亦作‘猱’。”《金文形义通解》[④]：“其字即夒（猱）之象形也。……夒形似人类，故其首、四肢、爪、趾皆如人形制字，惟其臀下之尾明其为兽。”“夒”字音náo。

1.【常】简帛“擾（擾）”字，奏谳书115、金关T26：065。石刻“擾”字，石经尚书。《手部》：“，烦也。从手夒声。而沼切。”（253页）《说文通训定声》[⑤]：“今字作擾。”“擾”字简化作“扰”。

---

① （清）段玉裁：《说文解字注》，上海古籍出版社，2000，406页。
② 徐中舒主编：《甲骨文字典》，四川辞书出版社，1990，973页。
③ 于省吾主编：《甲骨文字诂林》，中华书局，1999，1499页。
④ 张世超等：《金文形义通解》，中文出版社，1996，1413页。
⑤ （清）朱骏声：《说文通训定声》，武汉古籍书店，1983，267页。

“𡿺”组

0. “𡿺”是古囟字，音nǎo，象头及发形。甲骨文“囟”字，花东125、合26762。金文“囟”字，西周06.3581。石刻“囟”字，石经九经。《囟部》：“，头会，𡿺盖也。象形。息進切。，或从肉、宰。，古文囟字。”（216页）《说文通训定声》[①]：“古文作，亦象形。按：上其发也。……《礼记·内则》注‘夹囟曰角’疏引《说文》：象小儿脑不合也，此释古文之形。”《甲骨文字诂林》[②]：“按：即《说文》训为‘头会𡿺盖’之‘囟’。‘囟’实由‘由’所衍化。”“囟”字音xìn。

1.【常】简帛“腦（𡿺）”字，封诊式57、引书99、敦煌简0667。石刻“腦（𡿺）”字，黄庭经、石经五经。《匕部》：“，头髓也。从匕；匕，相匕着也。巛象发，囟象𡿺形。奴皓切。”（168页）段玉裁注[③]：“俗作腦。”“腦（𡿺）”字音nǎo，简化作“脑”。

2.【常】石刻“瑙”字，高湝志，从玉𡿺声，《说文》无。

3.【常】石刻“惱”字，安思节志，从心𡿺声，简化作“恼”，《说文》无。

“勺”组

0.【常】金文“勺”字，商03.1193。简帛“勺”字，马壹80_25。石刻“勺”字，嬰殇女志。《勺部》：“，挹取也。象形，中有实，与包同意。之若切。”（299页）

1.【常】甲骨文“豹”字，合14363、安明842。金文“豹”字，西周.第三届321页。简帛“豹”字，日甲《盗者》71。石刻“豹”字，石经周易。《豸部》：“，似虎，圜文。从豸勺声。北教切。”（198页）《甲骨文字诂林》[④]：“姚孝遂：‘卜辞又有豹字作、等形，其特征为文理作圆斑或圆点形，头部也与虎差异。王襄《类纂》九·四三释豹是正确的。’”

2.【常】甲骨文“酌”字，合6049、合26039、合36419、合36824。金文“酌”字，西周16.9935。简帛“酌”字，马壹3_13。石刻“酌”字，元诲志。《酉部》：“，盛酒行觴也。从酉勺声。之若

① （清）朱骏声：《说文通训定声》，武汉古籍书店，1983，828页。

② 于省吾主编：《甲骨文字诂林》，中华书局，1999，1035页。

③ （清）段玉裁：《说文解字注》，上海古籍出版社，2000，385页。

④ 于省吾主编：《甲骨文字诂林》，中华书局，1999，1624页。

切。”（312 页）

3.【常 B】石刻“杓”字，石经五经。《木部》：“，枓柄也。从木从勺。甫摇切。”（122 页）《说文解字系传》①：“从木勺声。”

4.0【常】简帛“約”字，法律答问 139、东牌楼 070。石刻“約”字，石经周易。《糸部》：“，缠束也。从糸勺声。於略切。”（272 页）“約”字简化作“约”。

4.1【常】“喲”字暂未见唐以前相关古文字形，从口約声，简化作“哟”，《说文》无。

5.【常】简帛“灼”字，第八层 1221。石刻“灼”字，冯邕妻元氏志。《火部》：“，灸也。从火勺声。之若切。”（209 页）段玉裁注②：“灸也。灸，各本作炙，误，今正。……炙谓炮肉。灼谓凡物以火附箸之。”

6.【常】简帛“芍”字，马壹 110_170。石刻“芍”字，石经五经。《艸部》：“，凫茈也。从艸勺声。胡了切。”（20 页）

7.【常】简帛“釣”字，仓颉篇 29。石刻“釣”字，张乔志。《金部》：“，钩鱼也。从金勺声。多嘯切。”（298 页）“釣”字简化作“钓”。

8.【常】石刻“的”字，叔孙固志。《日部》：“，明也。从日勺声。都歴切。”（137 页）段玉裁注③：“旳者，白之明也，故俗字作的。”

“夲”组

0. 玺印“夲”字，汉印文字征。《夲部》：“，進趣也。从大从十。大十，猶兼十人也。读若滔。土刀切。”（215 页）段玉裁注④：“趣者，疾也。言其进之疾，如兼十人之能。”“夲”字音 tāo。

1.【常 B】简帛“皋”字，日甲《梦》13。石刻“皋”字，曹全碑、苗弘本志。《夲部》：“，气皋白之进也。从夲从白。《礼》：祝曰皋，登歌曰奏。故皋奏皆从夲。皋，告之也。古劳切。”（215 页）《说文通训定声》⑤：“骏按：此字当训泽边地也，从白，白者，日未出时，初生微光也，旷野得日光最早，故从白从夲声，俗字作皐。”

2.【常 B】石刻“翱”字，元茂志、豆卢建志。《羽部》：“，翱翔也。从羽皋声。五牢切。”（75 页）

---

① （南唐）徐锴：《说文解字系传》，中华书局，1998，115 页。

② （清）段玉裁：《说文解字注》，上海古籍出版社，2000，483 页。

③ （清）段玉裁：《说文解字注》，上海古籍出版社，2000，303 页。

④ （清）段玉裁：《说文解字注》，上海古籍出版社，2000，497 页。

⑤ （清）朱骏声：《说文通训定声》，武汉古籍书店，1983，278 页。

3.【常B】石刻“嗥”字，嗥石经五经。《口部》：“嗥，咆也。从口皋声。乎刀切。獋，谭长说：嗥从犬。”（34页）

“朝”组

0.【常】甲骨文“朝（𦩍）”字，合33130、合23148。金文“朝（𦩍）”字，西周05.2655、西周11.6016。简帛“朝（𦩍）”字，第八层1560、马壹77_74。石刻“朝（𦩍）”字，𦩍高湝志、朝石经九经。《倝部》：“𦩍，旦也。从倝舟声。陟遥切。”（140页）《甲骨文字诂林》[1]：“罗振玉：‘此朝暮之朝字，日已出茻中，而月犹未没，是朝也。古金文省从，后世篆文从倝舟声，形失而义晦矣。’……按：西周青铜器铭文‘朝’字作、……诸形，……三体石经古文则从水作淖。……从倝显然是形体之讹变。‘朝’字形体虽累经变易，但始终保持‘旦’这一基本概念而不变。”《金文形义通解》[2]：“金文‘朝’字从……、等形，皆象水流形。……田倩君曰：‘……至于从水之朝是古人于河边或舟上见日出于草间而创造之，故加河川之边旁。’”

1.【常】“盗”字同“盜”。甲骨文“盜”字，合集8315。简帛“盜”字，癸琐案30、金关T23：566。石刻“盜”字，盗檀宾志、盜石经五经。《次部》：“盜，私利物也。从次，次欲皿者。徒到切。”（181页）《甲骨文字释林》[3]：“按：许氏误以形声为会意，后世沿讹袭谬，不知其非。盜字从皿作，早期古文字从舟从皿从凡每无别。”按：（“潮”字象形初文）声。[4]

2.【常】石刻“潮（淖）”字，潮元斌志。《水部》：“淖，水朝宗于海。从水，朝省。直遥切。”（229页）

3.【常】金文“廟”字，西周05.2831。简帛“廟”字，仓颉篇54。石刻“廟”字，廟、庿石经五经。《广部》：“廟，尊先祖皃也。从广朝声。眉召切。庿，古文。”（193页）《金文形义通解》[5]：“金文‘廟’字从广，朝声，与小篆形声同。或从宀，与从广同意。……‘廟’必为‘朝’之孳乳字，以语言说之，二者为同源词。……字改朝声为苗声，为《说文》古文所本。”“廟”字简化作“庙”。

---

① 于省吾主编：《甲骨文字诂林》，中华书局，1999，1346页。

② 张世超等：《金文形义通解》，中文出版社，1996，1662页。

③ 于省吾：《甲骨文字释林》，中华书局，1979，383页。

④ 魏益辉：《说“盗”》，《语言研究》2014（1），第37页。

⑤ 张世超等：《金文形义通解》，中文出版社，1996，2320页。

4.【常】石刻“嘲”字，嘲寇凭志。《口部》：“嘲，谑也。从口朝声。《汉书》通用啁。陟交切。”（35 页）

“枣”组

0.【常】金文“棗”字，棗战国 17.10922。简帛“棗”字，棗仓颉篇63。石刻“棗”字，棗肥致碑、棗唐嘉会志。《朿部》：“棗，羊棗也。从重朿。子皓切。”（143 页）《说文通训定声》[①]：“按：《尔雅·释木》：枣有十一名，羊枣其一也。当训枣木也。”《金文形义通解》[②]：“古文字从重‘来’，而非重‘朿’。……《说文》篆文重‘朿’当为重‘来’之讹，重朿会意之说不可信。”“棗”字简化作“枣”。

1.0【常】简帛“早”字，早郭店语四 12。石刻“早”字，早石经九经。《金文形义通解》[③]：“金文‘早’字……从日棗声。”《日部》：“早，晨也。从日在甲上。子浩切。”（137 页）

1.1【常】简帛“草”字，草法律答问 210、草东牌楼 147。石刻“草”字，草石经尚书。《艸部》：“草，草斗，栎实也。一曰象斗子。从艸早声。自保切。”（27 页）

“叉”组

0. 甲骨文“叉”字，叉合 36902。金文“叉”字，叉西周 09.4468。石刻“叉”字，叉石经五经。《又部》：“叉，手足甲也。从又，象叉形。侧狡切。”（64 页）《甲骨文字诂林》[④]：“按：释叉非是。叉、爪为古今字。小篆形体已讹误，不足据。字当释‘叉’。……契文作叉……即象手指与物相错形。小篆作叉，乃其省变。小篆叉训为‘手足甲’，而‘手足甲’实当为‘丑’字。小篆叉、叉、丑诸形已淆乱，当订正为：叉、叉均为叉，训为手指相错；丑训为手甲，乃丑字，借用为干支字。久借不归，后世复借‘爪’以为‘手足甲’，而爪本为‘覆手曰爪’，‘爪牙’乃其借义。……丑为本形，小篆丑、叉皆为形讹，‘丑’、‘叉’则为后世区别之文。叉不得象手甲，甲与指不得分离。”“叉”字音 zhǎo。

1.0【常】“蚤”是“蝨”字或体。甲骨文“蚤”字，蚤合 4890、蚤合

① （清）朱骏声：《说文通训定声》，武汉古籍书店，1983，274 页。
② 张世超等：《金文形义通解》，中文出版社，1996，1748 页。
③ 张世超等：《金文形义通解》，中文出版社，1996，1645 页。
④ 于省吾主编：《甲骨文字诂林》，中华书局，1999，888 页。

21238。简帛“蚤”字，脉书13。石刻“蚤”字，石堂画像石题记。按：甲骨文从又从虫，会捉取虫子意。《蚰部》：“，啮人跳虫。从蚰叉声。叉，古爪字。子皓切。，蝨或从虫。”（283页）

1.1【常】简帛“騷”字，脉书15。石刻“騷”字，元弼志。《馬部》：“，扰也。一曰摩马。从馬蚤声。稣遭切。”（201页）《说文通训定声》[①]：“按：谓马扰动也。”“騷”字简化作“骚”。

1.2【常】简帛“搔”字，甲《有司》1。石刻“搔”字，石经五经。《手部》：“，括也。从手蚤声。稣遭切。”（253页）《说文通训定声》[②]：“按:《一切经音义》十二引作‘刮’，是也。”

“喿”组

0. 金文“喿”字，西周07.3764。简帛“喿”字，日甲《诘》33。石刻“喿”字，暴永志。《品部》：“，鸟群鸣也。从品在木上。稣到切。”（48页）《金文形义通解》[③]：“高田忠周曰：‘盖作字之意与集字同，彼主鸟群而制，故从雥；此主群鸣而制，故从品。三隹三口，即多略不过三之例也。今俗作噪，更加一口，甚非。’”“喿”字音zào。

1.【常】石刻“操”字，斛律氏志。《手部》：“，把持也。从手喿声。七刀切。”（251页）

2.【常】简帛“燥”字，银贰1673。石刻“燥”字，石经五经。《火部》：“，乾也。从火喿声。稣到切。”（210页）

3.0【常】简帛“澡”字，引书4。石刻“澡”字，石经五经。《水部》：“，洒手也。从水喿声。子皓切。”（237页）

3.1【常】“藻”是“藻”字或体。石刻“藻”字，高湆志。《艸部》：“，水艸也。从艸从水，巢声。子皓切。，藻或从澡。”（26页）

4.【常】石刻“臊”字，石经五经。《肉部》：“，豕膏臭也。从肉喿声。稣遭切。”（89页）

5.【常】“噪”字同“譟”。简帛“譟”字，银贰1166。石刻“噪”字，苏恒志，从口喿声。《言部》：“，扰也。从言喿声。蘇到切。”（56页）

6.【常】简帛“躁”字，马贰35_40。石刻“躁”字，石经五经，从足喿声，《说文》无。

---

① （清）朱骏声：《说文通训定声》，武汉古籍书店，1983，270页。

② （清）朱骏声：《说文通训定声》，武汉古籍书店，1983，271页。

③ 张世超等：《金文形义通解》，中文出版社，1996，442页。

“肁”组

0. 金文“肁”字，西周 11.5953、西周 11.6007。《户部》：“，始开也。从户从聿。治矯切。”（247 页）《说文通训定声》①：“按：当从聿会意，手开户便利也，写者误多一画。”“肁”字音 zhào。

1. 甲骨文“肇”字，合 21541、合 15517、英 23 正。金文“肇”字，西周 06.3695、西周 05.2824、西周 16.10175、西周 11.5953。石刻“肇”字，王舍人碑。《戈部》：“，上讳。案：李舟《切韵》云：击也。从戈肁声。直小切。”（266 页）《甲骨文字诂林》②：“丁山：‘字从戈从户，当是肇之初文。……《说文》“肇，击也”，此就从支为说也。实则肇上所从之，犹是甲骨文字正写，象以戈破户形，使户为国门之象征，则之本谊应为攻城以战之朕兆。’……李孝定：‘段氏定肈肇为正俗字，并引《切韵》训击为肇之初谊，并具卓见。契文从戈击户，应为肇之初文，丁氏说是。’……刘钊：‘金文复加聿为其声符。’按：字当释‘肈’，今作‘肇’。……，当为肇字之异构。”“肇”字音 zhào。

2.【常】甲骨文“肇”字，合 21623。金文“肇”字，西周 05.2614、考古 89.1、西周 08.4313.1、西周 . 保利、西周 04.2071。石刻“肇”字，寇慰志、赵秋唐吴造像。《支部》：“，击也。从支，肇省声。治小切。”（67 页）《说文通训定声》③：“按：肁声。”

“皂”组

0.【常】简帛“皂”字，秦律杂抄 30。石刻“皂”字，元乂志、王及德志，或从白从十，或从白从七，《说文》无。

1.【常 B】“唣”字暂未见唐以前相关古文字形，从口皂声，《说文》无。

“兆”组

0.【常】甲骨文“兆”字，合 19755、合 8345、合 34255、合 14918 正。简帛“兆”字，老子 174、金关 T24：954。石刻“兆”字，曹真残碑、元诲志。《卜部》：“，灼龟坼也。从卜；兆，

① （清）朱骏声：《说文通训定声》，武汉古籍书店，1983，329 页。

② 于省吾主编：《甲骨文字诂林》，中华书局，1999，2312 页。

③ （清）朱骏声：《说文通训定声》，武汉古籍书店，1983，329 页。

象形。治小切。，古文兆省。”（70 页）段玉裁注[①]：“，分也，此即今之兆字也。……治《说文》者乃于《卜部》增为小篆，为古文。……《说文》之面目全非矣。从重八者，分之甚矣，龟兆其一也。”甲骨文“兆”字，合 21297、合 11018 正、合 26482、合 20399、合 33273。简帛“兆”字，仓颉篇 52。“兆”字音 zhào。

1.【常】金文“姚”字，西周 07.4113。简帛“姚”字，为吏 43、金关 T07：184。石刻“姚”字，曹全碑、笔阵图。《女部》：“，虞舜居姚虚，因以为姓。从女兆声。或为姚，娆也。《史篇》以为：姚，易也。余招切。”（258 页）

2.【常】金文“逃”字，战国 16.10478A。简帛“逃”字，金关 T31：071、仓颉篇 7。石刻“逃”字，石经尚书。《辵部》：“，亾也。从辵兆声。徒刀切。”（41 页）

3.【常 B】简帛“眺”字，马壹 144_21。石刻“眺”字，石经五经。《目部》：“，目不正也。从目兆声。他弔切。”（73 页）《说文通训定声》[②]：“《一切经音义》七引《说文》：视也。”

4.【常】简帛“跳”字，马贰 64_13。石刻“跳”字，张正子父母镇石、程知节志。《足部》：“，蹶也。从足兆声。一曰跃也。徒遼切。”（47 页）

5.【常】石刻“挑”字，石经五经。《手部》：“，挠也。从手兆声。一曰摷也。土凋切。”（253 页）

6.【常】简帛“桃”字，金关 T25：007A、仓颉篇 63。石刻“桃”字，曹全碑、石经五经。《木部》：“，果也。从木兆声。徒刀切。”（115 页）

7.【常 B】石刻“窕”字，石经五经。《穴部》：“，深肆极也。从穴兆声。读若挑。徒了切。”（153 页）

8.【常 B】石刻“晁”字，萧季江志，从日兆声，《说文》无。

“交”组

0.【常】金文“交”字，西周 04.2459。简帛“交”字，为吏 33。石刻“交”字，斛律氏志。《交部》：“，交胫也。从大，象交形。古

① （清）段玉裁：《说文解字注》，上海古籍出版社，2000，49 页。

② （清）朱骏声：《说文通训定声》，武汉古籍书店，1983，327 页。

爻切。”（214 页）《甲骨文字诂林》[①]：“王襄：‘亣，古交字。’严一萍：‘象人正面立形。’”

1.【常】甲骨文“效”字，合集 194。金文“效”字，西周 11.5943。简帛“效”字，效律 20。石刻“效”字，石经九经。《攴部》：“效，象也。从攴交声。胡教切。”（67 页）

2.【常】金文“校”字，新收 1007 页。简帛“校”字，张 735。石刻“校”字，石经五经。《木部》：“校，木囚也。从木交声。古孝切。”（124 页）

3.【常 B】金文“洨”字，文物 93.4。石刻“洨”字，建永桥碑。《水部》：“洨，水，出常山石邑井陉，东南入于泜。从水交声。祁国有洨县。下交反。”（228 页）

4.【常】简帛“狡”字，法律答问 189。石刻“狡”字，王翊志。《犬部》：“狡，少狗也。从犬交声。匈奴地有狡犬，巨口而黑身。古巧切。”（204 页）

5.【常】简帛“絞”字，仪礼甲《服传》3。《交部》：“絞，缢也。从交从糸。古巧切。”（214 页）“絞”字简化作“绞”。

6.【常】简帛“郊”字，马壹 142_9。石刻“郊”字，元诲志。《邑部》：“郊，距国百里为郊。从邑交声。古肴切。”（132 页）

7.【常 B】石刻“蛟”字，朱昙思等造塔记、李仙蕙志。《虫部》：“蛟，龙之属也。池鱼满三千六百，蛟来为之长，能率鱼飞。置笱水中，即蛟去。从虫交声。古肴切。”（281 页）

8.【常 B】简帛“皎”字，马壹 42_15。石刻“皎”字，石经五经。《白部》：“皎，月之白也。从白交声。古了切。”（160 页）

9.【常】石刻“較”字，石经五经，从車交声，简化作“较”，《说文》无。

10.【常】“餃”字从食交声，简化作“饺”；【常 B】“鉸”字从金交声，简化作“铰”；【常】“咬”字从口交声；【常】“跤”字从足交声；均暂未见唐以前相关古文字形，《说文》无。

“焦”组

0.【常】“焦”是“𤏬”字或体。甲骨文“焦”字，合 32834、合 34600。金文“焦”字，战国 16.10583。简帛“焦”字，日甲《玄戈》

---

① 于省吾主编：《甲骨文字诂林》，中华书局，1999，322 页。

55、焦金关 T24：411。石刻“焦”字，焦阳嘉残碑、焦焦真机造像。《火部》：“𤓰，火所伤也。从火雥声。即消切。焦，或省。”（209 页）《金文形义通解》①：“金文与《说文》或体同。疑‘焦’本从隹，隹者，鸟也，古鸟声字多入宵部。”

1.【常】石刻“蕉”字，蕉宋敬业造塔。《艸部》：“蕉，生枲也。从艸焦声。即消切。”（25 页）段玉裁注②：“枲，麻也。生枲谓未沤治者。”

2.【常】石刻“樵”字，樵石经五经。《木部》：“樵，散也。从木焦声。昨焦切。”（118 页）

3.0 石刻“醮”字，醮石经五经。《酉部》：“醮，冠娶礼。祭。从酉焦声。子肖切。𥛱，醮或从示。”（312 页）

3.1【常】“蘸”字暂未见唐以前、小篆外其他相关古文字形，从艸醮声。《艸部》：“蘸，以物没水也。此盖俗语。从艸未详。斬陷切。”（27 页）

4.【常】石刻“憔”字，憔朝侯小子碑，从心焦声，《说文》无。

5.【常】“瞧”字从目焦声，【常】“礁”字从石焦声，均暂未见唐以前相关古文字形，《说文》无。

“角”组

0.【常】甲骨文“角”字，角合 20533、角合 112。金文“角”字，角西周 01.246、角西周 05.2810。简帛“角”字，角封诊式 57、角马壹 11_72、角东牌楼 146。石刻“角”字，角曹全碑。《角部》：“角，兽角也。象形，角与刀、鱼相似。古岳切。”（93 页）《甲骨文字诂林》③：“唐兰：‘角字，象形。由角形而变为角（见雍邑刻石），更变而为小篆之角，《说文》遂误谓“与刀、鱼相似”矣。’”

1.0 金文“斛”字，斛战国 05.2701。简帛“斛”字，斛敦煌简 0246。石刻“斛”字，斛斛律氏志。《斗部》：“斛，十斗也。从斗角声。胡谷切。”（300 页）

1.1【常 B】“槲”字暂未见唐以前相关古文字形，从木斛声，《说文》无。

2.【常】石刻“確”字，確石经周易，从石隺声，简化作“确”，《说文》无。石刻“确”字，确石门颂。《石部》：“确，磬石也。从石角声。

---

① 张世超等：《金文形义通解》，中文出版社，1996，2432 页。

② （清）段玉裁：《说文解字注》，上海古籍出版社，2000，44 页。

③ 于省吾主编：《甲骨文字诂林》，中华书局，1999，1871 页。

胡角切。㱿，确或从㱿。”（195 页）《说文通训定声》[①]：“字亦作埆，土之多石瘠薄者谓之墝埆。”

“敫”组

0. 简帛“敫”字，银壹 391。石刻“敫”字，萧玚志。《放部》：“敫，光景流也。从白从放。读若龠。以灼切。”（84 页）《说文通训定声》[②]：“凡光多白，故从白。”

1.【常】简帛“繳（繁）”字，仓颉篇 30。石刻“繳（繁）”字，李勣志。《糸部》：“繳，生丝缕也。从糸敫声。之若切。”（276 页）《说文通训定声》[③]：“《文赋》注引《说文》谓：缕系缯矢而以弋射。按：此李语，字亦作缴，所以系缯矢而弋射者。……按：今用为缴纳字。”“繳”字简化作“缴”。

2.【常】简帛“竅”字，马壹 82_56。石刻“竅”字，石经五经。《穴部》：“竅，空也。从穴敫声。牽料切。”（152 页）“竅”字简化作“窍”。

3.【常】石刻“激”字，石经五经。《水部》：“激，水碍衺疾波也。从水敫声。一曰半遮也。古歷切。”（230 页）《说文通训定声》[④]：“按：谓水礙而邪行，其波疾急半遮，即所谓礙也。《一切经音义》引《说文》：水流礙衺急激也。”

4.【常】石刻“邀”字，慈庆志，从辵敫声，《说文》无。

“尞”组

0. 甲骨文“尞”字，合 20204、合 21085、合 32357、合 14771、合 27499。金文“尞”字，考古 91.7、西周 08.4169。石刻“尞”字，李秀惊志。《火部》：“尞，柴祭天也。从火从昚。昚，古文慎字。祭天所以慎也。力照切。”（207 页）《甲骨文字诂林》[⑤]：“罗振玉：‘此字实从木在火上，木旁诸点，象火焰上腾之状。’……按：俞樾《儿笘录》云：‘许说从昚之义甚为迂曲。凡祭无不当慎，何独尞字从昚乎？……今按：尞燎一字，燎乃尞之俗体也。’……契文尞字正象积木燃之之形，罗

---

① （清）朱骏声：《说文通训定声》，武汉古籍书店，1983，373 页。

② （清）朱骏声：《说文通训定声》，武汉古籍书店，1983，334 页。

③ （清）朱骏声：《说文通训定声》，武汉古籍书店，1983，335 页。

④ （清）朱骏声：《说文通训定声》，武汉古籍书店，1983，334 页。

⑤ 于省吾主编：《甲骨文字诂林》，中华书局，1999，1466 页。

振玉释其形体是对的。”

1.【常】甲骨文“潦”字，合24423。简帛“潦”字，秦律十八种2。石刻“潦”字，石经五经。《水部》：“潦，雨水大皃。从水尞声。盧皓切。”（234页）

2.【常】甲骨文“遼”字，合28190。简帛“遼”字，蓋卢31。石刻“遼”字，石经五经。《辵部》：“遼，远也。从辵尞声。洛蕭切。”（42页）“遼”字简化作“辽”。

3.【常】简帛“繚”字，第八层439。石刻“繚”字，元愔志。《糸部》：“繚，缠也。从糸尞声。盧鳥切。”（272页）“繚”字简化作“缭”。

4.【常】简帛“燎”字，仓颉篇21。石刻“燎”字，杨贵志。《火部》：“燎，放火也。从火尞声。力小切。”（209页）《说文解字注笺》①：“尞、燎实一字，相承增火旁。……今云放火者，后人改之。燎之本义为烧艸木。”

5.【常】石刻“僚”字，曹全碑、尔朱绍志、元馗志、石经五经。《人部》：“僚，好皃。从人尞声。力小切。”（162页）段玉裁注②：“此僚之本义也，自借为同寮字而本义废矣。”《甲骨文字诂林》③：“王辉：‘《陈风·月出》“佼人僚兮”亦作“佼人燎兮”，燎、僚皆好貌，盖以火之明亮，喻所悦女子服饰之鲜艳，肌肤之红润。现在吴中一带尚呼人及物之美好者曰僚，大概也是古义的遗留。’”

6.【常】“療”是“𤻲”字或体，简化作“疗”。石刻“療”字，冯邕妻元氏志。《疒部》：“𤻲，治也。从疒樂声。力照切。療，或从尞。”（156页）

7.【常】玺印“鐐”字，汉印文字征。《金部》：“鐐，白金也。从金尞声。洛蕭切。”（293页）“鐐”字简化作“镣”。

8.【常B】石刻“獠”字，石经五经。《犬部》：“獠，猎也。从犬尞声。力昭切。”（205页）

9.【常】“撩”字暂未见唐以前、小篆外其他相关古文字形。《手部》：“撩，理也。从手尞声。洛蕭切。”（252页）

10.【常】石刻“瞭”字，碧落碑、石经五经，从目尞声，《说文》无。

11.【常】石刻“嘹”字，李勣志，从口尞声，《说文》无。

---

① （清）徐灏：《说文解字注笺》（续修四库全书），上海古籍出版社，2002，卷十上319页。

② （清）段玉裁：《说文解字注》，上海古籍出版社，2000，368页。

③ 于省吾主编：《甲骨文字诂林》，中华书局，1999，1469页。

“苗”组

0.【常】金文“苗”字，西周 09.4374.1。简帛“苗”字，吴简嘉禾.五.七一。石刻“苗”字，成阳灵台碑、石经尚书。《艸部》：“苗，艸生于田者。从艸从田。武镳切。”（23 页）段玉裁注[①]：“按：苗之故训禾也。……苗本禾未秀之名，因以为凡艸木初生之名。……艸生于田，皮傅字形为说而已。”

1.【常】石刻“貓”字，石经五经。“貓”亦作“猫”，崔祐甫志，从犬苗声。《豸部》：“貓，貍屬。从豸苗声。莫交切。”（198 页）

2.【常】“錨”字从金苗声，简化作“锚”；【常】“描”字从手苗声；【常】“瞄”字从目苗声；【常 B】“喵”字从口苗声；均暂未见唐以前相关古文字形，《说文》无。

“鸟”组

0.【常】甲骨文“鳥”字，合 20354、合 17865、合 11498 正。金文“鳥”字，商 03.539、考古 88.10、西周 04.2176、春秋 11.5761。简帛“鳥”字，日甲《诘》31。石刻“鳥”字，感孝颂。《鳥部》：“鳥，长尾禽总名也。象形。鸟之足似匕，从匕。都了切。”（79 页）“鳥”字简化作“鸟”。

1.【常】甲骨文“島（㠀）”字，屯 4565。石刻“島（㠀）”字，元瞻志、石经五经。《山部》：“㠀，海中往往有山可依止，曰㠀。从山鳥声。都皓切。”（190 页）《甲骨文字诂林》[②]：“按:《说文》‘海中往往有山可依止，曰㠀，从山鸟声’，此正从鸟从山。”“島”字简化作“岛”。

2.【常 B】石刻“裊”字，嵩阳寺碑，从衣鳥声，简化作“袅”，《说文》无。

“票”组

0.【常】简帛“票（㶾）”字，日甲《诘》64。石刻“票（㶾）”字，石经五经。《火部》：“㶾，火飞也。从火，𡨄與䙴同意。方昭切。”（209 页）段玉裁注[③]：“当作从火𦥑省。盖省廾为一也。䙴即𦥑之或体。𦥑训升

① （清）段玉裁:《说文解字注》，上海古籍出版社，2000，40 页。

② 于省吾主编:《甲骨文字诂林》，中华书局，1999，1742 页。

③ （清）段玉裁:《说文解字注》，上海古籍出版社，2000，484 页。

高，火飞亦升高，故为同意。”《说文通训定声》①：“谓从䙴省会意。”

1.【常】简帛“飄”字，马壹 101_138。石刻“飄”字，刘禄志。《風部》：“飄，回风也。从風票声。撫招切。”（284 页）“飄”字简化作“飘”。

2.【常 B】简帛“嫖”字，仓颉篇 72。石刻“嫖”字，臧协妻志。《女部》：“嫖，轻也。从女㶾声。匹招切。”（264 页）

3.【常 B】简帛“縹”字，金关 T23：965。石刻“縹”字，许安国墓祠题记。《糸部》：“縹，帛青白色也。从糸票声。敷沼切。”（273 页）“縹”字简化作“缥”。

4.【常】石刻“漂”字，李信志。《水部》：“漂，浮也。从水票声。匹消切。又匹妙切。”（230 页）

5.【常】石刻“標”字，元崇业志、石柱颂、石经五经。《木部》：“標，木杪末也。从木㶾声。敷沼切。”（119 页）“標”字简化作“标”。

6.【常】石刻“瓢”字，李清志。《瓠部》：“瓢，蠡也。从瓠省，票声。符宵切。”（154 页）《说文通训定声》②：“一瓠劙为二曰瓢。《三苍》：‘瓢，瓠勺也。’”

7.【常】石刻“膘”字，石经五经。《肉部》：“膘，牛胁后髀前合革肉也。从肉㶾声。读若繇。敷紹切。”（89 页）段玉裁注③：“合革肉者，他处革与肉可分剥，独此处不可分剥也。”

8.【常 B】“瞟”字暂未见唐以前、小篆外其他相关古文字形。《目部》：“瞟，瞭也。从目㶾声。敷沼切。”（72 页）《说文通训定声》④：“今俗语谓邪视曰瞟白眼。”

9.【常 B】“鏢”字暂未见唐以前、小篆外其他相关古文字形。《金部》：“鏢，刀削末铜也。从金票声。撫招切。”（297 页）段玉裁注⑤：“削者，刀鞞也，俗作鞘。刀室之末，以铜饰之曰鏢。”“鏢”字简化作“镖”。

“小”组

0.【常】甲骨文“小”字，合 21805。金文“小”字，商

① （清）朱骏声：《说文通训定声》，武汉古籍书店，1983，304 页。
② （清）朱骏声：《说文通训定声》，武汉古籍书店，1983，304 页。
③ （清）段玉裁：《说文解字注》，上海古籍出版社，2000，173 页。
④ （清）朱骏声：《说文通训定声》，武汉古籍书店，1983，304 页。
⑤ （清）段玉裁：《说文解字注》，上海古籍出版社，2000，710 页。

04.1874、商 04.2016。简帛“小”字，第八层背 529。石刻“小”字，石经周易。《小部》：“小，物之微也。从八，丨见而分之。私兆切。”（28 页）《甲骨文字诂林》①：“于省吾：‘甲骨文小字作，既不从八也不从丨。小字作三小点以表示物之微小。’按：吴大澂《说文古籀补》、林义光《文源》也都谈到小、少古为一字。商承祚以为小字卜辞作三点，‘示微小之意’是对的。”

1.0【常】甲骨文“少”字，合 19772。金文“少”字，春秋 05.2782、春秋 16.10390。简帛“少”字，数 26、金关 T24：142。石刻“少”字，元璨志、元子正志。《小部》：“少，不多也。从小丿声。書沼切。”（28 页）《甲骨文字诂林》②：“于省吾：‘甲骨文少字作，无从丿者。……少字的造字本义，系于字下部附加一个小点，作为指事字的标志，以别于小，而仍因小字以为声。’”

1.10【常】甲骨文“沙”字，合 27996。金文“沙”字，西周 05.2814、西周 16.10172。简帛“沙”字，癸琐案 10、马壹 5_22。石刻“沙”字，元珍志。《水部》：“沙，水散石也。从水从少。水少沙见。楚东有沙水。所加切。，谭长说：沙或从尐。尐，子結切。”（232 页）《说文通训定声》③：“字亦作砂。”《金文形义通解》④：“林义光谓金文‘沙’字‘象散沙及水形’。水底及滩地多沙，故其字象散沙在水流旁也。……西周之人或以音近而写讹，变象意字为形声字，以‘少’为声，此不无可能。高鸿缙直解‘沙’为‘少声’。至许慎以‘水少沙见’说之，乃以晚期‘比类合谊’之会意说强解，非是。”

1.11【常 B】简帛“莎”字，日甲《诘》65、马壹 89_228。石刻“莎”字，纥干承基志。《艸部》：“莎，镐侯也。从艸沙声。蘇禾切。”（26 页）

1.12【常 B】简帛“娑”字，仓颉篇 70。石刻“娑”字，姜纂造像。《女部》：“娑，舞也。从女沙声。素何切。”（262 页）

1.13【常】石刻“砂”字，园济塔铭，从石，沙省声，《说文》无。

1.14【常 B】“挲”字从手沙声；【常】“鯊”字从魚沙声，简化作“鲨”；均暂未见唐以前相关古文字形，《说文》无。

2.1【常】简帛“鈔”字，郭店语四 23。石刻“鈔”字，石经

① 于省吾主编：《甲骨文字诂林》，中华书局，1999，3390 页。

② 于省吾主编：《甲骨文字诂林》，中华书局，1999，3390 页。

③ （清）朱骏声：《说文通训定声》，武汉古籍书店，1983，494 页。

④ 张世超等：《金文形义通解》，中文出版社，1996，2610 页。

五经。《金部》:“鈔，叉取也。从金少声。楚交切。”（298 页）段玉裁注[①]：“叉者，手指相遣也。手指突入其间而取之，是之谓钞。……今谓窃取人文字曰钞，俗作抄。”“鈔”字简化作“钞”。

2.20 石刻“眇”字，吴光志。《目部》:“眇，一目小也。从目从少，少亦声。亡沼切。”（73 页）

2.21【常】石刻“渺”字，郑戎志，从水眇声，《说文》无。

2.22【常 B】“緲”字暂未见唐以前相关古文字形，从糸眇声，简化作“缈”，《说文》无。

2.3【常】“秒”字暂未见唐以前、小篆外其他相关古文字形。《禾部》:“秒，禾芒也。从禾少声。亡沼切。”（145 页）

2.4【常】石刻“妙”字，元崇业志、李敬志，从女少，少亦声，《说文》无。

2.5【常】石刻“抄”字，千佛造像碑，从手少声，《说文》无。

2.6【常】石刻“紗”字，袁公瑜志，从糸少声，简化作“纱”，《说文》无。

2.7【常】“吵”字从口少声，【常】“炒”字从火少声，均暂未见唐以前相关古文字形，《说文》无。

3.0【常】金文“肖”字，考古 91.1。简帛“肖”字，为吏 2。石刻“肖”字，多宝塔碑。《肉部》:“肖，骨肉相似也。从肉小声。不似其先，故曰‘不肖’也。私妙切。”（88 页）《金文形义通解》[②]：“‘肖’字从月非从肉。……‘肖’声字如‘消、削、峭、梢、稍、髾’等皆有渐小之义，因推知‘小’声之‘肖’字当以月光消减为本义。……许慎所云‘骨肉相似’，其义不古，盖由‘肖’之派生义刻削之‘削’辗转生出。‘肖’‘削’古今字，刻削义用后出字‘削’，而由刻削义辗转生出之肖似乃至许慎所言‘骨肉相似’义反用早出之‘肖’字，此不足怪。”

3.1【常】甲骨文“宵”字，1 号卜甲。金文“宵”字，西周 16.10544.2。简帛“宵”字，奏谳书 178。石刻“宵”字，冯邕妻志。《宀部》:“宵，夜也。从宀，宀下冥也；肖声。相邀切。”（151 页）《金文形义通解》[③]：“‘肖’从月小声，当以月光消减为本义。……则以夜为本义之‘宵’自是‘肖’之孳乳字也。从宀与‘宿’从宀同意，《说文》谓示其冥，非是。”

---

① （清）段玉裁:《说文解字注》，上海古籍出版社，2000，714 页。

② 张世超等:《金文形义通解》，中文出版社，1996，999 页。

③ 张世超等:《金文形义通解》，中文出版社，1996，1857 页。

3.2【常】金文“趙”字，西周 18.11719.1。简帛“趙”字，第八层 140、马壹 178_73。石刻“趙”字，赵府君阙、元谭妻司马氏志。《走部》：“趙，趋赵也。从走肖声。治小切。”（37 页）段玉裁注[①]：“趍赵也。”“趙”字简化作“赵”。

3.3【常】简帛“削”字，秦律杂抄 5。石刻“削”字，李超志。《刀部》：“削，鞞也。一曰析也。从刀肖声。息約切。”（91 页）段玉裁注[②]：“今作鞘。”

3.4【常】简帛“稍”字，秦律十八种 78。石刻“稍”字，兰将志。《禾部》：“稍，出物有渐也。从禾肖声。所教切。”（146 页）

3.5【常】简帛“銷”字，金布律 437。石刻“銷”字，朝侯小子碑、斛律氏志。《金部》：“銷，铄金也。从金肖声。相邀切。”（294 页）“銷”字简化作“销”。

3.6【常】简帛“消”字，银贰 1900。石刻“消”字，石经周易。《水部》：“消，尽也。从水肖声。相幺切。”（235 页）

3.7【常】简帛“屑（屑）”字，马贰 78_186。石刻“屑（屑）”字，元诠志、石经五经。《尸部》：“屑，动作切切也。从尸㕟声。私列切。”（174 页）《说文通训定声》[③]：“今字误作屑。”

3.8【常】石刻“梢”字，石经五经。《木部》：“梢，木也。从木肖声。所交切。”（116 页）按：当作“末也”，因木、末古文形近而误。

3.9【常】石刻“霄”字，石经五经。《雨部》：“霄，雨霓为霄。从雨肖声。齐语也。相邀切。”（241 页）

3.（10）【常】石刻“悄”字，郭显邕造经记。《心部》：“悄，忧也。从心肖声。親小切。”（223 页）

3.（11）【常】“峭”是“陗”字或体。石刻“峭（陗）”字，娄黑女志、石经五经。《𨸏部》：“陗，陵也。从𨸏肖声。七笑切。”（305 页）《说文通训定声》[④]：“《广雅·释诂四》：陗，高也。字亦作峭。”

3.（12）【常 B】“誚”是“譙”字古文，简化作“诮”。简帛“譙”字，金关 T04：015。石刻“譙（誚）”字，张玄志、石经九经。《言部》：“譙，娆譊也。从言焦声。读若嚼。才肖切。誚，古文譙从肖。”（57 页）“譙”字简化作“谯”。

---

① （清）段玉裁：《说文解字注》，上海古籍出版社，2000，65 页。

② （清）段玉裁：《说文解字注》，上海古籍出版社，2000，178 页。

③ （清）朱骏声：《说文通训定声》，武汉古籍书店，1983，634 页。

④ （清）朱骏声：《说文通训定声》，武汉古籍书店，1983，317 页。

3.（13）【常】石刻“哨”字，石经五经。《口部》：“，不容也。从口肖声。才肖切。”（34 页）《说文通训定声》[①]：“《韵会》引《说文》：口不容也。”

3.（14）【常】石刻“捎”字，石经五经。《手部》：“，自关巳西，凡取物之上者为挢捎。从手肖声。所交切。”（254 页）

3.（15）【常 B】“鞘”字暂未见唐以前、小篆外其他相关古文字形。《革部》：“，刀室也。从革肖声。私妙切。”（62 页）

3.（16）【常】石刻“俏”字，寇宵志，从人肖声，《说文》无。

3.（17）【常】“硝”字从石肖声，【常 B】“艄”字从舟肖声，均暂未见唐以前相关古文字形，《说文》无。

“幺”组

0. 金文“幺”字，商 13.8296、西周 04.2051。《幺部》：“，小也。象子初生之形。於尧切。”（83 页）《说文通训定声》[②]：“按：此字当从半糸，糸者丝之半，幺者糸之半，细小幽隐之谊。……许君盖从幼字生训，然幼会细小意不必子也，据文实无子初生形。”

1.0 金文“丝”字，西周 11.6014。《丝部》：“，微也。从二幺。於虯切。”（84 页）《甲骨文字诂林》[③]：“按：《说文》以丝从二幺不误。但以幺为‘象子初生之形’则非是。朱骏声《说文通训定声》谓幺字‘当从半糸，糸者丝之半，幺者糸之半，细小幽隐之谊’。徐灏则更为直接了当，谓‘许云幺象子初生，于字形实不相类。此缘幼从幺而为是说耳。灏谓丝从丝省，而幺从丝省。丝训微，析之则其形愈微，故凡物之小者皆谓之幺。’甲骨文只见于偏旁，为丝之省，实亦丝之省。”“丝”字音 yōu。

1.1【常】甲骨文“幽”字，合 14951 正、合 29510。金文“幽”字，西周 11.5917、西周 08.4242。简帛“幽”字，仓颉篇 1。石刻“幽”字，元暐志。《丝部》：“，隐也。从山中丝，丝亦声。於虯切。”（84 页）《甲骨文字诂林》[④]：“罗振玉：‘古金文幽字皆从火从丝，与此同。隐不可见者，得火而显。’按：甲骨文幽字从火从丝，不从山，古文字山、火形近易混。”

① （清）朱骏声：《说文通训定声》，武汉古籍书店，1983，315 页。

② （清）朱骏声：《说文通训定声》，武汉古籍书店，1983，306 页。

③ 于省吾主编：《甲骨文字诂林》，中华书局，1999，3196 页。

④ 于省吾主编：《甲骨文字诂林》，中华书局，1999，3196 页。

2.0【常】甲骨文“幼”字，合 52。金文“幼”字，西周 05.2833。简帛“幼”字，敦煌简 1461A、王杖 10。石刻“幼”字，肥致碑、石经九经。《幺部》：“，少也。从幺从力。伊謬切。”（83 页）

2.1【常】金文“黝”字，秦文字编 1567。简帛“黝”字，敦煌简 1836。《黑部》：“，微青黑色。从黑幼声。於糾切。”（211 页）

2.2【常 B】石刻“窈”字，石经五经。《穴部》：“，深远也。从穴幼声。烏皎切。”（153 页）

2.3【常 B】石刻“坳”字，王行果志。《土部》：“，地不平也。从土幼声。於交切。”（290 页）

2.4【常】“拗”字暂未见唐以前、小篆外其他相关古文字形。《手部》：“，手拉也。从手幼声。於絞切。”（258 页）

3.【常】“吆”字暂未见唐以前相关古文字形，从口幺声，《说文》无。

“夭”组

0.【常 A】简帛“夭”字，日甲《诘》32。石刻“夭”字，石经九经。《夭部》：“，屈也。从大，象形。於兆切。”（214 页）《甲骨文字诂林》[①]：“按：当释走，诸家释夭皆非是。……金甲文夨字作，亦作，不分左右。篆文则夨作，夭作。容庚释为夭，谓‘夨象头之动作，夭象手之动作’；陈梦家释为夭，谓夨、夭皆‘象人头倾侧之貌’。容氏强调其异，陈氏强调其同，皆得其偏，而未得其全，所释均误。……‘夭’乃之形讹。其形体既经讹变，则与金甲文夨字相混。”

1.【常】“沃”字同“浂”。简帛“沃”字，日甲《诘》32。石刻“沃”字，缑光姬志、石经五经。《水部》：“，溉灌也。从水芺声。烏鵠切。”（233 页）《说文通训定声》[②]：“今字作沃。凡自上浇下曰沃。”

2. 简帛“芺”字，银贰 1769。《艸部》：“，艸也，味苦，江南食以下气。从艸夭声。烏皓切。”（18 页）“芺”字音 ǎo。

3.【常】简帛“笑”字，马壹 143_4、金关 T23：289。石刻“笑”字，元子正志、元睟志、高湝志、、石经九经。《竹部》：“，此字本阙。臣铉等案：‘孫愐《唐韻》引《说文》云：“喜也。从竹从犬。”而不述其义。今俗皆从犬。又案：李阳冰刊定《说文》从竹从夭义云：“竹得风，其体夭屈如人之笑。”未知其審。’私妙切。”（99 页）《说文

① 于省吾主编：《甲骨文字诂林》，中华书局，1999，318 页。

② （清）朱骏声：《说文通训定声》，武汉古籍书店，1983，307 页。

通训定声》[①]："按：《九经字样》作笑，从竹从夭。杨承庆曰：竹得风，其体夭屈，如人之笑也。"

4.【常】石刻"妖"字，石经五经，从女夭声，《说文》无。

"爻"组

0. 甲骨文"爻"字，合 13705。金文"爻"字，商 10.4948.1、商 13.7764。石刻"爻"字，石经周易。《爻部》："，交也。象《易》六爻头交也。胡茅切。"（70 页）《说文解字注笺》[②]："交者，交错之义，六爻为重体，故作重 × 象之。'头交'疑当作'相交'。"《甲骨文字诂林》[③]："朱芳圃：'重 × 为爻。……盖象织文之交错。'"

1.【常】"學"是"斆"字篆文，简化作"学"。甲骨文"學"字，合 8304、合 952 正、合 3511、合 27712、花东 473。金文"學"字，西周 08.4273。石刻"學"字，元暭志、石台孝经。《教部》："，觉悟也。从教从冂。冂，尚矇也。臼声。胡覺切。，篆文斆省。"（69 页）《甲骨文字诂林》[④]："按：卜辞爻、、、、、、同字。《说文》歧为爻、敩二字。说契诸家惑于许慎之说解，明知其用法无别，而以通假言之，殊误。自其形体分析之，初形作爻，变体作或；进一步复于此数形之基础上增臼或廾为意符。说契诸家均公认、、为敩字，则不应歧爻、为二字。……于鬯《说文职墨》谓：'许说敩字为臼声，盖误。当云从教从臼，从冖；冖，尚蒙也；教亦声。《子部》孥从子爻声，当为此字之古文。盖先有孥字，后有教字，又因教字而有敩字，又省敩字为学字，孥、教、敩、学四字实止一字。'其说近是。徐灏《说文解字注笺》谓'疑先有学而后加攴为敩'，可以补正于说。……据甲骨文，不仅孥、教、学、敩同字，而且其最初之形体为爻、为。"

2.【常】甲骨文"教"字，合 10、合 28008。金文"教"字，西周 16.10176、文物 94.4。简帛"教"字，为吏 24、金关 T23：415。石刻"教"字，斛律氏志、石经周易。《教部》："，上所施下所效也。从攴从孥。古孝切。，古文教。，亦古文教。"（69 页）《金文形义通解》[⑤]："甲骨文作……从攴子，象扑子，扑作教刑之意，爻声。或省

① （清）朱骏声：《说文通训定声》，武汉古籍书店，1983，317 页。

② （清）徐灏：《说文解字注笺》（续修四库全书），上海古籍出版社，2002，卷三下 373 页。

③ 于省吾主编：《甲骨文字诂林》，中华书局，1999，3257 页。

④ 于省吾主编：《甲骨文字诂林》，中华书局，1999，3262 页。

⑤ 张世超等：《金文形义通解》，中文出版社，1996，773 页。

子，为从攴爻声。金文与之同，许氏谓‘从𡥈’非是。”

3.【常】甲骨文“駁”字，合36836。石刻“駁”字，石经五经。《馬部》：“，马色不纯。从馬爻声。北角切。”（199页）《甲骨文字诂林》①：“按：马色不纯为驳，徐铉以为‘爻非声，疑象驳文’。爻可象马色斑驳之形，爻亦声。”“駁”字简化作“驳”。

4.0【常】简帛“覺”字，法律答问10。石刻“覺”字，石经九经。《見部》：“，寤也。从見，學省声。一曰发也。古岳切。”（178页）段玉裁注②：“悟，各本作寤，今正。”“覺”字简化作“觉”。

4.1【常】石刻“攪”字，石经五经。《手部》：“，乱也。从手覺声。古巧切。”（255页）“攪”字简化作“搅”。

5.0【常】金文“肴”字，秦文字编651。简帛“肴”字，马壹36_30。石刻“肴”字，熹平石经残石四。《肉部》：“，啖也。从肉爻声。胡茅切。”（89页）段玉裁注③：“按：许当云啖肉也，谓熟馈可啖之肉。今本有夺字。”

5.1【常A】石刻“淆”字，穆绍志，从水肴声，《说文》无。

“垚”组

0.“垚”字暂未见唐以前、小篆外其他相关古文字形。《垚部》：“，土高也。从三土。吾聊切。”（290页）《说文解字注笺》④：“垚、堯古今字。”“垚”字音yáo。

1.0【常A】甲骨文“堯”字，合9379。金文“堯”字，西周15.9518.2、新收955页。简帛“堯”字，马壹266_7。石刻“堯”字，石经五经。《垚部》：“，高也。从垚在兀上，高远也。吾聊切。，古文堯。”（290页）“堯”字简化作“尧”。

1.1【常】简帛“撓”字，马贰69_24。石刻“撓”字，元过仁志。《手部》：“，扰也。从手堯声。一曰捄也。奴巧切。”（253页）“撓”字简化作“挠”。

1.2【常】简帛“繞”字，第八层107、仓颉篇18。石刻“繞”字，唐邕刻经记。《糸部》：“，缠也。从糸堯声。而沼切。”（272页）

---

① 于省吾主编：《甲骨文字诂林》，中华书局，1999，1597页。

② （清）段玉裁：《说文解字注》，上海古籍出版社，2000，409页。

③ （清）段玉裁：《说文解字注》，上海古籍出版社，2000，173页。

④ （清）徐灏：《说文解字注笺》（续修四库全书），上海古籍出版社，2002，卷十三下30页。

“繞”字简化作“绕”。

1.3【常】石刻“僥”字，王基志。《人部》：“，南方有焦侥。人长三尺，短之极。从人堯声。五聊切。”（167 页）“僥”字简化作“侥”。

1.4【常】简帛“饒”字，秩律 452。石刻“饒”字，元遥妻梁氏志。《食部》：“，饱也。从食堯声。如昭切。”（108 页）“饒”字简化作“饶”。

1.5【常】石刻“燒”字，石经五经。《火部》：“，爇也。从火堯声。式昭切。”（207 页）“燒”字简化作“烧”。

1.6【常 B】简帛“嬈”字，仓颉篇 16。石刻“嬈”字，许俊卅人造像。《女部》：“，苛也。一曰扰、戏弄也，一曰嬥也。从女堯声。奴鳥切。”（264 页）“嬈”字简化作“娆”。

1.7【常】简帛“曉”字，东牌楼 005。石刻“曉”字，檀宾志。《日部》：“，明也。从日堯声。呼鳥切。”（139 页）“曉”字简化作“晓”。

1.8【常】石刻“澆”字，石经五经。《水部》：“，渎也。从水堯声。古堯切。”（236 页）“澆”字简化作“浇”。

1.9【常】石刻“翹”字，檀宾志。《羽部》：“，尾长毛也。从羽堯声。渠遥切。”（75 页）“翹”字简化作“翘”。

1.（10）【常】“蹺”字暂未见唐以前相关古文字形，从足堯声，简化作“跷”，《说文》无。

“舀”组

0.【常】石刻“舀”字，石经九经。《臼部》：“，抒臼也。从爪、臼。以沼切。，舀或从臼、宂。，舀或从手从宂。”（148 页）段玉裁注[①]：“抒，挹也。既舂之，乃于臼中挹出之。今人凡酌彼注此皆曰舀，其引伸之语也。”

1.【常】金文“稻”字，新收 41 页、春秋 09.4632。简帛“稻”字，数 101、第八层 1794、马壹 254_42。石刻“稻”字，白石神君碑。《禾部》：“，稌也。从禾舀声。徒皓切。”（144 页）《文源》[②]：“象米禾在臼旁；爪，手持之，臼中将舂之形。……稻象禾在臼中爪取之，故舂毕挹出亦谓之稻。”

① （清）段玉裁：《说文解字注》，上海古籍出版社，2000，334 页。

② 林义光：《文源》，中西书局，2012，卷二。

2.【常】金文“滔”字，西周07.3945。石刻“滔”字，石经五经。《水部》：“，水漫漫大皃。从水舀声。土刀切。”（229页）

3.【常】石刻“蹈”字，元悌志。《足部》：“，踐也。从足舀声。徒到切。”（46页）

“要”组

0.【常】简帛“要”字，盗律61、敦煌简0983、敦煌简2231。石刻“要”字，石经九经。《臼部》：“，身中也。象人要自臼之形。从臼，交省声。於消切。又於笑切。，古文要。”（60页）《文源》[①]：“象女自约两手于腰之形，卣声。”段玉裁注[②]：“，身中也，象人自臼之形，从臼。……上象人首，下象人足，中象人腰而自臼持之。必从臼者，象形犹未显，人多护惜其腰故也。”

1.【常】石刻“腰”字，尔朱绍志、无上道志，从肉要声，《说文》无。

“癶”组

0.“癶”字暂未见唐以前、小篆外其他相关古文字形。《癶部》：“，足刺癶也。从止、少。读若撥。北末切。”（38页）《说文通训定声》[③]：“止、少相背曰癶，止、少相连曰步。”“癶”字音bō。

1.0 甲骨文“癹”字，合8006。《癶部》：“，以足蹋夷艸。从癶从殳。普活切。”（38页）《说文通训定声》[④]：“癶亦声。”《甲骨文字诂林》[⑤]：“商承祚释癹，曰：‘卜辞文殳、攴诸多偏旁多不分。’”“癹”字音bá。

1.10【常】甲骨文“發”字，合20238、合593、合5558、合10405正、合31146。金文“發”字，西周04.2321、新收448页、春秋01.174、春秋18.11718A。简帛“發”字，癸琐案14。石刻“發”字，石经五经。《弓部》：“，䠶发也。从弓癹声。方伐切。”（270页）《金文形义通解》[⑥]：“金文‘發’字从弓声，声符与小篆微异。裘锡圭

① 林义光：《文源》，中西书局，2012，卷二。
② （清）段玉裁：《说文解字注》，上海古籍出版社，2000，105页。
③ （清）朱骏声：《说文通训定声》，武汉古籍书店，1983，680页。
④ （清）朱骏声：《说文通训定声》，武汉古籍书店，1983，680页。
⑤ 于省吾主编：《甲骨文字诂林》，中华书局，1999，857页。
⑥ 张世超等：《金文形义通解》，中文出版社，1996，3042页。

引证甲骨文、六国官印之■（癶）字及汉印、汉碑‘發’字，谓……■即‘發’之象意初文，‘象弓弦被拨后不断颤动之形’，甲骨文又有■……‘加“攴”旁，大概是为了使拨动弓弦之意表示得更明白些’。‘后来■所从的攴又被加上了“癶”旁而改造成声旁■（癶），这样，表意字■就转化成形声字“發”了。’”“發”字简化作“发”。

1.11【常】简帛“廢”字，■金关 T30：204。石刻“廢”字，■石经五经。《广部》：“■，屋顿也。从广發声。方肺切。”（193 页）“廢”字简化作“废”。

1.12【常】石刻“撥”字，■石经五经。《手部》：“■，治也。从手發声。北末切。”（254 页）“撥”字简化作“拨”。

1.13【常】“潑”字暂未见唐以前相关古文字形，从水發声，简化作“泼”，《说文》无。

“末”组

0.【常】金文“末”字，■春秋 01.211.1。简帛“末”字，■第八层 1620、■马壹 36_49。石刻“末”字，■石台孝经。《木部》：“■，木上曰末。从木，一在其上。莫撥切。”（118 页）《金文形义通解》[①]：“金文从木，点与短横指示木之末。”

1.【常】简帛“沫”字，■脉书 15。石刻“沫”字，■石经九经。《水部》：“■，水，出蜀西徼外，東南入江。从水末声。莫割切。”（225 页）

2.【常】简帛“抹”字，■马壹 127_58，从手末声，《说文》无。

3.【常】“茉”字暂未见唐以前相关古文字形，从艸末声，《说文》无。

“莫”组

0.【常】甲骨文“莫”字，■合 15588 正、■合 26949、■合 30836、■合 10729、■合 29807、■合 23148、■花东 286。金文“莫”字，■商 12.7264、■西周 10.5245.1、■西周 16.10176。简帛“莫”字，■语书 3、■老子 2、■金关 T27：025。石刻“莫”字，■石经尚书。《茻部》：“■，日且冥也。从日在茻中。莫故切。又慕各切。”（27 页）《甲骨文字诂林》[②]：“金祥恒：‘象日落草莽之中……盖象夕阳西下，日落林中，薄暮之时也。’

① 张世超等：《金文形义通解》，中文出版社，1996，1447 页。

② 于省吾主编：《甲骨文字诂林》，中华书局，1999，1336 页。

按：古文字偏旁中屮、艸、茻，乃至木、林、森每无别。”

1.【常】金文“慕（慕）”字，西周16.10175。石刻“慕（慕）”字，曹全碑、石经五经。《心部》：“慕，习也。从心莫声。莫故切。”（219页）《说文通训定声》①：“按：思也。”

2.【常B】简帛“驀”字，秦律杂抄9。石刻“驀”字，田文雅墓铭。《馬部》：“驀，上马也。从馬莫声。莫白切。”（200页）“驀”字简化作“蓦”。

3.【常】简帛“募”字，秦律杂抄35、敦煌简0047。石刻“募”字，刘碑造像。《力部》：“募，广求也。从力莫声。莫故切。”（293页）

4.【常】简帛“摹”字，秦文字编1755。石刻“摹”字，李摹志。《手部》：“摹，规也。从手莫声。莫胡切。”（256页）《说文通训定声》②：“规抚也，从手莫声，字亦作摸。”

5.【常】简帛“幕”字，奏谳书166。石刻“幕”字，元秀志、刘悦志。《巾部》：“幕，帷在上曰幕，覆食案亦曰幕。从巾莫声。慕各切。”（159页）

6.【常】简帛“墓”字，马壹139_17。石刻“墓”字，长孙子泽志。《土部》：“墓，丘也。从土莫声。莫故切。”（289页）

7.【常】石刻“蟆”字，石经五经。《虫部》：“蟆，蝦蟆也。从虫莫声。莫遐切。”（282页）

8.【常】石刻“漠”字，虔恭等字残碑。《水部》：“漠，北方流沙也。一曰清也。从水莫声。慕各切。”（229页）

9.【常】石刻“模”字，石经五经。《木部》：“模，法也。从木莫声。读若嫫母之嫫。莫胡切。”（120页）《说文通训定声》③：“按：水曰法，木曰模，土曰型，金曰镕，竹曰范。”

10.【常】“膜”字暂未见唐以前、小篆外其他相关古文字形。《肉部》：“膜，肉间胲膜也。从肉莫声。慕各切。”（90页）

11.【常】简帛“暮”字，关周.病方。石刻“暮”字，刘渊志，从日莫声，《说文》无。

12.【常】石刻“寞”字，王怡政夫人志，从宀莫声，《说文》无。

13.【常】石刻“摸”字，冯会志，从手莫声，《说文》无。

14.【常】“饃”字暂未见唐以前相关古文字形，从食莫声，简化作

① （清）朱骏声：《说文通训定声》，武汉古籍书店，1983，417页。

② （清）朱骏声：《说文通训定声》，武汉古籍书店，1983，417页。

③ （清）朱骏声：《说文通训定声》，武汉古籍书店，1983，417页。

“馍”,《说文》无。

“叟”组

0.“叟”字,《又部》:“，入水有所取也。从又在囘下。囘，古文回。回，淵水也。读若沬。莫勃切。”(64 页)“叟”字音 mò。

1.【常】简帛“没”字，秦律十八种 103。石刻“没”字，毗上等字残碑、石经五经。《水部》:“，沉也。从水从叟。莫勃切。”(233 页)

“宋”组

0.“宋”字暂未见唐以前、小篆外其他相关古文字形。《宋部》:“，艸木盛宋宋然。象形，八声。读若輩。普活切。”(127 页)《说文通训定声》[1]:“从中从八，枝叶分布也，八亦声，疑即孛字之古文。”“宋”字音 pò。

1.0 甲骨文“孛”字，英 2525。金文“孛”字，西周 16.10176。石刻“孛”字，唐邕刻经记。《宋部》:“，㰆也，从宋；人色也，从子。蒲妹切。”(127 页)

1.10【常】金文“勃”字，秦文字编 1925。石刻“勃”字，刘懿志。《力部》:“，排也。从力孛声。薄没切。”(292 页)

1.11【常】石刻“渤”字，高阿难志，从水勃声，《说文》无。

1.2【常 A】“悖”是“誖”字或体。金文“誖”字，新收 1284 页。石刻“悖”字，石经五经。《言部》:“，乱也。从言孛声。蒲没切。，誖或从心。，籀文誖从二或。”(54 页)

1.3【常】“脖”字从肉孛声;【常 A】“荸”字从艸孛声;【常 B】“鵓”字从鳥孛声，简化作“鹁”；均暂未见唐以前相关古文字形，《说文》无。

2.【常】简帛“沛”字，识劫案 126。石刻“沛”字，石经五经。《水部》:“，水，出辽东番汗塞外，西南入海。从水市声。普蓋切。”(228 页)

3.【常】简帛“肺”字，甲《有司》18。石刻“肺”字，、石经五经。《肉部》:“，金藏也。从肉市声。芳吠切。”(87 页)

---

① (清)朱骏声:《说文通训定声》，武汉古籍书店，1983，681 页。

"我"组

0.【常】甲骨文"我"字，合 21249、合 9948、合 36754。金文"我"字，商 17.10735、商 10.5396.2、西周 04.1930、西周 07.4020、西周 09.4469。简帛"我"字，日甲《诘》29、银贰 1557、金关 T23：978、东牌楼 069。石刻"我"字，王基断碑、石经尚书。《我部》："，施身自谓也。或说我，顷顿也。从戈从。，或说古垂字。一曰古杀字。五可切。，古文我。"（267 页）《甲骨文字诂林》[1]："徐灏《说文段注笺》云：'元周伯琦曰：，戈名，象形，借为吾我字。'"

1.【常】甲骨文"娥"字，合 21067。石刻"娥"字，韩震志。《女部》："，帝尧之女，舜妻娥皇字也。秦晋谓好曰娙娥。从女我声。五何切。"（260 页）

2.【常】简帛"餓"字，日甲《诘》62。石刻"餓"字，石佛寺迦叶经碑。《食部》："，饥也。从食我声。五箇切。"（108 页）"餓"字简化作"饿"。

3.【常】石刻"蛾"字，杨孝恭碑。《虫部》："，罗也。从虫我声。五何切。"（280 页）

4.【常】石刻"峨"字，曹全碑、元顼志。《山部》："，嵯峨也。从山我声。五何切。"（191 页）"峨"字音 é。

5.【常】石刻"俄"字，范安贵志。《人部》："，行顷也。从人我声。五何切。"（166 页）

6.【常】石刻"鵝（鵞）"字，石经无经、王景曜志。《鳥部》："，鴚鵝也。从鳥我声。五何切。"（80 页）"鵝"字简化作"鹅"。

7.【常】金文"哦"字，西周 06.3613。《口部》："，吟也。从口我声。五何切。"（35 页）

"多"组

0.【常】甲骨文"多"字，合 202。金文"多"字，商 07.3975。简帛"多"字，日甲 23。石刻"多"字，石经尚书。《多部》："，重也。从重夕。夕者，相绎也，故为多。重夕为多，重日为曡。得何切。，古文多。"（142 页）《甲骨文字诂林》[2]："王国维：'多从二肉会意。'"

---

① 于省吾主编：《甲骨文字诂林》，中华书局，1999，2429 页。

② 于省吾主编：《甲骨文字诂林》，中华书局，1999，3324 页。

1.【常】简帛“移”字，银贰1576。石刻“移”字，石台孝经。《禾部》：“，禾相倚移也。从禾多声。一曰禾名。弋支切。”（144页）

2.【常】简帛“侈”字，东牌楼035。石刻“侈”字，梁令珣志。《人部》：“，掩胁也。从人多声。一曰奢也。尺氏切。”（166页）

3.【常】金文“哆”字，秦文字编196。石刻“哆”字，石经五经。《口部》：“，張口也。从口多声。丁可切。”（30页）

4.【常】“爹”字暂未见唐以前相关古文字形，从父多声，《说文》无。

“朵”组

0.【常】简帛“朵”字，芮盗案63。石刻“朵”字，石经五经。《木部》：“，树木垂朵朵也。从木，象形。此与采同意。丁果切。”（119页）段玉裁注[①]：“凡枝叶华实之垂者皆曰朵朵，今人但谓一华为一朵。”

1.【常】“垛（垜）”字暂未见唐以前、小篆外其他相关古文字形。《土部》：“，堂塾也。从土朵声。丁果切。”（287页）《说文通训定声》[②]：“门堂之塾有左右，左右各有南向北向两塾。今俗谓门两边伸出小墙曰垛头，其遗语也。”

2.【常】“躲”字从身朵声，【常】“跺”字从足朵声，【常B】“剁”字从刀朵声，均暂未见唐以前相关古文字形，《说文》无。

“堕”组

0.【常】金文“陊”字，中国历史文物02.6。石刻“墮”字，石经五经，从土隋声，简化作“堕”。《阜部》：“，败城𨸏曰陊。从𨸏𢀖声。許規切。，篆文。”（305页）段玉裁注[③]：“许书无𢀖字。盖或古有此文，或𢀖左为声，皆未可知。为篆文，则陊为古籒可知也。……小篆陊作墮，隶变作堕。”

1.【常】简帛“隋”字，银贰2175。石刻“隋”字，石经五经。《肉部》：“，裂肉也。从肉，从陊省。徒果切。”（89页）

2.【常】简帛“隨”字，马壹76_65。石刻“隨”字，元暐志、石经周易，简化作“随”。《辵部》：“，从也。从辵，墮省声。旬爲

① （清）段玉裁：《说文解字注》，上海古籍出版社，2000，250页。

② （清）朱骏声：《说文通训定声》，武汉古籍书店，1983，486页。

③ （清）段玉裁：《说文解字注》，上海古籍出版社，2000，733页。

切。”（39 页）

3.【常】石刻“惰（憜）”字，石经五经、石经尚书。《心部》：“，不敬也。从心，㨋省。徒果切。，憜或省𠂤。，古文。”（220 页）

4.【常】“橢”字暂未见唐以前、小篆外其他相关古文字形。《木部》：“，车笭中橢橢器也。从木隋声。徒果切。”（122 页）“橢”字简化作“椭”。

5.【常】“髓”字同“𩪜”。石刻“髓”字，张安姬志。《骨部》：“，骨中脂也。从骨隓声。息委切。”（86 页）

“𩫏”组

0. 金文“𩫏”字，商 03.1297、西周 03.618。《𩫏部》：“，度也，民所度居也。从回，象城𩫏之重，两亭相对也。或但从囗音韦。古博切。”（110 页）《甲骨文字诂林》[1]：“郭沫若：‘余谓亦𩫏字，从四亭于城垣之上，两两相对，与从二亭相对同意。’按：卜辞𩫏字即象城郭之形，亦用为城郭之义。……《说文》古文墉与𩫏之形体同，金文又用为‘庸’字，但音读悬隔。段玉裁以‘古读如庸，秦以后读如郭’说之。商周音系当有别于战国秦汉音系，段氏是有见地的。”“𩫏”字音 guō。

1.0【常】金文“郭”字，考古与文物 94.4。简帛“郭”字，为吏 8、金关 T25：049。石刻“郭”字，石经五经。《邑部》：“，齐之郭氏虚。善善不能进，恶恶不能退，是以亡国也。从邑𩫏声。古博切。”（136 页）

1.1【常】石刻“廓”字，曹全碑，从广郭声，《说文》无。

“果”组

0.【常】金文“果”字，西周 06.3474.1。简帛“果”字，日甲 3。石刻“果”字，石经五经。《木部》：“，木实也。从木，象果形在木之上。古火切。”（118 页）《金文形义通解》[2]：“金文象果实形，生于木上以显其意。”

1.【常】简帛“課”字，秦律杂抄 30、金关 T30：194，简化作“课”。石刻“課”字，元寿安志。《言部》：“，试也。从言果声。苦卧切。”（52 页）

① 于省吾主编：《甲骨文字诂林》，中华书局，1999，1941 页。

② 张世超等：《金文形义通解》，中文出版社，1996，1447 页。

2.【常】简帛“裹”字，数137。石刻“裹”字，梁子彦志。《衣部》:“，缠也。从衣果声。古火切。”(172页)

3.【常】“裸”是“臝”字或体。石刻“裸”字，韩裔志。《衣部》:“，袒也。从衣臝声。郎果切。，臝或从果。”(172页)

4.【常B】石刻“窠”字，冯仙师志。《穴部》:“，空也。穴中曰窠，树上曰巢。从穴果声。苦禾切。”(152页)

5.【常】石刻“顆”字，嵩高灵庙碑。《頁部》:“，小头也。从頁果声。苦惰切。”(182页)“顆”字简化作“颗”。

6.【常B】“稞”字暂未见唐以前、小篆外其他相关古文字形。《禾部》:“，谷之善者。从禾果声。一曰無皮穀。胡瓦切。”(145页)

7.【常】“棵”字暂未见唐以前相关古文字形，从木果声，《说文》无。

“火”组

0.【常】甲骨文“火”字，合11150、合30774。简帛“火”字，法律答问159。石刻“火”字，郭敬墓记。《火部》:“，毁也。南方之行，炎而上。象形。呼果切。”(207页)《文源》[①]:“象光燄迸射之形。”《甲骨文字诂林》[②]:“罗振玉:‘象火形。’按：契文‘火’‘山’二形易混。大体山字下较平直，火字则下体稍曲。”

1.【常】“伙”字暂未见唐以前相关古文字形，从人火声，《说文》无。

“蒦”组

0.“蒦”字，《萑部》:“，规蒦，商也。从又持萑。一曰视遽皃。一曰蒦，度也。乙虢切。，蒦或从尋。尋亦度也。”(77页)“蒦”字音huò。

1.【常】甲骨文“穫”字，合9522、合28203、合18158、合18400、合9544反。简帛“穫”字，金关T06：022A。石刻“穫”字，石经五经。《禾部》:“，刈谷也。从禾蒦声。胡郭切。”(145页)“穫”字简化作“获”。

2.【常】甲骨文“獲”字，合10408正、怀1915。金文“獲”字，文物98.9。简帛“獲”字，癸琐案30、敦煌简0177。石刻“獲”字，石经周易。《犬部》:“，猎所获也。从犬蒦声。胡伯切。”(205

① 林义光:《文源》，中西书局，2012，卷一。

② 于省吾主编:《甲骨文字诂林》，中华书局，1999，1205页。

页）“獲”字简化作“获”。

3.【常】简帛“護”字，金关 T24：401、金关 T04：102。石刻“護”字，师弘礼志。《言部》：“，救视也。从言蒦声。胡故切。”（53 页）“護”字简化作“护”。

“或”组

0.【常】“域”是“或”字或体。甲骨文“或”字，合 7690、合 35913。金文“或”字，西周 05.2740、西周 10.5415.1。简帛“或（域）”字，效律 49、仓颉篇 44。石刻“或（域）”字，石经五经、卢知宗志。《戈部》：“，邦也。从口从戈，以守一。一，地也。于逼切。，或又从土。”（266 页）《金文形义通解》[①]：“‘或’字乃‘域’若‘国’之古字，金文‘或’字以保卣字为最早，形意显明，从，即从戈省，声，即‘或’之初文，其中部之囗象人居之区域，……‘或’之初文与‘晕’之初文近似乃至同形无别，甚疑‘或’即自‘晕’孳乳而出之字。‘或（域）’‘囿’同源，古有区域、范围、围守之义。其形势正与日月之晕同。……疆域字古仅以为之，后增‘戈’以别之。‘戈’者，示其为守卫之疆域，而非天象之日月晕也。金文保卣以外之‘或’字，声符皆省作。之顶横或与义符戈形之长横接连而作形，即为小篆所本。”

1.【常】金文“國”字，西周 11.6014、西周 10.5420.1、西周 08.4313.1。简帛“國”字，马壹 13_85。石刻“國”字，唐邕刻经记。《囗部》：“，邦也。从囗从或。古惑切。”（129 页）《金文形义通解》[②]：“‘国’‘或’‘域’本同字。西周中期始，或增‘囗’以标其疆域之义。春秋战国间，或省从‘匚’。”“國”字简化作“国”。

2.【常】简帛“惑”字，蓋卢 18。石刻“惑”字，韦埙志。《心部》：“，乱也。从心或声。胡國切。”（221 页）

3.【常 B】“蟈”是“蜮”字或体，简化作“蝈”。《虫部》：“，短狐也。似鳖，三足，以气鉃害人。从虫或声。于逼切。，蜮又从國。”（282 页）

① 张世超等：《金文形义通解》，中文出版社，1996，2950 页。

② 张世超等：《金文形义通解》，中文出版社，1996，1540 页。

"罩"组

0. 甲骨文"罩"字，合集 6016 正。《甲骨文字诂林》[①]："孙海波：'象网中有隹，羅之初文。'……按：卜辞字从网从隹，与小篆字同。"《隹部》："，覆鸟令不飞走也。从网、隹。读若到。都校切。"（77 页）"罩"字音 zhào。

1.0【常】金文"羅"字，吴越 286 页。简帛"羅"字，日乙 223、魏晋残纸。石刻"羅"字，石经五经。《网部》："，以丝罟鸟也。从网从維。古者芒氏初作罗。鲁何切。"（157 页）"羅"字简化作"罗"。

1.1【常】石刻"蘿"字，元濬嫔耿氏志。《艸部》："，莪也。从艸羅声。鲁何切。"（20 页）"蘿"字简化作"萝"。

1.2【常】石刻"邏"字，孔神通志。《辵部》："，巡也。从辵羅声。郎左切。"（42 页）"邏"字简化作"逻"。

1.3【常】石刻"囉"字，竖立生台记，从口羅声，简化作"啰"，《说文》无。

1.4【常】"籮"字从竹羅声，简化作"箩"；【常】"鑼"字从金羅声，简化作"锣"；均暂未见唐以前相关古文字形，《说文》无。

"𦝠"组

0. 甲骨文"𦝠"字，合 21187、合 32705、合 33212、屯 499。《肉部》："，或曰：嘼名，象形。阙。郎果切。"（90 页）段玉裁注[②]："盖𦝠为嬴之古字，与驴嬴皆可畜于家，则谓之畜宜也。"《金文形义通解》[③]："金文与篆文同构，惟所从之𦝠为整体象形字，刘节谓象蜗牛形。""𦝠"字音 luó。

1.【常 B】金文"嬴"字，西周 04.2171、西周 05.2748。石刻"嬴"字，石经五经。《女部》："，少昊氏之姓也。从女，𦝠省声。以成切。"（258 页）《金文形义通解》[④]："金文'嬴'字从女，声。即'嬴'之象形初文，方濬益谓'嬴'即蜗牛，又名蜗嬴、蜾嬴，字'象嬴出首页壳其纹重叠之形'。可从。金文'嬴'字声符变化不一。"

2.【常】金文"贏"字，西周 10.5426.2、西周 04.2027。简帛

① 于省吾主编：《甲骨文字诂林》，中华书局，1999，2835 页。

② （清）段玉裁：《说文解字注》，上海古籍出版社，2000，177 页。

③ 张世超等：《金文形义通解》，中文出版社，1996，1561 页。

④ 张世超等：《金文形义通解》，中文出版社，1996，2828 页。

“贏”字，效律34。石刻“贏”字，石经五经。《貝部》：“，有余、贾利也。从貝嬴声。以成切。”（130页）“贏”字简化作“赢”。

3.【常B】简帛“羸”字，效律7。石刻“羸”字，石经五经。《羊部》：“，瘦也。从羊嬴声。力爲切。”（78页）

4.【常】“騾”是俗“羸”字，简化作“骡”。《馬部》：“，驴父马母。从馬嬴声。洛戈切。，或从羸。”（202页）《说文通训定声》[①]：“俗字作骡。”石刻“騾”字，高伏德造像、梁元翰志。

“叒”组

0.石刻“叒”字，杨孝恭碑。《叒部》：“，日初出东方汤谷，所登榑桑，叒木也。象形。而灼切。，籀文。”（127页）“叒”字音ruò。

1.0【常】甲骨文“若”字，合21128。金文“若”字，商06.3713、西周05.2763.1、春秋05.2750。简帛“若”字，芮盗案77。石刻“若”字，石经尚书。《艸部》：“，择菜也。从艸、右。右，手也。一曰杜若，香艸。而灼切。”（24页）《甲骨文字诂林》[②]：“罗振玉：‘按：卜辞之若字，象人举手而跽足，乃象诺时巽顺之状。古诺与若为一字，故若字训为顺。古金文若字与此略同。择菜之谊非其朔也。’按：叒、若古本同字，《说文》强为之别。……容庚《金文编》以为叒，以为诺，实则古文字每每增口为饰，不足为异。”

1.1【常】甲骨文“匿”字，村中南337。金文“匿”字，商13.7377、西周05.2837。简帛“匿”字，语书6。石刻“匿”字，石经五经。《匸部》：“，亡也。从匸若声。读如羊驺箠。女力切。”（267页）

1.2【常】石刻“諾”字，元晔志、石经五经。《言部》：“，譍也。从言若声。奴各切。”（51页）“諾”字简化作“诺”。

1.3【常B】“箬”字，《竹部》：“，楚谓竹皮曰箬。从竹若声。而勺切。”（95页）

1.4【常】石刻“惹”字，张思禄经幢。《心部》：“，乱也。从心若声。人者切。”（224页）

1.5【常B】“喏”字暂未见唐以前相关古文字形，从口若声，《说文》无。

① （清）朱骏声：《说文通训定声》，武汉古籍书店，1983，486页。

② 于省吾主编：《甲骨文字诂林》，中华书局，1999，367页。

“弱”组

0.【常】简帛“弱”字，𢏸秦律十八种 136、𢏸金关 T23 : 692。石刻“弱”字，𢏸建宁元年残碑。《彡部》:“𢏸，桡也。上象桡曲，彡象毛牦桡弱也。弱物并，故从二弓。而勺切。”(185 页)《说文通训定声》[①] :“按：当从二彡会意。彡，新生羽也。𢏸意弱，故并篆体并作，故上诘詘以随字势。”

1.【常】甲骨文“溺”字，𣲡合 13887。简帛“溺”字，𣲡马贰 29_39。石刻“溺”字，𣲡尚博残碑。《水部》:“𣲡，水，自张掖删丹西，至酒泉合黎，余波入于流沙。从水弱声。桑钦所说。而灼切。”(225 页)《甲骨文字典》[②] :“象人遗溺形，为尿之初文。所从之𠃌在小篆中讹为弓，⺀讹为彡，遂为弓，复由弓相重更增从水而为溺。”

“衰”组

0.【常】甲骨文“衰”字，𠂢合 9096。金文“衰”字，𠂢西周 . 三代三 / 二。简帛“衰”字，𠂢为吏 49、𠂢马壹 72_3。石刻“衰”字，𠂢石经五经。《衣部》:“𠂢，艸雨衣。秦谓之萆。从衣，象形。穌禾切。𠂢，古文衰。”(173 页)《说文通训定声》[③] :“古文上象笠，中象人面，下象衰形，字亦作蓑。”

1.【常 B】“蓑”字暂未见唐以前相关古文字形，从艸衰声，《说文》无。

“貨”组

0.“貨”字暂未见唐以前、小篆外其他相关古文字形。《貝部》:“𧴪，贝声也。从小、貝。酥果切。”(129 页)段玉裁注[④] :“聚小贝则多声，故其字从小贝。引伸为细碎之偁，今俗琐屑字当作此。琐行而貨废矣。”“貨”字音 suǒ。

1.【常】简帛“瑣”字，𤪌癸琐案 19、𤪌仓颉篇 61。石刻“瑣”字，𤪌元诱志、𤪌石经五经。《玉部》:“𤪌，玉声也。从玉貨声。蘇果切。”(12 页)段玉裁注[⑤] :“谓玉之小声也。”“瑣”字简化作“琐”。

① (清)朱骏声:《说文通训定声》，武汉古籍书店，1983，333 页。

② 徐中舒主编:《甲骨文字典》，四川辞书出版社，1990，1187 页。

③ (清)朱骏声:《说文通训定声》，武汉古籍书店，1983，601 页。

④ (清)段玉裁:《说文解字注》，上海古籍出版社，2000，279 页。

⑤ (清)段玉裁:《说文解字注》，上海古籍出版社，2000，16 页。

2.【常】石刻“鎖”字，鎖任城桥亭记。《金部》：“鎖，铁锁，门键也。从金肖声。穌果切。”（299 页）“鎖”字简化作“锁”。

3.【常 B】“嗩”字暂未见唐以前相关古文字形，从口肖声，简化作“唢”，《说文》无。

“索”组

0.【常】甲骨文“索”字，合 20306、合 15121。金文“索”字，西周 15.9702。简帛“索”字，封诊式 69、为吏 13、金关 T30：031。石刻“索”字，石经周易。《宋部》：“索，艸有茎叶，可作绳索。从宋、糸。杜林说：宋亦朱木字。蘇各切。”（127 页）《金文形义通解》[①]：“‘索’字金文作，象双手持索形。战国楚帛书作，仍可见双手形。秦简作，则双手之形已讹，小篆亦其讹形。所谓‘从宋’者，殆所从‘廾’字之讹。”

1.【常】“嗦”字暂未见唐以前相关古文字形，从口索声，《说文》无。

“叕”组

0. 金文“叕”字，西周 09.4565.1。简帛“叕”字，睡 134。《叕部》：“叕，缀联也。象形。陟劣切。”（307 页）《说文解字系传》[②]：“交络互缀之象。”《说文通训定声》[③]：“疑即缀字之古文。”“叕”字音 zhuó。

1.【常 B】简帛“掇”字，为吏 7、仓颉篇 22。石刻“掇”字，石经五经。《手部》：“掇，拾取也。从手叕声。都括切。”（255 页）

2.【常】石刻“綴”字，李仙蕙志。《叕部》：“綴，合箸也。从叕从糸。陟衛切。”（307 页）《说文通训定声》[④]：“从糸从叕，会意，叕亦声。”“綴”字简化作“缀”。

3.【常 B】石刻“輟”字，元羽志。《車部》：“輟，车小缺复合者。从車叕声。陟劣切。”（303 页）《说文解字注笺》[⑤]：“车小缺复合，言行断而复续也。”“輟”字简化作“辍”。

---

① 张世超等：《金文形义通解》，中文出版社，1996，1514 页。
② （南唐）徐锴：《说文解字系传》，中华书局，1998，277 页。
③ （清）朱骏声：《说文通训定声》，武汉古籍书店，1983，675 页。
④ （清）朱骏声：《说文通训定声》，武汉古籍书店，1983，675 页。
⑤ （清）徐灏：《说文解字注笺》（续修四库全书），上海古籍出版社，2002，卷十四上 88 页。

“𠂇”组

0. 甲骨文“𠂇”字，合14206正。金文“𠂇”字，商03.1372、西周16.10175。《𠂇部》：“，𠂇手也。象形。”（65页）《说文通训定声》[1]：“按：𠂇，所以左右手者也，经传皆以左为之。”《甲骨文字诂林》[2]：“按：卜辞象左手形。”“𠂇”字音zuǒ。

1.0【常】金文“左”字，西周16.9901.1、西周08.4341、战国15.9686A。简帛“左”字，法律答问126、金关T23：974。石刻“左”字，夏承碑、元孟辉志。《左部》：“，手相左助也。从𠂇、工。則箇切。”（99页）段玉裁注[3]：“左者，今之佐字。《说文》无佐也。𠂇者，今之左字。𠂇部曰：左手也。谓左助之手也。以手助手是曰左，以口助手是曰右。”《说文通训定声》[4]：“按：𠂇亦声。𠂇手，所以助右手者也。”《金文形义通解》[5]：“甲骨文有𠂇字而无‘左’字。𠂇，本左手之象形文，与为右手之象形文相对。周金文增义符‘工’于𠂇下，以表佐助之义。”

1.1【常】简帛“佐”字，秦律杂抄13。石刻“佐”字，赫连子悦志，从人左声，《说文》无。

“卓”组

0.【常】金文“卓（㫐）”字，春秋07.4018。简帛“卓（㫐）”字，马壹110_165。石刻“卓（㫐）”字，、石经五经。《匕部》：“，高也。早匕为㫐，匕卪为卬，皆同义。竹角切。，古文㫐。”（168页）《金文形义通解》[6]：“金文‘卓’字从人从昜。上部非匕，实侧视之人形，下部非早，实形也。……卓林父簋字于中圆内省去一短画而已。……‘昜’字初文象日冉冉升起之意，而‘卓’字从人在‘昜’上，盖象人于日下立于高卓之处，故‘卓’初文有高义，亦有明义。”

1.【常】甲骨文“罩”字，合33081、合903正、合10759、花东401。石刻“罩”字，于纂志、石经五经。《网部》：“，捕鱼器也。

① （清）朱骏声：《说文通训定声》，武汉古籍书店，1983，491页。
② 于省吾主编：《甲骨文字诂林》，中华书局，1999，883页。
③ （清）段玉裁：《说文解字注》，上海古籍出版社，2000，200页。
④ （清）朱骏声：《说文通训定声》，武汉古籍书店，1983，491页。
⑤ 张世超等：《金文形义通解》，中文出版社，1996，1089页。
⑥ 张世超等：《金文形义通解》，中文出版社，1996，2037页。

从网卓声。都教切。”（157 页）

2.【常】“綽”是“繛”字或体，简化作“绰”。金文“繛”字，文物 99.9、文物 03.6。简帛“綽”字，第八层 1515。石刻“綽”字，寇峤妻志。《素部》：“繛，緩也。从素卓声。昌約切。綽，繛或省。”（278 页）《说文通训定声》[①]：“缓也。”

3.【常】石刻“悼”字，穆亮志、姬威志。《心部》：“悼，惧也。陈楚谓惧曰悼。从心卓声。徒到切。”（233 页）

4.【常】石刻“掉”字，石经五经。《手部》：“掉，摇也。从手卓声。徒弔切。”（254 页）

5.【常 B】“棹”字同“櫂”。简帛“櫂”字，敦煌简 0238B。石刻“棹”字，戴令言志。《木部》：“櫂，所以进船也。从木翟声。或从卓。《史记》通用濯。直教切。”（126 页）

6.【常】“桌”字暂未见唐以前相关古文字形，从木，卓省声，《说文》无。

“坐”组

0.【常】甲骨文“坐”字，合 1779 正、合 5357。简帛“坐”字，秦律十八种 83。石刻“坐”字，兰亭序真本、封魔奴志。《土部》：“㘴，止也。从土，从留省。土，所止也。此与留同意。但卧切。坐，古文坐。”（287 页）《说文通训定声》[②]：“按：古文从土，从二人对坐。”

1.【常】石刻“挫”字，元略志。《手部》：“挫，摧也。从手㘴声。则卧切。”（251 页）

2.【常 A】简帛“銼”字，马壹 144_18。石刻“銼”字，蔡俊断碑。《金部》：“銼，鍑也。从金坐声。昨禾切。”（294 页）“銼”字简化作“锉”。

3.【常】石刻“座”字，元颢志、山可球造像，从广坐声，《说文》无。

“隹”组

0. 甲骨文“隹”字，H11：53。金文“隹”字，商 14.8698。石

① （清）朱骏声：《说文通训定声》，武汉古籍书店，1983，330 页。

② （清）朱骏声：《说文通训定声》，武汉古籍书店，1983，493 页。

刻“雔”字，孙说志。《雔部》：“，双鸟也。从二隹。读若醻。市流切。”（79 页）“雔”字音 chóu。

1.【常】简帛“售”字，楼.纸。石刻“售”字，石经九经。《口部》：“，卖去手也。从口，雔省声。承臭切。”（35 页）

“畴”组

0.【常】甲骨文“疇”字，合 21174、合 21181、合 339。简帛“疇”字，第八层 454、银贰 1056。石刻“疇”字，石经尚书。《田部》：“，耕治之田也。从田，象耕屈之形。直由切。，𤰝或省。”（290 页）《说文通训定声》①：“今隶作畴。”《甲骨文字诂林》②：“王襄：‘古畴字，省田。’……按：契文𠷎与《说文》𤰝之或体同。王筠《释例》谓‘𠷎篆下云𠷎或省，非也。当云古文𠷎字象形，小篆加田以表之耳’。严章福《说文校议议》谓‘𠷎为古文，𤰝以为声’，其说并是。”“疇”字简化作“畴”。

1.0“𠷎”字同“𠷎”。金文“𠷎”字，西周 05.2831。石刻“𠷎”字，临辟雍碑。《口部》：“，谁也。从口、𠷎，又声。𠷎，古文疇。直由切。”（33 页）《金文形义通解》③：“金文作，从口𠷎声。𠷎为‘畴’之古文，见于甲骨文作，金文或增从又，为小篆所本。……𠷎字从‘又’，盖标其义也。”“𠷎”字音 chóu。

1.10【常】金文“壽”字，西周 07.4060、西周 05.2724、西周 05.2800。简帛“壽”字，第八层 1580、金关 T09：085。石刻“壽”字，四耶耶骨棺盖、石经五经，简化作“寿”。《老部》：“，久也。从老省，𠷎声。殖酉切。”（173 页）《金文形义通解》④：“金文‘寿’字从老省者居多，然亦有不省者，……本以𠷎为声，后渐增繁。”

1.11【常】甲骨文“鑄”字，村中南 296、合 29687、合 27987、英 2567。金文“鑄”字，西周 15.9551、西周 03.633、西周 05.2779、春秋 09.4539.1、春秋 09.4486、战国 05.2794.2。石刻“鑄”字，石经五经。《金部》：“，销金也。从金壽声。之戍切。”（294 页）《金文形义通解》⑤：“早期金文从臼从𠕁，象手持坩锅以烧铸，从火，下从皿，

① （清）朱骏声：《说文通训定声》，武汉古籍书店，1983，248 页。

② 于省吾主编：《甲骨文字诂林》，中华书局，1999，1176 页。

③ 张世超等：《金文形义通解》，中文出版社，1996，195 页。

④ 张世超等：《金文形义通解》，中文出版社，1996，2103 页。

⑤ 张世超等：《金文形义通解》，中文出版社，1996，3245 页。

所铸之器也。或省臼，或讹丙如‘鬲’。后或增意符‘金’，声符𠃬，其意符臼、火、皿等皆或有省减。师同鼎等器字从今𠃬声，为后世篆文所本。”“鑄”字简化作“铸”。

1.12【常】简帛“禱”字，日甲《啻》101。石刻“禱”字，石经五经。《示部》：“，告事求福也。从示𠷎声。都浩切。，禱或省。，籀文禱。”（8页）“禱”字简化作“祷”。

1.13【常】“擣”是俗“擣”字，简化作“捣”。石刻“擣”字，石经五经。《手部》：“，手推也。一曰築也。从手𠷎声。都皓切。”（255页）《说文通训定声》①：“今字作擣，或又作擣。”

1.14【常】石刻“籌”字，长孙子泽志。《竹部》：“，壶矢也。从竹𠷎声。直由切。”（98页）“籌”字简化作“筹”。

1.15【常】甲骨文“濤”字，合10984。石刻“濤”字，多宝塔碑。《水部》：“，大波也。从水𠷎声。徒刀切。”（238页）“濤”字简化作“涛”。

1.16【常B】“躊”字暂未见唐以前相关古文字形，从足𠷎声，简化作“踌”，《说文》无。

“丑”组

0.【常】甲骨文“丑”字，合20646、合18132正。金文“丑”字，西周05.2759、春秋16.10008.1、文物87.12。简帛“丑”字，日甲《土忌》132。石刻“丑”字，肥致碑。《丑部》：“，纽也。十二月，万物动，用事。象手之形。时加丑，亦举手时也。敕九切。”（310页）《甲骨文字诂林》②：“按：丑本象手甲形。《说文》：‘叉，手足甲也。’丑、叉乃后世区别之文。丑既为干支字所专，复别出叉字以为手足甲义。……丑本象手有甲形，为叉之本字。”

1.【常】甲骨文“羞”字，合1048、花东286、合20908。金文“羞”字，商03.1072、西周04.1770、春秋03.579。简帛“羞”字，睡10。石刻“羞”字，石经周易。《丑部》：“，进献也。从羊，羊，所进也；从丑，丑亦声。息流切。”（310页）《金文形义通解》③：“甲骨文作……从羊从又，乃持羊进献之象。金文同之，或从廾，奉进之意愈显。

① （清）朱骏声：《说文通训定声》，武汉古籍书店，1983，249页。

② 于省吾主编：《甲骨文字诂林》，中华书局，1999，3593页。

③ 张世超等：《金文形义通解》，中文出版社，1996，3466页。

汉印始见从丑之‘羞’，变‘又’为‘丑’，乃声化之结果。”

2.【常】简帛“紐”字，马壹171_8。石刻“紐”字，元彝志。《糸部》：“紐，系也。一曰结而可解。从糸丑声。女久切。”（274页）“紐”字简化作“纽”。

3.【常】石刻“鈕”字，杨执一志。《金部》：“鈕，印鼻也。从金丑声。女久切。玣，古文鈕从玉。”（295页）“鈕”字简化作“钮”。

4.【常B】“妞”字同“㚼”。甲骨文“㚼”字，合37485。《女部》：“㚼，人姓也。从女丑声。《商书》曰：‘无有作㚼。’呼到切。”（258页）段玉裁注[①]：“今《尚书》㚼作好。此引经说叚借也。㚼本训人姓，好恶自有真字。而壁中古文叚㚼为好。”

5.【常】“扭”字暂未见唐以前相关古文字形，从手丑声，《说文》无。

“斗”组

0.【常】甲骨文“斗”字，合21356。金文“斗”字，战国05.2608、战国05.2576。简帛“斗”字，效律47、金关T10：166。石刻“斗”字，石门颂、元乂志。《斗部》：“斗，十升也。象形，有柄。當口切。”（300页）《甲骨文字诂林》[②]：“按：契文即象斗形，金文作，犹相近似，篆文作，已渐失其初。”

1.【常】“抖”字从手斗声，【常】“蚪”字从虫斗声，均暂未见唐以前相关古文字形，《说文》无。

“豆”组

0.【常】甲骨文“豆”字，屯740、合29364。金文“豆”字，商10.5395.1、西周08.4276。简帛“豆”字，法律答问27。石刻“豆”字，石经尚书。《豆部》：“豆，古食肉器也。从口，象形。徒候切。𣅜，古文豆。”（102页）

1.【常】简帛“頭”字，封诊式69。石刻“頭”字，张伏敬志。《頁部》：“頭，首也。从頁豆声。度侯切。”（181页）“頭”字简化作“头”。

2.【常】金文“豎”字，战国17.11356。石刻“豎”字，石经五

① （清）段玉裁：《说文解字注》，上海古籍出版社，2000，613页。

② 于省吾主编：《甲骨文字诂林》，中华书局，1999，3233页。

经。《臤部》："豎，竖立也。从臤豆声。臣庾切。豎，籀文豎从殳。"（65页）《说文通训定声》[①]："俗字作竪。"石刻"豎"字，豎冯邕妻志。"豎"字简化作"竖"。

3.【常】简帛"短"字，短为吏15。石刻"短"字，短元过仁志、短陶英妻志。《矢部》："短，有所长短，以矢为正。从矢豆声。都管切。"（110页）《说文通训定声》[②]："按：短，不长也。横用之器，矢最短；竖用之器，豆最短；故从矢从豆会意。"

4.【常】石刻"逗"字，逗董师志。《辵部》："逗，止也。从辵豆声。田候切。"（41页）

5.【常A】"痘"字暂未见唐以前相关古文字形，从疒豆声，《说文》无。

"缶"组

0.【常B】甲骨文"缶"字，缶合20223。金文"缶"字，缶商05.2653、缶西周11.5977、缶春秋16.10008.2。简帛"缶"字，缶马壹5_23。石刻"缶"字，缶石经周易。《缶部》："缶，瓦器。所以盛酒浆。秦人鼓之以节歌。象形。方九切。"（109页）《金文形义通解》[③]："甲骨文'缶'字作缶……下象瓦器形，上从'午'。……'匋'象人制器之事，'缶'为'匋'之省文，后世分化为二。"

1.【常】甲骨文"寶"字，寶合17512、寶H11：52、寶H11：16。金文"寶"字，寶商10.5394.1、寶西周04.2330、寶西周05.2837、寶西周06.3461、寶西周07.3994、寶西周16.10252、寶春秋16.10008.2、寶春秋15.9663。简帛"寶"字，寶马壹97_51、寶敦煌简1144。石刻"寶"字，寶石经五经。《宀部》："寶，珍也。从宀从王从貝，缶声。博皓切。寚，古文寶省贝。"（151页）《甲骨文字诂林》[④]："按：契文从宀从贝从玉会意，贝玉皆属可宝之物。金文、小篆复从'缶'声。"《金文形义通解》[⑤]："殷商甲骨文作玉……等形。连劭名曰：所从之玉当为'玉'较原始之形，'它极像商代那种被称为柄形器的玉器，说明玉字本来是一个象形字。'""寶"字简化作"宝"。

---

① （清）朱骏声：《说文通训定声》，武汉古籍书店，1983，348页。
② （清）朱骏声：《说文通训定声》，武汉古籍书店，1983，739页。
③ 张世超等：《金文形义通解》，中文出版社，1996，1333页。
④ 于省吾主编：《甲骨文字诂林》，中华书局，1999，1887页。
⑤ 张世超等：《金文形义通解》，中文出版社，1996，1844页。

“冓”组

0. 甲骨文“冓”字，合17682正、合10969正（“冓”字省体）。《冓部》：“冓，交积材也。象对交之形。古候切。”（83页）《甲骨文字诂林》[①]：“按：谓为‘象对交之形’是对的，谓为‘交积材’则不确。……至于冓字对交之形究竟何所取象，郭沫若以为即篝之初形，可备一说。或以为冓象两鱼相遇，其说非是。字形与鱼形无涉。”

1.【常】简帛“購”字，法律答问139。石刻“購”字，吴德鄘妻志。《貝部》：“購，以财有所求也。从貝冓声。古候切。”（131页）“購”字简化作“购”。

2.【常】石刻“講”字，石经五经。《言部》：“講，和解也。从言冓声。古項切。”（53页）“講”字简化作“讲”。

3.【常】简帛“溝”字，马壹84_102。石刻“溝”字，石经五经。《水部》：“溝，水渎。广四尺、深四尺。从水冓声。古矦切。”（232页）“溝”字简化作“沟”。

4.【常】石刻“構”字，石经五经。《木部》：“構，盖也。从木冓声。杜林以为椽桷字。古后切。”（120页）“構”字简化作“构”。

5.【常B】“篝”字暂未见唐以前、小篆外其他相关古文字形。《竹部》：“篝，笿也。可熏衣。从竹冓声。宋楚谓竹篝墙以居也。古侯切。”（96页）

“侯”组

0.【常】甲骨文“侯（矦）”字，合98正、合33979。金文“侯（矦）”字，商10.4847.2、西周07.3929。简帛“侯（矦）”字，贼律1、金关T30：202。石刻“侯（矦）”字，王基志、石台孝经、石经尚书。《矢部》：“矦，春飨所䠶矦也。从人；从厂，象张布；矢在其下。天子䠶熊虎豹，服猛也；诸矦䠶熊豕虎；大夫射麋，麋，惑也；士射鹿豕，为田除害也。其祝曰：‘毋若不寧矦，不朝于王所，故伉而䠶汝也。’乎溝切。㕈，古文矦。”（110页）《说文通训定声》[②]：“厌，射厌也，从厂，象张布形，矢集其中，经传皆以矦为之。按：矦字从此得声，许书并矦厌为一字。”

---

① 于省吾主编：《甲骨文字诂林》，中华书局，1999，3145页。

② （清）朱骏声：《说文通训定声》，武汉古籍书店，1983，343页。

1.【常】简帛“候（偯）”字，秩律446、金关T10：141。石刻“候（偯）”字，郭显志、马君妻董志。《人部》：“，伺望也。从人矦声。胡遘切。”（165页）

2.【常】石刻“喉（喉）”字，阳济志。《口部》：“，咽也。从口矦声。乎鉤切。”（30页）

3.【常】石刻“猴”字，元伏和志。《犬部》：“，夒也。从犬矦声。乎溝切。”（206页）

“㫗”组

0.“㫗”字暂未见唐以前、小篆外其他相关古文字形。《㫗部》：“，厚也。从反亯。胡口切。”（111页）《说文解字注笺》①：“㫗、厚古今字。……依许义凡笃厚、敦厚本作㫗，物之厚薄则作厚。”“㫗”字音hòu。

1.【常】甲骨文“厚”字，合34123。金文“厚”字，西周05.2730、西周12.6439、总集08.6717。简帛“厚”字，马壹5_28。石刻“厚”字，高湝志、石经周易。《㫗部》：“，山陵之厚也。从㫗从厂。胡口切。，古文厚从后土。”（111页）《说文通训定声》②：“按：㫗亦声。”《甲骨文字诂林》③：“唐兰：‘商承祚云：“即厚字，……”甚是。……今按当是从厂㫗声。厂，之省。者，石也。’”

“后”组

0.【常】金文“后”字，战国04.2360.1。简帛“后”字，数182。石刻“后”字，石经周易。《后部》：“，继体君也。象人之形。施令以告四方，故厂之。从一、口。发号者，君后也。胡口切。”（186页）《甲骨文字诂林》④：“王国维：‘此字变体甚多，从女从（倒子形，即《说文》之㐬字）；或从母从，象产子之形。……又引申为继体君之后，……是后字本象人形，厂当即之讹变，则倒子形之讹变也。后字之谊，本从毓谊引申，其后产子之字，专用毓育二形，继体君之字，专用形，遂成二字，又讹为后。’……李孝定：‘王氏释毓，谓毓、后一字是也。’”

① （清）徐灏：《说文解字注笺》（续修四库全书），上海古籍出版社，2002，卷五下555页。

② （清）朱骏声：《说文通训定声》，武汉古籍书店，1983，344页。

③ 于省吾主编：《甲骨文字诂林》，中华书局，1999，2212页。

④ 于省吾主编：《甲骨文字诂林》，中华书局，1999，479页。

1.【常】石刻“垢”字，垢多宝塔碑。《土部》：“垢，浊也。从土后声。古厚切。”（189页）

“口”组

0.【常】甲骨文“口”字，合22269。金文“口”字，商14.8801。简帛“口”字，日甲《盗者》69。石刻“口”字，石经周易。《口部》：“口，人所以言食也。象形。苦后切。”（30页）《甲骨文字诂林》[①]：“按：甲骨文口字象口形。”

1.【常】甲骨文“叩（邙）”字，合集1060、屯1239。简帛“叩（邙）”字，金关T23：412、金关T02：008A。石刻“叩（邙）”字，元天穆志、房光庭志。《邑部》：“邙，京兆蓝田乡。从邑口声。苦后切。”（132页）《甲骨文字诂林》[②]：“按：‘叩’用为人名。”

2.0【常】金文“句”字，西周05.2727、西周15.9726。简帛“句”字，为吏51。石刻“句”字，元举志、石台孝经。《句部》：“句，曲也。从口丩声。古侯切。又九遇切。”（50页）《说文通训定声》[③]：“按：从丩口声。正当读如今言钩，俗作勾。”《甲骨文字集释》[④]：“王襄曰：‘古句字。’……商承祚曰：‘此口在中，与此稍异，当亦是句字也。’按：王、商两氏释此为句，可从。金文作……口均在下。”

2.1【常】金文“狗”字，考古09.9。简帛“狗”字，第八层247、金关T07：109。石刻“狗”字，石经五经。《犬部》：“狗，孔子曰：‘狗，叩也。叩气吠以守。’从犬句声。古厚切。”（203页）

2.2【常A】简帛“駒”字，银贰1739、金关T01：188。石刻“駒”字，元信志、苏斌志。《馬部》：“駒，马二岁曰驹，三岁曰駣。从馬句声。舉朱切。”（199页）“駒”字简化作“驹”。

2.3【常】金文“鈎（鉤）”字，铭文选一447（从口从翼）。简帛“鈎（鉤）”字，引书16。石刻“鈎（鉤）”字，元继志、卢令媛志。《句部》：“鉤，曲也。从金从句，句亦声。古侯切。”（50页）“鈎”字简化作“钩”。

2.4【常】甲骨文“拘”字，辑佚附录38、英646正。金文“拘”

---

① 于省吾主编：《甲骨文字诂林》，中华书局，1999，682页。

② 于省吾主编：《甲骨文字诂林》，中华书局，1999，416页。

③（清）朱骏声：《说文通训定声》，武汉古籍书店，1983，349页。

④ 李孝定：《甲骨文字集释》，台湾“中研院”历史语言研究所，1970，697页。

字，西周 11.6011.1。简帛“拘”字，敦煌简 0226。石刻“拘”字，元斌志、石经周易。《句部》：“，止也。从句从手，句亦声。舉朱切。”（50 页）

2.5【常 B】“佝”字，《人部》：“，務也。从人句声。苦候切。”（166 页）段玉裁注[①]：“佝瞀也。各本作务也二字，小徐作覆也，皆误。今正。佝瞀也三字为句，佝音寇，瞀音茂，曡韵字。……其义皆谓愚蒙也。”

2.6【常】简帛“苟”字，奏谳书 117。石刻“苟”字，张正子父母镇石。《艸部》：“，艸也。从艸句声。古厚切。”（26 页）

2.7【常】简帛“局”字，为吏 1。石刻“局”字，赫连子悦志、刘禄志、石经五经。《口部》：“，促也。从口在尺下，復局之。一曰博，所以行棊。象形。渠綠切。”（35 页）按：“局”字当从尸句声。

2.8【常】“勾”是俗“句”字。石刻“勾”字，元举志。

2.9【常】“够”字暂未见唐以前相关古文字形，从多句声，《说文》无。

3.【常】石刻“扣”字，赫连子悦志。《手部》：“，牵马也。从手口声。丘后切。”（257 页）

4.【常】石刻“吼”字，义造桥残碑，从口从孔，口亦声，《说文》无。

“寇”组

0.【常】甲骨文“寇”字，合 13572、合 577。金文“寇”字，西周 05.2838、战国 18.11545。简帛“寇”字，法律答问 98、马壹 113_51。石刻“寇”字，张玄志、石经五经。《攴部》：“，暴也。从攴从完。苦候切。”（68 页）

1.【常 B】“蔻”字暂未见唐以前相关古文字形，从艸寇声，《说文》无。

“娄”组

0.【常】金文“婁”字，西周 06.3537.2。简帛“婁”字，日甲 6、引书 112。石刻“婁”字，石经五经。《女部》：“，空也。从毌、中、女，空之意也。一曰娄，务也。洛侯切。，古文。”（264 页）《金文形义

① （清）段玉裁：《说文解字注》，上海古籍出版社，2000，379 页。

通解》[1]："《说文》古文作，上部声符省作，乃从角声。……小篆上部形讹已甚，许慎说误。""婁"字简化作"娄"。

1.【常】金文"縷"字，西周 16.10176。石刻"縷"字，马少敏志。《糸部》："，线也。从糸婁声。力主切。"（275 页）"縷"字简化作"缕"。

2.【常 B】金文"鏤"字，新收 1026 页。石刻"鏤"字，元文志、越国太妃志。《金部》："，刚铁，可以刻镂。从金婁声。一曰镂，釜也。盧候切。"（294 页）"鏤"字简化作"镂"。

3.0【常】简帛"數"字，秦律十八种 167、金关 T30：028A。石刻"數"字，高珪志。《攴部》："，计也。从攴婁声。所矩切。"（68 页）"數"字简化作"数"。

3.1【常 B】"擻"字暂未见唐以前相关古文字形，从手數声，简化作"擞"，《说文》无。

4.【常】简帛"樓"字，金关 T21：124。石刻"樓"字，石经五经。《木部》："，重屋也。从木婁声。洛侯切。"（120 页）"樓"字简化作"楼"。

5.【常 B】简帛"僂"字，为吏 22。《人部》："，尫也。从人婁声。周公韈偻，或言背偻。力主切。"（167 页）"僂"字简化作"偻"。

6.【常 A】"簍"字，《竹部》："，竹笼也。从竹婁声。洛侯切。"（96 页）"簍"字简化作"篓"。

7.【常 B】石刻"蔞"字，石经五经。《艸部》："，艸也，可以亨鱼。从艸婁声。力朱切。"（19 页）"蔞"字简化作"蒌"。

8.【常】"摟"字暂未见唐以前、小篆外其他相关古文字形。《手部》："，曳、聚也。从手婁声。洛侯切。"（254 页）"摟"字简化作"搂"。

9.【常 B】"褸"字暂未见唐以前、小篆外其他相关古文字形。《衣部》："，衽也。从衣婁声。力主切。"（170 页）"褸"字简化作"褛"。

10.【常 B】"髏"字暂未见唐以前、小篆外其他相关古文字形。《骨部》："，髑髅也。从骨婁声。洛侯切。"（86 页）"髏"字简化作"髅"。

11.【常】简帛"屢"字，仪礼甲《服传》1。石刻"屢"字，石经尚书。《尸部》："，数也。案：今之娄字本是屡空字，此字后人所加。从尸，未详。丘羽切。"（175 页）"屢"字简化作"屡"。

12.【常 B】"嘍"字暂未见唐以前相关古文字形，从口婁声，简化作"喽"，《说文》无。

---

① 张世超等：《金文形义通解》，中文出版社，1996，2880 页。

“屚”组

0. 简帛“屚”字，效律37。《雨部》：“，屋穿水下也。从雨在尸下。尸者，屋也。盧后切。”（241页）《说文通训定声》[①]：“经传皆以漏为之。”“屚”字音lòu。

1.【常】简帛“漏”字，西.医药。石刻“漏”字，石经周易。《水部》：“，以铜受水，刻节，昼夜百刻。从水屚声。盧后切。”（237页）

“㔷”组

0. “㔷”字，《匚部》：“，侧逃也。从匚丙声。一曰箕属。盧候切。”（267页）《说文通训定声》[②]：“按：当从匚从内会意。《说文》各本从匚从丙，误多一横，今正。”“㔷”字音lòu。

1.【常】石刻“陋（陃）”字，卢宏及妻志。《𨸏部》：“，阸陜也。从𨸏㔷声。盧候切。”（305页）段玉裁注[③]：“阸者，塞也；陜者，隘也。”

“牟”组

0. 甲骨文“牟”字，合14313正。金文“牟”字，战国16.10348。简帛“牟”字，银壹899。石刻“牟”字，石经九经。《牛部》：“，牛鸣也。从牛，象其声气从口出。莫浮切。”（29页）《金文形义通解》[④]：“高奴权于‘牛’形上加一指事符号，其作用近乎口上加笔作曰，亼（倒口）下加笔作今，表示口部行为。”

1.【常B】石刻“眸”字，苟景志、尹尊师碑。《目部》：“，目童子也。从目牟声。《说文》直作牟。莫浮切。”（73页）《说文解字注笺》[⑤]：“盖目珠谓之眸子，实周秦间语，而古无是名，故其始假牟为之，后乃增加目旁。”

2.【常B】“哞”字暂未见唐以前相关古文字形，从口牟声，《说文》无。

---

① （清）朱骏声：《说文通训定声》，武汉古籍书店，1983，347页。

② （清）朱骏声：《说文通训定声》，武汉古籍书店，1983，347页。

③ （清）段玉裁：《说文解字注》，上海古籍出版社，2000，732页。

④ 张世超等：《金文形义通解》，中文出版社，1996，140页。

⑤ （清）徐灏：《说文解字注笺》（续修四库全书），上海古籍出版社，2002，卷四上388页。

“某”组

0.【常】金文“某”字，西周07.4041。简帛“某”字，秦律十八种168、仓颉篇42。石刻“某”字，张某志。《木部》：“某，酸果也。从木从甘。阙。莫厚切。槑，古文某从口。”（118页）《说文通训定声》[①]：“按：五味之美皆曰甘，从木从甘会意。”

1.【常】简帛“謀”字，法律答问15。石刻“謀”字，石经尚书。《言部》：“謀，虑难曰谋。从言某声。莫浮切。𠧪，古文謀。譕，亦古文。”（52页）“謀”字简化作“谋”。

2.【常A】石刻“媒”字，石经五经。《女部》：“媒，谋也，谋合二姓。从女某声。莫桮切。”（259页）

3.【常】“煤”字暂未见唐以前相关古文字形，从火某声，《说文》无。

“柔”组

0.【常】简帛“柔”字，为吏35。石刻“柔”字，西狭颂、石经周易。《木部》：“柔，木曲直也。从木矛声。耳由切。”（119页）段玉裁注[②]：“凡木曲者可直、直者可曲曰柔。《考工记》多言揉。许作煣，云屈申木也。”

1.【常A】“蹂”是“内”字篆文。简帛“内”字，马壹40_5。石刻“内”字，荆成皋志。石刻“蹂”字，张休光志。《内部》：“内，兽足蹂地也。象形，九声。人九切。蹂，篆文从足柔声。”（308页）

2.【常】“揉”字同“煣”。石刻“揉”字，韦敏妻志。《火部》：“煣，屈申木也。从火、柔，柔亦声。人久切。”（209页）

“肉”组

0.【常】甲骨文“肉”字，合18250。简帛“肉”字，脉书43、敦煌简0246。石刻“肉”字，鲁谦志。《肉部》：“肉，胾肉。象形。如六切。”（87页）《甲骨文字集释》[③]：“按：小篆象胾肉连髀之形。象牲之半体，中⺀者，其肋也。”

1.【常】甲骨文“育”字，合22322、合32763、合22663、屯

① （清）朱骏声：《说文通训定声》，武汉古籍书店，1983，201页。

② （清）段玉裁：《说文解字注》，上海古籍出版社，2000，252页。

③ 李孝定：《甲骨文字集释》，台湾“中研院”历史语言研究所，1970，1503页。

1089、合38244。金文“育”字，西周16.10175。简帛“育”字，居新7481。石刻“育”字，慈庆志、赫连子悦志。《𠫓部》：“，养子使作善也。从𠫓肉声。余六切。，育或从每。”（310页）《甲骨文字诂林》[①]：“王国维：‘此字变体甚多，从女从（倒子形，即《说文》之㐬字）；或从母从，象产子之形。其从、、、者，则象产子时之有水液也。从人与从女从母之意同，以字形言，此字即《说文》育字之或体毓字。毓从每（即母字）从㐬（即倒子），与此正同。’按：王国维释‘毓’说至精确。……郭沫若、李孝定均有所补正，说均可信。孔广居《说文疑疑》谓‘育，生也，从𠫓，象子生时倒县而下也’，与古文字合。”

2.0“䍃”字暂未见唐以前、小篆外其他相关古文字形。《缶部》：“，瓦器也。从缶肉声。以周切。”（109页）“䍃”字音yóu。

2.1【常】简帛“摇（搖）”字，引书10。石刻“摇（搖）”字，、石经五经。《手部》：“，动也。从手䍃声。余招切。”（254页）

2.2【常】石刻“遥”字，元暐志、萧瑾志。《辵部》：“，逍遥也。又，远也。从辵䍃声。余招切。”（42页）

2.3【常B】石刻“瑶（瑤）”字，元顼志、石经尚书。《玉部》：“，玉之美者。从玉䍃声。余招切。”（13页）

2.4【常】石刻“谣（謠）”字，元子直志、暴诞志，从言䍃声，简化作“谣”。《言部》：“，徒歌。从言、肉。余招切。”（52页）《说文通训定声》[②]：“徒歌也，从言肉声，谓无丝竹之类独歌之，经传皆作谣。”《说文通训定声》[③]：“戴侗《六书故》引唐本《说文》有谣字。按：即䚻字或体，从言䍃声。”“䚻”字音yáo。

2.5【常B】石刻“飖”字，王瑶志，从風䍃声，简化作“飖”，《说文》无。

“叟”组

0.【常B】甲骨文“叟（叜）”字，合8185反。石刻“叟（叜）”字，、石经五经。《又部》：“，老也。从又从灾。阙。稣后切。，籀文从寸。，叜或从人。”（64页）《说文通训定声》[④]：“愚按：即搜之古

① 于省吾主编：《甲骨文字诂林》，中华书局，1999，479页。

② （清）朱骏声：《说文通训定声》，武汉古籍书店，1983，288页。

③ （清）朱骏声：《说文通训定声》，武汉古籍书店，1983，288页。

④ （清）朱骏声：《说文通训定声》，武汉古籍书店，1983，266页。

文，从又持火，屋下索物也，会意。为长老之称者，发声之词，非本训。”

1.【常】简帛“瘦（瘦）”字，金关 T23：238、仓颉篇 50。石刻“瘦（瘦）”字，刘庭训志。《疒部》：“瘦，臞也。从疒叜声。所又切。”（155 页）

2.【常】简帛“搜（挖）”字，敦煌简 1722。石刻“搜（挖）”字，、石经五经。《手部》：“搜，众意也。一曰求也。从手叜声。所鳩切。”（257 页）

3.【常】石刻“嫂（嫂）”字，、石经五经。《女部》：“嫂，兄妻也。从女叜声。穌老切。”（259 页）

4.【常】石刻“艘”字，庆公神祠碑，从舟叟声，《说文》无。

5.【常 B】“颼”字从風叟声，简化作“飕”；【常 B】“嗖”字从口叟声；均暂未见唐以前相关古文字形，《说文》无。

“兽”组

0. 金文“嘼”字，商 06.3124、西周 10.5329.2、铭文选一 63。《嘼部》：“嘼，犍也。象耳、头、足厹地之形。古文嘼，下从厹。許救切。”（308 页）《金文形义通解》①：“‘嘼’字首见于周金文，当为‘嘼’字之省。”

1.【常】甲骨文“獸”字，合 10374、合 10407 正、合 10587、合 28430。金文“獸”字，商 10.5395.2、西周 11.5902。简帛“獸”字，秦律十八种 6。石刻“獸”字，石经尚书。《嘼部》：“獸，守备者。从嘼从犬。舒救切。”（308 页）《金文形义通解》②：“唐兰曰：‘獸是狩的本字，獸字从单从犬，单是畢一类的东西，和猎犬都是狩猎的工具。’”“獸”字简化作“兽”。

“受”组

0.【常】甲骨文“受”字，合 6223、H11：130。金文“受”字，商 06.3031、西周 08.4240。简帛“受”字，马壹 176_47、金关 T30：002。石刻“受”字，石佛寺迦叶经碑。《𠬪部》：“受，相付也。从𠬪，舟省声。殖酉切。”（84 页）《甲骨文字诂林》③：“李孝定：‘郑司农

① 张世超等:《金文形义通解》，中文出版社，1996，3395 页。

② 张世超等:《金文形义通解》，中文出版社，1996，3397 页。

③ 于省吾主编:《甲骨文字诂林》，中华书局，1999，3165 页。

云:“舟，尊下台，若今时承盘。”疑契文、金文“受”字所从之若即槃之古文。卜辞槃作(即“凡”字)，与此正同，后形稍变作，遂与舟车字相混耳。……皆所以盛物相受授者，故制字象之，古文受、授亦同字也。’”

1.【常】简帛“授”字，银贰 2089。石刻“授”字，梁嗣鼎志。《手部》:“，予也。从手从受，受亦声。殖酉切。”(253 页)

“周”组

0.【常】甲骨文“周”字，合 4884、合 590 正、合 1086 正、H11 : 82。金文“周”字，新收 120 页、西周 05.2626、西周 05.2661、西周 08.4275.2。简帛“周”字，日甲《诘》58。石刻“周”字，史晨后碑。《口部》:“，密也。从用、口。職留切。，古文周字从古文及。”(33 页)《甲骨文字诂林》① :“李孝定:‘契文作，正象密致周帀之形。许君说字之本谊是也，从口乃后增。’按:《说文》从用口，乃讹变之形体。……林义光据金文之形体以为象周帀之形，可备一说。”

1.【常】简帛“雕”字，脉书 51。石刻“雕”字，石经五经。《隹部》:“，鷻也。从隹周声。都僚切。，籀文雕从鳥。”(76 页)

2.【常】简帛“調”字，马壹 129_75、金关 T22 : 026。石刻“調”字，严令元志。《言部》:“，和也。从言周声。徒遼切。”(53 页)“調”字简化作“调”。

3.【常】简帛“稠”字，奏谳书 119。石刻“稠”字，元孟辉志。《禾部》:“，多也。从禾周声。直由切。”(144 页)

4.【常】石刻“綢”字，苏恒志。《糸部》:“，缪也。从糸周声。直由切。”(277 页)“綢”字简化作“绸”。

5.【常 B】石刻“惆”字，缑光姬志。《心部》:“，失意也。从心周声。敕鳩切。”(222 页)

6.【常 B】石刻“凋”字，崔千里志。《仌部》:“，半伤也。从仌周声。都僚切。”(240 页)

7.【常 B】石刻“蜩”字，臧崇亮志。《虫部》:“，蝉也。从虫周声。徒聊切。，蜩或从舟。”(280 页)

8.【常】“碉”字暂未见唐以前相关古文字形，从石周声，《说文》无。

① 于省吾主编:《甲骨文字诂林》，中华书局，1999，2128 页。

“州”组

0.【常】甲骨文“州”字，合849正、合17577正。金文“州”字，商17.10727、西周16.10176。简帛“州”字，法律答问100、秩律449。石刻“州”字，石经尚书。《川部》：“，水中可居曰州，周遶其旁，从重川。昔尧遭洪水，民居水中高土，或曰九州。一曰州，畴也。各畴其土而生之。職流切。，古文州。”（239页）《甲骨文字诂林》[①]：“李孝定：‘契文象水中高土之形，罗释州可从。’”

1.【常】“酬”是“醻”字或体。石刻“醻”字，石经五经。《酉部》：“，主人进客也。从酉𠷎声。市流切。，醻或从州。”（312页）石刻“酬”字，石经五经。

2.【常】石刻“洲”字，冯季华志，从水州声，《说文》无。

“走”组

0.【常】甲骨文“走”字，合17993。金文“走”字，西周08.4275.2。简帛“走”字，马贰32_5、银贰1035、仓颉篇50。石刻“走”字，桐柏淮源庙碑、元子直志。《走部》：“，趋也。从夭、止。夭止者，屈也。子苟切。”（35页）《甲骨文字诂林》[②]：“按：当释走，诸家释夭皆非是。……金文‘走’及从‘走’之字作，或亦作，增‘止’或‘彳’为文字演化中所习见。……‘走’本象人趋走时手臂摇曳之形。”

1.【常】石刻“陡”字，李祈年志，从阜走声，《说文》无。

“奏”组

0.【常】甲骨文“奏”字，合20975、合973正、合16024。简帛“奏”字，引书99。石刻“奏”字，石经尚书。《夲部》：“，奏进也。从夲从廾从屮。屮，上进之义。則候切。，古文。，亦古文。”（215页）《甲骨文字诂林》[③]：“按：契文作，实从廾从……桼。……‘奏’为‘凑’之本字。……桼皆聚集点滴而成，取桼者皆以管收聚桼汁而会聚之。……本义为聚集桼汁，引申为一切聚集会合之义。《说文》训

① 于省吾主编：《甲骨文字诂林》，中华书局，1999，1272页。

② 于省吾主编：《甲骨文字诂林》，中华书局，1999，318页。

③ 于省吾主编：《甲骨文字诂林》，中华书局，1999，1479页。

奏为奏进者，谓采聚众物以进之。”

1.【常】“凑”是俗“湊”字。石刻“湊”字，湊孟称志。《水部》：“湊，水上人所会也。从水奏声。倉奏切。”（233 页）

2.【常】“揍”字暂未见唐以前相关古文字形，从手奏声，《说文》无。

“丩”组

0. 甲骨文“丩”字，合 20891、合 11018 正。金文“丩”字，西周 12.6449、文物 84.1。《丩部》：“丩，相纠缭也。一曰瓜瓠结丩起。象形。居虯切。”（50 页）《甲骨文字诂林》①：“赵诚：‘象两物相互纠结，有缠绕、纠缠之意。’”“丩”字音 jiū。

1.【常】简帛“收”字，秦律十八种 84、金关 T10：340。石刻“收”字，石经五经。《攴部》：“收，捕也。从攴丩声。式州切。”（69 页）

2.【常】简帛“糾”字，仓颉篇 71。石刻“糾”字，曹全碑。《丩部》：“糾，绳三合也。从糸、丩。居黝切。”（50 页）“糾”字简化作“纠”。

3.【常】石刻“叫”字，石经五经。《口部》：“叫，嘑也。从口丩声。古弔切。”（34 页）

4.【常 B】石刻“虯”字，王悦及妻志、元珍志。《虫部》：“虯，龙子有角者。从虫丩声。渠幽切。”（281 页）按：“虯”字楷作“虬”。

“九”组

0.【常】甲骨文“九”字，合 5708 正、合 36513。金文“九”字，西周 05.2837、战国 15.9693A。简帛“九”字，日甲 8、金关 T22：141。石刻“九”字，石经尚书。《九部》：“九，阳之变也。象其屈曲究尽之形。舉有切。”（308 页）《甲骨文字诂林》②：“李孝定：‘契文大抵作……前半与（又）同，延长中画（象臂形）而屈曲之以示肘之所在。’”《金文形义通解》③：“马叙伦、丁山谓即‘肘’之象形初文。是也。‘肘’‘钩’同源，以肘形钩曲故命之曰‘肘’，于文制‘九’以书之，后假以纪数。”

---

① 于省吾主编：《甲骨文字诂林》，中华书局，1999，3412 页。

② 于省吾主编：《甲骨文字诂林》，中华书局，1999，3581 页。

③ 张世超等：《金文形义通解》，中文出版社，1996，3386 页。

1.0【常】甲骨文“守”字，合4761、合补6420。金文“守”字，商11.6287、西周15.9297.2。简帛“守”字，秦律杂抄1。石刻“守”字，慈庆志。《宀部》：“，守官也。从宀从寸。寺府之事者。从寸。寸，法度也。書九切。”（151页）《金文形义通解》[①]：“金文从宀从，……然则‘守’为从宀（肘）声字。……后世典籍中字从‘肘’声而从‘寸’者，皆秦系文字之影响。”

1.1【常B】简帛“狩”字，金关T07：094。石刻“狩”字，石经周易。《犬部》：“，犬田也。从犬守声。書究切。”（205页）《甲骨文字诂林》[②]：“按：罗振玉谓‘古獸、狩实一字’是对的。”

2.【常A】甲骨文“肘”字，合11018正、合4899。简帛“肘”字，脉书29。石刻“肘”字，多宝塔碑。《肉部》：“，臂節也。从肉从寸。寸，手寸口也。陟柳切。”（87页）《甲骨文字诂林》[③]：“李孝定：‘肘字古盖作肒，以九与又近又与寸通（偏旁中又、寸得通），遂为篆文之肘耳。’”

3.【常】甲骨文“鳩”字，合20741。石刻“鳩”字，石经尚书。《鳥部》：“，鶻鵃也。从鳥九声。居求切。”（79页）“鳩”字简化作“鸠”。

4.【常】金文“軌”字，新收251页。简帛“軌”字，马贰32_3。石刻“軌”字，石经五经。《車部》：“，车徹也。从車九声。居洧切。”（302页）《说文通训定声》[④]：“车辙也。”“軌”字简化作“轨”。

5.【常B】简帛“尻”字，脉书9。《尸部》：“，脽也。从尸九声。苦刀切。”（174页）

6.【常】简帛“仇”字，金关T09：053。石刻“仇”字，石经尚书。《人部》：“，讎也。从人九声。巨鳩切。”（167页）《说文通训定声》[⑤]：“按：谓雠也，二人相当相对之谊。”

7.【常】石刻“究”字，元子正志。《穴部》：“，穷也。从穴九声。居又切。”（153页）“究”字有一异体，樊敏碑[⑥]，从穴久声。“久”虽有“长久”义，终不及“九”之穷尽、穷究义更合乎“究”之内涵，故

① 张世超等：《金文形义通解》，中文出版社，1996，1849页。
② 于省吾主编：《甲骨文字诂林》，中华书局，1999，3086页。
③ 于省吾主编：《甲骨文字诂林》，中华书局，1999，3581页。
④（清）朱骏声：《说文通训定声》，武汉古籍书店，1983，246页。
⑤（清）朱骏声：《说文通训定声》，武汉古籍书店，1983，245页。
⑥（清）顾南原：《隶辨》，中国书店，1982，620页。

𥤚字后世不传。

8.【常】简帛“旭”字，仓颉篇 60。石刻“旭”字，胡明相志。《日部》：“旭，日旦出皃。从日九声。若勖。一曰明也。許玉切。”（138 页）《说文通训定声》[①]：“读若勖。”

“久”组

0.【常】简帛“久”字，效律 40、金关 T09：238。石刻“久”字，石经九经。《久部》：“久，以后灸之，象人两胫后有距也。舉友切。”（114 页）《说文通训定声》[②]：“按：从人，象后有迫而止之者。”

1.【常】简帛“灸”字，马贰 224_29。石刻“灸”字，石经五经。《火部》：“灸，灼也。从火久声。舉友切。”（209 页）

2. 石刻“羑”字，石经五经。《羊部》：“羑，进善也。从羊久声。文王拘羑里，在汤阴。與久切。”（78 页）

3.【常 A】石刻“玖”字，内庄宅使牒。《玉部》：“玖，石之次玉黑色者。从玉久声。读若芑。或曰若人句脊之句。舉友切。”（12 页）

4.【常 A】石刻“疚”字，冯邕妻志，从疒久声，《说文》无。

“臼”组

0.【常】简帛“臼”字，金关 T04：061。石刻“臼”字，郭克全志。《臼部》：“臼，舂也。古者掘地为臼，其后穿木石。象形。中，米也。其九切。”（148 页）

1.【常】甲骨文“舊”字，合 20361、合 32536。简帛“舊”字，马壹 4_5、仓颉篇 4。石刻“舊”字，石经周易。《萑部》：“舊，雎舊，舊留也。从萑臼声。巨救切。鵂，舊或从鸟休声。”（77 页）《甲骨文字诂林》[③]：“罗振玉：‘此从凵，古文臼字多如此作。’”“舊”字简化作“旧”。

2.【常】石刻“舅”字，元洛神志、石经九经。《男部》：“舅，母之兄弟为舅，妻之父为外舅。从男臼声。其久切。”（291 页）

3.【常 B】“桕”字暂未见唐以前相关古文字形，从木臼声，《说文》无。

---

① （清）朱骏声：《说文通训定声》，武汉古籍书店，1983，245 页。

② （清）朱骏声：《说文通训定声》，武汉古籍书店，1983，200 页。

③ 于省吾主编：《甲骨文字诂林》，中华书局，1999，1688 页。

“咎”组

0.【常B】甲骨文“咎”字，合21119、H11：22、H11：35。金文“咎”字，商10.5396.2、考古91.5。简帛“咎”字，日甲《除》6。石刻“咎”字，正直残碑。《人部》：“，灾也。从人从各。各者，相違也。其久切。”（167页）《甲骨文字集释》[①]：“此字从人从夊，或从各，当即许书之咎字。”《甲骨文字诂林》[②]：“许进雄：‘于卜辞有灾祸作祟之意，其字象人为足所践踏，可能是咎的异体。’”

1.【常B】石刻“晷”字，石经五经。《日部》：“，日景也。从日咎声。居洧切。”（138页）

2.【常B】“綹”字暂未见唐以前、小篆外其他相关古文字形。《糸部》：“，纬十缕为綹。从糸咎声。读若柳。力久切。”（271页）“綹”字简化作“绺”。

“㐬”组

0.“㐬”是“𠫓”字或体。石刻“㐬”字，石经五经。《𠫓部》：“，不顺忽出也。从到子。《易》曰：‘突如其来如。’不孝子突出，不容于内也。他骨切。，或从到古文子，即《易》突字。”（310页）《说文通训定声》[③]：“按：子生首先出，惟到乃顺。故育字、流字皆从之会意。”“𠫓”字音tū。“㐬”字音liú。

1.【常】“流”是“㳅”字篆文。简帛“流”字，引书37。石刻“流”字，曹全碑。《林部》：“，水行也。从林、㐬。㐬，突忽也。力求切。，篆文从水。”（239页）

2.【常】石刻“琉”字，重藏舍利记，从玉㐬声，《说文》无。

3.【常A】“硫”字暂未见唐以前相关古文字形，从石㐬声，《说文》无。

“翏”组

0.金文“翏”字，西周08.4308。《羽部》：“，高飞也。从羽从㐱。力救切。”（75页）“翏”字音liù。

1.【常B】简帛“蓼”字，仓颉篇25。石刻“蓼”字，崔宣华

---

① 李孝定:《甲骨文字集释》，台湾“中研院”历史语言研究所，1970，2665页。

② 于省吾主编:《甲骨文字诂林》，中华书局，1999，835页。

③ （清）朱骏声:《说文通训定声》，武汉古籍书店，1983，630页。

志。《艸部》："蓼，辛菜，蔷虞也。从艸翏声。盧鳥切。"（16 页）

2.【常 B】金文"戮"字，春秋 . 珍秦金 / 秦 42 页。石刻"戮"字，石经尚书。《戈部》："戮，杀也。从戈翏声。力六切。"（266 页）

3.【常】简帛"膠"字，秦律十八种 128。石刻"膠"字，广阳元湛志。《肉部》："膠，昵也。作之以皮。从肉翏声。古肴切。"（90 页）"膠"字简化作"胶"。

4.【常 B】简帛"廖"字，马贰 11_8。《广部》："廖，人姓。从广，未详。当是省廫字尔。力救切。"（193 页）

5.【常】石刻"謬"字，石经五经。《言部》"謬，狂者之妄言也。从言翏声。靡幼切。"（56 页）"謬"字简化作"谬"。

6.【常】"寥"是俗"廫"字。《广部》："廫，空虚也。从广膠声。洛蕭切。"（193 页）段玉裁注[①]："此今之寥字。"石刻"寥"字，多宝塔碑。

"六"组

0.【常】甲骨文"六"字，合 137 反、H11：63。金文"六"字，商 10.5414.2。简帛"六"字，秦律十八种 43。石刻"六"字，石经周易。《六部》："六，《易》之数，阴变于六，正于八。从入从八。力竹切。"（307 页）《甲骨文字典》[②]："象两壁架上有一极两宇之棚舍正视形，此为田野中临时寄居之处。其结构简易，暴露于野，即古之所谓庐。……庐、六古音近，故得借为数词六。"

1.0"先（兴）"字暂未见唐以前、小篆外其他相关古文字形。《屮部》："先，菌兴，地蕈，丛生田中。从屮六声。力竹切。兴，籀文兴从三兴。"（15 页）"先（兴）"字音 lù。

1.10"坴"字暂未见唐以前、小篆外其他相关古文字形。《土部》："坴，土块坴坴也。从土先声。读若逐。一曰坴梁。力竹切。"（286 页）"坴"字音 lù。

1.11【常】甲骨文"陸"字，合 36825。金文"陸"字，商 03.1359。简帛"陸"字，秩律 452。石刻"陸"字，石经尚书。《阜部》："陸，高平地。从𨸏从坴，坴亦声。力竹切。陸，籀文陸。"（304 页）《金文形义通解》[③]："早期金文从𨺅先声，或从阜声。""陸"字简化

① （清）段玉裁：《说文解字注》，上海古籍出版社，2000，446 页。

② 徐中舒主编：《甲骨文字典》，四川辞书出版社，1990，1529 页。

③ 张世超等：《金文形义通解》，中文出版社，1996，3345 页。

作“陆”。

1.12【常】金文“睦”字，西周16.10285.2。石刻“睦”字，石台孝经。《目部》：“，目顺也。从目坴声。一曰敬和也。莫卜切。，古文睦。”（72页）《金文形义通解》①：“从见声，当为古‘睦’字。盛张曰：‘《说文》睦古文作，从目圥声。圥籀文作，从三圥。从见与从目同意，确定为睦字。’其说甚是。”

2.0“賣”字，《貝部》：“，衒也。从貝𡕥声。𡕥，古文睦。读若育。余六切。”（131页）段玉裁注②：“按：賣隶变作賣，易与賣相混。”《金文形义通解》③：“杨树达曰：‘铭文賣字作赎字用，余疑即赎之初文也。《说文》云“賣，衒也”“赎，贸也”，衒训行且賣，贸训易财，义相近。加贝旁于賣为赎，于形为复矣。’”“賣”字音yù。

2.1【常】金文“續”字，新收845页、吴越219页。《糸部》：“，连也。从糸賣声。似足切。，古文續从庚、貝。”（272页）“續”字简化作“续”。

2.2【常B】简帛“犢”字，金关T30：265。石刻“犢”字，张俭及妻志。《牛部》：“，牛子也。从牛，瀆省声。徒谷切。”（29页）“犢”字简化作“犊”。

2.3【常B】石刻“竇”字，娄黑女志，从穴賣声。《穴部》：“，空也。从穴，瀆省声。徒奏切。”（152页）“竇”字简化作“窦”。

2.4【常A】简帛“贖”字，法律答问177。石刻“贖”字，石经尚书。《貝部》：“，贸也。从貝賣声。殊六切。”（130页）“贖”字简化作“赎”。

2.5【常】石刻“讀”字，陈守素妻志。《言部》：“，诵书也。从言賣声。徒谷切。”（51页）“讀”字简化作“读”。

2.6【常B】石刻“瀆”字，史晨后碑。《水部》：“，沟也。从水賣声。一曰邑中溝。徒谷切。”（232页）“瀆”字简化作“渎”。

2.7【常】石刻“牘”字，韦埙志。《片部》：“，书版也。从片賣声。徒谷切。”（143页）“牘”字简化作“牍”。

---

① 张世超等：《金文形义通解》，中文出版社，1996，2189页。

②（清）段玉裁：《说文解字注》，上海古籍出版社，2000，282页。

③ 张世超等：《金文形义通解》，中文出版社，1996，1578页。

"丘"组

0.【常】甲骨文"丘"字，合 7838、合 5510 正。金文"丘"字，春秋 09.4557、战国 16.10478A、楚系彩版 10。简帛"丘"字，银贰 1218。石刻"丘"字，华山庙碑、石经五经。《丘部》："，土之高也，非人所为也。从北从一。一，地也，人居在丘南，故从北。中邦之居，在昆崘东南。一曰四方高，中央下为丘。象形。今隶变作丘。去鸠切。，古文从土。"（169 页）《甲骨文字诂林》[①]："按：徐灏《说文解字注笺》云：'岳古文作，其上即丘字。汉隶字正从丘，岳形高峻，故以小山加于大山也。'"《金文形义通解》[②]："甲骨文'丘'字作……象二峰形，以表丘阜之意。"

1.【常】"蚯"字暂未见唐以前相关古文字形，从虫丘声，《说文》无。

"秋"组

0.【常】甲骨文"秋"字，合 7343、合 33232、合 32854。金文"秋"字，战国 . 吴越 501 页。简帛"秋"字，日甲《人字》151。石刻"秋"字，尔朱袭志。《禾部》："，禾谷孰也。从禾，省声。七由切。，籀文不省。"（146 页）《甲骨文字诂林》[③]："唐兰：'秋本收获之义，引申之乃为收获之时矣。因有收敛五谷之义，故后世注以禾旁，而为形声字。'按：唐兰释即是对的。但谓为龟属……则非是。……或以乃象蝗虫之形。卜辞'告秋'、'宁秋'之祭，均与灾异有关，解为蝗祸皆可通。蝗至秋时为害最烈，故可引申为春秋之'秋'。字仍当以取象于蝗虫即'螽'为是。"

1.【常】简帛"愁"字，仓颉篇 17。石刻"愁"字，石经周易。《心部》："，忧也。从心秋声。士尤切。"（222 页）

2.【常 B】"啾"字，《口部》："，小儿声也。从口秋声。即由切。"（30 页）

3.【常】石刻"鍬"字，元灵曜志，从金秋声，简化作"锹"，《说文》无。

4.【常】"瞅"字从目秋声；【常】"揪"字从手秋声；【常 B】"鳅"字

---

① 于省吾主编：《甲骨文字诂林》，中华书局，1999，1210 页。

② 张世超等：《金文形义通解》，中文出版社，1996，2049 页。

③ 于省吾主编：《甲骨文字诂林》，中华书局，1999，1829—1835 页。

从魚秋声，简化作“鳅”；均暂未见唐以前相关古文字形，《说文》无。

“求”组

0.【常B】“求”是“裘”字古文。甲骨文“裘（求）”字，合2853、合7921。金文“裘（求）”字，西周05.2832、西周10.5405.2、西周08.4178。简帛“裘（求）”字，日书乙种《梦》189、法律答问3、东牌楼043。石刻“裘（求）”字，华山庙碑、柳昱志、毛璋志。《裘部》：“，皮衣也。从衣求声。一曰象形，與衰同意。巨鳩切。，古文省衣。”（173页）《金文形义通解》[①]：“‘裘’字初文作，象皮衣而毛在外之形，后加声而发展成形声字。杨树达曰：‘裘字甲文作，象衣裘之形，此纯象形字也。金文次卣作，为第一步之发展，此于象形初文加声旁又字也。……第二步之发展……以衣字为其形，……又声为其声，变为形声字，而初文字象形之痕迹全然消逝不可寻矣。’杨说皆是，然亦有未言及者。西周中期已有从衣求声之……为小篆所本。”《金文形义通解》[②]：“至若‘求’字，裘锡圭以为之象形初文，谓其在甲骨文中作……等形，与金文‘求’甚似，曰：‘“求”大概是“蛷”的初文，求索是它的假借义。……非常象多足虫。’”

1.【常】简帛“救”字，蓋卢54。石刻“救”字，卢文机志、石经五经。《攴部》：“，止也。从攴求声。居又切。”（68页）《金文形义通解》[③]：“战国中山文字从戈。张政烺曰：‘……战国秦汉间文字，从攴常改从戈，盖形近之误。’”

2.【常】石刻“球”字，华山庙碑、石经尚书。《玉部》：“，玉声也。从玉求声。巨鳩切。，球或从翏。”（10页）

3.【常B】石刻“逑”字，孙君妻李志。《辵部》：“，斂聚也。从辵求声。巨鳩切。”（41页）

“臭”组

0.【常】甲骨文“臭”字，合4650、合7066。简帛“臭”字，仓颉篇30。石刻“臭”字，石经五经。《犬部》：“，禽走，臭而知其迹

① 张世超等：《金文形义通解》，中文出版社，1996，2091页。
② 张世超等：《金文形义通解》，中文出版社，1996，2091页。
③ 张世超等：《金文形义通解》，中文出版社，1996，741页。

者，犬也。从犬从自。尺救切。”（205 页）《甲骨文字诂林》[①]：“按：王筠《释例》云：‘禽走者，谓田猎所逐之禽已逃走也；臭而知其迹者，谓犬臭地而知禽所往之踪迹也。’”

1.【常】“嗅”字同“齅”。石刻“嗅”字，多宝塔碑，从口臭声。《鼻部》：“，以鼻就臭也。从鼻从臭，臭亦声。读若畜牲之畜。許救切。”（74 页）

“秀”组

0.【常】简帛“秀”字，日甲《除》13。石刻“秀”字，元诲志、徐显秀志。《禾部》：“，上讳。汉光武帝名也。息救切。”（144 页）《说文通训定声》[②]：“考光武生济阳县舍，是岁，县有嘉禾，一茎九穗，因名秀。据此以禾九为说，疑字体从禾九声也。”

1.【常】“誘”是“羑”字或体，简化作“诱”。简帛“誘”字，秦律十八种 1。石刻“誘”字，郑温球志。《厶部》：“，相訹呼也。从厶从羑。與久切。，古文。，或如此。，或从言、秀。”（189 页）

2.【常】石刻“透”字，田志承志。《辵部》：“，跳也，過也。从辵秀声。他候切。”（42 页）

“𢝊”组

0. 简帛“𢝊”字，日甲《盗者》81。《心部》：“，愁也。从心从頁。於求切。”（223 页）《说文通训定声》[③]：“经传皆以憂为之，而𢝊字废矣。”“𢝊”字音 yōu。

1.0【常】金文“憂”字，商 12.6481、西周 11.6175、西周 05.2841B。简帛“憂”字，为吏 40。石刻“憂”字，石经周易。《夊部》：“，和之行也。从夊𢝊声。於求切。”（112 页）“憂”字简化作“忧”。“忧”字暂未见唐以前、小篆外其他相关古文字形。《心部》：“，不动也。从心尤声。读若祐。于救切。”（222 页）段玉裁注[④]：“心动也。各本作不动也，今正。”

1.1【常】金文“優”字，秦文字编 1289。简帛“優”字，马壹

① 于省吾主编：《甲骨文字诂林》，中华书局，1999，674 页。

② （清）朱骏声：《说文通训定声》，武汉古籍书店，1983，246 页。

③ （清）朱骏声：《说文通训定声》，武汉古籍书店，1983，264 页。

④ （清）段玉裁：《说文解字注》，上海古籍出版社，2000，513 页。

131_12。石刻“優”字，越国太妃志。《人部》：“，饶也。从人憂声。一曰倡也。於求切。”（165 页）《说文通训定声》[1]：“按：倡者，本训。饶者，假借。”“優”字简化作“优”。

“攸”组

0.【常 B】甲骨文“攸”字，合 4340 正、合 5760 正。金文“攸”字，西周 08.4288.1、文物 98.8。简帛“攸”字，马壹 3_3。石刻“攸”字，石经五经。《攴部》：“，行水也。从攴从人，水省。以周切。，秦刻石绎山文攸字如此。”（68 页）《说文通训定声》[2]：“《六书故》引唐本《说文》：水行攸攸也，从攴从人从水省，会意。”《甲骨文字诂林》[3]：“按：林义光《文源》谓攸字‘古作，……从攴从人，即修之古文，饰也。’……段玉裁注释‘修’字云：‘修之从彡者，洒刷之也，藻绘之也。修者，治也，引申为凡治之称。’段氏此段注释，以之说解‘攸’字，则更为贴切。甲骨文攸字作，金文或从彡，即寓洒刷之意。”

1.0【常】简帛“條”字，马壹 176_54、仓颉篇 37。石刻“條”字，高百年志。《木部》：“，小枝也。从木攸声。徒遼切。”（118 页）“條”字简化作“条”。

1.1【常】石刻“滌”字，石经尚书。《水部》：“，洒也。从水條声。徒歷切。”（236 页）“滌”字简化作“涤”。

1.2【常 B】“絛”字同“縧”，简化作“绦”。石刻“縧”字，石经五经。《糸部》：“，扁绪也。从糸攸声。土刀切。”（275 页）段玉裁注[4]：“《广雅》作编绪，《汉书》及贾生《新书》作偏诸，盖上字作编，下字作诸为是，诸者谓合众采也。”《说文通训定声》[5]：“字亦作縧。”

1.3【常 B】“鰷”字暂未见唐以前相关古文字形，从魚條声，简化作“鲦”，《说文》无。

2.【常 B】石刻“倏”字，张宽志。《犬部》：“，走也。从犬攸声。读若叔。式竹切。”（205 页）

3.【常】石刻“修”字，司马韶及妻志、石经尚书。《彡部》：“，饰也。从彡攸声。息流切。”（185 页）

---

① （清）朱骏声：《说文通训定声》，武汉古籍书店，1983，265 页。

② （清）朱骏声：《说文通训定声》，武汉古籍书店，1983，233 页。

③ 于省吾主编：《甲骨文字诂林》，中华书局，1999，171 页。

④ （清）段玉裁：《说文解字注》，上海古籍出版社，2000，655 页。

⑤ （清）朱骏声：《说文通训定声》，武汉古籍书店，1983，234 页。

4.【常】石刻“悠”字，高百年志、吕常侍妻志。《心部》：“，忧也。从心攸声。以周切。”（222页）

“由”组

0.【常】甲骨文“由”字，合集20364、合集5492。金文“由”字，总集06.4829。简帛“由”字，金关T10 : 321。石刻“由”字，石经周易。《甲骨文字诂林》[①]：“唐兰：‘，旧不识，余谓是由字。……今由卜辞、金文观之，则由即胄字，象人戴胄之形。’按：当从唐兰说释‘由’。”《说文》无。

1. 甲骨文“胄”字，合集36492、H11 : 174。金文“胄”字，西周08.4322.1、西周05.2779。石刻“胄”字，李媛华志。《冃部》：“，兜鍪也。从冃由声。直又切。，《司马法》胄从革。”（157页）《甲骨文字诂林》[②]：“按：字当释胄。”《金文形义通解》[③]：“殷商甲骨文‘胄’字作，从声。，乃人头上盔体之象形，小篆作；声即由声。……师同鼎的字，其构形也同于《说文》，只是‘冃’在上面，‘由’在下面，而不易辨识了。”

2.【常B】石刻“胄”字，石经五经。《肉部》：“，胤也。从肉由声。直又切。”（88页）

3.【常】甲骨文“油”字，合8358。金文“油”字，西周16.10176。石刻“油”字，元诲志。《水部》：“，水，出武陵孱陵西，东南入江。从水由声。以周切。”（226页）

4.【常B】甲骨文“妯”字，合1088正、合18068。《女部》：“，动也。从女由声。徒歷切。”（263页）

5.【常B】甲骨文“柚”字，合10954、合18417、合30526。石刻“柚”字，石经尚书。《木部》：“，条也。似橙而酢。从木由声。余救切。”（114页）《说文解字注笺》[④]：“‘柚’谓之‘条’者，古音相近也。”

6.【常】“袖”是俗“褎”字。简帛“褎”字，封诊式22。石刻“袖（褎）”字，、石经五经。《衣部》：“，袂也。从衣采声。似又切。，俗褎从由。”（171页）《说文通训定声》[⑤]：“按：采、袖双声，或曰衣袂如

① 于省吾主编：《甲骨文字诂林》，中华书局，1999，713页。

② 于省吾主编：《甲骨文字诂林》，中华书局，1999，716页。

③ 张世超等：《金文形义通解》，中文出版社，1996，1936页。

④（清）徐灏：《说文解字注笺》（续修四库全书），上海古籍出版社，2002，卷六上569页。

⑤（清）朱骏声：《说文通训定声》，武汉古籍书店，1983，237页。

禾之有采也，会意。存参。”

7.【常】简帛“軸”字，金关 T23：768。石刻“軸”字，元纯陁志。《車部》：“軸，持轮也。从車由声。直六切。”（301 页）“軸”字简化作“轴”。

8.【常】简帛“笛”字，马壹 6_18。石刻“笛”字，石经五经。《竹部》：“笛，七孔筩也。从竹由声。羌笛三孔。徒歷切。”（98 页）

9.【常 B】石刻“舳”字，王大礼志。《舟部》：“舳，艫也。从舟由声。汉律名船方长为舳艫。一曰舟尾。直六切。”（176 页）

10.【常】石刻“宙”字，如愿律师志。《宀部》：“宙，舟輿所极覆也。从宀由声。直又切。”（151 页）《说文通训定声》[①]：“按：舟輿上覆如屋极者。或曰：覆也，舟輿所极也。”

11.【常】石刻“迪”字，石经尚书。《辵部》：“迪，道也。从辵由声。徒歷切。”（40 页）《说文通训定声》[②]：“按：谓导也。”

12.【常】“抽”是“擂”字或体。石刻“抽（擂）”字，、石经九经。《手部》：“擂，引也。从手留声。敕鳩切。誘，擂或从秀。抽，擂或从由。”（255 页）

13.【常 B】“釉”字从采由声；【常 B】“鈾”字从金由声，简化作“铀”；均暂未见唐以前相关古文字形，《说文》无。

“斿”组

0. 甲骨文“斿”字，合 15786、合 17804。金文“斿”字，西周 04.2373、春秋 05.2757、春秋 15.9629.2、战国 17.11361.1。简帛“斿”字，马壹 44_36。石刻“斿”字，执金吾丞武荣碑。《甲骨文字诂林》[③]：“白玉峥：‘字盖从子执㫃，准之六书，当为会意，不得谓为象形。其初意当为旅游，为动词。作者，乃其本形；故经典中仍缘用之。至秦始增水，或又增辵，于是本义遂晦。’”“斿”字音 liú。《说文》无。

1.【常】金文“游”字，春秋 . 上博十。简帛“游”字，日甲《诘》51、引书 2。石刻“游”字，元徽志、石经九经，从水斿声。《㫃部》：“游，旌旗之流也。从㫃汓声。以周切。遊，古文游。”（140 页）

---

① （清）朱骏声：《说文通训定声》，武汉古籍书店，1983，236 页。

② （清）朱骏声：《说文通训定声》，武汉古籍书店，1983，235 页。

③ 于省吾主编：《甲骨文字诂林》，中华书局，1999，3059 页。

《金文形义通解》[①]："东周金文于‘斿’字增彳、辵、水诸义符。商承祚曰：‘斿、遊、游当分训，旌旗之游应作斿，俗作旒；遊为遨遊之专字；游则水流貌；今以游为旗流者，借字也。’"

“酉”组

0.【常】甲骨文“酉”字，合 1878 正、合 34338、合补 9039。金文“酉”字，西周 10.5042、西周 05.2748。简帛“酉”字，日甲《土忌》131、日乙 33。石刻“酉”字，元子正志。《酉部》：“，就也。八月黍成，可为酎酒。象古文酉之形。與久切。，古文酉。从卯，卯为春门，万物已出。酉为秋门，万物已入。一，闭门象也。”（311 页）《甲骨文字诂林》[②]："按：酉但象酒器之形，故引申有酒义，复增水作酒，乃区别之物。……章炳麟《文始》谓‘酉自为酒之初文，形象酒樽’是对的。《说文》酉之古文‘’，不可据。郭沫若谓‘实古卯字’。"

1.【常】甲骨文“酒”字，合 28231。金文“酒”字，西周 15.9727。简帛“酒”字，第八层 1221。石刻“酒”字，石经尚书。《酉部》：“，就也，所以就人性之善恶。从水从酉，酉亦声。一曰造也，吉凶所造也。古者仪狄作酒醪，禹尝之而美，遂疏仪狄。杜康作秫酒。子酉切。”（311 页）

2.【常】甲骨文“醜”字，合 12878 正。简帛“醜”字，语书 12、银贰 1537。石刻“醜”字，石台孝经。《鬼部》：“，可恶也。从鬼酉声。昌九切。”（189 页）“醜”字简化作“丑”。

3.0 简帛“酋”字，上二容 1、居新 7699。石刻“酋”字，刘懿志。《酋部》：“，绎酒也。从酉，水半见于上。《礼》有‘大酋’，掌酒官也。字秋切。”（313 页）段玉裁注[③]："绎酒糟滓下湛，水半见于上故像之。"《说文通训定声》[④]："按：酉亦声。……《吕览》‘仲冬乃命大酋’注：主酒官也，酝酿米麹使之化热，故谓之酋。"

3.1【常】甲骨文“猶”字，合 33078、花东 286。金文“猶”字，西周 16.10175。简帛“猶”字，上一孔 4。石刻“猶”字，石经周易。《犬部》：“，玃属。从犬酋声。一曰陇西谓犬子为猷。以周切。”

---

① 张世超等：《金文形义通解》，中文出版社，1996，1672 页。

② 于省吾主编：《甲骨文字诂林》，中华书局，1999，2688 页。

③ （清）段玉裁：《说文解字注》，上海古籍出版社，2000，752 页。

④ （清）朱骏声：《说文通训定声》，武汉古籍书店，1983，240 页。

（205 页）《金文形义通解》[1]："金文从犬酋声，义符'犬'多居右，居左者仅战国器铭一见。睡虎地秦简亦皆居右。以'猶'为虚字，而'猷'为谋猷字者，殆汉以后事也。""猶"字简化作"犹"。

3.2【常 B】"遒"是"逎"字或体。简帛"逎"字，马壹 81_43。石刻"遒"字，吕常侍妻志。《辵部》："，迫也。从辵酉声。字秋切。，逎或从酋。"（41 页）

"又"组

0.【常】甲骨文"又"字，合 20567。金文"又"字，商 16.9831、春秋 01.265。简帛"又"字，日甲《稷丛辰》41。石刻"又"字，史晨后碑。《又部》："，手也。象形。三指者，手之列多略不过三也。于救切。"（64 页）《甲骨文字诂林》[2]："按：字本象右手形。"

1.【常】甲骨文"友"字，合 20689、H11：21。金文"友"字，西周 05.2672、西周 08.4194.1、考古与文物 86.4。简帛"友"字，马壹 4_13。石刻"友"字，赫连子悦志。《又部》："，同志为友。从二又。相交友也。云久切。，古文友。，亦古文友。"（65 页）《甲骨文字典》[3]："从二又。……自甲骨文字形观之，当是一人之手外另加一人之手，谓协助者为友。"《金文形义通解》[4]："金文或从'甘'，……或从口，乃'甘'之省。"

2.0【常】甲骨文"尤（尢）"字，铁五〇.一。金文"尤（尢）"字，春秋.第三届 483 页。简帛"尤（尢）"字，马壹 130_18。石刻"尤（尢）"字，石经周易。《乙部》："，异也。从乙又声。羽求切。"（308 页）《金文形义通解》[5]："高鸿缙曰：'尤实从（手）而以一横画表禁止之动向，言手有所为，而有外力以禁止之，其本义应为禁阻，动词。……惟手必须禁止，以见不当作而作也。不当作而作者，必有过失，故尤之引申借意为过失。'"

2.10【常】甲骨文"就"字，英 2557。金文"就"字，商 03.1313、西周 08.4297、西周 08.4318.1。简帛"就"字，效律 49、东牌楼 037。石刻"就"字，元显俊志、石经周易。《京部》："，就，高

---

① 张世超等:《金文形义通解》，中文出版社，1996，2413 页。

② 于省吾主编:《甲骨文字诂林》，中华书局，1999，881 页。

③ 徐中舒主编:《甲骨文字典》，四川辞书出版社，1990，295 页。

④ 张世超等:《金文形义通解》，中文出版社，1996，650 页。

⑤ 张世超等:《金文形义通解》，中文出版社，1996，3404 页。

也。从京从尤。尤，异于凡也。疾僦切。，籀文就。”（111页）《金文形义通解》①：“孙诒让曰：‘疑古文“就”之省。……籀文作，此似从京，从亯省，与彼略同。’孙说近是。即‘就’之古字而非‘古文“就”之省’。……从尤之‘就’首见于秦简，乃秦系文字所独有。”

2.11【常B】石刻“蹴”字，司马遵业志。《足部》：“，蹑也。从足就声。七宿切。”（46页）

2.12【常B】石刻“鹫（鷲）”字，多宝塔碑。《鳥部》：“，鸟黑色多子。师旷曰：‘南方有鸟，名曰羌鷲，黄头赤目，五色皆备。’从鳥就声。疾僦切。”（80页）“鷲”字简化作“鹫”。

3.0【常】金文“右”字，西周05.2804、战国17.10997。简帛“右”字，日乙《入官》236、仓颉篇10。石刻“右”字，曹全碑、石经尚书。《又部》：“，手口相助也。从又从口。于救切。”（64页）《口部》重出，释义“助也”。《甲骨文字诂林》②：“按：卜辞有无之有、福祐之祐、侑祭之侑、左右之右、再又之又，均作又。实则‘有’‘祐’‘侑’‘右’均由‘又’字孳乳演化而来，义俱相因。”

3.1【常】简帛“佑”字，马壹133_24。石刻“佑”字，丁佑及妻合祔志，从人右声，《说文》无。

4.0【常】金文“有”字，西周05.2672。简帛“有”字，效律55、东牌楼070。石刻“有”字，暴诞志、石经九经、敬觉志。《有部》：“，不宜有也。从月又声。云九切。”（141页）《金文形义通解》③：“王国维谓‘有字古文从又持肉’，‘后世讹肉为月’。甚是。”

4.1【常B】金文“宥”字，总集01.908。石刻“宥”字，石经周易。《宀部》：“，宽也。从宀有声。于救切。”（151页）

4.2【常】石刻“賄”字，李宪志、崔暟志阳。《貝部》：“，财也。从貝有声。呼罪切。”（130页）“賄”字简化作“贿”。

“册”组

0.【常】甲骨文“册（冊）”字，合438正、合21186、合补6955。金文“册（冊）”字，商04.1737、西周08.4288.1。石刻“册（冊）”字，元顺志。《冊部》：“，符命也。诸侯进受于王也。象其札

---

① 张世超等:《金文形义通解》，中文出版社，1996，1368页。

② 于省吾主编:《甲骨文字诂林》，中华书局，1999，881页。

③ 张世超等:《金文形义通解》，中文出版社，1996，1709页。

一长一短，中有二编之形。楚革切。䇥，古文冊从竹。”（48 页）《甲骨文字诂林》[①]：“李孝定：‘甲骨金文册字亦象其札一长一短之形，与小篆同。’”

1.【常】甲骨文“删（刪）”字，合 22075。简帛“删（刪）”字，金关 T22：111A。石刻“删（刪）”字，石经五经。《刀部》：“刪，剟也。从刀、冊。冊，书也。所姦切。”（92 页）

2.【常】石刻“栅（柵）”字，元袭志。《木部》：“柵，编树木也。从木从冊，冊亦声。楚革切。”（121 页）《说文通训定声》[②]：“按：编竖木为栅，从冊，象栅形。”

3.【常】石刻“珊”字，文鉴经幢。《玉部》：“珊，珊瑚，色赤，生于海，或生于山。从玉，删省声。稣干切。”（13 页）

4.【常 B】石刻“姗（姍）”字，苏兴志。《女部》：“姍，诽也。一曰翼便也。从女，删省声。所晏切。”（264 页）

5.【常 B】“跚”字暂未见唐以前相关古文字形，从足冊声，《说文》无。

“彻”组

0.【常】甲骨文“徹”字，合 1023、合 8075。金文“徹”字，西周 16.10175、战国 01.157.1。简帛“徹”字，秦律十八种 10、甲《特牲》45。石刻“徹”字，石经五经。《攴部》：“徹，通也。从彳从攴从育。丑列切。𢕄，古文徹。”（67 页）《说文通训定声》[③]：“按：字疑从彳从散省，会意。散者，㪔也，有疏通之谊。去声。”“徹”字简化作“彻”。

1.【常】石刻“轍”字，石台孝经。《車部》：“轍，车迹也。从车，彻省声。本通用彻，后人所加。直列切。”（303 页）“轍”字简化作“辙”。

2.【常】石刻“澈”字，元弼志，从水，徹省声，《说文》无。

3.【常】石刻“撤”字，石经五经，从手，徹省声，《说文》无。

“畟”组

0. 石刻“畟”字，石经五经。《夊部》：“畟，治稼畟畟進也。从田、人，从夊。初力切。”（112 页）《说文通训定声》[④]：“《尔雅·释训》：畟畟，耜也。舍人注：耜入地之貌。”“畟”字音 cè。

---

① 于省吾主编：《甲骨文字诂林》，中华书局，1999，2961 页。

② （清）朱骏声：《说文通训定声》，武汉古籍书店，1983，538 页。

③ （清）朱骏声：《说文通训定声》，武汉古籍书店，1983，620 页。

④ （清）朱骏声：《说文通训定声》，武汉古籍书店，1983，217 页。

1.【常B】简帛“稷”字，金关T06：049。石刻“稷”字，石经五经。《禾部》：“，齋也。五谷之长。从禾畟声。子力切。，古文稷省。”（144页）《金文形义通解》[①]：“金文从示畟声，声符下从女，乃夂字写讹，金文习见此例。……《集韵》职韵：‘禝，尧臣，能播五谷，有功于民，祀之，通作稷。’”

“屮”组

0. 甲骨文“屮”字，合27218。金文“屮”字，西周06.3514。石刻“屮”字，鲜于璜碑。《屮部》：“，艸木初生也。象丨出形，有枝茎也。古文或以为艸字。读若徹。尹彤说。丑列切。”（15页）“屮”字音chè。

1.0 “𡴀”字暂未见唐以前、小篆外其他相关古文字形。《自部》：“，危高也。从自屮声。读若臬。魚列切。”（303页）“𡴀”字音niè。

1.10 甲骨文“辥”字，合9572。金文“辥”字，西周10.5429.1。简帛“辥”字，秦文字编2087。《辛部》：“，辠也。从辛𡴀声。私列切。”（309页）“辥”字音xuē。

1.11【常】金文“薛（薛）”字，春秋16.10263。简帛“薛（薛）”字，为吏6、马壹82_57。石刻“薛（薛）”字，、石经五经。《艸部》：“，艸也。从艸辥声。私列切。”（17页）《金文形义通解》[②]：“方濬益曰：‘从月从辛，当是薛之古文。’”

1.12【常A】甲骨文“孽（孼）”字，合3611正、合3387。简帛“孽（孼）”字，傅律361。石刻“孽（孼）”字，、石经五经。《子部》：“，庶子也。从子辥声。魚列切。”（310页）段玉裁注[③]：“凡木萌旁出皆曰孽，人之支子曰孽，其义略同。”

2.0 甲骨文“疌”字，合3353、合35273。简帛“疌”字，银贰1561、仓颉篇5。《止部》：“，疾也。从止从又。又，手也。屮声。疾葉切。”（38页）《说文通训定声》[④]：“按：此字《说文》当隶屮部，艸生疾也。”“疌”字音jié。

2.1【常】金文“捷”字，文献集成29册474页。石刻“捷”字，

---

① 张世超等：《金文形义通解》，中文出版社，1996，1781页。

② 张世超等：《金文形义通解》，中文出版社，1996，79页。

③（清）段玉裁：《说文解字注》，上海古籍出版社，2000，743页。

④（清）朱骏声：《说文通训定声》，武汉古籍书店，1983，103页。

石经五经。《手部》:"，猎也。军获得也。从手疌声。疾葉切。"（257 页）

2.2【常】简帛"睫"字，马贰 34_38，从目疌声，《说文》无。

"导"组

0. 甲骨文"导（㝵）"字，合集 508。金文"导（㝵）"字，商 12.6634。石刻"导（㝵）"字，无量义经。《見部》:"，取也。从見从寸。寸，度之，亦手也。多則切。"（177 页）《金文形义通解》①："甲骨文'导'字作……罗振玉曰:'此从又持贝，得之意也。或增彳。许书古文从见，殆从贝之讹。'""导（㝵）"字音 dé。

1.【常】甲骨文"得"字，合 8929、合 508、合 8928。金文"得"字，商 12.7086；不从彳，商 12.6634。简帛"得"字，封诊式 74、金关 T23：994A、第八层 133。石刻"得"字，辛穆志、石经五经。《彳部》:"，行有所得也。从彳㝵声。多則切。，古文省彳。"（43 页）《甲骨文字诂林》②："按:'导'即今'得'字，从又持贝会意。或增彳，通用无别。《说文》讹从贝为从见，分与二字，殊误。戴侗《六书故》已辨及之。"

2.【常】"碍"字暂未见唐以前相关古文字形，从石导声，《说文》无。

"悳"组

0. 金文"悳"字，西周 16.10076。简帛"悳"字，马壹 111_179。石刻"悳"字，辅兰德等造像。《心部》:"，外得于人，内得于已也。从直从心。多則切。"（217 页）《说文通训定声》③："按：从心直声。"《金文形义通解》④："早期金文从心从，所从之春秋时起或增缀笔作，然楚帛书'悳'字仍作。者，'直'之古字也。""悳"字音 dé。

1.【常】甲骨文"德"字，合集 20548。金文"德"字，西周 04.2405、西周 05.2614、西周 08.4315.1。简帛"德"字，老子 1、敦煌简 2044。石刻"德"字，石经五经。《彳部》:"，升也。从彳悳声。多則切。"（43 页）《金文形义通解》⑤："殷商甲骨文有……从彳或

① 张世超等:《金文形义通解》，中文出版社，1996，2178 页。

② 于省吾主编:《甲骨文字诂林》，中华书局，1999，1882 页。

③（清）朱骏声:《说文通训定声》，武汉古籍书店，1983，219 页。

④ 张世超等:《金文形义通解》，中文出版社，1996，2522 页。

⑤ 张世超等:《金文形义通解》，中文出版社，1996，374 页。

行，直声，……周金文中始见从心声之字，即德行、道德字。然金文亦有不从心而但同甲文作者。盖为金文之基本形式，其变体颇多，声符或改从辵，或省为'直'；义符或改从言，或从心复从人。"

"歹"组

0.【常】甲骨文"歹（歺）"字，合 22135、合 6589 正，象类似弋的木器裂开形。《歺部》："，列骨之残也。从半冎。读若櫱岸之櫱。五割切。，古文歺。"（85 页）《甲骨文字诂林》[①]："甲骨文歺字作、、等形，即列字的初文。""歹（歺）"字音 è。

1.0【常】简帛"列"字，秦律十八种 68、金关 T29：044。石刻"列"字，张景造土牛碑、石经周易。《刀部》："，分解也。从刀𡿪声。良薛切。"（91 页）

1.1【常】石刻"烈"字，张安志、石经尚书。《火部》："，火猛也。从火𠛱声。良𨐨切。"（207 页）

1.2【常】石刻"裂"字，元澄妃志。《衣部》："，缯余也。从衣𠛱声。良辥切。"（172 页）

1.3【常】石刻"例"字，于景志。《人部》："，比也。从人𠛱声。力制切。"（167 页）《说文通训定声》[②]："按:《礼记·服问》:'上附下附，列也。'分别比例之义，古只作列，此字后出。"

1.4【常 B】石刻"洌"字，石经周易。《水部》："，水清也。从水列声。良辥切。"（230 页）

1.5【常 B】石刻"冽"字，张忠义志，从仌列声，《说文》无。

1.6【常】"咧"字从口列声，【常 B】"趔"字从走列声，均暂未见唐以前相关古文字形，《说文》无。

"革"组

0.【常】甲骨文"革"字，花东 491、花东 474。金文"革"字，西周 05.2786。简帛"革"字，秦律杂抄 27。石刻"革"字，石经周易。《革部》："，兽皮治去其毛，革更之。象古文革之形。古覈切。，古文革从三十。三十年为一世，而道更也。臼声。"（60 页）《金文形义通

① 于省吾主编:《甲骨文字诂林》，中华书局，1999，2876 页。

② （清）朱骏声:《说文通训定声》，武汉古籍书店，1983，678 页。

解》[①]："金文象兽皮割剥展列之形，上象头，中象身，下象尾。"

1.0 金文"䨣"字，西周 07.4025.1，革亦声。《雨部》："䨣，雨濡革也。从雨从革。读若膊。匹各切。"（242 页）"䨣"字音 gé。

1.10【常】甲骨文"霸"字，屯 873、合 37848、2 号卜甲。金文"霸"字，西周 05.2813、西周 09.4626。简帛"霸"字，敦煌简 1751、金关 T09：232A。石刻"霸"字，高湝志。《月部》："霸，月始生，霸然也。承大月，二日；承小月，三日。从月䨣声。普伯切。，古文霸。"（141 页）《金文形义通解》[②]："《说文》古文作，商承祚曰：'此殆从雨从月省，后转写讹误，遂不得其义。'"

1.11【常】"壩"字暂未见唐以前相关古文字形，从土霸声，简化作"坝"，《说文》无。

"各"组

0.【常】甲骨文"各"字，合 21021 反、合 10406 反、合 24757。简帛"各"字，秦律杂抄 20、金关 T23：578。石刻"各"字，石经尚书。《口部》："各，异辞也。从口、夂。夂者，有行而止之，不相听也。古洛切。"（34 页）《甲骨文字释林》[③]："甲骨文'各'字初形作或，后来作或，最后变作或。最后之形，周代金文因之。字上从，象倒趾形；下从，即《说文》的凵字（口犯切）。典籍通作坎。字象人之足趾向下陷入坑坎，故'各'字有停止不前之义。"《金文形义通解》[④]："或以凵、为古人穴居之象。"

1.0【常】甲骨文"洛"字，怀 448、H11：27。金文"洛"字，西周 16.10322、战国 17.11404.2。简帛"洛"字，银贰 1825。石刻"洛"字，元倪志。《水部》："洛，水，出左冯翊归德北夷界中，东南入渭。从水各声。盧各切。"（225 页）

1.1【常】简帛"落"字，奏谳书 212、金关 T10：357。石刻"落"字，慈庆志。《艸部》："落，凡艸曰零，木曰落。从艸洛声。盧各切。"（23 页）

2.【常】石刻"駱"字，冯令华志。《馬部》："駱，马白色黑鬣尾

① 张世超等：《金文形义通解》，中文出版社，1996，578 页。
② 张世超等：《金文形义通解》，中文出版社，1996，1704 页。
③ 于省吾：《甲骨文字释林》，中华书局，1979，398 页。
④ 张世超等：《金文形义通解》，中文出版社，1996，198 页。

也。从馬各声。盧各切。”（199 页）“駱”字简化作“骆”。

3.【常】金文“格”字，西周 07.3952、西周 08.4264.1。简帛“格”字，第八层 455。石刻“格”字，张伏敬志。《木部》：“，木长皃。从木各声。古百切。”（119 页）

4.0【常】金文“路”字，西周 15.9714。简帛“路”字，第八层 1014、仓颉篇 53。石刻“路”字，张审文志，从足各声。《足部》：“，道也。从足从各。洛故切。”（48 页）

4.1【常】简帛“露”字，引书 103、金关 T28：022。石刻“露”字，緱光姬志。《雨部》：“，润泽也。从雨路声。洛故切。”（242 页）

4.2【常 B】简帛“潞”字，脉书 12。石刻“潞”字，苏斌志。《水部》：“，冀州浸也。上党有潞县。从水路声。洛故切。”（226 页）

4.3【常 B】石刻“鷺”字，杨孝恭碑。《鳥部》：“，白鷺也。从鳥路声。洛故切。”（80 页）“鷺”字简化作“鹭”。

5.【常】金文“客”字，西周 05.2804、春秋 05.2675、战国 04.2299。简帛“客”字，法律答问 203。石刻“客”字，石经周易。《宀部》：“，寄也。从宀各声。苦格切。”（151 页）

6.【常】简帛“絡”字，秦律杂抄 17。石刻“絡”字，元洛神志、越国太妃志。《糸部》：“，絮也。一曰麻未沤也。从糸各声。盧各切。”（276 页）《说文通训定声》[①]：“按：缠束之意。今本《说文》作‘絮也’，误。”“絡”字简化作“络”。

7.0【常】简帛“略”字，马壹 258。石刻“略”字，石经尚书。《田部》：“，经略土地也。从田各声。烏約切。”（291 页）

7.1【常 B】“掿”字暂未见唐以前相关古文字形，从手略声，《说文》无。

8.0【常】简帛“閣”字，仓颉篇 14。石刻“閣”字，韦埙志。《門部》：“，所以止扉也。从門各声。古洛切。”（248 页）“閣”字简化作“阁”。

8.1【常】“擱”字暂未见唐以前相关古文字形，从手閣声，简化作“搁”，《说文》无。

9.【常】简帛“胳”字，甲《少牢》28。石刻“胳”字，石经五经。《肉部》：“，亦下也。从肉各声。古洛切。”（87 页）《说文通训定声》[②]：“腋下也。”

10.【常】“額”是俗“頟”字，简化作“额”。简帛“頟”字，金

① （清）朱骏声：《说文通训定声》，武汉古籍书店，1983，455 页。

② （清）朱骏声：《说文通训定声》，武汉古籍书店，1983，454 页。

关 T01：001。石刻“额（頟）”字，頟石经尚书、額惟贞庙碑。《頁部》：“頟，顙也。从頁各声。五陌切。”（181 页）

11.【常 B】石刻“骼”字，骼宗达志。《骨部》：“骼，禽兽之骨曰骼。从骨各声。古覈切。”（86 页）

12.【常 A】石刻“賂”字，賂王芳媚志。《貝部》：“賂，遗也。从貝各声。洛故切。”（130 页）“賂”字简化作“赂”。

13.【常】石刻“酪”字，酪高叡修定国寺碑。《酉部》：“酪，乳浆也。从酉各声。盧各切。”（313 页）

14.【常】“烙”字暂未见唐以前、小篆外其他相关古文字形。《火部》：“烙，灼也。从火各声。盧各切。”（210 页）

15.【常 B】石刻“恪”字，恪卢君妻志、恪间知诚志，从心各声，《说文》无。

16.【常 B】石刻“硌”字，硌王贞志，从石各声，《说文》无。

17.【常 B】“咯”字暂未见唐以前相关古文字形，从口各声，《说文》无。

“盍”组

0. 简帛“盍（盇）”字，盍睡 104。石刻“盍（盇）”字，盇石经五经。《血部》：“盇，覆也。从血、大。胡臘切。”（105 页）《金文形义通解》[①]：“金文从去从皿。……裘锡圭曰：‘战国文字及秦汉篆文中，“盍”字所从之“去”多作㚎、㚎等形，确象器盖相合之形。但是这个“去”字其实就是“盍”的初文。’‘皿’当为后增之义符。小篆皿上之短横乃㚎下之凵所变，许慎误解为从血。‘盇’字今隶作‘盍’，与金文、秦简文字合，较篆文更近古。”

1.【常】简帛“蓋”字，蓋秦律十八种 10、蓋算数书 148、蓋日忌木简丙 6、蓋仓颉篇 34。石刻“蓋（葢）”字，蓋成阳灵台碑、蓋卢令媛志、蓋石经周易，简化作“盖”。《艸部》：“蓋，苫也。从艸盇声。古太切。”（24 页）

2.【常 B】甲骨文“闔”字，闔合 4854。简帛“闔”字，闔马壹 124_38、闔引书 103。石刻“闔”字，闔刘幼妃志、闔崔暟志阳。《門部》：“闔，门扇也。一曰闭也。从門盍声。胡臘切。”（248 页）“闔”字简化作“阖”。

3.【常 B】石刻“嗑”字，嗑石经周易。《口部》：“嗑，多言也。从口

① 张世超等：《金文形义通解》，中文出版社，1996，1251 页。

盍声。读若甲。候榼切。”（33 页）

4.【常】“磕”字暂未见唐以前、小篆外其他相关古文字形。《石部》：“，石声。从石盍声。口太切。又若盍切。”（195 页）

5.【常 B】“瞌”字暂未见唐以前相关古文字形，从目盍声，《说文》无。

“禾”组

0.【常】甲骨文“禾”字，合 32028、合 19804。金文“禾”字，商 03.1472、商 13.8109。简帛“禾”字，日甲 151。石刻“禾”字，西狭颂。《禾部》：“，嘉谷也。二月始生，八月而孰，得时之中，故谓之禾。禾，木也。木王而生，金王而死。从木，从𠂹省。𠂹象其穗。户戈切。”（144 页）《金文形义通解》[①]：“罗振玉曰：‘上象穗与叶，下象茎与根。许君云从木从𠂹省，误以象形为会意矣。’”

1.【常】简帛“和”字，法律答问 94。石刻“和”字，石经周易。《口部》：“，相磨也。从口禾声。户戈切。”（32 页）

2.0【常】简帛“科”字，东牌楼 049、仓颉篇 69。石刻“科”字，元秀志、广阳元湛志。《禾部》：“，程也。从禾从斗。斗者，量也。苦禾切。”（146 页）《说文通训定声》[②]：“按：禾亦声。”

2.1【常】“蝌”字暂未见唐以前相关古文字形，从虫科声，《说文》无。

“合”组

0.【常】甲骨文“合”字，合 18030、合 18100、合 22066、合 3297 正。金文“合”字，春秋 01.262。简帛“合”字，日甲《土忌》137。石刻“合”字，曹全碑。《亼部》：“，合口也。从亼从口。候閤切。”（108 页）《甲骨文字诂林》[③]：“按：余永梁谓‘象器盖相合之形’可信。”《金文形义通解》[④]：“刘钊曰：‘合字最早就应作，象二“口”相对形，乃“答”字初文。’亦可备一说。”

1.0 简帛“荅”字，算数书 90。石刻“荅”字，侯刚志、石经五经。《艸部》：“，小尗也。从艸合声。都合切。”（15 页）《说文通训定

① 张世超等：《金文形义通解》，中文出版社，1996，1775 页。

② （清）朱骏声：《说文通训定声》，武汉古籍书店，1983，487 页。

③ 于省吾主编：《甲骨文字诂林》，中华书局，1999，731 页。

④ 张世超等：《金文形义通解》，中文出版社，1996，1311 页。

声》[1]："字亦误作荅。"

1.1【常】石刻"塔"字，塔韩显祖造像、塔玄秘塔碑。《土部》："塔，西域浮屠也。从土荅声。土盍切。"（290页）

1.2【常B】"嗒"字从口荅声，【常】"搭"字从手荅声，【常】"褡"字从衣荅声，【常】"瘩"字从疒荅声，【常B】"鞳"字从革荅声，均暂未见唐以前相关古文字形，《说文》无。

2.【常】简帛"給"字，給秦律十八种35。石刻"給"字，給元愿平妻志、給张义志。《糸部》："給，相足也。从糸合声。居立切。"（273页）《说文通训定声》[2]："按：此字当训相续也，故从糸，与缉略同。""給"字简化作"给"。

3.【常】简帛"鴿"字，鴿马贰38_75。石刻"鴿"字，鴿吴续志。《鳥部》："鴿，鸠属。从鳥合声。古沓切。"（79页）"鴿"字简化作"鸽"。

4.【常】简帛"拾"字，拾马壹102_166、拾仓颉篇61。石刻"拾"字，拾石经五经。《手部》："拾，掇也。从手合声。是執切。"（255页）

5.【常B】简帛"翕"字，翕银壹685。石刻"翕"字，翕石经尚书。《羽部》："翕，起也。从羽合声。許及切。"（75页）段玉裁注[3]："翕从合者，鸟将起必敛翼也。"

6.【常A】石刻"洽"字，洽石经尚书。《水部》："洽，霑也。从水合声。矦夾切。"（234页）

7.【常】石刻"恰"字，恰南宗和尚塔铭、恰马稺志。《心部》："恰，用心也。从心合声。苦狹切。"（224页）

8.【常】"答"字从竹合声，【常】"盒"字从皿合声，【常】"哈"字从口合声，【常A】"蛤"字从虫合声，均暂未见唐以前相关古文字形，《说文》无。

"赫"组

0.【常】简帛"赫"字，赫仓颉篇49。石刻"赫"字，赫唐嘉会志。《赤部》："赫，火赤皃。从二赤。呼格切。"（213页）

1.【常】石刻"嚇"字，嚇王公素志，从口赫声，简化作"吓"，《说文》无。

---

① （清）朱骏声：《说文通训定声》，武汉古籍书店，1983，107页。

② （清）朱骏声：《说文通训定声》，武汉古籍书店，1983，109页。

③ （清）段玉裁：《说文解字注》，上海古籍出版社，2000，139页。

“舍”组

0.【常】甲骨文“舍”字，H11：115。金文“舍”字，西周16.10175。简帛“舍”字，识劫案133、奏谳书206。石刻“舍”字，肥致碑、石经五经、石经周易。《亼部》：“，市居曰舍。从亼、屮，象屋也。口象筑也。始夜切。”（252页）《金文形义通解》[1]：“金文‘舍’字从口（余）声。”

1.【常】石刻“捨”字，元诠志、无量义经二。《手部》：“，释也。从手舍声。書冶切。”（252页）“捨”字简化作“舍”。

2.【常】石刻“啥”字，徐显秀志，从口舍声，《说文》无。

“歰”组

0. 甲骨文“歰”字，合集38717。石刻“歰”字，石门颂、石经五经。《止部》：“，不滑也。从四止。色立切。”（38页）“歰”字音sè。

1.【常】石刻“澀”字，严识玄志，从水歰声，简化作“涩”，《说文》无。

“嗇”组

0.【常B】甲骨文“嗇”字，合20648、合5790。金文“嗇”字，西周16.10175、战国18.12056。简帛“嗇”字，效律8、银贰1748。石刻“嗇”字，成阳灵台碑。《嗇部》：“，爱濇也。从來从㐭。來者，㐭而藏之。故田夫谓之嗇夫。所力切。，古文嗇从田。”（111页）《甲骨文字诂林》[2]：“孙诒让：‘当即嗇字，……上从，即来之省；下从，即㐭之省。’白玉峥：‘从㐭象藏來之所；从來，來，麦也，北地产麦，秋收之后藏之于㐭也。’”“嗇”字简化作“啬”。

1.【常B】“薔”字暂未见唐以前、小篆外其他相关古文字形。《艸部》：“，薔虞，蓼。从艸嗇声。所力切。”（26页）“薔”字简化作“蔷”。

2.【常B】石刻“檣”字，庆公神祠碑，从木嗇声，简化作“樯”，《说文》无。

---

① 张世超等：《金文形义通解》，中文出版社，1996，1317页。

② 于省吾主编：《甲骨文字诂林》，中华书局，1999，1971页。

“射”组

0.【常】“射”是“䠶”字篆文。甲骨文“射”字，合 10693、花东 2。金文“射”字，商 13.7634、西周 11.6015。简帛“射”字，秦律杂抄 34、金关 T22：141。石刻“射”字，元珍志。《矢部》：“䠶，弓弩发于身而中于远也。从矢从身。食夜切。射，篆文䠶从寸。寸，法度也。亦手也。”（110 页）《甲骨文字诂林》[1]：“罗振玉：‘卜辞中诸字皆为张弓注矢形，或左向，或右向。许书从身，乃由弓形讹，又误讹横矢为立矢。其从寸，则从又之讹也。古金文及石鼓并与此同。’”

1.【常 B】甲骨文“麝（麝）”字，屯 2539。石刻“麝”字，元瞻志。《鹿部》：“麝，如小麋，脐有香。从鹿䠶声。神夜切。”（203 页）“麝（麝）”字音 shè。

2.【常】简帛“謝”字，金关 T30：022。石刻“謝”字，法懃塔铭。《言部》：“謝，辞去也。从言䠶声。辝夜切。”（53 页）“謝”字简化作“谢”。

3.【常 B】石刻“榭”字，石经尚书。《木部》：“榭，台有屋也。从木䠶声。詞夜切。”（126 页）

“则”组

0.【常】甲骨文“則”字，H11：14。金文“則”字，文物 98.9、西周 08.4208。简帛“則”字，日甲《诘》64、金关 T30：008。石刻“則”字，石台孝经、石经周易。《刀部》：“則，等画物也。从刀从貝。贝，古之物货也。子德切。𠟭，古文则。𠞐，亦古文则。𠟢，籀文则从鼎。”（91 页）《金文形义通解》[2]：“‘《说文》所说的“等画物”就是比照样子刻画器物——照样子作东西。’‘两周金文“则”字从两鼎一刀，化一般为具体，以鼎代器。上一鼎是所比照的器样，下一鼎是比照器样仿制出来的模型母胎，从刀，表示对它照样进行整形雕饰。’”“則”字简化作“则”。

1.【常】金文“賊”字，西周 16.10176。简帛“賊”字，法律答问 134。石刻“賊”字，石经五经。《戈部》：“賊，败也。从戈則声。昨则切。”（266 页）“賊”字简化作“贼”。

2.【常】金文“側”字，西周 05.2814。石刻“側”字，石经尚

① 于省吾主编：《甲骨文字诂林》，中华书局，1999，2607 页。

② 张世超等：《金文形义通解》，中文出版社，1996，1022 页。

书。《人部》："𠊎，旁也。从人則声。阻力切。"（164 页）"側"字简化作"侧"。

3.【常】石刻"測"字，▇常存法师志。《水部》："▇，深所至也。从水則声。初側切。"（230 页）"測"字简化作"测"。

4.【常】"厠"字同"廁"，简化作"厕"。简帛"廁"字，▇秦文字编 1485、▇仓颉篇 8。《广部》："▇，清也。从广則声。初吏切。"（192 页）段玉裁注①："清、圊，古今字。圊言至秽之处，宜常修治使洁清也。"《说文通训定声》②："字亦误作厕。"

5.【常 A】"鍘"字暂未见唐以前相关古文字形，从金則声，简化作"铡"，《说文》无。

"乇"组

0. 甲骨文"乇"字，▇合 22246、▇合 1076 正甲。金文"乇"字，▇铭文选二 883。简帛"乇"字，▇引书 85。《乇部》："▇，艸叶也。从垂穗，上贯一，下有根。象形。陟格切。"（127 页）《甲骨文字释林》③："▇或▇之为乇字的初文，昭然若揭。……乇字的造字本义，只有存以待考。""乇"字音 zhé。

1.0【常】甲骨文"宅"字，▇合 14206 正。金文"宅"字，▇西周 08.4201、▇春秋 16.10278、▇战国 18.11546A。简帛"宅"字，▇户律 315、▇敦煌简 2130。石刻"宅"字，▇石经周易。《宀部》："▇，所托也。从宀乇声。場伯切。▇，古文宅。▇，亦古文宅。"（150 页）《说文通训定声》④："《尔雅·释言》：宅，居也。"

1.1【常 B】简帛"詫"字，▇敦煌简 0974B。从言宅声，简化作"诧"，《说文》无。

1.2【常 B】石刻"咤"字，▇萧正表志，从口宅声，《说文》无。

1.3【常 B】"挓"字暂未见唐以前相关古文字形，从手宅声，《说文》无。

2.【常】金文"託"字，▇战国 17.11267。简帛"託"字，▇马壹 88_199、▇金关 T27：106。石刻"託"字，▇徐义志。《言部》："▇，寄也。从言乇声。他各切。"（53 页）"託"字后作"托"。

---

① （清）段玉裁：《说文解字注》，上海古籍出版社，2000，444 页。

② （清）朱骏声：《说文通训定声》，武汉古籍书店，1983，216 页。

③ 于省吾：《甲骨文字释林》，中华书局，1979，168 页。

④ （清）朱骏声：《说文通训定声》，武汉古籍书店，1983，462 页。

“耴”组

0. 金文“耴”字，商 11.6000。《耳部》：“，耳垂也。从耳下垂。象形。《春秋传》曰‘秦公子辄’者，其耳下垂，故以为名。陟葉切。”（249 页）“耴”字音 zhé。

1.【常 B】简帛“輒”字，秦律十八种 29。石刻“輒”字，从事冯君碑、石经五经。《車部》：“，车两輢也。从車耴声。陟葉切。”（301 页）段玉裁注[①]：“按：车必有两輢，如人必有两耳，故从耴。耴，耳垂也。”“輒”字简化作“辄”。

“折”组

0.【常】甲骨文“折（斯）”字，合 7923、合 7924。金文“折（斯）”字，西周 05.2835。简帛“折（斯）”字，法律答问 75、第八层 1028。石刻“折（斯）”字，、石经九经。《艸部》：“，断也。从斤断艸。谭长说。食列切。，籀文折从艸在仌中，仌寒故折。，篆文折从手。”（25 页）段玉裁注[②]：“斤断艸，小篆文也。艸在仌中，籀文也；从手从斤，隶字也。《九经字样》云：《说文》作，隶省作折。”《甲骨文字诂林》[③]：“按：字从又持斤断木，象木之折，篆文讹变为从艸。此乃‘折’字之繁构。”《金文形义通解》[④]：“金文作，将所断之木皆顺向上，非断艸也。”

1.【常】石刻“哲”字，高湝志、贺拔昌志、元怿志、石经五经。《口部》：“，知也。从口折声。陟列切。，哲或从心。，古文哲从三吉。”（32 页）《金文形义通解》[⑤]：“金文及古鉨皆从心作，小篆从口，乃心形之讹，……‘悊’字均从折声。”

2.【常】金文“誓”字，西周 05.2818、西周 16.10176。石刻“誓”字，石经尚书。《言部》：“，约束也。从言折声。時制切。”（52 页）

3.【常】石刻“浙”字，石经九经。《水部》：“，江，水东至会稽山阴为浙江。从水折声。旨熱切。”（224 页）

4.【常】石刻“逝”字，桐柏淮源庙碑。《辵部》：“，往也。从

---

① （清）段玉裁：《说文解字注》，上海古籍出版社，2000，722 页。

② （清）段玉裁：《说文解字注》，上海古籍出版社，2000，44 页。

③ 于省吾主编：《甲骨文字诂林》，中华书局，1999，2525 页。

④ 张世超等：《金文形义通解》，中文出版社，1996，92 页。

⑤ 张世超等：《金文形义通解》，中文出版社，1996，154 页。

辵折声。读若誓。時制切。”（39 页）

“者”组

0.【常】甲骨文“者”字，2 号卜甲。金文“者”字，西周 08.4331。简帛“者”字，法律答问 187、敦煌简 0321。石刻“者”字，成晃碑、黄庭经。《白部》：“，别事詞也。从白𣥠声。𣥠，古文旅字。之也切。”（74 页）《说文通训定声》[①]：“按：与旅下古文不同，未详。”

1.【常】金文“書”字，西周 08.4264.2、西周 05.2815。简帛“書”字，奏谳书 60、东牌楼 055 背。石刻“書”字，元暐志、石经尚书。《聿部》：“，箸也。从聿者声。商魚切。”（65 页）简化作“书”。

2.【常】“煮”是“鬻”字或体。金文“鬻”字，商 10.5413.3、春秋 05.2646、战国 18.12044。简帛“鬻”字，日甲《诘》60、马壹 90_238。石刻“鬻”字，石经五经、卢宏及妻志。《䰜部》：“，孚也。从䰜者声。章與切。，鬻或从水在其中。，鬻或从火。”（63 页）按：“孚”即“亯”之讹，烹也。

3.【常】金文“堵”字，西周 05.2706、春秋 01.233（从𩫖）。简帛“堵”字，秦律十八种 116。石刻“堵”字，元显魏志、石经五经。《土部》：“，垣也。五版为一堵。从土者声。當古切。，籀文从𩫖。”（287 页）

4.0【常】金文“諸”字，西周 16.9901.1。简帛“諸”字，田律 249。石刻“諸”字，石经周易。《言部》：“，辩也。从言者声。章魚切。”（51 页）段玉裁注[②]：“辩当作辨，判也。按：辨下夺词字，诸不训辨，辨之词也。”“諸”字简化作“诸”。

4.1【常】石刻“儲”字，李道因志。《人部》：“，偫也。从人諸声。直魚切。”（163 页）“儲”字简化作“储”。

5.【常】金文“奢”字，春秋 09.4539.1。石刻“奢”字，张去奢志。《奢部》：“，张也。从大者声。式車切。，籀文。”（215 页）

6.0【常】金文“都”字，春秋 17.10906、战国 18.11909、战国 17.11302。简帛“都”字，法律答问 95、金关 T30：071。石刻“都”字，尔朱绍志。《邑部》：“，有先君之旧宗庙曰都。从邑者声。

---

① （清）朱骏声：《说文通训定声》，武汉古籍书店，1983，436 页。

② （清）段玉裁：《说文解字注》，上海古籍出版社，2000，90 页。

周礼：距国五百里为都。當孤切。”（131 页）

6.1【常 B】“嘟”字暂未见唐以前相关古文字形，从口都声，《说文》无。

7.【常】简帛“猪（豬）”字，芮盗卖公列地案 84、金关 T24：318。石刻“猪（豬）”字，仲练妻蔡氏等造像、石经五经。《豕部》：“，豕而三毛丛居者。从豕者声。陟魚切。”（196 页）

8.【常】简帛“屠”字，金关 T01：169。石刻“屠”字，元暐志。《尸部》：“，刳也。从尸者声。同都切。”（174 页）

9.【常】简帛“暑”字，日甲《诘》50。石刻“暑”字，胡明相志、刘悦志。《日部》：“，熱也。从日者声。舒吕切。”（139 页）

10.0【常】简帛“署”字，法律答问 197、金关 T30：071。石刻“署”字，朝侯小子碑、石经五经。《网部》：“，部署，有所网属。从网者声。常恕切。”（158 页）

10.1【常 A】石刻“曙”字，刘幼妃志。《日部》：“，晓也。从日署声。常恕切。”（139 页）

10.2【常】“薯”字暂未见唐以前相关古文字形，从艸署声，《说文》无。

11.【常 B】简帛“箸”字，第五层 10、仓颉篇 42。石刻“箸”字，石经五经。《竹部》：“，饭攲也。从竹者声。陟慮切。又遅倨切。”（96 页）

12.【常 B】简帛“渚”字，秦文字编 1645。石刻“渚”字，元崇业志。《水部》：“，水，在常山中丘逢山，东入湡。从水者声。章与切。”（228 页）

13.【常】石刻“緒”字，山徽志。《糸部》：“，丝耑也。从糸者声。徐吕切。”（271 页）“緒”字简化作“绪”。

14.【常】石刻“睹”字，朱昙思等造塔记、石经五经。《目部》：“，见也。从目者声。當古切。，古文从見。”（72 页）

15.【常】“賭”字暂未见唐以前、小篆外其他相关古文字形。《貝部》：“，博簺也。从貝者声。當古切。”（131 页）“賭”字简化作“赌”。

16.0【常】简帛“著”字，马事语、金关 T28：026。石刻“著”字，肥致碑、冯令华志、石经五经，从竹者声，《说文》无。

16.1【常 B】“躇”字暂未见唐以前相关古文字形，从足著声，《说文》无。

“尔”组

0. 金文“尔（尒）”字，新收1035页。简帛“尔（尒）”字，东牌楼035、魏晋残纸。石刻“尔（尒）”字，徐显秀志、婴殇女志。《八部》：“，詞之必然也。从入、丨、八。八象气之分散。兒氏切。”（28页）段玉裁注[①]：“古书尔字，浅人多改为爾。”《金文形义通解》[②]：“林义光曰：‘尔即爾省。’”

1.0【常】甲骨文“爾”字，合18471、合6943。金文“爾”字，西周16.10175、新收840页。简帛“爾”字，马壹104_43。石刻“爾”字，皇女残碑、石经尚书。《㸚部》：“，丽尔，犹靡丽也。从冂从㸚，其孔㸚，尒声。此与爽同意。兒氏切。”（70页）《说文通训定声》[③]：“按：实即㸚字。小篆加一，又声也。本义为窗牖之交文，玲珑可观。”“爾”字简化作“尔”。

1.1 简帛“壐”字，日甲《诘》25。石刻“壐”字，元进志。《土部》：“，王者印也。所以主土。从土爾声。斯氏切。，籀文从玉。”（287页）“壐”字简化作“玺”。

1.20【常】金文“彌（𢐗）”字，西周16.10175、西周08.4198。《弓部》：“，弛弓也。从弓壐声。斯氏切。”（270页）《说文通训定声》[④]：“字亦作彌。”石刻“彌”字，乙瑛碑、卢令媛志，简化作“弥”。

1.21【常B】“獼”字暂未见唐以前相关古文字形，从犬彌声，简化作“猕”，《说文》无。

2.0【常】石刻“你”字，乔进臣买地券，从人尔声，《说文》无。

2.1【常】“您”字暂未见唐以前相关古文字形，从心你声，《说文》无。

“耳”组

0.【常】甲骨文“耳”字，合20338、合21099、英831。金文“耳”字，商03.1222、商10.4867、西周07.3993。简帛“耳”字，日甲《盗者》69。石刻“耳”字，笔阵图。《耳部》：“，主聽也。象形。而止切。”（249页）

1.【常】“餌”是“鬻”字或体，简化作“饵”。石刻“餌”字，匹

① （清）段玉裁：《说文解字注》，上海古籍出版社，2000，48页。

② 张世超等：《金文形义通解》，中文出版社，1996，113页。

③ （清）朱骏声：《说文通训定声》，武汉古籍书店，1983，614页。

④ （清）朱骏声：《说文通训定声》，武汉古籍书店，1983，615页。

娄思志。《䰞部》:"鬻,粉饼也。从䰞耳声。仍吏切。餌,鬻或从食耳声。"(63 页)

2.【常 B】石刻"洱"字,李祈年志,从水耳声,《说文》无。

"二"组

0.【常】甲骨文"二"字,合 903 正。金文"二"字,西周 05.2748。简帛"二"字,秦律杂抄 2。石刻"二"字,石经周易。《二部》:"二,地之数也。从偶一。而至切。弍,古文。"(285 页)《甲骨文字典》①:"甲骨文一、二、三、四作一、二、三、亖,皆以积画为数,当起源于算筹。'二'字两画等长。"

1.0【常】金文"貳"字,文物 07.8。简帛"貳"字,第八层 673。石刻"貳"字,石经尚书。《貝部》:"貳,副、益也。从貝弍声。弍,古文二。而至切。"(130 页)"貳"字简化作"贰"。

1.1【常】简帛"膩"字,仓颉篇 39。石刻"膩"字,文鉴经幢。《肉部》:"膩,上肥也。从肉貳声。女利切。"(90 页)"膩"字简化作"腻"。

"卑"组

0.【常】甲骨文"卑"字,合 19233。金文"卑"字,西周 05.2838。石刻"卑"字,石经九经。《𠂇部》:"卑,贱也。执事也。从𠂇、甲。補移切。"(65 页)《甲骨文字诂林》②:"按:朱骏声《说文通训定声》以为'卑'乃'椑'之古文,……卑即象手持某种有柄工具之形。"《金文形义通解》③:"金文从从攴。为甑箅之象形初文……在此为声符。所从之'攴'金文多反书,乃《说文》篆字讹形所本。"

1.【常 B】甲骨文"婢"字,合 26956。简帛"婢"字,具律 107、奏谳书 9。石刻"婢"字,房敬志。《女部》:"婢,女之卑者也。从女从卑,卑亦声。便俾切。"(260 页)

2.【常 B】金文"裨"字,西周 08.4322.1。简帛"裨"字,金关 T24:036。石刻"裨"字,石经五经。《衣部》:"裨,接益也。从衣卑

① 徐中舒主编:《甲骨文字典》,四川辞书出版社,1990,1446 页。

② 于省吾主编:《甲骨文字诂林》,中华书局,1999,2133 页。

③ 张世超等:《金文形义通解》,中文出版社,1996,656 页。

声。府移切。”（172 页）

3.【常】简帛“脾”字，脉书 9。石刻“脾”字，黄庭经。《肉部》：“，土藏也。从肉卑声。符支切。”（87 页）

4.【常】石刻“碑”字，笔阵图、郑黑志。《石部》：“，竖石也。从石卑声。府眉切。”（194 页）

5.【常 B】石刻“髀”字，石经五经。《骨部》：“，股也。从骨卑声。并弭切。，古文髀。”（86 页）

6.【常 B】石刻“睥”字，元延明志，从目卑声，《说文》无。

7.【常】石刻“牌”字，郛休碑，从片卑声，《说文》无。

8.【常 A】“啤”字暂未见唐以前相关古文字形，从口卑声，《说文》无。

“北”组

0.【常】甲骨文“北”字，合 9746。金文“北”字，西周 11.5762、西周 15.9689。简帛“北”字，日书 151、仓颉篇 2。石刻“北”字，石经周易。《北部》：“，菲也。从二人相背。博墨切。”（169 页）《甲骨文字诂林》①：“按：即象二人相背形。《汉书·高帝纪》‘项羽逐北’韦昭注：‘北，古背字也，背去而走也。’”

1.【常】简帛“背”字，引书 101、魏晋残纸。石刻“背”字，石经周易。《肉部》：“，脊也。从肉北声。補妹切。”（87 页）

“葡”组

0. 甲骨文“葡”字，合 20149 正、合 1973。金文“葡”字，商 03.1215、商 14.9102.2、西周 08.4243。《用部》：“，具也。从用，苟省。平祕切。”（70 页）《甲骨文字诂林》②：“按：甲骨文字象盛矢于器中之形，或作。”《金文形义通解》③：“篆文承金文之讹形作葡，许解‘从用，苟省’非是。箙乃葡之晚出形声字，许分为二，以‘具’训葡，而以盛矢器训‘箙’，亦非是。”“葡”字音 bèi。

1.0【常】甲骨文“備”字，合 565。金文“備”字，西周

① 于省吾主编：《甲骨文字诂林》，中华书局，1999，142 页。

② 于省吾主编：《甲骨文字诂林》，中华书局，1999，2556 页。

③ 张世超等：《金文形义通解》，中文出版社，1996，792 页。

08.4322.1、春秋 02.425.2、新收 955 页。简帛“備”字，效律 41。石刻“備”字，胡明相志。《人部》：“，慎也。从人𤰈声。平祕切。，古文備。”（163 页）“備”字简化作“备”。

1.1【常】“憊”字暂未见唐以前相关古文字形，从心備声，简化作“惫”，《说文》无。

“贝”组

0.【常】甲骨文“貝”字，合 19895、合 8490 正。金文“貝”字，商 07.3861.1、商 07.3990、西周 05.2748、西周 11.5981、文博 87.4。简帛“貝”字，为吏 18。石刻“貝”字，净悟浮图记。《貝部》：“，海介虫也。居陆名猋，在水名蜬。象形。古者货贝而宝龟，周而有泉，至秦废贝行钱。博蓋切。”（129 页）《甲骨文字诂林》①：“按：甲骨文贝字象贝有齿之形。”“貝”字简化作“贝”。

1.【常】甲骨文“狽”字，合集 18370。金文“狽”字，商 10.5278.1，从犬貝声，简化作“狈”，《说文》无。

2.【常 B】石刻“唄”字，感梦伽蓝记，从口貝声，简化作“呗”，《说文》无。

“非”组

0.【常】甲骨文“非”字，合 16927、合 21864。金文“非”字，西周 08.4206、西周 08.4341。简帛“非”字，秦律十八种 191、东牌楼 055。石刻“非”字，尚博残碑、石经周易。《非部》：“，违也。从飛下翄，取其相背。甫微切。”（245 页）《甲骨文字诂林》②：“于省吾：‘为非字初文。’按：于先生释非。徐灏《段注笺》云：‘从“飞下翄”谓取飞字下体而为此篆耳。钟鼎文作，正合从飞下翄之语。小篆变作。凡鸟飞，翄必相背，故因之为违背之称。戴氏侗曰：“飞与非一字而两用，犹乌於之为一字也，借义既专，故判为二字”是也。’林义光《文源》谓‘古作……象张两翄，周伯琦《说文字源》以为与飞同字，当从之’。”

1.【常】简帛“罪”字，奏谳书 43、敦煌简 0176。石刻“罪”字，石经尚书。《网部》：“，捕鱼竹网。从网、非。秦以罪为辠字。徂

---

① 于省吾主编：《甲骨文字诂林》，中华书局，1999，1877 页。

② 于省吾主编：《甲骨文字诂林》，中华书局，1999，144 页。

賄切。”（157 页）段玉裁注[①]：“从网非声。声字旧缺，今补。……《文字音义》云：始皇以辠字似皇，乃改为罪。”

2.【常】简帛“悲”字，郭店老 10、蓋卢 37。石刻“悲”字，石经尚书。《心部》：“，痛也。从心非声。府眉切。”（222 页）

3.【常】简帛“輩”字，奏谳书 40。石刻“輩”字，石经五经。《車部》：“，若军发车百两为一輩。从車非声。補妹切。”（302 页）“輩”字简化作“辈”。

4.【常 B】简帛“翡”字，马壹 7_36、马壹 7_35。石刻“翡”字，南川县主志。《羽部》：“，赤羽雀也。出郁林。从羽非声。房味切。”（75 页）

5.【常】简帛“匪”字，甲《少牢》12。石刻“匪”字，石经周易。《匚部》：“，器，似竹筐。从匚非声。非尾切。”（268 页）

6.【常 B】石刻“裴（裵）”字，礼佛图。《衣部》：“，长衣皃。从衣非声。薄回切。”（172 页）

7.【常】简帛“菲”字，仪礼甲《服传》8。石刻“菲”字，石经五经。《艸部》：“，芴也。从艸非声。芳尾切。”（26 页）

8.【常】石刻“俳”字，缑光姬志。《人部》：“，戏也。从人非声。步皆切。”（166 页）《说文通训定声》[②]：“俗字作徘。”石刻“徘”字，嵩阳观碑。

9.【常 A】简帛“誹”字，银贰 1306。石刻“誹”字，邑主造像颂。《言部》：“，谤也。从言非声。敷尾切。”（54 页）“誹”字简化作“诽”。

10.【常 B】石刻“扉”字，黄庭经。《户部》：“，户扇也。从户非声。甫微切。”（247 页）

11.【常】石刻“排”字，王震志。《手部》：“，挤也。从手非声。步皆切。”（251 页）

12.【常 B】“痱”字暂未见唐以前、小篆外其他相关古文字形。《疒部》：“，风病也。从疒非声。蒲罪切。”（155 页）

13.【常 B】石刻“霏”字，刘通志。《雨部》：“，雨雲皃。从雨非声。芳非切。”（242 页）

14.【常 B】石刻“緋”字，张休光志。《糸部》：“，帛赤色也。从糸非声。甫微切。”（278 页）“緋”字简化作“绯”。

---

① （清）段玉裁：《说文解字注》，上海古籍出版社，2000，355 页。

② （清）朱骏声：《说文通训定声》，武汉古籍书店，1983，555 页。

15.【常】"啡"字暂未见唐以前相关古文字形，从口非声，《说文》无。

"黑"组

0.【常】甲骨文"黑"字，合20305。金文"黑"字，春秋09.4570.1。简帛"黑"字，日甲《盗者》71、金关T26：128。石刻"黑"字，石经尚书。《黑部》："，火所熏之色也。从炎，上出。，古窗字。呼北切。"（211页）《甲骨文字释林》[①]："甲骨文'黑'字作……铸子簠的'黑'字作，较甲骨文只增加数点，《说文》则讹变作，并谓'从炎上出'。"《金文形义通解》[②]："唐兰曰：'本象正面人形（即大字）而面部被墨刑的人。……作，则在两臂上下均有装饰性的点，《说文》就认为是从炎，是错了。'"

1.【常】石刻"墨"字，高木卢志。《土部》："，书墨也。从土从黑，黑亦声。莫北切。"（287页）

2.【常】简帛"默"字，东牌楼006。石刻"默"字，元项志、郭显志。《犬部》："，犬暂逐人也。从犬黑声。读若墨。莫北切。"（204页）按：《六书故》引《说文》曰"犬潜逐人也"。

3.【常】石刻"嘿"字，赫连子悦志，从口黑声，《说文》无。

"畾"组

0."畾"字，从三田，《说文》无。"畾"字音léi。

1.0【常】甲骨文"雷（靁）"字，合21021、合13418、合24367。金文"雷（靁）"字，西周15.9816、西周15.9825。简帛"雷（靁）"字，马贰4_9、银贰2125。石刻"雷（靁）"字，石经五经。《雨部》："，阴阳薄动靁雨，生物者也。从雨，畾象回转形。鲁回切。，古文靁。，古文靁。，籀文。靁间有回；回，靁声也。"（241页）《甲骨文字释林》[③]："或乃雷之初文。或省作，从实点与从虚廓一也。雷字亦作或。……综之，从◊与从田一也，田形中间之横竖画乃文饰，无义可言。……甲骨文雷字从申，申即电之初文。电者雷之形，雷者电之声。雷字之演变，其作，乃或形之省变，再变而作、，三变而作

① 于省吾：《甲骨文字释林》，中华书局，1979，227页。

② 张世超等：《金文形义通解》，中文出版社，1996，2443页。

③ 于省吾：《甲骨文字释林》，中华书局，1979，10页。

、、，四变而作，其增雨作形符，为《说文》作所本。”

1.1【常】“擂”字从手雷声;【常】“蕾”字从艸雷声;【常B】“鐳”字从金雷声，简化作“镭”；均暂未见唐以前相关古文字形，《说文》无。

2.【常】简帛“壘”字，银贰1165。石刻“壘”字，元演志、窦泰志。《土部》:“，军壁也。从土畾声。力委切。”(288页)“壘”字简化作“垒”。

3.0【常】简帛“纍”字，引书41、金关T24：291。石刻“纍”字，元顼志、史思礼志。《糸部》:“，缀得理也。一曰大索也。从糸畾声。力追切。”(275页)《说文通训定声》①：“字亦作累。”简化作“累”。

3.1【常】石刻“螺”字，王才宾塔颂，从虫累声，《说文》无。

3.2【常B】“摞”字暂未见唐以前相关古文字形，从手累声，《说文》无。

4.【常】“儡”字暂未见唐以前、小篆外其他相关古文字形。《人部》:“，相败也。从人畾声。读若雷。鲁回切。”(167页)

“厽”组

0.“厽”字暂未见唐以前、小篆外其他相关古文字形。《厽部》:“，絫坺土为墙壁。象形。力軌切。”(307页)《说文解字注笺》②：“戴氏侗曰：‘象物之重累，省文为畾，又省为田。厽即畾之省。灏按：戴说是也。厽、畾本无二义。军壁曰壘，即以坺土为壁，义与垒同。絫、累二字古多通用，不可枚举，其本为一字无疑也。’”“厽”字音lěi。

1.石刻“垒”字，元宝月志。《厽部》:“，絫墼也。从厽从土。力軌切。”(307页)《说文解字注笺》③：“厽、垒相承增偏旁。墼者，以土块为甎(砖)。……壘并与垒同。”

“眉”组

0.【常】甲骨文“眉”字，合3421、合11689、合19165。金文“眉”字，新收1070页、西周07.4097、西周08.4238.2。石刻“眉”字，胡明相志、石经五经。《眉部》:“，目上毛也。从目，象眉之形，上象頟理也。武悲切。”(74页)《甲骨文字诂林》④：“甲骨文下象目，

① (清)朱骏声:《说文通训定声》，武汉古籍书店，1983，591页。

② (清)徐灏:《说文解字注笺》(续修四库全书)，上海古籍出版社，2002，卷十四下103页。

③ (清)徐灏:《说文解字注笺》(续修四库全书)，上海古籍出版社，2002，卷十四下103页。

④ 于省吾主编:《甲骨文字诂林》，中华书局，1999，582页。

上象毛，不象额理。”

1.【常B】甲骨文“湄”字，合28511、合28773、合29263、合38161。石刻“湄”字，李璧志。《水部》：“湄，水艸交为湄。从水眉声。武悲切。”（232页）

2.【常】甲骨文“媚”字，合655正甲、合14799。金文“媚”字，商13.8078。简帛“媚”字，奏谳书163。石刻“媚”字，多宝塔碑。《女部》：“媚，说也。从女眉声。美祕切。”（260页）

3.【常】“楣”字，《木部》：“楣，秦名屋櫋联也。齐谓之檐，楚谓之梠。从木眉声。武悲切。”（120页）

“内”组

0.【常】金文“内”字，西周11.6001、西周08.4297。简帛“内”字，第八层527。石刻“内”字，石经周易。《入部》：“内，入也。从口，自外而入也。奴對切。”（109页）《甲骨文字诂林》[①]：“按：入、内、纳为同源字。”

1.【常】简帛“納”字，仓颉篇19。石刻“納”字，山徽志、石经周易。《糸部》：“納，丝湿纳纳也。从糸内声。奴荅切。”（271页）“納”字简化作“纳”。

2.【常B】石刻“訥”字，郭休碑。《言部》：“訥，言难也。从言从内。内骨切。”（54页）“訥”字简化作“讷”。

3.“㕯”字暂未见唐以前、小篆外其他相关古文字形。《㕯部》：“㕯，言之讷也。从口从内。女滑切。”（50页）《说文通训定声》[②]：“㕯，从口，从内，会意。内亦声，字亦作左形右声。”“㕯”字音nè。

4.【常B】石刻“蚋”字，刘庭训志，从虫内声，《说文》无。

5.【常A】“鈉”字从金内声，简化作“钠”；【常】“呐”字从口内声；均暂未见唐以前相关古文字形，《说文》无。

“吹”组

0.【常】甲骨文“吹”字，合9359。金文“吹”字，西周10.5429.1。简帛“吹”字，脉书24。石刻“吹”字，修多罗志。《甲

① 于省吾主编：《甲骨文字诂林》，中华书局，1999，2053页。

② （清）朱骏声：《说文通训定声》，武汉古籍书店，1983，593页。

骨文字诂林》①："按：字正象嘘气之形，从口从欠会意。"《口部》："，嘘也。从口从欠。昌垂切。"（31页）《欠部》重出，释义"出气也"。

1.【常】"炊"字，《火部》："，爨也。从火，吹省声。昌垂切。"（208页）

"𠂹"组

0."𠂹"字暂未见唐以前、小篆外其他相关古文字形。《𠂹部》："，艸木华叶𠂹。象形。是爲切。，古文。"（128页）《说文通训定声》②："为凡物𠂹下之称，经传皆以垂为之。""𠂹"字音 chuí。

1.0【常】简帛"垂"字，数 82、引书 83。石刻"垂"字，元新成妃志、贾隐及妻志。《土部》："，远边也。从土𠂹声。是爲切。"（289页）《甲骨文字集释》③："字从𠂹，从土，于小篆当于《土部》之，象华木生土上而华叶下𠂹之形。"

1.1【常】简帛"錘"字，秦律十八种 130。《金部》："，八铢也。从金垂声。直垂切。"（296页）"錘"字简化作"锤"。

1.2【常】石刻"唾"字，石经五经。《口部》："，口液也。从口𡍮声。湯卧切。，唾或从水。"（31页）

1.3【常】简帛"捶"字，银壹 899。石刻"捶"字，石经五经。《手部》："，以杖击也。从手垂声。之壘切。"（257页）

1.4【常】"睡"字暂未见唐以前、小篆外其他相关古文字形，垂亦声。《目部》："，坐寐也。从目、垂。是僞切。"（72页）

"𠂤"组

0.甲骨文"𠂤"字，合 21386。金文"𠂤"字，西周 15.9410。石刻"𠂤"字，王子移葬志。《𠂤部》："，小𠂤也。象形。都回切。"（303页）《甲骨文字诂林》④："按：契文𠂤作、，……𠂤体屈，而阜体直，此其大别。……金甲文'𠂤'皆假作'师'。……契文''与训'小阜'之'𠂤'有别，金文始渐混同。"《甲骨文字典》⑤："加藤常贤谓字本为横书作

① 于省吾主编：《甲骨文字诂林》，中华书局，1999，388页。
② （清）朱骏声：《说文通训定声》，武汉古籍书店，1983，500页。
③ 李孝定：《甲骨文字集释》，台湾"中研院"历史语言研究所，1970，2103页。
④ 于省吾主编：《甲骨文字诂林》，中华书局，1999，3042页。
⑤ 徐中舒主编：《甲骨文字典》，四川辞书出版社，1990，1500页。

形，象人之臀尻。按：加藤说近是。𠂤既象臀尻之形，故可表人之坐卧止息及止息之处。……行旅人数以军事征伐所集结者最为众多，故军旅止息驻扎之𠂤引申为师众之师。”“𠂤”字音 duī。

1.【常】甲骨文“追”字，合 20460、H11：47。金文“追”字，西周 07.4073、西周 08.4241。简帛“追”字，秦律十八种 185、奏谳书 77、金关 T26：083。石刻“追”字，石经尚书。《辵部》：“追，逐也。从辵𠂤声。陟隹切。”（41 页）《甲骨文字诂林》[1]：“罗振玉：‘𠂤即师字，𠂤行以追之也。’杨树达：‘象师在前而人追逐之，盖追字用于战阵，见追者必为人也。’按：字隶定作𨑥，即今追字。金文已从辵作，与小篆同。”

2.【常】甲骨文“歸”字，合 21661。金文“歸”字，商 10.5396.2、西周 08.4328、春秋 16.10151。简帛“歸”字，秦律十八种 104、东牌楼 015，简化作“归”。石刻“歸”字，霍□志、刘氏志、石经周易。《止部》：“歸，女嫁也。从止，从婦省，𠂤声。舉韋切。𡚸，籀文省。”（38 页）《甲骨文字诂林》[2]：“李孝定：‘契文妇作，则归是从妇不省，以𠂤为声，……本训女嫁，假以为归还字。’”

“兑”组

0.【常】甲骨文“兑”字，合 28801。金文“兑”字，西周 07.3955。简帛“兑”字，日甲《除》5。石刻“兑”字，石经五经。《儿部》：“兑，说也。从儿㕣声。大外切。”（176 页）《甲骨文字诂林》[3]：“孔广居《说文疑疑》以为‘兑从人从八口，八，分也，人喜悦则解颐也’。林义光《文源》亦同此说，谓‘兑即悦之本字’……诸说皆难以置信，存以待考。”

1.【常】简帛“税”字，算数书 38。石刻“税”字，侯刚志。《禾部》：“税，租也。从禾兑声。輸芮切。”（146 页）

2.【常】简帛“閲”字，为吏 22。石刻“閲”字，元子正志。《門部》：“閲，具数于门中也。从門，説省声。弋雪切。”（249 页）“閲”字简化作“阅”。

3.【常】简帛“脱”字，效律 58。石刻“脱”字，元子直志。《肉部》：“脱，消肉臞也。从肉兑声。徒活切。”（88 页）

---

① 于省吾主编：《甲骨文字诂林》，中华书局，1999，3045 页。

② 于省吾主编：《甲骨文字诂林》，中华书局，1999，3034 页。

③ 于省吾主编：《甲骨文字诂林》，中华书局，1999，84 页。

4.【常】简帛“説”字，金关 T31∶086。石刻“説”字，石经周易。《言部》：“，说，释也。从言、兑。一曰谈说。失爇切。又弋雪切。”（53 页）“説”字简化作“说”。

5.【常】简帛“鋭”字，马壹 46_66。石刻“鋭”字，马少敏志、权顺志。《金部》：“，芒也。从金兑声。以芮切。，籒文鋭从厂、剡。”（296 页）“鋭”字简化作“锐”。

6.【常】石刻“蜕”字，姚存古志、郑过真志，从虫兑声。《虫部》：“，蛇蝉所解皮也。从虫，捝省。輸芮切。”（281 页）

7.【常】石刻“悦”字，高珪志、石台孝经，从心兑声，《说文》无。

“圭”组

0. 甲骨文“圭”字，合 11006 正。金文“圭”字，商 14.8757、西周 16.9897.1。简帛“圭”字，敦煌简 1806。石刻“圭”字，元珽志、元祐志、石经尚书。《土部》：“，瑞玉也。上圜下方。公执桓圭，九寸；侯执信圭，伯执躬圭，皆七寸；子执谷璧，男执蒲璧，皆五寸。以封诸侯。从重土。楚爵有执圭。古畦切。，古文圭从玉。”（289 页）《金文形义通解》①：“金文‘土’字作、，东周后期方偶有作土形者，故金文‘圭’字从重土，不从重土，许慎说误。”

1.【常】甲骨文“街”字，合 4908。简帛“街”字，金关 T28∶026。石刻“街”字，北岳庙碑。《行部》：“，四通道也。从行圭声。古膎切。”（44 页）

2.【常 B】甲骨文“恚”字，合 19212。简帛“恚”字，奏谳书 43。石刻“恚”字，慧静志。《心部》：“，恨也。从心圭声。於避切。”（221 页）

3.【常】甲骨文“洼”字，合 15678。简帛“洼”字，马壹 101_136。石刻“洼”字，常德将志。《水部》：“，深池也。从水圭声。一佳切。又於瓜切。”（232 页）

4.【常】甲骨文“娃”字，合 17437 反。简帛“娃”字，仓颉篇 35。石刻“娃”字，王大礼志。《女部》：“，圜深目皃。或曰吴楚之间谓好曰娃。从女圭声。於佳切。”（263 页）

5.【常 B】金文“奎”字，战国 16.10478A。简帛“奎”字，日

① 张世超等：《金文形义通解》，中文出版社，1996，3179 页。

甲《人字》152、日甲6。石刻“奎”字，石经五经。《大部》：“奎，两髀之间。从大圭声。苦圭切。”（213页）段玉裁注[①]：“奎与胯双声，奎宿十六星以像似得名。”

6.【常】石刻“閨”字，杨真志。《門部》：“閨，特立之户，上圜下方，有似圭。从門圭声。古攜切。”（248页）“閨”字简化作“闺”。

7.0【常】简帛“卦”字，马壹16_15。石刻“卦”字，石经尚书。《卜部》：“卦，筮也。从卜圭声。古壞切。”（69页）

7.1【常】“褂”字暂未见唐以前相关古文字形，从衣卦声，《说文》无。

8.0 简帛“厓”字，甲《特牲》42。石刻“厓”字，关师志。《厂部》：“厓，山边也。从厂圭声。五佳切。”（193页）

8.1【常】简帛“崖”字，马贰37_57。石刻“崖”字，元继志。《屵部》：“崖，高边也。从屵圭声。五佳切。”（192页）按：当从山厓声。

8.2【常】石刻“涯”字，成阳灵台碑。《水部》：“涯，水边也。从水从厓，厓亦声。魚羈切。”（238页）

9.【常】简帛“桂”字，马贰71_67。石刻“桂”字，元显俊志。《木部》：“桂，江南木，百药之长。从木圭声。古惠切。”（115页）

10.【常】简帛“畦”字，仓颉篇43。石刻“畦”字，郑君妻志。《田部》：“畦，田五十亩曰畦。从田圭声。户圭切。”（291页）

11.【常】石刻“佳”字，高建妻王氏志、暴贤志。《人部》：“佳，善也。从人圭声。古膎切。”（162页）

12.【常】石刻“挂”字，多宝塔碑。《手部》：“挂，画也。从手圭声。古賣切。”（257页）《说文通训定声》[②]：“《六书故》引唐本：县也，从手圭声，字亦作掛。”“掛”是俗“挂”字。石刻“掛”字，居实墓铭。

13.【常】“哇”字暂未见唐以前、小篆外其他相关古文字形。《口部》：“哇，谄声也。从口圭声。读若醫。於佳切。”（33页）

14.【常】石刻“鞋”字，聚庆砖志，从革圭声，《说文》无。

15.【常】石刻“蛙”字，独孤开远志，从虫圭声，《说文》无。

16.【常】“硅”字暂未见唐以前相关古文字形，从石圭声，《说文》无。

“规”组

0.【常】简帛“規”字，马壹131。石刻“規”字，张瓘志。

① （清）段玉裁：《说文解字注》，上海古籍出版社，2000，492页。

② （清）朱骏声：《说文通训定声》，武汉古籍书店，1983，526页。

《夫部》:“䙺，有法度也。从夫从見。居随切。”（216 页）《说文通训定声》[①]:“按：从夫非谊。当从矢从见会意。”“規”字简化作“规”。

1.【常】甲骨文“窺”字，合 18075。石刻“窺”字，斛律氏志、石经五经。《穴部》:“窺，小视也。从穴規声。去隓切。”（153 页）“窺”字简化作“窥”。

“巂”组

0. 甲骨文“巂”字，英 133、合 9758 正、合 5269。金文“巂”字，文物 90.7。简帛“巂”字，马壹 5_21。石刻“巂”字，霍□志。《隹部》:“巂，周燕也。从隹，中象其冠也。冏声。一曰蜀王望帝，婬其相妻，惭亡去，为子巂鸟。故蜀人闻子巂鸣，皆起云‘望帝’。户圭切。”（76 页）“巂”字音 guī。

1.【常】石刻“携（攜）”字，梁瓌志、石经五经。《手部》:“攜，提也。从手巂声。户圭切。”（252 页）

“鬼”组

0.【常】甲骨文“鬼”字，合 20757、合 7153 正。金文“鬼”字，西周 15.9584、春秋 17.11346.2。简帛“鬼”字，睡 135。石刻“鬼”字，唐邕刻经记。《鬼部》:“鬼，人所归为鬼。从人，象鬼头。鬼阴气贼害，从厶。居偉切。䰟，古文从示。”（188 页）《甲骨文字诂林》[②]:“按：金甲文鬼字皆不从‘厶’。朱骏声、徐灏、林义光皆以‘厶’当为声符。”

1.0【常】甲骨文“畏”字，合 19484。金文“畏”字，西周 05.2837、西周 09.4464、春秋 . 淅川 151 页。简帛“畏”字，日甲《诘》33、马壹 75_33。石刻“畏”字，石台孝经。《由部》:“畏，恶也。从由，虎省。鬼头而虎爪，可畏也。於胃切。㽇，古文省。”（189 页）《甲骨文字诂林》[③]:“按：契文畏字象鬼持卜，卜即杖。”

1.1【常 B】简帛“猥”字，银贰 1460。石刻“猥”字，丘哲志。《犬部》:“猥，犬吠声。从犬畏声。烏賄切。”（204 页）

1.2【常】“喂”字从口畏声，【常】“偎”字从人畏声，均暂未见唐以

① （清）朱骏声:《说文通训定声》，武汉古籍书店，1983，524 页。

② 于省吾主编:《甲骨文字诂林》，中华书局，1999，360 页。

③ 于省吾主编:《甲骨文字诂林》，中华书局，1999，361 页。

前相关古文字形，《说文》无。

2.【常】金文“槐”字，新收1283页。石刻“槐”字，石经五经。《木部》：“，木也。从木鬼声。户恢切。”（117页）

3.【常】“愧”是“媿”字或体。金文“媿”字，西周07.3934.1。简帛“媿”字，仓颉篇40。石刻“愧（媿）”字，吐谷浑静媚志、葛亮祠堂碑。《女部》：“，惭也。从女鬼声。俱位切。，媿或从耻省。”（265页）

4.【常】简帛“魁”字，马贰18_12。石刻“魁”字，娄黑女志。《斗部》：“，羹斗也。从斗鬼声。苦回切。”（300页）

5.【常】简帛“傀”字，金关T24：556。石经五经。《人部》：“，伟也。从人鬼声。公回切。，傀或从玉褢声。”（162页）

6.【常B】石刻“嵬”字，叔孙固志。《嵬部》：“，高不平也。从山鬼声。五灰切。”（189页）

7.【常】石刻“瑰”字，石经五经。《玉部》：“，玫瑰。从玉鬼声。一曰圜好。公回切。”（13页）

“癸”组

0.【常A】甲骨文“癸”字，合21405。金文“癸”字，商03.473、西周08.4310。简帛“癸”字，银贰1997。石刻“癸”字，胡明相志。《癸部》：“，冬时，水土平，可揆度也。象水从四方流入地中之形。癸承壬，象人足。居诔切。，籀文从癶从矢。”（309页）《甲骨文字诂林》[①]：“按：‘癸’象‘戣’形，说本戴侗《六书故》。章炳麟《文始》、孔广居《说文疑疑》皆以癸为揆之古文，其说本于周伯琦之《六书正讹》。皆与之初形不合，不可据。存疑以俟考。”

1.【常B】金文“睽”字，西周08.4299。石刻“睽”字，石经周易。《目部》：“，目不相听也。从目癸声。苦圭切。”（72页）《金文形义通解》[②]：“早期金文有字，象二目乖视之意。……《说文》䀠部：‘䀠，左右视也。’人部：‘，左右两视。’皆此‘目不相听’之义。……周金文于‘䀠’上加标‘癸’为声符，至篆文始省从‘目’，而失其从‘䀠’之古意。”

2.【常】石刻“葵”字，司马遵业志。《艸部》：“，菜也。从艸癸

① 于省吾主编：《甲骨文字诂林》，中华书局，1999，3591页。

② 张世超等：《金文形义通解》，中文出版社，1996，811页。

声。彊惟切。”（15 页）

3.【常 B】石刻“闋”字，闋严识玄志。《門部》：“闋，事已，闭门也。从門癸声。倾雪切。”（249 页）“闋”字简化作“阕”。

“贵”组

0.【常】简帛“貴”字，貴法律答问 153、貴东牌楼 035 正。石刻“貴”字，貴石经九经、貴石台孝经。《貝部》：“貴，物不贱也。从貝臾声。臾，古文蕢。居胃切。”（131 页）“貴”字简化作“贵”。

1.【常】简帛“遺”字，遺法律答问 129、遺银贰 1863、遺金关 T31：141。石刻“遺”字，遺石经周易。《辵部》：“遺，亾也。从辵貴声。以追切。”（41 页）“遺”字简化作“遗”。

2.【常】简帛“饋”字，饋包山卜 243。石刻“饋”字，饋慈庆志。《食部》：“饋，饷也。从食貴声。求位切。”（107 页）“饋”字简化作“馈”。

3. 简帛“蕢”字，蕢第八层 1139、蕢金关 T14：041。石刻“蕢”字，蕢叱罗协志。《艸部》：“蕢，艸器也。从艸貴声。求位切。臾，古文蕢，象形。”（25 页）《说文通训定声》[①]：“贵以臾为声，而小篆之臾反以贵为声。字亦作簣，从竹。”“蕢”字简化作“蒉”。

4.0【常 B】简帛“匱”字，匱第八层 244。石刻“匱”字，匱元瞻志。《匚部》：“匱，匣也。从匚貴声。求位切。”（268 页）“匱”字简化作“匮”。

4.1【常】“櫃”字，从木匱声，简化作“柜”，《说文》无。石刻“柜”字，柜石经五经。《木部》：“柜，木也。从木巨声。其吕切。”（117 页）

5.【常】简帛“潰”字，潰马贰 38_68。石刻“潰”字，潰元厥志。《水部》：“潰，漏也。从水貴声。胡對切。”（231 页）“潰”字简化作“溃”。

6.【常 B】石刻“聵”字，聵石经五经。《耳部》：“聵，聋也。从耳貴声。五怪切。聵，聵或从叡。”（250 页）“聵”字简化作“聩”。

“灰”组

0.【常】简帛“灰”字，灰病方 375。石刻“灰”字，灰元秀志。《火部》：“灰，死火余烎也。从火从又。又，手也。火既灭，可以执持。呼恢切。”（208 页）

---

① （清）朱骏声：《说文通训定声》，武汉古籍书店，1983，596 页。

1.【常】简帛“恢”字，仓颉篇46。石刻“恢”字，石经尚书。《心部》：“，大也。从心灰声。苦回切。”（218页）

2.【常】“盔”字暂未见唐以前相关古文字形，从皿灰声，《说文》无。

“回”组

0.【常】金文“回”字，西周14.8906。简帛“回”字，蓋卢29。石刻“回”字，胡显明志、石经五经。《囗部》：“，转也。从囗，中象回转形。户恢切。，古文。”（129页）《金文形义通解》[①]：“金文与《说文》古文同。高鸿缙曰：‘此象渊水回旋之形，故讬以寄回旋之意，动词。后引申为回归，久而成习，而渊水回旋，乃造洄字以还其原。’”

1.【常】石刻“洄”字，秦暕志。《水部》：“，溯洄也。从水从回。户灰切。”（233页）

2.【常】石刻“佪”字，尔朱绍志、昝双仁志，从人，回亦声，《说文》无。“佪”字同“徊”。石刻“徊”字，柳昱志，从彳，回亦声，《说文》无。

3.【常A】“蛔”字从虫回声，【常】“茴”字从艸回声，均暂未见唐以前相关古文字形，《说文》无。

“惠”组

0.【常】石刻“惠”字，韩仁铭。《叀部》：“，仁也。从心从叀。胡桂切。，古文惠从芔。”（84页）

1.【常】“穗”是“采”字或体。甲骨文“采”字，合3711正。简帛“穗（采）”字，引书4、仓颉篇14。石刻“穗”字，石经五经。《禾部》：“，禾成秀也，人所以收。从爪、禾。徐醉切。，采或从禾惠声。”（145页）“采”字音suì。

“彗”组

0.【常B】甲骨文“彗”字，合7056、合698正、合553、屯3797、合32967。石刻“彗”字，、石经五经。《又部》：“，扫竹也。从又持甡。祥歲切。，彗或从竹。，古文彗从竹从習。”（64页）

---

① 张世超等：《金文形义通解》，中文出版社，1996，1537页。

《甲骨文字诂林》[①]："唐兰：'卜辞以为雪，《说文》雪从彗声，则固彗之本字也。……按：彗为扫帚，古之通诂，然从又持甡，无由取象。……卜辞作，与形相近。然则是王帚，本象草形，是扫帚，乃状其器。及变为，其本义遂不可寻矣。'"

1.【常】甲骨文"雪（䨮）"字，合 9366、合 21023。简帛"雪（䨮）"字，马壹 130_11、仓颉篇 59。石刻"雪（䨮）"字，王悦及妻郭氏志、、石经五经。《雨部》："，凝雨，说物者。从雨彗声。相绝切。"（241 页）《甲骨文字诂林》[②]："李孝定：'作……从雨彗声，为雪之本字。'按：字从雨从彗，当释雪。"

2.【常】石刻"慧"字，无量义经二、石经九经。《心部》："，儇也。从心彗声。胡桂切。"（217 页）

"会"组

0.【常】甲骨文"會"字，合 1030 正。金文"會"字，战国 18.12108A。简帛"會"字，法律答问 153。石刻"會"字，石经五经。《會部》："，合也。从亼，从曾省。曾，益也。黄外切。，古文會如此。"（109 页）段玉裁注[③]："器之盖曰会，为其上下相合也。"《甲骨文字诂林》[④]："赵诚：'，会。亼象盖子，象盛物之器，象所盛之物，表示盛了物品盖上盖，所以引申有会合之义。'"《金文形义通解》[⑤]："金文'会'字实取象于'合'字而于亼（上盖）（下器）之间增添、、、……等图像，以表器内之物。朱芳圃曰：'字作，象甑；一作，象箅；箅，甑之特征也；上下象器盖相合之形。'器盖或称'会'，此亦由最初之'合'义引申，得名于器与盖相会合也。金文'会'字下体多增饰笔作，其初非如此。""會"字简化作"会"。

1.【常】石刻"繪"字，石经五经。《糸部》："，会五采绣也。从糸會声。黄外切。"（273 页）"繪"字简化作"绘"。

2.【常 B】石刻"薈"字，赵绍志、石经五经。《艸部》："，艸多皃。从艸會声。烏外切。"（23 页）"薈"字简化作"荟"。

3.【常 A】石刻"劊"字，熹平石经残石五。《刀部》："，断也。

① 于省吾主编：《甲骨文字诂林》，中华书局，1999，1159 页。
② 于省吾主编：《甲骨文字诂林》，中华书局，1999，1159 页。
③（清）段玉裁：《说文解字注》，上海古籍出版社，2000，223 页。
④ 于省吾主编：《甲骨文字诂林》，中华书局，1999，731 页。
⑤ 张世超等：《金文形义通解》，中文出版社，1996，1320 页。

从刀會声。古外切。”（91 页）“劊”字简化作“刽”。

“惢”组

0.“惢”字暂未见唐以前、小篆外其他相关古文字形。《惢部》：“，心疑也。从三心。读若《易》‘旅琐琐’。又才规、才累二切。”（224 页）《说文通训定声》[1]：“或曰花心也，字亦作蕊。”

1.【常】石刻“蕊”字，支讷志，从艸惢声，《说文》无。

“水”组

0.【常】甲骨文“水”字，合 20615、合 22288、合 10154、合 24439。金文“水”字，西周 08.4330。简帛“水”字，日乙 80、金关 T09：089。石刻“水”字，石经尚书、包筠志。《水部》：“，准也。北方之行。象众水并流，中有微阳之气也。式軌切。”（224 页）段玉裁注[2]：“《释名》曰：水，准也。准，平也。天下莫平于水。……火，外阳内阴；水，外阴内阳。中画象其阳。云微阳者，阳在内也，微犹隐也。水之文与☵卦略同。”

1.甲骨文“沝”字，合 33136。按：水亦声。《沝部》：“，二水也。阙。之壘切。”（239 页）“沝”字音 zhuǐ。

“荄”组

0.甲骨文“荄”字，合集 7653。《八部》：“，从意也。从八豕声。徐醉切。”（28 页）段玉裁注[3]：“从，相听也。荄者，听从之意。……后世皆以遂为荄矣。”《甲骨文字诂林》[4]：“按：字从八从豕。”《金文形义通解》[5]：“甲骨文有‘彘’字，作，象豕腹横贯以矢之状，或简写矢形而作。周金文之‘彘’与‘荄’分别同甲文‘彘’字二形相合，故郭沫若曰：‘疑古荄彘本一字也。’此言得之。……一为从豕矢声之‘彘’，一为从矢入豕以象意之‘荄’（豕中矢则仆于地）。……至若‘豕’之头部象形讹而

① （清）朱骏声：《说文通训定声》，武汉古籍书店，1983，493 页。

② （清）段玉裁：《说文解字注》，上海古籍出版社，2000，516 页。

③ （清）段玉裁：《说文解字注》，上海古籍出版社，2000，49 页。

④ 于省吾主编：《甲骨文字诂林》，中华书局，1999，1586 页。

⑤ 张世超等：《金文形义通解》，中文出版社，1996，119 页。

作‘八’形，乃更后来之事，即许慎‘从八豕声’所本。”“㒸”字音 suì。

1.0【常】金文“遂”字，西周 05.2837。简帛“遂”字，银贰 1558。石刻“遂”字，石经周易。《辵部》：“䛁，亾也。从辵㒸声。徐醉切。䢟，古文遂。”（41 页）《金文形义通解》①：“彝铭均假‘述’为‘遂’，《金文编》即以为‘遂’字，兹不从。”

1.1【常 B】石刻“邃”字，石经五经。《穴部》：“邃，深遠也。从穴遂声。雖遂切。”（153 页）

1.2【常】简帛“隧”字，既过案 103、金关 T23：965。石刻“隧”字，李凤妃志，从阜遂声，《说文》无。

2.0【常】金文“隊”字，战国 18.12108A。简帛“隊”字，金关 T30：189。石刻“隊”字，长孙忻志。《阜部》：“隊，从高隊也。从𨸏㒸声。徒對切。”（305 页）段玉裁注②：“隊、墜，正俗字。古书多作隊，今则墜行而隊废矣。”《金文形义通解》③：“周金文多不从阜，保员簋字从阜㒸声，与小篆同。声符‘㒸’象以索系豕也。”“隊”字简化作“队”。

2.1【常】石刻“墜”字，石经尚书。《土部》：“墜，陊也。从土隊声。古通用碜。直類切。”（290 页）“墜”字简化作“坠”。

“岁”组

0.【常】甲骨文“歲”字，合 9659、合 25155、花东 114、合 13475。金文“歲”字，西周 08.4131、战国 05.2794。简帛“歲”字，秦律十八种 81、东牌楼 049。石刻“歲”字，石堂画像石题记。《步部》：“歲，木星也。越历二十八宿，宣遍阴阳，十二月一次。从步戌声。律历书名五星为五步。相鋭切。”（38 页）《金文形义通解》④：“于省吾曰：‘字上下两点，即表示斧刃上下尾端迴曲中之透空处，其无点者，乃省文也。’甲文中亦偶见残辞中之、字，以‘步’易二点。郭沫若曰：‘歲、戉古本一字，因后用歲以为年歲或歲星字，故二者遂致分化也。’……战国楚系文字‘歲’字从月作，当缘字恒用于歲月之语境，增‘月’以标其义，从月与‘期’从月同意。”“歲”字简化作“岁”。

1.【常 B】石刻“劌”字，元思忠志。《刀部》：“劌，利伤也。从刀

① 张世超等：《金文形义通解》，中文出版社，1996，330 页。
② （清）段玉裁：《说文解字注》，上海古籍出版社，2000，732 页。
③ 张世超等：《金文形义通解》，中文出版社，1996，3351 页。
④ 张世超等：《金文形义通解》，中文出版社，1996，255 页。

歲声。居衛切。”（91 页）“劌”字简化作“刿”。

2.【常】石刻“穢”字，淮源庙碑，从禾歲声，简化作“秽”，《说文》无。

“退”组

0.【常】甲骨文“退（復）”字，合 18535、合 15483 正、合 34119。金文“退（復）”字，西周 08.4261。简帛“退（復）”字，马壹 8.33、马壹 177_74、引书 10。石刻“退（復）”字，肥致碑、谯敏碑、石经九经、石经尚书。《彳部》：“復，却也。一曰行迟也。从彳从日从夂。他内切。衲，復或从内。退，古文从辵。”（43 页）《甲骨文字诂林》①：“张亚初：‘甲骨文中，除了从内从止的退字外，还有从夂从皀作的退字。’”《金文形义通解》②：“旧释天亡簋为復。刘钊据之释殷虚甲骨文为‘退’，谓与天亡簋字右旁同，字从从夂，甲文又有，所从之为字省去圈足形者，金文中山器铭所从之亦同。可从。……此字初文从，……本义为撤减食物。”

1.【常】“褪”字从衣退声，【常】“腿”字从肉退声，均暂未见唐以前相关古文字形，《说文》无。

“囗”组

0. 金文“囗”字，集成 1064、集成 1065。《囗部》：“囗，回也。象回帀之形。羽非切。”（129 页）段玉裁注③：“按：围绕、周围字当用此。围行而囗废矣。”“囗”字音 wéi。

1.0【常 B】甲骨文“韋”字，合 3226。金文“韋”字，文物 98.4。简帛“韋”字，秦律十八种 89、马壹 84_104。石刻“韋”字，石台孝经。《韋部》：“韋，相背也。从舛囗声。兽皮之韦，可以束枉戾相韦背，故借以为皮韦。宇非切。𩏑，古文韦。”（113 页）《甲骨文字集释》④：“许云从舛，而契文从二止，舛象一人之两足，二止则象二人或象多人，其义有别。韦实即古围字也。”“韋”字简化作“韦”。

1.1【常】甲骨文“圍”字，合 20093、合 20440、合 33398。金

---

① 于省吾主编：《甲骨文字诂林》，中华书局，1999，866 页。

② 张世超等：《金文形义通解》，中文出版社，1996，381 页。

③（清）段玉裁：《说文解字注》，上海古籍出版社，2000，276 页。

④ 李孝定：《甲骨文字集释》，台湾“中研院”历史语言研究所，1970，1929 页。

文“圍”字，文献集成29册474页。简帛“圍”字，秦律杂抄36。石刻“圍”字，石尠志。《囗部》：“，守也。从囗韋声。羽非切。”（129页）“圍”字简化作“围”。

1.2【常】金文“衞（衛）”字，商06.2944、西周07.4044、西周05.2818。简帛“衞（衛）”字，秦律十八种196、银壹394。石刻“衞（衛）”字，元顼志、石经周易。《行部》：“，宿卫也。从韋、帀，从行。行，列卫也。于歲切。”（44页）《甲骨文字诂林》[①]：“吴其昌：‘中象有地一方，而四旁足迹回环绕之，（顺次左旋）是有地而守卫之意也。是原始卫字之朔义也。……增彳，则象其所周匝守卫之方有四达之衢之状也。”“衞（衛）”字简化作“卫”。

1.3【常】石刻“違”字，石经周易。《辵部》：“，离也。从辵韋声。羽非切。”（41页）“違”字简化作“违”。

1.4【常】金文“諱”字，西周08.4213。简帛“諱”字，马壹126_54。石刻“諱”字，肥致碑。《言部》：“，誋也。从言韋声。許貴切。”（52页）“諱”字简化作“讳”。

1.5【常】简帛“偉”字，金关T07：131。石刻“偉”字，元思志。《人部》：“，奇也。从人韋声。于鬼切。”（162页）“偉”字简化作“伟”。

1.6【常】简帛“緯”字，金关T01：017。石刻“緯”字，曹全碑。《糸部》：“，织横丝也。从糸韋声。云貴切。”（271页）“緯”字简化作“纬”。

1.7【常】石刻“葦”字，檀宾志。《艸部》：“，大葭也。从艸韋声。于鬼切。”（26页）“葦”字简化作“苇”。

1.8【常B】石刻“禕”字，石经五经，从示韋声，简化作“祎”，《说文》无。

“散”组

0. 甲骨文“散”字，合补6003、H11：4。金文“散”字，西周10.5416.1。《人部》：“，妙也。从人从攴，豈省声。無非切。”（164页）段玉裁注[②]：“眇也。眇，各本作妙，今正。凡古言微眇者，即今之微妙

① 于省吾主编：《甲骨文字诂林》，中华书局，1999，2243页。

② （清）段玉裁：《说文解字注》，上海古籍出版社，2000，374页。

字。眇者，小也。引申为凡细之称。微者，隐行也。”《说文通训定声》[①]：“《六书故》引唐本《说文》：敚见其端也。”《金文形义通解》[②]：“甲骨文‘敚’字作、，金文与之大同。高鸿缙曰：‘应从攴会意，为发之最初文，象人戴发形。……发既细小矣，攴之则断而更敚也。’”“敚”字音wéi。

1.0【常】甲骨文“微”字，合集16486。简帛“微”字，居EPT57.27。石刻“微”字，斛律氏志、石经五经。《彳部》：“，隐行也。从彳敚声。無非切。”（43页）

1.1【常】石刻“薇”字，皇甫深志。《艸部》：“，菜也，似藿。从艸微声。無非切。，籒文薇省。”（16页）

1.2【常】简帛“徽”字，魏晋残纸。石刻“徽”字，石经五经。《糸部》：“，衺幅也。一曰三纠绳也。从糸，微省声。許歸切。”（275页）

1.3【常】“霉”是俗“黴”字，暂未见唐以前、小篆外其他相关古文字形。《黑部》：“，中久雨青黑。从黑，微省声。武悲切。”（211页）按：《集韵》、《类篇》、《韵会》引《说文》俱作“物中久雨青黑”。“黴”字音méi，简化“霉”。

“委”组

0.【常】甲骨文“委”字，合19754、合20191、合20195。金文“委”字，战国.吴越472页。简帛“委”字，睡.效率49。石刻“委”字，王诵妻元氏志。《女部》：“，委随也。从女从禾。於詭切。”（261页）《说文通训定声》[③]：“按：本训积也。……《周礼·遗人》‘掌邦之委积’注：少曰委，多曰积。疏：二十里言委，五十里言积。‘孟子、孔子尝为委吏矣’注：主委积仓廪之吏也。”《甲骨文字诂林》[④]：“赵诚：‘象置禾于器中之形，似即委积之委的古文，当为会意字。’”《金文形义通解》[⑤]：“《说文》所无。从匚禾声。委积之‘委’古当有此书写形式。”

1.【常】简帛“巍”字，马壹90_252。石刻“巍”字，元谭妻司马氏志、元仙志。《嵬部》：“，高也。从嵬委声。牛威切。語韋切。”（189页）

2.【常B】石刻“緌”字，石经五经。《糸部》：“，系冠缨也。从

① （清）朱骏声：《说文通训定声》，武汉古籍书店，1983，548页。

② 张世超等：《金文形义通解》，中文出版社，1996，2004页。

③ （清）朱骏声：《说文通训定声》，武汉古籍书店，1983，557页。

④ 于省吾主编：《甲骨文字诂林》，中华书局，1999，1422页。

⑤ 张世超等：《金文形义通解》，中文出版社，1996，3021页。

糸委声。儒隹切。”（274 页）“緌”字简化作“绥”。

3.【常 B】石刻“逶”字，逶元倪志。《辵部》：“逶，逶迆，衺去之皃。从辵委声。於爲切。蟡，或从虫、爲。”（41 页）

4.【常】石刻“萎”字，萎王偃志。《艸部》：“萎，食牛也。从艸委声。於僞切。”（25 页）《说文通训定声》[①]：“食牛、马也。”

5.【常 B】石刻“倭”字，倭石经五经。《人部》：“倭，顺皃。从人委声。於爲切。”（162 页）

6.【常】“矮”字暂未见唐以前、小篆外其他相关古文字形。《矢部》：“矮，短人也。从矢委声。烏蟹切。”（110 页）

7.【常】简帛“魏”字，魏金关 T09：099。石刻“魏”字，魏元洛神志盖，从鬼委声，《说文》无。

“𠂊”组

0. 甲骨文“𠂊”字，𠂊合 6483 正、𠂊合 811 正、𠂊合 6485 正。金文“𠂊”字，𠂊商.殷新 167。《厂部》：“𠂊，仰也。从人在厂上。一曰屋梠也，秦谓之桷，齐谓之𠂊。魚毀切。”（194 页）《甲骨文字诂林》[②]：“于省吾：甲骨文𠂊字乃危字的初文。𠂊字孳乳为危，戴侗《六书故》谓𠂊即危字。……其实𠂊字象攲（俗作欹）器之形。……‘晚周《孝经》古文危作𠂊，可以与古玺文相验证。此字自汉以来又讹变为𠂊，孳乳为危，于是𠂊字之初文与本义遂湮没失传。’”“𠂊”字音 wěi。

1.0【常】简帛“危”字，危引书 84。石刻“危”字，危石经周易。《危部》：“危，在高而惧也。从𠂊，自卪止之。魚爲切。”（194 页）

1.1【常】石刻“跪”字，跪刘相及妻志。《足部》：“跪，拜也。从足危声。去委切。”（46 页）

1.2【常】石刻“詭”字，詭石经五经。《言部》：“詭，责也。从言危声。過委切。”（57 页）“詭”字简化作“诡”。

1.3【常】“桅”字暂未见唐以前、小篆外其他相关古文字形。《木部》：“桅，黄木，可染者。从木危声。過委切。”（118 页）

1.4【常】石刻“脆”字，脆张轸志，从肉危声，《说文》无。

---

① （清）朱骏声：《说文通训定声》，武汉古籍书店，1983，558 页。

② 于省吾主编：《甲骨文字诂林》，中华书局，1999，3309 页。

“尾”组

0.【常】甲骨文“尾”字，合136正。金文“尾”字，春秋17.11295。简帛“尾”字，日甲《玄戈》56。石刻“尾”字，石门颂、石经五经。《尾部》：“尾，微也。从到毛在尸后。古人或饰系尾，西南夷亦然。無斐切。今隶变作尾。”（175页）

1.【常】金文“犀”字，西周05.2534。简帛“犀”字，为吏17、仓颉篇56。石刻“犀”字，石经五经。《牛部》：“犀，南徼外牛。一角在鼻，一角在顶，似豕。从牛尾声。先稽切。”（30页）

2.【常B】简帛“娓”字，仓颉篇40。《女部》：“娓，顺也。从女尾声。读若媚。無匪切。”（262页）

3.【常B】“艉”字暂未见唐以前相关古文字形，从舟尾声，《说文》无。

“軎”组

0. 石刻“軎”字，石经五经。《車部》：“軎，车轴端也。从車，象形。杜林说。于濊切。轊，軎或从彗。”（302页）段玉裁注[①]：“车轴之末见于毂外者曰軎，……以口象毂耑之孔，而以车之中直象轴之出于外。”“軎”字音wèi。

1.【常B】甲骨文“轡”字，合8174、合9776。金文“轡”字，西周05.2719、西周.学步集244页。石刻“轡”字，石经五经，軎亦声。《絲部》：“轡，马辔也。从絲从軎。与连同意。兵媚切。”（278页）“轡”字简化作“辔”。

“为”组

0.【常】甲骨文“爲”字，合15179。金文“爲”字，西周07.4097、战国15.9700A。简帛“爲”字，上三周45、秦律十八种113、金关T24：032。石刻“爲”字，洛神十三行、石经尚书。《爪部》：“爲，母猴也。其为禽好爪。爪，母猴象也。下腹为母猴形。王育曰：‘爪，象形也。’薳支切。𤔔，古文为象两母猴相对形。”（63页）《金文形义通解》[②]：“甲骨文作……象以手役象之意，金文承之。罗振玉

① （清）段玉裁：《说文解字注》，上海古籍出版社，2000，725页。

② 张世超等：《金文形义通解》，中文出版社，1996，602页。

曰：'卜辞作手牵象形，知金文及石鼓文从爪者乃之讹变，非训覆手之爪字也。意古者役象以助劳，其事或尚在服牛乘马以前，微此文几不能知之矣。'……战国文字省简，所从'象'形多仅余其头部。""爲"字简化作"为"。

1.【常】简帛"僞"字，法律答问 180、仓颉篇 39。石刻"僞"字，严震志、云荣志、沈知敏志。《人部》："，诈也。从人爲声。危睡切。"（166 页）"僞"字简化作"伪"。

2.【常 A】"訛"字同"譌"，简化作"讹"。《言部》："，譌言也。从言爲声。五禾切。"（56 页）段玉裁注①："疑当作伪言也。"石刻"訛"字，石经尚书。

"未"组

0.【常】甲骨文"未"字，合 21471 反、合补 11549。金文"未"字，商 07.3904。简帛"未"字，具律 115。石刻"未"字，石经周易。《未部》："，味也。六月，滋味也。五行，木老于未。象木重枝叶也。無沸切。"（311 页）《甲骨文字诂林》②："按：林义光《文源》云：'木重枝叶，非滋味之义。古未与枚同音，即枚之古文，枝干也。从木多其枝。'其说近是。……未字正象'木重枝叶'，枝干之意。"

1.【常】甲骨文"妹"字，合 36489、合 2605。金文"妹"字，西周 05.2837。简帛"妹"字，马壹 72_5。石刻"妹"字，怀后磬、冯令华志。《女部》："，女弟也。从女未声。莫佩切。"（259 页）

2.【常 B】甲骨文"寐"字，合 20964、合 20966。石刻"寐"字，石经五经，从宀从爿未声。《㝱部》："，卧也。从㝱省，未声。蜜二切。"（153 页）

3.【常】"魅"是"鬽"字或体。甲骨文"鬽"字，合 13751 正、合 14288。石刻"魅（鬽）"字，张正子父母镇石、石经五经。《鬼部》："，老精物也。从鬼、彡。彡，鬼毛。密祕切。，或从未声。，古文。，籀文从彖首，从尾省声。"（188 页）

4.【常】金文"昧"字，西周 08.4240。简帛"昧"字，马壹 88_192。石刻"昧"字，石经周易。《日部》："，爽，旦明也。从日未声。一曰闇也。莫佩切。"（137 页）

---

①（清）段玉裁：《说文解字注》，上海古籍出版社，2000，99 页。

② 于省吾主编：《甲骨文字诂林》，中华书局，1999，3595 页。

5.【常】石刻“味”字，给事君妻韩氏志。《口部》:“，滋味也。从口未声。無沸切。”（31 页）

“尉”组

0.【常】简帛“尉（尉）”字，奏谳书 129、金关 T06 : 190。石刻“尉（尉）”字，曹全碑。《火部》:“，从上案下也。从𡰥；又持火，以尉申缯也。於胃切。”（208 页）

1.【常】石刻“慰”字，曹全碑。《心部》:“，安也。从心尉声。一曰恚怒也。於胃切。”（219 页）

2.【常】石刻“蔚”字，石经五经。《艸部》:“，牡蒿也。从艸㷉声。於胃切。”（20 页）

3.【常 B】“熨”字，从火尉声，《说文》无。

“胃”组

0.【常】简帛“胃”字，日乙《入官》237。石刻“胃”字，苗君妻杨志。《肉部》:“，谷府也。从肉；，象形。云貴切。”（87 页）《金文形义通解》[1]:“象胃而内有米食形。‘胃’殆以象形初文增义符‘肉’而成。”

1.【常】简帛“謂”字，法律答问 95、金关 T24 : 267A。石刻“謂”字，元悌志。《言部》:“，报也。从言胃声。于貴切。”（51 页）段玉裁注[2]:“凡论人论事得其实谓之报。谓者，论人论事得其实也。”“謂”字简化作“谓”。

2.【常 B】简帛“渭”字，上二容 27、封诊式 66。石刻“渭”字，石经尚书。《水部》:“，水，出陇西首阳渭首亭南谷，东入河。从水胃声。杜林说。《夏书》以为出鸟鼠山。雝州浸也。云貴切。”（225 页）

3. 石刻“彙（㣇）”字，李宪志、神策军碑。《㣇部》:“，虫，似豪猪者。从㣇，胃省声。于貴切。，或从虫。”（197 页）“彙”字简化作“汇”。

4.【常】“猬”字，从犬胃声，《说文》无。

---

① 张世超等:《金文形义通解》，中文出版社，1996，994 页。

② （清）段玉裁:《说文解字注》，上海古籍出版社，2000，89 页。

“隹”组

0. 甲骨文“隹”字，合 11497 正、H11 : 40。金文“隹”字，商 05.2709、西周 05.2799。简帛“隹”字，上四曹 65、银壹 764。《隹部》：“，鸟之短尾总名也。象形。職追切。”（76 页）《甲骨文字诂林》[①]：“按：隹象羽禽之形。”“隹”字音 zhuī。

1.0【常】甲骨文“唯”字，合 29696。金文“唯”字，西周 07.4073。简帛“唯”字，效律 30。石刻“唯”字，石经五经。《口部》：“，诺也。从口隹声。以水切。”（32 页）

1.1【常】金文“雖”字，战国 18.12108B。简帛“雖”字，法律答问 98。石刻“雖”字，窦泰志。《虫部》：“，似蜥蜴而大。从虫唯声。息遺切。”（279 页）“雖”字简化作“虽”。

2.0【常】甲骨文“淮”字，合 36968。简帛“淮”字，金关 T30 : 102。石刻“淮”字，马少敏志。《水部》：“，水，出南阳平氏桐柏大复山，东南入海。从水隹声。户乖切。”（226 页）《金文形义通解》[②]：“甲骨文作……从水，隹声。或从唯声，而唯亦从隹得声，隹乃唯之古字。”

2.1【常】石刻“匯”字，石经尚书。《匚部》：“，器也。从匚淮声。胡罪切。”（268 页）“匯”字简化作“汇”。

3.【常】甲骨文“椎”字，合 11728。石刻“椎”字，石经五经。《木部》：“，击也。齐谓之终葵。从木隹声。直追切。”（123 页）

4.“奞”字，《奞部》：“，鸟张毛羽自奋也。从大从隹。读若睢。息遺切。”（77 页）“奞”字音 suī。

5.【常】金文“維”字，吴越 225 页、战国 18.11565。简帛“維”字，马壹 178_71。石刻“維”字，元尚之志。《糸部》：“，车盖维也。从糸隹声。以追切。”（276 页）“維”字简化作“维”。

6.【常】石刻“錐”字，报德像碑。《金部》：“，锐也。从金隹声。藏追切。”（296 页）“錐”字简化作“锥”。

7.0【常】石刻“惟”字，斛律氏志。《心部》：“，凡思也。从心隹声。以追切。”（218 页）

7.1【常 B】石刻“罹”字，谯敏碑。《网部》：“，心忧也。从网。未详。古多通用離。吕支切。”（158 页）

---

① 于省吾主编：《甲骨文字诂林》，中华书局，1999，1670 页。

② 张世超等：《金文形义通解》，中文出版社，1996，2584 页。

8.【常】简帛“誰”字，马壹 244_1。石刻“誰”字，石经尚书。《言部》：“誰，何也。从言隹声。示隹切。”（57 页）“誰”字简化作“谁”。

9.【常】简帛“推”字，金关 T24：924。石刻“推”字，建宁三年残碑。《手部》：“推，排也。从手隹声。他回切。”（251 页）

10.【常】简帛“帷”字，奏谳书 166。石刻“帷”字，元诲志。《巾部》：“帷，在旁曰帷。从巾隹声。洧悲切。匱，古文帷。”（159 页）

11.【常 B】简帛“睢”字，金关 T24：541。石刻“睢”字，石经五经。《目部》：“睢，仰目也。从目隹声。許惟切。”（72 页）

12.0【常】简帛“崔”字，金关 T07：040。石刻“崔”字，杨君妻崔氏志。《山部》：“崔，大高也。从山隹声。胙回切。”（191 页）

12.1【常】石刻“摧”字，石经五经。《手部》：“摧，挤也。从手崔声。一曰挏也，一曰折也。昨回切。”（251 页）

12.2【常】石刻“催”字，赫连子悦志。《人部》：“催，相俦也。从人崔声。倉回切。”（167 页）

12.3【常 B】石刻“璀”字，崔芬志。《玉部》：“璀，璀璨，玉光也。从玉崔声。七罪切。”（14 页）

13.【常】石刻“堆”字，丘哲志，从土隹声，《说文》无。

“最”组

0.【常】石刻“最”字，元婉志、石经五经。《冃部》：“最，犯而取也。从冃从取。祖外切。”（157 页）

1.【常】石刻“撮”字，石经五经。《手部》：“撮，四圭也。一曰两指撮也。从手最声。倉括切。”（253 页）《说文通训定声》[①]：“三指撮也，从手最声。《字林》：手小取也。……《汉书·律历志》‘不失圭撮’注：四圭曰撮，三指撮之也。”

2.【常 B】简帛“嘬”字，马.合阴阳，从口最声，《说文》无。

“匕”组

0.【常】甲骨文“匕”字，合 19883、合 2359、合 27781。金文“匕”字，商 06.3223。简帛“匕”字，遣策 15。石刻“匕”字，石经周易。《匕部》：“匕，相与比叙也。从反人。匕，亦所以用比取饭，一名

① （清）朱骏声：《说文通训定声》，武汉古籍书店，1983，658 页。

柶。卑履切。”（168 页）《甲骨文字诂林》[①]：“屈万里：‘人字斜丿多上出竖画顶端，间有设于项端之下者，则其竖画之下端必较直。匕字斜丿，多设于竖画顶端之下，其竖画之下端则较曲。’”《金文形义通解》[②]：“许慎所谓‘从反人’者非是。郭沫若谓‘匕’乃匕柶之象形，引段注所言匕或谓之匙，……郭说可从。”

1.0【常】甲骨文“比”字，合 6474、怀 362、合 27926、合补 10334。金文“比”字，西周 08.4341。简帛“比”字，效律 27、仓颉篇 35。石刻“比”字，石经周易。《比部》：“，密也。二人为从，反从为比。毗至切。，古文比。”（169 页）《甲骨文字诂林》[③]：“甲骨文‘从’与‘比’，区分甚严。《说文》‘反从为比’之说不可据。‘从’与‘比’之分不在其反与正，而在于从‘人’与从‘匕’之别。”

1.1【常】甲骨文“庇”字，合 6943。简帛“庇”字，金关 T07：024。石刻“庇”字，崔孝昌志。《广部》：“，荫也。从广比声。必至切。”（193 页）

1.20 金文“坒”字，西周 10.5355.2（从亯）。《土部》：“，地相次比也。卫大夫贞子名坒。从土比声。毗至切。”（287 页）

1.21【常 B】简帛“陛”字，奏谳书 147。石刻“陛”字，封魔奴志。《阜部》：“，升高阶也。从𨸏坒声。旁禮切。”（306 页）

1.30 金文“𣬈”字，西周 07.3775。《囟部》：“，人脐也。从囟，囟，取气通也；从比声。房脂切。”（216 页）“𣬈”字音 pí。

1.31【常 A】“蓖（萞）”字暂未见唐以前、小篆外其他相关古文字形。《艸部》：“，蒿也。从艸毗声。房脂切。”（17 页）《说文通训定声》[④]：“《三苍》：萞，草名也，其生似树也。”

1.4【常 B】石刻“枇”字，石经五经。《木部》：“，枇杷，木也。从木比声。房脂切。”（116 页）

1.5【常】石刻“秕”字，石经五经。《禾部》：“，不成粟也。从禾比声。卑履切。”（145 页）

1.6【常 B】“琵”字暂未见唐以前、小篆外其他相关古文字形。《琴部》：“，琵琶，乐器。从珡比声。房脂切。”（267 页）

1.7【常】石刻“批”字，颜家庙碑，从手比声，《说文》无。

---

① 于省吾主编：《甲骨文字诂林》，中华书局，1999，130 页。

② 张世超等：《金文形义通解》，中文出版社，1996，2035 页。

③ 于省吾主编：《甲骨文字诂林》，中华书局，1999，138 页。

④ （清）朱骏声：《说文通训定声》，武汉古籍书店，1983，585 页。

1.8【常】"屁"字从尸比声，【常B】"砒"字从石比声，均暂未见唐以前相关古文字形，《说文》无。

2.0【常】甲骨文"旨"字，合940正。金文"旨"字，西周05.2628、西周15.9713。简帛"旨"字，银壹400。石刻"旨"字，于仙姬志、杜文雅造像、石台孝经。《旨部》："，美也。从甘匕声。職雉切。，古文旨。"（101页）《甲骨文字诂林》[①]："李孝定：'从匕扱物，口味之而甘也，是从匕从口会意。'按：甲骨文从人从口，与《说文》古文形近。"《文源》[②]："象以匕入口形。"

2.1【常】甲骨文"稽"字，花东183、花东266。简帛"稽"字，为吏5。石刻"稽"字，高湝志、石经九经。《稽部》："，留止也。从禾从尤，旨声。古兮切。"（128页）

2.20 金文"耆"字，战国17.11394。简帛"耆"字，秦律十八种136。石刻"耆"字，石经五经。《老部》："，老也。从老省，旨声。渠脂切。"（173页）

2.21【常】石刻"嗜"字，石经五经。《口部》："，嗜欲，喜之也。从口耆声。常利切。"（33页）

2.22【常】"鰭"字暂未见唐以前相关古文字形，从魚耆声，简化作"鳍"，《说文》无。

2.3【常】简帛"脂"字，算数书79。石刻"脂"字，元项志。《肉部》："，戴角者脂，无角者膏。从肉旨声。旨夷切。"（90页）

2.4【常】简帛"指"字，法律答问83。石刻"指"字，元子正志、元诲志。《手部》："，手指也。从手旨声。職雉切。"（251页）

2.5【常B】简帛"詣"字，秦律十八种115、敦煌简2123B。石刻"詣"字，柴季兰造像、重藏舍利记。《言部》："，候至也。从言旨声。五計切。"（53页）段玉裁注[③]："候至者，节候所至也。致下云：送诣也，凡谨畏精微深造以道而至曰诣。""詣"字简化作"诣"。

3.0【常】简帛"尼"字，引书100、仓颉篇26。石刻"尼"字，高英志、石台孝经。《尸部》："，从后近之。从尸匕声。女夷切。"（174页）

3.1【常】简帛"泥"字，马壹5_29。石刻"泥"字，于纂志、石经周易。《水部》："，水，出北地郁郅北蛮中。从水尼声。奴低

① 于省吾主编：《甲骨文字诂林》，中华书局，1999，35页。

② 林义光：《文源》，中西书局，2012，卷六。

③（清）段玉裁：《说文解字注》，上海古籍出版社，2000，95页。

切。”（228 页）

3.2【常 A】“昵”是“暱”字或体。石刻“昵（暱）”字，元延明志、、石经五经。《日部》：“，日近也。从日匿声。尼質切。，暱或从尼。”（139 页）

3.3【常 B】石刻“怩”字，元诞业志。《心部》：“，忸怩，惭也。从心尼声。女夷切。”（224 页）

3.4【常】“妮”字，从女尼声，《说文》无。

3.5【常 B】石刻“旎”字，段慈顺志，从㫃尼声，《说文》无。

3.6【常】“呢”字暂未见唐以前相关古文字形，从口尼声，《说文》无。

“啚”组

0.【常】甲骨文“啚”字，合 6057 正、英 2525。金文“啚”字，考古与文物 86.4。石刻“啚”字，元暐志、元谧妃冯会志。《亩部》：“，嗇也。从口、亩。亩，受也。方美切。，古文啚如此。”（111 页）《甲骨文字诂林》①：“孙诒让：‘即古文啚字。’罗振玉：‘此即都鄙之本字。’按：《说文》关于‘啚’字之说解不可据。‘啚’字从囗从亩会意，犹邑之从囗从卪。”《金文形义通解》②：“甲骨文作……为从囗亩声字。……囗下之亩，多作。”“啚”字音 bǐ。

1.【常】金文“鄙”字，西周 07.4059。简帛“鄙”字，为吏 9。石刻“鄙”字，石经五经。《邑部》：“，五酇为鄙。从邑啚声。兵美切。”（131 页）

“㡀”组

0.“㡀”字暂未见唐以前、小篆外其他相关古文字形。《㡀部》：“，败衣也。从巾，象衣败之形。毗祭切。”（161 页）《说文通训定声》③：“按：上下四注于六书为指事，谓破痕也。本训为败巾，转注为败衣。”“㡀”字音 bì。

1.0【常 B】甲骨文“敝”字，合 584 甲正、合 29403、合 36936。金文“敝”字，西周 16.10176。简帛“敝”字，秦律十八种 104。石

① 于省吾主编：《甲骨文字诂林》，中华书局，1999，1967 页。
② 张世超等：《金文形义通解》，中文出版社，1996，1396 页。
③ （清）朱骏声：《说文通训定声》，武汉古籍书店，1983，588 页。

刻“敝”字，石经周易。《㡀部》：“敝，帗也。一曰败衣。从攴从㡀，㡀亦声。毗祭切。”（161 页）

1.1【常】“獘”是“獘”字或体，简化作“毙”。石刻“獘”字，元暐志、石经五经。《犬部》：“獘，顿仆也。从犬敝声。毗祭切。獘，獘或从死。”（205 页）

1.2【常】简帛“幣”字，金关 T27：062、仓颉篇 27。石刻“幣”字，石经五经。《巾部》：“幣，帛也。从巾敝声。毗祭切。”（158 页）“幣”字简化作“币”。

1.3【常】简帛“蔽”字，马壹 127_63。石刻“蔽”字，王诵志、石经尚书。《艸部》：“蔽，蔽蔽，小艸也。从艸敝声。必袂切。”（23 页）

1.4【常 B】石刻“瞥”字，薛伯徽志。《目部》：“瞥，过目也。又，目翳也。从目敝声。一曰财见也。普灭切。”（73 页）

1.5【常】石刻“憋”字，郭宾志，从心敝声，《说文》无。

1.6【常】石刻“弊”字，寇臻志，从廾敝声，《说文》无。

1.7【常 A】“鱉”字，从魚敝声，简化作“鳖”，《说文》无。

1.8【常】石刻“撇”字，细人孙氏志，从手敝声，《说文》无。

“畀”组

0. 甲骨文“畀”字，合 4762。金文“畀”字，文物 98.9。简帛“畀”字，法律答问 23。石刻“畀”字，石经尚书。《丌部》：“畀，相付与之。约在阁上也。从丌由声。必至切。”（99 页）《金文形义通解》[①]：“唐兰曰：‘铭文中的畀字，像一支箭，但是比一般的箭头大，是弩上用的，……畀字象畀矢形，小篆分成两截。’裘锡圭谓此即古书中称‘匕’之扁平长阔的矢镞的象形字，字书或作‘錍鈚鈚鎞’等字。”“畀”字音 bì。

1.【常】甲骨文“鼻”字，合 8189。简帛“鼻”字，法律答问 83。石刻“鼻”字，无量义经二。《鼻部》：“鼻，引气自畀也。从自、畀。父二切。”（74 页）

2.【常 A】简帛“痹”字，马壹 261_16、引书 83。《疒部》：“痹，溼病也。从疒畀声。必至切。”（155 页）

① 张世超等：《金文形义通解》，中文出版社，1996，1084 页。

“辟”组

0.【常】甲骨文“辟”字，合438正、合21172。金文“辟”字，西周16.9893.1、西周05.2837。简帛“辟”字，癸琐案3。石刻“辟”字，石经五经。《辟部》：“，法也。从卩从辛，节制其辠也；从口，用法者也。必益切。”（187页）《甲骨文字诂林》[1]：“陈初生：‘从辛从卩，辛为剞劂之刑具，象对跪跽者施刑。’按：实则契文仅作，既不从口，亦不从○，从○乃增饰。”

1.【常】甲骨文“璧”字，花东180、合8108。金文“璧”字，西周08.4293。石刻“璧”字，元固志。《玉部》：“，瑞玉圜也。从玉辟声。比激切。”（11页）《金文形义通解》[2]：“篆文从口乃○之讹，○象璧环形，增以表其音。用为辟法字后，复增玉以标其义。”

2.【常】简帛“臂”字，日甲《诘》39。石刻“臂”字，卢璠志。《肉部》：“，手上也。从肉辟声。卑義切。”（87页）

3.【常】简帛“壁”字，引书36。石刻“壁”字，石经尚书。《土部》：“，垣也。从土辟声。比激切。”（287页）

4.【常】石刻“劈”字，杨执一志。《刀部》：“，破也。从刀辟声。普擊切。”（92页）

5.【常】石刻“避”字，元珍志。《辵部》：“，回也。从辵辟声。毗義切。”（41页）

6.【常】石刻“譬”字，萧氏志。《言部》：“，谕也。从言辟声。匹至切。”（51页）

7.【常】石刻“僻”字，杨思立志。《人部》：“，避也。从人辟声。一曰从旁牵也。普擊切。”（166页）

8.【常】“霹”字从雨辟声，【常B】“噼”字从口辟声，均暂未见唐以前相关古文字形，《说文》无。

“翟”组

0. 甲骨文“翟”字，合37439。简帛“翟”字，金关T10：132。石刻“翟”字，石经尚书。《羽部》：“，山雉尾长者。从羽从隹。徒

---

① 于省吾主编：《甲骨文字诂林》，中华书局，1999，2487页。

② 张世超等：《金文形义通解》，中文出版社，1996，51页。

歷切。”（75 页）《甲骨文字诂林》[1]：“按：字可隶作‘翟’，辞残，其义不详。”“翟”字音 dí。

1.【常 B】金文“濯”字，战国 17.10978。《水部》：“，瀚也。从水翟声。直角切。”（237 页）

2.【常 B】石刻“擢”字，杨孝恭碑。《手部》：“，引也。从手翟声。直角切。”（255 页）

3.0 简帛“糶”字，金关 T24：003。《米部》：“，谷也。从米翟声。他弔切。”（147 页）

3.1【常 B】“糶”字暂未见唐以前、小篆外其他相关古文字形。《出部》：“，出谷也。从出从糶，糶亦声。他弔切。”（127 页）“糶”字简化作“粜”。

4.【常】石刻“躍”字，夏承碑。《足部》：“，迅也。从足翟声。以灼切。”（46 页）“躍”字简化作“跃”。

5.【常】石刻“耀（燿）”字，杨震碑、范安及志。《火部》：“，照也。从火翟声。弋笑切。”（209 页）

6.【常 B】石刻“曜”字，朝侯小子碑，从日翟声，《说文》无。

7.【常】“戳”字从戈翟声，【常 B】“嚯”字从口翟声，均暂未见唐以前相关古文字形，《说文》无。

“氐”组

0. 金文“氐”字，新收 59 页、春秋 16.10098。简帛“氐”字，第八层 1557、金关 T04：063A。石刻“氐”字，叱罗协志。《氐部》：“，至也。从氏下箸一。一，地也。丁礼切。”（266 页）《金文形义通解》[2]：“金文‘氐’字从氏下箸一，与小篆近似。氏，初文象蔓生植物支蔓之形，支蔓下从一，象植根之地，许慎所言是也。‘氐’当即根柢之‘柢’初文。……于省吾曰：‘氐字的造字本义，系于氏字竖画或邪画的下部附加一点，作为指事字的标志，以别于氏，而仍因氏字以为声（氐氏双声）。’”

1.【常 B】甲骨文“祇”字，合 26788。金文“祇”字，西周 16.10175。石刻“祇”字，桐柏淮源庙碑。《示部》：“，敬也。从示氏声。旨移切。”（7 页）

---

① 于省吾主编：《甲骨文字诂林》，中华书局，1999，1684 页。

② 张世超等：《金文形义通解》，中文出版社，1996，2931 页。

2.【常B】石刻“詆”字，杨思立志。《言部》：“，苛也。一曰诃也。从言氐声。都禮切。”（57页）“詆”字简化作“诋”。

3.【常】石刻“抵”字，石经五经。《手部》：“，挤也。从手氐声。丁礼切。”（251页）

4.【常】简帛“底”字，银贰1324。石刻“底”字，石经尚书。《广部》：“，山居也。一曰下也。从广氐声。都礼切。”（192页）段玉裁注[①]：“尻，各本讹作居，今正；山当作止，字之误也。从广，故曰止尻。”

5.【常B】简帛“邸”字，金关T21：049、仓颉篇44。石刻“邸”字，王令媛志、惟贞庙碑。《邑部》：“，属国舍。从邑氐声。都禮切。”（132页）

6.【常】石刻“低”字，李孟姜志。《人部》：“，下也。从人、氐，氐亦声。都兮切。”（168页）

7.【常B】“砥”是“厎”字或体。石刻“砥”字，王诵志、石经尚书。《厂部》：“，柔石也。从厂氐声。職雉切。，厎或从石。”（193页）

8.【常B】石刻“坻”字，石经五经。《土部》：“，小渚也。从土氐声。直尼切。，坻或从水从夊。，坻或从水从耆。”（288页）

9.【常B】“鴟”是“雎”字籀文，简化作“鸱”。石刻“鴟”字，石经尚书。《隹部》：“，雎也。从隹氐声。處脂切。，籀文雎从鳥。”（76页）

“弟”组

0.【常】甲骨文“弟”字，合31810。金文“弟”字，西周05.2554、西周11.5912。简帛“弟”字，日书193、金关T23：245、金关T03：093。石刻“弟”字，石经周易。《弟部》：“，韦束之次弟也。从古字之象。特計切。，古文弟从古文韦省，丿声。”（113页）《金文形义通解》[②]：“象以绳索缠绕竹柲之形。中间之……等形，为柲之象形，、，即束缚竹柲之皮条、绳索，取象与（弗）字甚似。徐灏《说文解字注笺》曰：‘革缕束物谓之韦，辗转围绕，势如螺旋而次弟之义生焉。’其所言由‘辗转围绕’而生发‘次弟之义’，为不少学者所从。又，高鸿缙、朱芳圃、于省吾诸家皆以‘弟’字由、为‘弋’（木橛）之象

① （清）段玉裁：《说文解字注》，上海古籍出版社，2000，445页。

② 张世超等：《金文形义通解》，中文出版社，1996，1421页。

形，于省吾‘弟’字初文‘本为从ㄣ弋声的形声字’亦为一主要说法，可参考。”

1.【常】简帛“涕”字，马壹 12_69。石刻“涕”字，冯邕妻志。《水部》：“，泣也。从水弟声。他禮切。”（237 页）

2.【常】石刻“梯”字，侯刚志。《木部》：“，木阶也。从木弟声。土雞切。”（123 页）

3.【常】石刻“剃”字，智坚塔记，从刀弟声，《说文》作鬀、鬄。石刻“鬀”字，石经五经。《髟部》：“，鬄发也。从髟弟声。大人曰髡，小人曰鬀，尽及身毛曰鬄。他計切。”（186 页）

4.【常】简帛“第”字，王杖 1、银贰 1820。石刻“第”字，乙瑛碑、石经周易，从竹弟声，《说文》无。

“毄”组

0. 简帛“毄”字，为吏 11、日甲《诘》33。石刻“毄”字，石经五经。《殳部》：“，相击中也。如车相击。故从殳从軎。古歷切。”（66 页）《说文通训定声》[①]：“按：如车毂相击会意。”按：典籍多作**毄**，今以**毄**为正体。“毄”字音 jī。

1.【常】简帛“擊”字，蓋卢 19。石刻“擊”字，石经周易。《手部》：“，攴也。从手毄声。古歷切。”（257 页）“擊”字简化作“击”。

“幾”组

0.【常】金文“幾”字，西周 07.3766.1。简帛“幾”字，法律答问 136、金关 T31：140。石刻“幾”字，李固碑、石经周易。《丝部》：“，微也。殆也。从𢆶从戍。戍，兵守也。𢆶而兵守者，危也。居衣切。”（64 页）《金文形义通解》[②]：“金文象以束丝悬人，戈加于丝，丝断在即，千钧一发之际也，因表危殆之义。‘戍’字皆从人，而幾父壶字从大，知‘幾’字不从‘戍’，而伯幾父簋字、幾父壶字𢆶形皆连人形（‘大’亦为人形），可知其为象意而非两字会意。”“幾”字简化作“几”。

1.【常 B】石刻“璣”字，石经五经。《玉部》：“，珠不圜也。从玉幾声。居衣切。”（13 页）“璣”字简化作“玑”。

---

① （清）朱骏声：《说文通训定声》，武汉古籍书店，1983，533 页。

② 张世超等：《金文形义通解》，中文出版社，1996，950 页。

2.【常】石刻“饑”字，元寿安志、石经五经，简化作“饥”。《食部》：“，谷不孰为饥。从食幾声。居衣切。”（108 页）

3.【常】简帛“機”字，田律 251。石刻“機”字，石经五经、石经周易，简化作“机”。《木部》：“，主发谓之机。从木幾声。居衣切。”（123 页）段玉裁注[①]：“机之用，主于发，故凡主发者皆谓之机。”

4.【常】石刻“譏”字，石台孝经。《言部》：“，诽也。从言幾声。居衣切。”（54 页）“譏”字简化作“讥”。

5.【常】“嘰”字暂未见唐以前、小篆外其他相关古文字形。《口部》：“，小食也。从口幾声。居衣切。”（31 页）“嘰”字简化作“叽”。

“亟”组

0. 甲骨文“亟”字，合 13637 反。金文“亟”字，西周 08.4341、西周 16.10175、西周 09.4446.2。简帛“亟”字，法律答问 102。石刻“亟”字，元孟辉志。《二部》：“，敏疾也。从人从口，从又从二。二，天地也。紀力切。又去吏切。”（286 页）《甲骨文字诂林》[②]：“于省吾：‘按：班簋“作四方亟”之亟作，较甲骨文上部多一横画，……毛公鼎亟字作，已由形孳乳为……《说文》亟字作，从又与攴古每无别。亟古極字，又为亟之初文。’按：契文作，中从人，‘上极于顶，下极于踵’，乃其本义。于先生之说是对的。‘極’为‘亟’之孳乳字。”

1.【常】简帛“極”字，引书 67。石刻“極”字，石经五经。《木部》：“，栋也。从木亟声。渠力切。”（120 页）《说文通训定声》[③]：“按：在屋之正中至高处。至者，下之极；极者，高之至也。”“極”字简化作“极”。

“及”组

0.【常】甲骨文“及”字，合 20456。金文“及”字，西周 05.2838（从彳）。简帛“及”字，效律 54。石刻“及”字，石经尚书。《又部》：“，逮也。从又从人。巨立切。，古文及。《秦刻石》及如此。，亦古文及。，亦古文及。”（64 页）《甲骨文字诂林》[④]：“按：甲骨文及字

① （清）段玉裁：《说文解字注》，上海古籍出版社，2000，262 页。

② 于省吾主编：《甲骨文字诂林》，中华书局，1999，64 页。

③ （清）朱骏声：《说文通训定声》，武汉古籍书店，1983，210 页。

④ 于省吾主编：《甲骨文字诂林》，中华书局，1999，110 页。

从又从人，戴侗《六书故》谓‘从人而又属其后，追及前人也’，其说与古文字形体合。”

1.【常 B】金文“汲”字，春秋 15.9632。简帛“汲”字，金关 T23：305。石刻“汲”字，石经周易。《水部》：“，引水于井也。从水从及，及亦声。居立切。”（237 页）

2.【常】简帛“級”字，为吏 7、仓颉篇 23。石刻“級”字，陈天宝造像，简化作“级”。《糸部》：“，丝次弟也。从糸及声。居立切。”（272 页）

3.【常】简帛“急”字，秦律十八种 183、引书 33、金关 T03：054A。石刻“急”字，黄庭经。《心部》：“，褊也。从心及声。居立切。”（219 页）

4.【常】简帛“吸”字，引书 104。《口部》：“，内息也。从口及声。許及切。”（31 页）

5.【常】石刻“圾”字，唐耀志，从土及声，《说文》无。

“吉”组

0.【常】甲骨文“吉”字，合 5252、合 30528、H11：189。金文“吉”字，西周 05.2704。简帛“吉”字，日甲《生子》149。石刻“吉”字，石经周易。《口部》：“，善也。从士、口。居質切。”（33 页）《甲骨文字诂林》[1]：“按：字当释吉。至于其形体结构，或以为象矢锋形，或以为象句兵形，或以为象斧形。”《金文形义通解》[2]：“西周初期之金文作，其后则多作。所从之‘士’，当为其初形。由殷商甲文分析，‘吉’字本从口士声。”

1. 金文“頡”字，春秋 01.226。简帛“頡”字，识劫案 125。石刻“頡”字，娄黑女志。《頁部》：“，直项也。从頁吉声。胡結切。”（183 页）“頡”字简化作“颉”。

2.0【常】简帛“壹”字，日甲《诘》59、银贰 1182。石刻“壹”字，李元志、沈知敏志。《壹部》：“，专壹也。从壺吉声。於悉切。”（214 页）

2.1【常 B】甲骨文“噎”字，合 5411。石刻“噎”字，冯迎男志。《口部》：“，饭窒也。从口壹声。烏結切。”（33 页）

---

① 于省吾主编：《甲骨文字诂林》，中华书局，1999，713 页。

② 张世超等：《金文形义通解》，中文出版社，1996，187 页。

2.2【常 B】金文“懿”字，西周 08.4341、西周 16.10175。石刻“懿”字，石经周易。《壹部》：“，专久而美也。从壹，从恣省声。乙冀切。”（214 页）

3.【常】石刻“結”字，山徽志、石经尚书，简化作“结”。《糸部》：“，缔也。从糸吉声。古屑切。”（272 页）

4.【常 B】简帛“詰”字，奏谳书 11。石刻“詰”字，维摩经碑。《言部》：“，问也。从言吉声。去吉切。”（57 页）“詰”字简化作“诘”。

5.【常 A】石刻“桔”字，刁翔志。《木部》：“，桔梗，药名。从木吉声。一曰直木。古屑切。”（116 页）

6.【常 B】石刻“黠”字，暴诞志。《黑部》：“，坚黑也。从黑吉声。胡八切。”（211 页）

7.【常 B】石刻“拮”字，石经五经。《手部》：“，手口共有所作也。从手吉声。古屑切。”（256 页）

8.【常 B】石刻“髻”字，无量义经二。《髟部》：“，总发也。从髟吉声。古通用结。古詣切。”（186 页）

9.【常 A】石刻“秸”字，石经尚书，从禾吉声，《说文》无。

“几”组

0.【常】甲骨文“几”字，合 32035、屯 488、合 1781。简帛“几”字，甲《特牲》7。石刻“几”字，王诵志。《几部》：“，踞几也。象形。《周礼》五几：玉几、雕几、彤几、髹几、素几。居履切。”（299 页）

1.【常】石刻“肌”字，黄庭经。《肉部》：“，肉也。从肉几声。居夷切。”（87 页）

2.【常 B】“麂”是“䴥”字或体。《鹿部》：“，大麋也。狗足。从鹿旨声。居履切。，或从几。”（202 页）

“己”组

0.【常】甲骨文“己”字，合 1853。金文“己”字，商 13.8044。简帛“己”字，日甲 101。石刻“己”字，石经尚书。《己部》：“，中宫也。象万物辟藏诎形也。己承戊，象人腹。居拟切。，古文己。”（309 页）《金文形义通解》[①]：“甲骨文作若，周金文承其形。郭沫

① 张世超等：《金文形义通解》，中文出版社，1996，3416 页。

若承罗振玉说谓‘己’象雉射之缴，即‘雉’之本字。叶玉森谓‘己’象纶索，取约束之谊。王献唐承朱骏声说谓‘己’即‘纪’之初文，象弯曲之丝绪。”

1.【常B】甲骨文“杞”字，合22214。金文“杞”字，商10.5097.1、春秋07.3898.1。简帛“杞”字，金关T22：016。石刻“杞”字，石经周易。《木部》：“，枸杞也。从木己声。墟里切。”（117页）

2.【常】简帛“記”字，金关T23：502A、金关T23：019B，简化作“记”。石刻“記”字，石经尚书。《言部》：“，疏也。从言己声。居吏切。”（53页）段玉裁注①：“疋也。……疋，今字作疏，谓分疏而识之也。”

3.【常】简帛“忌”字，睡133。石刻“忌”字，石经五经。《心部》：“，憎恶也。从心己声。渠記切。”（221页）

4.【常】石刻“紀”字，娄黑女志。《糸部》：“，丝别也。从糸己声。居擬切。”（271页）《说文通训定声》②：“别丝也。”“紀”字简化作“纪”。

5.【常】简帛“起”字，日甲《土忌》138、金关T23：764、仓颉篇6。石刻“起”字，曹全碑。《走部》：“，能立也。从走巳声。墟里切。，古文起从辵。”（36页）《说文通训定声》③：“从走己声。”

6.【常B】石刻“圮”字，曹全碑。《土部》：“，毁也。从土己声。符鄙切。，圮或从手从非，配省声。”（288页）

7.【常】简帛“已”字，语书3、敦煌简0502。石刻“已”字，夏承碑、石台孝经，《说文》无。

“㡭”组

0. 简帛“㡭”字，银壹247。《说文通训定声》④：“按：此字当为继之古文，从反㡭。”“㡭”字音jì。

1.【常】简帛“繼”字，马壹88_195。石刻“繼”字，元纂志、元礼之志，简化作“继”。《糸部》：“，续也。从糸、㡭。一曰反㡭为

① （清）段玉裁：《说文解字注》，上海古籍出版社，2000，95页。

② （清）朱骏声：《说文通训定声》，武汉古籍书店，1983，175页。

③ （清）朱骏声：《说文通训定声》，武汉古籍书店，1983，175页。

④ （清）朱骏声：《说文通训定声》，武汉古籍书店，1983，568页。

继。古詣切。”（272 页）

“苟”组

0. 甲骨文“苟”字，合 20390。金文“苟”字，西周 08.4140、西周 08.4316。《苟部》：“，自急敕也。从羊省，从包省。从口，口犹慎言也。从羊，羊与义、善、美同意。己力切。，古文羊不省。”（188 页）《甲骨文字诂林》①：“按：字当释‘’，下所从为人形，与‘狗’无涉。屈万里疑为‘神祇之类’是对的。”“苟”字音 jì。

1.0【常】金文“敬”字，西周 10.5429。简帛“敬”字，为吏 37。石刻“敬”字，石经周易。《苟部》：“，肃也。从攴、苟。居慶切。”（188 页）《金文形义通解》②：“金文‘敬’字从攴，苟声。或不从攴，与‘苟’同字。”

1.1【常】石刻“驚”字，石经周易。《馬部》：“，马骇也。从馬敬声。舉卿切。”（201 页）“驚”字简化作“惊”。

1.2【常】石刻“警”字，苏斌志。《言部》：“，戒也。从言从敬，敬亦声。居影切。”（53 页）

1.3【常】石刻“擎”字，闽．坚牢塔记，从手敬声，《说文》无。

“彑”组

0. “彑”字暂未见唐以前、小篆外其他相关古文字形。《彑部》：“，豕之头。象其锐，而上见也。读若罽。居例切。”（197 页）“彑”字音 jì。

1.【常 B】甲骨文“彝”字，合 36390、H11：1、合 32360。金文“彝”字，商 10.5353.1、西周 06.3503、西清续鉴乙编 06.36。石刻“彝”字，石经五经。《糸部》：“，宗庙常器也。从糸；糸，綦也。廾持米，器中宝也。彑声。此与爵相似。以脂切。、，皆古文彝。”（277 页）《甲骨文字诂林》③：“按：字多象捧牲之形，牲皆反缚。……‘宗庙常器’乃‘彝’字引申义。……詹鄞鑫以为所奉之牺牲为无头之俘虏，其说极是。”

---

① 于省吾主编：《甲骨文字诂林》，中华书局，1999，363 页。

② 张世超等：《金文形义通解》，中文出版社，1996，2293 页。

③ 于省吾主编：《甲骨文字诂林》，中华书局，1999，379 页。

“魝”组

0.“魝”字暂未见唐以前、小篆外其他相关古文字形。《刀部》：“魝，楚人谓治鱼也。从刀从魚。读若锲。古屑切。”（92 页）“魝”字音 jié。

1.【常 B】石刻“薊”字，薊石经五经。《艸部》：“薊，芺也。从艸魝声。古詣切。”（17 页）“薊”字简化作“蓟”。

“旡”组

0. 甲骨文“旡”字，合 18006、合 18800。简帛“旡”字，东牌楼 044。《旡部》：“旡，㱃食气屰不得息曰旡。从反欠。居未切。今变隶作旡。旡，古文旡。”（181 页）《甲骨文字典》①：“象人跽而口向后张之形，……人食既每致屰气，故以此象屰气之形。”“旡”字音 jì。

1.0【常】甲骨文“既”字，合 34225、合 16052。金文“既”字，西周 05.2748。简帛“既”字，为吏 24。石刻“既”字，元诱志、石经尚书。《皀部》：“既，小食也。从皀旡声。居未切。”（106 页）《甲骨文字诂林》②：“罗振玉：‘即象人就食，既象人食既。许君训既为小食，谊与形为不协矣。’李孝定：‘契文象人食已，顾左右而将去之也。引申之义为尽。’”

1.1【常】简帛“溉”字，为吏 6。石刻“溉”字，石经五经。《水部》：“溉，水，出东海桑渎覆甑山，东北入海。一曰灌注也。从水既声。古代切。”（227 页）

1.2【常】简帛“概（槩）”字，仓颉篇 55。石刻“概（槩）”字，元暐志、张皎志。《木部》：“槩，杚斗斛。从木既声。工代切。”（122 页）

1.3【常】石刻“慨”字，元诲志、石经五经。《心部》：“慨，忼慨，壮士不得志也。从心既声。古溉切。”（217 页）

“祭”组

0.【常】甲骨文“祭”字，合 32677、合 5684。金文“祭”字，西周 04.2473、春秋 16.10008。简帛“祭”字，金关 T30：032。石刻“祭”字，祭石经周易。《示部》：“祭，祭祀也。从示，以手持肉。子例

① 徐中舒主编：《甲骨文字典》，四川辞书出版社，1990，989 页。

② 于省吾主编：《甲骨文字诂林》，中华书局，1999，379 页。

切。"（8 页）《甲骨文字诂林》[①]："按：卜辞早期祭字均不从示。"《金文形义通解》[②]："象以手持肉祭于神主前之意。"

1.【常】甲骨文"蔡"字，合补 6209。金文"蔡"字，西周 01.92、春秋 04.2087（从心）、战国 16.10349A。简帛"蔡"字，马.纵横。石刻"蔡"字，石经五经。《艸部》："蔡，艸也。从艸祭声。蒼大切。"（23 页）段玉裁注[③]："蔡，艸丯也。丯读若介。……艸生之散乱也。……此无丯字，则蔡当为艸名。"

2.0【常】简帛"察"字，秦律杂抄 37。石刻"察"字，石台孝经。《宀部》："察，覆也。从宀、祭。初八切。"（150 页）《说文通训定声》[④]："覆审也，从宀祭声。"

2.1【常】"擦"字从手察声；【常 B】"嚓"字从口察声；【常 B】"鑔"字从金察声，简化作"镲"；均暂未见唐以前相关古文字形，《说文》无。

3.【常】石刻"際"字，石经周易。《𨸏部》："際，壁会也。从𨸏祭声。子例切。"（306 页）"際"字简化作"际"。

"豊"组

0. 甲骨文"豊"字，花东 501、屯 1255。金文"豊"字，西周 11.6015。简帛"豊"字，居 ESC37。石刻"豊"字，曹全碑。《豊部》："豊，行礼之器也。从豆，象形。读与礼同。盧啓切。"（102 页）《甲骨文字诂林》[⑤]："按：契文'豊'字实从壴，从玨，不从豆。"《金文形义通解》[⑥]："壴即鼓，古时行礼常用鼓与玉，故以鼓、玉之形表'礼'之概念。'豊'为'禮'本字。""豊"字音 lǐ。

1.【常】金文"禮"字，西周 11.6015。简帛"禮"字，老子 2、金关 T15：008A。石刻"禮"字，爨泰志、石经周易，简化作"礼"。《示部》："禮，履也，所以事神致福也。从示从豊，豊亦声。靈啓切。𥘉，古文禮。"（7 页）《金文形义通解》[⑦]："战国三晋系中山文字不从示，从口。"

① 于省吾主编：《甲骨文字诂林》，中华书局，1999，900 页。
② 张世超等：《金文形义通解》，中文出版社，1996，24 页。
③ （清）段玉裁：《说文解字注》，上海古籍出版社，2000，40 页。
④ （清）朱骏声：《说文通训定声》，武汉古籍书店，1983，669 页。
⑤ 于省吾主编：《甲骨文字诂林》，中华书局，1999，2788 页。
⑥ 张世超等：《金文形义通解》，中文出版社，1996，1170 页。
⑦ 张世超等：《金文形义通解》，中文出版社，1996，16 页。

2.【常】简帛“體”字，▇为吏 7、▇马壹 136_61。石刻“體”字，▇成阳灵台碑、▇石经周易。《骨部》：“▇，总十二属也。从骨豊声。他禮切。”（86 页）《金文形义通解》[①]：“金文中山器从身，‘身’为中山国特有写法。声符上部作▇，亦变体。”“體”字简化作“体”。

“里”组

0.【常】金文“里”字，▇西周 08.4299。简帛“里”字，▇第八层 2127。石刻“里”字，▇石经周易。《里部》：“▇，居也。从田从土。良止切。”（290 页）《金文形义通解》[②]：“小徐本：‘一曰土声也。’……金文‘里’字下皆从‘土’。”

1.【常】金文“裏”字，▇西周 16.9898A。简帛“裏”字，▇金布律 418。石刻“裏”字，▇石经五经。《衣部》：“▇，衣内也。从衣里声。良止切。”（170 页）“裏”字简化作“里”。

2.【常】金文“釐”字，▇西周 04.2067.1、▇西周 05.2755、▇文物 02.7。石刻“釐”字，▇檀宾志、▇石经尚书。《里部》：“▇，家福也。从里𠩺声。里之切。”（290 页）《说文通训定声》[③]：“按：福者禧字之训，古多借釐为禧。本义当为治邑。理邑为釐，犹治玉为理也。”《金文形义通解》[④]：“林义光曰：‘里、𠩺皆声也。’林说是。金文‘釐’字乃加声字，即‘𠩺’字增加声符‘里’。”“釐”字简化作“厘”。

3.0 金文“貍”字，▇西周 11.5904。简帛“貍”字，▇法律答问 121。《豸部》：“▇，伏兽，似貙。从豸里声。里之切。”（198 页）

3.1【常 B】甲骨文“霾”字，▇合 13466、▇合 19738 正。石刻“霾”字，▇石经五经。《雨部》：“▇，风雨土也。从雨貍声。莫皆切。”（242 页）《甲骨文字诂林》[⑤]：“孙海波：‘此即古文霾字，从▇即貍之省。’李孝定：‘契文此字从雨下象兽形当即貍之象形。’”

4.【常】石刻“鯉”字，▇元瞻志、▇崔宣华志。《魚部》：“▇，鱣也。从魚里声。良止切。”（243 页）“鯉”字简化作“鲤”。

5.【常】简帛“理”字，▇引书 99。石刻“理”字，▇元弼志。《玉部》：“▇，治玉也。从玉里声。良止切。”（12 页）

---

① 张世超等：《金文形义通解》，中文出版社，1996，990 页。

② 张世超等：《金文形义通解》，中文出版社，1996，3189 页。

③（清）朱骏声：《说文通训定声》，武汉古籍书店，1983，185 页。

④ 张世超等：《金文形义通解》，中文出版社，1996，3193 页。

⑤ 于省吾主编：《甲骨文字诂林》，中华书局，1999，1164 页。

6.【常】简帛“狸”字，▇金关 T05：096B。石刻“狸”字，▇元彧志，从犬里声，《说文》无。

7.【常】石刻“埋”字，▇和丑仁志、▇张钟葵志，从土，里亦声，《说文》无。

8.【常】石刻“哩”字，▇陀罗尼经碑，从口里声，《说文》无。

9.【常 B】石刻“娌”字，▇黄郡骆氏志，从女里声，《说文》无。

“利”组

0.【常】甲骨文“利”字，▇合 31245。金文“利”字，▇西周 06.3580、▇西周 01.260.2、▇春秋 17.10812。简帛“利”字，▇为吏 27。石刻“利”字，▇熹平石经残石四。《刀部》：“▇，铦也。从刀。和然后利，从和省。力至切。▇，古文利。”（91 页）《甲骨文字诂林》[①]：“利所从之▇、▇诸形即力形之变，象用耒端刺田起土形。铜器将力旁土移于禾旁，故小篆利或从刀。……利当是犁之初文，从禾从刀，其小点盖象犁出之土块也。”

1.【常】简帛“黎”字，▇效律 27。石刻“黎”字，▇石经五经。《黍部》：“▇，履黏也。从黍，㓞省声。㓞，古文利。作履黏以黍米。郎奚切。”（147 页）

2.【常】“犁”字同“犂”。简帛“犂（犁）”字，▇金关 T06：023A。石刻“犂（犁）”字，▇石经五经、▇文鉴经幢。《牛部》：“▇，耕也。从牛黎声。郎奚切。”（29 页）《说文通训定声》[②]：“字亦作犁。”

3.【常】石刻“梨（棃）”字，▇高僧护志、▇石经五经。《木部》：“▇，果名。从木㓞声。㓞，古文利。力脂切。”（114 页）《说文通训定声》[③]：“棃果也，从木，古文利声。字亦作梨。”

4.【常】简帛“莉”字，▇马壹 10_62。从艸利声，《说文》无。

5.【常 B】石刻“黧”字，▇石经五经，从黑利声，《说文》无。

6.【常 A】石刻“痢”字，▇崔绍志，从疒利声，《说文》无。

7.【常】“俐”字暂未见唐以前相关古文字形，从人利声，《说文》无。

① 于省吾主编：《甲骨文字诂林》，中华书局，1999，1423 页。

② （清）朱骏声：《说文通训定声》，武汉古籍书店，1983，581 页。

③ （清）朱骏声：《说文通训定声》，武汉古籍书店，1983，581 页。

“力”组

0.【常】甲骨文“力”字，合22269。金文“力”字，商04.1706。简帛“力”字，为吏19。石刻“力”字，王基断碑。《力部》：“力，筋也。象人筋之形。治功曰力，能圉大災。林直切。”（291页）《甲骨文字典》[①]：“象原始农具之耒形，殆以耒耕作须有力，故引申指气力之力。”

1.【常】简帛“勒”字，马壹128_5。石刻“勒”字，史晨碑。《革部》：“勒，马头络衔也。从革力声。盧則切。”（61页）

2.【常】石刻“肋”字，路彻志、张节志。《肉部》：“肋，胁骨也。从肉力声。盧則切。”（87页）

“立”组

0.【常】甲骨文“立”字，合20196。金文“立”字，商10.5065.1、西周08.4244。简帛“立”字，法律答问161。石刻“立”字，石堂画像石题记。《立部》：“立，住也。从大立一之上。力入切。”（216页）《甲骨文字诂林》[②]：“按：象人立于地之形。”

1.0【常】金文“位”字，西周08.4252.1。简帛“位”字，银贰992、金关T23：408。石刻“位”字，石经周易。《人部》：“位，列中庭之左右谓之位。从人、立。于備切。”（163页）《金文形义通解》[③]：“金文以‘立’为‘位’。”

1.1【常B】石刻“莅”字，石经周易，从艸位声，《说文》无。

2.【常】简帛“泣”字，脉书2。石刻“泣”字，元始和志。《水部》：“泣，无声出涕曰泣。从水立声。去急切。”（237页）

3.【常B】简帛“笠”字，仓颉篇36。石刻“笠”字，刘怀民志。《竹部》：“笠，簦无柄也。从竹立声。力入切。”（97页）

4.【常】石刻“粒”字，多宝塔碑。《米部》：“粒，糂也。从米立声。力入切。𡋯，古文粒。”（147页）

5.0【常】石刻“拉”字，修定寺记碑。《手部》：“拉，摧也。从手立声。盧合切。”（251页）

5.1【常】“啦”字暂未见唐以前相关古文字形，从口拉声，《说文》无。

---

① 徐中舒主编：《甲骨文字典》，四川辞书出版社，1990，1478页。

② 于省吾主编：《甲骨文字诂林》，中华书局，1999，231页。

③ 张世超等：《金文形义通解》，中文出版社，1996，1995页。

6.【常】石刻“飒”字，吊比干文。《風部》：“，翔风也。从風立声。穌合切。”（284 页）“飒”字简化作“飒”。

7.【常 B】石刻“翌”字，王容志，从羽立声，《说文》无。

8.【常】“垃”字暂未见唐以前相关古文字形，从土立声，《说文》无。

“鬲”组

0.【常 B】甲骨文“鬲”字，合 1975、屯 1090。金文“鬲”字，西周 03.672、西周 03.635、西周 03.682。《鬲部》：“，鼎属。实五瞉。斗二升曰瞉。象腹交文，三足。郎激切。，鬲或从瓦。，汉令鬲从瓦厤声。”（62 页）《甲骨文字典》[①]：“象鬲形，鬲为古代炊器，《尔雅 · 释器》：‘鼎款足谓之鬲。’其状为侈口，有中空之足三，以便加热炊煮。”《金文形义通解》[②]：“篆文字中所从之‘×’乃三足之上廓线条讹变。”

1.【常】石刻“隔”字，元举志。《𨸏部》：“，障也。从𨸏鬲声。古覈切。”（305 页）

2.【常 B】石刻“翮”字，长孙盛志。《羽部》：“，羽茎也。从羽鬲声。下革切。”（75 页）

3.【常 B】“嗝”字暂未见唐以前相关古文字形，从口鬲声，《说文》无。

“丽”组

0.【常】甲骨文“麗”字，合 1487、辑佚 576、H11：128。金文“麗”字，西周 08.4279.1、战国 17.11082。石刻“麗”字，元斑志。《鹿部》：“，旅行也。鹿之性，见食急则必旅行。从鹿丽声。郎計切。，古文。，篆文麗字。”（203 页）《甲骨文字典》[③]：“周甲有字，乃以鹿之特饰双角为麗之异构，即金文之所本。物有偶可收对称平衡和谐之美。……《尔雅 · 释诂》：‘旅，众也。’故《说文》训麗为‘旅行’实为俪义之引申。……《说文》篆文，鲁实先谓乃甲骨文之省变，所从之二口示二室相邻之义。为‘从’之或体，所以从‘从’者以示二人相俪之义。可参。”“麗”字简化作“丽”。

1.【常 B】甲骨文“驪”字，FQ5。石刻“驪”字，石经五经。

① 徐中舒主编：《甲骨文字典》，四川辞书出版社，1990，258 页。

② 张世超等：《金文形义通解》，中文出版社，1996，587 页。

③ 徐中舒主编：《甲骨文字典》，四川辞书出版社，1990，1084 页。

《馬部》:“，马深黑色。从馬麗声。吕支切。”（199 页）“驪”字简化作“骊”。

2.【常】石刻“灑”字，元崇业志、石经五经。《水部》:“，汛也。从水麗声。山豉切。”（237 页）“灑”字简化作“洒”。简帛“洒”字，引书 2。石刻“洒”字，石经五经。《水部》:“，涤也。从水西声。古文为灑埽字。先禮切。”（236 页）“洒”字音 xǐ。

3.【常】石刻“曬”字，文鉴经幢。《日部》:“，暴也。从日麗声。所智切。”（139 页）“曬”字简化作“晒”。

4.【常 B】石刻“鸝”字，元纯阤志，从鳥麗声，简化作“鹂”，《说文》无。

“秝”组

0.“秝”字暂未见唐以前、小篆外其他相关古文字形。《秝部》:“，稀疏適也。从二禾。读若歷。郎擊切。”（146 页）《甲骨文字诂林》[①]:“吴其昌:‘象禾黍分行成列之形，是行秝之本字也。……罗振玉曰:“从止从秝，足行所至皆禾也，象经历意。”’”“秝”字音 lì。

1.0 甲骨文“厤”字，合集 19223。金文“厤”字，西周 05.2841B。《厂部》:“，治也。从厂秝声。郎擊切。”（193 页）《说文通训定声》[②]:“所以治玉石者。”

1.10【常】甲骨文“歷”字，合 10425、合 10682。简帛“歷”字，银贰 2110。石刻“歷”字，石经周易。《止部》:“，过也。从止厤声。郎擊切。”（38 页）“歷”字简化作“历”。

1.11【常】石刻“瀝”字，崔宣华志。《水部》:“，浚也。从水歷声。一曰水下滴沥。郎擊切。”（236 页）“瀝”字简化作“沥”。

1.12【常 B】石刻“櫪”字，史怀训志。《木部》:“，枥椒，椑指也。从木歷声。郎擊切。”（125 页）“櫪”字简化作“枥”。

1.13【常】“靂”字暂未见唐以前相关古文字形，从雨歷声，简化作“雳”，《说文》无。

1.2【常】石刻“曆”字，胡明相志。《日部》:“，厤象也。从日厤声。《史记》通用歷。郎擊切。”（140 页）“曆”字简化作“历”。

---

① 于省吾主编:《甲骨文字诂林》，中华书局，1999，1427 页。

② （清）朱骏声:《说文通训定声》，武汉古籍书店，1983，534 页。

“戾”组

0.【常B】石刻“戾”字，刘华仁志、石经五经。《犬部》：“戾，曲也。从犬出户下。戾者，身曲戾也。郎計切。”（205页）

1.【常】“泪”字同“淚”。玺印“泪”字，汉印文字征。石刻“淚”字，元斑志，从水戾声，《说文》无。

“米”组

0.【常】甲骨文“米”字，合32024。简帛“米”字，第八层439。石刻“米”字，曹全碑。《米部》：“米，粟实也。象禾实之形。莫禮切。”（147页）《甲骨文字诂林》[①]：“李孝定：‘疑中一画乃象籭形。盖米之为物作⁝⁝固是以象之，而与沙水诸字之从小点作者易混，固取象于籭以明之。’”

1.0 甲骨文“頪”字，花东53。《頁部》：“頪，难晓也。从頁、米。一曰鲜白皃。从粉省。盧對切。”（183页）《说文通训定声》[②]：“按：此字从頁米声，谓相似难分别。”“頪”字音lèi。

1.1【常】石刻“類”字，高归彦造像。《犬部》：“類，种类相似，唯犬为甚。从犬頪声。力遂切。”（205页）“類”字简化作“类”。

2.【常】简帛“眯”字，马壹101_147。《目部》：“眯，艸入目中也。从目米声。莫禮切。”（73页）《金文形义通解》[③]：“金文从見。”

3.0【常】石刻“迷”字，石经尚书。《辵部》：“迷，或也。从辵米声。莫兮切。”（41页）

3.1【常】“謎”字暂未见唐以前、小篆外其他相关古文字形。《言部》：“謎，隐语也。从言、迷，迷亦声。莫計切。”（58页）“謎”字简化作“谜”。

4.【常】“咪”字暂未见唐以前相关古文字形，从口米声，《说文》无。

“糸”组

0.金文“糸”字，商04.2136。简帛“糸”字，金关T31：030。石刻“糸”字，吐谷浑玑志。《糸部》：“糸，细丝也。象束丝之形。读若

① 于省吾主编：《甲骨文字诂林》，中华书局，1999，1838页。

② （清）朱骏声：《说文通训定声》，武汉古籍书店，1983，575页。

③ 张世超等：《金文形义通解》，中文出版社，1996，818页。

覛。莫狄切。，古文糸。”（271 页）《甲骨文字诂林》[①]：“按：契文糸即象束丝之形。”“糸”字音 mì。

1.【常】简帛“系”字，银壹 432。石刻“系”字，元诱妻志。《系部》：“，繫也。从糸丿声。胡計切。，系或从毄、處。，籀文系从爪、絲。”（270 页）

“屰”组

0. 甲骨文“屰”字，合 21626、合 20472。金文“屰”字，商 10.4815.1、西周 16.10176。《干部》：“，不顺也。从干下屮。屰之也。魚戟切。”（50 页）《甲骨文字诂林》[②]：“罗振玉：‘为倒人形。’”

1.【常】甲骨文“逆”字，合 5951 正、合 17537 正、合 567。简帛“逆”字，秦律杂抄 38、马壹 126_56、金关 T23：878。石刻“逆”字，曹全碑、石经五经。《辵部》：“，迎也。从辵屰声。关东曰逆，关西曰迎。宜戟切。”（40 页）《甲骨文字诂林》[③]：“罗振玉：‘案：从辵从屰者，象人自外入，而辵以迎之，或省彳，或省止。’”

2.0 金文“咢（㖾）”字，西周 06.3669。《吅部》：“，哗讼也。从吅屰声。五各切。”（35 页）《说文通训定声》[④]：“今作咢。”

2.1【常】简帛“鄂”字，金关 T10：120B。石刻“鄂”字，苏斌志。《邑部》：“，江夏县。从邑㖾声。五各切。”（134 页）

2.2【常】石刻“愕”字，奚真志，从心咢声，《说文》无。

2.3【常 B】“顎”字暂未见唐以前相关古文字形，从頁咢声，简化作“颚”，《说文》无。

2.4【常 B】“腭”字同“齶”，从肉咢声；【常】“鱷”字从魚咢声，简化作“鳄”；均暂未见唐以前相关古文字形，《说文》无。

3.0【常 B】金文“朔”字，战国 05.2701.2。简帛“朔”字，为吏 22。石刻“朔”字，乙瑛碑。《月部》：“，月一日始苏也。从月屰声。所角切。”（141 页）

3.1【常】石刻“溯（㴑）”字，元悌志。《水部》：“，逆流而上曰㴑洄。㴑，向也。水欲下违之而上也。从水㴑声。桑故切。，㴑或从

① 于省吾主编：《甲骨文字诂林》，中华书局，1999，3217 页。

② 于省吾主编：《甲骨文字诂林》，中华书局，1999，324 页。

③ 于省吾主编：《甲骨文字诂林》，中华书局，1999，2285 页。

④（清）朱骏声：《说文通训定声》，武汉古籍书店，1983，466 页。

朔。”（233 页）

3.2【常】石刻“塑”字，行钧塔铭，从土朔声，《说文》无。

4.0【常】简帛“斥（㡿）”字，语书 11、金关 T01：280。石刻“斥（㡿）”字，曹全碑、石经尚书。《广部》：“，郤屋也。从广屰声。昌石切。”（193 页）《说文通训定声》[①]：“今字作斥，谓却退其屋不居。按:《一切经音义》廿二引《说文》作‘卸屋’。”

4.1【常 B】金文“柝（榛）”字，西周 10.5426.2。石刻“柝（榛）”字，卢昂志、石经五经。《木部》：“，判也。从木㡿声。他各切。”（119 页）

4.2【常】石刻“訴”字，石经五经、王景秀志，简化作“诉”。《言部》：“，告也。从言，㡿省声。桑故切。，訴或从言、朔。，訴或从朔、心。”（56 页）段玉裁注[②]：“凡从㡿之字隶变为𢦒，俗又讹斥。”

4.3【常】石刻“拆”字，李则政志，从手斥声，《说文》无。

“儿”组

0.【常】甲骨文“兒”字，合 20592。简帛“兒”字，第八层 1540、仓颉篇 50。石刻“兒”字，石经五经。《甲骨文字诂林》[③]：“按：兒字当以‘象小儿头囟未合’之说为是。”《儿部》：“，孺子也。从儿，象小儿头囟未合。汝移切。”（176 页）“兒”字简化作“儿”。

1.【常 B】石刻“睨”字，无上道志。《目部》：“，衺视也。从目兒声。研計切。”（71 页）

2.【常 B】石刻“霓”字，石经五经。《雨部》：“，屈虹，青赤，或白色，阴气也。从雨兒声。五雞切。”（242 页）

“皮”组

0.【常】甲骨文“皮”字，花东 550。简帛“皮”字，秦律十八种 7。石刻“皮”字，石婉志。《皮部》：“，剥取兽革者谓之皮。从又，爲省声。符羈切。，古文皮。，籒文皮。”（67 页）段玉裁注[④]：“云‘者’者，谓其人也，取兽革者谓之皮。……因之所取谓之皮矣。引伸凡物之表

① （清）朱骏声:《说文通训定声》，武汉古籍书店，1983，467 页。

② （清）段玉裁:《说文解字注》，上海古籍出版社，2000，100 页。

③ 于省吾主编:《甲骨文字诂林》，中华书局，1999，90 页。

④ （清）段玉裁:《说文解字注》，上海古籍出版社，2000，122 页。

皆曰皮。"《金文形义通解》[①]："头作形，乃兽之特征。象革侧视被揭起之状，示剥离之处，从以剥之。"

1.【常B】金文"陂"字，西周05.2790。简帛"陂"字，仓颉篇57。石刻"陂"字，石经尚书。《𨸏部》："，阪也。一曰沱也。从𨸏皮声。彼爲切。"（304页）

2.【常】金文"坡"字，春秋．论稿20页。石刻"坡"字，段会志。《土部》："，阪也。从土皮声。滂禾切。"（286页）

3.【常】金文"被"字，战国18.12108A。简帛"被"字，东牌楼120。石刻"被"字，石堂画像石题记。《衣部》："，寝衣，长一身有半。从衣皮声。平義切。"（172页）

4.【常】简帛"彼"字，秦律十八种174。石刻"彼"字，史晨后碑。《彳部》："，往，有所加也。从彳皮声。補委切。"（43页）

5.0【常】简帛"波"字，日甲《土忌》142。石刻"波"字，给事君妻志。《水部》："，水涌流也。从水皮声。博禾切。"（230页）

5.1【常】石刻"婆"字，颜人志，从女波声，《说文》无。

5.2【常】"菠"字暂未见唐以前相关古文字形，从艸波声，《说文》无。

6.【常】石刻"破"字，玄秘塔碑。《石部》："，石碎也。从石皮声。普過切。"（195页）

7.【常】简帛"頗"字，钱律208。石刻"頗"字，元茂志。《頁部》："，头偏也。从頁皮声。滂禾切。"（183页）"頗"字简化作"颇"。

8.【常】石刻"披"字，元项志。《手部》："，从旁持曰披。从手皮声。敷羈切。"（254页）

9.【常A】石刻"跛"字，石经周易。《足部》："，行不正也。从足皮声。一曰足排之。读若彼。布火切。"（47页）

10.【常】"疲"字，《疒部》："，劳也。从疒皮声。符羈切。"（156页）

11.【常】"簸"字，《箕部》："，扬米去糠也。从箕皮声。布火切。"（99页）

12.【常】"玻"字暂未见唐以前相关古文字形，从玉皮声，《说文》无。

"妻"组

0.【常】甲骨文"妻"字，合691正、合938正、合5450。简帛"妻"字，秦律十八种155。石刻"妻"字，石经周易。《女部》："，

① 张世超等：《金文形义通解》，中文出版社，1996，709页。

妇与夫齐者也。从女从屮从又。又，持事，妻职也。七稽切。，古文妻从肖、女。肖，古文貴字。”（259 页）《甲骨文字诂林》[①]：“李孝定：‘许云从屮者，乃发形之讹变，盖象以手束发或加笄之形，女已及笄，可为人妻之意也。’陈炜湛：‘象以手抓取女子头发，将女子强抢为妻，是上古抢婚风俗在文字上的遗迹。’”

1.【常】“凄”是俗“淒”字。石刻“淒”字，王翊志、王行果志。《水部》：“，云雨起也。从水妻声。七稽切。”（233 页）《说文通训定声》[②]：“俗字亦作凄，从仌。”

2.【常 B】石刻“萋”字，卢令媛志。《艸部》：“，艸盛。从艸妻声。七稽切。”（22 页）

“桼”组

0. 简帛“桼”字，第八层 454、金关 T24：036。《桼部》：“，木汁。可以髼物。象形。桼如水滴而下。親吉切。”（128 页）《金文形义通解》[③]：“此字见于曾伯盬，字所从作，从木，其旁著点，象漆之出也。战国金文及秦简皆作形，象漆之点讹而相连，篆文亦失古形。后世复孳乳‘漆’‘髼’诸字。”“桼”字音 qī。

1.【常】简帛“漆”字，仓颉篇 61。石刻“漆”字，石经尚书。《水部》：“，水，出右扶风杜陵岐山，东入渭。一曰入洛。从水桼声。親吉切。”（225 页）

2.【常】甲骨文“膝（厀）”字，合 13670。简帛“膝（厀）”字，引书 17。石刻“膝（厀）”字，石台孝经。《卪部》：“，胫头卪也。从卪桼声。息七切。”（187 页）段玉裁注[④]：“俗作膝。”

“其”组

0.【常】甲骨文“其”字，合集 21031。金文“其”字，商 10.5012.1、西周 16.10174。简帛“其”字，睡 84。石刻“其”字，朝侯小子碑、石经周易。《说文》无。

1.【常】甲骨文“箕”字，合 20070。金文“箕”字，西周

① 于省吾主编：《甲骨文字诂林》，中华书局，1999，463 页。

② （清）朱骏声：《说文通训定声》，武汉古籍书店，1983，574 页。

③ 张世超等：《金文形义通解》，中文出版社，1996，1527 页。

④ （清）段玉裁：《说文解字注》，上海古籍出版社，2000，431 页。

03.745、西周05.2776、西周08.4328、春秋.第四届116页、春秋16.10008.2。简帛“箕”字，日甲《诘》25、银贰1576。石刻“箕”字，石经周易。《箕部》:“，簸也。从竹；𠀠，象形；下其丌也。居之切。，古文箕省。，亦古文箕。，亦古文箕。，籀文箕。，籀文箕。”（99页）《甲骨文字诂林》[①]:“此字象形，而假为语词，卜辞中诸‘其’字亦然。其字初但作，后增丌，于是改象形为会意。后又加竹作箕，则更繁复矣。……按:‘其’即‘箕’之原始象形字。”

2.【常】甲骨文“基”字，合集6581。简帛“基”字，马壹256_2、马壹124_46。石刻“基”字，山晖志。《土部》:“，墙始也。从土其声。居之切。”（287页）

3.【常】甲骨文“棋（棊）”字，合8189。石刻“棋（棊）”字，洛神十三行、韩震志、元延明志。《木部》:“，博棊。从木其声。渠之切。”（123页）

4.0【常】简帛“斯”字，仓颉篇73。石刻“斯”字，赫连子悦志。《斤部》:“，析也。从斤其声。息移切。”（300页）

4.1【常】石刻“嘶”字，卢修娥志，从口斯声，《说文》无。

4.2【常B】石刻“厮”字，孙说志，从厂斯声，《说文》无。

4.3【常】“撕”字暂未见唐以前相关古文字形，从手斯声，《说文》无。

5.【常】简帛“期”字，为吏10。石刻“期”字，李寿志。《月部》:“，会也。从月其声。渠之切。，古文期从日、丌。”（141页）

6.【常】简帛“欺”字，奏谳书194。石刻“欺”字，元寿安志。《欠部》:“，诈欺也。从欠其声。去其切。”（180页）

7.【常】简帛“旗”字，奏谳书212。石刻“旗”字，元信志。《㫃部》:“，熊旗五游，以象罚星，士卒以为期。从㫃其声。渠之切。”（140页）

8.【常B】石刻“琪”字，崔琪志，从玉其声，《说文》无。

“齐”组

0.【常】甲骨文“齊”字，合36821。金文“齊”字，商10.5202.2、战国09.4649。简帛“齊”字，封诊式76。石刻“齊”字，徐显秀志、隽敬碑、石经五经，简化作“齐”。《齊部》:“，禾麦吐穗上平也。象形。徂兮切。”（143页）

① 于省吾主编:《甲骨文字诂林》，中华书局，1999，2807页。

1.【常B】甲骨文“躋”字，合1656正。石刻“躋”字，石经周易。《足部》：“，登也。从足齊声。祖雞切。”（46页）“躋”字简化作“跻”。

2.【常】简帛“濟”字，金关T06：138。石刻“濟”字，石䴵志、唐邕刻经记。《水部》：“，水，出常山房子赞皇山，东入泜。从水齊声。子礼切。”（228页）“濟”字简化作“济”。

3.【常】金文“齋”字，战国18.11717.1、战国18.11712B1。简帛“齋”字，金关T27：022、居新7633。石刻“齋”字，肥致碑、桐柏淮源庙碑。《示部》：“，戒，洁也。从示，齊省声。側皆切。，籀文齋从䙴省。䙴音禱。”（8页）段玉裁注①：“《祭统》曰：斋之为言齐也，齐不齐以致齐者也。”“齋”字简化作“斋”。

4.【常】“臍（齎）”字，《肉部》：“，朓齎也。从肉齊声。徂兮切。”（87页）“臍”字简化作“脐”。

5.【常A】“薺”字，《艸部》：“，蒺棃也。从艸齊声。疾咨切。又徂礼切。”（19页）“薺”字简化作“荠”。

6.【常】石刻“劑”字，慈庆志。《刀部》：“，齐也。从刀从齊，齊亦声。在詣切。”（92页）“劑”字简化作“剂”。

7.【常】石刻“擠”字，石经五经。《手部》：“，排也。从手齊声。子計切。”（251页）“擠”字简化作“挤”。

“七”组

0.【常】甲骨文“七”字，合11500正。金文“七”字，西周05.2822。简帛“七”字，日乙26。石刻“七”字，董希令志。《七部》：“，阳之正也。从一，微阴从中衺出也。親吉切。”（307页）《甲骨文字诂林》②：“丁山：‘七古通作十者，刌物为二自中切断之象也。考其初形，七即切字。”《金文形义通解》③：“晚周文字‘十’字之圆点简变为短横，有与‘七’相淆之势。战国文字或以横画之短长为‘十’‘七’之别。……‘七’字信阳楚简作ㄝ，赵器易县今饰件作ㄝ，开屈竖笔之末以誌别之先河。”

1.0【常】简帛“切”字，奏谳书164。石刻“切”字，元诱志、

① （清）段玉裁：《说文解字注》，上海古籍出版社，2000，3页。

② 于省吾主编：《甲骨文字诂林》，中华书局，1999，3578页。

③ 张世超等：《金文形义通解》，中文出版社，1996，3384页。

石经周易。《刀部》:“，刌也。从刀七声。千結切。”（91页）

1.1【常】石刻“砌”字，修定寺记碑。《石部》:“，阶甃也。从石切声。千計切。”（196页）

2.【常B】简帛“叱”字，银贰2117。石刻“叱”字，元侔志。《口部》:“，诃也。从口七声。昌栗切。”（33页）

3.【常A】石刻“柒”字，娄黑女志，从木从水七声，《说文》无。

“奇”组

0.【常】简帛“奇”字，金关T23：657。石刻“奇”字，元珍志。《可部》:“，异也。一曰不耦。从大从可。渠羈切。”（101页）

1.【常】石刻“騎”字，梁嗣鼎志。《馬部》:“，跨马也。从馬奇声。渠羈切。”（200页）“騎”字简化作“骑”。

2.【常】“畸”字，《田部》:“，残田也。从田奇声。居宜切。”（290页）段玉裁注①：“残田者，余田不整齐者也。”

3.【常】简帛“寄”字，日乙42。石刻“寄”字，元斑志。《宀部》:“，託也。从宀奇声。居義切。”（151页）

4.【常B】石刻“綺”字，元顼志。《糸部》:“，文缯也。从糸奇声。祛彼切。”（273页）“綺”字简化作“绮”。

5.0 石刻“猗”字，檀宾志。《犬部》:“，辖犬也。从犬奇声。於离切。”（204页）

5.1【常B】石刻“漪”字，丘哲志，从水猗声，《说文》无。

6.【常】简帛“椅”字，仓颉篇43。石刻“椅”字，契苾夫人志。《木部》:“，梓也。从木奇声。於离切。”（115页）《说文通训定声》②：“按：梓属。”

7.【常】简帛“倚”字，银壹899。石刻“倚”字，元子正志。《人部》:“，依也。从人奇声。於綺切。”（164页）

8.【常B】石刻“旖”字，石经五经。《㫃部》:“，旗旖施也。从㫃奇声。於离切。”（140页）

9.【常B】石刻“攲”字，李显族造像。《支部》:“，持去也。从支奇声。去奇切。”（65页）

10.【常】石刻“崎”字，杜文雍造像，从山奇声，《说文》无。

① （清）段玉裁:《说文解字注》，上海古籍出版社，2000，695页。
② （清）朱骏声:《说文通训定声》，武汉古籍书店，1983，490页。

“斳”组

0.“斳”字，从單从斤，《说文》无。

1.【常B】石刻“蘄”字，蘄石经五经。《艸部》：“蘄，艸也。从艸斳声。江夏有蘄春亭。渠支切。”（17页）“蘄”字简化作“蕲”。

“启”组

0.【常】甲骨文“启”字，启合集9339。《口部》：“启，开也。从户从口。康禮切。”（32页）

1.【常】甲骨文“啟”字，啟合20957、啟合36518、啟合4113、啟合16419。简帛“啟”字，啟日甲《盗者》75。石刻“啟”字，啟尧遵志、啓石经五经。《攴部》：“啟，教也。从攴启声。康礼切。”（67页）《甲骨文字诂林》[①]：“《说文》训启为开，训啓为教，训晵为‘雨而昼姓’，典籍则通作啓。……启字象以手开户，孳乳为啟。……启或啓本有开义，故引申为晴。……按：甲骨文的基本形体作启，变体作启，亦或作啟，其后又增形符日作晵或晵。小篆演化为启、啓、晵三字。”《金文形义通解》[②]：“甲文或从口作啟，古人穴居，口象户内之地穴。……战国文字‘啓’讹从攴，或从殳。”“啟”字简化作“启”。

“气”组

0.【常】甲骨文“气”字，三合22659。金文“气”字，气西周08.4261、气春秋15.9729。简帛“气”字，气法律答问115。石刻“气”字，气皮演志。《气部》：“气，云气也。象形。去既切。”（14页）《甲骨文字诂林》[③]：“于省吾：‘甲骨文之三即今气字，俗作乞。……就东周以来之气字加以推考，以其与三字易溷，故一变作气，取其左右对称，故再变作气。’”

1.0【常】石刻“乞”字，乞张景造土牛碑、乞惠静志，为“气”字省写，《说文》无。

1.1【常】石刻“汽”字，汽石经五经。《水部》：“汽，水涸也。或曰泣下。从水气声。許訖切。”（235页）

---

① 于省吾主编：《甲骨文字诂林》，中华书局，1999，2081页。

② 张世超等：《金文形义通解》，中文出版社，1996，711页。

③ 于省吾主编：《甲骨文字诂林》，中华书局，1999，3374页。

1.2【常】“吃”字，《口部》：“吃，言蹇难也。从口气声。居乙切。”（33页）

1.3【常】石刻“迄”字，迄建宁三年残碑、迄李清禅志。《辵部》：“迄，至也。从辵气声。許訖切。”（42页）

1.4【常】石刻“屹”字，屹贾政志，从山乞声，《说文》无。

1.5【常】“疙”字暂未见唐以前相关古文字形，从疒乞声，《说文》无。

“咠”组

0.“咠”字暂未见唐以前、小篆外其他相关古文字形。《口部》：“咠，聂语也。从口从耳。七入切。”（32页）《说文通训定声》[①]：“从口附耳会意。”“咠”字音qì。

1.【常B】石刻“葺”字，葺石经五经。《艸部》：“葺，茨也。从艸咠声。七入切。”（24页）

2.【常】石刻“揖”字，揖曹全碑。《手部》：“揖，攘也。从手咠声。一曰手箸胸曰揖。伊入切。”（251页）

3.【常】石刻“輯”字，輯石经五经。《車部》：“輯，车和辑也。从車咠声。秦入切。”（301页）段玉裁注[②]：“车舆也。各本作车和辑也，大误，今正。”“輯”字简化作“辑”。

4.【常B】简帛“楫”字，楫仓颉篇58。石刻“楫”字，楫石经五经。《木部》：“楫，舟櫂也。从木咠声。子葉切。”（124页）

5.【常】石刻“緝”字，緝元寿安志。《糸部》：“緝，绩也。从糸咠声。七入切。”（277页）“緝”字简化作“缉”。

“西”组

0.【常】“棲”是“西”字或体，简化作“栖”。甲骨文“西”字，西合22294、西合1672。金文“西”字，西商05.2694、西西周08.4289.1。简帛“西（棲）”字，西日甲16、棲秦律杂抄35。石刻“西（棲）”字，西多宝塔碑、棲石经五经、栖刘渊志。《西部》：“西，鸟在巢上。象形。日在西方而鸟棲，故因以为东西之西。先稽切。棲，西或从木、妻。卤，古

---

① （清）朱骏声：《说文通训定声》，武汉古籍书店，1983，106页。

② （清）段玉裁：《说文解字注》，上海古籍出版社，2000，721页。

文西。卤，籀文西。”（247 页）《甲骨文字诂林》[①]：“按：西作形者，乃‘甾’字。……卜辞‘西’字来源有二：一为‘甾’，一为‘囟’。”

1.0 简帛“垔”字，引书 8。石刻“垔”字，张之绪妻志。《土部》：“，塞也。从土西声。於真切。，古文垔。”（288 页）

1.1【常 B】石刻“湮”字，元弼志。《水部》：“，没也。从水垔声。於真切。”（233 页）

1.2【常 B】石刻“堙”字，柳昱志、石经五经，从土垔声，《说文》无。

“希”组

0.【常】金文“希”字，秦文字编 1258。简帛“希”字，日甲《盗者》71。石刻“希”字，元谭妻司马氏志、石经尚书。《说文》无。

1.【常】简帛“稀”字，仓颉篇 20。石刻“稀”字，石经五经。《禾部》：“，疏也。从禾希声。香依切。”（144 页）

2.【常 B】石刻“晞”字，胡明相志。《日部》：“，乾也。从日希声。香衣切。”（139 页）

“奚”组

0.【常 B】甲骨文“奚”字，合 19770、村中南 319、合 32524、合 33573、合 19773。金文“奚”字，商 14.9102.1。简帛“奚”字，金关 T08：089A。石刻“奚”字，慈庆志。《大部》：“，大腹也。从大，𦃃省声。𦃃，籀文系字。胡雞切。”（215 页）《甲骨文字诂林》[②]：“于省吾：‘象以手提持发辫之形。奚在商周时代，是各种奴隶类型中的一种带有发辫者。’”

1.【常】“鷄”是“雞”字籀文，简化作“鸡”。甲骨文“鷄”字，合 13342、合 29033。简帛“雞”字，金关 T24：096。石刻“鷄（雞）”字，口伯超志、孟孝敏妻志。《隹部》：“，知时畜也。从隹奚声。古兮切。，籀文雞从鳥。”（76 页）《甲骨文字诂林》[③]：“按：卜辞雞

① 于省吾主编：《甲骨文字诂林》，中华书局，1999，1033 页。

② 于省吾主编：《甲骨文字诂林》，中华书局，1999，3188 页。

③ 于省吾主编：《甲骨文字诂林》，中华书局，1999，3191 页。

字皆用作地名，均从奚声，无一例外。其形符或为鳥，或为隹，亦有罗振玉谓为雞形者。”

2.【常】“溪”是“谿”字或体。简帛“谿”字，津关令523、仓颉篇4。石刻“谿”字，靖彻志。《谷部》：“，山渎无所通者。从谷奚声。苦兮切。”（240页）简帛“溪”字，包山文182、马壹254_38。石刻“溪”字，步孤须蜜多志。

“析”组

0.【常】甲骨文“析”字，英1288、合9594。金文“析”字，西周08.4262.2。简帛“析”字，马贰32_5。石刻“析”字，石经五经。《木部》：“，破木也。一曰折也。从木从斤。先激切。”（125页）《甲骨文字诂林》[①]：“按：甲骨文析字从木从斤与小篆同，以斤分木，即破木之义。”

1.【常B】简帛“皙”字，第八层550。石刻“皙”字，石经五经。《白部》：“，人色白也。从白析声。先擊切。”（160页）

2.【常B】石刻“淅”字，石经五经。《水部》：“，汏米也。从水析声。先擊切。”（235页）

3.【常】石刻“晰”字，北狱庙碑，从日析声，《说文》无。

“悉”组

0.【常】简帛“悉”字，奏谳书222、东牌楼043。石刻“悉”字，冯会志。《釆部》：“，详尽也。从心从釆。息七切。，古文悉。”（28页）段玉裁注[②]：“古文悉，此亦会意，从心囧，囧者，窗牖丽廔闿明也。”

1.【常】“蟋”字，《虫部》：“，蟋蟹也。从虫悉声。息七切。”（283页）

2.【常B】“窸”字暂未见唐以前相关古文字形，从穴悉声，《说文》无。

“习”组

0.【常】甲骨文“習”字，怀1393、合39441。简帛“習”字，为吏40、东牌楼035。石刻“習”字，高珪志。《習部》：“，数飞也。

① 于省吾主编：《甲骨文字诂林》，中华书局，1999，1372页。

② （清）段玉裁：《说文解字注》，上海古籍出版社，2000，50页。

从羽从白。似入切。”（74 页）《甲骨文字诂林》[①]：“唐兰：习字当从日声，今彗字也。……按：今据甲骨文，则习字当从彗，从日，彗亦声。《说文》彗之古文作，足证彗与习形同声通。唐兰之说是对的。至于说解习之本义，则未免迂曲，只能存疑。”“習”字简化作“习”。

1.【常 B】“熠”字暂未见唐以前、小篆外其他相关古文字形。《火部》：“，盛光也。从火習声。羊入切。”（209 页）

2.【常 B】石刻“褶”字，感孝颂（从巾），从衣習声，《说文》无。

“夕”组

0.【常】甲骨文“夕”字，合 33709、合 17056。金文“夕”字，西周 05.2554、西周 05.2614、西周 08.4224。简帛“夕”字，日乙 26。石刻“夕”字，元诠志。《夕部》：“，莫也。从月半见。祥易切。”（142 页）《甲骨文字诂林》[②]：“按：林义光《文源》云：‘月半见非夕义，古外字霸字或从夕或从月，夕月初本同字。……后分为二音，始于中加一画为别，而加画者乃用为本义之月，象月形者反用为引申义之夕。’卜辞凡月夕见于同版者，从不相混。”

1.【常 B】简帛“汐”字，马 . 合阴阳。石刻“汐”字，李寿志，从水夕声。《说文》无。

“昔”组

0.【常】甲骨文“昔”字，怀 1004、合 36317。金文“昔”字，西周 05.2820、春秋 05.2675。简帛“昔”字，引书 13、东牌楼 035、甲《少牢》10。石刻“昔”字，高盛碑。《日部》：“，干肉也。从残肉，日以晞之。与俎同意。思積切。，籀文从肉。”（139 页）《甲骨文字诂林》[③]：“叶玉森：‘籀文乃腊字，古必先有昔，乃孳乳腊。契文昔作、，从、，乃象洪水，即古巛字。从日，古人殆不忘洪水之巛，故制昔字取谊于洪水之日。’”

1.0 甲骨文“耤”字，合 8、合 14 正、合 9503。简帛“耤”字，为吏 2。石刻“耤”字，石经五经。《耒部》：“，帝耤千亩也。古者

① 于省吾主编：《甲骨文字诂林》，中华书局，1999，1852 页。
② 于省吾主编：《甲骨文字诂林》，中华书局，1999，1120 页。
③ 于省吾主编：《甲骨文字诂林》，中华书局，1999，1104 页。

使民如借，故谓之耤。从耒昔声。秦昔切。”（93 页）

1.1【常】简帛“籍”字，奏谳书 140。石刻“籍”字，石经五经。《竹部》：“，簿书也。从竹耤声。秦昔切。”（95 页）

1.2【常】简帛“藉”字，识劫案 126、金关 T07：049。石刻“藉”字，于纂志。《艸部》：“，祭藉也。一曰艸不编，狼藉。从艸耤声。慈夜切。又秦昔切。”（24 页）《说文通训定声》[1]：“按：藉之为言席也。”

2.【常】简帛“措”字，甲《特牲》14。石刻“措”字，石台孝经。《手部》：“，置也。从手昔声。倉故切。”（252 页）

3.0【常】“鵲”字同“舄”，简化作“鹊”。金文“舄（舄）”字，西周 08.4316、西周 15.9723.1、西周 05.2816、西周 09.4467.2。简帛“舄（舄）”字，仓颉篇 27。石刻“舄（舄）”字，郑中基志、石经五经。《烏部》：“，䧿也。象形。七雀切。，篆文舄从隹、昔。”（82 页）《说文通训定声》[2]：“今谓之喜鹊。”

3.10【常】简帛“寫”字，秦律十八种 186、金关 T24：141。石刻“寫”字，石经五经。《宀部》：“，置物也。从宀舄声。悉也切。”（151 页）《说文通训定声》[3]：“俗字亦作瀉。”“寫”字简化作“写”。

3.11【常】石刻“瀉”字，姬温志，从水寫声，简化作“泻”，《说文》无。

4.【常】石刻“错”字，石经尚书。《金部》：“，金涂也。从金昔声。倉各切。”（295 页）“錯”字简化作“错”。

5.【常B】简帛“厝”字，金关 T29：100。石刻“厝”字，寇臻志。《厂部》：“，厉石也。从厂昔声。倉各切。又七互切。”（194 页）

6.【常】简帛“借”字，敦煌简 0177。石刻“借”字，杨执一志。《人部》：“，假也。从人昔声。資昔切。”（165 页）

7.【常】石刻“惜”字，元信志。《心部》：“，痛也。从心昔声。思積切。”（222 页）

8.【常】石刻“醋”字，石经五经。《酉部》：“，客酌主人也。从酉昔声。在各切。”（312 页）

---

[1]（清）朱骏声：《说文通训定声》，武汉古籍书店，1983，464 页。

[2]（清）朱骏声：《说文通训定声》，武汉古籍书店，1983，464 页。

[3]（清）朱骏声：《说文通训定声》，武汉古籍书店，1983，465 页。

“喜”组

0.【常】甲骨文“喜”字，合36482、合24336。金文“喜”字，西周01.246、西周07.3838。简帛“喜”字，引书107。石刻“喜”字，石经尚书。《喜部》：“喜，乐也。从壴从口。虚里切。歖，古文喜从欠，与欢同。”（101页）《金文形义通解》[①]：“朱骏声：‘闻乐则乐，故从壴；喜形于谭笑，故从口。’所言当是。……张日昇曰：‘《说文》从壴从口不误。壴为鼓之初文，从口会意，鼓乐节歌也。’”

1.【常B】甲骨文“熹”字，合15667。石刻“熹”字，临辟雍碑。《火部》：“熹，炙也。从火喜声。許其切。”（208页）《甲骨文字诂林》[②]：“唐兰：‘商承祚谓从喜省声，非是。古从壴之字，后世多从喜，非先从喜而后省为壴也。’”

2.【常】甲骨文“嬉”字，合集2726反。石刻“嬉”字，尹尊师碑，从女喜声，《说文》无。

3.【常】石刻“嘻”字，石经周易，从口喜声，《说文》无。

“㠯”组

0. 石刻“㠯”字，石经五经。《白部》：“㠯，际见之白也。从白，上下小见。起戟切。”（161页）《说文通训定声》[③]：“上下小皃。按：会意。际见之光一线而已。”“㠯”字音xì。

1.【常】石刻“隙”字，元彦志、叔孙固志。《𨸏部》：“隙，壁际孔也。从𨸏从㠯，㠯亦声。綺戟切。”（306页）

“衣”组

0.【常】金文“衣”字，西周05.2837。简帛“衣”字，日甲《衣》119、敦煌简0243。石刻“衣”字，黄庭经。《衣部》：“衣，依也。上曰衣，下曰裳。象覆二人之形。於稀切。”（170页）《金文形义通解》[④]：“林义光曰：‘象领、襟、袖之形。’许慎解字‘象覆二人之形’，大误。”

1.【常】甲骨文“依”字，合集13421。简帛“依”字，秦律

① 张世超等：《金文形义通解》，中文出版社，1996，1154页。

② 于省吾主编：《甲骨文字诂林》，中华书局，1999，2780页。

③（清）朱骏声：《说文通训定声》，武汉古籍书店，1983，471页。

④ 张世超等：《金文形义通解》，中文出版社，1996，2074页。

十八种198。石刻“依”字，依石经尚书。《人部》：“㑊，倚也。从人衣声。於稀切。”（164页）《甲骨文字诂林》[①]：“李孝定：‘字象人体著衣之形。’”

2.【常】金文“哀”字，𢘅战国16.10478A（从心）。简帛“哀”字，哀日书甲种《诘》63。石刻“哀”字，哀立朝等字残碑。《口部》：“哀，闵也。从口衣声。烏開切。”（34页）

3.【常B】石刻“裔”字，裔王基断碑。《衣部》：“裔，衣裾也。从衣冏声。余制切。㐫，古文裔。”（171页）

4.【常B】“銥”字暂未见唐以前相关古文字形，从金衣声，简化作“铱”，《说文》无。

“医”组

0. 甲骨文“医”字，医合37468、医合37468。《匚部》：“医，盛弓弩矢器也。从匚从矢。於計切。”（267页）“医”字音yì。

1.0 金文“殹”字，殹西周08.4262.2。简帛“殹”字，殹效律18。石刻“殹”字，殹石经五经。《殳部》：“殹，击中声也。从殳医声。於計切。”（66页）

1.1【常】石刻“醫”字，醫石经五经。《酉部》：“醫，治病工也。殹，恶姿也；医之性然。得酒而使，从酉。王育说。一曰殹，病声。酒所以治病也。《周礼》有医酒。古者巫彭初作医。於其切。”（313页）“醫”字简化作“医”。

1.2【常B】石刻“翳”字，翳石经五经。《羽部》：“翳，华盖也。从羽殹声。於計切。”（75页）

“夷”组

0.【常】甲骨文“夷”字，夷合17027反。金文“夷”字，夷西周05.2805、夷春秋05.2644。简帛“夷”字，夷第八层160。石刻“夷”字，夷石经五经、夷碧落碑。《大部》：“夷，平也。从大从弓。东方之人也。以脂切。”（213页）《金文形义通解》[②]：“金文不从大、弓，吴其昌谓字‘乃一矢形，象有缴韦之属缚束之也。’古‘夷’‘弟’同字，《说文》于弟字

① 于省吾主编：《甲骨文字诂林》，中华书局，1999，1911页。

② 张世超等：《金文形义通解》，中文出版社，1996，2468页。

云“韦束之次弟也”，韦所束其为何物乎？则矢是也。’可为一说。”

1.【常】石刻“姨”字，姨娄黑女志。《女部》：“姨，妻之女弟同出为姨。从女夷声。以脂切。”（259 页）

2.【常 B】“咦”字暂未见唐以前、小篆外其他相关古文字形。《口部》：“咦，南阳谓大呼曰咦。从口夷声。以之切。”（31 页）

3.【常 A】“胰”字暂未见唐以前相关古文字形，从肉夷声，《说文》无。

“宜”组

0.【常】甲骨文“宜（宐）”字，宜花东 394。金文“宜（宐）”字，宜商 05.2694、宜文物 94.4、宜战国 16.10407、宜战国 18.11474A。简帛“宜（宐）”字，宜日甲 23。石刻“宜（宐）”字，宜石经尚书、宜石经五经。《宀部》：“宜，所安也。从宀之下，一之上，多省声。魚羈切。宜，古文宜。宜，亦古文宜。”（151 页）《说文通训定声》[①]：“俗字作宜。”《甲骨文字诂林》[②]：“容庚：‘象置肉于且上之形，疑与俎为一字。’按：古‘俎’‘宜’同字。……‘宜’乃后起孳乳字。”

1.【常】简帛“誼（谊）”字，誼金关 T21：059。石刻“誼（谊）”字，誼石经尚书。《言部》：“誼，人所宜也。从言从宜，宜亦声。儀寄切。”（53 页）“誼”字简化作“谊”。

“𦣝”组

0.【常 B】“頤”是“𦣝”字篆文，简化作“颐”。简帛“頤”字，頤引书 83。石刻“頤”字，頤石经周易。《𦣝部》：“𦣝，顧也，象形。與之切。頤，籀文从首。頤，篆文𦣝。”（250 页）《金文形义通解》[③]：“于省吾曰：‘甲骨文无𦣝字，而有从𦣝之字。……按：𦣝本象梳比之形。……比今通作篦。……罗氏殷虚古器物图录第二十三图为骨制之梳比，作𦣝形，其中一齿一折。’金文‘𦣝’字仅数见，而姬字甚多，其声符‘𦣝’自西周已渐讹，其后讹变纷繁。”

1. 甲骨文“姬”字，姬合 34217、姬合 35364。金文“姬”字，姬西周

① （清）朱骏声：《说文通训定声》，武汉古籍书店，1983，485 页。

② 于省吾主编：《甲骨文字诂林》，中华书局，1999，3326 页。

③ 张世超等：《金文形义通解》，中文出版社，1996，2792 页。

04.2147、西周 08.4288.1、西周 07.3946。石刻“姬”字，元继志。《女部》：“姬，黄帝居姬水，以为姓。从女𦣞声。居之切。”（258 页）

“乚”组

0. “乚”字暂未见唐以前、小篆外其他相关古文字形。《乚部》：“乚，玄鸟也。齐鲁谓之乚。取其鸣自呼。象形。烏轄切。鳦，乙或从鳥。”（246 页）“乚”字音 yǐ。

1.【常】石刻“軋”字，边诚夫人志。《車部》：“軋，輾也。从車乙声。烏轄切。”（302 页）“軋”字简化作“轧”。

“乙”组

0.【常】甲骨文“乙”字，合 19851。金文“乙”字，商 03.476、战国 04.2293.1。简帛“乙”字，封诊式 42、敦煌简 0770。石刻“乙”字，石经周易。《乙部》：“乙，象春艸木冤曲而出，阴气尚彊，其出乙乙也。與丨同意。乙承甲，象人颈。於筆切。”（308 页）《甲骨文字诂林》[①]：“按:《说文》以‘乙’为‘象春艸木冤曲而出’，又以为‘象人颈’，《尔雅》谓象鱼肠，皆难以为据。……吴其昌谓‘乙象刀形’，更属傅会。……李孝定‘疑甲乙字与许书训流之乁实为一字’，训抴之厂与训流之乁亦实为一字。音读各殊，乃后世区别之文。凡此均徒滋纷乱，不足以解释‘乙’之初形，只能存疑待考。”

1.0【常 B】金文“戹”字，西周 08.4302。简帛“戹”字，法律答问 179。石刻“厄（戹）”字，刘璿等造像、石经五经。《户部》：“戹，隘也。从户乙声。於革切。”（247 页）《说文通训定声》[②]：“字亦作厄。”

1.1【常 B】简帛“扼”字，语书 11。石刻“扼（搹）”字，、石经五经。《手部》：“搹，把也。从手鬲声。於革切。扼，搹或从戹。”（252 页）《说文通训定声》[③]：“字亦作扼。”

1.2【常 B】“呃”字暂未见唐以前相关古文字形，从口厄声，《说文》无。

2.0【常 B】简帛“札”字，效律 41。石刻“札”字，权奉常

① 于省吾主编:《甲骨文字诂林》，中华书局，1999，1181 页。

② （清）朱骏声:《说文通训定声》，武汉古籍书店，1983，632 页。

③ （清）朱骏声:《说文通训定声》，武汉古籍书店，1983，535 页。

志。《木部》:“札，牒也。从木乙声。侧八切。”（124 页）

2.1【常】“扎”是俗“紥”字。石刻“扎”字，扎崔猷志，从手札省声，《说文》无。

“以”组

0.【常】甲骨文“以”字，合 21284、合 36524、合 26992。金文“以”字，商 11.5935、春秋 16.10008.2。简帛“以”字，第六层 19、脉书 52。石刻“以（目）”字，北海相景君碑、石经尚书。《巳部》:“目，用也。从反巳。贾侍中说：巳，意巳实也。象形。羊止切。”（311 页）《说文通训定声》[①]：“隶亦作目、作以。”《甲骨文字诂林》[②]：“王贵民：‘字……像人提携一物。’‘目字在甲骨文第三期出现作，它是由第一期的字简化来的。……小篆则作目。’‘不是耜的象形字，而是作耜字的声旁，语源为剌即剌地启土之意。’按：甲骨文、同字，即之简省。”《金文形义通解》[③]：“秦封宗邑瓦书字作，秦简文字作若，……据较早之瓦书文字，所从之‘目’‘人’乃为二体，则‘以’当为从‘人’，‘目’声字，‘人’乃后增之义符。”

1.0 金文“台”字，春秋 05.2782。简帛“台”字，马壹 267_2。石刻“台”字，北海相景君碑。《口部》:“台，说也。从口目声。與之切。”（32 页）段玉裁注[④]：“台、说者，今之怡、悦字。”《金文形义通解》[⑤]：“陈梦家曰：‘台者以之孳乳字也，东周金文始增口为台。’”“台”字音 yí。

1.1【常】金文“始”字，西周 05.2827、西周 07.4088、西周 15.9646.1。简帛“始”字，算数书 40。石刻“始”字，石经周易。《女部》:“始，女之初也。从女台声。詩止切。”（260 页）《金文形义通解》[⑥]：“金文‘始’字皆为从女之形声字，而其声符繁简不一。其繁者从声……司声或台声，至简者从目声。”

1.2【常】金文“怠”字，战国 18.12112。简帛“怠”字，银贰 1039、东牌楼 055。石刻“怠”字，马寿志。《心部》:“怠，慢也。从

---

① （清）朱骏声:《说文通训定声》，武汉古籍书店，1983，170 页。

② 于省吾主编:《甲骨文字诂林》，中华书局，1999，57 页。

③ 张世超等:《金文形义通解》，中文出版社，1996，3477 页。

④ （清）段玉裁:《说文解字注》，上海古籍出版社，2000，58 页。

⑤ 张世超等:《金文形义通解》，中文出版社，1996，175 页。

⑥ 张世超等:《金文形义通解》，中文出版社，1996，2864 页。

心台声。徒亥切。”（220页）《金文形义通解》[1]：“金文从心……㠯声，古‘台’‘㠯’同音通作。”

1.3【常A】金文“冶”字，文物95.7、战国18.11545。简帛“冶”字，病方372。石刻“冶”字，邓夫人志。《仌部》：“冶，销也。从仌台声。羊者切。”（240页）《金文形义通解》[2]：“金文‘冶’字较早见于春秋彝铭，从、从刀、从口。战国器铭此字形体变化颇多，然其要以增从‘火’而成之、刀、口、火四符为基础衍变。……象两金饼状……从火，冶铸靠火，……从刀，又常繁写为‘刃’，个别换成‘斤’代替，皆表冶铸最后成器。从口，应表铸器之范。……篆文省‘火’，所从之讹为‘仌’，‘刀’讹为‘㠯’。”

1.4【常】简帛“治”字，秦律十八种14、第八层492。石刻“治”字，石经尚书。《水部》：“治，水，出东莱曲城阳丘山，南入海。从水台声。直之切。”（227页）

1.5【常B】简帛“殆”字，银贰1680。石刻“殆”字，广阳元湛志。《歺部》：“殆，危也。从歺台声。徒亥切。”（85页）

1.6【常B】“佁”字，《人部》：“佁，痴皃。从人台声。读若騃。夷在切。”（166页）

1.7【常B】金文“飴”字，西周08.4195.1。简帛“飴”字，马壹137_62。石刻“飴”字，苗君妻刘志。《食部》：“飴，米糱煎也。从食台声。與之切。，籀文飴从異省。”（107页）“飴”字简化作“饴”。

1.8【常B】简帛“笞”字，贼律39。石刻“笞”字，崔芑合祔志。《竹部》：“笞，击也。从竹台声。丑之切。”（98页）

1.9【常】石刻“怡”字，元瞻志。《心部》：“怡，和也。从心台声。與之切。”（218页）

1.（10）【常】石刻“胎”字，王偃志。《肉部》：“胎，妇孕三月也。从肉台声。土來切。”（87页）

1.（11）【常】石刻“貽”字，元仲英志。《貝部》：“貽，赠遗也。从貝台声。经典通用诒。與之切。”（131页）“貽”字简化作“贻”。

1.（12）【常】简帛“苔”字，西.医药。石刻“苔”字，元昉志、张顺志，从艸台声，《说文》无。

2.0【常】简帛“矣”字，语书3、第八层594。石刻“矣”字，朝侯小子碑。《矢部》：“矣，语已词也。从矢以声。于已切。”（110页）

① 张世超等:《金文形义通解》，中文出版社，1996，2546页。

② 张世超等:《金文形义通解》，中文出版社，1996，2675页。

2.1【常】简帛“埃”字，仓颉篇16。石刻“埃”字，赵充华志。《土部》：“埃，尘也。从土矣声。烏開切。”（289页）

2.2【常B】简帛“俟”字，敦煌简0174、仪礼甲《士相见之礼》13。石刻“俟”字，高百年志。《人部》：“俟，大也。从人矣声。牀史切。”（162页）段玉裁注①：“此俟之本义也，自经传假为竢字，而俟之本义废矣。”

2.3【常B】石刻“涘”字，石经五经。《水部》：“涘，水厓也。从水矣声。牀史切。”（232页）

2.4【常】“唉”字暂未见唐以前、小篆外其他相关古文字形。《口部》：“唉，譍也。从口矣声。读若埃。烏開切。”（32页）

2.5【常】“挨”字暂未见唐以前、小篆外其他相关古文字形。《手部》：“挨，击背也。从手矣声。於騃切。”（256页）

3.【常】简帛“似（佀）”字，马壹146_47、敦煌简2173。石刻“似（佀）”字，斛律氏志、朱行志。《人部》：“佀，象也。从人㠯声。詳里切。”（165页）

“邑”组

0.【常】甲骨文“邑”字，合20495。金文“邑”字，商12.6463。简帛“邑”字，秦律十八种5、敦煌简2309A。石刻“邑”字，石经周易。《邑部》：“邑，国也。从囗；先王之制，尊卑有大小，从卪。於汲切。”（131页）《甲骨文字诂林》②：“罗振玉：‘案：凡许书所谓卪字，考之卜辞及古金文，皆作，象人跽形。邑为人所居，故从囗从人。’”

1.【常B】石刻“浥”字，石经五经。《水部》：“浥，溼也。从水邑声。於及切。”（232页）

“异”组

0.【常】甲骨文“異”字，合27349。金文“異”字，西周05.2760。简帛“異”字，秦律十八种65。石刻“異”字，斛律氏志、石经九经。《異部》：“異，分也。从廾从畀。畀，予也。羊吏切。”（59

① （清）段玉裁：《说文解字注》，上海古籍出版社，2000，369页。

② 于省吾主编：《甲骨文字诂林》，中华书局，1999，343页。

页)《甲骨文字诂林》[①]："按：甲骨文異字象人首戴物之形，实为'从異𢦏声'之'戴'之初文。""異"字简化作"异"。

1.0【常】金文"冀"字，西周06.3686。石刻"冀"字，石经九经。《北部》："，北方州也。从北異声。几利切。"(169页)

1.1【常B】石刻"驥"字，尔朱袭志。《馬部》："，千里马也，孙阳所相者。从馬冀声。天水有驥县。几利切。"(199页)"驥"字简化作"骥"。

2.【常】"翼"是"䎀"字篆文。甲骨文"翼"字，合1248正、合24502。金文"翼"字，商10.5414.1。石刻"翼"字，石经周易。《飛部》："，翄也。从飛異声。與職切。，篆文䎀从羽。"(245页)

"厂"组

0."厂"字暂未见唐以前、小篆外其他相关古文字形。《厂部》："，抴也。明也。象抴引之形。虒字从此。余制切。"(265页)"厂"字音yì。

1.0 甲骨文"虒"字，屯4330。简帛"虒"字，日甲《吏》159。石刻"虒"字，石经五经。《虎部》："，委虒，虎之有角者也。从虎厂声。息移切。"(103页)"虒"字音sī。

1.1【常】石刻"遞"字，多宝塔碑。《辵部》："，更易也。从辵虒声。特計切。"(40页)"遞"字简化作"递"。

2.0【常B】简帛"曳"字，马壹148_68。石刻"曳"字，元诲志。《申部》："，臾曳也。从申丿声。余制切。"(311页)《说文通训定声》[②]："按：字亦作拽。"

2.1【常】石刻"拽"字，卢君妻志，从手曳声，《说文》无。

"义"组

0.【常】甲骨文"義"字，合32982、合38762。金文"義"字，西周11.6015。简帛"義"字，为吏11、奏谳书154。石刻"義"字，娄黑女志。《我部》："，己之威仪也。从我、羊。宜寄切。，《墨翟书》义从弗。魏郡有羛阳乡，读若锜。今属邺，本内黄北二十里。"(267

① 于省吾主编：《甲骨文字诂林》，中华书局，1999，285页。

② （清）朱骏声：《说文通训定声》，武汉古籍书店，1983，565页。

页）《甲骨文字诂林》[①]："按：当从羊我声。"《金文形义通解》[②]："《墨翟书》'义'从弗作羛者，'弗'即'我'之讹形。""義"字简化作"义"。

1.0 石刻"羲"字，元项志。《兮部》："，气也。从兮義声。許羈切。"（101 页）

1.1【常】石刻"犧"字，石经五经。《牛部》："，宗廟之牲也。从牛羲声。贾侍中说：此非古字。許羈切。"（30 页）"犧"字简化作"牺"。

1.2【常 B】石刻"曦"字，元显儁志，从日羲声，《说文》无。

2.【常】金文"議"字，战国 17.11350.1。石刻"議"字，曹全碑、杨会志。《言部》："，语也。从言義声。宜寄切。"（52 页）"議"字简化作"议"。

3.【常】石刻"儀"字，斛律氏志。《人部》："，度也。从人義声。魚羈切。"（165 页）"儀"字简化作"仪"。

4.【常】石刻"蟻"字，石经尚书，从虫義声，简化作"蚁"，《说文》无。

"睪"组

0. 金文"睪"字，战国 02.289.5A。石刻"睪"字，石经五经。《㚔部》："，目视也。从横目，从㚔。令吏將目捕罪人也。羊益切。"（214 页）"睪"字音 yì。

1.【常】甲骨文"釋"字，合 5922、合 5923。石刻"釋"字，元纂志。《釆部》："，解也。从釆；釆，取其分别物也。从睪声。賞職切。"（28 页）"釋"字简化作"释"。

2.【常 B】金文"鐸"字，中原文物 97.4、战国 02.420.1。石刻"鐸"字，元继志。《金部》："，大铃也。军法：五人为伍，五伍为两，两司马执铎。从金睪声。徒洛切。"（297 页）"鐸"字简化作"铎"。

3.【常】甲骨文"擇"字，合 9335、合 126。石刻"擇"字，任显及妻志。《手部》："，柬选也。从手睪声。丈伯切。"（252 页）"擇"字简化作"择"。

4.【常】石刻"繹"字，薛淑志。《糸部》："，抽丝也。从糸睪声。羊益切。"（271 页）"繹"字简化作"绎"。

5.【常】简帛"澤"字，金关 T07：013A。石刻"澤"字，石经

① 于省吾主编：《甲骨文字诂林》，中华书局，1999，2437 页。

② 张世超等：《金文形义通解》，中文出版社，1996，2985 页。

尚书。《水部》："澤，光润也。从水睪声。丈伯切。"（231 页）"澤"字简化作"泽"。

6.【常 B】简帛"驛"字，驛居新 7542。石刻"驛"字，驛冯令华志。《馬部》："驛，置骑也。从馬睪声。羊益切。"（201 页）"驛"字简化作"驿"。

7.【常】"譯"字简化作"译"。《言部》："譯，传译四夷之言者。从言睪声。羊昔切。"（57 页）

"易"组

0.【常】甲骨文"易"字，易合 655 正甲。金文"易"字，易商 07.3975、易铭文选一 447。简帛"易"字，易效律 44。石刻"易"字，易元孟辉志。《易部》："易，蜥易，蝘蜓，守宫也。象形。《秘书》说：日月为易，象阴阳也。一曰从勿。羊益切。"（198 页）

1.【常】金文"錫"字，錫春秋 09.4632、錫西周 07.4101。简帛"錫"字，錫马壹 16_11。石刻"錫"字，錫李寿志。《金部》："錫，银铅之间也。从金易声。先擊切。"（293 页）"錫"字简化作"锡"。

2.【常】石刻"惕"字，惕石经周易。《心部》："惕，敬也。从心易声。他歷切。悐，或从狄。"（223 页）

3.【常】简帛"賜"字，賜第八层 1222、賜金关 T23：619。石刻"賜"字，賜奚真志。《貝部》："賜，予也。从貝易声。斯義切。"（130 页）"賜"字简化作"赐"。

4.【常】石刻"剔"字，剔王士林志。《刀部》："剔，解骨也。从刀易声。他歷切。"（92 页）

5.【常】玺印"踢"字，踢汉印文字征，从足易声，《说文》无。

6.【常 B】"蜴"字暂未见唐以前相关古文字形，从虫易声，《说文》无。

"役"组

0.【常】甲骨文"役"字，役合 33263、役合 34711、役合 34712。简帛"役"字，役第八层 1099。石刻"役"字，役曹全碑。《殳部》："役，戍边也。从殳从彳。營隻切。役，古文役从人。"（66 页）

1.【常 A】简帛"疫"字，疫日甲《诘》40。石刻"疫"字，疫王思讷志。《疒部》："疫，民皆疾也。从疒，役省声。營隻切。"（156 页）

"亦"组

0.【常】甲骨文"亦"字，合 20957、合 24247。金文"亦"字，商 17.10635、西周 05.2724。简帛"亦"字，法律答问 107、东牌楼 044。石刻"亦"字，宋灵妃志。《亦部》："亦，人之臂亦也。从大，象两亦之形。羊益切。"（213 页）《金文形义通解》[①]："从大，象人正立，两点示其腋下。'亦'为'腋'之本字。"

1.0【常】甲骨文"夜"字，H11 : 56。金文"夜"字，西周 16.10175。简帛"夜"字，睡 67。石刻"夜"字，张虔志。《夕部》："夜，舍也。天下休舍也。从夕，亦省声。羊謝切。"（142 页）《金文形义通解》[②]："金文'夜'字或从月，或从夕，无别。所加声符字一侧之指事短画与或借笔共用。"

1.1【常】石刻"液"字，元澄妃志。《水部》："液，盡也。从水夜声。羊益切。"（236 页）

1.2【常 A】简帛"掖"字，日甲《人字》153、金关 T10 : 120A。石刻"掖"字，石经五经。《手部》："掖，以手持人臂投地也。从手夜声。一曰臂下也。羊益切。"（257 页）

1.3【常 A】石刻"腋"字，石经五经，从肉夜声，《说文》无。

2.【常】金文"迹"字，西周 08.4217.2。简帛"迹"字，封诊式 71、癸琐案 5、金关 T23 : 286B。石刻"迹（跡）"字，檀宾志、石经五经。《辵部》："迹，步处也。从辵亦声。資昔切。蹟，或从足、責。速，籀文迹从朿。"（39 页）《金文形义通解》[③]："金文与籀文同，诅楚文亦如此，从辵朿声。"

3.【常 B】简帛"弈"字，第八层 430。石刻"弈"字，尉氏志。《収部》："弈，围棊也。从廾亦声。羊益切。"（59 页）

4.【常】石刻"奕"字，尹宙碑。《大部》："奕，大也。从大亦声。羊益切。"（215 页）

5.0 金文"狄"字，西周 16.10175。石刻"狄"字，石经九经。《犬部》："狄，赤狄，本犬种。狄之为言淫辟也。从犬，亦省声。徒歷切。"（205 页）《金文形义通解》[④]："金文从犬从火，……此字当从赤省声。"

① 张世超等：《金文形义通解》，中文出版社，1996，2359 页。
② 张世超等：《金文形义通解》，中文出版社，1996，1722 页。
③ 张世超等：《金文形义通解》，中文出版社，1996，271 页。
④ 张世超等：《金文形义通解》，中文出版社，1996，2411 页。

5.1【常B】“狝”字暂未见唐以前相关古文字形，从艸狄声，《说文》无。

“豙”组

0. 简帛“豙”字，秦文字编1516。《豕部》：“豙，豕怒毛竖。一曰残艾也。从豕、辛。魚既切。”（197页）《金文形义通解》①：“沈兼士曰：‘余以为从辛与残艾义相因，残艾即杀也。’”“豙”字音yì。

1.【常】金文“毅”字，西周07.4035.1。石刻“毅”字，石经五经。《殳部》：“毅，妄怒也。一曰有决也。从殳豙声。魚既切。”（66页）

“希”组

0. 甲骨文“希”字，合13521正。《希部》：“希，修豪兽。一曰河内名豕也。从彑，下象毛足。读若弟。羊至切。，古文。，籀文。”（197页）“希”字音yì。

1.【常A】“肄”是“肆”字篆文。金文“肆”字，西周05.2837、西周05.2724。简帛“肄”字，马.纵横。石刻“肄”字，、石经五经。《聿部》：“肄，习也。从聿希声。羊至切。，籀文肆。，篆文肆。”（65页）《金文形义通解》②：“金文从希从又从巾，甲骨文作若，不从巾。于省吾曰：‘字象以手刷洗希畜豪毛之形，或从数点者，象水滴之形。金文肆多从巾者，……刷洗之初只从手，继则用巾，此乃人事自然之演进也。’盂鼎字从，乃之讹。”“肆”字音yì。

“益”组

0.【常】甲骨文“益”字，合811正、合26040、花东247、花东53。金文“益”字，西周07.4061、西周08.4267。简帛“益”字，银壹17。石刻“益”字，石经尚书。《皿部》：“益，饶也。从水、皿。皿，益之意也。伊昔切。”（104页）《甲骨文字诂林》③：“罗振玉：‘象皿水益出之状。’按：戴侗《六书故》疑益为溢字是正确的，水在皿上，即溢出之意。”

---

① 张世超等：《金文形义通解》，中文出版社，1996，2359页。

② 张世超等：《金文形义通解》，中文出版社，1996，669页。

③ 于省吾主编：《甲骨文字诂林》，中华书局，1999，2639页。

1.【常】石刻“溢”字，■崔祐甫志。《水部》：“■，器满也。从水益声。夷質切。”（236 页）《说文通训定声》[①]：“按：当为益之或体。”

2.【常】“隘”是“䪞”字籀文。石刻“隘”字，■玄元灵应颂。《𨸏部》：“■，陋也。从𨸏，𦐙声。𦐙，籀文嗌字。烏懈切。■，籀文䪞从𨸏、益。”（307 页）

“啻”组

0. 金文“啻”字，■西周 16.10175。《金文形义通解》[②]：“金文从言，中标■，以示言中之意，为‘意’之本字。”《言部》：“■，快也。从言从中。於力切。”（51 页）“啻”字音 yì。

1.0【常】简帛“意”字，■东牌楼 070。石刻“意”字，■石堂画像石题记。《心部》：“■，志也。从心察言而知意也。从心从音。於記切。”（217 页）《心部》：“■，满也。从心啻声。一曰十万曰意。於力切。■，籀文省。”（218 页）《说文通训定声》[③]：“按：即啻之或体。啻从中犹从心也，快犹满也。”

1.1【常 B】“臆”是“肊”字或体。石刻“臆”字，■王府君志。《肉部》：“■，胸骨也。从肉乙声。於力切。■，肊或从意。”（87 页）

1.2【常 B】石刻“噫”字，■石经尚书。《口部》：“■，饱食息也。从口意声。於介切。”（31 页）

1.3【常】金文“億”字，■西周 16.10175。石刻“億”字，■石经九经。《人部》：“■，安也。从人意声。於力切。”（165 页）《说文通训定声》[④]：“按：此字实亦啻之或体，快、满犹安乐也。”“億”字简化作“亿”。

1.4【常】石刻“憶”字，■掌思明志，从心意声，简化作“忆”，《说文》无。

1.5【常 B】石刻“薏”字，■张审文志，从艸意声，《说文》无。

“弋”组

0.【常 B】甲骨文“弋”字，■合 19946 反、■合 20146。金文“弋”字，■西周 10.5424.1、■春秋 . 三代十二 / 二十七。简帛“弋”字，■日甲

① （清）朱骏声：《说文通训定声》，武汉古籍书店，1983，533 页。

② 张世超等：《金文形义通解》，中文出版社，1996，481 页。

③ （清）朱骏声：《说文通训定声》，武汉古籍书店，1983，180 页。

④ （清）朱骏声：《说文通训定声》，武汉古籍书店，1983，180 页。

《稷从辰》40。石刻“弋”字，元诱志。《厂部》：“，橜也。象折木衺锐著形。从厂，象物挂之也。與職切。”（265 页）

1.0【常】甲骨文“必”字，合 4242、合 19713。金文“必”字，西周 01.181.2。简帛“必”字，为吏 35。石刻“必”字，冯邕妻元氏志。《八部》：“，分极也。从八、弋，弋亦声。卑吉切。”（28 页）段玉裁注[①]：“凡高处谓之极。立表为分判之准，故云分极，引申为词之必然。从八弋，树臬而分也。弋，今字作杙。”《甲骨文字释林》[②]：“甲骨文即必字，亦作祕。”《金文形义通解》[③]：“郭沫若曰：‘必乃柲之本字，……从木作之柲字，则后起字也。’裘锡圭……释一、二期甲文所见、、等形为柲的象形初文。”

1.10 甲骨文“宓”字，合 4885、H11：136。金文“宓”字，西周 05.2678。石刻“宓”字，石经五经。《宀部》：“，安也。从宀必声。美畢切。”（150 页）

1.11【常】金文“密”字，西周 08.4266。简帛“密”字，第八层 1079。石刻“密”字，成晃碑。《山部》：“，山如堂者。从山宓声。美畢切。”（190 页）

1.12【常】“蜜”是“䍃”字或体。石刻“蜜”字，鼓山佛经石刻。《䖵部》：“，蜂甘饴也。一曰螟子。从䖵鼏声。彌必切。，䍃或从宓。”（283 页）

1.2【常】甲骨文“瑟”字，花东 372。石刻“瑟”字，石经尚书。《琴部》：“，庖牺所作弦乐也。从珡必声。所櫛切。，古文瑟。”（267 页）

1.3【常 A】石刻“泌”字，辛穆志。《水部》：“，侠流也。从水必声。兵媚切。”（229 页）

1.4【常】“秘”字同“祕”。石刻“秘（祕）”字，崔宣靖志、石经五经。《示部》：“，神也。从示必声。兵媚切。”（8 页）

1.50 甲骨文“盗”字，合 8229、合 23502。《皿部》：“，械器也。从皿必声。彌畢切。”（104 页）

1.51【常 B】石刻“謐”字，元谧志。《言部》：“，静语也。从言盗声。一曰無声也。彌必切。”（53 页）“謐”字简化作“谧”。

2.0【常】简帛“式”字，秦律十八种 66。石刻“式”字，石尠

① （清）段玉裁：《说文解字注》，上海古籍出版社，2000，49 页。

② 于省吾：《甲骨文字释林》，中华书局，1979，40 页。

③ 张世超等：《金文形义通解》，中文出版社，1996，126 页。

志。《工部》:“，法也。从工弋声。賞職切。”(100 页)

2.1【常】简帛“試”字，秦律十八种 100、敦煌简 0226，简化作“试”。石刻“試”字，石经尚书。《言部》:“，用也。从言式声。式吏切。”(52 页)

2.2【常 B】石刻“軾”字，元瞻志。《車部》:“，车前也。从車式声。賞職切。”(301 页)“軾”字简化作“轼”。

2.3【常】石刻“拭”字，尹祥志，从手式声，《说文》无。

3.0【常】简帛“代”字，效律 19。石刻“代”字，石经周易。《人部》:“，更也。从人弋声。徒耐切。”(165 页)

3.1【常】简帛“貸”字，第八层 481。石刻“貸”字，石经五经。《貝部》:“，施也。从貝代声。他代切。”(130 页)“貸”字简化作“贷”。

3.2【常 B】石刻“岱”字，石经尚书。《山部》:“，太山也。从山代声。徒耐切。”(190 页)

3.3【常】石刻“袋”字，玄秘塔碑，从衣代声，《说文》无。

3.4【常 B】石刻“黛”字，田氏志，从黑代声，《说文》无。

4.【常 B】甲骨文“忒”字，合 18385。石刻“忒”字，石台孝经。《心部》:“，更也。从心弋声。他得切。”(220 页)段玉裁注[①]:“忒之引申为已甚。”

“乂”组

0. 甲骨文“乂(刈)”字，合集 8015、合集 31267。石刻“乂(刈)”字，赵菿残碑、郑子尚志。《丿部》:“，芟艸也。从丿从乀，相交。魚廢切。，乂或从刀。”(265 页)《甲骨文字诂林》[②]:“丁山:‘乂之初形，当作，象剪刀形。’李孝定:‘丁说此字甚谛。作乂者象剪之分，作者象其合，更从廾象手持之，是一字之异体也。小篆亦有二体，其或体从刀于形已复，盖后人不知乂之象剪故增之刀以为形符耳。’”

1.0【常】甲骨文“艾”字，合 8015、合 31267(读为“刈草”之“刈”)。简帛“艾”字，第八层 1620。石刻“艾”字，石经五经。《艸部》:“，冰台也。从艸乂声。五蓋切。”(19 页)《说文通训定声》[③]:“《博

① (清)段玉裁:《说文解字注》，上海古籍出版社，2000，509 页。

② 于省吾主编:《甲骨文字诂林》，中华书局，1999，3256 页。

③ (清)朱骏声:《说文通训定声》，武汉古籍书店，1983，671 页。

物志》云：削冰令圆，举以向日，干艾于后，承其景则得火，故曰冰台。”

1.1【常】“哎”字暂未见唐以前相关古文字形，从口艾声，《说文》无。

“埶”组

0. 甲骨文“埶（䖸）”字，合 5749、合 27823、屯 2170、屯 778。金文“埶（䖸）”字，新收 1137 页、新收 542 页、西周 05.2841B。简帛“埶（䖸）”字，马壹 130_10。石刻“埶（䖸）”字，石经五经。《丮部》：“，种也。从坴、丮。持亟种之。魚祭切。”（63 页）《甲骨文字诂林》[1]：“商承祚：‘此从手执木之形，殆即埶字。’李孝定：‘卜辞又有，字从廾与从丮同，从木从土当亦埶之异构。’按：字当释‘埶’，孳乳作‘蓺’‘藝’。”“埶（䖸）”字音 yì。

1.【常 B】金文“褻”字，商周 81 页。石刻“褻”字，石经五经。《衣部》：“，私服。从衣埶声。私列切。”（172 页）“褻”字简化作“亵”。

2.【常】简帛“熱”字，脉书 15。石刻“熱”字，黄庭经、多宝塔碑，简化作“热”。《火部》：“，温也。从火埶声。如列切。”（210 页）

3.【常】石刻“勢”字，石经五经。《力部》：“，盛力权也。从力埶声。经典通用埶。舒制切。”（293 页）“勢”字简化作“势”。

4.0【常】石刻“藝”字，举孝廉等字残碑，从云蓺声，简化作“艺”，《说文》无。

4.1【常 B】“囈”字暂未见唐以前相关古文字形，从口藝声，简化作“呓”，《说文》无。

“离”组

0. 金文“离”字，学步集 331 页（林声）、秦文字编 2032。简帛“离”字，马壹 43_37。《禸部》：“，山神，兽也。从禽头，从厹从屮。欧阳乔说：离，猛兽也。吕支切。”（308 页）“离”字音 chī。

1.0【常】简帛“離”字，日甲 10。石刻“離”字，石堂画像石题记。《隹部》：“，黄仓庚也。鸣则蚕生。从隹离声。吕支切。”（76 页）“離”字简化作“离”。

---

① 于省吾主编：《甲骨文字诂林》，中华书局，1999，429 页。

1.1【常】石刻“灕”字，辟雍颂扬、司马元礼志，从水離声，简化作“漓”，《说文》无。

1.2【常】“籬”字暂未见唐以前相关古文字形，从竹離声，简化作“篱”，《说文》无。

2.【常B】石刻“螭”字，赵虔章志。《虫部》：“，若龙而黄，北方谓之地蝼。从虫离声。或云無角曰螭。丑知切。”（281页）

3.【常】石刻“璃”字，重藏舍利记，从玉离声，《说文》无。

“赤”组

0.【常】甲骨文“赤”字，合3313。金文“赤”字，西周05.2706、西周08.4267。简帛“赤”字，秦律十八种135。石刻“赤”字，肥致碑。《赤部》：“，南方色也。从大从火。昌石切。，古文从炎、土。”（212页）

1.0【常】简帛“赦”字，金关T30：219、法律答问153、马壹104_35。石刻“赦”字，石经五经。《攴部》：“，置也。从攴赤声。始夜切。，赦或从亦。”（68页）

1.1【常B】简帛“螫”字，马壹96_36、银贰1659。石刻“螫”字，李璆志、石经五经。《虫部》：“，虫行毒也。从虫赦声。施隻切。”（281页）

2.【常B】石刻“郝”字，崔暟志阳。《邑部》：“，右扶风鄠、盩厔乡。从邑赤声。呼各切。”（132页）

3.【常B】“哧”字暂未见唐以前相关古文字形，从口赤声，《说文》无。

“次”组

0.【常】金文“次”字，西周11.5994、新收537页。简帛“次”字，语书8。石刻“次”字，赵宽碑。《欠部》：“，不前，不精也。从欠二声。七四切。，古文次。”（180页）《金文形义通解》[①]：“甲骨文‘次’字作，象人口出气。金文本与甲文同，口形前象气之二短画或渐下移。许慎解为‘二声’，与初文不合。……又，于省吾以为‘甲骨文无次字’，以、为‘羡’，即‘涎’之古字，以为墙为‘从二从欠’之‘次’字。”

① 张世超等：《金文形义通解》，中文出版社，1996，2192页。

1.【常 B】甲骨文“茨”字，合 14250、合 34689。简帛“茨”字，马壹 11_73。石刻“茨”字，白鹿泉碑。《艸部》：“，以茅苇盖屋。从艸次声。疾兹切。”（24 页）

2.【常】金文“咨”字，战国 17.11260。石刻“咨”字，皇女残碑。《口部》：“，谋事曰咨。从口次声。即夷切。”（32 页）

3.【常】简帛“資”字，马壹 48。石刻“資”字，石台孝经。《貝部》：“，货也。从貝次声。即夷切。”（130 页）“資”字简化作“资”。

4.【常 B】简帛“恣”字，敦煌简 2253。石刻“恣”字，武成胡后造像。《心部》：“，纵也。从心次声。資四切。”（220 页）

5.【常】石刻“姿”字，王基断碑。《女部》：“，态也。从女次声。即夷切。”（263 页）《说文通训定声》[①]：“按：态者，材艺巧善也，即才能、贤能本字。”

6.【常】石刻“瓷”字，徐德志。《瓦部》：“，瓦器。从瓦次声。疾資切。”（269 页）

“朿”组

0. 甲骨文“朿”字，合 21256、合 21444、合 5621。金文“朿”字，商 03.1247。简帛“朿”字，银壹 773。石刻“朿”字，王通志。《朿部》：“，木芒也。象形。读若刺。七賜切。”（143 页）《金文形义通解》[②]：“甲骨文‘朿’字作，象长矛类之刺杀利器，上象刺杀之锐锋，锋下有箸地之长柄。于省吾曰：‘朿为刺之古文，本为名词，作动词用则为刺杀。’又，于省吾以为甲文‘朿’字尚有、……等形，以为早期金文之……等形亦是‘朿’字，谓‘朿字有一锋三锋四锋等形’。……许慎以‘木芒’‘象形’解之，而徐锴《系传》谓‘从木形，左右象刺生之形也’，皆非古意。”

1.0【常】甲骨文“責”字，合 22226。金文“責”字，商 05.2653、西周 16.10174。简帛“責”字，效律 41、金关 T27：024。石刻“責”字，、石经九经。《貝部》：“，求也。从貝朿声。側革切。”（130 页）“責”字简化作“责”。

1.1【常】简帛“積”字，秦律十八种 24、金关 T09：237。石刻“積”字，元璨志。《禾部》：“，聚也。从禾責声。則歷切。”（145 页）

---

① （清）朱骏声：《说文通训定声》，武汉古籍书店，1983，617 页。

② 张世超等：《金文形义通解》，中文出版社，1996，1747 页。

《说文通训定声》[1]：“按：禾谷之聚曰积。”“積”字简化作“积”。

1.2【常B】简帛“漬”字，引书33。石刻“漬”字，元思忠志。《水部》：“，漚也。从水責声。前智切。”（234页）“漬”字简化作“渍”。

1.3【常】金文“績”字，秦文字编1852。石刻“績”字，石经尚书。《糸部》：“，缉也。从糸責声。則歷切。”（277页）“績”字简化作“绩”。

1.4【常B】石刻“嘖”字，石经五经。《口部》：“，大呼也。从口責声。士革切。，嘖或从言。”（34页）“嘖”字简化作“啧”。

1.5【常A】石刻“債”字，潘氏衣物券。《人部》：“，債负也。从人、責，責亦声。側賣切。”（168页）“債”字简化作“债”。

2.0【常】甲骨文“帝”字，合14204、合36171。金文“帝”字，西周08.4241、西周05.2743。简帛“帝”字，马壹133_29。石刻“帝”字，元谧志。《丄部》：“，谛也，王天下之号也。从丄朿声。都計切。，古文帝。古文諸丄字皆从一，篆文皆从二。二，古文上字。辛示辰龍童音章皆从古文丄。”（7页）《甲骨文字诂林》[2]：“按：帝字初文既不从上，更非从朿声。论者多以为象花蒂形，郭沫若引吴大澂、王国维之说而加以补正，至为详悉。但帝字究竟何所取象，仍然待考。”《金文形义通解》[3]：“叶玉森据甲骨文谓象积薪尞祭之形，为‘禘’之本字。”

2.10 金文“啻”字，西周08.4165。简帛“啻”字，银贰1577。石刻“啻（商）”字，范高志、崔琪志。《口部》：“，语时不啻也。从口帝声。一曰啻，諟也。读若鞮。施智切。”（33页）《说文通训定声》[4]：“今偏旁作商。”

2.11【常】金文“敵”字，春秋01.274.1。简帛“敵”字，马壹144_34。石刻“敵”字，唐直志、石经五经。《攴部》：“，仇也。从攴啻声。徒歷切。”（68页）“敵”字简化作“敌”。

2.12【常】简帛“適”字，傳律361、蓋卢38。石刻“適”字，李端志。《辵部》：“，之也。从辵啻声。適，宋鲁语。施隻切。”（39页）“適”字简化作“适”。

2.13【常A】石刻“嫡”字，元略志。《女部》：“，孎也。从女啻

---

① （清）朱骏声：《说文通训定声》，武汉古籍书店，1983，517页。

② 于省吾主编：《甲骨文字诂林》，中华书局，1999，1086页。

③ 张世超等：《金文形义通解》，中文出版社，1996，11页。

④ （清）朱骏声：《说文通训定声》，武汉古籍书店，1983，516页。

声。都歷切。”（262 页）《说文通训定声》[1]："谨饬之意也。按：嫡嫋犹蹢躅，双声连语。”

2.14【常】石刻“摘”字，摘石经五经。《手部》：“擿，拓果树实也。从手啻声。一曰指近之也。他歷切。又竹戹切。”（253 页）

2.15【常】石刻“滴”字，滴石经五经。《水部》：“滴，水注也。从水啻声。都歷切。”（233 页）

2.16【常 B】石刻“謫”字，謫石经五经。《言部》：“讁，罚也。从言啻声。陟革切。”（56 页）“謫”字简化作“谪”。

2.17【常】“嘀”字暂未见唐以前相关古文字形，从口啻声，《说文》无。

2.2【常】石刻“締”字，締元固志、締元谧志，简化作“缔”。《糸部》：“締，结不解也。从糸帝声。特計切。”（272 页）

2.3【常】“啼”是俗“嗁”字。石刻“啼”字，啼石经九经《口部》：“嗁，號也。从口虒声。杜兮切。”（34 页）段玉裁注[2]："嗁，俗作啼。”

2.4【常】“蹏”字，《足部》：“蹏，足也。从足虒声。杜兮切。”（46 页）“蹏”字俗作“蹄”。石刻“蹄”字，蹄柳昱志。

2.5【常】石刻“蒂”字，蒂元瞻志，从艸帝声，《说文》无。

3.【常】甲骨文“棘”字，棘合 19875、棘合 17444。简帛“棘”字，棘日甲《诘》38（从二来）。石刻“棘”字，棘石经周易。《朿部》：“棘，小枣从生者。从並朿。已力切。”（143 页）《说文通训定声》[3]："从并朿会意。高而实者，重朿为枣；卑而未实者，并朿为棘。”

4.【常】石刻“策”字，策夏承碑、策石经五经。《竹部》：“策，马棰也。从竹朿声。楚革切。”（98 页）

5.【常】简帛“刺”字，刺日甲《诘》35。石刻“刺”字，刺赵宽碑、刺给事君妻韩氏志、刺、刺石经五经。《刀部》：“刺，君杀大夫曰刺。刺，直伤也。从刀从朿，朿亦声。七賜切。”（92 页）

“失”组

0.【常】金文“失”字，失商 10.5092.2、失西周 10.5152。简帛“失”字，失为吏 13、失居新 7799。石刻“失”字，失李璧志。《手部》：“失，

① （清）朱骏声：《说文通训定声》，武汉古籍书店，1983，518 页。

② （清）段玉裁：《说文解字注》，上海古籍出版社，2000，61 页。

③ （清）朱骏声：《说文通训定声》，武汉古籍书店，1983，209 页。

纵也。从手乙声。式質切。”（254 页）《说文通训定声》[①]：“谓在手而夺去也。”

1.【常】简帛“秩”字，秦律十八种 46。石刻“秩”字，石经五经。《禾部》：“秩，积也。从禾失声。直質切。”（145 页）

2.【常】石刻“迭”字，胡明相志。《辵部》：“迭，更迭也。从辵失声。一曰达。徒結切。”（41 页）

3.【常】石刻“跌”字，宇文诚志。《足部》：“跌，踼也。从足失声。一曰越也。徒結切。”（47 页）

4.【常】石刻“昳”字，冯审中志。《日部》：“昳，日昃也。从日失声。徒結切。”（139 页）

“师”组

0.【常】甲骨文“師”字，H11：4。金文“師”字，商 06.3713、商 08.4144、战国 17.11367A1。简帛“師”字，秦律杂抄 18。石刻“師”字，曹全碑、石经尚书。《帀部》：“師，二千五百人为师。从帀从𠂤。𠂤，四帀，眾意也。疎夷切。𢀳，古文師。”（127 页）《金文形义通解》[②]：“师众字殷虚甲骨文作𠂤，周金文增标（‘柢’象形初文）为声。《说文》谓帀𠂤会意者非是。”“師”字简化作“师”。

1.【常】石刻“篩”字，张汶志，从竹師声，简化作“筛”，《说文》无。

2.【常】“獅”字暂未见唐以前相关古文字形，从犬師声，简化作“狮”，《说文》无。

“石”组

0.【常】甲骨文“石”字，合 13505 正、合 22099。金文“石”字，战国 15.9686A、战国 16.10384。简帛“石”字，秦律十八种 10。石刻“石”字，石经尚书。《石部》：“石，山石也。在厂之下；口，象形。常隻切。”（194 页）《甲骨文字诂林》[③]：“按：、均当是释石，象石之形，或增口为饰作。”《金文形义通解》[④]：“、象石磬之形，……下之口形无义。金文简化形为厂。”

① （清）朱骏声：《说文通训定声》，武汉古籍书店，1983，632 页。

② 张世超等：《金文形义通解》，中文出版社，1996，1511 页。

③ 于省吾主编：《甲骨文字诂林》，中华书局，1999，2195 页。

④ 张世超等：《金文形义通解》，中文出版社，1996，2342 页。

1.【常】金文“碩”字，西周 05.2596、西周 03.928、西周 07.4118.2。石刻“碩”字，石经周易。《頁部》：“，头大也。从頁石声。常隻切。”（182 页）“碩”字简化作“硕”。

2.【常】简帛“拓”字，日甲《诘》46、金关 T07：088。石刻“拓”字，广阳元湛志、高湝志。《手部》：“，拾也。陈、宋语。从手石声。之石切。，拓或从庶。”（255 页）

3.【常 B】简帛“柘”字，第八层 143、仓颉篇 34。石刻“柘”字，杨氏志。《木部》：“，桑也。从木石声。之夜切。”（117 页）

“食”组

0.【常】甲骨文“食”字，合 20134、合 11483 正、合 30989。金文“食”字，西周 04.2194、战国 05.2574.1。简帛“食”字，法律答问 210、马壹 5_29。石刻“食”字，石堂画像石题记。《食部》：“，一米也。从皀亼声。或说亼皀也。乘力切。”（106 页）《甲骨文字诂林》[1]：“按：许慎关于食字之说解，于形于义均不可通，实则与‘飤’本同字，六谷之饭，凡可食者谓之食，引申为饮食之义。卜辞食字象食物在器，上有盖之形。林义光《文源》以为金文食字‘从亼（倒口）在皀上’，其说非是。”

1.【常】甲骨文“飼（飤）”字，合集 22542。金文“飼（飤）”字，西周 06.3721、战国 18.12098。简帛“飼（飤）”字，效律 24。石刻“飼（飤）”字，石经五经。《食部》：“，粮也。从人、食。祥吏切。”（107 页）段玉裁注[2]：“飤，以食食人、物，其字本作食，俗作飤，或作飼。”“飼”字简化作“饲”。

2.【常】简帛“蝕”字，法律答问 65、马壹 174_17。石刻“蝕”字，陈皆志。《虫部》：“，败创也。从虫、人、食，食亦声。乘力切。”（281 页）《说文通训定声》[3]：“按：从虫飤声，字亦作蝕。”“蝕”字简化作“蚀”。

3.【常】金文“飾”字，秦文字编 1255。简帛“飾”字，马贰 38_71、仓颉篇 39。石刻“飾”字，陈天宝造像、石经五经。《巾部》：“，㕞也。从巾从人，食声。读若式。一曰襐飾。賞隻切。”（159

① 于省吾主编：《甲骨文字诂林》，中华书局，1999，2759 页。

② （清）段玉裁：《说文解字注》，上海古籍出版社，2000，220 页。

③ （清）朱骏声：《说文通训定声》，武汉古籍书店，1983，220 页。

页)《说文通训定声》①："按：从巾飤声。""飾"字简化作"饰"。

"十"组

0.【常】甲骨文"十"字，合897。金文"十"字，商07.3940、西周08.4218。简帛"十"字，封诊式59。石刻"十"字，王蕃志。《十部》："十，数之具也。一为东西，丨为南北，则四方中央备矣。是執切。"(50页)《甲骨文字诂林》②："十字初形本为直画，继而中间加肥，后则加点为饰，又由点滋化为小横。"

1.0【常】金文"士"字，文物98.9、战国18.12108A。简帛"士"字，为吏18。石刻"士"字，谯敏碑、檀宾志。《士部》："士，事也。数始于一，终于十。从一从十。孔子曰：'推十合一为士。'鉏里切。"(14页)《金文形义通解》③："早期金文不从十、一，形与'王'相类，吴其昌以为亦象斧形。……'士'之初形，郭沫若以为象牡器，'是故士女对言，实同牡牝祖妣。'其说可从。"

1.1【常B】金文"仕"字，战国17.11049。简帛"仕"字，东牌楼067。石刻"仕"字，谯敏碑、刘懿志。《人部》："仕，学也。从人从士。鉏里切。"(161页)《说文通训定声》④："从人从士会意，士亦声。按：犹今言试用也。"

2.【常】简帛"什"字，银贰1567。石刻"什"字，元暐志。《人部》："什，相什保也。从人、十。是執切。"(164页)《说文通训定声》⑤："从人十会意，十亦声。"

3.【常】简帛"汁"字，脉书12。石刻"汁"字，元瞻志。《水部》："汁，液也。从水十声。之入切。"(236页)

"史"组

0.【常】甲骨文"史"字，合20088、合5944。金文"史"字，商03.1086。简帛"史"字，效律55、金关T23：206。石刻"史"字，石经九经。《史部》："史，记事者也。从又持中。中，正也。疏士

① (清)朱骏声：《说文通训定声》，武汉古籍书店，1983，220页。
② 于省吾主编：《甲骨文字诂林》，中华书局，1999，3504页。
③ 张世超等：《金文形义通解》，中文出版社，1996，65页。
④ (清)朱骏声：《说文通训定声》，武汉古籍书店，1983，168页。
⑤ (清)朱骏声：《说文通训定声》，武汉古籍书店，1983，104页。

切。”（65 页）《甲骨文字诂林》[①]：“按：卜辞‘史’‘事’‘使’无别，均作𠂇或𠂇。或强分𠂇为‘史’，𠂇为‘吏’为‘事’，皆沿《说文》之讹误，卜辞无此等区分。……王国维以为中乃盛简策之器，亦难令人信服。”《金文形义通解》[②]：“王国维曰：‘中者盛筭之器也……筭与简册本是一物，又皆为史之所执，则盛筭之中盖亦用于盛简，……史字从又持中，义为持书之人，与尹之从又持丨（原注：象笔形）者同意矣。’”

1.0【常】甲骨文“吏”字，𠂇合 5539、𠂇H11：32。金文“吏”字，𠂇西周 16.9893.2。简帛“吏”字，𠂇法律答问 184。石刻“吏”字，吏元焕志。《一部》：“吏，治人者也。从一从史，史亦声。力置切。”（7 页）

1.1【常】金文“使”字，𠂇战国 15.9693A。简帛“使”字，𠂇法律答问 180。石刻“使”字，使石经周易。《人部》：“使，伶也。从人吏声。疏士切。”（165 页）《金文形义通解》[③]：“‘伶’，小徐本作‘令’。使令字春秋以前金文但作‘吏（事）’，战国文字始增从辵，以示出使之意。义符或省，则从彳作𠂇。从‘人’之‘使’，肇始于秦系文字，盖由从彳之𠂇讹误以致，而为《说文》篆文所本。”

2.【常】金文“事”字，𠂇西周 05.2575、𠂇西周 08.4329。简帛“事”字，𠂇第八层 42、𠂇敦煌简 0075。石刻“事”字，事曹全碑。《史部》：“事，职也。从史，之省声。鉏史切。𠂇，古文事。”（65 页）《金文形义通解》[④]：“殷虚甲骨文作𠂇若𠂇形，与𠂇小异，为一字之异构，上作歧出形者，或即象中中有简策形。《说文》谓‘从史，之省声’非是。周原甲骨文作𠂇……周金文承其笔势。然则字上作三歧者乃周文字之特点。王国维曰：‘史之本义为持书之人，引申而为大官及庶官之称，又引申而为职事之称。其后三者各需专字，于是史吏事三字于小篆中截然有别。持书者谓之史，治人者谓之吏，职事谓之事。’史、吏、事同源，殷虚甲骨文通用不别，周金文则𠂇为‘事’，为‘使’，为‘吏’，𠂇为‘史’，偶亦通用。或从‘㫃’。”

3.【常】石刻“駛”字，駛郭达志，从馬史声，简化作“驶”，《说文》无。

---

① 于省吾主编：《甲骨文字诂林》，中华书局，1999，2961 页。

② 张世超等：《金文形义通解》，中文出版社，1996，659 页。

③ 张世超等：《金文形义通解》，中文出版社，1996，2012 页。

④ 张世超等：《金文形义通解》，中文出版社，1996，664 页。

“筮”组

0. 金文“筮”字，西周 15.9714。简帛“筮”字，马壹 5_23。石刻“筮”字，元广志、石经尚书。《竹部》：“，《易》卦用蓍也。从竹从𢍰。𢍰，古文巫字。時制切。”（96 页）《金文形义通解》[①]：“方濬益首释史懋壶字为，……杨树达证之曰：‘甲骨文有字，即今巫字也。……为古文巫。’”

1.【常 B】石刻“噬”字，元颢志、石经周易。《口部》：“，啗也，喙也。从口筮声。時制切。”（31 页）

“矢”组

0.【常】甲骨文“矢”字，合 20546、合 4787、合 23053。金文“矢”字，商 04.1825、商 13.7632、西周 08.4328。简帛“矢”字，封诊式 26、金关 T01：082。石刻“矢”字，檀宾志、石经尚书。《矢部》：“，弓弩矢也。从入，象鏑栝羽之形。古者夷牟初作矢。式視切。”（110 页）

1.0【常】甲骨文“至”字，合 6834 正。金文“至”字，西周 10.5410.2、春秋 02.425.2。简帛“至”字，秦律十八种 175、银贰 1663。石刻“至”字，石经周易。《至部》：“，鸟飞从高下至地也。从一，一犹地也。象形。不，上去；而至，下來也。脂利切。，古文至。”（247 页）《甲骨文字释林》[②]：“甲骨文至字作，或倒作，乃于矢端著一横画，本象矢有所抵，因而引申为凡至之义。”

1.1【常】甲骨文“室”字，合 24940、合 30347。金文“室”字，商 05.2708。简帛“室”字，为吏 23、金关 T32：046。石刻“室”字，石经尚书。《宀部》：“，实也。从宀从至。至，所止也。式質切。”（150 页）

1.2【常】金文“致”字，西周 06.3490.1、春秋 04.2289.1。简帛“致”字，秦律十八种 11。石刻“致”字，石经五经。《夊部》：“，送诣也。从夊从至。陟利切。”（112 页）《甲骨文字诂林》[③]：“当是致之异，送诣也。……按：郭沫若释致，可从。”《金文形义通解》[④]：“金

---

① 张世超等：《金文形义通解》，中文出版社，1996，1061 页。

② 于省吾：《甲骨文字释林》，中华书局，1979，278 页。

③ 于省吾主编：《甲骨文字诂林》，中华书局，1999，437 页。

④ 张世超等：《金文形义通解》，中文出版社，1996，2739 页。

文此字从人，至声，当隶定为‘侄’，《说文》无‘侄’字；或从[illegible]，与从人同意，……可隶释为[illegible]（致）。吴大澂即分别释之为‘侄’‘致’二文。‘侄’‘致’古本一字之繁简异体，《说文》夊部有‘致’字。‘侄’若‘致’以至为声，亦得义与至，本至之同源孳乳字。”

1.3【常】简帛“窒”字，[illegible]马贰33_18。石刻“窒”字，[illegible]石经周易。《穴部》：“[illegible]，塞也。从穴至声。陟栗切。”（153页）

1.4【常B】石刻“銍”字，[illegible]石经尚书。《金部》：“[illegible]，穫禾短鎌也。从金至声。陟栗切。”（296页）“銍”字简化作“铚”。

1.5【常】石刻“侄”字，[illegible]李宏志，从人至声，《说文》无。

2.0【常】甲骨文“疾”字，[illegible]合21565、[illegible]合13666正、[illegible]怀1518、[illegible]花东331、[illegible]合36766、[illegible]合21052、[illegible]合22284。金文“疾”字，[illegible]战国17.11296A、[illegible]西周05.2841B、[illegible]战国15.9495A。简帛“疾”字，[illegible]蓋卢38。石刻“疾”字，[illegible]石经周易。《疒部》：“[illegible]，病也。从疒矢声。秦悉切。[illegible]，古文疾。[illegible]，籀文疾。”（154页）《金文形义通解》[1]：“殷商甲骨文与周金文皆有‘疒’、[illegible]二文。甲文‘疒’字作[illegible]，象人卧床以示疾病之意。甲文[illegible]字……王国维曰：‘象人亦（腋）下箸矢形，古多战争，人箸矢则疾矣。’于省吾曰：‘疒与疾本义有别，但也有时通用。’‘秦汉以来以疾代疒，疾字通行而疒与[illegible]则废而不用。’从疒矢声之‘疾’字自晚出于[illegible]、[illegible]二字。”

2.1【常】“嫉”是“㑵”字或体。石刻“嫉”字，[illegible]元昭志。《人部》：“[illegible]，妎也。从人疾声。一曰毒也。秦悉切。[illegible]，㑵或从女。”（166页）

3.0【常】甲骨文“疑”字，[illegible]合13465、[illegible]合32908、[illegible]合12532正。金文“疑”字，[illegible]西周07.3887。简帛“疑”字，[illegible]暨过案105、[illegible]奏谳书60、[illegible]仓颉篇71。石刻“疑”字，[illegible]韩震志、[illegible]石经五经。《子部》：“[illegible]，惑也。从子、止、匕，矢声。語其切。”（310页）《甲骨文字诂林》[2]：“罗振玉：‘象人仰首旁顾形，疑之象也。’于省吾：‘[illegible]乃疑字的初文，……郭沫若谓：“[illegible]当是古疑字，象人持杖出行而仰望天色。”’按：[illegible]、疑同字，《说文》歧而为二，形体亦稍讹变，故不得其解。实则[illegible]即[illegible]形之讹，今本《说文》皆错乱不可卒读。姚文田、严可均《说文校议》谓疑字当‘从子止[illegible]声，转写误分为匕矢二字耳。’[illegible]本象疑顾之形，《说文》[illegible]从匕乃从丨之讹。[illegible]乃加彳为形符，为形声字，篆文讹为从[illegible]，不得谓从子声。金文亦不得谓从牛声，均当为从[illegible]声。”

---

① 张世超等：《金文形义通解》，中文出版社，1996，1925页。

② 于省吾主编：《甲骨文字诂林》，中华书局，1999，221页。

3.1【常】"凝"是俗"冰"字。金文"冰"字，战国07.4096。简帛"冰"字，马壹8_44。石刻"冰（凝）"字，元秀志、鄯乾志、给事君妻志、石经五经。《仌部》："冰，水坚也。从仌从水。魚陵切。凝，俗冰从疑。"（240页）段玉裁注①："以冰代仌，乃别制凝字。经典凡凝字皆冰之变也。"《说文通训定声》②："按：仌亦声。"《金文形义通解》③："金文'冰'字从水，从吕。吕为金属坯饼之象形，空书之则作吕，即'吕'字。冶炼金属，溶液凝结为固体，即为坯饼。引申之凡物之结固皆曰吕，水受寒凝结为固体亦曰吕，增'水'以标其义，是为'冰'。"

3.2【常】"癡"字，《疒部》："癡，不慧也。从疒疑声。丑之切。"（156页）"癡"字简化作"痴"。

3.3【常】石刻"擬"字，高湝志。《手部》："擬，度也。从手疑声。魚已切。"（254页）"擬"字简化作"拟"。

3.4【常】石刻"礙"字，尉迟氏造像。《石部》："礙，止也。从石疑声。五溉切。"（195页）"礙"字简化作"碍"。

4.【常B】甲骨文"雉"字，屯2064、合8659、合26879、合35347。简帛"雉"字，马壹12_73下。石刻"雉"字，石经周易。《隹部》："雉，有十四种：卢诸雉，乔雉，鳪雉，鷩雉，秩秩海雉，翟山雉，翰雉，卓雉，伊洛而南曰翬，江淮而南曰摇，南方曰𩀦，东方曰甾，北方曰稀，西方曰蹲。从隹矢声。直几切。䧅，古文雉从弟。"（76页）

5.0【常】石刻"知"字，崔孝昌志。《矢部》："知，词也。从口从矢。陟离切。"（110页）《说文通训定声》④："按：识也。憭于心，故疾于口，智则为识词。"

5.1【常】甲骨文"智（𥏼）"字，合26994、合30688、合30691、合38289、合30429、合30685。简帛"智（𥏼）"字，算术书、东牌楼113。石刻"智（𥏼）"字，和丑仁志。按：甲骨文"智"字多从册，简册乃记载知识之物，会传授知识意。《白部》："𥏼，识词也。从白从亏从知。知義切。𥏾，古文𥏼。"（74页）《金文形义通解》⑤："'智'字甲骨文作𣉻，从于从口从矢，矢，殆即声符。……金文所增之'甘'形，小篆讹作白。……金文、秦简均未见'知'字，皆用𥏼为'知'，小篆

① （清）段玉裁：《说文解字注》，上海古籍出版社，2000，570页。

② （清）朱骏声：《说文通训定声》，武汉古籍书店，1983，72页。

③ 张世超等：《金文形义通解》，中文出版社，1996，2672页。

④ （清）朱骏声：《说文通训定声》，武汉古籍书店，1983，511页。

⑤ 张世超等：《金文形义通解》，中文出版社，1996，848页。

‘知’字乃䎺之简体，秦后方分别为‘智’‘知’二字。”

5.2【常】“蜘”字暂未见唐以前相关古文字形，从虫知声，《说文》无。

“世”组

0.【常】金文“世”字，西周 07.4021、西周 08.4199、文物 07.8、战国 09.4646（从立）。简帛“世”字，银壹 899、金关 T04：053、东牌楼 066。石刻“世”字，孙秋生造像、石经九经。《卅部》：“丗，三十年为一世。从卅而曳长之。亦取其声也。舒制切。”（51 页）《金文形义通解》[①]：“许氏据篆文为说，非是。刘钊曰：‘甲骨文枼字……象树木长有叶形。……“屮”形讹变为屮，而“世”字就是截取枼字上部而成，读音仍同枼。’……中山国文字从歺以标声。”

1.【常】简帛“泄”字，脉书 8。石刻“泄”字，元钦志。《水部》：“泄，水，受九江博安洵波，北入氐。从水丗声。余制切。”（227 页）

2.【常】“屉”字暂未见唐以前相关古文字形，从尸世声，《说文》无。

“是”组

0.【常】金文“是”字，西周 05.2724、新收 651 页、春秋 05.2782。简帛“是”字，法律答问 188、奏谳书 163。石刻“是”字，石经周易。《是部》：“是，直也。从日、正。承旨切。昰，籀文是从古文正。”（39 页）《金文形义通解》[②]：“以金文观之，早期字从早从止若从𣅀从止，从日从正乃晚出之讹形，《说文》非是。……刘钊曰：‘是字的结构最初可能就是从日止声，……’案：殷虚甲骨文未见‘是’字，从现有之材料论之，‘是’从止声，一为饰笔均可信，惟其初文从日抑象匙形，尚待更早之文字材料证明。”

1.【常】简帛“堤”字，秦律十八种 23。石刻“堤”字，叔孙协及妻志。《土部》：“堤，滞也。从土是声。丁礼切。”（287 页）

2.【常】简帛“提”字，马壹 139_9。石刻“提”字，徐显秀志。《手部》：“提，挈也。从手是声。杜兮切。”（252 页）

3.【常】简帛“题”字，金关 T31：102A。石刻“题”字，尉氏志。《頁部》：“題，頟也。从頁是声。杜兮切。”（181 页）“题”字简化

① 张世超等：《金文形义通解》，中文出版社，1996，475 页。

② 张世超等：《金文形义通解》，中文出版社，1996，267 页。

作“题”。

4.【常】石刻“匙”字，𬆮读庙祭器铭。《匕部》：“𬆮，匕也。从匕是声。是支切。”（168 页）

“氏”组

0.【常】甲骨文“氏”字，H11：4。金文“氏”字，西周 08.4139、考古与文物 06.6、春秋 09.4560.2。简帛“氏”字，第八层 1555、马壹 39_10。石刻“氏”字，从事冯君碑、斛律氏志。《氏部》：“氏，巴蜀山名岸胁之𢊁箸欲落墮者曰氏，氏崩，闻数百里。象形，乁声。承旨切。”（265 页）《说文通训定声》[①]：“实即氏字、坻字、柢字、坻字。后人加一以象地，为氐；复于地下引而深之为坻；俗又加木旁为柢；或加土旁为坻。”《金文形义通解》[②]：“‘氏’字初文形意，迄今尚未明塙，疑其为蔓生植物支蔓之象形。”

1.【常】石刻“紙”字，唐邕刻经记。《糸部》：“紙，絮一苫也。从糸氏声。諸氏切。”（276 页）段玉裁注[③]：“造纸昉于漂絮，其初丝絮为之，以箈荐而成之。”“紙”字简化作“纸”。

“示”组

0.【常】金文“示”字，近出 750。简帛“示”字，蓋卢 37、敦煌简 2402A。石刻“示”字，夏承碑。《示部》：“示，天垂象，见吉凶，所以示人也。从二。二，古文上字。三垂，日月星也。观乎天文，以察时变。示，神事也。神至切。𥘅，古文示。”（7 页）《甲骨文字诂林》[④]：“按：其基本形体作T或礻，变形甚多。……在偏旁中，T或礻多加小点……本象神主之形，其旁所加之小点，盖象征祭祀拜祷时灌酒之状。……示与主初本同字，卜辞仅见示字，‘主’盖后世分化孳乳字。”

1.【常】甲骨文“視”字，合 6789、H11：92。金文“視”字，西周 11.6014、战国 16.10478A。简帛“視”字，秦律十八种 159、金关 T23：237A。石刻“視”字，赫连子悦志、石经尚书。《見部》：“視，瞻也。从見、示。神至切。𥄎，古文視。眂，亦古文視。”（177

① （清）朱骏声：《说文通训定声》，武汉古籍书店，1983，519 页。

② 张世超等：《金文形义通解》，中文出版社，1996，2919 页。

③ （清）段玉裁：《说文解字注》，上海古籍出版社，2000，659 页。

④ 于省吾主编：《甲骨文字诂林》，中华书局，1999，1063 页。

页)《金文形义通解》[1]："金文从目氏声，皆作上下结构，与小篆微异。又，从见氏声，从目与从见同意，故'眡'为异体字。后世作'视'，故《说文》以'眡'之变形字'眡'为古文视。""視"字简化作"视"。

2.0【常】简帛"奈(柰)"字，银贰1572。石刻"奈(柰)"字，李寿志、石经尚书。《木部》："柰，果也。从木示声。奴帶切。"(114页)《说文通训定声》[2]："字亦误作奈。"

2.1【常】金文"隸"字，战国16.10384。简帛"隸"字，法律答问188。石刻"隸"字，夏承碑、石经五经。《隶部》："隸，附箸也。从隶柰声。郎計切。隸，篆文隸从古文之体。"(65页)《金文形义通解》[3]："金文左旁上部'木'字省作若，秦简或省作，类'出'，为《说文》篆文形体所本。右旁'隶'下部类化为'米'，乃秦系文字之特色，《古文四声韵》引《说文》作，则今本《说文》篆体经后人改动矣。""隸"字简化作"隶"。

2.2【常A】石刻"捺"字，陀罗尼经碑，从手奈声，《说文》无。

"思"组

0.【常】金文"思"字，战国17.11348。简帛"思"字，郭店语三48。石刻"思"字，石经周易。《思部》："思，容也。从心囟声。息兹切。"(216页)段玉裁注[4]："睿也，各本作容也，或以伏生《尚书》'思心曰容'说之，今正。……《谷部》曰：睿者，深通川也，引睿畎浍距川。引申之，凡深通皆曰睿。"《说文通训定声》[5]："按：从心从囟会意，思者，心神通于脑，故从囟。"

1.【常】"腮"字，从肉思声，《说文》无。

2.【常B】"鰓"字从魚思声，简化作"鳃"；【常B】"崽"字从山思声；均暂未见唐以前相关古文字形，《说文》无。

"丝"组

0.【常】甲骨文"絲"字，合7098、合36166。金文"絲"字，

① 张世超等:《金文形义通解》，中文出版社，1996，804页。

② (清)朱骏声:《说文通训定声》，武汉古籍书店，1983，607页。

③ 张世超等:《金文形义通解》，中文出版社，1996，680页。

④ (清)段玉裁:《说文解字注》，上海古籍出版社，2000，501页。

⑤ (清)朱骏声:《说文通训定声》，武汉古籍书店，1983，167页。

西周 11.5997、西周 05.2838。简帛“絲”字，日甲《衣》119。石刻“絲”字，郭显志。《絲部》：“，蚕所吐也。从二糸。息兹切。”（278 页）《甲骨文字诂林》[①]：“按：象束丝形。”“絲”字简化作“丝”。

1.【常 B】“噝”字暂未见唐以前相关古文字形，从口絲声，简化作“咝”，《说文》无。

“厶”组

0. 金文“厶”字，战国 18.120445A。石刻“厶”字，马君妻董志。《厶部》：“，姦衺也。韩非曰：‘苍颉作字，自营为厶。’息夷切。”（189 页）《金文形义通解》[②]：“‘厶’为‘私’之古字，当是从‘目’字分化而出。”

1.【常】金文“私”字，战国 . 论稿 69 页。简帛“私”字，语书 4、金关 T02：065、仓颉篇 72。石刻“私”字，李敬志。《禾部》：“，禾也。从禾厶声。北道名禾主人曰私主人。息夷切。”（144 页）

“司”组

0.【常】甲骨文“司”字，合 20367、合 13560、合 19886。金文“司”字，商 04.1706。简帛“司”字，秦律十八种 182。石刻“司”字，韩曳云造像。《司部》：“，臣司事于外者。从反后。息兹切。”（186 页）《甲骨文字诂林》[③]：“朱芳圃：‘字从口从。口即瓯，盛食之器；为之倒文，扱食之具。二者皆所设食，即司之本义。孳乳为祠。’”《金文形义通解》[④]：“疑从口，声。”

1.【常】甲骨文“辭”字，花东 286。金文“辭”字，西周 05.2837、西周 08.4291、西周 15.9694.1、西周 16.10285.1。简帛“辭”字，封诊式 38。石刻“辭”字，元秀志、石经五经，简化作“辞”。《辛部》：“，讼也。从𤔔，𤔔犹理辜也。𤔔，理也。似兹切。，籀文辭从司。”（309 页）《说文通训定声》[⑤]：“从𤔔辛会意，犹理辜也。𤔔，理也。籀文从𤔔从司会意，司亦声。按：分争辩讼谓之辞。”《金文形义

① 于省吾主编：《甲骨文字诂林》，中华书局，1999，3219 页。

② 张世超等：《金文形义通解》，中文出版社，1996，2303 页。

③ 于省吾主编：《甲骨文字诂林》，中华书局，1999，2205 页。

④ 张世超等：《金文形义通解》，中文出版社，1996，2245 页。

⑤ （清）朱骏声：《说文通训定声》，武汉古籍书店，1983，166 页。

通解》[1]："当系周人于'司'字增标义符而成者。训理，训治，示司理之义。故字当析为从从司，司亦声。金文亦作，易意符'司'为，即'乂'古字，亦训治。渐讹为'辛'，为《说文》篆文所本。"金文"辝"字，西周.保利。简帛"辝"字，马壹81_34。石刻"辝"字，洛神十三行、元弼志。《辛部》："，不受也。从辛从受。受辛宜辝之。似兹切。，籀文辝从台。"（309页）段玉裁注[2]："按经传凡辝让皆作辭说字，固属叚借，而学者乃罕知有辝让本字，或又用辝为辭说而愈惑矣。"《金文形义通解》[3]："'辝'字不古，所从之'受'乃之形讹。睡虎地秦简辝让字、辭说字均作，左旁墧已从'受'，当由草化讹变而成。……'辞'始见于春秋时期，从辛台声，'辛'即（乂）之形变，训治，然则'辝'即之晚出异体。"

2.【常】甲骨文"祠"字，H11：20。金文"祠"字，铭文选二882。简帛"祠"字，秩律462。石刻"祠"字，陵季子庙碑。《示部》："，春祭曰祠。品物少，多文词也。从示司声。仲春之月，祠不用牺牲，用圭璧及皮币。似兹切。"（8页）

3.【常B】金文"嗣"字，西周05.2837、战国02.346.3A。简帛"嗣"字，敦煌简1461A。石刻"嗣"字，石经尚书。《冊部》："，诸侯嗣国也。从冊从口，司声。祥吏切。，古文嗣从子。"（48页）《金文形义通解》[4]："金文本从冊司声，以'司'内之'口'形下邻'冊'形，遂讹增一'口'形……遂作从司声之形。"

4.【常】金文"詞"字，战国15.9700A。石刻"詞"字，慧静志。《司部》："，意内而言外也。从司从言。似兹切。"（186页）段玉裁注[5]："意者，文字之义也。言者，文字之声也。詈者，文字形声之合也。""詞"字简化作"词"。

5.【常】石刻"伺"字，法懃塔铭。《人部》："，候望也。从人司声。自低已下六字，从人，皆后人所加。相吏切。"（168页）

"死"组

0.【常】甲骨文"死"字，合21306乙、合17060。金文"死"

① 张世超等:《金文形义通解》，中文出版社，1996，3436页。
② （清）段玉裁:《说文解字注》，上海古籍出版社，2000，742页。
③ 张世超等:《金文形义通解》，中文出版社，1996，3432页。
④ 张世超等:《金文形义通解》，中文出版社，1996，453页。
⑤ （清）段玉裁:《说文解字注》，上海古籍出版社，2000，429页。

字，西周 08.4179、战国 16.10478A。简帛“死”字，秦律十八种 5。石刻“死”字，石经五经。《死部》：“，澌也，人所离也。从歺从人。息姊切。，古文死如此。”（86 页）《甲骨文字诂林》①：“李孝定：‘字象人拜于朽骨之旁会意，死生之别昭然。’……按：契文字从‘歺’从‘人’，与篆文同。卜辞皆用‘死亡’义，无用作‘屍’者。”

1.【常】石刻“屍”字，卢昂志。《尸部》：“，终主。从尸从死。式脂切。”（174 页）《文源》②：“尸即人字，人死为屍。”“屍”字简化作“尸”。

“四”组

0.【常】甲骨文“四”字，合 33042。金文“四”字，西周 05.2760、春秋 01.236、春秋 01.182.2。简帛“四”字，法律答问 98、第五层 7、金关 T21：153。石刻“四”字，元焕志。《四部》：“，阴数也。象四分之形。息利切。，古文四。，籀文四。”（307 页）《甲骨文字诂林》③：“丁山：‘窃疑积画为者数名之本字，后之作四者皆借呬为之。’……按：‘四’本作，‘四’较晚出。”

1.【常 B】金文“駟”字，西周 16.10103。简帛“駟”字，户律 314。石刻“駟”字，阿史那贞忠志。《馬部》：“，一乘也。从馬四声。息利切。”（200 页）段玉裁注④：“四马为一乘。”“駟”字简化作“驷”。

2.【常 B】石刻“泗”字，石经尚书。《水部》：“，受泲水，东入淮。从水四声。息利切。”（227 页）

“巳”组

0.【常】甲骨文“巳”字，合 20810。金文“巳”字，商 10.5417.1、西周 05.2837、战国 05.2701.2。简帛“巳”字，日甲《土忌》138、金关 T10：224。石刻“巳”字，张正子父母镇石。《巳部》：“，巳也。四月，阳气巳出，阴气巳藏，万物见，成文章，故巳为

① 于省吾主编：《甲骨文字诂林》，中华书局，1999，2877 页。

② 林义光：《文源》，中西书局，2012，卷十。

③ 于省吾主编：《甲骨文字诂林》，中华书局，1999，3572 页。

④ （清）段玉裁：《说文解字注》，上海古籍出版社，2000，465 页。

蛇，象形。詳里切。”（311 页）《说文通训定声》[①]：“孺子为儿，襁褓为子，方生顺出为㐬，未生在腹为巳。”《金文形义通解》[②]：“甲骨文作……周金文承其形。或谓与‘子’同字异体非是，谓‘巳’为‘子’之省亦非是。高田忠周谓‘巳’象子未成形，‘包（胞）’字从之。可从。‘巳’殆即‘胎’之初文。地支第六字殷商卜辞、西周金文皆作‘子’，自战国时始以音近假‘巳’为之。”

1.【常】甲骨文“祀”字，合 9613 正、合 28170、合 37398。金文“祀”字，西周 07.3979.1。简帛“祀”字，日甲《除》6。石刻“祀”字，康健志、石经周易。《示部》：“，祭无已也。从示巳声。詳里切。，祀或从異。”（8 页）段玉裁注[③]：“从巳而释为无已，此如治曰乱，徂曰存，终则有始之义也。”《金文形义通解》[④]：“金文巳、已同字，……段说可从。李孝定曰：‘殷代祀统自彦堂师《殷历谱》出而大明，五种祀统周而复始，许训“祭无已也”，犹存殷礼遗意。’”

2.【常】甲骨文“妃”字，合 32163、合 21651。简帛“妃”字，第八层 821。石刻“妃”字，石经五经。《女部》：“，匹也。从女己声。芳非切。”（259 页）段玉裁注[⑤]：“人之配耦亦曰匹。”《金文形义通解》[⑥]：“甲骨文妃匹之‘妃’字作、等形，从女从巳。巳，乃胎儿之象形，从‘巳’，盖以示妃之所职。‘妃’字写配偶之女性一义，金文与甲文同。小篆讹（巳）为（己），与许慎解为‘女字’（实为姓）之‘改’字混同，但以女旁居左居右别之。王国维曰：‘古文己姓之己作妃，匹之字作，区别甚严。’容庚曰：‘妃匹之妃当是之讹。’”

3.【常】甲骨文“配”字，合 5007、合 31841。金文“配”字，西周 01.181.2。简帛“配”字，仪礼甲《服传》10。石刻“配”字，石经五经。《酉部》：“，酒色也。从酉己声。滂佩切。”（312 页）《金文形义通解》[⑦]：“甲骨文作……从酉从卩，象人坐于酒食旁，初谊当为伴饮、伴食。《公羊》宣三年传：‘王者必以其祖配。’‘配’谓配享，何休注：‘配，配食也。’此以本义释引申义也。又引申为配偶。”

4.0 金文“𨝊”字，战国 16.10384。简帛“𨝊”字，第八层 60。

---

① （清）朱骏声：《说文通训定声》，武汉古籍书店，1983，169 页。

② 张世超等：《金文形义通解》，中文出版社，1996，3474 页。

③ （清）段玉裁：《说文解字注》，上海古籍出版社，2000，3 页。

④ 张世超等：《金文形义通解》，中文出版社，1996，26 页。

⑤ （清）段玉裁：《说文解字注》，上海古籍出版社，2000，614 页。

⑥ 张世超等：《金文形义通解》，中文出版社，1996，2838 页。

⑦ 张世超等：《金文形义通解》，中文出版社，1996，835 页。

《臣部》:“，广臣也。从臣巳声。與之切。，古文配从户。”（250 页）

4.1【常】简帛“熙”字，东牌楼 083。石刻“熙”字，石经尚书。《火部》:“，燥也。从火配声。許其切。”（210 页）《说文通训定声》[①]：“按：燥者，熹字之训，古熙、熹二字多互借，许偶误耳。《尔雅·释诂》：熙，光也。”

5.【常】简帛“改”字，东牌楼 070。石刻“改”字，石经尚书。《攴部》:“，更也。从攴、己。李阳冰曰：‘已有过，攴之即改。’古亥切。”（68 页）

“只”组

0.【常】石刻“只”字，王祯志。《只部》:“，语巳词也。从口，象气下引之形。諸氏切。”（50 页）

1.【常 B】简帛“枳”字，第八层 855。石刻“枳”字，北狱庙碑。《木部》:“，木，似橘。从木只声。諸氏切。”（117 页）

“支”组

0.【常】简帛“支”字，法律答问 79。石刻“支”字，口伯超志。《支部》:“，去竹之枝也。从手持半竹。章移切。，古文支。”（65 页）

1.【常】简帛“枝”字，第八层 455、仓颉篇 34。石刻“枝”字，曹全碑。《木部》:“，木别生条也。从木支声。章移切。”（118 页）

2.【常】简帛“技”字，银壹 935。石刻“技”字，石经五经。《手部》:“，巧也。从手支声。渠綺切。”（256 页）

3.【常 B】“岐”是“郊”字或体。简帛“岐”字，秩律 456。石刻“岐”字，石经五经。《邑部》:“，周文王所封。在右扶风美阳中水乡。从邑支声。巨支切。，古文郊从枝从山。，郊或从山支声。因岐山以名之也。”（132 页）

4.【常】“肢”是“胑”字或体。《肉部》:“，体四胑也。从肉只声。章移切。，胑或从支。”（88 页）

5.【常 A】石刻“妓”字，朱齐之志。《女部》:“，妇人小物也。从女支声。读若跂行。渠綺切。”（262 页）《说文通训定声》[②]：“疑‘物’

① （清）朱骏声:《说文通训定声》，武汉古籍书店，1983，169 页。

② （清）朱骏声:《说文通训定声》，武汉古籍书店，1983，511 页。

为‘巧’字之误。或曰‘弱’之误。”

6.【常】“翅”字同“翍”。石刻“翅”字，石经五经。《羽部》：“，翼也。从羽支声。施智切。，翍或从氏。”（75页）

7.【常B】“屐”字暂未见唐以前、小篆外其他相关古文字形。《履部》：“，屩也。从履省，支声。奇逆切。”（176页）

8.【常】石刻“歧”字，郛休碑，从止支，支亦声，《说文》无。

9.【常】“吱”字暂未见唐以前相关古文字形，从口支声，《说文》无。

“之”组

0.【常】甲骨文“之”字，合226正。金文“之”字，西周08.4269、战国18.12098。简帛“之”字，语书11、秦律十八种3、银贰1566。石刻“之”字，元賄志、石经尚书。《之部》：“，出也。象艸过屮，枝茎益大，有所之。一者，地也。止而切。”（127页）《金文形义通解》[①]：“罗振玉曰：‘卜辞从止从一，人所之也。《尔雅·释诂》：“之，往也。”当为“之”之初谊。’”

1.0【常】金文“寺”字，西周07.3817、战国17.11250。简帛“寺”字，日甲《诘》59。石刻“寺”字，慈庆志。《寸部》：“，廷也。有法度者也。从寸之声。祥吏切。”（67页）《金文形义通解》[②]：“早期金文从又之声，即‘持’之古字，林义光说。战国文字增饰笔，所从之‘又’，三晋系文字作，秦系文字作。”

1.1【常】金文“待”字，西周05.2704。简帛“待”字，金关T01：022A。石刻“待”字，李矩兰志。《彳部》：“，竢也。从彳寺声。徒在切。”（43页）

1.2【常】简帛“時”字，法律答问106、敦煌简0052，简化作“时”。石刻“時”字，何晏砖志、高湝志。《日部》：“，四时也。从日寺声。市之切。，古文時从之、日。”（137页）《金文形义通解》[③]：“殷商甲骨文‘时’字……与金文及《说文》古文同构，实从日之声。”

1.3【常】简帛“等”字，封诊式92、敦煌简0497、仓颉篇12。石刻“等”字，曹全碑、石经五经。《竹部》：“，齐简也。从竹从

① 张世超等：《金文形义通解》，中文出版社，1996，1504页。

② 张世超等：《金文形义通解》，中文出版社，1996，702页。

③ 张世超等：《金文形义通解》，中文出版社，1996，1644页。

寺。寺，官曹之等平也。多肯切。”（95 页）段玉裁注[①]：“齐简者，叠简册齐之，如今人整齐书籍也。引申为凡齐之称。凡物齐之，则高下历历可见，故曰等级。”《说文通训定声》[②]：“按：寺者，简册杂集之地，寺亦声。”

1.4【常】简帛“侍”字，第八层 143。石刻“侍”字，王祯志。《人部》：“，承也。从人寺声。時吏切。”（164 页）

1.5【常】简帛“恃”字，马壹 92_285。石刻“恃”字，冯令华志。《心部》：“，赖也。从心寺声。時止切。”（219 页）

1.6【常】简帛“詩”字，郭店语一 38、马壹 37_39。石刻“詩”字，常季繁志、杨珽志，简化作“诗”。《言部》：“，志也。从言寺声。書之切。，古文詩省。”（51 页）《说文通训定声》[③]：“《毛诗序》：在心为志，发言为诗。”

1.7【常】简帛“特”字，仓颉篇 31。石刻“特”字，唐邕刻经记。《牛部》：“，朴特，牛父也。从牛寺声。徒得切。”（29 页）《说文通训定声》[④]：“按：朴特双声连语，如曰犃特也。”

1.8【常】简帛“持”字，银贰 1026。石刻“持”字，高归彦造像。《手部》：“，握也。从手寺声。直之切。”（251 页）

1.9【常 B】石刻“峙”字，元纂志，从山寺声，《说文》无。

2.【常】甲骨文“市”字，合 30646、合 27641。金文“市”字，西周 16.10174、楚系彩版 10。简帛“市”字，秦律十八种 65。石刻“市”字，张迁碑。《冂部》：“，买卖所之也。市有垣，从冂从㇇，㇇，古文及，象物相及也。之省声。時止切。”（110 页）《金文形义通解》[⑤]：“金文兮甲盤作，当为从兮止声字。从兮，盖取其喧声之意。鄂君啟节字作，增从‘土’，与‘场’‘坛’从‘土’同意。……秦简作，仍为从‘之’从‘兮’而用兼笔，‘之’‘兮’中笔复贯通为一竖，其形实为《说文》篆文所本。”

3.【常】简帛“志”字，蓋卢 37、金关 T01。石刻“志”字，范安贵志。《心部》：“，意也。从心之声。職吏切。”（217 页）

4.0 石刻“蚩”字，石经五经。《虫部》：“，虫也。从虫之声。赤之切。”（280 页）

---

① （清）段玉裁：《说文解字注》，上海古籍出版社，2000，191 页。
② （清）朱骏声：《说文通训定声》，武汉古籍书店，1983，160 页。
③ （清）朱骏声：《说文通训定声》，武汉古籍书店，1983，160 页。
④ （清）朱骏声：《说文通训定声》，武汉古籍书店，1983，159 页。
⑤ 张世超等：《金文形义通解》，中文出版社，1996，1357 页。

4.1【常】石刻“嗤”字，元继志，从口蚩声，《说文》无。

5.【常】石刻“芝”字，王诵志。《艸部》：“芝，神艸也。从艸从之。止而切。”（15 页）

“戠”组

0. 甲骨文“戠”字，合 20343、合 21099、合 37387。金文“戠”字，西周 08.4262.2、西周 08.4276。石刻“戠”字，许俊卅人造像。《戈部》：“戠，阙。从戈从音。之弋切。”（266 页）《说文通训定声》①：“按：兵也，从戈，意省声，今隶于此，其谊不见经传。”《甲骨文字诂林》②：“按：徐锴《系传》谓戠，‘職从此，古職字，古之職役皆执干戈’。戠之本义已难明。”“戠”字音 zhī。

1.【常】金文“織”字，西周 08.4276。简帛“織”字，日甲 3、仓颉篇 9。石刻“織”字，石经尚书。《糸部》：“織，作布帛之总名也。从糸戠声。之弋切。”（271 页）“織”字简化作“织”。

2.【常】金文“識”字，假“戠”字为之，西周 11.6014。简帛“識”字，秦律十八种 86。石刻“識”字，谯敏碑。《言部》：“識，常也。一曰知也。从言戠声。賞職切。”（52 页）“識”字简化作“识”。

3.【常】金文“職”字，战国 15.9710。简帛“職”字，效律 44。石刻“職”字，曹全碑、石经五经。《耳部》：“職，記微也。从耳戠声。之弋切。”（250 页）《说文通训定声》③：“按：五官耳与心最贯，声入心通，故闻读者能记。从耳与圣同意。”“職”字简化作“职”。

4.【常 B】石刻“熾”字，元诲志。《火部》：“熾，盛也。从火戠声。昌志切。𤈦，古文熾。”（210 页）“熾”字简化作“炽”。

5.【常】石刻“幟”字，刘德志。《巾部》：“幟，旌旗之属。从巾戠声。昌志切。”（160 页）“幟”字简化作“帜”。

“卮”组

0. 石刻“卮”字，石经五经。《卮部》：“卮，圜器也。一名觛。所以节饮食。象人，卩在其下也。章移切。”（186 页）

---

①（清）朱骏声：《说文通训定声》，武汉古籍书店，1983，178 页。

② 于省吾主编：《甲骨文字诂林》，中华书局，1999，2358 页。

③（清）朱骏声：《说文通训定声》，武汉古籍书店，1983，179 页。

1.【常B】“栀”字同“梔”，暂未见唐以前、小篆外其他相关古文字形。《木部》：“梔，木实可染。从木卮声。章移切。”（126页）

“直”组

0.【常】甲骨文“直”字，合22048。金文“直”字，西周08.4199。简帛“直”字，效律8、仓颉篇34。石刻“直”字，肥致碑、石经九经。《乚部》：“直，正见也。从乚从十从目。除力切。，古文直。”（267页）《金文形义通解》[①]：“甲骨文‘直’字作，从目，上加一直线形，象人独用一目，专注凝视以取直之意。……金文‘直’字已增乚形于之左下部。”

1.【常】金文“植”字，战国16.10407。简帛“植”字，郭店五34、马壹93_306。石刻“植”字，李贤志。《木部》：“植，户植也。从木直声。常職切。，或从置。”（120页）《说文通训定声》[②]：“按：古门外闭，中竖直木，以铁了鸟关之可加锁者。”

2.【常】甲骨文“置”字，合19896、合15682、合27589。简帛“置”字，秦律十八种160。石刻“置”字，石经五经。《网部》：“置，赦也。从网、直。陟吏切。”（158页）《说文通训定声》[③]：“按：网直，宜赦之，直亦声。”

3.【常】简帛“殖”字，仓颉篇9。石刻“殖”字，元孟辉志。《歺部》：“殖，脂膏久殖也。从歺直声。常職切。”（85页）

4.【常】简帛“值（値）”字，敦煌简2014、金关T24：028。石刻“值（値）”字，赵超宗志。《人部》：“値，措也。从人直声。直吏切。”（167页）

“止”组

0.【常】甲骨文“止”字，合20221、合21432。金文“止”字，商.近出246、西周08.4340。简帛“止”字，语书3、金关T24：739。石刻“止”字，元融妃穆氏志。《止部》：“止，下基也。象艸木出有址，故以止为足。諸市切。”（38页）《甲骨文字诂林》[④]：“孙诒

---

① 张世超等:《金文形义通解》，中文出版社，1996，2988页。

② （清）朱骏声:《说文通训定声》，武汉古籍书店，1983，218页。

③ （清）朱骏声:《说文通训定声》，武汉古籍书店，1983，218页。

④ 于省吾主编:《甲骨文字诂林》，中华书局，1999，758页。

让：'古文𣥂盖象足迹形，此则以为止字。' 按：止本象足趾之形，孙诒让的说法是对的。"

1.【常】甲骨文"企"字，合18981、合18983。简帛"企"字，仓颉篇69。石刻"企"字，石经五经。《人部》："企，举踵也。从人止声。去智切。𨇞，古文企从足。"（161页）段玉裁注[①]："举歱也。歱各本作踵，非。今正。歱者，跟也。企或作跂。……从人止。"《甲骨文字诂林》[②]："按：卜辞企字正象举足而竦身之形。"

2.【常】甲骨文"齒"字，花东284、合13649、合3523。金文"齒"字，商12.7053。简帛"齒"字，日书乙种《盗》255、金关T21：426。石刻"齒"字，石经九经。《齒部》："齒，口断骨也。象口齿之形，止声。昌里切。𠚕，古文齒字。"（44页）《甲骨文字诂林》[③]："按：甲骨文齿字本象口齿之形，……其从止声者，乃后起形声字。""齒"字简化作"齿"。

3.0【常】甲骨文"此"字，合27389。金文"此"字，商04.1595、西周11.5886。简帛"此"字，法律答问126。石刻"此"字，石堂画像石题记、石台孝经。《此部》："此，止也。从止从匕。匕，相比次也。雌氏切。"（38页）《甲骨文字诂林》[④]："陈初生：'以脚趾与一侧身人形会脚步到此停止之意。'"

3.1【常】金文"紫"字，吴越225页。石刻"紫"字，景君碑。《糸部》："紫，帛青赤色。从糸此声。將此切。"（274页）

3.2【常】金文"柴"字，文物94.3。简帛"柴"字，仓颉篇42。石刻"柴"字，石经尚书。《木部》："柴，小木散材。从木此声。士佳切。"（119页）

3.3【常B】简帛"疵"字，仓颉篇50。石刻"疵"字，李宪志。《疒部》："疵，病也。从疒此声。疾咨切。"（154页）

3.4【常B】金文"齜"字，秦文字编314。《齒部》："齜，齿相断也。一曰开口见齿之皃。从齒，柴省声。读若柴。仕街切。"（44页）"齜"字简化作"龇"。

3.5【常】石刻"雌"字，赫连子悦志。《隹部》："雌，鸟母也。从隹此声。此移切。"（77页）

---

① （清）段玉裁：《说文解字注》，上海古籍出版社，2000，365页。

② 于省吾主编：《甲骨文字诂林》，中华书局，1999，32页。

③ 于省吾主编：《甲骨文字诂林》，中华书局，1999，2150页。

④ 于省吾主编：《甲骨文字诂林》，中华书局，1999，836页。

3.6【常B】“眦”字同“眥”。石刻“眥”字，元融志。《目部》：“，目匡也。从目此声。在詣切。”（71页）

3.70 石刻“觜”字，潘善利志。《角部》：“，鸱旧头上角觜也。一曰觜觿也。从角此声。遵爲切。”（94页）

3.71【常】“嘴”字暂未见唐以前相关古文字形，从口觜声，《说文》无。

3.8【常B】石刻“髭”字，王大礼志，从髟此声，《说文》无。

3.9【常B】“跐”字暂未见唐以前相关古文字形，从足此声，《说文》无。

3.（10）【常B】“砦”字同“寨”，暂未见唐以前相关古文字形，从石此声，《说文》无。

4.0【常】简帛“徙（辿）”字，日乙《入官》228、敦煌简0067。石刻“徙（辿）”字，成阳灵台碑、石经五经。《辵部》：“，移也。从辵止声。斯氏切。，徙或从彳。，古文徙。”（40页）《说文通训定声》[1]：“今隶体作徙。”

4.1【常B】石刻“屣”字，元诱志，从尸徙声，《说文》无。

5.【常】简帛“耻（恥）”字，马壹77_75。石刻“耻（恥）”字，张君残碑、窦泰志、石经五经。《心部》：“，辱也。从心耳声。敕里切。”（223页）

6.【常】“址”是“阯”字或体。石刻“址（阯）”字，李端志、口伯超志。《阜部》：“，基也。从𠂤止声。諸市切。，阯或从土。”（305页）

7.【常B】石刻“沚”字，长孙子泽志、爨君志。《水部》：“，小渚曰沚。从水止声。諸市切。”（232页）“沚”字音zhǐ。

8.【常】石刻“趾”字，元灵曜志、崔元二志，从足止声，《说文》无。

9.【常B】石刻“芷”字，和丑仁志、苏恒志，从艸止声，《说文》无。

10.【常】“扯”字暂未见唐以前相关古文字形，从手止声，《说文》无。

“壴”组

0. 甲骨文“壴”字，合37500、合33155、合29011。金文“壴”

① （清）朱骏声：《说文通训定声》，武汉古籍书店，1983，162页。

字，西周03.862、西周08.4317。简帛“疐”字，封诊式53、金关T29：071。《叀部》：“，礙不行也。从叀，引而止之也。叀者，如叀马之鼻。从此与牵同意。陟利切。”（84页）段玉裁注[①]：“从冂，此与牵同意。冂，各本无，今补。从冂者，象挽之使止，如牵字冂象牛縻可引之使行也，故曰此与牵同意。”《金文形义通解》[②]：“《说文》‘从叀’之说非是。然其形意，不可塙知。郭沫若据晋姜鼎（摹本）字曰：‘即疐字。《礼记·曲礼上》“士疐之”，疏云“疐谓脱花处”。今此上从（花）省，下从止，即古文趾，则疏说最为得之。中之形盖即蒂之象，非田字。’张亚初发挥郭说，曰：‘该字初文作（这种较古的字形保存在金文的族氏徽号中），下部的……都是花的底座即花托之象形，……字正是“脱华”后的象形字，后来才在下面加“止”作意符。《说文》止为“下基”，疐从止表示这是花的下基或底座。’”“疐”字音zhì。

1.【常B】“嚏”字暂未见唐以前、小篆外其他相关古文字形。《口部》：“，悟解气也。从口疐声。都計切。”（31页）

“制”组

0.【常】金文“制”字，战国16.10374。简帛“制”字，第八层528、马壹121_5、仓颉篇9。石刻“制”字，石经五经。《刀部》：“，裁也。从刀从未。未，物成有滋味，可裁斷。一曰止也。征例切。，古文制如此。”（92页）《金文形义通解》[③]：“金文‘制’与《说文》古文近似，小篆从刀是也。金文刀形……与‘勿’形似，乃增饰笔所致。……裘锡圭曰：‘常见于秦代权量上的“制”字作、等形，左旁断成三截。’‘在古文字里，“折”字的写法跟“制”字的上举写法有相似之处。……这种“制”字显然反映了比较原始的写法，其左旁后来变而为“未”，这跟“折”字左旁由变为（手）如出一辙。古文字的“折”象以斤砍断树木，所象的应该是以刀截断木材。’”

1.【常B】石刻“掣”字，石经周易，从手制声，《说文》无。

① （清）段玉裁：《说文解字注》，上海古籍出版社，2000，159页。

② 张世超等：《金文形义通解》，中文出版社，1996，957页。

③ 张世超等：《金文形义通解》，中文出版社，1996，1031页。

“斦”组

0. “斦”字暂未见唐以前、小篆外其他相关古文字形。《斤部》：“斦，二斤也。从二斤。語斤切。”（300 页）《说文通训定声》[1]：“按：此字当读如质，即椹櫍之櫍，质从之得声。”

1.【常】石刻“質”字，北海相景君碑、白石神君碑。《貝部》：“質，以物相贅。从貝从斦。闕。之日切。”（130 页）《说文通训定声》[2]：“按：以钱受物曰赘，以物受钱曰质。此字当从斦声。”“質”字简化作“质”。

“甾”组

0. 甲骨文“甾”字，合 22082、合 36347、合 36512。金文“甾”字，西周 12.6504。《甲骨文字诂林》[3]：“按：从于先生当释甾，读若载。”《甾部》：“甾，东楚名缶曰甾。象形。側詞切。甾，古文。”（268 页）“甾”字音 zī。

1.【常 B】石刻“錙”字，卢万春志。《金部》：“錙，六铢也。从金甾声。側持切。”（296 页）“錙”字简化作“锱”。

“玆”组

0. 金文“玆”字，西周 08.4140、铭文选二 881。简帛“玆”字，为吏 40。石刻“玆”字，从事冯君碑、石经周易。《玄部》：“玆，黑也。从二玄。子之切。”（84 页）

1.【常】金文“滋”字，仲滋鼎。简帛“滋”字，日甲《稷从辰》34、东牌楼 048。石刻“滋”字，相张寿残碑。《水部》：“滋，益也。从水玆声。一曰滋水，出牛饮山白陉谷，东入呼沱。子之切。”（231 页）

2.【常】金文“慈”字，铭文选二 881。简帛“慈”字，金关 T30 : 018。石刻“慈”字，高百年志。《心部》：“慈，爱也。从心玆声。疾之切。”（218 页）

3.0【常】简帛“茲（兹）”字，老子 55、敦煌简 2289。石刻“茲（兹）”字，成阳灵台碑、娄黑女志。《艸部》：“茲，艸木多益。

---

① （清）朱骏声：《说文通训定声》，武汉古籍书店，1983，790 页。

② （清）朱骏声：《说文通训定声》，武汉古籍书店，1983，617 页。

③ 于省吾主编：《甲骨文字诂林》，中华书局，1999，706 页。

从艸，兹省声。子之切。”（22 页）《说文通训定声》[1]：“从艸，丝省声。与兹字声义俱别。”

3.1【常】“磁”字暂未见唐以前相关古文字形，从石兹声，《说文》无。

“𠂔”组

0. 甲骨文“𠂔”字，合 1385 正、合 36622。金文“𠂔”字，西周 08.4273。《𣎳部》：“，止也。从𣎳盛而一横止之也。即里切。”（127 页）“𠂔”字音 zǐ。

1.【常】金文“姊”字，西周 . 保利续。简帛“姊”字，马壹 72_5。石刻“姊”字，张镇志、石经五经。《女部》：“，女兄也。从女𠂔声。將几切。”（259 页）

2.【常】玺印“柿”字，秦代印风。石刻“柿”字，元道隆志。《木部》：“，赤实果。从木𠂔声。鉏里切。”（114 页）

“子”组

0.【常】甲骨文“子”字，合 20351、合 20794、合 2763 正、合 13931、合 21889。金文“子”字，商 04.2016、商 10.5417.1、新收 671 页。简帛“子”字，法律答问 116。石刻“子”字，乙瑛碑。《子部》：“，十一月，阳气动，万物滋，人以为偁。象形。李阳冰曰：‘子在襁緥中，足併也。’即里切。，古文子从巛，象发也。，籀文子囟有发，臂胫在几上也。”（309 页）《甲骨文字诂林》[2]：“按：‘子’但象孺子之形，以别于‘人’。……契文‘子’亦借作干支‘辰巳’之‘巳’。至于‘子丑’之‘子’，则作、诸形。”

1.【常】甲骨文“季”字，合 21120、花东 249。金文“季”字，西周 04.2338、西周 12.6434。简帛“季”字，第八层 659、金关 T01：037。石刻“季”字，曹全碑。《子部》：“，少偁也。从子，从稚省，稚亦声。居悸切。”（310 页）《甲骨文字诂林》[3]：“按：《说文》以为‘从子从稚省’，非是。……林义光《文源》云：‘《说文》云稚亦声，是季

① （清）朱骏声：《说文通训定声》，武汉古籍书店，1983，166 页。

② 于省吾主编：《甲骨文字诂林》，中华书局，1999，548 页。

③ 于省吾主编：《甲骨文字诂林》，中华书局，1999，1437 页。

与稚同音，当为穉之古文，幼禾也。从子禾，……引申为叔季之季。’林说可从。”

2.【常】金文“字”字，商 11.6270。石刻“字”字，石经周易。《子部》：“，乳也。从子在宀下，子亦声。疾置切。”（310 页）

3.【常】金文“李”字，西周 05.2832。简帛“李”字，包山文 40、仓颉篇 63。石刻“李”字，西狭颂。《木部》：“，果也。从木子声。良止切。，古文。”（114 页）

4.【常 B】石刻“孜”字，石经尚书。《攴部》：“，汲汲也。从攴子声。子之切。”（68 页）

5.【常】“仔”字暂未见唐以前、小篆外其他相关古文字形。《人部》：“，克也。从人子声。子之切。”（165 页）

6.【常】“籽”字暂未见唐以前相关古文字形，从米从子，子亦声，《说文》无。

“自”组

0.【常】甲骨文“自”字，合 22312、合 21901、合 27522。金文“自”字，新收 1073 页、西周 01.106、春秋 16.10269。简帛“自”字，法律答问 125、金关 T24：728A。石刻“自”字，石经周易。《自部》：“，鼻也。象鼻形。疾二切。，古文自。”（74 页）《金文形义通解》[①]：“《说文》中‘自’‘**白**’二形为一字，许慎已言之。……‘自’若‘**白**’于甲骨文中作、等形，象人鼻之形，内中短画，象皮肤文理，作一画或作二画并无差别。”

0.1 金文“**白**”字，西周 16.10271。《**白**部》：“，此亦自字也。省自者，词言之气，从鼻出，与口相助也。疾二切。”（74 页）

1.0【常】甲骨文“息”字，合 20086、合 3449。金文“息”字，新收 464 页、新收 458 页。简帛“息”字，为吏 27。石刻“息”字，石经周易。《心部》：“，喘也。从心从自，自亦声。相即切。”（217 页）

1.1【常】金文“熄”字，秦文字编 1588。《火部》：“，畜火也。从火息声。亦曰灭火。相即切。”（208 页）《说文通训定声》[②]：“按：蓄与灭一义之引申。”

1.2【常 B】石刻“憩”字，元贿志，从舌息声，《说文》无。

---

① 张世超等：《金文形义通解》，中文出版社，1996，833 页。

② （清）朱骏声：《说文通训定声》，武汉古籍书店，1983，215 页。

1.3【常】“媳”字暂未见唐以前相关古文字形，从女息声，《说文》无。

“皆”组

0.【常】甲骨文“皆”字，合28096、合27982、合27445、合31182。金文“皆”字，西周15.9535.2。简帛“皆”字，第八层13。石刻“皆”字，赵宽碑。《**白**部》：“，俱词也。从比从**白**。古諧切。”（74页）《金文形义通解》[①]：“金文皆壶字从‘从’从‘甘’，江陵楚简亦如此，秦简从‘曰’。由‘甘’变‘曰’，为笔形自然变化，而小篆从**白**，是讹变。……刘钊曰：甲骨文有，又省作，字从虍、从步、从口。又作，从步、从口。三字皆当释‘皆’，‘步’当为声符。……楚帛书‘皆’字作，即由甲文形变来，所从之为之讹变，省去一‘虍’字，二‘步’兼用一‘虍’字。金文皆壶作，仰天湖楚简作，是又由形省去‘虍’字者。”

1.【常】金文“楷”字，西周03.542、西周05.2729。石刻“楷”字，石经五经。《木部》：“，木也。孔子冢盖树之者。从木皆声。苦駭切。”（115页）

2.【常】石刻“諧”字，元珍志。《言部》：“，詥也。从言皆声。户皆切。”（53页）“諧”字简化作“谐”。

3.【常】金文“階”字，战国09.4521。简帛“階”字，马壹13_90。石刻“階”字，石经周易。《𨸏部》：“，陛也。从𨸏皆声。古諧切。”（306页）“階”字简化作“阶”。

4.【常B】简帛“偕”字，法律答问180。石刻“偕”字，元季聰志。《人部》：“，彊也。从人皆声。一曰俱也。古諧切。”（164页）

5.【常】石刻“揩”字，郑善妃志，从手皆声，《说文》无。

“桀”组

0. 简帛“桀”字，马壹88_204。石刻“桀”字，石经五经。《桀部》：“，磔也。从舛在木上也。渠列切。”（114页）《说文解字注笺》[②]：“磔当作傑，字之误也。桀、傑古今字。……桀与傑同，从二人在木上，取高出人上之意。”“桀”字音jié。

① 张世超等：《金文形义通解》，中文出版社，1996，835页。

② （清）徐灏：《说文解字注笺》（续修四库全书），上海古籍出版社，2002，卷五下568页。

1.【常】石刻“傑”字，傑高湝志。《人部》：“傑，傲也。从人桀声。渠列切。”（162 页）“傑”字简化作“杰”。

“卩”组

0. 甲骨文“卩（卪）”字，合 20196、合 22258。金文“卩（卪）”字，集成 7359。简帛“卩（卪）”字，居新 5710。《卩部》：“卪，瑞信也。守国者用玉卪，守都鄙者用角卪，使山邦者用虎卪，士邦者用人卪，泽邦者用龙卪，门关者用符卪，货贿用玺卪，道路用旌卪。象相合之形。子結切。”（186 页）《甲骨文字诂林》[①]：“按：象人跽跪之形。”“卩（卪）”字音 jié。

1.0【常】甲骨文“即”字，合 28269、怀 1576。金文“即”字，西周 05.2837。简帛“即”字，法律答问 164、金关 T23：978。石刻“即”字，石经周易。《皀部》：“即，即食也。从皀卪声。子力切。”（106 页）《甲骨文字诂林》[②]：“罗振玉：‘即，象人就食。’”

1.1【常】金文“節”字，战国 16.10371。简帛“節”字，效律 54。石刻“節”字，杨无丑志。《竹部》：“節，竹约也。从竹即声。子結切。”（95 页）“節”字简化作“节”。

1.2【常】“鯽”是“鰂”字或体，简化作“鲫”。《魚部》：“鰂，乌鰂，鱼名。从魚則声。昨則切。鯽，鰂或从即。”（244 页）

1.3【常】石刻“唧”字，唧元举志，从口即声，《说文》无。

“解”组

0.【常】甲骨文“解”字，合 18387。金文“解”字，西周 03.874。简帛“解”字，日甲《诘》68、金关 T10：410。石刻“解”字，解元孟辉志。《角部》：“解，判也。从刀判牛角。一曰解廌，兽也。佳買切。又户賣切。”（94 页）《金文形义通解》[③]：“商承祚释殷虚卜辞之为‘解’，曰：‘此象两手解牛角，……’马国权解之曰：‘乃解字。……亦解字，其所从“殳”乃棒状利器，盖宰牛之先，必以利物击毙之也，两字乃同义而异构。’”

---

① 于省吾主编：《甲骨文字诂林》，中华书局，1999，341 页。

② 于省吾主编：《甲骨文字诂林》，中华书局，1999，371 页。

③ 张世超等：《金文形义通解》，中文出版社，1996，1051 页。

1.【常】石刻“蟹”字，王德表志。《虫部》：“，有二敖八足，旁行，非蛇鲜之穴无所庇。从虫解声。胡買切。，蟹或从魚。”（282 页）

2.【常】石刻“懈”字，石台孝经。《心部》：“，怠也。从心解声。古隘切。”（220 页）

“戒”组

0.【常】甲骨文“戒”字，合 7060。金文“戒”字，西周 03.566、西周 11.5856。简帛“戒”字，为吏 40。石刻“戒”字，乙瑛碑、石经尚书。《収部》：“，警也。从廾持戈，以戒不虞。居拜切。”（59 页）

1.【常】简帛“械”字，敦煌简。石刻“械”字，杨士志。《木部》：“，桎梏也。从木戒声。一曰器之总名。一曰持也。一曰有盛为械，无盛为器。胡戒切。”（125 页）

2.【常】简帛“誡”字，金关 T24：731。石刻“誡”字，冯邕妻元氏志、高元珪志。《言部》：“，敕也。从言戒声。古拜切。”（52 页）“誡”字简化作“诫”。

“介”组

0.【常】甲骨文“介”字，合 816、合 2348。石刻“介”字，赵宽碑。《八部》：“，画也。从八从人。人各有介。古拜切。”（28 页）《甲骨文字诂林》[①]：“罗振玉：‘象人著甲形。介，联革为之。或从者，象联革形。’”

1.【常】简帛“界（畍）”字，第八层 2436、具律 104、金关 T02：023。石刻“界”字，石经五经。《田部》：“，境也。从田介声。古拜切。”（291 页）《说文通训定声》[②]：“按：田畔也，从田介会意，介亦声。”

2.【常】简帛“芥”字，银贰 1768、仓颉篇 24。石刻“芥”字，石经五经。《艸部》：“，菜也。从艸介声。古拜切。”（25 页）

3.【常】“尬”字暂未见唐以前、小篆外其他相关古文字形。《尣部》：“，尲尬也。从尣介声。公八切。又古拜切。”（214 页）《说文通训定

① 于省吾主编：《甲骨文字诂林》，中华书局，1999，14 页。

② （清）朱骏声：《说文通训定声》，武汉古籍书店，1983，664 页。

声》①："行不正皃。"

"丯"组

0. 甲骨文"丯"字，丯合 34148。金文"丯"字，丯商 12.6836。《丯部》："丯，艸蔡也。象艸生之散乱也。读若介。古拜切。"（93 页）《说文通训定声》②："按：介画竹木为识也，刻之为㓞，上古未有书契，刻齿于竹木以记事。丨象竹木，彡象齿形。"《甲骨文字释林》③："戴侗《六书故》：'丯即契也，又作㓞，加刀，刀所以契也。……古未有书，先有契，契刻竹木以为识，丯象所刻之齿。'按：戴说甚是。……甲骨文的丯字，就其构形来说，中画直，三邪画作弯环之势，象以木刻齿形。""丯"字音 jiè。

1.0 甲骨文"㓞"字，㓞合 14176。金文"㓞"字，㓞西周 05.2779。《甲骨文字诂林》④："按：字当释'㓞'，即'契'之初文。"《㓞部》："㓞，巧㓞也。从刀丯声。恪入切。"（93 页）"㓞"字音 qià。

1.10【常】金文"契"字，契春秋．三代十二/二十七。简帛"契"字，契日甲《诘》35。石刻"契"字，契石经五经。《大部》："契，大约也。从大从㓞。苦計切。"（213 页）《说文通训定声》⑤："从大㓞会意，㓞亦声。凡质剂之书券，今言合同簿书之最目，今言总账狱讼之要辞，今言案卷言结皆曰契。"

1.11【常】石刻"楔"字，楔石经五经。《木部》："楔，櫼也。从木契声。先結切。"（121 页）

1.12【常 B】石刻"鍥"字，鍥石经五经。《金部》："鍥，鎌也。从金契声。苦結切。"（296 页）"鍥"字简化作"锲"。

1.2【常 B】"囓"字同"齧"，简化作"啮"。简帛"齧"字，齧法律答问 83。石刻"齧"字，齧薛慧命志。《齒部》："齧，噬也。从齒㓞声。五結切。"（45 页）

1.30 简帛"絜"字，絜为吏 2。石刻"絜"字，絜石经五经。《糸部》："絜，麻一耑也。从糸㓞声。古屑切。"（277 页）段玉裁注⑥："俗作潔，经

① （清）朱骏声：《说文通训定声》，武汉古籍书店，1983，664 页。
② （清）朱骏声：《说文通训定声》，武汉古籍书店，1983，660 页。
③ 于省吾：《甲骨文字释林》，中华书局，1979，353 页。
④ 于省吾主编：《甲骨文字诂林》，中华书局，1999，2473 页。
⑤ （清）朱骏声：《说文通训定声》，武汉古籍书店，1983，660 页。
⑥ （清）段玉裁：《说文解字注》，上海古籍出版社，2000，661 页。

典作絜。”

1.31【常】石刻“潔”字，姬威志、山可球造像，简化作“洁”。《水部》：“，滌也。从水絜声。古屑切。”（238 页）

1.4【常 B】简帛“挈”字，马贰 37_48。石刻“挈”字，石经五经。《手部》：“，縣持也。从手㓞声。苦結切。”（251 页）

2.0【常】甲骨文“害”字，合 6614 正、合 6615、合 28011、合 17598。金文“害”字，西周 07.3806、西周 08.4298。简帛“害”字，法律答问 179、脉书 57。石刻“害”字，桐柏淮源庙碑、石经尚书。《宀部》：“，伤也。从宀从口。宀、口，言从家起也。丯声。胡蓋切。”（151 页）《金文形义通解》①：“殷虚甲骨文有，与周金文为同字，于省吾释‘’。甚是。甲骨文又有若，当亦同字。……是知‘害’字早期作、、等形，其构字之意未明。周金文承其前一形而变化。刘钊曰：‘后加口为义符，又变形音化从古声作、。’”

2.1【常】甲骨文“割”字，合 16448、合 24459。金文“割”字，春秋 09.4443.2。简帛“割”字，为吏 29。石刻“割”字，黄庭经、石经五经。《刀部》：“，剥也。从刀害声。古達切。”（92 页）

2.2【常】金文“憲”字，西周 15.9450.1、春秋 01.268.1。简帛“憲”字，秦律十八种 193、金关 T24：141。石刻“憲”字，石经五经。《心部》：“，敏也。从心从目，害省声。許建切。”（217 页）《金文形义通解》②：“早期金文从目，害省声，作。《诗·大雅·假乐》‘显显令德’，齐诗作‘憲憲令德’。‘显’‘’当为同源之字，一为象意，一为形声耳。‘显’者，明也。‘’从目害省声，本义当即目明善察也。……目善察曰，耳善听曰圣，然则彝铭曰‘圣’，犹后世曰‘聪明’矣。……之引申为敏，犹‘圣’之引申为智。敏者，心智之谓，故东周文字增从心作，乃篆文所本。‘憲’当为从心声。”“憲”字简化作“宪”。

2.3【常】石刻“轄”字，元珍志、石经五经。《車部》：“，车声也。从車害声。一曰辖，键也。胡八切。”（302 页）“轄”字简化作“辖”。

2.4【常】石刻“豁（䜬）”字，徐显秀志。《谷部》：“，通谷也。从谷害声。呼括切。”（240 页）

2.5【常】“瞎”字暂未见唐以前相关古文字形，从目从害，害亦声，《说文》无。

① 张世超等：《金文形义通解》，中文出版社，1996，1872 页。

② 张世超等：《金文形义通解》，中文出版社，1996，2528 页。

"巤"组

0. 金文"巤"字，西周 05.2585。《囟部》："，毛巤也。象发在囟上及毛发巤巤之形。此与籒文子字同。良涉切。"（216 页）《金文形义通解》[①]："金文上象鬣毛形，下从古文'羽'字。闻一多曰：'金文巤从羽，陈梦家云羽为声符。……案：陈说郅确。余谓羽即巤字初文，巤为兽毛之名，……亦为鸟羽之名。'""巤"字音 liè。

1.【常】简帛"獵"字，秦律杂抄。石刻"獵"字，石经五经。《犬部》："，放猎逐禽也。从犬巤声。良涉切。"（205 页）"獵"字简化作"猎"。

2.【常】简帛"臘"字，马壹 147_52、金关 T28：113。石刻"臘"字，石经五经、石经周易，简化作"腊"。《肉部》："，冬至后三戌，腊祭百神。从肉巤声。盧盍切。"（88 页）

3.【常】"蠟"字，从虫巤声，简化作"蜡"，《说文》无。

"蔑"组

0.【常】甲骨文"蔑"字，合 6610 正、合 20470。金文"蔑"字，商 10.5417.1、西周 05.2748；从禾，西周 10.5426.2、西周 10.5405.2。石刻"蔑"字，张迁碑、石经五经。《苜部》："，劳目无精也。从苜，人劳则蔑然；从戍。莫結切。"（77 页）《甲骨文字诂林》[②]："孙海波：'按：甲骨、金文蔑字并从，，古眉字。、苜形近，故《说文》误以为从苜。'伍士谦：'伐为以戈杀人头之意，为人头之繁体，……其实蔑、伐都是一字，都是功伐之意。'"

1.【常】简帛"袜（韈）"字，居新 2661。石刻"袜（韈）"字，穆纂志、潘善利志、、石经五经。《韋部》："，足衣也。从韋蔑声。望發切。"（113 页）

2.【常 B】石刻"篾"字，尔朱绍志，从竹，蔑省声，《说文》无。

"呈"组

0."呈"字，从日从土，《说文》无。

---

① 张世超等：《金文形义通解》，中文出版社，1996，2516 页。

② 于省吾主编：《甲骨文字诂林》，中华书局，1999，2442 页。

1.0【常B】简帛“涅”字，马壹137_156。石刻“涅”字，梁嗣鼎志、石经五经，从水呈声。《水部》：“，黑土在水中也。从水从土，日声。奴結切。”（231页）

1.1【常】“捏”字暂未见唐以前相关古文字形，从手呈声，《说文》无。

“臬”组

0. 甲骨文“臬”字，合6333。简帛“臬”字，引书16。石刻“臬”字，石经五经。《木部》：“，射準的也。从木从自。李阳冰曰：‘自非声，从劓省。’五結切。”（123页）“臬”字音niè。

1.【常B】“鎳”字暂未见唐以前相关古文字形，从金臬声，简化作“镍”，《说文》无。

“聂”组

0.【常】甲骨文“聶”字，合22282、拾遗五20、合9089反。简帛“聶”字，为吏2。石刻“聶”字，石经五经。《耳部》：“，附耳私小語也。从三耳。尼輒切。”（250页）段玉裁注[①]：“《口部》咠下曰：‘聂语也。’按：二篆皆会意。以口就耳则为咠。咠者，己二耳在旁，彼一耳居间则为聂。”《说文解字注笺》[②]：“愚谓聂从三耳者，审听之意耳。”“聶”字简化作“聂”。

1.【常】简帛“攝”字，金关T08：051A。石刻“攝”字，石经五经。《手部》：“，引持也。从手聶声。書涉切。”（251页）“攝”字简化作“摄”。

2.【常B】石刻“躡”字，元悌志。《足部》：“，蹈也。从足聶声。尼輒切。”（46页）“躡”字简化作“蹑”。

3.【常】“鑷”字暂未见唐以前相关古文字形，从金聶声，简化作“镊”，《说文》无。

“㚔”组

0. 甲骨文“㚔”字，合20381、合5867、合6334正。金文“㚔”字，商11.5578。《㚔部》：“，所以惊人也。从大从羊。一曰大声也。一

① （清）段玉裁：《说文解字注》，上海古籍出版社，2000，593页。

② （清）徐灏：《说文解字注笺》（续修四库全书），上海古籍出版社，2002，卷十二上498页。

曰读若瓠。一曰俗语以盗不止为㚔，㚔读若籋。尼輒切。”（214 页）《金文形义通解》[①]：“甲骨文作……于省吾曰：‘《说文》谓㚔读若籋，㚔即籋的本字。㚔为腕械，两半相合，用以夹持人的两腕，正合乎籋箝之义。’朱德熙、裘锡圭曰：‘㚔象梏形，即梏之表意初文。’”“㚔”字音 niè。

1.0【常】甲骨文“執”字，合 5965、合 804。金文“執”字，西周 10.5391.1、西周 05.2779、西周 05.2835、西周 08.4328。简帛“執”字，仓颉篇 51。石刻“執”字，尹宙碑、石经五经。《㚔部》：“，捕罪人也。从丮从㚔，㚔亦声。之入切。”（214 页）《甲骨文字诂林》[②]：“于省吾：‘甲骨文執字是用刑具以籋箝俘虏或罪人的两腕。’”“執”字简化作“执”。

1.1【常】简帛“摯”字，日甲《秦除》17。石刻“摯”字，李符妻摯志。《手部》：“，握持也。从手从執。脂利切。”（251 页）“摯”字简化作“挚”。

1.2【常 B】简帛“蟄”字，银贰 1800。《虫部》：“，藏也。从虫執声。直立切。”（282 页）“蟄”字简化作“蛰”。

1.3【常】简帛“墊”字，仪礼甲《士相见之礼》1。石刻“墊”字，元钦志。《土部》：“，下也。从土執声。都念切。”（288 页）“墊”字简化作“垫”。

1.4【常 B】石刻“贄”字，贾政志，从貝執声，简化作“贽”，《说文》无。

“且”组

0.【常】甲骨文“且”字，合 21617、合 22094、合 102。金文“且”字，商 03.1253、西周 11.5603。简帛“且”字，法律答问 115。石刻“且”字，曹全碑。《且部》：“，薦也。从几，足有二横，一其下地也。子余切。又千也切。”（299 页）段玉裁注[③]：“所以承籍进物者。”《甲骨文字诂林》[④]：“按：卜辞以且为祖，不从示。……‘祖’为由‘且’分化出之专用字。后世‘且’用为虚词，不复用为‘祖先’义。关于‘且’字形体的来源，郭沫若以为源于生殖崇拜，不可据。”《甲骨文字

① 张世超等：《金文形义通解》，中文出版社，1996，2486 页。
② 于省吾主编：《甲骨文字诂林》，中华书局，1999，2591 页。
③（清）段玉裁：《说文解字注》，上海古籍出版社，2000，716 页。
④ 于省吾主编：《甲骨文字诂林》，中华书局，1999，3557 页。

典》[①]："象俎形。……古置肉于俎上以祭祀先祖，故称先祖为且，后起字为祖。"《金文形义通解》[②]："强运开谓字象木主之形。"

1.【常】金文"組"字，西周 08.4314、春秋 03.661。简帛"組"字，秦律杂抄 18。石刻"組"字，石经尚书。《糸部》："組，绶属。其小者以为冕缨。从糸且声。則古切。"（274 页）《金文形义通解》[③]："金文'组'字从糸且声。声符或增从又。""組"字简化作"组"。

2.【常】简帛"租"字，法律答问 157。石刻"租"字，王逖志。《禾部》："租，田赋也。从禾且声。則吾切。"（146 页）

3.0【常】甲骨文"助"字，合 8855、合 15799。简帛"助"字，为吏 9。石刻"助"字，石经五经。《力部》："助，左也。从力且声。牀倨切。"（292 页）

3.1【常】简帛"鋤"字，魏楼.纸。石刻"鋤"字，桑嵦志，从金助声，简化作"锄"，《说文》无。

4.【常】简帛"詛"字，法律答问 59。石刻"詛"字，石经五经。《言部》："詛，詶也。从言且声。莊助切。"（54 页）"詛"字简化作"诅"。

5.【常】简帛"沮"字，仓颉篇 14。石刻"沮"字，石经五经。《水部》："沮，水，出汉中房陵，东入江。从水且声。子余切。"（225 页）

6.【常】金文"祖"字，西周 04.2368、春秋 16.10008、战国 07.4096。简帛"祖"字，引书 1。石刻"祖"字，曹全碑、崔淑志。《示部》："祖，始庙也。从示且声。則古切。"（8 页）

7.【常 B】石刻"咀"字，道因法师碑。《口部》："咀，含味也。从口且声。慈吕切。"（31 页）

8.【常】简帛"阻"字，银贰 1575。石刻"阻"字，元寿安志。《𨸏部》："阻，险也。从𨸏且声。側吕切。"（304 页）

9.【常】石刻"粗"字，崔琪志。《米部》："粗，疏也。从米且声。徂古切。"（147 页）

10.【常 B】石刻"趄"字，周敬本志。《走部》："趄，趑趄也。从走且声。七余切。"（37 页）

11.【常】石刻"姐"字，张婵志。《女部》："姐，蜀谓母曰姐，淮南谓之社。从女且声。兹也切。"（259 页）

12.【常 B】石刻"殂"字，石经尚书。《歺部》："殂，往、死也。

① 徐中舒主编：《甲骨文字典》，四川辞书出版社，1990，1490 页。

② 张世超等：《金文形义通解》，中文出版社，1996，3292 页。

③ 张世超等：《金文形义通解》，中文出版社，1996，3074 页。

从歺且声。昨胡切。𣧨，古文殂从歺从作。”（85 页）

13.【常 B】“雎”字同“鴡”。简帛“雎”字，马壹 82_54。石刻“雎”字，石经五经。《鳥部》：“𪀗，王鴡也。从鳥且声。七余切。”（81 页）

14.【常 A】“蛆”字暂未见唐以前相关古文字形，从虫且声，《说文》无。

“妾”组

0.【常 B】甲骨文“妾”字，合 19892。金文“妾”字，西周 05.2836、文物 98.8。简帛“妾”字，秦律十八种 61。石刻“妾”字，石经周易。《辛部》：“𡚸，有辠女子，给事之得接于君者。从辛从女。《春秋》云：‘女为人妾。’妾，不娉也。七接切。”（58 页）《甲骨文字诂林》[①]：“李孝定：‘契文从▽从女，▽者，头饰，……盖相当于今之妻子，并未见有卑下之含意。……盖妻字从女，上象发加笄形，妾则从女，上加头饰，其意相同。’”

1.【常】简帛“接”字，金关 T03：022A。石刻“接”字，石经周易。《手部》：“𢱢，交也。从手妾声。子葉切。”（253 页）

2.【常】“霎”字暂未见唐以前、小篆外其他相关古文字形。《雨部》：“𩂣，小雨也。从雨妾声。山洽切。”（242 页）

“劦”组

0. 甲骨文“劦”字，合 20283、合 27338、怀 1915、合 16108。金文“劦”字，中国历史文物 02.6、吴越 204 页。《劦部》：“𠠎，同力也。从三力。胡頰切。”（293 页）《甲骨文字诂林》[②]：“李孝定：‘契文象三耒并耕，或并置口（笶）中，引申得有同力同和之义。’按：《说文》‘劦’部有‘恊’‘勰’‘协’‘叶’诸形。王筠《系传校录》谓‘皆劦之重文’，其说可从。区别言之，‘恊’乃‘劦’之孳乳字，‘勰’又为‘恊’之别体。……‘恊’乃由‘叶’所演化。”“劦”字音 xié。

1.【常】简帛“荔”字，秦律十八种 4、仓颉篇 24。石刻“荔”字，须蜜多志。《艸部》：“𦯔，艸也，似蒲而小，根可作㕞。从艸劦声。郎計切。”（26 页）

2.【常】简帛“脅”字，脉书 20。石刻“脅”字，道颖等造像、

① 于省吾主编：《甲骨文字诂林》，中华书局，1999，453 页。

② 于省吾主编：《甲骨文字诂林》，中华书局，1999，717 页。

石经五经。《肉部》：“，两膀也。从肉劦声。虚業切。”（87页）《说文通训定声》[1]：“按：腋下之名也，其骨谓之肋。”“脅”字简化作“胁”。

3.【常】“叶”是“協”字或体。石刻“協（叶）”字，邑义七十人造像、元徽志。《劦部》：“，众之同和也。从劦从十。胡頰切。，古文協从日、十。，或从口。”（293页）“協”字简化作“协”。

“禼”组

0.“禼”字暂未见唐以前、小篆外其他相关古文字形。《内部》：“，虫也。从厹，象形。读与偰同。私列切。，古文禼。”（308页）“禼”字音xiè。

1.【常】简帛“竊（竊）”字，芮盗案70、金关T04：065。石刻“竊（竊）”字，赫连子悦志、石经五经。《米部》：“，盗自中出曰窃。从穴从米，禼、廿皆声。廿，古文疾。禼，古文偰。千結切。”（148页）《说文通训定声》[2]：“此字当训虫私取米食也，从禼从穴米会意，以米为穴也。”“竊”字简化作“窃”。

“耶”组

0.【常B】简帛“耶”字，汉流简纸。石刻“耶”字，元贵妃志、法懃塔铭，从耳从邑，《说文》无。

1.【常】“爺”字暂未见唐以前相关古文字形，从父耶声，简化作“爷”，《说文》无。

2.【常】“椰”字暂未见唐以前相关古文字形，从木耶声，《说文》无。

“也”组

0.【常】简帛“也”字，日甲2、银贰1459、金关T31：139。石刻“也”字，韩显宗志。《乀部》：“，女阴也。象形。羊者切。，秦刻石也字。”（265页）《金文形义通解》[3]：“西周金文‘也’‘它’同字，至春秋战国时二字已分化。……《说文》谓女阴象形者非是。”

1.【常】金文“地”字，从阜彖声，考古91.7、西周08.4269；追

---

① （清）朱骏声：《说文通训定声》，武汉古籍书店，1983，143页。

② （清）朱骏声：《说文通训定声》，武汉古籍书店，1983，638页。

③ 张世超等：《金文形义通解》，中文出版社，1996，2917页。

加义符土，西周 08.4317。简帛“地”字，日甲《土忌》134、金关 T21：282。石刻“地”字，曹全碑。《土部》：“，元气初分，轻清阳为天，重浊阴为地。万物所陈列也。从土也声。徒内切。，籀文地从隊。”（286 页）《金文形义通解》①：“金文‘地’字从土它声，仅见于战国金文。战国竹帛鉨印所见‘地’字亦从它声，然义符多叠用阜、土。……‘它’‘也’二字古同源，故小篆‘地’字从也声。……《说文》籀文‘地’实即‘墜’字，‘墜’‘地’古音相通，词义亦不无联系，故彼时惯以‘墜’为‘地’字。”

2.【常】简帛“施”字，为吏 49、金关 T23：886。石刻“施”字，石经尚书。《㫃部》：“，旗皃。从㫃也声。亝栾施字子旗，知施者旗也。式支切。”（140 页）

3.【常】简帛“馳”字，王杖 5。石刻“馳”字，卢文机志。《馬部》：“，大驱也。从馬也声。直离切。”（201 页）“馳”字简化作“驰”。

4.【常 B】“迆”字同“池”。石刻“迆（池）”字，元愿平妻王氏志、石经五经。《辵部》：“，衺行也。从辵也声。移尔切。”（41 页）

5.【常】石刻“弛”字，石经五经。《弓部》：“，弓解也。从弓从也。施氏切。，弛或从虒。”（270 页）

6.【常】简帛“池”字，张 584、金关 T07：039。石刻“池”字，池阳令碑，从水也声，《说文》无。

7.【常】简帛“他”字，金关 T24：019、金关 T02：078。石刻“他”字，薌他君记额，从人也声，《说文》无。

8.【常】石刻“她”字，王贵姜等造像，从女也声，《说文》无。

“业”组

0.【常】金文“業”字，西周 07.3783、春秋 05.2622。简帛“業”字，马壹 85_131、居新 7484。石刻“業”字，孔宙碑、石经周易。《丵部》：“，大版也。所以饰县钟鼓。捷业如锯齿，以白画之。象其鉏鋙相承也。从丵从巾。巾象版。魚怯切。，古文業。”（58 页）《说文通训定声》②：“此字从丵从巾，皆象形，非会意。其版如锯齿，令其

① 张世超等：《金文形义通解》，中文出版社，1996，3150 页。

② （清）朱骏声：《说文通训定声》，武汉古籍书店，1983，144 页。

相衔不脱，工致坚实也。”《金文形义通解》①：“金文象虡足上有饰版之形，下不从‘巾’，亦非从‘木’，乃虡之象形，……或增‘去’以标音。”“業”字简化作“业”。

1.【常B】金文“鄴”字，新收829页。简帛“鄴”字，金关T05：018。石刻“鄴”字，石尠志、元暐志。《邑部》：“，魏郡县。从邑業声。魚怯切。”（133页）“鄴”字简化作“邺”。

“枼”组

0. 甲骨文“枼”字，合19956、英1777、合13625正。金文“枼”字，春秋09.4644、西周08.4205。简帛“枼”字，银壹298。石刻“枼”字，王素志。《木部》：“，楄也。枼，薄也。从木世声。与涉切。”（125页）《金文形义通解》②：“此字甲骨文作……象木上之叶，为‘葉’之本字。金文……叶形简为点，又作，其上部声化而从‘止’。”“枼”字音yè。

1.【常】金文“葉”字，不从艸，假为“世”，春秋09.4644；从艸繁化，战国17.11294。简帛“葉”字，日甲《诘》64。石刻“葉”字，夏承碑。《艸部》：“，艸木之叶也。从艸枼声。与涉切。”（22页）“葉”字简化作“叶”。

2. 简帛“牒”字，秦律十八种35。石刻“牒”字，元怀志。《片部》：“，札也。从片枼声。徒叶切。”（143页）

3.【常A】简帛“諜”字，第八层1386。石刻“諜”字，寇治志。《言部》：“，军中反间也。从言枼声。徒叶切。”（57页）“諜”字简化作“谍”。

4.【常】石刻“蝶”字，张氏夫人志，从虫枼声，《说文》无。

5.【常】“碟”字暂未见唐以前相关古文字形，从石枼声，《说文》无。

“氒”组

0. 甲骨文“氒”字，合10405正。金文“氒”字，西周07.4020、西周01.106、战国18.11758A。《氏部》：“，木本。从氏。大於末。

---

① 张世超等：《金文形义通解》，中文出版社，1996，534页。

② 张世超等：《金文形义通解》，中文出版社，1996，1467页。

读若厥。居月切。”（266 页）《金文形义通解》[①]：“郭沫若曰：‘氒乃矢栝字之初文也。’……郭氏据罗振玉《贞松堂集古遗文》所著录矢栝形、，谓横置之器形即古氒字所象之形。……又，‘氒’为‘厥’之古字，今典籍皆用‘厥’而不用‘氒’，敦煌本隶古定《尚书》皆作‘氒’。”“氒”字音 jué。

1.0 甲骨文“昏”字，合 20115。金文“昏”字，春秋 04.424.1。《口部》：“，塞口也。从口，氒省声。氒音厥，古活切。，古文从甘。”（34 页）段玉裁注[②]：“凡昏声字，隶变皆为舌，如括、刮之类。”《金文形义通解》[③]：“案：昏即氒声而非省声。……昏之小篆及古文之声符……虽与‘氏’字近似淆混而非‘氏’。”“昏”字音 guā。

1.1【常】金文“話”字，西周 07.3840.2。石刻“話”字，、石经九经。《言部》：“，合会善言也。从言昏声。胡快切。，籀文語从會。”（53 页）“話”字简化作“话”。

1.2【常 B】简帛“聒”字，马壹 36_41。石刻“聒”字，石经尚书。《耳部》：“，讙语也。从耳昏声。古活切。”（250 页）

1.30【常】石刻“活（湉）”字，元寿安志。《水部》：“，水流声。从水昏声。古活切。，湉或从聒。”（229 页）

1.31【常】金文“闊”字，战国 16.10478A。石刻“闊”字，慈庆志。《門部》：“，疏也。从門湉声。苦括切。”（249 页）“闊”字简化作“阔”。

1.4【常】石刻“括”字，石经尚书。《手部》：“，絜也。从手昏声。古活切。”（255 页）《说文通训定声》[④]：“《六书故》又引‘结也’，从手昏声。絜者，束也。”

1.5【常】“刮”字暂未见唐以前、小篆外其他相关古文字形。《刀部》：“，掊把也。从刀昏声。古八切。”（92 页）

“爵”组

0.【常】甲骨文“爵”字，合 22067、合 14768、合 31021。金文“爵”字，西周 11.5599、西周 11.5675、西周 08.4269。简帛“爵”

---

① 张世超等：《金文形义通解》，中文出版社，1996，2925 页。

② （清）段玉裁：《说文解字注》，上海古籍出版社，2000，61 页。

③ 张世超等：《金文形义通解》，中文出版社，1996，203 页。

④ （清）朱骏声：《说文通训定声》，武汉古籍书店，1983，688 页。

字，第八层2551。石刻“爵”字，曹全碑、冯令华志、石经九经。《鬯部》：“，礼器也。象爵之形，中有鬯酒，又持之也，所以饮。器象爵者，取其鸣节节足足也。即畧切。，古文爵，象形。”（106页）《甲骨文字诂林》[①]：“按：卜辞爵字即象爵之形。”《金文形义通解》[②]：“许慎所云‘象爵者’，实言象雀。……爵之名‘爵’，当取自于雀，此亦古代汉语比拟造词法之一例。……李孝定曰：‘爵两柱，侧视之但见一柱，故字只象一柱，有流，腹空，三足，有耳之形。’周金文变柱形作……，其后者即为小篆所本；其流、尾、腹、三足形变异不一，连同持爵之手形，至小篆作，……而许慎以象形解作‘中有鬯酒’，非其朔也。”

1.【常】“嚼”是“噍”字或体。简帛“噍”字，仓颉篇8。石刻“嚼（噍）”字，、石经五经。《口部》：“，啮也。从口焦声。才肖切。，噍或从爵。又才爵切。”（31页）

“欮”组

0.【常B】简帛“欮（瘚）”字，引书63。石刻“欮（瘚）”字，卢直志。《疒部》：“，屰气也。从疒从屰从欠。居月切。，瘚或省疒。”（155页）“欮（瘚）”字音jué。

1.【常B】简帛“闕”字，马壹12_70。石刻“闕”字，曹全碑、石经五经。《門部》：“，门观也。从門欮声。去月切。”（248页）“闕”字简化作“阙”。

2.0 简帛“厥”字，银贰1626。石刻“厥”字，从事冯君碑、石经五经。《厂部》：“，发石也。从厂欮声。俱月切。”（193页）

2.1【常B】“撅”字，《手部》：“，从手有所把也。从手厥声。居月切。”（257页）

2.2【常B】石刻“橛（橜）”字，尉迟氏造像、孔桃栓志。《木部》：“，弋也。从木厥声。一曰门捆也。瞿月切。”（123页）

2.3【常B】石刻“鳜”字，石经五经。《魚部》：“，鱼名。从魚厥声。居衞切。”（244页）“鳜”字简化作“鳜”。

2.4【常B】“噘”字暂未见唐以前相关古文字形，从口厥声，《说文》无。

2.5【常B】“鐝”字暂未见唐以前相关古文字形，从金厥声，简化作“镢”，《说文》无。

---

① 于省吾主编：《甲骨文字诂林》，中华书局，1999，2747页。

② 张世超等：《金文形义通解》，中文出版社，1996，1290页。

"亅"组

0. 甲骨文"亅"字，合 9669 臼、合 17612。《亅部》："，钩逆者谓之亅。象形。读若橜。衢月切。"（267 页）段玉裁注[①]："象钩自下逆上之形。""亅"字音 jué。

1.0 "𠄌"字暂未见唐以前、小篆外其他相关古文字形。《亅部》："，钩识也。从反亅。读若捕鸟罬。居月切。"（267 页）段玉裁注[②]："钩识者，用钩表识其处也。""𠄌"字音 jué。

1.10 甲骨文"戉"字，花东 206。金文"戉"字，商 03.846、西周 16.10175、战国 . 吴越 458 页。简帛"戉"字，马壹 45_64。《戉部》："，斧也。从戈𠄌声。王伐切。"（266 页）《金文形义通解》[③]："甲骨文'戉'字作……等形，早期金文作形，皆钺之整体象形，长柲，下有鐏，刃巨且圆曲。"

1.110【常】简帛"越"字，秦律杂抄 25、仓颉篇 9。石刻"越"字，朝侯小子碑。《走部》："，度也。从走戉声。王伐切。"（36 页）

1.111【常 B】"樾"字暂未见唐以前相关古文字形，从木越声，《说文》无。

2.0 甲骨文"烕"字，合 1397。简帛"烕"字，蓋卢 46。石刻"烕"字，石经五经。《火部》："，灭也。从火、戌。火死于戌，阳气至戌而尽。許劣切。"（210 页）"烕"字音 miè。

2.1【常】金文"滅"字，故宫文物月刊 13 卷 1 期。简帛"滅"字，王杖 1。石刻"滅"字，石经周易。《水部》："，尽也。从水烕声。亡列切。"（237 页）"滅"字简化作"灭"。

3.【常】"魊"字暂未见唐以前相关古文字形，从鬼戉声，《说文》无。

"虐"组

0.【常】甲骨文"虐"字，合 2307、合 8857 正、合 17853。金文"虐"字，西周 09.4469。简帛"虐"字，马壹 130_20。石刻"虐"字，元颢志、石经尚书。《虍部》："，残也。从虍，虎足反爪人也。魚約切。，古文虐如此。"（103 页）《说文通训定声》[④]："今字作虐，省

① （清）段玉裁：《说文解字注》，上海古籍出版社，2000，633 页。

② （清）段玉裁：《说文解字注》，上海古籍出版社，2000，633 页。

③ 张世超等：《金文形义通解》，中文出版社，1996，2976 页。

④ （清）朱骏声：《说文通训定声》，武汉古籍书店，1983，335 页。

人。"《甲骨文字诂林》[1]："裘锡圭：'这个字象虎抓人欲噬形，应是"虐"的初文。'"

1.【常A】简帛"瘧"字，病方376、脉书19。《疒部》："，热寒休作。从疒从虐，虐亦声。魚約切。"（155页）"瘧"字简化作"疟"。

2.【常B】石刻"謔"字，寇章志。《言部》："，戏也。从言虐声。虚約切。"（55页）"謔"字简化作"谑"。

"青"组

0."青"字暂未见唐以前、小篆外其他相关古文字形。《冂部》："，帱帐之象。从冂；㞢，其飾也。苦江切。"（156页）段玉裁注[2]："从冂，帱帐所以覆也。㞢，其饰也。帐必有饰，凡弢鼓右皆像垂饰。""青"字音què。

1.0 甲骨文"殸"字，合267正、合734正。金文"殸"字，商06.2971。石刻"殸"字，石经五经。《甲骨文字集释》[3]："为乐器，为鼓乐之象。"《殳部》："，从上击下也。一曰素也。从殳青声。苦角切。青，苦江切。"（66页）"殸"字音què。

1.1【常】简帛"穀"字，马壹130_11、敦煌简2033B。石刻"穀"字，石经五经。《禾部》："，续也。百谷之总名。从禾殼声。古祿切。"（146页）"穀"字简化作"谷"。

1.2【常B】石刻"彀"字，石经五经。《弓部》："，张弩也。从弓殼声。古候切。"（270页）

1.3【常】"殼"字暂未见唐以前相关古文字形，从几殸声，简化作"壳"，《说文》无。

"雀"组

0.【常】甲骨文"雀"字，合19852、合20399。金文"雀"字，西周10.5162.2。简帛"雀"字，金关T23：923。石刻"雀"字，刘懿志。《隹部》："，依人小鸟也。从小、隹。读与爵同。即略切。"（76页）

1.【常】简帛"截（截）"字，仓颉篇71。石刻"截（截）"字，

---

① 于省吾主编：《甲骨文字诂林》，中华书局，1999，1628页。

② （清）段玉裁：《说文解字注》，上海古籍出版社，2000，353页。

③ 李孝定：《甲骨文字集释》，台湾"中研院"历史语言研究所，1970，1006页。

石门颂、郑令妃志。《戈部》:“，断也。从戈雀声。昨結切。”（266页）《说文通训定声》[①]:“字亦作截。”

“血”组

0.【常】甲骨文“血”字，合19923、合22857、合19495、英2119、屯2707、合736、合34430、合17375。简帛“血”字，脉书9、敦煌简2013。石刻“血”字，多宝塔碑。《血部》:“，祭所薦牲血也。从皿，一象血形。呼决切。”（105页）《甲骨文字诂林》[②]:“罗振玉:‘血在皿中。’按:契文‘血’所从之‘皿’作、，与‘盟’所从之‘皿’作、者有别，诸家多混同，非是。”

1.【常】简帛“恤”字，为吏26。石刻“恤”字，曹全碑。《心部》:“，忧也。收也。从心血声。辛聿切。”（219页）

“乐”组

0.【常】甲骨文“樂”字，合33153。金文“樂”字，西周16.10216、西周.上博七、春秋07.4120、春秋09.4618、战国04.2105。简帛“樂”字，日甲《诘》32。石刻“樂”字，建宁三年残碑。《木部》:“，五声八音总名。象鼓鞞。木，虡也。玉角切。”（124页）《金文形义通解》[③]:“甲骨文作……罗振玉曰:‘从丝附木上，琴瑟之象也。’周早期金文与甲文同。西周中期后，字中增从‘白’。‘白’者，或谓象调弦之器，或谓拇指，则从白为会意。若然，何早期文字不见从白者？刘钊谓‘白’乃追加之声符。甚塙。古音‘乐’在来纽药部，‘白’在并纽铎部，唇舌音可转，韵自药入铎者。”“樂”字简化作“乐”。

1.【常】甲骨文“櫟”字，合36746。金文“櫟”字，战国17.11361.1。简帛“櫟”字，效律38、仓颉篇34。石刻“櫟”字，石经五经。《木部》:“，木也。从木樂声。郎擊切。”（117页）“櫟”字简化作“栎”。

2.【常】简帛“藥”字，第八层1440、敦煌简2034。石刻“藥”字，曹全碑。《艸部》:“，治病艸。从艸樂声。以勺切。”（24页）

---

① （清）朱骏声:《说文通训定声》，武汉古籍书店，1983，332页。

② 于省吾主编:《甲骨文字诂林》，中华书局，1999，2635页。

③ 张世超等:《金文形义通解》，中文出版社，1996，1461页。

“藥”字简化作“药”。

3.【常】石刻“礫”字，元宥志、徐盼志。《石部》：“，小石也。从石樂声。郎擊切。”（194页）“礫”字简化作“砾”。

4.【常】石刻“爍”字，樊涚志。《火部》：“，灼烁，光也。从火樂声。書藥切。”（210页）“爍”字简化作“烁”。

“龠”组

0. 甲骨文“龠”字，合4720、合22730。金文“龠”字，西周10.5421.1、西周16.10176。简帛“龠”字，为吏9。石刻“龠”字，韦彧志。《龠部》：“，乐之竹管，三孔，以和众声也。从品、侖。侖，理也。以灼切。”（48页）《金文形义通解》[①]：“甲骨文作……等形，金文与甲文同构。、，象编管之乐器形，二形或○形，象管端之圆孔，示管之内空，以与编简形之（册）字区别。……有加亼形者，以之示吹管人之口。”“龠”字音yuè。

1.0 金文“籥”字，考古89.1。简帛“籥”字，法律答问30、仓颉篇19。石刻“籥”字，袁月玑志、石经五经。《竹部》：“，书僮竹笘也。从竹龠声。以灼切。”（95页）“籥”字音yuè。

1.1【常】石刻“籲（顲）”字，石经五经。《頁部》：“，呼也。从頁籥声。读与钥同。羊戌切。”（184页）“籲”字简化作“吁”。

2.【常】石刻“鑰”字，惟贞庙碑，从金龠声，简化作“钥”，《说文》无。

“宾”组

0.【常】甲骨文“賓”字，合32正、合30529、合22630、合20278、合补60正甲、合709正、合22458。金文“賓”字，商10.5412.3、西周15.9299。简帛“賓”字，蓋卢4。石刻“賓”字，石经九经、石经五经。《貝部》：“，所敬也。从貝㝐声。必鄰切。，古文。”（130页）《金文形义通解》[②]：“甲骨文作……从宀下人形，从止。周金文多易‘止’为‘贝’。……《说文》篆文乃讹人形为丏，古文尚存古意。宀下之人、兀、元为主而非客，与‘寇’字同。叶玉森曰：‘卜辞

① 张世超等：《金文形义通解》，中文出版社，1996，443页。

② 张世超等：《金文形义通解》，中文出版社，1996，1567页。

宾字讹变孔多，其初文当为[illegible]，象足迹在屋外，主人跽而迎宾，与客字构造法同。’王国维曰：‘金文及小篆易从止为从贝者，乃后起之字，古者宾客至必有物以赠之，其赠之之事谓之宾，故其字从贝，其义即礼经之傧字也。’”《金文形义通解》[1]：“甲骨文‘宩’字作[illegible]、[illegible]，象人在屋下，兀亦人形也。……《金文编》引高景成曰：‘古卩、人、兀、元四字俱通，象室下来人，宾客之义。《说文》从宩声非。……‘宩’为‘宾’之初文。’”“賓”字简化作“宾”。

1.【常 B】石刻“殯”字，[illegible]张迁碑、[illegible]李凤妃志。《歺部》：“[illegible]，死在棺，将迁葬柩，宾遇之。从歺从宾，宾亦声。夏后殡于阼阶，殷人殡于两楹之间，周人殡于宾阶。必刃切。”（85 页）段玉裁注[2]：“当云尸在棺，肂于西阶，宾遇之。从歺宾，尸在棺，故从歺。西阶宾之，故从宾。宾亦声。”“殯”字简化作“殡”。

2.【常】石刻“鬢”字，[illegible]石经五经。《髟部》：“[illegible]，颊发也。从髟賓声。必刃切。”（185 页）“鬢”字简化作“鬓”。

3.【常 B】简帛“臏”字，[illegible]马 . 阴阳甲。“臏”字，从肉賓声，简化作“膑”，《说文》无。

4.【常】石刻“繽”字，[illegible]穆纂志、[illegible]嵩阳观碑，从糸賓声，简化作“缤”，《说文》无。

5.【常】石刻“濱”字，[illegible]胡明相志，从水賓声，简化作“滨”，《说文》无。

“⺻彡”组

0.“⺻彡”字，《聿部》：“[illegible]，聿饰也。从聿从彡。俗语以书好为⺻彡。读若津。將鄰切。”（65 页）段玉裁注[3]：“今人所谓津津亹亹者盖出此，叹羡其好则口流[illegible]液，音义皆与[illegible]通。”“⺻彡”字音 jīn。

1.【常】简帛“津”字，[illegible]银贰 1554、[illegible]金关 T23：621、[illegible]仓颉篇 13。石刻“津”字，[illegible]夏承碑。《水部》：“[illegible]，水渡也。从水⺻彡声。將鄰切。[illegible]，古文津从舟从淮。”（233 页）《金文形义通解》[4]：“金文与《说文》古文同构，当为从舟从水，隹声字。‘舟’、‘水’盖累增之义符。或当为

① 张世超等：《金文形义通解》，中文出版社，1996，1862 页。
② （清）段玉裁：《说文解字注》，上海古籍出版社，2000，163 页。
③ （清）段玉裁：《说文解字注》，上海古籍出版社，2000，117 页。
④ 张世超等：《金文形义通解》，中文出版社，1996，2612 页。

从舟，淮声，淮本隹声字。”

2.0“⿱聿火”字暂未见唐以前、小篆外其他相关古文字形。《火部》：“⿱聿火，火余也。从火聿声。一曰薪也。徐刃切。”（209 页）段玉裁注[①]：“火之余木也。各本作‘火余也’，今依唐初玄应本。火之余木曰⿱聿火，死火之⿱聿火曰灰。引伸为凡余之偁。”“⿱聿火”字音 jìn。

2.10【常】甲骨文“盡”字，合补 11038 正、合 18538。简帛“盡”字，秦律十八种 46、马壹 78_94。石刻“盡”字，尔朱绍志。《皿部》：“盡，器中空也。从皿⿱聿火声。慈刃切。”（104 页）《金文形义通解》[②]：“甲骨文‘尽’字作……等形。罗振玉曰：‘从又持从皿，象涤器形，食尽器斯涤矣，故有终尽之义。’”“盡”字简化作“尽”。

2.11【常 B】石刻“燼”字，石台孝经，从火，盡亦声，简化作“烬”，《说文》无。

“斤”组

0.【常】甲骨文“斤”字，南坊 4.204。金文“斤”字，西周 05.2674、战国 17.11049。简帛“斤”字，秦律十八种 91、赐律 282、金关 T06：109。石刻“斤”字，元弘嫔侯氏志。《斤部》：“斤，斫木也。象形。舉欣切。”（299 页）《金文形义通解》[③]：“象横刃斫器及柄形。”

1.【常】甲骨文“祈”字，合 7912、合 946 正、屯 7、合 7914。金文“祈”字，假“旂”之初文为之，西周 08.4224；假“旂”字为之，西周 05.2727；从言，旂省声，殆“祈”之专字，西周 09.4628.1；从言旂声，春秋 09.4585。石刻“祈”字，华岳庙碑。《示部》：“祈，求福也。从示斤声。渠稀切。”（8 页）

2.【常 B】简帛“靳”字，为吏 32、金关 T30：136。石刻“靳”字，孔宙碑。《革部》：“靳，当膺也。从革斤声。居近切。”（61 页）

3.【常】简帛“近”字，马壹 78_94、银贰 1760、金关 T04：157。石刻“近”字，石经周易。《辵部》：“近，附也。从辵斤声。渠遴切。，古文近。”（41 页）

4.0【常】简帛“欣”字，第八层 178、金关 T10：152。石刻“欣”字，从事冯君碑。《欠部》：“欣，笑喜也。从欠斤声。許斤切。”

---

① （清）段玉裁：《说文解字注》，上海古籍出版社，2000，484 页。

② 张世超等：《金文形义通解》，中文出版社，1996，1227 页。

③ 张世超等：《金文形义通解》，中文出版社，1996，3295 页。

（179 页）

4.1【常】石刻“掀”字，■石经五经。《手部》：“■，举出也。从手欣声。虚言切。”（254 页）

4.2【常】“鍁”字暂未见唐以前相关古文字形，从金欣声，简化作“锨”，《说文》无。

5.【常】石刻“芹”字，■孔子庙碑。《艸部》：“■，楚葵也。从艸斤声。巨巾切。”（19 页）

6.【常 B】简帛“頎”字，■西汉．习字觚。石刻“頎”字，■石经五经，从頁斤声，简化作“颀”，《说文》无。

“今”组

0.【常】甲骨文“今”字，■合 20273。金文“今”字，■西周 05.2837、■西周 05.2809。简帛“今”字，■语书 7。石刻“今”字，■华山庙碑、■高湆志。《亼部》：“■，是时也。从亼从■。■，古文及。居音切。”（108 页）《甲骨文字诂林》①：“疑今乃借字，即假亼字为之，契文今或作亼，下不从一。或又增一者以示与亼有别。”《金文形义通解》②：“裘锡圭曰：‘“今”从倒“曰”，字形所要表示的意思是闭口不出气。’‘今’即古书中作闭口讲之‘吟’初文。周金文或变横画为折笔，写作■，为小篆所本。”

1.0【常】甲骨文“禽”字，■合 10514、■合 33373、■合 7562。金文“禽”字，■近出二编 3.147 页、■西周 08.4328。简帛“禽”字，■蓋卢 5、■金关 T10：131。石刻“禽”字，■石经五经。《内部》：“■，走兽总名。从厹，象形，今声。禽、离、兕頭相似。巨今切。”（308 页）《甲骨文字诂林》③：“按：唐兰据孙诒让释■为禽之本字是对的。……■本象有柄之网形，其后加‘今’为声符作■，进而讹变作禽。”

1.1【常】石刻“擒”字，■姬威志，从手禽声，《说文》无。

1.2【常 B】“檎”字暂未见唐以前相关古文字形，从木禽声，《说文》无。

2.0【常】甲骨文“金”字，■花东 416。金文“金”字，■西周 07.3822、■西周 07.3907、■西周 16.9901.2、■西周 08.4235.2。简帛“金”字，■效律 7、■金关 T07：022A。石刻“金”字，■曹全碑、■

① 于省吾主编：《甲骨文字诂林》，中华书局，1999，1924 页。

② 张世超等：《金文形义通解》，中文出版社，1996，1315 页。

③ 于省吾主编：《甲骨文字诂林》，中华书局，1999，2821 页。

石经周易。《金部》："金，五色金也。黄为之长。久薶不生衣，百炼不轻，从革不违。西方之行。生于土，从土；左右注，象金在土中形；今声。居音切。金，古文金。"（293 页）《金文形义通解》[①]："早期金文从，即金饼之象形。……右从，其上当为'今'声，甲骨文'今'或作。其下象斧钺之头形。……渐简为……横画，……置于形之间隙。"

2.10【常】金文"欽"字，战国 03.980。简帛"欽"字，效律 11、金关 T23：353。石刻"欽"字，鄯乾志。《欠部》："欽，欠皃。从欠金声。去音切。"（179 页）《说文通训定声》[②]："考虞夏商书言钦，周书则言敬，虞夏商书亦钦敬错见，上曰钦若昊天，下曰敬授民时。又钦哉不曰敬哉，盖钦、敬意略同而辞有别。""欽"字简化作"钦"。

2.11【常 B】"撳"字暂未见唐以前相关古文字形，从手欽声，简化作"揿"，《说文》无。

2.2【常】石刻"錦"字，韩震志、侯愔志。《帛部》："錦，襄邑织文。从帛金声。居飲切。"（160 页）"錦"字简化作"锦"。

3.0【常】甲骨文"念"字，花东 90、合 12670、合 1824 正。金文"念"字，西周 05.2824。简帛"念"字，芮盗案 75、金关 T23：412、东牌楼 036。石刻"念"字，石经尚书。《心部》："念，常思也。从心今声。奴店切。"（217 页）

3.1【常】石刻"捻"字，薛豆卢夫人志。《手部》："捻，指捻也。从手念声。奴協切。"（258 页）

4.【常】甲骨文"貪"字，合 17468。金文"貪"字，秦文字编 991。简帛"貪"字，银贰 2017、仓颉篇 30。石刻"貪"字，张海翼志、石经五经。《貝部》："貪，欲物也。从貝今声。他含切。"（131 页）"貪"字简化作"贪"。

5.【常 B】金文"龕"字，西周 16.10175。石刻"龕"字，石经九经。《龍部》："龕，龙皃。从龍合声。口含切。"（245 页）段玉裁注[③]："从龙，今声。各本作合声，篆体亦误。"《金文形义通解》[④]："金文'**龕**'字从龙，今声。于省吾据眉寿钟字曰：'段说是也。**龕**字《玉篇》及戴侗引唐本《说文》并从今声。'""龕"字简化作"龛"。

6.【常 A】简帛"黔"字，奏谳书 143。石刻"黔"字，尧遵志。

---

① 张世超等：《金文形义通解》，中文出版社，1996，3236 页。

② （清）朱骏声：《说文通训定声》，武汉古籍书店，1983，94 页。

③ （清）段玉裁：《说文解字注》，上海古籍出版社，2000，582 页。

④ 张世超等：《金文形义通解》，中文出版社，1996，2712 页。

《黑部》:“黔,黎也。从黑今声。秦谓民为黔首,谓黑色也。周谓之黎民。巨淹切。”(211 页)

7.【常 B】石刻“矜”字,娄黑女志、石经尚书。《矛部》:“矜,矛柄也。从矛今声。居陵切。又巨巾切。”(300 页)

8.【常】石刻“琴”字,刘氏志、石婉志。《琴部》:“琴,禁也。神农所作。洞越。练朱五弦,周加二弦。象形。巨今切。鑋,古文珡从金。”(267 页)《说文通训定声》[①]:“今隶作琴。”

9.0“侌(霒)”字暂未见唐以前、小篆外其他相关古文字形。《雲部》:“霒,雲覆日也。从雲今声。於今切。侌,古文或省。亦古文霒。”(242 页)“侌(霒)”字音 yīn。

9.10【常】甲骨文“陰”字,合 13461、合 20988。金文“陰”字,西周 16.10322、西周 08.4323、春秋 09.4443.2、战国 18.11609。简帛“陰”字,脉书 47、仓颉篇 60。石刻“陰”字,石经五经、石经周易。《阜部》:“陰,闇也。水之南、山之北也。从𨸏侌声。於今切。”(304 页)“陰”字简化作“阴”。

9.11【常】石刻“蔭”字,尧遵志。《艸部》:“蔭,艸阴地。从艸陰声。於禁切。”(22 页)“蔭”字简化作“荫”。

10.【常 B】简帛“衾”字,遣策 10。石刻“衾”字,元信志、石经五经。《衣部》:“衾,大被。从衣今声。去音切。”(172 页)

11.0【常】石刻“含”字,元广志、石经周易。《口部》:“含,嗛也。从口今声。胡男切。”(31 页)

11.1【常】石刻“頷”字,石经五经。《頁部》:“頷,面黄也。从頁含声。胡感切。”(182 页)“頷”字简化作“颔”。

12.0【常 B】简帛“岑”字,仓颉篇 61。石刻“岑”字,多宝塔碑。《山部》:“岑,山小而高。从山今声。鉏箴切。”(190 页)

12.1【常 B】石刻“涔”字,李爽志。《水部》:“涔,渍也。一曰涔阳渚,在郢中。从水岑声。鉏箴切。”(234 页)

13.【常】石刻“吟”字,元毓志、李矩兰志。《口部》:“吟,呻也。从口今声。魚音切。訡,吟或从音。訡,或从言。”(34 页)

14.【常 B】石刻“衿”字,山晖志,从衣今声,《说文》无。

① (清)朱骏声:《说文通训定声》,武汉古籍书店,1983,95 页。

“林”组

0.【常】甲骨文“林”字，合33756。金文“林”字，商10.5013.1。简帛“林”字，秦律十八种4。石刻“林”字，穆玉容志盖。《林部》：“林，平土有丛木曰林。从二木。力尋切。”（126页）

1.【常】甲骨文“婪”字，合集10298。石刻“婪”字，卢昂志。《女部》：“婪，贪也。从女林声。杜林说：卜者党相诈验为婪。读若潭。盧含切。”（264页）

2.0【常】简帛“禁”字，秦律十八种5。石刻“禁”字，曹全碑。《示部》：“禁，吉凶之忌也。从示林声。居蔭切。”（9页）

2.1【常B】“噤”字暂未见唐以前、小篆外其他相关古文字形。《口部》：“噤，口闭也。从口禁声。巨禁切。”（31页）

2.2【常】石刻“襟”字，元遥志，从衣禁声，《说文》无。

3.【常】“彬”是“份”字古文。石刻“份（彬）”字，杨统碑、元举志。《人部》：“份，文质僣也。从人分声。《论语》曰：‘文质份份。’府巾切。彬，古文份从彡、林。林者，从焚省声。”（162页）《说文解字系传》[①]：“文质备也。”《说文通训定声》[②]：“字亦作斌、作玢。《广雅·释诂三》：彬，文也。《论语》‘文质份份’孔注：文质相半之貌。”

4.【常】石刻“琳”字，元珽志。《玉部》：“琳，美玉也。从玉林声。力尋切。”（10页）

5.【常B】石刻“霖”字，赵朗志。《雨部》：“霖，雨三日已往。从雨林声。力尋切。”（241页）

6.【常】石刻“淋”字，崔羲妻合志。《水部》：“淋，以水渼也。从水林声。一曰淋淋，山下水皃。力尋切。”（237页）

“粦”组

0.甲骨文“粦”字，合22258、合261。金文“粦”字，西周16.10175、中国历史文物06.3。简帛“粦”字，银壹589。《炎部》：“粦，兵死及牛马之血为粦。粦，鬼火也。从炎、舛。良刃切。”（210页）《金文形义通解》[③]：“李孝定谓‘盖粦火着人身之象’。可从。人行粦火则

---

① （南唐）徐锴：《说文解字系传》，中华书局，1998，161页。

② （清）朱骏声：《说文通训定声》，武汉古籍书店，1983，780页。

③ 张世超等：《金文形义通解》，中文出版社，1996，2442页。

著于身，金文下增足形，益见其意。”

1.【常】甲骨文“鄰”字，合 2607。简帛“鄰”字，法律答问 98。石刻“鄰”字，王普咸志、石经九经。《邑部》：“，五家为邻。从邑粦声。力珍切。”（131 页）“鄰”字简化作“邻”。

2.【常】甲骨文“憐”字，合 4310。简帛“憐”字，马壹 88_191、敦煌简 0667。石刻“憐”字，元谭志、王光志，简化作“怜”。《心部》：“，哀也。从心粦声。落賢切。”（233 页）

3.【常 B】简帛“粼”字，秦律杂抄 10。石刻“粼”字，石经五经。《巛部》：“，水生厓石间粼粼也。从巛粦声。力珍切。”（239 页）

4.【常】简帛“鱗”字，银贰 1659。石刻“鱗”字，尔朱绍志。《魚部》：“，鱼甲也。从魚粦声。力珍切。”（244 页）“鱗”字简化作“鳞”。

5.【常 B】“瞵”字暂未见唐以前、小篆外其他相关古文字形。《目部》：“，目精也。从目粦声。力珍切。”（71 页）

6.【常 B】石刻“轔”字，石经五经。《車部》：“，车声。从車粦声。力珍切。”（303 页）“轔”字简化作“辚”。

7.【常 B】石刻“嶙”字，袁君志。《山部》：“，嶙峋，深崖皃。从山粦声。力珍切。”（191 页）

8.【常】石刻“磷”字，元顺志，从石粦声，《说文》无。

“㐭”组

0.【常 B】“廩”是“㐭”字或体。甲骨文“㐭”字，合 584 反甲、合 583 反。金文“㐭（廩）”字，西周 10.5424.1、西周 05.2837。简帛“廩”字，仓颉篇 55。石刻“廩”字，史待宾志。《㐭部》：“，谷所振入。宗庙粢盛，仓黄㐭而取之，故谓之㐭。从入，回象屋形，中有户牖。力甚切。，㐭或从广从禾。”（111 页）《甲骨文字诂林》[①]：“㐭作，象露天的谷堆之形。……李孝定‘疑㐭廩稟古只是一字’是对的。”《金文形义通解》[②]：“甲骨文‘㐭’字有……等形，孙诒让首释之为‘㐭’，……西周金文，未见独立之‘㐭’形，然可见‘㐭’之增形标义之异体字……增从米、禾者，以示㐭之所受纳也。”“㐭”字音 lǐn。

1.0【常】“禀”字同“稟”。金文“稟”字，西周 08.4293。简帛

① 于省吾主编：《甲骨文字诂林》，中华书局，1999，1966 页。

② 张世超等：《金文形义通解》，中文出版社，1996，1391 页。

"稟"字，法律答问153、傅律354。石刻"稟"字，斛律氏志。石刻"禀"字，倪彬志。《亩部》："稟，赐谷也。从亩从禾。筆錦切。"（111页）《金文形义通解》[①]："金文'稟'为'亩'之后增义符字，农卣字增从米，六年琱生簋字增从禾，《说文》'亩'之或体'廩'实为'稟'之再标义字。""稟"字音bǐng。

1.1【常】"凛"字同"凜"。石刻"凜"字，石经五经。《仌部》："凜，寒也。从仌廩声。力稔切。"（240页）《说文通训定声》[②]："字亦作凛。""凜"字音lǐn。

1.2【常A】"檩"字暂未见唐以前相关古文字形，从木禀声，《说文》无。

"民"组

0.【常】甲骨文"民"字，合13629。金文"民"字，西周11.6014、西周05.2837、春秋.第四届116页。简帛"民"字，为吏39、蓋卢46、金关T26：065。石刻"民"字，史晨后碑。《民部》："民，眾萌也。从古文之象。彌鄰切。，古文民。"（265页）《金文形义通解》[③]："甲骨文'民'字作……象形物直入人目瞳内之形，周初成王时何尊字同于甲骨文，而此后所见'民'字皆有目无瞳。郭沫若谓'民'字本象有刃物以刺人目之意，而'民''盲'每通训，则民、盲殆即一事，'周人初以敌为民时，乃盲其左目以为奴征也。'案：郭说大体可信。……金文'民'字中之目形渐讹作、。"

1.【常】"蚊"是俗"䖟"字。石刻"蚊"字，杨执一志。《䖵部》："䖟，啮人飞虫。从䖵民声。無分切。，䖟或从昏，以昏时出也。，俗䖟从虫从文。"（284页）

2.【常B】石刻"岷"字，颜勤礼碑，从山民声，《说文》无。

3.【常】石刻"眠"字，明云腾志，从目民声，《说文》无。

"皿"组

0.【常】甲骨文"皿"字，合19970反、合26786、合31149。金文"皿"字，商15.9812、西周06.3004、新收658页。简帛

① 张世超等：《金文形义通解》，中文出版社，1996，1393页。

② （清）朱骏声：《说文通训定声》，武汉古籍书店，1983，97页。

③ 张世超等：《金文形义通解》，中文出版社，1996，2911页。

"皿"字，马壹 226_81。《皿部》："皿，饭食之用器也。象形。与豆同意。读若猛。武永切。"（104 页）

1.0【常】金文"孟"字，商 12.7099、西周 15.9705。简帛"孟"字，马壹 48_13。石刻"孟"字，石经尚书。《子部》："孟，长也。从子皿声。莫更切。𠈆，古文孟。"（310 页）

1.1【常】简帛"猛"字，马壹 96_36、仓颉篇 4。石刻"猛"字，石经尚书。《犬部》："猛，健犬也。从犬孟声。莫杏切。"（205 页）

1.2【常 B】"蜢"字暂未见唐以前、小篆外其他相关古文字形。《虫部》："蜢，虴蜢也。从虫孟声。莫杏切。"（283 页）

1.3【常 A】"錳"字暂未见唐以前相关古文字形，从金孟声，简化作"锰"，《说文》无。

"频"组

0.【常】简帛"頻"字，东牌楼 012。石刻"頻"字，石经周易，从步从頁，简化作"频"，《说文》无。

1.【常】甲骨文"瀕"字，合 21256、合 1051 正。石刻"瀕"字，石信志。《瀕部》："瀕，水厓。人所宾附，频蹙不前而止。从頁从涉。符真切。"（239 页）《金文形义通解》①："金文'瀕'字从川，从页步，象人至川流近旁，双足止步而未涉川之意。许慎言'频蹙不前而止'，恰如古字形之意；然其'从涉'之论，则与初文形意不合，'涉'字象事初文作双止（趾）分在水流两侧，以示涉水之事，而'瀕'字中之双止（即步）皆在川流之同侧，区别显然。小篆书写趋求紧凑，分置二止于水流上下，许氏即据此立'从涉'之说，误矣。字或从水，与从川同意。""瀕"字简化作"濒"。

2.【常 B】"顰"字，从卑从頻，頻亦声。《瀕部》："顰，涉水顰蹙。从頻卑声。符真切。"（239 页）"顰"字简化作"颦"。

"品"组

0.【常】甲骨文"品"字，合 2811、合 34525。金文"品"字，西周 10.5415.1、西周 16.10166。简帛"品"字，第八层 1923。石刻"品"字，石经周易。《品部》："品，众庶也。从三口。丕飲切。"（48

① 张世超等：《金文形义通解》，中文出版社，1996，2649 页。

页）《甲骨文字诂林》[①]："朱芳圃：'林义光曰："按：口象物形。"'……三之者，古人以三为多数，……许君训为众庶，引申之义也。"

1.【常】甲骨文"臨"字，合4299、屯2080。金文"臨"字，考古与文物06.6、西周07.3760。简帛"臨"字，第八层695。石刻"臨"字，石经五经。《卧部》："，监临也。从卧品声。力尋切。"（170页）《金文形义通解》[②]："林义光曰：'象人俯视众物形。'其说是也。""臨"字简化作"临"。

"侵"组

0.【常】甲骨文"侵"字，合6057正、合6057正。金文"侵"字，钟伯侵鼎。简帛"侵"字，奏谳书194。石刻"侵"字，石经五经。《人部》："，渐进也。从人、又持帚，若埽之进。又，手也。七林切。"（165页）《甲骨文字诂林》[③]："唐兰：'《说文》无字，而有"駸"字。卜辞字当与"駸"相近。自字形言之，当是象以帚拭牛之意，而自象意声化例言之，则当读为从牛帚声（或声）。'"《金文形义通解》[④]："金文'侵'字从人，（）声。甲骨文有字，唐兰释''，曰：'卜辞从又持帚，只当是字耳。《说文》无字，……今卜辞有字，则字正从声，其余从作之字，亦非从省矣。'字隶变作'侵'。"

1.【常】甲骨文"寑（寝）"字，合13578、屯2865、合135正甲、合21376。金文"寑（寝）"字，商03.741、商06.3238、商.殷新81、春秋08.4128。简帛"寑（寝）"字，马壹15_5、马壹257_4。石刻"寑（寝）"字，徐义志阳、郭槐柩记、石经五经。《宀部》："，卧也。从宀侵声。七荏切。，籀文寝省。"（151页）《甲骨文字诂林》[⑤]："唐兰：'籀文字当是从声，甲骨金文俱作，则是从帚声，帚古读侵也。'李孝定：'契文从宀从帚，当是省声。亦有从宀从不省者……唐说甚是。'按：即古寝字。……丁山谓'帚为妇省，妇人所居之室'即谓之寝。其说较为近是。"《金文形义通解》[⑥]："今书'寝'字作'寝'。《说文》㾖部有字，许慎训'病卧'，实即字增形字。'寝'

① 于省吾主编：《甲骨文字诂林》，中华书局，1999，746页。

② 张世超等：《金文形义通解》，中文出版社，1996，2064页。

③ 于省吾主编：《甲骨文字诂林》，中华书局，1999，3032页。

④ 张世超等：《金文形义通解》，中文出版社，1996，2006页。

⑤ 于省吾主编：《甲骨文字诂林》，中华书局，1999，1994页。

⑥ 张世超等：《金文形义通解》，中文出版社，1996，1860页。

则只增廾于以表卧寝之意耳。”“寢”字，《㾓部》：“，病卧也。从㾓省，𡨦省声。七荏切。”（153 页）《说文通训定声》[1]：“今隶作寝。”“寢”字简化作“寝”。

2.【常】“浸”字同“濅”。简帛“濅”字，马壹 3_1。石刻“濅”字，华山庙碑。《水部》：“，水，出魏郡武安，东北入呼沱水。从水𡨦声。𡨦，籀文㝲字。子鸩切。”（228 页）段玉裁注[2]：“隶作浸。”简帛“浸”字，马壹 129_3。石刻“浸”字，越国太妃志。

3.【常 B】石刻“祲”字，石经五经。《示部》：“，精气感祥。从示，侵省声。子林切。”（9 页）

“堇”组

0. 甲骨文“堇”字，怀 184、合 10170。金文“堇”字，西周 06.3647、西周 15.9456。简帛“堇”字，日甲《病》72。石刻“堇”字，石经五经。《甲骨文字诂林》[3]：“唐兰：‘古从𦰩之字，小篆悉变从堇。’”《堇部》：“，黏土也。从土，从黄省。巨斤切。，皆古文堇。，皆古文堇。”（290 页）《说文解字注笺》[4]：“隶书‘谨’、‘勤’等字作‘堇’，‘暵’‘难’等字作‘𦰩’，在古篆本是一字，因声转而变其体。”“堇”字音 qín。

1.【常】甲骨文“艱”字，花东 124、合 24165、合 6057 反。金文“艱”字，西周 08.4328。石刻“艱”字，石经周易。《堇部》：“，土难治也。从堇艮声。古閑切。，籀文艱从喜。”（290 页）《金文形义通解》[5]：“甲骨文‘艰’字……象人跽坐于鼓旁，作司鼓而未击鼓之状，乃象意字；后……从壴（鼓）𦰩声，为形声字。金文承甲骨文之形声而微有变化，声符𦰩之下部皆增从火，义符壴下增从口而同于喜，籀文同于金文。小篆字形当晚出，省去‘喜’旁而增艮声，遂为双声字。”“艱”字简化作“艰”。

2.0【常】“難”是“鷬”字或体，简化作“难”。金文“難（鷬）”字，西周 15.9713、文物 98.9。简帛“難”字，封诊式 91、银贰 1461。石刻“難”字，石经周易。《鳥部》：“，鸟也。从鳥堇声。那干

[1] （清）朱骏声：《说文通训定声》，武汉古籍书店，1983，82 页。

[2] （清）段玉裁：《说文解字注》，上海古籍出版社，2000，540 页。

[3] 于省吾主编：《甲骨文字诂林》，中华书局，1999，293 页。

[4] （清）徐灝：《说文解字注笺》（续修四库全书），上海古籍出版社，2002，卷七上 10 页。

[5] 张世超等：《金文形义通解》，中文出版社，1996，3188 页。

切。䳼，古文鷬。䳼，古文鷬。䳼，古文鷬。䳼，鷬或从隹。”（80 页）

2.1【常】“灘”是俗“灘”字，简化作“滩”。金文“灘”字，楚系彩版 10。简帛“灘”字，上一孔 11。石刻“灘”字，马稚志。《水部》：“灘，水濡而乾也。从水鷬声。呼旰切。又他干切。灘，俗灘从隹。”（233 页）

2.2【常】“攤”字暂未见唐以前、小篆外其他相关古文字形。《手部》：“攤，开也。从手難声。他干切。”（258 页）“攤”字简化作“摊”。

2.3【常】“癱”字暂未见唐以前相关古文字形，从疒難声，简化作“瘫”，《说文》无。

3.【常】简帛“漢”字，奏谳书 12。石刻“漢”字，石经尚书。《水部》：“漢，漾也，东为沧浪水。从水，難省声。呼旰切。漢，古文。”（225 页）《说文通训定声》[①]：“按：暵省声。古文从水从或从大会意，域中大水也。”“漢”字简化作“汉”。

4.【常】简帛“謹”字，王杖 6。石刻“謹”字，石经周易。《言部》：“謹，慎也。从言堇声。居隱切。”（52 页）“謹”字简化作“谨”。

5.【常】简帛“勤”字，金关 T10：243。石刻“勤”字，石经五经。《力部》：“勤，劳也。从力堇声。巨巾切。”（292 页）

6.【常】石刻“僅”字，石经五经。《人部》：“僅，材能也。从人堇声。渠吝切。”（165 页）“僅”字简化作“仅”。

7.【常】石刻“嘆”字，元尚之志、石经九经。《口部》：“嘆，吞叹也。从口，歎省声。一曰太息也。他案切。”（34 页）段玉裁注[②]：“嘆、歎二字今人通用，毛诗中两体错出，依《说文》则义异。歎近于喜，嘆近于哀，故嘆训吞歎，吞其歎而不能发。”“嘆”字简化作“叹”。石刻“歎”字，斛律氏志。《欠部》：“歎，吟也。从欠，鷬省声。池案切。歎，籀文歎不省。”（179 页）“歎”字简化作“叹”。

“秦”组

0.【常】甲骨文“秦”字，合 299。金文“秦”字，商 03.468、西周 08.4288.1、战国 05.2794、战国 18.11675B。简帛“秦”字，尸等案 33。石刻“秦”字，石经五经。《禾部》：“秦，伯益之后所封国。地宜禾。从禾，舂省。一曰秦，禾名。匠鄰切。秦，籀文秦从秝。”（146 页）

---

① （清）朱骏声：《说文通训定声》，武汉古籍书店，1983，712 页。

② （清）段玉裁：《说文解字注》，上海古籍出版社，2000，60 页。

《金文形义通解》[①]："甲骨文‘秦’字作……等形。金文、籀文、诅楚文皆同甲文，象双手持杵以击禾谷之事。因形见义，其字本义必为舂禾一类农事，以其与‘舂’字造形取意实甚近似也。……下体从又持禾，上体为舂，……亦可证‘秦’字本义必与舂事相近或相属。金文‘秦’字或省。"

1.【常B】石刻"臻"字，肥致碑。《至部》："，至也。从至秦声。侧詵切。"（247页）

2.【常】石刻"榛"字，石经九经。《木部》："，木也。从木秦声。一曰菆也。侧詵切。"（116页）

"心"组

0.【常】甲骨文"心"字，合11424正、合11427。金文"心"字，西周01.249、中国历史文物02.6、西周16.10176。简帛"心"字，日乙106、蓋卢38、敦煌简2012。石刻"心"字，杨乾志。《心部》："，人心，土藏，在身之中。象形。博士说以为火藏。息林切。"（217页）

1.【常】甲骨文"沁"字，合22370。石刻"沁"字，张去奢志。《水部》："，水，出上党羊头山，东南入河。从水心声。七鸩切。"（225页）

2.【常A】玺印"芯"字，历代印匋封泥，从艸心声，《说文》无。

"辛"组

0.【常】甲骨文"辛"字，合21021、合26265。金文"辛"字，商03.1268、商03.1389、西周12.6723。简帛"辛"字，日甲《玄戈》59。石刻"辛"字，刘君残碑、胜福寺塔铭。《辛部》："，秋时万物成而孰；金刚，味辛，辛痛即泣出。从一从䇂。䇂，辠也。辛承庚，象人股。息鄰切。"（309页）《甲骨文字诂林》[②]："郭沫若：‘字乃象形，由其形象以判之，当系古之剞劂，……剞劂为刻镂之曲刀，然其为用则不限于刻镂，……是所谓曲刀者，其形殆如今之圆凿而锋其末，刀身作六十度之弧形，辛字金文之作若，即其正面之图形；作若者则纵断之侧面也，知此则知辛䇂辛何以为一字之故。’"

1.0【常】甲骨文"新"字，合724正、合27216、合30978、

① 张世超等：《金文形义通解》，中文出版社，1996，1790页。

② 于省吾主编：《甲骨文字诂林》，中华书局，1999，2497页。

花东 181、屯 1031。金文“新”字，西周 07.3948、西周 08.4291。简帛“新”字，秦律杂抄 18。石刻“新”字，石经周易。《斤部》：“，取木也。从斤新声。息鄰切。”（300 页）《甲骨文字诂林》[①]：“李孝定：‘实当云“从斤从木辛声”。’按：唐兰释‘新’是对的。《说文》训新为‘取木’，是为‘薪’之本字。卜辞用为新旧之新。”

1.1【常】金文“薪”字，华夏考古 91.3。简帛“薪”字，秦律十八种 88、金关 T28：026。石刻“薪”字，元固志。《艸部》：“，荛也。从艸新声。息鄰切。”（25 页）

2.0【常】金文“親”字，西周 01.204。简帛“親”字，为吏 24、金关 T05：112。石刻“親”字，石经周易。《見部》：“，至也。从見亲声。七人切。”（178 页）《金文形义通解》[②]：“金文‘親’字本从见，辛声。”“親”字简化作“亲”。金文“寴”字，西周 . 首阳 107 页、西周 05.2835。《宀部》：“，至也。从宀親声。初僅切。”（150 页）段玉裁注[③]：“寴与親音义皆同。”“寴”字音 qīn。

2.1【常】“櫬”字暂未见唐以前相关古文字形，从衣親声，简化作“衬”，《说文》无。

3.0 金文“屖”字，西周 06.3556、文物 07.8、春秋 05.2771。石刻“屖”字，弔比干文阳。《尸部》：“，屖遟也。从尸辛声。先稽切。”（174 页）《说文通训定声》[④]：“按：此字实犀之籀文。屖遟即《诗·衡门》之棲遟。据字义当作㣥遟，借犀为㣥，亦叠韵连语。”“屖”字音 xī。

3.1【常】甲骨文“遲”字，合 30825、屯 278。金文“遲”字，西周 08.4279.1。简帛“遲”字，马壹 8_37、银贰 992。石刻“遲”字，石经周易、石经五经。《辵部》：“，徐行也。从辵犀声。直尼切。，遲或从𡰥。，籀文遲从屖。”（40 页）《甲骨文字诂林》[⑤]：“容庚：‘从屖，……不当从犀。’”“遲”字简化作“迟”。

3.2【常】简帛“稺”字，盖卢 47。《禾部》：“，幼禾也。从禾屖声。直利切。”（144 页）段玉裁注[⑥]：“引申为凡幼之称，今字作稚。”简帛

---

① 于省吾主编：《甲骨文字诂林》，中华书局，1999，1035 页。

② 张世超等：《金文形义通解》，中文出版社，1996，2183 页。

③（清）段玉裁：《说文解字注》，上海古籍出版社，2000，339 页。

④（清）朱骏声：《说文通训定声》，武汉古籍书店，1983，575 页。

⑤ 于省吾主编：《甲骨文字诂林》，中华书局，1999，2281 页。

⑥（清）段玉裁：《说文解字注》，上海古籍出版社，2000，321 页。

“稚”字，𥝢金关 T30：028A、𥝢金关 T04：043。石刻“稚”字，稚建宁三年残碑。

4.【常 B】简帛“梓”字，梓仓颉篇 63。石刻“梓”字，梓陈叔荣志。《木部》：“梓，楸也。从木，宰省声。即里切。榟，或不省。”（115 页）

5.【常 A】“鋅”字暂未见唐以前相关古文字形，从金辛声，简化作“锌”，《说文》无。

“囟”组

0. 甲骨文“囟”字，囟花东 125、囟合 26762。金文“囟”字，囟西周 06.3581。石刻“囟”字，囟石经九经。《囟部》：“囟，头会，匘盖也。象形。息進切。膟，或从肉、宰。𡿺，古文囟字。”（216 页）《说文通训定声》①：“古文作𡿺，亦象形。按：上其发也。……《礼记·内则》注‘夹囟曰角’疏引《说文》：象小儿脑不合也，此释古文之形。”《甲骨文字诂林》②：“按：囟即《说文》训为‘头会匘盖’之‘囟’。‘囟’实由‘甶’所衍化。”“囟”字音 xìn。

1.【常】简帛“細”字，細数 36。石刻“細”字，細皇甫诞碑。《糸部》：“細，微也。从糸囟声。穌計切。”（272 页）“細”字简化作“细”。

2.0“𨑍”是“䙴”字或体，隶作“䙴”，暂未见唐以前、小篆外其他相关古文字形。《舁部》：“䙴，升高也。从舁囟声。七然切。䙴，古文䙴。䙴，䙴或从卩。”（59 页）“䙴”字音 qiān。

2.1【常】简帛“遷”字，遷第八层 507、遷第八层 188、遷金关 T04：098A。石刻“遷”字，遷石经五经。《辵部》：“遷，登也。从辵䙴声。七然切。拪，古文遷从手、西。”（40 页）“遷”字简化作“迁”。

“因”组

0.【常】甲骨文“因”字，因合 5651、因合 12359。金文“因”字，因西周 05.2765。简帛“因”字，因为吏 20、因金关 T30：028A。石刻“因”字，因石经周易。《囗部》：“因，就也。从囗、大。於真切。”（129 页）《甲骨文字诂林》③：“按：卜辞中因字从形音义三方面考察当释为蕴，其

① （清）朱骏声：《说文通训定声》，武汉古籍书店，1983，828 页。

② 于省吾主编：《甲骨文字诂林》，中华书局，1999，1035 页。

③ 于省吾主编：《甲骨文字诂林》，中华书局，1999，308 页。

本义为藏，埋是引申义。”《金文形义通解》[①]：“囗、大无因字义。《京津》五二〇骨版刻辞曰：‘南方曰，……’南方之名《尧典》《大荒南经》作‘因’，陈汉平据以释为‘因’，读为氤絪烟煙。甚是。‘因’字螨鼎铭作，……象烟气氤氲于人体，为‘煙’若‘煙煴’之象意初文。后世简化，变为从‘囗’，意象遂不可知。”

1.【常】“烟”是“煙”字或体。金文“煙”字，春秋 05.2782。简帛“煙”字，金关 T24：743。石刻“烟（煙）”字，元羽志、元悌志、李爽志。《火部》：“，火气也。从火垔声。烏前切。，古文。，或从因。，籀文从宀。”（209 页）

2.【常】简帛“咽”字，引书 54。石刻“咽”字，王基志、陶贵志。《口部》：“，嗌也。从口因声。烏前切。”（30 页）

3.0【常】简帛“恩”字，金关 T09：008。石刻“恩”字，冯令华志。《心部》：“，惠也。从心因声。烏痕切。”（218 页）

3.1【常 B】“嗯”字暂未见唐以前相关古文字形，从口恩声，《说文》无。

4.【常】石刻“茵”字，元延明妃冯氏志。《艸部》：“，车重席。从艸因声。於真切。，司马相如说：茵从革。”（25 页）

5.【常 A】石刻“姻”字，鲜于仲兒志、萧公夫人志。《女部》：“，壻家也。女之所因，故曰姻。从女从因，因亦声。於真切。，籀文姻从㴔。”（259 页）

6.【常 B】简帛“胭”字，引书 100，从肉因声，《说文》无。

“音”组

0.【常】金文“音”字，考古与文物 86.4、西周．保利、战国 02.345.3A。简帛“音”字，脉书 56。石刻“音”字，史晨碑。《音部》：“，声也。生于心，有节于外，谓之音。宫商角征羽，声；丝竹金石匏土革木，音也。从言含一。於今切。”（58 页）《金文形义通解》[②]：“‘从言含一’无义，‘音’与‘言’同源。于省吾曰：‘甲骨文有言无音，西周金文音字作，与言字作者互用无别，后来由于用各有当，因而分化。音字的造字本义，系于言字下部的口字中附加一个小横画，作为指事字的标志，以别于言，而仍因言字以为声。’”

1.【常】简帛“黯”字，仓颉篇 49。石刻“黯”字，元谭妻司

---

① 张世超等：《金文形义通解》，中文出版社，1996，1542 页。

② 张世超等：《金文形义通解》，中文出版社，1996，527 页。

马氏志。《黑部》:“黯，深黑也。从黑音声。乙减切。”（211 页）

2.【常 B】石刻“喑”字，景君碑。《口部》:“喑，宋齐谓儿泣不止曰喑。从口音声。於今切。”（31 页）

3.【常】石刻“暗”字，元顺志。《日部》:“暗，日无光也。从日音声。烏紺切。”（138 页）

4.【常 B】石刻“諳”字，閭叱地连志。《言部》:“諳，悉也。从言音声。烏含切。”（57 页）“諳”字简化作“谙”。

“寅”组

0.【常】甲骨文“寅”字，合 20846、合 22783、合 35726、合 35749、合 37992、合 38015 反。金文“寅”字，商 12.6598、商 05.2594、商 10.5394.1、西周 08.4205、西周. 上博七、春秋 01.272.1、战国 05.2574.2。简帛“寅”字，日甲《盗者》77、金关 T24 : 514。石刻“寅”字，石经尚书。《寅部》:“寅，髕也。正月，阳气动，去黄泉，欲上出，阴尚强，象宀不达，髕寅于下也。弋真切。鑾，古文寅。”（310 页）《金文形义通解》[①]:“于省吾曰:‘甲骨文早期干支的寅字均作矢，即古矢字。……寅字的造字由来，假借弓矢之矢以为寅。后来因为矢与寅用各有当，故于矢字的中部加一方框，作为指事字的标志，以别于矢，而仍因矢字以为声。’案：契文中或从𦥑。周金文此字以臼（双手）持矢为其基本形而多生变化。矢镞多阔大而不类矢，盖其时以矢形构字之古意已渐湮，而篆文所从之宀，即源于此也。录伯簋字作寅，矢镞形中又增饰笔，由此又讹为𦥑。”

1.【常】石刻“演”字，穆亮志、安孝臣志。《水部》:“演，长流也。一曰水名。从水寅声。以淺切。”（229 页）

“冘”组

0. 玺印“冘”字，汉印文字征。《冂部》:“冘，淫淫，行皃。从人出冂。余箴切。”（110 页）《说文通训定声》[②]:“按：读如淫，故今本《说文》作‘淫淫，行皃’，声转。亦读如出，缓行之状也。”“冘”字音 yín。

1.【常 A】甲骨文“沉（沈）”字，合 780、合 14558 正、

---

① 张世超等:《金文形义通解》，中文出版社，1996，3468 页。

② （清）朱骏声:《说文通训定声》，武汉古籍书店，1983，84 页。

合 30436、合 26907 正、屯 2232。金文“沉（沈）”字，、西周 08.4330。简帛“沉（沈）”字，第八层 1214。石刻“沉（沈）”字，元倪志、元弼志。《水部》：“，陵上滈水也。从水冘声。一曰浊黕也。直深切。又尸甚切。”（234 页）《说文通训定声》①：“俗字误作沉。”《甲骨文字诂林》②：“罗振玉：‘此象沉牛于水中，殆即貍沉之沉字。’”

2.【常】石刻“枕”字，石经周易。《木部》：“，卧所薦首者。从木冘声。章衽切。”（121 页）

3.【常 B】石刻“眈”字，穆子巖志铭、石经五经。《目部》：“，视近而志远。从目冘声。丁含切。”（71 页）

4.【常】石刻“忱”字，柳昱志、石经九经。《心部》：“，诚也。从心冘声。氏任切。”（218 页）

5.【常】石刻“耽”字，石经五经。《耳部》：“，耳大垂也。从耳冘声。丁含切。”（249 页）

“㥯”组

0.“㥯”字暂未见唐以前、小篆外其他相关古文字形。《𠬪部》：“，所依据也。从𠬪、工。读与隐同。於謹切。”（84 页）段玉裁注③：“此与《𨸏部》‘隐’音同义近。”“㥯”字音 yǐn。

1.0 石刻“㥯”字，黄庭经。《心部》：“，谨也。从心㥯声。於靳切。”（218 页）“㥯”字音 yǐn。

1.10【常】简帛“隱”字，法律答问 126。石刻“隱”字，石婉志、石经五经，简化作“隐”。《𨸏部》：“，蔽也。从𨸏㥯声。於謹切。”（305 页）

1.11【常】“癮”字暂未见唐以前相关古文字形，从疒隱声，简化作“瘾”，《说文》无。

1.2【常】石刻“穩”字，王有存妻造像，简化作“稳”。《禾部》：“，蹂穀聚也。一曰安也。从禾，隱省。古通用安隱。烏本切。”（146 页）

---

① （清）朱骏声：《说文通训定声》，武汉古籍书店，1983，85 页。

② 于省吾主编：《甲骨文字诂林》，中华书局，1999，1527 页。

③ （清）段玉裁：《说文解字注》，上海古籍出版社，2000，160 页。

"尹"组

0.【常B】甲骨文"尹"字，合5617、合27011。金文"尹"字，商05.2709、商06.3107、西周16.10182、战国16.10373、战国18.11577。简帛"尹"字，银贰1324。石刻"尹"字，石经五经。《又部》："，治也。从又、丿，握事者也。余準切。，古文尹。"（64页）《甲骨文字诂林》[1]："王国维：'尹字从又持丨，象笔形。'李孝定：'尹之初谊当为官尹字，殆象以手执笔之形。盖官尹治事必秉簿书，故引申得训治也。'按：尹属史官之类，故从又持笔以象之。"

1.0【常】甲骨文"伊"字，合21573、合33273、合23563。金文"伊"字，总集03.2252、西周08.4287。简帛"伊"字，银贰1324。石刻"伊"字，石经尚书。《人部》："，殷圣人阿衡，尹治天下者。从人从尹。於脂切。，古文伊从古文死。"（162页）《金文形义通解》[2]："甲骨文'伊'字作、，从人尹声。"

1.1【常B】"咿"字暂未见唐以前相关古文字形，从口伊声，《说文》无。

2.0【常】甲骨文"君"字，合3272、合24133。金文"君"字，西周08.4276、战国03.936.2。简帛"君"字，为吏44、金关T27：094。石刻"君"字，李则志盖。《口部》："，尊也。从尹。发号，故从口。舉云切。，古文象君坐形。"（32页）《甲骨文字诂林》[3]："按：'多君'在商王左右，其地位较尊，可能属于尹、史之类，甚至可能即武丁卜辞之'多尹'。'君'乃'尹'之孳乳分化字。"《金文形义通解》[4]："甲骨文及金文皆从尹从口。'尹'之初形为从又持丨，即象以手持笔形，表示执笔或治事之意。则'君'……本义并非国君，而实为官长，且为有掌书册职务之官长。'君'字传写出讹，其轨迹为：、、、、、。……许慎据晚出义及讹形作解，非是。"

2.1【常】金文"群（羣）"字，战国09.4646。简帛"群（羣）"字，盗律63。石刻"群（羣）"字，、夏承碑。《羊部》："，辈也。从羊君声。渠云切。"（78页）段玉裁注[5]："朋也，类也，此辈之通训也。……羊为群，犬为独，引申为凡类聚之称。"

---

① 于省吾主编：《甲骨文字诂林》，中华书局，1999，902页。

② 张世超等：《金文形义通解》，中文出版社，1996，1986页。

③ 于省吾主编：《甲骨文字诂林》，中华书局，1999，907页。

④ 张世超等：《金文形义通解》，中文出版社，1996，157页。

⑤（清）段玉裁：《说文解字注》，上海古籍出版社，2000，146页。

2.2【常B】金文“郡”字，战国17.11363A1。简帛“郡”字，第八层469。石刻“郡”字，桥绍志。《邑部》：“郡，周制：天子地方千里，分为百县，县有四郡。至秦初置三十六郡，以监其县。从邑君声。渠運切。”（131页）

2.3【常】“裙”是“帬”字或体。简帛“帬”字，居新4822。石刻“裙（帬）”字，黄庭经、史从庆志。《巾部》：“帬，下裳也。从巾君声。渠云切。裠，帬或从衣。”（159页）

2.4【常】石刻“窘”字，石经五经。《穴部》：“窘，迫也。从穴君声。渠隕切。”（153页）

3.【常】金文“笋（筍）”字，西周03.730、西周09.4350。简帛“笋（筍）”字，马贰263_66。石刻“笋（筍）”字，石经五经、尉迟敬德志。《竹部》：“筍，竹胎也。从竹旬声。思允切。”（95页）《说文通训定声》[①]：“字亦作笋。”《金文形义通解》[②]：“金文声符皆作‘旬’，从目。”

“引”组

0.【常】甲骨文“引”字，合4811。金文“引”字，西周05.2724。简帛“引”字，日书244、银贰1761。石刻“引”字，元引志。《弓部》：“引，开弓也。从弓、丨。余忍切。”（270页）《金文形义通解》[③]：“金文与甲骨文同，字从弓，弓上着一短画，旧皆释此字为‘弘’，于豪亮据睡虎地秦简‘引’字作，……与甲金文、等字形甚似，因释此字为‘引’。”

1.【常】“蚓”是“螾”字或体。石刻“蚓”字，石经五经。《虫部》：“螾，侧行者。从虫寅声。余忍切。蚓，螾或从引。”（278页）

“印”组

0.【常】甲骨文“印”字，屯4310。金文“印”字，考古89.7、西周05.2841B。简帛“印”字，秦律十八种64、金关T24：266B。石刻“印”字，多宝塔碑。《印部》：“印，执政所持信也。从爪从卪。於刃切。”（187页）《甲骨文字诂林》[④]：“按：契文、左右无别，或从又作、，

① （清）朱骏声：《说文通训定声》，武汉古籍书店，1983，831页。

② 张世超等：《金文形义通解》，中文出版社，1996，1056页。

③ 张世超等：《金文形义通解》，中文出版社，1996，3036页。

④ 于省吾主编：《甲骨文字诂林》，中华书局，1999，413页。

与皀字作、者迥异。……印手在前，皀手在后，此其大别。”《金文形义通解》[①]：“罗振玉曰：‘卜辞字从爪从人跽形，象以手抑人而使之跽，其谊如许书之抑，其字形则如许书之印。……予意许书印抑二字古为一字，后世之印信，古者谓玺节，初无印之名。印之本训即为按抑，后世执政以印施治，乃假按印之印字为之，反印为抑殆出晚季，所以别于印信字也。’”

1.【常】“抑”是俗“归”字。简帛“抑”字，仓颉篇3。石刻“抑”字，元显魏志。《印部》：“，按也。从反印。於棘切。，俗从手。”（187页）

“仌”组

0.“仌”字暂未见唐以前、小篆外其他相关古文字形。《仌部》：“仌，冻也。象水凝之形。筆陵切。”（240页）《说文通训定声》[②]：“按：水始凝，文理似之。”《金文形义通解》[③]：“古文字未见从仌之字。《商周金文录遗》二四三卣器盖各一文而不同，一作，一作。《金文编》释为仌，无可证明。”“仌”字音 bīng。

1.0【常】简帛“馮”字，仓颉篇2。石刻“馮”字，冯孺人题记、冯会志。《馬部》：“，马行疾也。从馬仌声。房戎切。”（200页）段玉裁注[④]：“按：马行疾冯冯然，此冯之本义也。展转他用而冯之本义废矣。……或叚为凭字。凡经传云冯依，其字皆当作凭。”“馮”字简化作“冯”。

1.1【常】石刻“憑”字，韩氏志、碧落碑，从心馮声，简化作“凭”，《说文》无。

“丙”组

0.【常】甲骨文“丙”字，合21960、花东37。金文“丙”字，商04.1566、商04.1569。简帛“丙”字，封诊式16、金关T01：023。石刻“丙”字，元均之志。《丙部》：“丙，位南方，万物成，炳然。阴气初起，阳气将亏。从一入冂。一者，阳也。丙承乙，象人肩。

---

① 张世超等：《金文形义通解》，中文出版社，1996，2266页。
② （清）朱骏声：《说文通训定声》，武汉古籍书店，1983，72页。
③ 张世超等：《金文形义通解》，中文出版社，1996，2672页。
④ （清）段玉裁：《说文解字注》，上海古籍出版社，2000，466页。

兵永切。”（308 页）《甲骨文字诂林》[①]：“按：于先生谓丙象物之底座是对的。……甲骨文丙与内难以区分，大体而言，丙作冂，内则从入作内，但区分不甚严格。”《金文形义通解》[②]：“春秋金文此字下类从‘火’，郭沫若谓此可证十干已与五行方位相配。”

1.0【常】甲骨文“更”字，合 10380、H11：11。金文“更”字，西周 05.2838、新收 542 页、西周 16.10169。简帛“更”字，法律答问 188、金关 T31：027。石刻“更”字，石经九经。《攴部》：“㪅，改也。从攴丙声。古孟切。又古行切。”（68 页）《甲骨文字诂林》[③]：“于省吾：‘甲骨文㪅字屡见，作或形，《甲骨文编》释为更。按：西周金文驭字均作，右从攴，乃古文鞭字，用鞭以驱马。……总之，鞭字的古文，商代甲骨文作㪅，周代金文偏旁作攴，《说文》引古文作，石鼓文始作鞭。’”《金文形义通解》[④]：“金文从二丙相续，为古代一种前后相续之车制：二马居前，二马在后。与并列之‘两’制相对。从‘攴’示其鞭扑，……‘更’之本义为续，金文中多用本义，典籍亦有其例。”

1.1【常】简帛“梗”字，日甲《盗者》71、仓颉篇 37。石刻“梗”字，窦泰志、高元珪志。《木部》：“梗，山枌榆。有朿，荚可为芜荑者。从木更声。古杏切。”（118 页）

1.2【常】简帛“埂”字，马壹 270_10。《土部》：“埂，秦谓坑为埂。从土更声。读若井汲绠。古杏切。”（288 页）

1.3【常 B】石刻“哽”字，冯迎男志。《口部》：“哽，语为舌所介也。从口更声。读若井级绠。古杏切。”（33 页）

1.4【常】“硬”字暂未见唐以前相关古文字形，从石更声，《说文》无。

2.【常】简帛“柄”字，为吏 5、银壹 366。石刻“柄”字，刘智志。《木部》：“柄，柯也。从木丙声。陂病切。棅，或从秉。”（123 页）

3.【常】简帛“病”字，贼律 20、敦煌简 0243B。石刻“病”字，石台孝经。《疒部》：“病，疾加也。从疒丙声。皮命切。”（154 页）

“并”组

0.【常】甲骨文“并（幷）”字，合 6056、合 8137 反。金文“并

① 于省吾主编：《甲骨文字诂林》，中华书局，1999，2052 页。
② 张世超等：《金文形义通解》，中文出版社，1996，3406 页。
③ 于省吾主编：《甲骨文字诂林》，中华书局，1999，2058 页。
④ 张世超等：《金文形义通解》，中文出版社，1996，734 页。

（幷）”字，新收 932 页。简帛“并（幷）”字，算数书 186。石刻“并（幷）”字，石堂画像石题记。《从部》：“，相从也。从从开声。一曰从持二为并。府盈切。”（169 页）《金文形义通解》[①]：“甲骨文‘并’字作……等形，金文同于后者，字象二人相比并，即‘比’字，上加‘一’若‘二’，示其相比并之意。……许慎据小篆解为开声，大误。”

1.【常】简帛“屏”字，仓颉篇 55。石刻“屏”字，石经尚书。《尸部》：“，屏蔽也。从尸幷声。必郢切。”（175 页）

2.【常 B】石刻“駢”字，石经五经。《馬部》：“，驾二马也。从馬并声。部田切。”（200 页）“駢”字简化作“骈”。

3.【常】简帛“餠”字，马贰 68_5、敦煌简 0014。石刻“餠”字，元顼志。《食部》：“，面餈也。从食并声。必郢切。”（107 页）“餠”字简化作“饼”。

4.【常】“瓶”是“缾”字或体。石刻“瓶（缾）”字，多宝塔碑、石经五经。《缶部》：“，䍃也。从缶幷声。蒲經切。，缾或从瓦。”（109 页）

5.【常 B】石刻“迸”字，敏之志。《辵部》：“，散走也。从辵并声。北諍切。”（42 页）

6.【常】“拼”字暂未见唐以前相关古文字形，从手并声，《说文》无。

“丁”组

0.【常】甲骨文“丁”字，合 19812 正、合 21039。金文“丁”字，西周 05.2763.1、西周 09.4454.2。简帛“丁”字，日乙 33、金关 T09：115。石刻“丁”字，韩显宗志、张玄志。《丁部》：“，夏时万物皆丁实。象形。丁承丙，象人心。當經切。”（308 页）《甲骨文字诂林》[②]：“按：释丁为‘钉’不可据。”《金文形义通解》[③]：“‘丁’字初形当以若近之，叶玉森、高鸿缙谓象颠顶形，‘顶’之初文，可从。”

1.0【常】甲骨文“成”字，合 8984、合 30248。金文“成”字，西周 05.2661、西周 08.4235.1。简帛“成”字，日甲《除》3。石刻“成”字，石经周易。《戊部》：“，就也。从戊丁声。氏征切。，古文

① 张世超等：《金文形义通解》，中文出版社，1996，2043 页。

② 于省吾主编：《甲骨文字诂林》，中华书局，1999，2095 页。

③ 张世超等：《金文形义通解》，中文出版社，1996，3408 页。

成从午。"（309 页）《金文形义通解》[①]："甲骨文……从戌从丨，构字之意未明。周金文承其形。春秋战国间，字所从之'丨'增点为饰。……卜辞有……，陈梦家释'成'，从戌丁声。"

1.1【常】甲骨文"城"字，H31：5。金文"城"字，西周 08.4275.2、春秋 17.11154、战国 01.159.1、战国 16.10461。简帛"城"字，法律答问 132、银贰 1218。石刻"城"字，石经周易。《土部》："城，以盛民也。从土从成，成亦声。氏征切。䧢，籀文城从𩫏。"（288 页）《金文形义通解》[②]："西周金文'城'字皆从𩫏成声，为籀文所本。东周金文则皆从土，为小篆所本。"

1.2【常】金文"盛"字，西周 09.4579。简帛"盛"字，赐律 299。石刻"盛"字，冯邕妻元氏志。《皿部》："盛，黍稷在器中以祀者也。从皿成声。氏征切。"（104 页）

1.3【常】简帛"誠"字，奏谳书 28、金关 T21：153。石刻"誠"字，石经周易。《言部》："誠，信也。从言成声。氏征切。"（52 页）"誠"字简化作"诚"。

2.0【常】甲骨文"亭"字，合集 19995。简帛"亭"字，封诊式 60、金关 T29：126B。石刻"亭"字，元晫志。《高部》："亭，民所安定也。亭有楼，从高省，丁声。特丁切。"（110 页）

2.1【常】石刻"停"字，慈庆志。《人部》："停，止也。从人亭声。特丁切。"（168 页）

2.2【常 B】"婷"字暂未见唐以前相关古文字形，从女亭声，《说文》无。

3.【常】简帛"釘"字，马壹 12_68、金关 T01：016。《金部》："釘，炼鉼黄金。从金丁声。當經切。"（294 页）"釘"字简化作"钉"。

4.【常】石刻"訂"字，石经五经。《言部》："訂，平议也。从言丁声。他頂切。"（52 页）"訂"字简化作"订"。

5.【常】甲骨文"頂"字，合 21025。石刻"頂"字，多宝塔碑。《頁部》："頂，颠也。从頁丁声。都挺切。𩒹，或从𩑋作。𩕲，籀文从鼎。"（181 页）"頂"字简化作"顶"。

6.【常 B】石刻"汀"字，张滂志。《水部》："汀，平也。从水丁声。他丁切。𣴨，汀或从平。"（235 页）段玉裁注[③]："谓水之平也。"

7.【常 B】石刻"仃"字，房有非及妻志，从人丁声，《说文》无。

---

① 张世超等：《金文形义通解》，中文出版社，1996，3412 页。

② 张世超等：《金文形义通解》，中文出版社，1996，3169 页。

③ （清）段玉裁：《说文解字注》，上海古籍出版社，2000，560 页。

8.【常】石刻“打”字，乔进臣地券。《手部》：“，击也。从手丁声。都挺切。”（258 页）

9.【常】“叮”字从口丁声，【常】“盯”字从目丁声，均暂未见唐以前相关古文字形，《说文》无。

“鼎”组

0.【常】甲骨文“鼎”字，合 19962、合补 6917、合 30013。金文“鼎”字，商 03.1189、商 06.3015、西周 03.514、西周 04.2373。石刻“鼎”字，石经九经。《鼎部》：“，三足两耳，和五味之宝器也。昔禹收九牧之金，铸鼎荆山之下，入山林川泽，螭魅蝄蜽，莫能逢之，以协承天休。《易》卦：巽木于下者为鼎，象析木以炊也。籀文以鼎为贞字。都挺切。”（143 页）

1.0【常】甲骨文“貞”字，合 20583、合 21220、H11：5、H11：84。金文“貞”字，文物 94.8。石刻“貞”字，石经尚书。《卜部》：“，卜问也。从卜，贝以为贽。一曰鼎省声。京房所说。陟盈切。”（69 页）《甲骨文字诂林》[①]：“李孝定：‘卜辞贞、鼎同文，王氏之说是也。贞、鼎音同，故假鼎为贞。……或从卜，仍是鼎字，契文亦有此形，盖假鼎为贞者既多，又增之卜以为从卜鼎声为贞卜专字。’”《金文形义通解》[②]：“殷虚甲骨文作，周原甲骨文作……皆为从卜鼎声字。”“貞”字简化作“贞”。

1.1【常 B】简帛“楨”字，敦煌简 2396B。石刻“楨”字，张海翼志。《木部》：“，刚木也。从木貞声。上郡有楨林县。陟盈切。”（119 页）“楨”字简化作“桢”。

1.2【常 B】石刻“禎”字，王偃志、畅怀禎志。《示部》：“，祥也。从示貞声。陟盈切。”（7 页）“禎”字简化作“祯”。

1.3【常】石刻“偵”字，白羡言志。《人部》：“，问也。从人貞声。丑鄭切。”（168 页）“偵”字简化作“侦”。

“京”组

0.【常】甲骨文“京”字，合 20190、合 20299、合 33221。金文

---

① 于省吾主编：《甲骨文字诂林》，中华书局，1999，2721 页。

② 张世超等：《金文形义通解》，中文出版社，1996，780 页。

"京"字，商 07.3975、西周 04.2398。简帛"京"字，尸等案 38、金关 T30：137。石刻"京"字，赫连子悦志、石经九经。《京部》："京，人所为绝高丘也。从高省，丨象高形。舉卿切。"（111 页）《金文形义通解》[1]："甲骨文'京'字作……等形，与金文大体同。'京'与'高'字甲、金文甚似，皆象台观兀立之形。……郭沫若曰：'象宫观厜㕒之形，在古素朴之世，非王者所居莫属。王者所居高大，故京有大义，有高义。'"

1.0【常】简帛"景"字，银贰 2094。石刻"景"字，元定志、臧怀恪碑。《日部》："景，光也。从日京声。居影切。"（138 页）《说文通训定声》[2]："字亦作影。"

1.1【常 B】石刻"憬"字，杨执一志。《心部》："憬，觉寤也。从心景声。俱永切。"（223 页）

1.2【常】石刻"影"字，法懃塔铭，从彡景声，《说文》无。

2.【常】"凉"是俗"涼"字。石刻"凉（涼）"字，安元寿志、石经五经、契苾夫人志、崔师志。《水部》："涼，薄也。从水京声。吕張切。"（236 页）段玉裁注[3]："郑司农云：凉，以水和酒也。……许云薄也，盖薄下夺一酒字。"《说文通训定声》[4]："薄寒也，从水京声。《字林》：凉，微寒也。"

3.【常】简帛"諒"字，仓颉篇 52。石刻"諒"字，王诵妻元妃志、閻知诚志。《言部》："諒，信也。从言京声。力讓切。"（51 页）"諒"字简化作"谅"。

4.【常】简帛"掠"字，汉流简纸。石刻"掠"字，张嬢志、石经五经。《手部》："掠，夺取也。从手京声。本音亮。《唐韵》或作擽。離灼切。"（258 页）

5.【常】"鯨"是"鱷"字或体，简化作"鲸"。石刻"鯨（鱷）"字，长孙盛志、、石经五经。《魚部》："鱷，海大鱼也。从魚畺声。渠京切。鯨，鱷或从京。"（244 页）

6.【常】"晾"字从日京声，【常 B】"弶"字从弓京声，均暂未见唐以前相关古文字形，《说文》无。

---

① 张世超等：《金文形义通解》，中文出版社，1996，1364 页。
② （清）朱骏声：《说文通训定声》，武汉古籍书店，1983，926 页。
③ （清）段玉裁：《说文解字注》，上海古籍出版社，2000，562 页。
④ （清）朱骏声：《说文通训定声》，武汉古籍书店，1983，926 页。

“井”组

0.【常】甲骨文“井”字，井合2768反。金文“井”字，井西周05.2614、丼西周07.3949。简帛“井”字，井日甲21。石刻“井”字，井元隐志。《井部》：“井，八家一井，象构韩形。•，罋之象也。古者伯益初作井。子郢切。”（106页）段玉裁注[①]：“古者二十亩为一井，因为市交易，故称市井。皆谓八家共一井也。……韩，井上木栏也，其形四角或八角，又谓之银床。”《金文形义通解》[②]：“甲骨文‘井’字作井……等形。叶玉森曰：‘井象构韩四木交加形，中一小方，乃象井。’金文或加圆点于中方内，为小篆所从。考圆点之始增，当在西周初期，绝非许慎所谓‘罋之象’，亦无其他深意，原即饰笔，……周中以降，增圆点之丼字趋多，而丼、井二文同写井国字仍无别。”

1.0【常】金文“刑（荆）”字，荆西周16.10176。简帛“刑（荆）”字，荆法律答问125。石刻“刑（荆）”字，刑高元珪志。《井部》：“荆，罚辠也。从井从刀。井亦声。户經切。”（106页）《说文通训定声》[③]：“字今误作刑，似刑。”《金文形义通解》[④]：“金文‘刑’字皆从无圆点之‘井’，许慎此篆从有圆点之丼，而于刀部另出篆文刑，与金文所见不合，刑即荆之讹。”金文“刑”字，𨁈考古89.6（从足）。石刻“刑”字，刑成阳灵台碑、刑葛亮祠堂碑。《刀部》：“刑，刭也。从刀幵声。户經切。”（92页）《金文形义通解》[⑤]：“所见金文有从井之荆（刑）字，而无幵声之刑（刑）字。刑即荆之讹。”

1.1【常】石刻“型”字，型陶浚志。《土部》：“型，铸器之法也。从土刑声。户經切。”（287页）

1.2【常】金文“荆”字，刅西周07.3950；从井声，荆西周07.3907、荆西周16.10175。简帛“荆”字，荆奏谳书157。石刻“荆”字，荆曹全碑、荆石经尚书。《艸部》：“荆，楚木也。从艸刑声。舉卿切。𦮇，古文荆。”（22页）《金文形义通解》[⑥]：“方濬益曰：‘𦮇即刅，传写者误分为二，故作𦮇，其从艸者蒙上文小篆之荆而误。既云楚木，不当从艸。’早期金文作刅若刅，后增‘井’以标声，《说文》‘刑声’非是。唐兰曰：‘本象人

① （清）段玉裁：《说文解字注》，上海古籍出版社，2000，216页。

② 张世超等：《金文形义通解》，中文出版社，1996，1261页。

③ （清）朱骏声：《说文通训定声》，武汉古籍书店，1983，851页。

④ 张世超等：《金文形义通解》，中文出版社，1996，1266页。

⑤ 张世超等：《金文形义通解》，中文出版社，1996，1036页。

⑥ 张世超等：《金文形义通解》，中文出版社，1996，82页。

的手足因荆棘而被创伤，人形讹为刀形，因而或加井形而作刱字，即创伤之创的本字，增艸而为荆棘之荆。'"

1.3【常B】"硎"字暂未见唐以前相关古文字形，从石刑声，《说文》无。

2.【常】简帛"耕"字，马壹175_53、仓颉篇69。石刻"耕"字，石经周易。《耒部》："耕，犂也。从耒井声。一曰古者井田。古茎切。"（93页）

3.【常A】简帛"阱"字，仓颉篇29、秦律十八种5。石刻"阱"字，曹真残碑、石经五经。《井部》："阱，陷也。从𨸏从井，井亦声。疾正切。汬，古文阱从水。穽，阱或从穴。"（106页）

4.【常A】石刻"邢（郉）"字，石勘志，从邑井声。《邑部》："郉，周公子所封，地近河内怀。从邑幵声。户經切。"（133页）

5.【常】石刻"形"字，朝侯小子碑、石台孝经，从彡井声。《彡部》："形，象形也。从彡幵声。户經切。"（184页）

"誩"组

0."誩"字暂未见唐以前、小篆外其他相关古文字形。《誩部》："誩，競言也。从二言。读若競。渠慶切。"（58页）《说文通训定声》[①]："按：以言曰誩，以手曰争。""誩"字音jìng。

1.【常】甲骨文"競"字，合106正、合1487、合31706。金文"競"字，西周16.10479、西周01.260.2。简帛"競"字，算数书83、马壹128_4、秩律456，简化作"竞"。石刻"競"字，石经五经。《誩部》："競，彊语也。一曰逐也。从誩，从二人。渠慶切。"（58页）《金文形义通解》[②]："甲骨文作……等形，象二人竞逐之形，其头部非'口'，上亦不从'辛'，似为一种头饰。……其后则人形上似从'辛'，连口则似从'言'矣。"

2.【常】金文"兢"字，西周09.4466。简帛"兢"字，仓颉篇60。石刻"兢"字，石经五经。《兄部》："兢，競也。从二兄。二兄，競意。从丰声。读若矜。一曰兢，敬也。居陵切。"（177页）《金文形义通解》[③]："兢字作，与金文、小篆犹同，今省作'兢'。林义光曰：兢无二兄相竞之义，丰亦非声。兢，二人首戴物形。……戴重物于首，故常戒

① （清）朱骏声：《说文通训定声》，武汉古籍书店，1983，927页。

② 张世超等：《金文形义通解》，中文出版社，1996，151页。

③ 张世超等：《金文形义通解》，中文出版社，1996，2164页。

惕。《诗》‘战战兢兢’传曰：兢兢，戒也。”

“竟”组

0.【常】甲骨文“竟”字，合35224。简帛“竟”字，马贰35_38。石刻“竟”字，曹全碑。《音部》：“竟，乐曲尽为竟。从音从人。居慶切。”（58页）

1.【常】简帛“鏡”字，仓颉篇35。石刻“鏡”字，寇偘志、多宝塔碑。《金部》：“鏡，景也。从金竟声。居慶切。”（294页）段玉裁注[①]：“景者，光也。金有光可照物谓之镜。”“鏡”字简化作“镜”。

2.【常】石刻“境”字，檀宾志、杨孝恭碑。《土部》：“境，疆也。从土竟声。經典通用竟。居領切。”（290页）

“霝”组

0.甲骨文“霝”字，合592、合2864。金文“霝”字，西周08.4224、春秋16.10156。《雨部》：“霝，雨零也。从雨，㗊象零形。郎丁切。”（241页）《金文形义通解》[②]：“甲骨文‘霝’字作……等形，象天雨霝零形。”“霝”字音líng。

1.0【常】“靈”是“靈”字或体，简化作“灵”。金文“靈”字，文献集成29册474页、春秋01.276.2。简帛“靈”字，金关T06：150。石刻“靈（靈）”字，华岳庙碑、石经周易。《玉部》：“靈，靈巫，以玉事神。从玉霝声。郎丁切。靈，靈或从巫。”（13页）段玉裁注[③]：“巫也。各本‘巫’上有‘灵’字，乃复举篆文之未删者也。”《金文形义通解》[④]：“金文从示，杨树达谓即神灵之灵专字。”

1.1【常B】“欞”字暂未见唐以前相关古文字形，从木靈声，《说文》无，简化作“棂”。

“麦”组

0.甲骨文“麦”字，合16047正。金文“麦”字，西周12.6453。

① （清）段玉裁：《说文解字注》，上海古籍出版社，2000，703页。

② 张世超等：《金文形义通解》，中文出版社，1996，2683页。

③ （清）段玉裁：《说文解字注》，上海古籍出版社，2000，19页。

④ 张世超等：《金文形义通解》，中文出版社，1996，58页。

简帛“夌”字，第五层背5。《夊部》：“，越也。从夊从兴。兴，高也。一曰夌约也。力膺切。”（112页）“夌”字音líng。

1.【常】金文“陵”字，西周15.9816、文物季刊96.3、战国16.10371。石刻“陵”字，石经五经。《阜部》：“，大𠂤也。从𠂤夌声。力膺切。”（304页）

2.【常B】金文“綾”字，文献集成29册474页。石刻“綾”字，王马造像。《糸部》：“，东齐谓布帛之细曰绫。从糸夌声。力膺切。”（273页）“綾”字简化作“绫”。

3.【常】石刻“棱”字，石经五经。《木部》：“，柧也。从木夌声。鲁登切。”（125页）《说文通训定声》①：“俗亦作稜，又作楞。”

4.【常】“凌”是“腾”字或体。石刻“凌”字，石经五经。《仌部》：“，仌出也。从仌朕声。力膺切。，腾或从夌。”（240页）段玉裁注②：“仌出者，谓冰之出水，文棱棱然。”

5.【常】石刻“菱”字，石经五经，从艸夌声，《说文》无。

“另”组

0.【常】“另”字，盖“冎”字之讹，《说文》无。《玉篇·口部》③：“冎，别也。”“冎”字音bǎi，俗“冎”字。

1.0【常】甲骨文“别（剐）”字，合17230正。简帛“别（剐）”字，金关T24：630、魏晋残纸。石刻“别（剐）”字，元谭妻司马氏志、道颖等造像。《冎部》：“，分解也。从冎从刀。凭列切。”（86页）

1.1【常A】石刻“捌”字，石经五经。《手部》：“，方言云：无齿杷。从手别声。百辖切。”（258页）

2.【常】“拐”字暂未见唐以前相关古文字形，从手另声，《说文》无。

“令”组

0.【常】甲骨文“令”字，合20244。金文“令”字，商05.2694、西周05.2837。简帛“令”字，日乙106。石刻“令”字，石经五经。《卪部》：“，发号也。从亼、卪。力正切。”（187页）《甲骨文字

① （清）朱骏声：《说文通训定声》，武汉古籍书店，1983，73页。

② （清）段玉裁：《说文解字注》，上海古籍出版社，2000，571页。

③ 《宋本玉篇》，中国书店，1983，105页。

诂林》[1]："按：罗振玉以‘令’字为‘集众人而命令之’是对的。林义光《文源》谓令字‘从口在人上……象口发号，人跽伏以听也。’亼非口字，李孝定亦承其误。令孳乳从口为命，古本同源。西周以后，始出现从口之命字。"

1.【常】金文"命"字，西周05.2837、西周07.4104.1、春秋16.10391。简帛"命"字，秦律杂抄4、敦煌简0135。石刻"命"字，石经周易。《口部》："，使也。从口从令。眉病切。"（32页）《金文形义通解》[2]："'命'乃'令'之分化字。林义光曰：'诸彝器令、命通用，盖本同字。'甲骨文及西周初期有'令'无'命'，西周中期始见于'令'形加'口'之'命'字。"

2.【常】金文"鈴"字，西周05.2841A、西周08.4313.1。石刻"鈴"字，黄庭经。《金部》："，令丁也。从金从令，令亦声。郎丁切。"（296页）"鈴"字简化作"铃"。

3.【常】简帛"零"字，仓颉篇59。石刻"零"字，元谭妻司马氏志。《雨部》："，余雨也。从雨令声。郎丁切。"（241页）段玉裁注[3]："徐雨也。徐，各本作余，今依《玉篇》、《广韵》及《太平御览》所引纂要订。谓徐徐而下之雨。"

4.0【常】简帛"領"字，脉书25。石刻"領"字，郑舒妻刘氏残志、元祥志。《頁部》："，项也。从頁令声。良郢切。"（182页）"領"字简化作"领"。

4.1【常】石刻"嶺"字，郑黑志。《山部》："，山道也。从山領声。良郢切。"（191页）"嶺"字简化作"岭"。

5.【常】石刻"蛉"字，郑君残碑。《虫部》："，蜻蛉也。从虫令声。一名桑根。郎丁切。"（281页）

6.【常B】简帛"泠"字，金关T02：032、仓颉篇14。石刻"泠"字，石经五经。《水部》："，水，出丹阳宛陵，西北入江。从水令声。郎丁切。"（226页）

7.【常】石刻"伶"字，封魔奴志。《人部》："，弄也。从人令声。益州有建伶县。郎丁切。"（165页）

8.【常A】石刻"聆"字，毛璋妻志。《耳部》："，听也。从耳令声。郎丁切。"（250页）

---

① 于省吾主编：《甲骨文字诂林》，中华书局，1999，366页。

② 张世超等：《金文形义通解》，中文出版社，1996，162页。

③ （清）段玉裁：《说文解字注》，上海古籍出版社，2000，19页。

9.【常】石刻“玲”字，■崔昂志。《玉部》：“■，玉声。从玉令声。郎丁切。”（12 页）

10.【常】“冷”字，《仌部》：“■，寒也。从仌令声。鲁打切。”（240 页）

11.【常】石刻“齡”字，■元暐志。《齒部》：“■，年也。从齒令声。郎丁切。”（45 页）“齡”字简化作“龄”。

12.【常】石刻“翎”字，■李眈志。《羽部》：“■，羽也。从羽令声。郎丁切。”（75 页）

13.【常】“羚”字，从羊令声，《说文》无。

14.【常 A】“拎”字暂未见唐以前相关古文字形，从手令声，《说文》无。

“冥”组

0.【常】甲骨文“冥”字，■合 14020、■合 181、■合 7850。简帛“冥”字，■仓颉篇 69。石刻“冥”字，■石经周易。《冥部》：“■，幽也。从日从六，冖声。日数十。十六日而月始亏幽也。莫經切。”（141 页）《甲骨文字诂林》①：“唐兰：‘余谓■即冥字，冥之本义当如幎，象两手以巾覆物之形。《说文》作■，其形既误，遂谓“从日从六，冖声……”穿凿可笑。’”

1.【常 B】石刻“瞑”字，■石经五经。《目部》：“■，翕目也。从目、冥，冥亦声。武延切。”（72 页）

2.【常 A】石刻“螟”字，■石经五经。《虫部》：“■，虫食谷叶者。吏冥冥犯法即生螟。从虫从冥，冥亦声。莫經切。”（279 页）

3.【常 B】石刻“暝”字，■斛律氏志，从日冥声，《说文》无。

“名”组

0.【常】甲骨文“名”字，■合 7269 正。金文“名”字，■西周 01.181.1、■春秋 01.245。简帛“名”字，■秦律十八种 25。石刻“名”字，■元弼志。《口部》：“■，自命也。从口从夕。夕者，冥也。冥不相见，故以口自名。武并切。”（31 页）

1.【常】金文“銘”字，■铭文选二 880、■战国 . 四十年上郡守起戈。石刻“銘”字，■王悦及妻志、■李玄志盖。《金部》：“■，记也。从金名声。莫經切。”（299 页）“銘”字简化作“铭”。

① 于省吾主编：《甲骨文字诂林》，中华书局，1999，2067 页。

“寍”组

0. 甲骨文“寍”字，合 13696 正。金文“寍”字，西周 16.10175、中国历史文物 02.6。石刻“寍”字，北狱庙碑。《宀部》:“，安也。从宀，心在皿上。人之饮食器，所以安人。奴丁切。”（150 页）段玉裁注[①]:“此安宁正字，今则寧行而寍废矣。”《甲骨文字诂林》[②]:“按：字从宀从心从皿，隶可作寍，……疑即‘寧’字之异构。”

1.0【常】甲骨文“寧”字，合 5884 正、合 30775、合 36478。金文“寧”字，西周 14.9104。石刻“寧”字，石经周易、李贤志，简化作“宁”。《丂部》:“，願词也。从丂寍声。奴丁切。”（101 页）《甲骨文字诂林》[③]:“按：卜辞、寍、寧诸字通用无别，均为安定止息之意，无用为愿词者。……徐锴以假借言之，实则古本同字。”

1.1【常】甲骨文“濘”字，花东 467、合 34041。石刻“濘”字，石经五经。《水部》:“，荥泞也。从水寧声。乃定切。”（232 页）“濘”字简化作“泞”。

1.2【常】“獰”字从犬寧声，简化作“狞”;【常】“檸”字从木寧声，简化作“柠”;【常】“擰”字从手寧声，简化作“拧”;【常 B】“嚀”字从口寧声，简化作“咛”；均暂未见唐以前相关古文字形，《说文》无。

“甹”组

0. 甲骨文“甹”字，合 18842。金文“甹”字，西周 08.4341。《丂部》:“，亟词也。从丂从由。或曰甹，侠也。三辅谓轻财者为甹。普丁切。”（101 页）《金文形义通解》[④]:“甲骨文‘甹’字作，……西周金文皆增一形，毛公鼎复增从口，孙诒让曰：‘此謣字之古文也。……謣从言，此从口者，小篆从言之字古文多从口。’”“甹”字音 pīng。

1.【常】石刻“聘”字，石经五经。《耳部》:“，访也。从耳甹声。匹正切。”（250 页）

2.【常】石刻“騁”字，石台孝经。《馬部》:“，直驰也。从馬甹声。丑郢切。”（201 页）“騁”字简化作“骋”。

3.【常 B】简帛“娉”字，居新 7505。石刻“娉”字，石经五

① （清）段玉裁:《说文解字注》，上海古籍出版社，2000，339 页。

② 于省吾主编:《甲骨文字诂林》，中华书局，1999，2638 页。

③ 于省吾主编:《甲骨文字诂林》，中华书局，1999，2007 页。

④ 张世超等:《金文形义通解》，中文出版社，1996，1129 页。

经。《女部》:“娉，问也。从女甹声。匹正切。”（262 页）

“平”组

0.【常】金文“平”字，春秋 01.180、战国 18.11465、战国 18.11609、战国 18.11671A。简帛“平”字，为吏 13。石刻“平”字，范安及志、石经尚书。《亏部》:“平，语平舒也。从亏从八。八，分也。爰礼说。符兵切。平，古文平如此。”（101 页）《说文通训定声》[1]：“按：据字当从兮从一，指事。一者，其气平也。”《金文形义通解》[2]：“‘平’字迄今始见于春秋，而以战国为多见。林义光、高鸿缙皆谓字从釆声。高曰：‘从一。一，平之意象也。釆声。’此可为一说。”

1.【常】金文“坪”字，春秋 01.96、春秋 17.11020。石刻“坪”字，韦士逸志。《土部》:“坪，地平也。从土从平，平亦声。皮命切。”（266 页）

2.0【常】石刻“苹”字，石经五经。《艸部》:“苹，蓱也，无根，浮水而生者。从艸平声。符兵切。”（16 页）

2.1【常】石刻“萍”字，石经五经。《水部》:“萍，苹也。水艸也。从水、苹，苹亦声。薄經切。”（237 页）

3.【常】石刻“評”字，颜家庙碑，从言平声，简化作“评”，《说文》无。

4.【常】石刻“秤”字，缑静志、张安志，从禾从平，平亦声，《说文》无。

5.【常】“砰”字从石平声，【常 B】“怦”字从心平声，均暂未见唐以前相关古文字形，《说文》无。

“青”组

0.【常】金文“青”字，西周 16.10175。简帛“青”字，为吏 36。石刻“青”字，元谭妻司马氏志。《青部》:“青，东方色也。木生火，从生、丹。丹青之信言象然。倉經切。青，古文青。”（106 页）《金文形义通解》[3]：“西周金文‘青’字仅二见，一从丹，一从井。然‘青’声之‘静’

① （清）朱骏声:《说文通训定声》，武汉古籍书店，1983，864 页。

② 张世超等:《金文形义通解》，中文出版社，1996，1146 页。

③ 张世超等:《金文形义通解》，中文出版社，1996，1256 页。

字多见，可考'青'之形声焉。……皆从生，井声。……其下从丹作者，惟秦公簋一见，然已是东周之物，而小篆'青'字与之若影肖形。要之，从'静'字声符可知金文'青'字本从生，井声；或不从生，而从木。"

1.【常】简帛"清"字，日甲《诘》35、金关 T10：128。石刻"清"字，成公氏志。《水部》："，腺也。澂水之皃。从水青声。七情切。"（231 页）段玉裁注①："腺者，明也。澂而后明，故云澂水之皃。"

2.【常】简帛"請"字，为吏 13、金关 T30：028A。石刻"請"字，乙瑛碑、郑志题名。《言部》："，谒也。从言青声。七井切。"（51 页）"請"字简化作"请"。

3.【常 B】石刻"倩"字，赫连子悦志。《人部》："，人字。从人青声。东齐壻谓之倩。倉見切。"（162 页）

4.【常】石刻"精"字，张玄志。《米部》："，择也。从米青声。子盈切。"（147 页）段玉裁注②："择米也。米字各本夺，今补。择米谓𥽥择之米也。"

5.【常】简帛"情"字，马壹 100_121、敦煌简 2220。石刻"情"字，元崇业志。《心部》："，人之阴气有欲者。从心青声。疾盈切。"（217 页）

6.【常 A】简帛"靖"字，仓颉篇 70。石刻"靖"字，元埏志。《立部》："，立竫也。从立青声。一曰细皃。疾郢切。"（216 页）段玉裁注③："谓立容安竫也。"

7.【常】简帛"猜"字，仓颉篇 16。石刻"猜"字，元延明志。《犬部》："，恨贼也。从犬青声。倉才切。"（205 页）《说文通训定声》④："按：字从犬，如狡狯狂猛之类，本以言犬，移以言人。……《方言》十二：猜，恨也。"

8.【常】石刻"蜻"字，韩震志。《虫部》："，蜻蛚也。从虫青声。子盈切。"（281 页）

9.【常】简帛"睛"字，马壹 103_9，从目青声，《说文》无。

10.【常】简帛"晴"字，仓颉篇 51。石刻"晴"字，刘冰志，从日青声，《说文》无。

---

① （清）段玉裁：《说文解字注》，上海古籍出版社，2000，550 页。

② （清）段玉裁：《说文解字注》，上海古籍出版社，2000，331 页。

③ （清）段玉裁：《说文解字注》，上海古籍出版社，2000，500 页。

④ （清）朱骏声：《说文通训定声》，武汉古籍书店，1983，850 页。

11.【常B】“腈”字暂未见唐以前相关古文字形，从肉青声，《说文》无。

“顷”组

0.【常】简帛“頃”字，奏谳书198。石刻“頃”字，石经五经。《匕部》：“，头不正也。从匕从頁。去营切。”（168页）《说文通训定声》①：“匕之言偏也。按：实即倾之古文。”“頃”字简化作“顷”。

1.【常】石刻“傾”字，石经周易。《人部》：“，仄也。从人从頃，頃亦声。去营切。”（164页）“傾”字简化作“倾”。

2.【常】简帛“穎”字，第八层161、金关T08：033，简化作“颖”。石刻“穎”字，石经五经。《禾部》：“，禾末也。从禾頃声。余頃切。”（145页）

“磬”组

0.【常B】甲骨文“磬（殸）”字，合9339、合10500、合317。简帛“磬（殸）”字，马壹137_63。石刻“磬（殸）”字，石经尚书。《石部》：“，乐石也。从石、殸。象縣虡之形。殳，击之也。古者母句氏作磬。苦定切。，籀文省。，古文从巠。”（195页）《甲骨文字诂林》②：“按：字从‘石’从‘殳’……当为‘磬’之省。”《甲骨文字诂林》③：“王国维：‘卜辞诸字从，象虡饰，象磬，又持，所以击之，形意已具。其从石者，乃后人所加，重复甚矣。’”

1.【常】甲骨文“聲”字，合6016正、合32926、屯3551、合27632。简帛“聲”字，法律答问52。石刻“聲”字，石经五经。《耳部》：“，音也。从耳殸声。殸，籀文磬。書盈切。”（250页）《甲骨文字诂林》④：“李孝定：‘郭、于两氏释此为声是也。从从殸，殸亦声。篆文特省“口”，从耳从（听）其意一也。’”“聲”字简化作“声”。

2.【常】金文“馨”字，考古与文物06.6。石刻“馨”字，王蕃志。《香部》：“，香之远闻者。从香殸声。殸，籀文磬。呼形切。”（147页）

3.【常B】石刻“罄”字，萧公夫人志。《缶部》：“，器中空也。

① （清）朱骏声：《说文通训定声》，武汉古籍书店，1983，860页。

② 于省吾主编：《甲骨文字诂林》，中华书局，1999，2218页。

③ 于省吾主编：《甲骨文字诂林》，中华书局，1999，2218页。

④ 于省吾主编：《甲骨文字诂林》，中华书局，1999，2222页。

从缶殸声。殸，古文磬字。《诗》云：‘缾之罄矣。’苦定切。”（109 页）

“壬”组

0. 甲骨文“壬”字，合 227。《壬部》：“，善也。从人、士。士，事也。一曰象物出地挺生也。他鼎切。”（169 页）《说文通训定声》①：“按：此字从人立土上，会意，挺立也，与立同谊，望、廷皆从此为义。”“壬”字音 tǐng。

1.0【常】甲骨文“聖”字，合集 14295。金文“聖”字，西周 01.246。简帛“聖”字，为吏 45、马壹 38_4、金关 T10：265。石刻“聖”字，石经周易。《耳部》：“，通也。从耳呈声。式正切。”（250 页）《金文形义通解》②：“甲骨文‘圣’字……作人形而突出夸大人耳之形，旁有口形，以象耳听闻自口发出声音之意。……圣、听、声古本同源一字，后渐分化。……‘圣’之本义为声音入耳，即听之感觉，引申为通，无所不通，复引申为贤圣、圣德之义。金文‘圣’字承甲文而渐次变化，所变异者在耳下之人形。”“聖”字简化作“圣”。

1.1【常】金文“耿”字，西周 05.2841B。石刻“耿”字，崔芬志。《耳部》：“，耳箸颊也。从耳，烓省声。杜林说：耿，光也。从光，圣省。凡字皆左形右声。杜林非也。古杏切。”（249 页）段玉裁注③：“颊者，面旁也。耳箸于颊曰耿。耿之言黏也，黏于颊也。……圣省声。”

2.0【常】甲骨文“聽”字，合 10936 正、合 20017、合 18094、合 19649。金文“聽”字，西周 08.4140、春秋 15.9730。简帛“聽”字，日甲《吏》162。石刻“聽”字，王僧男志、石经五经。《耳部》：“，聆也。从耳、惪，壬声。他定切。”（250 页）段玉裁注④：“耳、惪者，耳有所得也。”《金文形义通解》⑤：“甲骨文‘听’字……从耳从口，象声出自口，耳听受之。或从二口，殆求结体匀称而增繁。与（圣）取意相同，但省去耳下之人形而已。郭沫若曰：‘古听、声、圣乃一字，其字即作，从口耳会意。言口有所言，耳得之而为声，其得声之动作则为听。圣、听、声均后起之字也。’”“聽”字简化作“听”。

2.1【常】甲骨文“廳”字，合集 14588、合集 26830。石刻

① （清）朱骏声：《说文通训定声》，武汉古籍书店，1983，871 页。
② 张世超等：《金文形义通解》，中文出版社，1996，2778 页。
③ （清）段玉裁：《说文解字注》，上海古籍出版社，2000，591 页。
④ （清）段玉裁：《说文解字注》，上海古籍出版社，2000，591 页。
⑤ 张世超等：《金文形义通解》，中文出版社，1996，2781 页。

“廳”字，颜惟贞庙碑、元伏和志，或从广，或从厂，聽声，简化作“厅”,《说文》无。《甲骨文字诂林》①：“按：当从于先生释庭。《说文》无厅字，朱骏声《通训定声》谓厅乃庭之俗字。今据契文，从宀从，实亦厅字之初形。……庭、厅为古今字。”

3.0【常B】甲骨文“徵”字，合3286正、合6057正。金文“徵”字，西周07.3862、战国02.323.3、战国02.345.2A。简帛“徵”字，王杖2。石刻“徵”字，元寿妃麴氏志。《壬部》：“，召也。从微省，壬为征。行于微而文达者，即征之。陟陵切。，古文徵。”（169页）《说文通训定声》②：“古文从口从微省，以攴为彳。愚按：壬，微者，自微而之著。微者，也，当以明信应验为本义，征召、征求为转注。许用《尔雅》训召者，以古文从口之故。”

3.1【常】石刻“懲”字，石经周易。《心部》：“，㣻也。从心徵声。直陵切。”（223页）“懲”字简化作“惩”。

3.2【常】“癥”字暂未见唐以前相关古文字形，从疒徵声，简化作“症”,《说文》无。

4.0【常】金文“廷”字，铭文选一63、西周08.4289.1、西周08.4297、春秋08.4315.2。简帛“廷”字，秦律十八种197。石刻“廷”字，元孟辉志、石经五经。《廴部》：“，朝中也。从廴壬声。特丁切。”（44页）《金文形义通解》③：“较早形体不从土，作。孙斌来曾撰《释廷》一文，释‘廷’为象意字，兹摘其要：金文‘廷’字象人立于有曲形堂途之廷地形。乚形象廷中堂下至门之曲形堂途，即通道。……‘廷’字中之形即立于廷地之臣。彡，示臣北向立之阴影。古者君理事，有臣立于廷。……古人辨别方位之主要凭借即日影。西周中期……‘廷’字内之象立于廷地之碑形。形取代彡形，以示臣北向立于中廷。降至西周晚期，讹变为。自春秋秦公簋始，‘廷’字已向形声化演变。彡省作，与乚合书作，笔势圆润作，故小篆作。”

4.1【常】甲骨文“庭”字，合集14588、合集26830。简帛“庭”字，第六层2。石刻“庭”字，曹全碑、缑光姬志。《广部》：“，宫中也。从广廷声。特丁切。”（192页）段玉裁注④：“宫者，室也。

---

① 于省吾主编：《甲骨文字诂林》，中华书局，1999，2008页。

② （清）朱骏声：《说文通训定声》，武汉古籍书店，1983，68页。

③ 张世超等：《金文形义通解》，中文出版社，1996，410页。

④ （清）段玉裁：《说文解字注》，上海古籍出版社，2000，443页。

室之中曰庭。”《甲骨文字诂林》[①]：“按：当从于先生释庭。《说文》无厅字，朱骏声《通训定声》谓厅乃庭之俗字。今据契文，从宀从，实亦厅字之初形。……庭、厅为古今字。”

4.2【常】简帛“挺”字，马贰36_53。石刻“挺”字，寇峤妻志、萧玚志。《手部》：“，拔也。从手廷声。徒鼎切。”（255页）

4.3【常B】简帛“鋌”字，马贰81_267。石刻“鋌”字，石经五经。《金部》：“，铜铁朴也。从金廷声。徒鼎切。”（294页）“鋌”字简化作“铤”。

4.4【常B】石刻“霆”字，石经五经。《雨部》：“，雷余声也铃铃。所以挺出万物。从雨廷声。特丁切。”（241页）

4.5【常】石刻“蜓”字，石经五经。《虫部》：“，蝘蜓也。从虫廷声。一曰螾蜓。徒典切。”（279页）

4.6【常】“艇”字暂未见唐以前、小篆外其他相关古文字形。《舟部》：“，小舟也。从舟廷声。徒鼎切。”（176页）

5.0【常】简帛“呈”字，马贰35_26。石刻“呈”字，寇慰志。《口部》：“，平也。从口壬声。直貞切。”（32页）

5.10 金文“戥（戜）”字，西周08.4341。《戈部》：“，利也。一曰剔也。从戈呈声。徒結切。”（266页）“戥（戜）”字音dié。

5.110“䥫”字，《大部》：“，大也。从大戥声。读若《诗》‘䥫䥫大猷’。直質切。”（213页）“䥫”字音zhì。

5.111【常】简帛“鐵”字，敦煌简2231。石刻“鐵”字，宇文诚志、石经五经。《金部》：“，黑金也。从金䥫声。天結切。，鐵或省。，古文鐵从夷。”（293页）“鐵”字简化作“铁”。

5.2【常】金文“逞”字，春秋18.11640。石刻“逞”字，石经五经。《辵部》：“，通也。从辵呈声。楚谓疾行为逞。丑郢切。”（42页）

5.3【常】简帛“程”字，秦律十八种33。石刻“程”字，石经五经。《禾部》：“，品也。十发为程，十程为分，十分为寸。从禾呈声。直貞切。”（146页）段玉裁注[②]：“品者，众庶也。因众庶而立之法，则斯谓之程品。”

5.4【常B】“鋥”字暂未见唐以前相关古文字形，从金呈声，简化作“锃”，《说文》无。

6.0“𡈼”字暂未见唐以前、小篆外其他相关古文字形。《壬部》：“，

① 于省吾主编：《甲骨文字诂林》，中华书局，1999，2008页。

② （清）段玉裁：《说文解字注》，上海古籍出版社，2000，327页。

近求也。从爪、壬。壬，徼幸也。余箴切。”（169 页）《说文通训定声》[①]：“按：挺立于此而欲抓取于彼，故为近求、为徼幸。”“⺤”字音 yín。

6.1【常】简帛“淫”字，■银贰 1022。石刻“淫”字，■石经五经。《水部》：“■，侵淫随理也。从水⺤声。一曰久雨为淫。余箴切。”（231 页）

“幸”组

0.【常】甲骨文“幸（㚔）”字，■FQ3。简帛“幸（㚔）”字，■上博三．昭 3、■秦律十八种 5。石刻“幸（㚔）”字，■、■石经五经。《夭部》：“■，吉而免凶也。从屰从夭。夭，死之事。故死谓之不㚔。胡耿切。”（214 页）

1.【常 B】“悻”字暂未见唐以前相关古文字形，从心幸声，《说文》无。

“賏”组

0.“賏”字，《貝部》：“■，颈饰也。从二貝。烏莖切。”（131 页）“賏”字音 yīng。

1.0【常】金文“嬰”字，■春秋 16.10186、■文物 87.8。简帛“嬰”字，■秦律十八种 69。石刻“嬰”字，■石经五经。《女部》：“■，颈饰也。从女、賏。賏，其连也。於盈切。”（262 页）段玉裁注[②]：“贝连也。各本作‘其连也’，今正。”《金文形义通解》[③]：“早期铜器有■、■等形，当即‘嬰’字之所出，其形象人颈佩戴串贝之饰，垂于左右身下。”“嬰”字简化作“婴”。

1.1【常】金文“纓”字，■秦文字编 1850。简帛“纓”字，■银贰 2078。石刻“纓”字，■王祯志、■边氏志。《糸部》：“■，冠系也。从糸嬰声。於盈切。”（274 页）“纓”字简化作“缨”。

1.2【常 B】石刻“嚶”字，■石经五经。《口部》：“■，鸟鸣也。从口嬰声。烏莖切。”（34 页）“嚶”字简化作“嘤”。

1.3【常】石刻“鸚”字，■石经五经。《鳥部》：“■，鸚䳇，能言鸟也。从鳥嬰声。烏莖切。”（82 页）“鸚”字简化作“鹦”。

---

① （清）朱骏声：《说文通训定声》，武汉古籍书店，1983，89 页。

② （清）段玉裁：《说文解字注》，上海古籍出版社，2000，621 页。

③ 张世超等：《金文形义通解》，中文出版社，1996，2872 页。

1.4【常】石刻“樱”字，越国太妃志。《木部》：“，果也。从木婴声。烏莖切。”（126页）“樱”字简化作“樱”。

“盈”组

0.【常】简帛“盈”字，脉书13。石刻“盈”字，石经五经。《皿部》：“，满器也。从皿、夃。以成切。”（104页）段玉裁注[①]：“满器者，谓人满宁（贮）之。”

1.【常B】简帛“楹”字，甲《有司》19。石刻“楹”字，王蕃志。《木部》：“，柱也。从木盈声。以成切。”（120页）

“荧”组

0.【常】金文“熒”字，西周08.4241、西周15.9391.1、西周07.3772.2。简帛“熒”字，金关T24：952。石刻“熒”字，张安姬志。《焱部》：“，屋下镫烛之光。从焱、冂。户扃切。”（212页）段玉裁注[②]：“以火华照屋，会意。”《金文形义通解》[③]：“金文象二烛相交之形。讹为，复累增义符‘火’而为‘熒’也。者，‘熒’之初文也。二烛相交，其义明也，交互也，盛也。”“熒”字简化作“荧”。

1.【常B】金文“縈”字，西周07.3772.2、西周08.4267。简帛“縈”字，仓颉篇30。石刻“縈”字，石经五经。《糸部》：“，收韏也。从糸，熒省声。於營切。”（275页）《金文形义通解》[④]：“金文‘萦’字从糸声，乃荧之古文。”“縈”字简化作“萦”。

2.【常】金文“營”字，假“熒”字初文为之，西周05.2832。简帛“營”字，日甲3。石刻“營”字，營陵置社碑。《宫部》：“，市居也。从宫，熒省声。余傾切。”（152页）段玉裁注[⑤]：“帀，各本作市。……帀居谓围绕而居。”《金文形义通解》[⑥]：“荣子旅鬲字下从〇作，〇乃‘圆’若‘环’之象形初文，从〇（环）声，盖‘营’之古文。……后世重其〇即为‘営’。”“營”字简化作“营”。

---

① （清）段玉裁：《说文解字注》，上海古籍出版社，2000，212页。
② （清）段玉裁：《说文解字注》，上海古籍出版社，2000，490页。
③ 张世超等：《金文形义通解》，中文出版社，1996，2447页。
④ 张世超等：《金文形义通解》，中文出版社，1996，3083页。
⑤ （清）段玉裁：《说文解字注》，上海古籍出版社，2000，342页。
⑥ 张世超等：《金文形义通解》，中文出版社，1996，2447页。

3.【常】金文“檾”字，西周 03.930。简帛“檾”字，仓颉篇 64。石刻“檾”字，石经周易。《木部》：“，桐木也。从木，熒省声。一曰屋梠之两头起者为荣。永兵切。”（117 页）“檾”字简化作“荣”。

4.【常】简帛“瑩”字，马壹 114_21。石刻“瑩”字，多宝塔碑。《玉部》：“，玉色。从玉，熒省声。一曰石之次玉者。烏定切。”（12 页）“瑩”字简化作“莹”。

5.【常】石刻“鶯”字，石经五经。《鳥部》：“，鸟也。从鳥，檾省声。烏莖切。”（82 页）“鶯”字简化作“莺”。

6.【常】石刻“螢”字，唐邕刻经记、王禹志，从虫熒省声，简化作“萤”，《说文》无。

“卜”组

0.【常】甲骨文“卜”字，合 5331。金文“卜”字，西周 06.3577.1。简帛“卜”字，史律 474。石刻“卜”字，张正子父母镇石。《卜部》：“，灼剥龟也，象灸龟之形。一曰象龟兆之从横也。博木切。，古文卜。”（69 页）《金文形义通解》[1]：“甲骨文……正象龟兆形。罗振玉曰：‘卜兆皆先有直坼而后出歧理，歧理多斜出，或向上或向下，故其文或作或作。’‘卜’字音读‘亦象灼龟爆裂之声’，董作宾说。”

1.【常】简帛“赴”字，暨过案 103。石刻“赴”字，寘泰志、高湇志。《走部》：“，趋也。从走，仆省声。芳遇切。”（35 页）

2.【常】石刻“仆”字，柳默然志。《人部》：“，顿也。从人卜声。芳遇切。”（167 页）《说文通训定声》[2]：“前覆曰仆，后仰曰偃。”

3.【常 B】“釙”字暂未见唐以前相关古文字形，从金卜声，简化作“钋”，《说文》无。

“不”组

0.【常】甲骨文“不”字，合 19900、花东 451、H11：47。金文“不”字，西周 07.4060、春秋 17.11289。简帛“不”字，秦律十八种 5、敦煌简 0049。石刻“不”字，黄庭经、辛穆志。《不部》：“，鸟飞上翔不下來也。从一，一猶天也。象形。方久切。”（246 页）《甲

① 张世超等：《金文形义通解》，中文出版社，1996，776 页。

② （清）朱骏声：《说文通训定声》，武汉古籍书店，1983，371 页。

骨文字诂林》[①]："按：契文字本象草根形，自用为否定词，久假不归，本义久湮。……草根实作，即'不'字。"《金文形义通解》[②]："甲金文学者皆谓象花柎形，则'不'字本是'柎'之象形初文。林义光曰：'周伯琦云：鄂（萼）足也。萼足谓之柎，不、柎双声旁转。《诗》"鄂不韡韡"《常棣》笺云：不，当作柎；柎，鄂足也。……'郭沫若曰：'余谓不者房也，象子房，犹带余蕊，与"帝"之异在非全形。房熟则盛大，故"不"引申为丕，其用为"不是"字者，乃假借也。'"

1.【常A】金文"坯（坏）"字，西周10.5425.2、西周05.2810、春秋08.4315.1。简帛"坯（坏）"字，马壹101_152。石刻"坯（坏）"字，赵孝頵志。《土部》："坏，丘再成者也。一曰瓦未烧。从土不声。芳桮切。"（289页）《说文通训定声》[③]："《水经》河水注引《说文》字作坯。"

2.0【常】金文"否"字，西周05.2841B。简帛"否"字，银壹834。石刻"否"字，王悦及妻郭氏志。《口部》："否，不也。从口从不。方九切。"（34页）《不部》重出，不亦声。

2.10 金文"咅"字，考古96.9。简帛"咅"字，马贰69_24。《丶部》："咅，相与语，唾而不受也。从丶从否，否亦声。天口切。𠪱，咅或从豆从欠。"（105页）"咅"字音pǒu。

2.11【常】简帛"部"字，法律答问157、金关T07：090。石刻"部"字，曹全碑。《邑部》："部，天水狄部。从邑咅声。蒲口切。"（132页）

2.120【常】简帛"倍"字，数97、银贰1020。石刻"倍"字，高百年志。《人部》："倍，反也。从人咅声。薄亥切。"（166页）

2.121【常】"蓓"字暂未见唐以前相关古文字形，从艸倍声，《说文》无。

2.13【常】简帛"剖"字，马壹41_16。石刻"剖"字，元暐志。《刀部》："剖，判也。从刀咅声。浦后切。"（91页）

2.14【常】简帛"陪"字，马壹149_70。石刻"陪"字，石经九经。《𨸏部》："陪，重土也。一曰满也。从𨸏咅声。薄回切。"（306页）

2.15【常】石刻"菩"字，淳于元皓志。《艸部》："菩，艸也。从艸咅声。步乃切。"（17页）

2.16【常】石刻"培"字，元诞志、梁瓌志。《土部》："培，培

---

① 于省吾主编：《甲骨文字诂林》，中华书局，1999，2510页。

② 张世超等：《金文形义通解》，中文出版社，1996，2723页。

③（清）朱骏声：《说文通训定声》，武汉古籍书店，1983，205页。

敦。土田山川也。从土咅声。薄回切。”（288 页）段玉裁注[①]：“封建所加厚曰培敦。”

2.17【常】“賠”字从貝咅声，简化作“赔”；【常 A】“焙”字从火咅声；均暂未见唐以前相关古文字形，《说文》无。

2.2【常】简帛“杯（桮）”字，马贰 238_190、金关 T07：035。石刻“杯（桮）”字，樊端志。《木部》：“桮，𪏭也。从木否声。布回切。𠤱，籒文桮。”（122 页）《说文通训定声》[②]：“字亦作杯。”

3.0 金文“丕”字，以“不”字为之，西周 16.10175。石刻“丕”字，元子直志、石经五经。《一部》：“丕，大也。从一不声。敷悲切。”（7 页）

3.1【常】“胚”字，《说文》作“肧”。《肉部》：“肧，妇孕一月也。从肉不声。匹桮切。”（87 页）“肧”字音 pēi。

“出”组

0.【常】甲骨文“出”字，合 20045、合 5058、合 6689。金文“出”字，西周 16.9893.1、战国 03.980。简帛“出”字，效律 29、金关 T11：018。石刻“出”字，元保洛志。《出部》：“出，进也。象屮木益滋，上出达也。尺律切。”（127 页）《金文形义通解》[③]：“甲骨文……象足之出于凵。李孝定曰：‘古人有穴居者，故从止从凵，而以止之相背别出入也。’张日升曰：‘出，离穴外出；各，自外临至；止形相反，字义随之。’凵或作𠙴，形之变也。”

1.0【常】简帛“屈”字，为吏 34、日甲《诘》41。石刻“屈”字，尔朱袭志。《尾部》：“屈，无尾也。从尾出声。九勿切。”（175 页）《说文通训定声》[④]：“今字作屈省。”

1.1【常】石刻“崛”字，多宝塔碑。《山部》：“崛，山短高也。从山屈声。衢勿切。”（190 页）段玉裁注[⑤]：“短高者，不长而高也。”

1.2【常】石刻“掘”字，菩萨记残石。《手部》：“掘，搰也。从手屈声。衢勿切。”（256 页）

1.3【常】石刻“窟”字，掌彻志，从穴屈声，《说文》无。

---

① （清）段玉裁：《说文解字注》，上海古籍出版社，2000，690 页。

② （清）朱骏声：《说文通训定声》，武汉古籍书店，1983，205 页。

③ 张世超等：《金文形义通解》，中文出版社，1996，1513 页。

④ （清）朱骏声：《说文通训定声》，武汉古籍书店，1983，619 页。

⑤ （清）段玉裁：《说文解字注》，上海古籍出版社，2000，440 页。

1.4【常】"倔"字暂未见唐以前相关古文字形，从人屈声，《说文》无。

2.【常B】金文"詘"字，战国16.10384。简帛"詘"字，引书8。石刻"詘"字，朱齐之志。《言部》："詘，诘诎也。一曰屈襞。从言出声。區勿切。詘，詘或从屈。"（57页）"詘"字简化作"诎"。

3.【常】石刻"拙"字，义福禅师碑。《手部》："拙，不巧也。从手出声。職説切。"（256页）

4.【常】石刻"咄"字，斛律氏志。《口部》："咄，相谓也。从口出声。當没切。"（32页）《说文通训定声》[①]："《字林》：咄，相诃也。"

5.【常】"茁"字暂未见唐以前、小篆外其他相关古文字形。《艸部》："茁，艸初生出地皃。从艸出声。鄒滑切。"（22页）

"刍"组

0. 甲骨文"芻"字，合95、合126。金文"芻"字，西周16.10176。简帛"芻"字，秦律十八种10。石刻"芻"字，石经九经。《艸部》："芻，刈艸也。象包束艸之形。叉愚切。"（25页）《甲骨文字诂林》[②]："按：甲骨文从又持草，即刍荛之意。刈草以饲牲畜谓之刍，引申之，放牧之牲畜牛羊之类均谓之刍，再引申之，放牧牲畜亦谓之刍。""芻"字简化作"刍"。

1.【常】甲骨文"雛"字，合116正、合116正。石刻"雛"字，石经五经。《隹部》："雛，鸡子也。从隹芻声。士于切。鶵，籀文雛从鳥。"（76页）"雛"字简化作"雏"。

2.【常】简帛"趨"字，马壹178_66、王杖2。石刻"趨"字，元爽志、石经五经。《走部》："趨，走也。从走芻声。七逾切。"（35页）"趨"字简化作"趋"。

3.【常B】石刻"鄒"字，石经五经。《邑部》："鄒，鲁县，古邾国，帝颛顼之后所封。从邑芻声。側鳩切。"（135页）"鄒"字简化作"邹"。

4.【常】"皺"字暂未见唐以前相关古文字形，从皮芻声，简化作"皱"，《说文》无。

① （清）朱骏声：《说文通训定声》，武汉古籍书店，1983，618页。

② 于省吾主编：《甲骨文字诂林》，中华书局，1999，895页。

“豖”组

0. 甲骨文“豖”字，合 20980 正、合 378 正。石刻“豖”字，石经五经。《豕部》：“豖，豕绊足行豖豖。从豕繫二足。丑六切。”（197 页）“豖”字音 chù。

1.【常 B】金文“冢”字，西周 15.9728、战国 16.10447A。简帛“冢”字，猩敞案 53、仓颉篇 11。石刻“冢”字，石经五经。《勹部》：“冢，高坟也。从勹豖声。知陇切。”（188 页）《金文形义通解》[①]：“金文‘冢’字从勹，从豕。勹，并非《说文》所言‘象人曲形有所包裹’之勹，其形意不能塙说。豕，疑其为声符。‘冢’‘豕’古音声母分在端、书二组，皆为舌音，而‘豕’之转音词‘豬’正在端组。战国金文‘冢’字变易颇多，然均未见从豖声者，侯马盟书及秦简亦如是，唯小篆从豖，以为声符。”

2.【常 B】简帛“涿”字，引书 98。石刻“涿”字，石经五经。《水部》：“涿，流下滴也。从水豖声。上谷有涿县。竹角切。𣅿，奇字涿从日、乙。”（234 页）段玉裁注[②]：“今俗谓一滴曰一涿，音如笃。”

3.【常】石刻“琢”字，石经五经。《玉部》：“琢，治玉也。从玉豖声。竹角切。”（12 页）

4.【常】石刻“啄”字，石经五经。《口部》：“啄，鸟食也。从口豖声。竹角切。”（35 页）

“畜”组

0.【常】甲骨文“畜”字，合 29415。金文“畜”字，春秋 16.10008。简帛“畜”字，秦律十八种 84。石刻“畜”字，崔宣华志。《田部》：“畜，田畜也。丑六切。𤲸，《鲁郊礼》畜从田从兹。兹，益也。”（291 页）《金文形义通解》[③]：“金文‘畜’字从田幺声。……‘幺’、‘玄’金文共用一形，小篆始分化为二形。”

1.【常】简帛“蓄”字，银贰 1056。石刻“蓄”字，西狭颂。《艸部》：“蓄，积也。从艸畜声。丑六切。”（27 页）

2.【常 B】“搐”字暂未见唐以前相关古文字形，从手畜声，《说文》无。

---

① 张世超等：《金文形义通解》，中文出版社，1996，2286 页。

② （清）段玉裁：《说文解字注》，上海古籍出版社，2000，557 页。

③ 张世超等：《金文形义通解》，中文出版社，1996，3205 页。

“夫”组

0.【常】甲骨文“夫”字，合 20166。金文“夫”字，商 02.385。简帛“夫”字，效律 2、金关 T03：055。石刻“夫”字，石台孝经。《夫部》：“，丈夫也。从大，一以象簪也。周制以八寸为尺，十尺为丈。人长八尺，故曰丈夫。甫無切。”（216 页）《甲骨文字诂林》[①]：“按：卜辞夫与大有别，但亦可通假。……契文先字作粹二四七，夫字所从之一不得谓象簪形。林义光《文源》云：‘盖夫与大初皆作，象人正立形。后分为两音两义，乃加一为以别于大。古女或作，母或作，则一非象丈夫之簪也。’林氏之说是正确的。”

1.【常】金文“扶”字，西周 04.1979。简帛“扶”字，法律答问 208。石刻“扶”字，元弼志。《手部》：“，左也。从手夫声。防無切。，古文扶。”（251 页）《金文形义通解》[②]：“金文从又，夫声。……又，亦手也。”

2.【常 A】“麩”字暂未见唐以前、小篆外其他相关古文字形。《麥部》：“，小麦屑皮也。从麥夫声。甫無切。，麩或从甫。”（112 页）“麩”字简化作“麸”。

3.【常 B】“蚨”字暂未见唐以前、小篆外其他相关古文字形。《虫部》：“，青蚨，水虫，可还钱。从虫夫声。房無切。”（282 页）

4.【常】简帛“芙”字，马壹 257_3。石刻“芙”字，南川县主志。《艸部》：“，芙蓉也。从艸夫声。方無切。”（27 页）

“𠬝”组

0. 甲骨文“𠬝”字，合 22047。金文“𠬝”字，西周 01.260.1。《又部》：“，治也。从又从卪。卪，事之節也。房六切。”（64 页）《甲骨文字诂林》[③]：“按：《说文》解𠬝字形义并误。……甲骨文𠬝字作，从又在人后，象以手按跽人之形。”“𠬝”字音 fú。

1.【常】甲骨文“服”字，合 36924。金文“服”字，西周 08.4241。简帛“服”字，秦律十八种 18。石刻“服”字，石经尚书。《舟部》：“，用也。一曰车右騑，所以舟旋。从舟𠬝声。房六切。，古

---

① 于省吾主编：《甲骨文字诂林》，中华书局，1999，216 页。

② 张世超等：《金文形义通解》，中文出版社，1996，2798 页。

③ 于省吾主编：《甲骨文字诂林》，中华书局，1999，409 页。

文服从人。”（176 页）《甲骨文字诂林》[①]：“陈初生：‘象用手按跽人于肉前，其本义当为服事。’按：此亦𠬝之繁体，乃增‘凡’为声符。”《金文形义通解》[②]：“金文‘服’字从舟与从凡者互见，殆以从凡者为正字，后讹从舟。……‘服’为𠬝所孳乳之形声字，𠬝字本制服、降服、顺服、屈服诸义之象事初文，后增‘凡’以标声。‘服’‘凡’古音同组。”

“弗”组

0.【常】甲骨文“弗”字，合 20975、花东 102、合 29084。金文“弗”字，西周 05.2724。简帛“弗”字，秦律十八种 68。石刻“弗”字，石经尚书。《丿部》：“，挢也。从丿从乀，从韦省。分勿切。”（265 页）《甲骨文字诂林》[③]：“按：林义光《文源》云：‘古作，||象物之直，己拂戾之。’李孝定承段玉裁揉箭之说，谓‘弗’象‘矫箭使直之形’，||‘象箭杆之形’。||或|||不必为箭杆，弗亦不必为矫箭。契文或作，己为缯缴。贞人有名者，字从两木。矫杆使直皆谓之‘弗’。”

1.【常】金文“費”字，战国 17.11345。简帛“費”字，秦律十八种 37、敦煌简 0168。石刻“費”字，曹全碑。《貝部》：“，散财用也。从貝弗声。房未切。”（130 页）“費”字简化作“费”。

2.【常】简帛“沸”字，马壹 103_16。石刻“沸”字，侯刚志。《水部》：“，滭沸，滥泉。从水弗声。分勿切。又方未切。”（232 页）

3.【常 B】简帛“怫”字，银壹 409。石刻“怫”字，张氏女志。《心部》：“，鬱也。从心弗声。符弗切。”（220 页）

4.【常】石刻“佛”字，净悟浮图记、道慧造石浮图记。《人部》：“，见不审也。从人弗声。敷勿切。”（163 页）

5.【常】石刻“拂”字，石经周易。《手部》：“，过击也。从手弗声。敷物切。”（257 页）《说文通训定声》[④]：“随击随过，苏俗语谓之拍，与拭略同。”

“孚”组

0.【常 B】甲骨文“孚”字，合 903 正、合 137 反。金文“孚”

① 于省吾主编：《甲骨文字诂林》，中华书局，1999，410 页。

② 张世超等：《金文形义通解》，中文出版社，1996，2149 页。

③ 于省吾主编：《甲骨文字诂林》，中华书局，1999，3458 页。

④（清）朱骏声：《说文通训定声》，武汉古籍书店，1983，626 页。

字，西周 05.2741。简帛“孚”字，敦煌简 0135。石刻“孚”字，寇炽志。《爪部》：“，卵孚也。从爪从子。一曰信也。芳無切。，古文孚从禾，禾，古文保。”（63 页）《金文形义通解》[①]：“甲骨文作，象以手捉子。……‘孚’为‘俘’之古字。于省吾曰：‘收养战争中俘虏的男女以为子，这就是孚的造字由来。至于鸟孚卵之孚系用借字，后世则以孵为之。’”

1.【常】甲骨文“俘”字，合集 903、合集 359、合集 137。石刻“俘”字，杨佰陇志。《人部》：“，军所获也。从人孚声。芳無切。”（167 页）《甲骨文字典》[②]：“从又从子，或作廾，或作爪，或又作彳，同。象以手逮人之形，从彳者表驱俘虏以行之意。……从人作俘乃后起之形声字。”

2.【常】金文“浮”字，春秋 16.10278。简帛“浮”字，日甲《盗者》81。石刻“浮”字，元弼志。《水部》：“，氾也。从水孚声。縛牟切。”（230 页）

3.【常】“孵”字暂未见唐以前相关古文字形，从卵孚声，《说文》无。

“勹”组

0. 甲骨文“勹”字，合集 14295、合集 14294。《甲骨文字释林》[③]：“象人侧面俯伏之形，即‘伏’字的初文。……按：伏之本义为犬伺人，后世借‘伏’为俯伏之伏，遂不知其本作。”《甲骨文字诂林》[④]：“按：字当隶作勹，实乃‘伏’之初文。”“勹”字音 fú。

1.【常】甲骨文“鳧”字，合 14161 正。金文“鳧”字，西周 07.3913。石刻“鳧”字，元彝志、王贞志。《几部》：“，舒鳧，鹜也。从鳥几声。房無切。”（66 页）《甲骨文字释林》[⑤]：“凫字上从隹，古文从隹从鸟每无别。下从，即‘伏’之本字。……以《说文》为例，则‘凫’字应解作：‘凫，水鸟也，从鸟勹，勹亦声。’是会意兼形声字。”“鳧”字简化作“凫”。

2.0【常】金文“伏”字，西周 11.5897。简帛“伏”字，马壹 182_120、银贰 1576、金关 T06：178。石刻“伏”字，石经尚书。

① 张世超等：《金文形义通解》，中文出版社，1996，599 页。

② 徐中舒主编：《甲骨文字典》，四川辞书出版社，1990，895 页。

③ 于省吾：《甲骨文字释林》，中华书局，1979，374 页。

④ 于省吾主编：《甲骨文字诂林》，中华书局，1999，89 页。

⑤ 于省吾：《甲骨文字释林》，中华书局，1979，375 页。

《人部》:"𠇍,司也。从人从犬。房六切。"(167页)《金文形义通解》[①]:"段注:'犬司人,谓犬伺人而吠之,说此字之会意也。'皆傅会之说。金文'伏'字从犬,勹声。"

2.1【常】"袱"字暂未见唐以前相关古文字形,从衣伏声,《说文》无。

3.0【常】甲骨文"虎"字,合20706正、合21386、合20463、合6667、屯3599。金文"虎"字,商06.2978、西周05.2751、西周05.2824、春秋03.661、战国17.11265。简帛"虎"字,引书64。石刻"虎"字,王丹虎志、王偃志、元智志。按:从虍勹("伏"字初文)声。《虎部》:"虎,山兽之君。从虍,虎足象人足。象形。呼古切。𧆞,古文虎。𧆝,亦古文虎。"(103页)

3.1【常】甲骨文"唬"字,合18312。金文"唬"字,西周07.4115、春秋02.425.2。简帛"唬"字,马贰35_23。《口部》:"唬,嗁声也。一曰虎声。从口从虎。读若暠。呼訏切。"(35页)

3.2【常B】"琥"字暂未见唐以前、小篆外其他相关古文字形。《玉部》:"琥,发兵瑞玉,为虎文。从玉从虎,虎亦声。呼古切。"(11页)

4.【常】"處"是"処"字或体,简化作"处"。金文"處"字,西周08.4237、春秋18.11718A。简帛"處(処)"字,马壹41_19、法律答问125、第八层1490。石刻"處(処)"字,石经五经、清真寺碑。《几部》:"処,止也。得几而止。从几从夂。昌與切。處,処或从虍声。"(299页)《金文形义通解》[②]:"西周金文象人据几而处,虍声。"按:当从虍勹("伏"字初文)声。

"畐"组

0.甲骨文"畐(富)"字,屯4197。金文"畐(富)"字,商14.8628。《畗部》:"畗,满也。从高省,象高厚之形。读若伏。芳逼切。"(111页)《甲骨文字诂林》[③]:"畐字本象器形,奉畐于示前而为福,字故可假为福,福亦祭名。"

1.【常】金文"福"字,西周08.4330、西周09.4446.1、春秋09.4458.2;从宀,西周04.2280、西周05.2560、西周10.5406.2、西周05.2662。简帛"福"字,秦律十八种66。石刻"福"字,元广

① 张世超等:《金文形义通解》,中文出版社,1996,2019页。
② 张世超等:《金文形义通解》,中文出版社,1996,3288页。
③ 于省吾主编:《甲骨文字诂林》,中华书局,1999,2135页。

志。《示部》："福，祐也。从示畐声。方六切。"（7页）《金文形义通解》[①]："甲骨文……象双手操酒器祭于神主前之形。器上有流，示倾注；或省手形。"

2.【常】金文"富"字，战国18.11589。简帛"富"字，为吏3。石刻"富"字，石经周易。《宀部》："富，备也。一曰厚也。从宀畐声。方副切。"（150页）

3.【常】甲骨文"蝠"字，合914正、合9947。《虫部》："蝠，蝙蝠，服翼也。从虫畐声。方六切。"（282页）

4.【常】简帛"副"字，第八层454、奏谳书136。石刻"副"字，曹全碑、檀宾志。《刀部》："副，判也。从刀畐声。芳逼切。疈，籀文副。"（91页）

5.【常】石刻"輻"字，石经五经。《車部》："輻，轮轑也。从車畐声。方六切。"（302页）"輻"字简化作"辐"。

6.【常】简帛"幅"字，算数书61。石刻"幅"字，司马兴龙志。《巾部》："幅，布帛广也。从巾畐声。方六切。"（158页）

7.【常B】石刻"匐"字，石经五经。《勹部》："匐，伏地也。从勹畐声。蒲北切。"（187页）

8.【常】石刻"逼"字，王诵妻志。《辵部》："逼，近也。从辵畐声。彼力切。"（42页）

"复"组

0.【常】甲骨文"复（复）"字，合集7076正。金文"复（复）"字，西周09.4563。石刻"复（复）"字，石经五经。《夊部》："复，行故道也。从夊，富省声。房六切。"（112页）《甲骨文字诂林》[②]："按：字当释复，段玉裁谓復字乃后增，徐灏谓复、復古今字，甚是。……金文从亯省，乃形体之讹变。"《金文形义通解》[③]："甲骨文'复'字……从夊，从亯。亯之形意不详。……徐中舒曰：'（复）象半穴居前后有两道出入之形，从夊，象足趾从门道外出之形。'亦可备一说。"

1.0【常】甲骨文"復"字，合7076正、英719。金文"復"字，西周04.2507、西周16.10176、春秋15.9664。简帛"復"字，效律

① 张世超等：《金文形义通解》，中文出版社，1996，19页。

② 于省吾主编：《甲骨文字诂林》，中华书局，1999，864页。

③ 张世超等：《金文形义通解》，中文出版社，1996，1406页。

59。石刻“復”字，■慈庆志、■高盛碑、■石经五经。《彳部》：“■，往来也。从彳复声。房六切。”（43页）《金文形义通解》[①]：“‘復’即‘复’之加旁字。……‘复’字于金文多增义符彳。”“復”字简化作“复”。

1.1【常】简帛“覆”字，■第八层135。石刻“覆”字，■寇臻志、■石经五经。《襾部》：“■，覂也。一曰盖也。从襾復声。敷救切。”（158页）

2.【常】甲骨文“腹”字，■合31759、■花东241。简帛“腹”字，■脉书7。石刻“腹”字，■元诱志、■石经周易。《肉部》：“■，厚也。从肉复声。方六切。”（87页）《甲骨文字诂林》[②]：“李孝定：‘第一形从身复声，第二形从人复声，并是腹之本字，从身从人同。’按：甲骨文腹字从身复声，此为腹字之本形。李孝定之说可信。”

3.【常】石刻“複”字，■石经五经。《衣部》：“■，重衣皃。从衣复声。一曰褚衣。方六切。”（171页）“複”字简化作“复”。

4.【常B】石刻“馥”字，■辛穆志、■缑光姬志。《香部》：“■，香气芬馥也。从香复声。房六切。”（147页）

“阜”组

0. 甲骨文“𠂤”字，■合20253、■合7859正、■合20600。简帛“𠂤”字，■东牌楼055。石刻“𠂤”字，■缑光姬志、■斛律氏志。《𠂤部》：“■，大陆，山无石者。象形。房九切。■，古文。”（304页）《甲骨文字诂林》[③]：“按：王筠《释例》谓：‘阜之古文作■、■，盖如画坡陀者然，层层相重累也……侧山为阜之说陋。’其见解是对的。李孝定《集释》……据叶玉森说谓阜象阪级，实先后矛盾。山象峰峦，阜象陂陇，不得谓为山之竖画。”“𠂤”字楷作“阜”。

1.【常A】石刻“埠”字，■元暉志，从土阜声，《说文》无。

“父”组

0.【常】甲骨文“父”字，■合2128。金文“父”字，■商15.9807、■西周03.932。简帛“父”字，■第八层2257。石刻“父”字，■高百

① 张世超等：《金文形义通解》，中文出版社，1996，376页。

② 于省吾主编：《甲骨文字诂林》，中华书局，1999，865页。

③ 于省吾主编：《甲骨文字诂林》，中华书局，1999，1253页。

年志、石经尚书。《又部》："，矩也。家长率教者。从又舉杖。扶雨切。"（64 页）《金文形义通解》①："郭沫若曰：'父本斧之初字，古文作，象手持一物之形，其所持之物，许书以为杖，近人罗振玉以为炬。按：此实是石器时代之石斧也。古者男子均称父，盖谓以斧从事操作之人，与母之以乳从事抚育者为对。'"

1.【常】甲骨文"斧"字，合 5810、合 21073、合 29783（午声）。金文"斧"字，春秋 15.9709A。简帛"斧"字，封诊式 57、金关 T10：381。石刻"斧"字，石经周易。《斤部》："，斫也。从斤父声。方矩切。"（299 页）《甲骨文字诂林》②："按：于先生释'斧'，谓象横列的斧形。"

2.0【常】甲骨文"甫"字，合 20235、合 846。金文"甫"字，商 10.5395.1、西周 09.4669。简帛"甫"字，敦煌简 1378。石刻"甫"字，石经九经。《用部》："，男子美称也。从用、父，父亦声。方矩切。"（70 页）《金文形义通解》③："甲骨文作，罗振玉曰：'此作，象田中有蔬，乃圃之最初字，后又加囗，形已复矣。'金文父乙尊等仍如此。后田形讹为'用'，上部之'屮'则声化为'父'。……周金文男子美称作'父'不作'甫'，作'甫'者乃秦汉以后事。"

2.10 金文"尃"字，西周 16.10285.2、战国 05.2794。简帛"尃"字，仓颉篇 73。《寸部》："，布也。从寸甫声。芳無切。"（67 页）《金文形义通解》④："金文从又声，'又'经战国间加饰笔讹为'寸'；者，圃之古字。"

2.11【常】甲骨文"博"字，合 36422。金文"博"字，西周 08.4322.2。简帛"博"字，金关 T03：068。石刻"博"字，石经周易。《十部》："，大通也。从十从尃。尃，布也。補各切。"（50 页）《金文形义通解》⑤："按：《说文》所云乃后世假借义。金文从'十'，与'戎'从'十'同意，非数字之'十'，乃'毌'字，实干盾象形之简化。……或从'干'，'毌''干'本同物，形体稍异而字分化为二。或从'戈'，亦兵器之属。字从尃声，为搏击、搏斗之本字。"

2.12【常】金文"搏"字，西周 16.10173、西周 08.4329。石刻

① 张世超等：《金文形义通解》，中文出版社，1996，623 页。
② 于省吾主编：《甲骨文字诂林》，中华书局，1999，654 页。
③ 张世超等：《金文形义通解》，中文出版社，1996，788 页。
④ 张世超等：《金文形义通解》，中文出版社，1996，707 页。
⑤ 张世超等：《金文形义通解》，中文出版社，1996，471 页。

“搏”字，搏石经五经。《手部》：“搏，索持也。一曰至也。从手尃声。補各切。”（251 页）段玉裁注[①]：“索持也。索，各本作索，今正。入室按曰索。索持，谓摸索而持之。”《金文形义通解》[②]：“从‘干’，与‘博’同字。”

2.13【常】简帛“傅”字，傅秦律十八种 119。石刻“傅”字，傅石经五经。《人部》：“傅，相也。从人尃声。方遇切。”（164 页）

2.14【常】简帛“縛”字，縛法律答问 81、縛仓颉篇 51。石刻“縛”字，縛石经五经。《糸部》：“縛，束也。从糸尃声。符钁切。”（272 页）“縛”字简化作“缚”。

2.15【常】简帛“膊”字，膊马.足臂。石刻“膊”字，膊无量义经二、膊石经五经。《肉部》：“膊，薄脯，膊之屋上。从肉尃声。匹各切。”（89 页）段玉裁注[③]：“‘膊之屋上’当作‘薄之屋上’。”《说文通训定声》[④]：“按：曝之屋上者。”

2.160 简帛“溥”字，溥马壹 127_58。石刻“溥”字，溥石经五经。《水部》：“溥，大也。从水尃声。滂古切。”（229 页）

2.1610【常】石刻“薄”字，薄石经五经。《艸部》：“薄，林薄也。一曰蚕薄。从艸溥声。旁各切。”（23 页）段玉裁注[⑤]：“按：林木相迫不可入曰薄，引申凡相迫皆曰薄。……相迫则无间可入，凡物之单薄不厚者亦无间可入，故引申为厚薄之薄。”

2.1611【常 B】石刻“礴”字，礴韦孟明志，从石薄声，《说文》无。

2.162【常】石刻“簿”字，簿郭王志、簿王禹志，从竹溥声，《说文》无。

2.2【常】金文“圃”字，圃商 07.3990、圃西周 09.4403.2。石刻“圃”字，圃张宁志。《囗部》：“圃，穜菜曰圃。从囗甫声。博古切。”（129 页）《金文形义通解》[⑥]：“甲骨文作圃，象田上有草木。周金文增标‘囗’于其外，以示园囿范围之意。”

2.3【常】金文“輔”字，輔西周 08.4325.1。石刻“輔”字，輔石经周易。《車部》：“輔，人颊车也。从車甫声。扶雨切。”（303 页）《说文通训定声》[⑦]：“按：当作木夹车也。”“輔”字简化作“辅”。

---

① （清）段玉裁：《说文解字注》，上海古籍出版社，2000，597 页。

② 张世超等：《金文形义通解》，中文出版社，1996，2800 页。

③ （清）段玉裁：《说文解字注》，上海古籍出版社，2000，174 页。

④ （清）朱骏声：《说文通训定声》，武汉古籍书店，1983，403 页。

⑤ （清）段玉裁：《说文解字注》，上海古籍出版社，2000，41 页。

⑥ 张世超等：《金文形义通解》，中文出版社，1996，1542 页。

⑦ （清）朱骏声：《说文通训定声》，武汉古籍书店，1983，402 页。

2.4【常B】金文“匍”字，西周05.2837。简帛“匍”字，汉流简纸。石刻“匍”字，石经五经。《勹部》：“，手行也。从勹甫声。簿乎切。”（187页）

2.5【常】金文“鋪”字，西周05.2779。简帛“鋪”字，马壹86_154。石刻“鋪”字，越国太妃志。《金部》：“，箸门铺首也。从金甫声。普胡切。”（298页）“鋪”字简化作“铺”。

2.6【常】简帛“捕”字，法律答问125。石刻“捕”字，李孟初神祠碑。《手部》：“，取也。从手甫声。薄故切。”（257页）

2.7【常】简帛“補”字，秦律杂抄41、金关T23：996B。石刻“補”字，公孙猗志。《衣部》：“，完衣也。从衣甫声。博古切。”（172页）“補”字简化作“补”。

2.8【常】简帛“脯”字，第八层1055、马壹4_10、贼律20。石刻“脯”字，霍氏志。《肉部》：“，乾肉也。从肉甫声。方武切。”（89页）

2.90【常】简帛“浦”字，金关T30：106。石刻“浦”字，元珍志。《水部》：“，濒也。从水甫声。滂古切。”（232页）

2.91【常】简帛“蒲”字，第八层1134、秩律448。石刻“蒲”字，卢令媛志。《艸部》：“，水艸也，可以作席。从艸浦声。薄胡切。”（17页）

2.（10）【常】石刻“哺”字，崔暟志阳。《口部》：“，哺咀也。从口甫声。薄故切。”（31页）

2.（11）【常】“敷”字同“敷”。简帛“敷”字，东牌楼078。石刻“敷”字，石经五经。《攴部》：“，㪔也。从攴尃声。芳无切。”（67页）

2.（12）【常】“葡”字暂未见唐以前相关古文字形，从艸匍声，《说文》无。

3.0【常】金文“布”字，西周11.5989。简帛“布”字，法律答问90。石刻“布”字，缑光姬志。《巾部》：“，枲织也。从巾父声。博故切。”（160页）

3.1【常】“怖”是“悑”字或体。石刻“怖”字，文鉴经幢。《心部》：“，惶也。从心甫声。普故切。，或从布声。”（223页）

“付”组

0.【常】金文“付”字，西周16.10322、西周16.10176。简帛

“付”字，银贰 1218、金关 T23：577。石刻“付”字，慈庆志。《人部》“，与也。从寸持物对人。方遇切。”（164 页）

1.0【常】金文“府”字，春秋 05.2589、战国 16.10478A、战国 16.10458、战国 17.11106.1、楚系彩版 10。简帛“府”字，法律答问 155。石刻“府”字，穆玉容志盖。《广部》：“，文书藏也。从广付声。方矩切。”（192 页）

1.1【常】金文“俯”字，西周 06.3537.2。石刻“俯”字，卢知宗志，从人府声，《说文》无。《金文形义通解》[①]：“容庚释此为‘俯’字，于《金文编》注曰：‘《说文》作頫，或作俛，徐铉以为“今俗作俯，非是”，然《礼记·曲礼》《吕览·季秋》有之。’刘钊曰：‘乃伏字，字是在字上叠加府声而成。’”

1.2【常】简帛“腐”字，脉书 52。石刻“腐”字，屈氏合祔志。《肉部》：“，烂也。从肉府声。扶雨切。”（90 页）

1.3【常 B】简帛“腑”字，仓颉篇 30。石刻“腑”字，崔舣妻合志，从肉府声，《说文》无。

2.【常】金文“符”字，战国 18.12108A。简帛“符”字，金关 T24：124。石刻“符”字，赫连子悦志、石经五经。《竹部》：“，信也。汉制以竹，长六寸，分而相合。从竹付声。防無切。”（96 页）

3.【常】简帛“附”字，脉书 54。石刻“附”字，石经尚书。《阜部》：“，附娄，小土山也。从𨸏付声。符又切。”（305 页）

4.【常 B】简帛“拊”字，敦煌简 2415A。石刻“拊”字，石经尚书。《手部》：“，揗也。从手付声。芳武切。”（252 页）

5.【常】“咐”字暂未见唐以前相关古文字形，从口付声，《说文》无。

“古”组

0.【常】甲骨文“古”字，合 5906、合 21242。金文“古”字，商 07.3861.1、西周 16.10175。石刻“古”字，元晫志。《古部》：“，故也。从十、口。识前言者也。公户切。，古文古。”（50 页）《甲骨文字诂林》[②]：“按：唐兰释古。……许慎据小篆立说，非是。甲骨文、金文古字均不从十。唐氏以为从田，作为声符是对的，其初义不可晓。”

① 张世超等：《金文形义通解》，中文出版社，1996，2030 页。

② 于省吾主编：《甲骨文字诂林》，中华书局，1999，2946 页。

1.0【常】金文“姑”字，商 03.922、西周 10.5389.2、西周 07.4062.2。简帛“姑”字，秦律杂抄 40。石刻“姑”字，元恪嫔李氏志。《女部》：“，夫母也。从女古声。古胡切。”（259 页）

1.1【常】“菇”字暂未见唐以前相关古文字形，从艸姑声，《说文》无。

2.0【常】金文“故”字，西周 08.4341、西周 07.4055。简帛“故”字，马壹 96_27、奏谳书 89。石刻“故”字，成愿寿志。《支部》：“，使为之也。从支古声。古慕切。”（67 页）

2.1【常】“做”字暂未见唐以前相关古文字形，从人故声，《说文》无。

3.0【常】金文“固”字，战国 16.10447A。简帛“固”字，为吏 35。石刻“固”字，石经周易。《囗部》：“，四塞也。从囗古声。古慕切。”（129 页）

3.1【常 B】简帛“錮”字，贼律 38。石刻“錮”字，席盛志。《金部》：“，铸塞也。从金固声。古慕切。”（294 页）“錮”字简化作“锢”。

3.2【常 B】简帛“涸”字，银壹 821。石刻“涸”字，明云腾志。《水部》：“，渴也。从水固声。读若狐貈之貈。下各切。，涸亦从水、鹵、舟。”（235 页）

3.3【常】石刻“個”字，石经五经、王方略志，从人固声，简化作“个”，《说文》无。

4.【常】简帛“辜”字，日甲《诘》52。石刻“辜”字，石经五经。《辛部》：“，辠也。从辛古声。古乎切。，古文辜从死。”（309 页）

5.0【常】简帛“胡”字，马壹 89_231。石刻“胡”字，石经九经。《肉部》：“，牛顄垂也。从肉古声。户孤切。”（89 页）

5.1【常】石刻“湖”字，元瞻志。《水部》：“，大陂也。从水胡声。扬州浸，有五湖。浸，川泽所仰以灌溉也。户吴切。”（232 页）

5.2【常 B】石刻“瑚”字，尧遵志。《玉部》：“，珊瑚也。从玉胡声。户吴切。”（13 页）

5.3【常】石刻“糊”字，颜家庙碑，从米胡声，《说文》无。

5.4【常】“蝴”字从虫胡声，【常】“葫”字从艸胡声，均暂未见唐以前相关古文字形，《说文》无。

6.【常】简帛“枯”字，马壹 5_25。石刻“枯”字，石经周易。《木部》：“，槁也。从木古声。木名也。苦孤切。”（119 页）

7.【常】简帛“苦”字，马壹 81_39。石刻“苦”字，张景造土牛碑、王遗女志、尉迟氏造像。《艸部》：“，大苦，苓也。从艸古

声。康杜切。”（17 页）

8.【常 A】简帛“沽”字，银贰 1833。石刻“沽”字，华岳庙碑。《水部》：“，水，出渔阳塞外，东入海。从水古声。古胡切。”（228 页）

9.【常 B】“鴣”字暂未见唐以前、小篆外其他相关古文字形。《鳥部》：“，鷓鴣也。从鳥古声。古乎切。”（82 页）“鴣”字简化作“鸪”。

10.【常】石刻“估”字，杨厉志，从人古声，《说文》无。

11.【常】“咕”字从口古声；【常 B】“骷”字从骨古声；【常 B】“鈷”字从金古声，简化作“钴”；均暂未见唐以前相关古文字形，《说文》无。

“谷”组

0.【常】甲骨文“谷”字，合 8395。简帛“谷”字，日甲 23。石刻“谷”字，石经尚书。《谷部》：“，泉出通川为谷。从水半见，出于口。古禄切。”（240 页）《甲骨文字典》①：“从从口，象溪流出自山涧流入平原之状，口表谷口。”《金文形义通解》②：“金文与甲文同。……林义光曰：‘凵象洼处，象川所通形。’”

1.【常】金文“俗”字，考古与文物 06.6。简帛“俗”字，语书 5。石刻“俗”字，肥致碑。《人部》：“，习也。从人谷声。似足切。”（165 页）

2.【常】简帛“浴”字，为吏 40。石刻“浴”字，成朗志。《水部》：“，洒身也。从水谷声。余蜀切。”（237 页）

3.【常】简帛“裕”字，马壹 128_2。石刻“裕”字，元纂志。《衣部》：“，衣物饶也。从衣谷声。羊孺切。”（172 页）

4.【常】简帛“欲”字，秦律十八种 31、敦煌简 0046。石刻“欲”字，石经周易。《欠部》：“，贪欲也。从欠谷声。余蜀切。”（179 页）《说文通训定声》③：“按：欠者，次省也。俗字作慾。”

5.0【常】简帛“卻”字，蓋卢 33。石刻“卻”字，檀宾志、石经五经。《卩部》：“，节欲也。从卩谷声。去約切。”（187 页）《说文通训定声》④：“按：俗字作却。”

---

① 徐中舒主编：《甲骨文字典》，四川辞书出版社，1990，1238 页。

② 张世超等：《金文形义通解》，中文出版社，1996，2669 页。

③ （清）朱骏声：《说文通训定声》，武汉古籍书店，1983，372 页。

④ （清）朱骏声：《说文通训定声》，武汉古籍书店，1983，470 页。

5.1【常】石刻“脚”字，脚关俭志。《肉部》：“脚，胫也。从肉卻声。居勺切。”（88页）《说文通训定声》[①]：“俗字作脚。”

6.【常B】“峪”字暂未见唐以前相关古文字形，从山谷声，《说文》无。

“乎”组

0.【常】甲骨文“乎”字，合20196、合19995、花东16。金文“乎”字，西周08.4192.2、西周08.4250、西周08.4282.1。简帛“乎”字，马壹137_64。石刻“乎”字，石台孝经。《兮部》：“乎，语之余也。从兮，象声上越扬之形也。户吴切。”（101页）《金文形义通解》[②]：“甲骨文‘乎’字……较兮（兮）字惟多一点。周金文或增一横划于顶端。杨树达曰：‘乎本評之初文，因后人久借用为语末之词，乃有后起加言旁之字。古但有乎而无評，说金文者往往谓乎为評字之假，非也。呼召必高声用力，故字形象声上越扬，犹曰字表人发言，字形象气上出也。许君以后起语余之义为训，故与字形龃龉不合矣。’”

1.0金文“虖”字，西周05.2824、西周08.4341。简帛“虖”字，引书33。石刻“虖”字，高元珪志。《虍部》：“虖，哮虖也。从虍乎声。荒乌切。”（103页）“虖”字音hū。

1.1【常B】“罅”字暂未见唐以前、小篆外其他相关古文字形。《缶部》：“罅，裂也。从缶虖声。缶烧善裂也。呼迓切。”（109页）

1.2【常B】“滹”字，从水虖声，《说文》无。

2.【常】金文“呼”字，考古与文物97.3。简帛“呼”字，敦煌简2171。石刻“呼”字，元项志、司马韶及妻志。《口部》：“呼，外息也。从口乎声。荒乌切。”（31页）

“虍”组

0.甲骨文“虍”字，合10948正、合15506。《虍部》：“虍，虎文也。象形。荒乌切。”（103页）《甲骨文字诂林》[③]：“按：《说文》：‘虍，虎文也。’恐有未然，字但作虎首形。”“虍”字音hū。

---

① （清）朱骏声：《说文通训定声》，武汉古籍书店，1983，470页。

② 张世超等：《金文形义通解》，中文出版社，1996，1139页。

③ 于省吾主编：《甲骨文字诂林》，中华书局，1999，1633页。

1.0【常】简帛“虚”字，日乙 89。石刻“虚”字，高盛碑、石经周易。《丘部》：“，大丘也。昆崘丘谓之昆崘虚。古者九夫为井，四井为邑，四邑为丘。丘谓之虚。从丘虍声。丘如切。又朽居切。”（169 页）

1.1【常 B】石刻“噓（嘘）”字，黄庭经、程思义志。《口部》：“，吹也。从口虛声。朽居切。”（31 页）

1.2【常】石刻“墟”字，张五志，从土从虚，虚亦声，《说文》无。

1.3【常 B】“覷”字暂未见唐以前相关古文字形，从見虛声，简化作“觑”，《说文》无。

2.0 陶文“虘”字，陶汇 3.947。简帛“虘”字，长沙乙行 1–3。《虘部》：“，古陶器也。从豆虍声。許羈切。”（103 页）“虘”字音 xī。

2.1【常】金文“戲”字，西周 08.4276、西周 08.4316。简帛“戲”字，日甲《诘》32。石刻“戲”字，尔朱袭志。《戈部》：“，三军之偏也。一曰兵也。从戈䖒声。香義切。”（266 页）《说文通训定声》[①]：“兵也，从戈䖒声。与我、戠同意，其器失传无考。”“戲”字简化作“戏”。

3.0 石刻“雐”字，元乂志。《隹部》：“，鸟也。从隹虍声。荒烏切。”（76 页）“雐”字音 hū。

3.1【常】金文“虧”字，秦文字编 760。简帛“虧”字，仓颉篇 12。石刻“虧”字，公孙猗志、石经周易。《亏部》：“，气损也。从亏雐声。去爲切。，虧或从兮。”（101 页）段玉裁注[②]：“亏、兮皆谓气。”“虧”字简化作“亏”。

6.0 甲骨文“盧”字，合 2437 反。《甾部》：“，𤭯也。从甾虍声。读若盧同。洛乎切。，籀文盧。，篆文盧。”（268 页）“盧”字音 lú。

6.10【常】甲骨文“盧”字，合 32350、合 22210、合 22073。金文“盧”字，西周 05.2784、西周 09.4628.1。简帛“盧”字，银贰 1935。石刻“盧”字，张卢志、石经五经。《皿部》：“，饭器也。从皿盧声。洛乎切。，籀文盧。”（104 页）“盧”字简化作“卢”。

6.11【常 B】金文“瀘”字，西周 09.4466。石刻“瀘”字，张道升志。《水部》：“，水名。从水盧声。洛乎切。”（238 页）“瀘”字简化作“泸”。

6.12【常】金文“廬”字，西周 05.2780。简帛“廬”字，脉书 13。石刻“廬”字，石经周易。《广部》：“，寄也。秋冬去，春夏居。从广盧声。力居切。”（192 页）“廬”字简化作“庐”。

---

① （清）朱骏声：《说文通训定声》，武汉古籍书店，1983，394 页。

② （清）段玉裁：《说文解字注》，上海古籍出版社，2000，204 页。

6.13【常】简帛“虜”字，金关 T06：068A。石刻“虜”字，石经九经。《田部》：“，获也。从田从力，虍声。郎古切。”（142 页）“虜”字简化作“虏”。

6.14【常】简帛“蘆”字，马壹 4_12。石刻“蘆”字，石经五经。《艸部》：“，芦菔也。一曰荠根。从艸盧声。落乎切。”（16 页）“蘆”字简化作“芦”。

6.15【常 B】简帛“艫”字，仓颉篇 67。石刻“艫”字，张滂志。《舟部》：“，舳舻也。一曰船头。从舟盧声。洛乎切。”（176 页）“艫”字简化作“舻”。

6.16【常】简帛“驢”字，敦煌简 1124。石刻“驢”字，李审规墓记。《馬部》：“，似马，长耳。从馬盧声。力居切。”（202 页）“驢”字简化作“驴”。

6.17【常】“顱”字暂未见唐以前、小篆外其他相关古文字形。《頁部》：“，頊颅，首骨也。从頁盧声。洛乎切。”（181 页）“顱”字简化作“颅”。

6.18【常 B】“鱸”字同“鱸”，简化作“鲈”，暂未见唐以前、小篆外其他相关古文字形。《魚部》：“，鱼名。出乐浪潘国。从魚虜声。郎古切。”（244 页）“鱸”字音 lǔ。

6.19【常】石刻“爐”字，渎庙祭器铭，从火盧声，简化作“炉”，《说文》无。

6.1（10）【常 B】“擄”字从手虜声，简化作“掳”；均暂未见唐以前相关古文字形，《说文》无。

6.2【常】“膚”是“臚”字籀文。金文“膚”字，西周 05.2831、战国 17.11358。简帛“膚”字，马壹 139_15，简化作“肤”。石刻“臚（膚）”字，广阳元湛志、石经周易。《肉部》：“，皮也。从肉盧声。力居切。，籀文臚。”（87 页）段玉裁注[①]：“今字皮膚从籀文作膚，膚行而臚废矣。”“臚”字音 lú。

6.30【常】金文“慮”字，春秋 05.2750。简帛“慮”字，银贰 1576。石刻“慮”字，元文志、元悰志。《思部》：“，谋思也。从思虍声。良據切。”（217 页）“慮”字简化作“虑”。

6.31【常】“濾”字暂未见唐以前相关古文字形，从水慮声，简化作“滤”，《说文》无。

① （清）段玉裁：《说文解字注》，上海古籍出版社，2000，167 页。

“隺”组

0.“隺”字暂未见唐以前、小篆外其他相关古文字形。《冂部》：“隺，高至也。从隹上欲出冂。胡沃切。”（110页）“隺”字音hú。

1.【常】简帛“鶴”字，马壹13_88。石刻“鶴”字，石经五经。《鳥部》：“鶴，鸣九皋，声闻于天。从鳥隺声。下各切。”（80页）“鶴”字简化作“鹤”。

“户”组

0.【常】甲骨文“户”字，合32833、怀1267。金文“户”字，商12.6838、战国17.11127。简帛“户”字，效律29。石刻“户”字，从事冯君碑、石经周易。《户部》：“户，护也。半门曰户，象形。矦古切。㢇，古文户从木。”（247页）

1.0【常】甲骨文“雇”字，合7901、合24347。简帛“雇”字，引书70。石刻“雇”字，王佛女买地券。《隹部》：“雇，九雇。农桑候鸟，扈民不淫者也。从隹户声。春雇，鳻盾；夏雇，窃玄；秋雇，窃蓝；冬雇，窃黄；钊雇，窃丹；行雇，唶唶；宵雇，啧啧；桑雇，窃脂；老雇，鷃也。侯古切。䨼，雇或从雩。鳸，籀文雇从鳥。”（76页）

1.1【常】金文“顧”字，西周08.4330。简帛“顧”字，法律答问89。石刻“顧”字，卢令媛志、石经五经。《頁部》：“顧，还视也。从頁雇声。古慕切。”（182页）“顧”字简化作“顾”。

2.【常】金文“所”字，故宫文物月刊13卷1期、文物94.4。简帛“所”字，秦律十八种140、金关T05：083。石刻“所”字，石经周易。《斤部》：“所，伐木声也。从斤户声。疏舉切。”（300页）

3.【常】“妒”字，“户”或讹作“石”，石经五经。《女部》：“妒，妇妒夫也。从女户声。當故切。”（263页）

4.0 简帛“扈”字，银贰2090。石刻“扈”字，孙公乂志。《邑部》：“扈，夏后同姓所封，战于甘者。在鄠，有扈谷、甘亭。从邑户声。胡古切。𡵨，古文扈从山、马。”（132页）

4.1【常A】“滬”字暂未见唐以前相关古文字形，从水扈声，简化作“沪”，《说文》无。

"库"组

0.【常】金文"庫"字，春秋 17.11022、春秋 17.11068、战国 18.12045。简帛"庫"字，效律 52、金关 T04：009。石刻"庫"字，赫连子悦志。《广部》："庫，兵车藏也。从車在广下。苦故切。"（192 页）"庫"字简化作"库"。

1.【常】"褲"字暂未见唐以前相关古文字形，从衣庫声，简化作"裤"，《说文》无。

"鹿"组

0.【常】甲骨文"鹿"字，合 28326、合 10316。金文"鹿"字，商 03.1110。简帛"鹿"字，金关 T24：902。石刻"鹿"字，石经周易。《鹿部》："鹿，兽也。象头角四足之形。鸟鹿足相似，从匕。盧谷切。"（202 页）

1.【常 B】甲骨文"麓"字，合 29410、合补 11299 反、合 37461、合 30268。简帛"麓"字，金关 T09：303。石刻"麓"字，杨胤志、元诠志。《林部》："麓，守山林吏也。从林鹿声。一曰林属于山为麓。盧谷切。𥳑，古文从录。"（126 页）段玉裁注[①]："盖凡山足皆得称麓。"

2.【常 B】石刻"漉（渌）"字，元纯陀志、李君志。《水部》："漉，浚也。从水鹿声。盧谷切。渌，漉或从录。"（236 页）

3.【常 B】"轆"字暂未见唐以前相关古文字形，从車鹿声，简化作"辘"，《说文》无。

"录"组

0. 甲骨文"录"字，合 8394、合 37848、合 10970 正。金文"录"字，西周 15.9732、西周．考古与文物 83.2。《录部》："录，刻木录录也。象形。盧谷切。"（144 页）《说文通训定声》[②]："按：此字实即剥之古文。"《甲骨文字诂林》[③]："窃疑此为井辘轳之初字，……下象汲水器，小点象水滴形。"

① （清）段玉裁：《说文解字注》，上海古籍出版社，2000，271 页。

② （清）段玉裁：《说文解字注》，上海古籍出版社，2000，369 页。

③ 于省吾主编：《甲骨文字诂林》，中华书局，1999，2927 页。

1.【常A】金文“禄”字，假“录”字为之，西周05.2662。简帛“禄”字，为吏6、东牌楼044。石刻“禄”字，夏承碑。《示部》：“，福也。从示录声。盧谷切。”（7页）

2.【常】简帛“剥（剝）”字，马壹4_12。石刻“剥（剝）”字，石经周易。《刀部》：“，裂也。从刀从录。录，刻割也。录亦声。北角切。，剥或从卜。”（92页）

3.【常】简帛“錄”字，仓颉篇46。石刻“錄”字，王诵妻元氏志、赫连子悦志。《金部》：“，金色也。从金录声。力玉切。”（294页）“錄”字简化作“录”。

4.【常】简帛“緑”字，敦煌简0258。石刻“緑”字，元寿安志、元崇业志，简化作“绿”。《糸部》：“，帛青黄色也。从糸录声。力玉切。”（273页）

5.【常】石刻“碌”字，陶浚志。《石部》：“，石皃。从石录声。盧谷切。”（196页）

6.【常A】“氯”字暂未见唐以前相关古文字形，从气录声，《说文》无。

“母”组

0.【常】甲骨文“母”字，合20693、合23274。金文“母”字，商16.10345、商10.5417、西周12.6502。简帛“母”字，数84。石刻“母”字，石堂画像石题记。《女部》：“，牧也。从女，象褢子形。一曰象乳子也。莫后切。”（259页）段玉裁注①：“牧者，养牛人也，以譬人之乳子。”《甲骨文字诂林》②：“按：《广韵》引《仓颉篇》云：‘其中有两点者，象人乳形。’”

1.0【常】甲骨文“每”字，合27115、合27925。金文“每”字，春秋07.3901、文物84.1。简帛“每”字，马壹38_3。石刻“每”字，緱光姬志、慈庆志。《屮部》：“，艸盛上出也。从屮母声。武罪切。”（15页）《甲骨文字诂林》③：“王献唐：‘以毛羽饰加于女首为每，加于男首则为美。’按：卜辞‘每’字或从（女），或从（母），其上或屮象笄饰形。《说文》以为从屮，非是。‘每’与‘母’‘女’初本同源，均象女形。”

---

① （清）段玉裁：《说文解字注》，上海古籍出版社，2000，614页。

② 于省吾主编：《甲骨文字诂林》，中华书局，1999，449页。

③ 于省吾主编：《甲骨文字诂林》，中华书局，1999，458页。

1.10【常】甲骨文“敏”字，合 36765。金文“敏”字，西周 08.4322.1。石刻“敏”字，石台孝经。《攴部》：“，疾也。从攴每声。眉殒切。”（67 页）

1.11【常】甲骨文“繁（緐）”字，2 号卜甲。金文“繁（緐）”字，西周 08.4316。简帛“繁（緐）”字，金关 T06：150。石刻“繁（緐）”字，元宝月志、石台孝经。《糸部》：“，马髦饰也。从糸每声。附袁切。，緐或从畁。畁，籀文弁。”（276 页）《说文通训定声》[①]：“字亦误作繁。按：每非声，当从糸从每会意。每者，草盛上出，鬣饰如之。”

1.2【常】金文“梅”字，西周 06.3644（从某）。简帛“梅”字，东牌楼 006。石刻“梅”字，盖畅志、石经五经。《木部》：“，枏也，可食。从木每声。莫桮切。，或从某。”（114 页）

1.30【常】金文“海”字，西周 08.4238.2。简帛“海”字，马壹 105_56。石刻“海”字，朱昙思等造塔记。《水部》：“，天池也，以纳百川者。从水每声。呼改切。”（229 页）

1.31【常 B】“嗨”字暂未见唐以前相关古文字形，从口海声，《说文》无。

1.4【常】“畝”是“畮”字或体，简化作“亩”。金文“畮”字，西周 07.4105.1。简帛“畝”字，秦律十八种 38、田律 246、金关 T01：077。石刻“畝”字，、石经五经。《田部》：“，六尺为步，步百为畮。从田每声。莫厚切。，畮或从田、十、久。”（290 页）

1.5【常】金文“誨”字，西周 16.10175、西周 08.4328。简帛“誨”字，马壹 38_11。石刻“誨”字，常季繁志。《言部》：“，晓教也。从言每声。荒内切。”（51 页）段玉裁注[②]：“晓教者，明晓而教之也。……晓之以破其晦，是曰诲。”“誨”字简化作“诲”。

1.6【常】金文“悔”字，战国 16.10407。简帛“悔”字，为吏 41、东牌楼 065。石刻“悔”字，石经周易。《心部》：“，悔恨也。从心每声。荒内切。”（221 页）

1.7【常】石刻“侮”字，元悌志。《人部》：“，伤也。从人每声。文甫切。，古文从母。”（166 页）

1.8【常】简帛“晦”字，金关 T23：574。石刻“晦”字，元濬嫔耿氏志。《日部》：“，月尽也。从日每声。荒内切。”（138 页）

1.9【常 B】“莓”字，从艸每声，《说文》无。

---

① （清）朱骏声：《说文通训定声》，武汉古籍书店，1983，752 页。

② （清）段玉裁：《说文解字注》，上海古籍出版社，2000，91 页。

2.【常】甲骨文“拇”字，合 23242。金文“拇”字，西周 08.4205。石刻“拇”字，石经五经。《手部》：“，将指也。从手母声。莫厚切。”（250 页）

3.【常】石刻“姆”字，石经五经，从女母声，《说文》无。

“㣎”组

0.“㣎”字暂未见唐以前、小篆外其他相关古文字形。《彡部》：“，细文也。从彡，㡭省声。莫卜切。”（185 页）“㣎”字音 mù。

1.【常】甲骨文“穆”字，合 7563、合 28400、屯 4451。金文“穆”字，春秋 08.4315.1。简帛“穆”字，仓颉篇 5。石刻“穆”字，建宁三年残碑。《禾部》：“，禾也。从禾㣎声。莫卜切。”（144 页）《金文形义通解》[①]：“甲金文之穆字本非形声字，而是象形字。于省吾谓甲骨文所见之古穆字作、，字本象有芒颖之禾穗下垂形。其说当是。西周金文多于内增饰点作，殆示禾实。下增彡，殆示禾熟之光耀。”

“木”组

0.【常】甲骨文“木”字，合 36750。金文“木”字，商 03.781。简帛“木”字，秦律十八种 10。石刻“木”字，石经尚书。《木部》：“，冒也。冒地而生。东方之行。从屮，下象其根。莫卜切。”（114 页）

1.【常】简帛“沐”字，引书 4。石刻“沐”字，兰将志。《水部》：“，濯发也。从水木声。莫卜切。”（236 页）

“奴”组

0.【常】金文“奴”字，西周 03.851、战国 17.11406.1。简帛“奴”字，法律答问 106、吴简嘉禾．五．九。石刻“奴”字，张子昂志。《女部》：“，奴、婢，皆古之辠人也。从女从又。乃都切。，古文奴从人。”（260 页）《金文形义通解》[②]：“林义光曰：‘从又持女，与奚、孚（俘）同意。’”

1.【常 B】简帛“弩”字，日甲《诘》56、金关 T06：019。石刻“弩”字，姚太志。《弓部》：“，弓有臂者。从弓奴声。奴古切。”

① 张世超等：《金文形义通解》，中文出版社，1996，1777 页。

② 张世超等：《金文形义通解》，中文出版社，1996，2859 页。

（270 页）

2.【常 B】金文“拏”字，商 03.1090。石刻“拏”字，石经五经。《手部》：“，牵引也。从手奴声。女加切。”（252 页）

3.【常】简帛“怒”字，为吏 11。石刻“怒”字，张休光志。《心部》：“，恚也。从心奴声。乃故切。”（221 页）

4.【常】“努”字，从力奴声，《说文》无。

5.【常 B】石刻“駑”字，黑齿常之志，从馬奴声，简化作“驽”，《说文》无。

6.【常 B】“孥”字暂未见唐以前相关古文字形，从子奴声，《说文》无。

“菐”组

0. 石刻“菐”字，翟突娑志。《菐部》：“，渎菐也。从丵从廾，廾亦声。蒲沃切。”（58 页）“菐”字音 pú。

1.【常】金文“僕”字，西周 05.2670、西周 15.9654。简帛“僕”字，行书律 267。石刻“僕”字，元爽志、石经五经、柳默然志，简化作“仆”。《菐部》：“，给事者。从人从菐，菐亦声。蒲沃切。，古文从臣。”（58 页）《金文形义通解》[①]：“甲骨文作，象人奉箕给事之形，头上有‘辛’，为罪人徒隶之标志，后有尾。罗振玉曰：‘许君所谓“古人或饰系尾，西南夷亦然”者是也。仆为俘奴之执贱役渎菐之事者，故为手奉粪弃之物以象之。’金文仆卣尚与之同形……至几父壶、逆钟则讹为从人菐声，已形声化矣，殆受‘扑’字类化所致也。”

2.【常】金文“撲”字，西周 05.2833、西周 16.10174、西周 16.10176、学步集 283 页。石刻“撲”字，元恭志、石经尚书、石经九经，简化作“扑”。《手部》：“，挨也。从手菐声。蒲角切。”（256 页）《金文形义通解》[②]：“金文‘撲’字从戈菐声。散盘字声符微讹。兮甲盘字从厂，右侧似从斤。盘铭字从厂，厂为‘山石之厓巖’之象形，疑其为叩石扑玉之专字。”

3.【常】石刻“樸”字，石经五经、周惠志，简化作“朴”。《木部》：“，木素也。从木菐声。匹角切。”（119 页）

4.【常 B】石刻“璞”字，元悛志、敬觉志，从玉菐声，《说文》无。

---

① 张世超等：《金文形义通解》，中文出版社，1996，539 页。

② 张世超等：《金文形义通解》，中文出版社，1996，2810 页。

5.【常B】“噗”字从口菐声,【常B】“蹼”字从足菐声，均暂未见唐以前相关古文字形,《说文》无。

“普”组

0.【常】简帛“普”字，敦煌简0523、仓颉篇39。石刻“普”字，元敷志。《日部》:“，日无色也。从日从并。滂古切。”(139页)《说文通训定声》[①]:“按：今隶作普。”

1.【常】石刻“譜”字，惟贞庙碑。《言部》:“，籍録也。从言普声。《史记》从並。博古切。”(57页)“譜”字简化作“谱”。

“暴”组

0.【常】简帛“暴(㬥)”字，脉书10。石刻“暴(㬥)”字，尔朱绍志、李寿志。《日部》:“，晞也。从日从出，从廾从米。薄報切。，古文㬥从日麃声。”(139页)段玉裁注[②]:“日出而竦手举米晒之，合四字会意。”《说文通训定声》[③]:“俗字作曝。”

1.【常】甲骨文“瀑”字，合36955。石刻“瀑”字，张弘志。《水部》:“，疾雨也。一曰沫也。一曰瀑，资也。从水暴声。平到切。”(234页)

2.【常】石刻“爆”字，石经五经。《火部》:“，灼也。从火暴声。蒲木切。”(208页)

3.【常】石刻“曝”字，张海翼志、北狱庙碑，从日暴声,《说文》无。

“如”组

0.【常】甲骨文“如”字，怀1527。简帛“如”字，日甲《诘》64。石刻“如”字，石经周易。《女部》:“，从随也。从女从口。人諸切。”(262页)

1.【常B】金文“茹”字，春秋17.10899(女声)。石刻“茹”字，多宝塔碑。《艸部》:“，飤马也。从艸如声。人庶切。”(25页)

---

① (清)朱骏声:《说文通训定声》，武汉古籍书店，1983，416页。
② (清)段玉裁:《说文解字注》，上海古籍出版社，2000，307页。
③ (清)朱骏声:《说文通训定声》，武汉古籍书店，1983，320页。

2.【常】金文“恕”字，铭文选二882。简帛“恕”字，金关T10：220A。石刻“恕”字，郿国长公主碑。《心部》：“恕，仁也。从心如声。商署切。恕，古文省。”（218页）

3.【常】简帛“絮”字，金关T24：006B。石刻“絮”字，李淑姿志。《糸部》：“絮，敝绵也。从糸如声。息據切。”（276页）

“辱”组

0.【常】甲骨文“辱”字，屯125、屯474。简帛“辱”字，日甲《玄戈》59、金关T23：731A。石刻“辱”字，慈庆志。《辰部》：“辱，耻也。从寸在辰下。失耕时，于封畺上戮之也。辰者，农之时也。故房星为辰，田候也。而蜀切。”（311页）

1.【常A】石刻“褥”字，牛谅志，从衣辱声，《说文》无。

“疋”组

0. 甲骨文“疋”字，合21019、合190正、合17146、合24983。金文“疋”字，文物90.7。《疋部》：“疋，足也。上象腓肠，下从止。古文以为《诗·大疋》字。亦以为足字。或曰胥字。一曰疋，记也。所菹切。”（48页）《说文通训定声》①：“古文以为足字。按：足者静象，疋者动象。”《金文形义通解》②：“‘足’‘疋’古本一字无别，……李孝定以为此与《说文》之‘疋’形义相合，曰：‘古文疋足当是一字，徐灏《段注笺》曰：疋乃足之别体。’”“疋”字音shū。

0.10【常】金文“足”字，商04.2118、西周08.4240。简帛“足”字，封诊式69、奏谳书181。石刻“足”字，元始和志、石经周易。《足部》：“足，人之足也。在下。从止、口。即玉切。”（45页）《说文通训定声》③：“从口，象膝形。”

0.11【常】石刻“捉”字，吴洛族造像。《手部》：“捉，搤也。从手足声。一曰握也。側角切。”（252页）

0.12【常】石刻“促”字，给事君妻韩氏志、吕常侍妻志。《人部》：“促，迫也。从人足声。七玉切。”（167页）

① （清）朱骏声：《说文通训定声》，武汉古籍书店，1983，406页。

② 张世超等：《金文形义通解》，中文出版社，1996，434页。

③ （清）朱骏声：《说文通训定声》，武汉古籍书店，1983，380页。

1.0【常】甲骨文“楚”字，H11：4。金文“楚”字，西周07.3976、西周01.106。简帛“楚”字，奏谳书9。石刻“楚”字，西狭颂、多宝塔碑。《林部》：“，从木。一名荊也。从林疋声。創舉切。”（126页）《甲骨文字诂林》[1]：“此从足，古文足疋同字。或从卉，古文中艸卉茻木林森諸字偏旁中每得通也。……按：戴侗《六书故》云：‘楚，荆也。楚地多产此，故以名国，荆楚一物也，故楚国亦谓之荆。’楚人自称曰楚，从无自称曰荆者。周人呼楚曰荆，或楚荆，西周已然。”

1.1【常】石刻“礎”字，康赞羡志。《石部》：“，礩也。从石楚声。創舉切。”（196页）“礎”字简化作“础”。

2.0【常】简帛“疏”字，蓋卢13、仓颉篇35。石刻“疏”字，元文志、石经五经。《𠫓部》：“，通也。从𠫓从疋，疋亦声。所菹切。”（310页）

2.1【常】石刻“梳”字，杨知退妻志。《木部》：“，理发也。从木，疏省声。所菹切。”（121页）段玉裁注[2]：“所以理发也。‘所以’二字今补。器曰梳，用之理发因亦曰梳，凡字之体用同偁如此。”

2.2【常】石刻“蔬”字，元瞻志、石经五经。《艸部》：“，菜也。从艸疏声。所菹切。”（27页）

3.0【常B】简帛“胥”字，蓋卢46。石刻“胥”字，礼器碑、石经五经。《肉部》：“，蟹醢也。从肉疋声。相居切。”（89页）

3.1【常】“婿”、“聟”是“壻”字或体。简帛“聟”字，金关T06：041A。石刻“聟（壻）”字，管洛志、石经五经。《士部》：“，夫也。从士胥声。士者，夫也。读与细同。穌計切。，壻或从女。”（14页）段玉裁注[3]：“夫者，丈夫也。……壻或从女。以女配有才智者，为会意。”

“几”组

0.“几”字暂未见唐以前、小篆外其他相关古文字形。《几部》：“，鸟之短羽飞几几也。象形。读若殊。市朱切。”（66页）“几”字音shū。

1.0甲骨文“殳”字，合22196、合6。金文“殳”字，西周05.2784。简帛“殳”字，为吏23。石刻“殳”字，笱景志。《殳部》：

① 于省吾主编：《甲骨文字诂林》，中华书局，1999，1379页。

② （清）段玉裁：《说文解字注》，上海古籍出版社，2000，258页。

③ （清）段玉裁：《说文解字注》，上海古籍出版社，2000，20页。

“𣪠，以杸殊人也。《礼》：‘殳以积竹，八觚，长丈二尺，建于兵车，车旅贲以先驱。’从又几声。市朱切。”（66页）《金文形义通解》[①]：“甲骨文……象手持曲柄之器捶击之状。金文作𠭘者，器头锤状之象形简为一画也。《说文》谓‘从又几声’非是。”“殳”字音 shū。

1.1【常】金文“股”字，𦙶西周08.4323。石刻“股”字，股石经周易。《肉部》：“𦙶，髀也。从肉殳声。公户切。”（88页）

1.2【常】简帛“投”字，投日甲《诘》57、投日乙106。石刻“投”字，投慈庆志。《手部》：“投，擿也。从手从殳。度侯切。”（253页）

“尗”组

0. 甲骨文“尗”字，尗合7932。《尗部》：“尗，豆也。象尗豆生之形也。式竹切。”（149页）“尗”字音 shú。

1.0【常】甲骨文“叔”字，叔合30911、叔合29185。金文“叔”字，叔西周04.2052.1。简帛“叔”字，叔法律答问153。石刻“叔”字，叔张迁碑、叔石经五经。《又部》：“𠭖，拾也。从又尗声。汝南名收芌为叔。式竹切。𡬶，叔或从寸。”（64页）《金文形义通解》[②]：“金文从又从弋从∵，‘又’或为‘叉’。郭沫若曰：‘叔当以收芋为其初义，从又持弋（原注：木杙）以掘芋。’弋下之∵当为带起之土粒形。……‘甲骨文叔字或于弋下加土，以弋掘土之意更为明显。’”

1.1【常】石刻“督”字，督王蕃志、督石经五经。《目部》：“督，察也。一曰目痛也。从目叔声。冬毒切。”（72页）

1.2【常】石刻“淑”字，淑慈庆志、淑石经五经。《水部》：“淑，清湛也。从水叔声。殊六切。”（231页）

1.3【常B】简帛“俶”字，俶仪礼甲《士相见之礼》9。石刻“俶”字，俶冯会志、俶石经尚书。《人部》：“俶，善也。从人叔声。一曰始也。昌六切。”（163页）

1.4【常B】简帛“菽”字，菽算数书90、菽银贰2034。石刻“菽”字，菽广阳元湛志、菽石经五经，从艸叔声，《说文》无。

1.5【常】简帛“椒”字，椒银贰1663。石刻“椒”字，椒耿氏志、椒蔡君妻志，从木叔声，《说文》无。

2.0【常】甲骨文“戚”字，戚合22496、戚屯2194、戚花东288、戚

① 张世超等:《金文形义通解》，中文出版社，1996，690页。
② 张世超等:《金文形义通解》，中文出版社，1996，642页。

合 16976 正、合 32721。金文“戚”字，商 16.10532、西周 11.5983。简帛“戚”字，金关 T01：001。石刻“戚”字，尔朱绍志。《戉部》：“，戉也。从戉尗声。倉歷切。”（267 页）《甲骨文字诂林》[①]：“戚是一种特殊形式的钺，即两侧有齿牙形扉棱的钺。”

2.1【常 B】石刻“蹙”字，元宝月志。《足部》：“，迫也。从足戚声。子六切。”（48 页）

2.2【常 A】“喊”字暂未见唐以前相关古文字形，从口戚声，《说文》无。

3.【常】石刻“寂（宗）”字，尔朱绍志、净悟浮图记、无量义经二。《宀部》：“，无人声。从宀尗声。前歷切。，宗或从言。”（150 页）《说文通训定声》[②]：“字亦作寂。……《埤苍》：寂，廖无人也。”

“蜀”组

0.【常】甲骨文“蜀”字，H11：68、H11：97。金文“蜀”字，战国 17.11008。石刻“蜀”字，元晭志。《虫部》：“，葵中蚕也。从虫，上目象蜀头形，中象其身蜎蜎。市玉切。”（279 页）《甲骨文字诂林》[③]：“按：上象头，下象其身，小篆增‘虫’作‘蜀’，是变独体象形为形声。”

1.【常】石刻“濁”字，胡明相志。《水部》：“，水，出齐郡厉妫山，东北入钜定。从水蜀声。直角切。”（229 页）“濁”字简化作“浊”。

2.【常】金文“觸”字，战国 11.11210。简帛“觸”字，蓋卢 40、仓颉篇 48。石刻“觸”字，礼佛图。《角部》：“，抵也。从角蜀声。尺玉切。”（94 页）“觸”字简化作“触”。

3.0【常】简帛“屬”字，秦律十八种 195、金关 T24：134。石刻“屬”字，元诲志、张休光志。《尾部》：“，连也。从尾蜀声。之欲切。”（175 页）“屬”字简化作“属”。

3.1【常】简帛“囑”字，敦煌简 0174。石刻“囑”字，云荣志，从口屬声，简化作“嘱”，《说文》无。

3.2【常】石刻“矚”字，司马氏志，从目屬声，简化作“瞩”，《说文》无。

4.【常】简帛“獨”字，第八层 141、金关 T23：238。石刻

---

① 于省吾主编：《甲骨文字诂林》，中华书局，1999，2424 页。

② （清）朱骏声：《说文通训定声》，武汉古籍书店，1983，284 页。

③ 于省吾主编：《甲骨文字诂林》，中华书局，1999，613 页。

"獨"字，獨李伯钦志。《犬部》："獨，犬相得而斗也。从犬蜀声。羊为群，犬为独也。一曰北嚻山有独狢兽，如虎，白身，豕鬣，尾如马。徒谷切。"（205页）"獨"字简化作"独"。

5.【常】简帛"燭"字，燭仓颉篇72。石刻"燭"字，燭笔阵图。《火部》："燭，庭燎，火烛也。从火蜀声。之欲切。"（209页）"燭"字简化作"烛"。

6.【常B】石刻"鐲"字，鐲石经五经。《金部》："鐲，钲也。从金蜀声。直角切。"（296页）"鐲"字简化作"镯"。

"宿"组

0.【常】甲骨文"宿"字，宿合29351、宿花东60。金文"宿"字，宿西周.三代八/五十一。简帛"宿"字，宿秦律杂抄34。石刻"宿"字，宿石经五经。《宀部》："宿，止也。从宀佰声。佰，古文夙。息逐切。"（151页）《金文形义通解》①："象人在席旁，有止宿之意。……字或从宀，即增表屋下之意。宿仍是象意而非形声。"

1.【常】石刻"縮"字，縮黄庭经。《糸部》："縮，乱也。从糸宿声。一曰蹴也。所六切。"（272页）段玉裁注②："《通俗文》云：物不申曰缩。不申则乱，故曰乱也。不申者申之则直。""縮"字简化作"缩"。

"束"组

0.【常】甲骨文"束"字，束合27590。金文"束"字，束西周08.4328。简帛"束"字，束第八层1242。石刻"束"字，束石经周易。《束部》："束，缚也。从囗、木。書玉切。"（128页）《甲骨文字集释》③："字象囊橐括其两端之形，与橐字同出一源。"

1.【常】甲骨文"速"字，速合15110、速花东248。金文"速"字，速新收1074页。简帛"速"字，速银贰1074、速敦煌简0106。石刻"速"字，速石经周易。《辵部》："速，疾也。从辵束声。桑谷切。遬，籀文从敕。警，古文从敕从言。"（40页）

2.0 甲骨文"敕"字，敕合34072。《欠部》："敕，吮也。从欠束声。所

① 张世超等：《金文形义通解》，中文出版社，1996，1858页。

② （清）段玉裁：《说文解字注》，上海古籍出版社，2000，646页。

③ 李孝定：《甲骨文字集释》，台湾"中研院"历史语言研究所，1970，2105页。

角切。"（184 页）《说文通训定声》[①]："字亦作嗽。"

2.1【常】石刻"漱"字，樊端志。《水部》："，荡口也。从水欶声。所右切。"（236 页）

2.2【常】石刻"嗽"字，报德像碑，从口欶声，《说文》无。

2.3【常 B】石刻"藗"字，石经五经，从艸欶声，《说文》无。

2.4【常 B】"簌"字暂未见唐以前相关古文字形，从竹欶声，《说文》无。

3.【常 B】石刻"悚"字，石经五经，从心束声，《说文》无。

"术"组

0.【常 A】"术"是"秫"字之省。甲骨文"术"字，合 3238 正。简帛"秫（术）"字，第八层 200、算数书 17。石刻"秫（术）"字，石经五经、裴沙志。《禾部》："，稷之黏者。从禾；术，象形。食聿切。，秫或省禾。"（144 页）《甲骨文字诂林》[②]："术字本作，从又，又者手形，其本义未详，然要非秫之省也。……术之为秫当为假借，以字非稷之象形也。"

1.【常】金文"述"字，西周 05.2837。简帛"述"字，数 10、银贰 1762。石刻"述"字，石经尚书。《辵部》："，循也。从辵术声。食聿切。，籀文从秫。"（39 页）

2.【常】简帛"術"字，仓颉篇 53。石刻"術"字，张休光志。《行部》："，邑中道也。从行术声。食聿切。"（44 页）"術"字简化作"术"。

4.【常 B】石刻"怵"字，报德记。《心部》："，恐也。从心术声。丑律切。"（223 页）

"庶"组

0.【常】甲骨文"庶"字，合 22045、合 4292、H11：74、合 14157。金文"庶"字，西周 05.2837。简帛"庶"字，法律答问 125。石刻"庶"字，石台孝经。《广部》："，屋下众也。从广、炗。炗，古文光字。商署切。"（193 页）《金文形义通解》[③]："于省吾曰：'甲骨文石

① （清）朱骏声：《说文通训定声》，武汉古籍书店，1983，379 页。

② 于省吾主编：《甲骨文字诂林》，中华书局，1999，913 页。

③ 张世超等：《金文形义通解》，中文出版社，1996，2315 页。

字作▢或▢……'‘甲骨文庶字是“从火石，石亦声”的会意兼形声字，也即煮之本字。'”

1.0【常】甲骨文“度”字，▢屯4178、▢屯4178。简帛“度”字，▢效律30。石刻“度”字，▢石经五经。《又部》：“▢，法制也。从又，庶省声。徒故切。”（65页）

1.1【常】简帛“渡”字，▢贼律6。石刻“渡”字，▢石经尚书。《水部》：“▢，济也。从水度声。徒故切。”（233页）

1.2【常】简帛“踱”字，▢张1126，从足度声，《说文》无。

1.3【常】“鍍”字暂未见唐以前相关古文字形，从金度声，简化作“镀”，《说文》无。

2.【常】简帛“遮”字，▢居EPF25.21、▢仓颉篇19。石刻“遮”字，▢修定寺记碑。《辵部》：“▢，遏也。从辵庶声。止車切。”（41页）

3.【常】石刻“蔗”字，▢程知节志。《艸部》：“▢，藷蔗也。从艸庶声。之夜切。”（18页）

“肃”组

0.【常】石刻“肅”字，▢夏承碑、▢石经五经。《聿部》：“▢，持事振敬也。从聿在𣶏上，战战兢兢也。息逐切。▢，古文肅从心从卪。”（65页）《金文形义通解》[①]：“金文从聿，《说文》所释非是。何琳仪、黄锡全曰：‘肃亦由聿得声之字。'”“肅”字简化作“肃”。

1.【常A】金文“簫”字，▢春秋01.271.1（肃省声）、▢春秋01.285.1。简帛“簫”字，▢甲《泰射》48。石刻“簫”字，▢暴诞志。《竹部》：“▢，参差管乐。象凤之翼。从竹肅声。稣彫切。”（98页）“簫”字简化作“箫”。

2.【常】简帛“蕭”字，▢马壹130_11。石刻“蕭”字，▢元灵曜志、▢石经五经。《艸部》：“▢，艾蒿也。从艸肅声。蘇彫切。”（20页）“蕭”字简化作“萧”。

3.【常】“綉”字同“繡”，简化作“绣”。石刻“繡”字，▢元毓志、▢苏恒志。《糸部》：“▢，五采备也。从糸肅声。息救切。”（273页）

4.【常】石刻“嘯”字，▢洛神十三行。《口部》：“▢，吹声也。从口肅声。稣弔切。▢，籀文嘯从欠。”（32页）“嘯”字简化作“啸”。

5.【常】石刻“瀟”字，▢魏氏志。《水部》：“▢，水名。从水蕭声。

① 张世超等：《金文形义通解》，中文出版社，1996，670页。

相邀切。”（238 页）“潇”字简化作“潇”。

6.【常】“锈”字同“鏽”，暂未见唐以前相关古文字形，简化作“锈”，《说文》无。

“土”组

0.【常】甲骨文“土”字，合 21103、合 33050、合 6449。金文“土”字，西周 05.2837、西周 08.4130。简帛“土”字，日甲《土忌》132。石刻“土”字，曹全碑、韩显祖造像。《土部》：“土，地之吐生物者也。二象地之下、地之中，物出形也。它鲁切。”（286 页）《金文形义通解》[①]：“甲骨文‘土’字……象平地树石以为社主之形。……王国维谓卜辞假‘土’为‘社’字……卜辞契刻于龟甲兽骨，不能作肥笔，故‘土’字皆空其中，金文则填实作肥笔。然后渐变其形，由而变作，复变作，小篆作土，许慎因以为象植物出于地，非是。”

1.【常】甲骨文“徒（辻）”字，合 3413、合 3521 正。金文“徒（辻）”字，西周 08.4313.1、春秋 09.4440.2。简帛“徒（辻）”字，秦律杂抄 17、银贰 1566。石刻“徒（辻）”字，石经周易。《辵部》：“辻，步行也。从辵土声。同都切。”（39 页）《甲骨文字诂林》[②]：“从，即土。从止。”

2.【常】甲骨文“牡”字，合 36975、合 3157、合 22214、合 22467、合 8233。金文“牡”字，西周 05.2776、故宫文物月刊 13 卷 1 期。简帛“牡”字，日甲 11。石刻“牡”字，元乂志、石经五经。《牛部》：“牡，畜父也。从牛土声。莫厚切。”（29 页）《甲骨文字典》[③]：“‘’用以表示雄性家畜或兽类，结合不同兽类的形符，分别为雄性之牛、羊、豕、马等之专名，杨树达谓当为麚……各有专名，区分明确，后于农业社会中如此区别已无必要，渐为死字，乃以从牛之牡为雄畜之通称。”

3.【常】金文“杜”字，西周 08.4263、战国 18.12109。简帛“杜”字，仓颉篇 63。石刻“杜”字，赵阿令造像、惠朗造像。《木部》：“杜，甘棠也。从木土声。徒古切。”（115 页）

4.【常】石刻“吐”字，冯会志。《口部》：“吐，写也。从口土声。

① 张世超等：《金文形义通解》，中文出版社，1996，3147 页。

② 于省吾主编：《甲骨文字诂林》，中华书局，1999，809 页。

③ 徐中舒主编：《甲骨文字典》，四川辞书出版社，1990，79 页。

他鲁切。”（33 页）《说文通训定声》[1]：“《广雅·释言》：泻也。”

5.【常】“肚”字暂未见唐以前相关古文字形，从肉土声，《说文》无。

“兔”组

0.【常】甲骨文“兔”字，合 154、合 199、合 201 正、合 4619。简帛“兔”字，日甲《盗者》72。石刻“兔”字，张正子父母镇石、独孤罗志。《兔部》：“，兽名。象踞，后其尾形。兔头与㲋头同。湯故切。”（203 页）

1.【常 B】“堍”字暂未见唐以前相关古文字形，从土兔声，《说文》无。

“巫”组

0.【常】甲骨文“巫”字，合 20365。金文“巫”字，西周 11.6086。简帛“巫”字，日甲《毁弃》120。石刻“巫”字，石经周易。《巫部》：“，祝也。女能事无形，以舞降神者也。象人两褎舞形。与工同意。古者巫咸初作巫。武扶切。，古文巫。”（100 页）《金文形义通解》[2]：“之何以为‘巫’，迄今难明。李孝定疑‘象当时巫者所用道具之形’。……《汉语大字典》按曰：‘甲、金文象两玉交错形。……古代巫师以玉为灵物，故以交错的玉形代表巫祝的巫。’”

1.【常】简帛“誣”字，奏谳书 118。石刻“誣”字，石经尚书。《言部》：“，加也。从言巫声。武扶切。”（54 页）段玉裁注[3]：“加与诬皆兼毁誉，言之毁誉不以实皆曰诬也。”“誣”字简化作“诬”。

“乌”组

0.【常】金文“烏（於）”字，西周 05.2824、西周 10.5392.1。简帛“烏（於）”字，傳律 363、日甲《诘》56。石刻“烏（於）”字，建宁三年残碑、石经尚书。《烏部》：“，孝鸟也。象形。孔子曰：‘乌，盱呼也。’取其助气，故以为乌呼。哀都切。，古文烏，象形。，象古文烏省。”（82 页）“烏”字简化作“乌”，“於”字音 wū。

---

① （清）朱骏声：《说文通训定声》，武汉古籍书店，1983，409 页。

② 张世超等：《金文形义通解》，中文出版社，1996，1102 页。

③ （清）段玉裁：《说文解字注》，上海古籍出版社，2000，97 页。

1.【常】简帛“塢”字，金关 T23：780。石刻“塢”字，韩山刚造像、李凤志，从土烏声，简化作“坞”，《说文》无。

2.【常】石刻“嗚”字，唐直志，从口烏声，简化作“呜”，《说文》无。

3.【常】石刻“淤”字，龙泉记。《水部》：“，淀滓，浊泥。从水於声。依據切。”（236 页）

“屋”组

0.【常】石刻“屋”字，曹全碑。《尸部》：“，居也。从尸。尸，所主也。一曰尸，象屋形。从至。至，所至止。室、屋皆从至。烏谷切。，古文屋。，籀文屋从厂。”（175 页）《说文通训定声》[①]：“按：尸象人侧形。”

1.【常】简帛“握”字，马壹 141_6。石刻“握”字，娄黑女志。《手部》：“，搤持也。从手屋声。於角切。，古文握。”（252 页）

2.【常 B】“喔”字暂未见唐以前、小篆外其他相关古文字形。《口部》：“，鸡声也。从口屋声。於角切。”（34 页）

“吴”组

0.【常】金文“吴”字，西周 15.9300、西周 16.10066、春秋 09.4527。简帛“吴”字，第八层 566、仓颉篇 47。石刻“吴”字，吴光志、元光基志。《夨部》：“，姓也。亦郡也。一曰吴，大言也。从夨、口。五乎切。，古文如此。”（214 页）《说文通训定声》[②]：“从夨、口会意。按：大言疑夨言之讹，谓反侧之言也。”《金文形义通解》[③]：“高田忠周曰：‘此字当大言为本义，大言者，所谓荒唐不稽之言，其言不正，故从口从夨会意。其为人姓为郡名，即假借托名标识者也。’按：吴、误、虞同源之词，春秋战国字所从之‘夨’讹为‘大’。”

1.【常 B】金文“虞”字，西周 08.4320、西周 16.10176。简帛“虞”字，蓋卢 40、金关 T31：093。石刻“虞”字，元璨志、石经周易。《虍部》：“，驺虞也。白虎黑文，尾长于身。仁兽，食自死之

① （清）朱骏声：《说文通训定声》，武汉古籍书店，1983，376 页。

② （清）朱骏声：《说文通训定声》，武汉古籍书店，1983，389 页。

③ 张世超等：《金文形义通解》，中文出版社，1996，2475 页。

肉。从虍吴声。五俱切。”（103 页）

2.【常】简帛“誤”字，效律 60。石刻“誤”字，石经五经。《言部》：“，谬也。从言吴声。五故切。”（55 页）《言部》重出。“誤”字简化作“误”。

3.【常】石刻“娯”字，元宝建志、斛律氏志。《女部》：“，乐也。从女吴声。噳俱切。”（262 页）

4.【常】“蜈”字暂未见唐以前相关古文字形，从虫吴声，《说文》无。

“无”组

0.【常】甲骨文“無”字，合集 20979、合集 12826。简帛“無”字，置吏律 215、东牌楼 039、马壹 124_40。石刻“無”字，无量义经二、石经尚书、樊廉志，简化作“无”。《亡部》：“，亡也。从亡無声。武扶切。，奇字无，通于元者。王育说：天屈西北为无。”（267 页）《甲骨文字诂林》[①]：“按：金文有无之无作，实乃舞之初形。小篆别出从亡舞声之字。……王筠《句读》谓‘金文皆借字为之，小篆加亡为别’是为得之。”

1.【常】甲骨文“舞”字，合 20979、合 12819、合 28461。金文“舞”字，春秋 01.184.2。简帛“舞”字，金关 T03：095、仓颉篇 33。石刻“舞”字，石经五经。《舛部》：“，乐也。用足相背，从舛；無声。文撫切。，古文舞从羽、亡。”（113 页）《甲骨文字诂林》[②]：“按：、乃舞之本字，象舞之形，所持者或谓牛尾，或谓羽，实则随所需而定。至若象人两袖舞形，则非是。《说文》林部训豐之，与舞同字，唯省足形，许慎误歧为二。亡部训亡之乃其孳乳之形声字。卜辞舞皆与舞雩有关，不用作有无字。”

2.【常 B】简帛“廡”字，睡 21。石刻“廡”字，是连公妻志。《广部》：“，堂下周屋。从广無声。文甫切。，籀文从舞。”（192 页）“廡”字简化作“庑”。

3.【常】简帛“撫”字，奏谳书 147、银贰 1142，简化作“抚”。石刻“撫”字，建宁三年残碑、石经尚书。《手部》：“，安也。从手無声。一曰循也。芳武切。，古文从辵、亡。”（253 页）段玉裁注[③]：

① 于省吾主编：《甲骨文字诂林》，中华书局，1999，3461 页。

② 于省吾主编：《甲骨文字诂林》，中华书局，1999，258 页。

③（清）段玉裁：《说文解字注》，上海古籍出版社，2000，601 页。

“揗，各本作循，今正。揗者，摩也。”

4.【常】简帛“蕪”字，马壹 142_15，简化作“芜”。石刻“蕪”字，郑君妻志。《艸部》：“，薉也。从艸無声。武扶切。”（23 页）

5.【常 B】“嫵”字暂未见唐以前、小篆外其他相关古文字形。《女部》：“，媚也。从女無声。文甫切。”（260 页）“嫵”字简化作“妩”。

“武”组

0.【常】甲骨文“武”字，合 456 正。金文“武”字，考古 10.5、西周 08.4263、西周 08.4331。简帛“武”字，日甲《生子》142、银贰 1515、仓颉篇 48。石刻“武”字，石经周易。《戈部》：“，楚庄王曰：‘夫武，定功戢兵。故止戈为武。’文甫切。”（266 页）《甲骨文字诂林》[①]：“于省吾：‘武从止从戈，本义为征伐示威。征伐者必有行，止即示行也。征伐者必以武器，戈即武器也。’”

1.【常】金文“賦”字，商周 79 页、战国 18.11671A。简帛“賦”字，为吏 7、金关 T23：417。石刻“賦”字，高湇志。《貝部》：“，斂也。从貝武声。方遇切。”（131 页）“賦”字简化作“赋”。

2.【常】“鵡”字同“鴞”，简化作“鹉”。石刻“鵡（鴞）”字，石经礼记、石经五经。《鳥部》：“，鸚鴞也。从鳥母声。文甫切。”（82 页）

“午”组

0.【常】甲骨文“午”字，合 19773、合 24502。金文“午”字，商 05.2708、西周 05.2665、春秋 16.10278。简帛“午”字，日乙 192。石刻“午”字，石堂画像石题记。《午部》：“，啎也。五月，阴气午逆阳。冒地而出。此予矢同意。疑古切。”（311 页）《金文形义通解》[②]：“戴侗曰：‘断木为午，所以舂也，亦作杵。借为子午之午。所以知其为午臼之杵者，舂从午从臼，此明证也。’”

1.0【常 B】“馭”是“御”字古文，简化作“驭”。甲骨文“御”字，合 713、合 22074、合 30033、合 6760、合 13911、合 27972、合 27559。金文“御（馭）”字，西周 07.4044、西周 05.2824、西周 05.2837。简帛“御”字，第八层 141。石刻“御（馭）”字，司马显

---

① 于省吾主编：《甲骨文字诂林》，中华书局，1999，867 页。

② 张世超等：《金文形义通解》，中文出版社，1996，3481 页。

姿志、元祥造像、高百年志。《彳部》:“，使马也。从彳从卸。牛據切。，古文御从又从馬。”（43 页）《甲骨文字诂林》[①]：“裘锡圭：‘殷人于已至之灾殃亦御之，御祭似可包括禬、禳。……这个字象一人抵御另一持杖者的攻击，疑即御之初文。’按：字隶定作，从午声；或增示作。在卜辞多为祭名，相当于《说文》之禦，祀也。祭之内容极为广泛……均祭于先祖以求祐护。或读御为迎，以迎妇为言，其说非是。……又用为防禦之禦。……字亦作……甲骨文又有字，或以为之异体，盖是。”《金文形义通解》[②]：“‘御’‘驭’二字均见于殷商卜辞，然非同词异体，实截然二字。……字中之声符与独体单用之干支字‘午’，二者形体演变之迹大致同步，……此皆由得声之证。……卜辞字多用于祭名，亦有迎击义，然无‘使马’之例。‘使马’一义当为‘驭’字本义。‘驭’字甲文作、，从马从攴，搞象以策驭马之事，或省从又。”

1.1【常】甲骨文“禦”字，合 2631 正、英 2674 正（抵禦之专字）、合 28011（鱼声）。金文“禦”字，西周 12.6472、西周 08.4317。简帛“禦”字，马壹 106_89。石刻“禦”字，石经周易。《示部》:“，祀也。从示御声。魚舉切。”（9 页）段玉裁注[③]：“后人用此为禁禦字，……古只用御字。”“禦”字简化作“御”。

2.0【常】金文“許”字，西周 05.2832、铭文选二 447。简帛“許”字，秦律十八种 61、仓颉篇 47。石刻“許”字，元暐志。《言部》:“，听也。从言午声。虚吕切。”（51 页）“許”字简化作“许”。

2.1【常 B】石刻“滸”字，洛神十三行，从水許声，简化作“浒”，《说文》无。

3.【常 B】简帛“杵”字，日甲 8。石刻“杵”字，李则志。《木部》:“，舂杵也。从木午声。昌與切。”（122 页）

4.【常】石刻“卸”字，石经五经。《卩部》:“，舍车解马也。从卩、止、午。读若汝南人写书之写。司夜切。”（187 页）

“五”组

0.【常】甲骨文“五”字，合 17076。金文“五”字，商 06.3026。简帛“五”字，秦律十八种 115。石刻“五”字，石堂画像石题记。

---

① 于省吾主编:《甲骨文字诂林》，中华书局，1999，399 页。

② 张世超等:《金文形义通解》，中文出版社，1996，391 页。

③（清）段玉裁:《说文解字注》，上海古籍出版社，2000，7 页。

《五部》:"，五行也。从二，阴阳在天地间交午也。疑古切。ㄨ，古文五省。"(307页)《甲骨文字诂林》①："按：ㄨ乃五之最初形体，《说文》古文同。……王筠《释例》谓：'正之则十字，衺之则ㄨ字，故知午为借字。'一纵一横，相交以为刻识，即谓之ㄨ，典籍则假午为之。戴侗《六书故》云：'今郊野之为衡者，梓人之为寻丈者，至数之半，皆ㄨ契之，观于此可以知书契之所从生矣。'丁山不明典籍'交午'之'午'乃ㄨ之借字。……实不知契文最初但作ㄨ也。陈梦家谓'五'是'午'之初形，其说易致混淆。干支之'午'乃杵之初形，与无涉。'交午'、'旁午'之'午'，乃ㄨ之借字，ㄨ不得笼统谓为'午'之初形。"《金文形义通解》②："阴阳交午之说晚出。……甲文偶或作，积五画而成，当为纪数字之原始形式，因之知作者乃假它字为之也。……然则ㄨ本象交午之意，假以纪数，后增画为也。"

1.0【常】金文"吾"字，西周08.4330、战国17.10936。简帛"吾"字，蓋卢37、东牌楼055。石刻"吾"字，斛律氏志。《口部》："，我，自称也。从口五声。五乎切。"(32页)

1.1【常B】甲骨文"寤"字，合24123。石刻"寤"字，高归彦造像。《㝱部》："，寐觉而有信曰寤。从㝱省，吾声。一曰昼见而夜㝱也。五故切。，籀文寤。"(153页)

1.2【常】金文"語"字，春秋01.184.1。简帛"語"字，金关T06：187，简化作"语"。石刻"語"字，元斌志。《言部》："，论也。从言吾声。魚舉切。"(51页)

1.3【常】简帛"梧"字，第八层376。石刻"梧"字，閭炫志。《木部》："，梧桐木。从木吾声。一名櫬。五胡切。"(117页)

1.4【常】简帛"衙"字，秩律448。石刻"衙"字，盖畅志。《行部》："，行皃。从行吾声。魚舉切。又音牙。"(44页)

1.5【常】石刻"悟"字，陈天宝造像。《心部》："，觉也。从心吾声。五故切。，古文悟。"(219页)

1.6【常A】石刻"晤"字，张乔志。《日部》："，明也。从日吾声。五故切。"(137页)

1.7【常】"捂"字从手吾声，【常B】"焐"字从火吾声，均暂未见唐以前相关古文字形，《说文》无。

2.【常】简帛"伍"字，市律260。石刻"伍"字，鞠彦云志。

① 于省吾主编：《甲骨文字诂林》，中华书局，1999，3575页。

② 张世超等：《金文形义通解》，中文出版社，1996，3379页。

《人部》:“，相参伍也。从人从五。疑古切。”（164页）

“毋”组

0.【常B】金文“毋”字，西周05.2724。简帛“毋”字，为吏41。石刻“毋”字，石经五经。《毋部》:“，止之也。从女，有奸之者。武扶切。”（265页）《说文通训定声》[①]：“按:《礼记·曲礼》疏引《说文》‘禁止之勿令奸’，是。一以止之，指事。”

1.【常】简帛“毒”字，秦律十八种5。石刻“毒”字，石经尚书。《屮部》:“，厚也，害人之艸，往往而生。从屮从毒。徒沃切。，古文毒从刀、莒。”（15页）《说文通训定声》[②]：“按：从生从毋，毋以止之会意。”按：毋亦声。

“勿”组

0.【常】甲骨文“勿”字，合32正、合11982、合21222、合16、2号卜甲。金文“勿”字，西周05.2837、西周08.4288.1。简帛“勿”字，秦律十八种27。石刻“勿”字，元继志。《勿部》:“，州里所建旗。象其柄，有三游。杂帛，幅半异。所以趣民，故遽，称勿勿。文弗切。，勿或从㫃。”（196页）《金文形义通解》[③]：“从刀，旁著血滴形，乃‘刎’之象事初文，金文字形承之。篆文讹失古意，许慎解为旗形非是。”

1.【常】甲骨文“物”字，合23218、合37089。简帛“物”字，效律1、金关T30：028A。石刻“物”字，唐邕刻经记。《牛部》:“，万物也。牛为大物；天地之数，起于牵牛，故从牛。勿声。文弗切。”（30页）

2.0【常】简帛“忽”字，马壹100_117、马壹43_43。石刻“忽”字，元理志。《心部》:“，忘也。从心勿声。呼骨切。”（220页）

2.1【常B】石刻“惚”字，成公氏志，从心忽声，《说文》无。

2.2【常B】“唿”字暂未见唐以前相关古文字形，从口忽声，《说文》无。

3.【常】石刻“吻”字，贾瑾志。《口部》:“，口边也。从口勿

---

① （清）朱骏声:《说文通训定声》，武汉古籍书店，1983，400页。

② （清）朱骏声:《说文通训定声》，武汉古籍书店，1983，292页。

③ 张世超等:《金文形义通解》，中文出版社，1996，2348页。

声。武粉切。䐇，吻或从肉从昏。”（30 页）

4.【常 B】“囫”字暂未见唐以前相关古文字形，从口勿声，《说文》无。

“戊”组

0.【常 A】甲骨文“戊”字，合 1026、合 33202、合 37563。金文“戊”字，商 03.1259、商 04.1706、西周 07.3906.2。简帛“戊”字，日甲《诘》56。石刻“戊”字，石经尚书。《戊部》：“，中宫也。象六甲五龙相拘绞也。戊承丁，象人胁。莫候切。”（308 页）《金文形义通解》[①]：“金文‘戊’象斧钺类兵器形。”

1.【常】简帛“茂”字，敦煌简 0222。石刻“茂”字，桐柏淮源庙碑。《艸部》：“，艸丰盛。从艸戊声。莫候切。”（22 页）

“朱”组

0.【常】甲骨文“朱”字，合 37363。金文“朱”字，西周 11.6348、西周 08.4256.1、西周 08.4288.1。简帛“朱”字，效律 7。石刻“朱”字，高元珪志。《木部》：“，赤心木。松柏属。从木，一在其中。章俱切。”（118 页）《说文解字系传》[②]：“入土曰根，在土上者曰株。”《甲骨文字集释》[③]：“朱实即株之本字，其次本不误。赤心木一解当是朱之别义，自别义专行遂另制从木朱声之株字以代朱。”《金文形义通解》[④]：“从木，圆点皆示其中。‘朱’为‘株’本字，言木之干。”

1.【常】“蛛”是“鼄”字或体。甲骨文“鼄”字，存补 5.32.2、合 9041、合 6520、合 9041。金文“鼄”字，春秋 03.690、春秋 03.717。石刻“蛛（鼄）”字，石经五经、许抠志。《黽部》：“，鼅鼄也。从黽朱声。陟輸切。，鼄或从虫。”（285 页）《甲骨文字诂林》[⑤]：“按：契文鼄字即象蛛在网上之形，李孝定之说是对的。金文鼄增‘朱’为声符。小篆从黽为讹体。契文本象蛛形，与黽有别。”

2.【常】甲骨文“殊”字，合 17055 正、合 10406 反。简帛“殊”

---

① 张世超等：《金文形义通解》，中文出版社，1996，3410 页。

② （南唐）徐锴：《说文解字系传》，中华书局，1998，110 页。

③ 李孝定：《甲骨文字集释》，台湾“中研院”历史语言研究所，1970，1951 页。

④ 张世超等：《金文形义通解》，中文出版社，1996，1445 页。

⑤ 于省吾主编：《甲骨文字诂林》，中华书局，1999，1822 页。

字，马壹 38_18。石刻“殊”字，吴光志。《歺部》：“，死也。从歺朱声。市朱切。”（85 页）

3.【常 B】甲骨文“誅”字，合 27378、合 27622。简帛“誅”字，捕律 142、仓颉篇 10。石刻“誅”字，郑仁泰志。《言部》：“，讨也。从言朱声。陟輸切。”（57 页）“誅”字简化作“诛”。

4.【常】简帛“珠”字，为吏 36。石刻“珠”字，元仙志。《玉部》：“，蚌之阴精。从玉朱声。章俱切。”（13 页）

5.【常】简帛“株”字，马壹 9_62。石刻“株”字，石经周易。《木部》：“，木根也。从木朱声。陟輸切。”（118 页）

6.【常 B】简帛“銖”字，金关 T23：859。石刻“銖”字，周师志。《金部》：“，权十分黍之重也。从金朱声。市朱切。”（296 页）“銖”字简化作“铢”。

7.【常 B】简帛“茱”字，仓颉篇 25。石刻“茱”字，韩昶志。《艸部》：“，茱萸，茉属。从艸朱声。市朱切。”（21 页）

8.【常 B】“侏”字暂未见唐以前相关古文字形，从人朱声，《说文》无。

“卒”组

0.【常】甲骨文“卒”字，合 19841、合 22659、合 1210、合补 1242、合 30991、屯 2366。金文“卒”字，西周 08.4261、战国 02.420.1。简帛“卒”字，法律答问 199。石刻“卒”字，石经五经。《衣部》：“，隶人给事者衣为卒。卒，衣有题识者。臧没切。”（173 页）《甲骨文字诂林》[①]：“按：王筠《释例》云：‘卒为衣名，故入衣部。其衣名卒，而衣此衣者即谓之卒，犹甲士谓之甲也。’衣有题识者谓之卒，乃后世之区分，进而衣此衣者亦谓之卒。……要之，衣与卒乃后世所分化，卜辞犹未区分。”

1.【常】简帛“翠”字，敦煌简 2002。石刻“翠”字，唐邕刻经记。《羽部》：“，青羽雀也。出郁林。从羽卒声。七醉切。”（75 页）

2.【常 B】简帛“窣”字，猩敞案 48、仓颉篇 32。石刻“窣”字，闽 . 坚牢塔记。《穴部》：“，从穴中卒出。从穴卒声。蘇骨切。”（153 页）

3.【常】石刻“醉”字，吴迁志、刘多志。《酉部》：“，卒也。卒其度量，不至于乱也。一曰溃也。从酉从卒。將遂切。”（312 页）段玉

① 于省吾主编：《甲骨文字诂林》，中华书局，1999，1910 页。

裁注[①]："此以会意包形声，卒亦声也。"

4.【常B】简帛"啐"字，甲《少牢》35。石刻"啐"字，石经五经。《口部》："，惊也。从口卒声。七外切。"（33页）

5.【常】石刻"悴"字，王基断碑、俱慈顺志。《心部》："，忧也。从心卒声。读与《易》萃卦同。秦醉切。"（222页）

6.【常】石刻"碎"字，元引志、李矩兰志。《石部》："，䃺也。从石卒声。蘇對切。"（195页）

7.【常】石刻"粹"字，冯会志、石经五经。《米部》："，不杂也。从米卒声。雖遂切。"（148页）

8.【常B】"猝"字暂未见唐以前、小篆外其他相关古文字形。《犬部》："，犬从艸暴出逐人也。从犬卒声。麤没切。"（204页）

9.【常B】石刻"瘁"字，元徽志、张延赏残碑，从疒卒声，《说文》无。

"竹"组

0.【常】甲骨文"竹"字，合32933。金文"竹"字，商15.9793、商周135页。简帛"竹"字，日甲5。石刻"竹"字，元显俊志。《甲骨文字诂林》[②]："按：叶玉森以为'竹之象形'是对的。"《竹部》："，冬生艸也。象形。下垂者，箁箬也。陟玉切。"（95页）

1.【常B】简帛"篤"字，日书191。石刻"篤"字，建宁三年残碑、石经周易。《馬部》："，马行顿遲。从馬竹声。冬毒切。"（200页）"篤"字简化作"笃"。

2.0 简帛"筑"字，睡16。石刻"筑"字，石经五经。《竹部》："，以竹曲五弦之乐也。从竹从巩。巩，持之也。竹亦声。張六切。"（98页）段玉裁注[③]："以竹曲不可通。……当云：'筑曲，以竹鼓弦之乐也。'"

2.1【常】金文"築"字，战国16.10374。简帛"築"字，日甲《秦除》16。石刻"築"字，石经五经。《木部》："，擣也。从木筑声。陟玉切。，古文。"（120页）"築"字简化作"筑"。

3.【常B】简帛"竺"字，马壹90_236。石刻"竺"字，元季聪

---

① （清）段玉裁：《说文解字注》，上海古籍出版社，2000，750页。

② 于省吾主编：《甲骨文字诂林》，中华书局，1999，3130页。

③ （清）段玉裁：《说文解字注》，上海古籍出版社，2000，198页。

志。《二部》："竺，厚也。从二竹声。冬毒切。"（286 页）

"族"组

0.【常】甲骨文"族"字，合 6814、合 33017、合 14922。金文"族"字，西周 07.4029、西周 08.4288.1。简帛"族"字，第八层 1555、马壹 78_89。石刻"族"字，石经周易。《㫃部》："族，矢锋也。束之族族也。从㫃从矢。昨木切。"（141 页）《金文形义通解》[①]："丁山曰：'字从㫃，从矢，矢所以杀敌，㫃所以标众，其本义应是军旅的组织。'可从。许慎所谓'矢锋'非'族'之本义。"

1.【常】"簇"字暂未见唐以前相关古文字形，从竹族声，《说文》无。

"主"组

0.【常】甲骨文"主"字，合 296、合 5057 甲、合 27306、合 22124、合 30393。简帛"主"字，效律 51。石刻"主"字，石经尚书。《丶部》："𡈼，镫中火主也。从𡈼，象形。从丶，丶亦声。之庾切。"（105 页）《说文通训定声》[②]："按：𡈼象灯，丶象火炎，上其形同丶，实非丶字，俗字作炷。"段玉裁注[③]："上为碗盛膏而燃火，是为'主'。"

1.【常】甲骨文"注"字，合 5458、合 28012。简帛"注"字，日甲《诘》31。石刻"注"字，多宝塔碑。《水部》："注，灌也。从水主声。之戍切。"（233 页）

2.【常】简帛"柱"字，脉书 54。石刻"柱"字，石经尚书。《木部》："柱，楹也。从木主声。直主切。"（120 页）段玉裁注[④]："柱之言主也，屋之主也。"

3.【常】石刻"駐"字，石尠志。《馬部》："駐，马立也。从馬主声。中句切。"（201 页）"駐"字简化作"驻"。

4.【常 B】石刻"麈"字，昌乐王元诞志。《鹿部》："麈，麋属。从鹿主声。之庾切。"（203 页）

5.【常】简帛"住"字，汉流简纸。石刻"住"字，陈天宝造像，从人主声，《说文》无。

---

① 张世超等：《金文形义通解》，中文出版社，1996，1684 页。

② （清）朱骏声：《说文通训定声》，武汉古籍书店，1983，355 页。

③ （清）段玉裁：《说文解字注》，上海古籍出版社，2000，215 页。

④ （清）段玉裁：《说文解字注》，上海古籍出版社，2000，253 页。

6.【常】“蛀”字从虫主声,【常】“拄”字从手主声，均暂未见唐以前相关古文字形,《说文》无。

“宁”组

0. 甲骨文“宁”字，合集4713。金文“宁”字，商04.1825。《宁部》:“，辨积物也。象形。直吕切。”(307页)《甲骨文字诂林》[①]:“罗振玉:‘象形，上下及两旁有楮柱，中空可贮物。’按：诸家多释‘宁’，以为‘贮’之初形。”《金文形义通解》[②]:“刘宗汉曰:‘古代大门的两塾之间谓之宁……正是因为它与有柄木匣宁相似，宁为有柄木匣可无疑义。当然，这种木匣是一个贮存器。’”

1.【常】甲骨文“貯”字，合集777正、花东367。简帛“貯”字，仓颉篇14。石刻“貯”字，玄秘塔碑。《貝部》:“，积也。从貝宁声。直吕切。”(130页)《甲骨文字诂林》[③]:“罗振玉:‘象内贝于宁中形，或贝在宁下，与许书作贮，贝在宁旁意同。又宁、贮古为一字。’”“貯”字简化作“贮”。

2.【常B】“伫”字同“佇”。石刻“佇”字，房孚志。《人部》:“，久立也。从人从宁。直吕切。”(168页)

“壴”组

0. 甲骨文“壴”字，合4843、合17391、合34477、合18594。金文“壴”字，商03.1175、战国02.301.5A。《壴部》:“，陈乐立而上见也。从中从豆。中句切。”(102页)《甲骨文字诂林》[④]:“按：卜辞即象鼓形,《说文》误以为从中豆。”“壴”字音zhù。

1.【常】甲骨文“鼓”字，合20075、合891正。金文“鼓”字，商11.6044、商16.10031、西周12.6500、西周08.4324.1。石刻“鼓”字，刘幼妃志、石经五经。《鼓部》:“，郭也。春分之音，万物郭皮甲而出，故谓之鼓。从壴，支象其手击之也。工户切。，籀文鼓从古声。”(102页)简帛“鼓”字，为吏22、仓颉篇33。石刻“鼓”字，唐邕刻经记。《攴部》:“，击鼓也。从攴从壴，壴亦声。公户

① 于省吾主编:《甲骨文字诂林》，中华书局，1999，2855页。
② 张世超等:《金文形义通解》，中文出版社，1996，3374页。
③ 于省吾主编:《甲骨文字诂林》，中华书局，1999，1885页。
④ 于省吾主编:《甲骨文字诂林》，中华书局，1999，2776页。

切。”（69 页）《甲骨文字诂林》①：“唐兰：‘徐灏《说文段注笺》谓：“鼓从壴从又，持半竹击之。其始盖专为考击之称，后为鼓鼙之名，故又改支为攴，为鼓击之鼓，实一字耳。”较戴说为胜。金文鼓字或从支，或从攴，殊无别。’按：‘鼓’、‘鼓’皆由‘壴’所孳乳，古本同字。”“鼓”字音 gǔ。

2.0 金文“尌”字，西周 08.4124。简帛“尌”字，马壹 258_3。《壴部》：“，立也。从壴从寸，持之也。读若驻。常句切。”（102 页）《说文通训定声》②：“按：壴亦声。”《金文形义通解》③：“林沄谓金文‘尌’字本象‘持羽饰植于鼓上’。”“尌”字音 shù。

2.1【常】甲骨文“樹”字，合 18159。简帛“樹”字，马贰 37_54。石刻“樹”字，尔朱袭志。《木部》：“，生植之总名。从木尌声。常句切。，籀文。”（118 页）“樹”字简化作“树”。

2.20【常】金文“廚”字，战国 04.2395。简帛“廚”字，秩律 471、金关 T07：008。石刻“廚”字，元悌志、石经五经。《广部》：“，庖屋也。从广尌声。直株切。”（192 页）《说文通训定声》④：“字亦误作厨。”石刻“厨”字，卜鉴志，从厂尌声。

2.21【常】“橱”字暂未见唐以前相关古文字形，从木厨声，《说文》无。

“居”组

0.【常】金文“居”字，战国 09.4688。简帛“居”字，日甲 23。石刻“居”字，石堂画像石题记。《尸部》：“，蹲也。从尸古者，居从古。九魚切。，俗居从足。”（174 页）段玉裁注⑤：“《说文》有凥，有居。凥，处也，从尸得几而止，凡今人居处字古衹作凥处。居，蹲也，凡今人蹲踞字古衹作居。……今字用蹲居字为凥处字，而凥字废矣。又别制踞字为蹲居字，而居之本义废矣。从尸古声。”

1.【常】金文“鋸”字，战国 17.11224。简帛“鋸”字，敦煌简 0812。《金部》：“，枪唐也。从金居声。居御切。”（296 页）段玉裁注⑥：“枪唐，盖汉人语。”“鋸”字简化作“锯”。

2.【常 B】石刻“踞”字，颜仁楚志。《足部》：“，蹲也。从足居

① 于省吾主编：《甲骨文字诂林》，中华书局，1999，2777 页。

② （清）朱骏声：《说文通训定声》，武汉古籍书店，1983，356 页。

③ 张世超等：《金文形义通解》，中文出版社，1996，1159 页。

④ （清）朱骏声：《说文通训定声》，武汉古籍书店，1983，356 页。

⑤ （清）段玉裁：《说文解字注》，上海古籍出版社，2000，399 页。

⑥ （清）段玉裁：《说文解字注》，上海古籍出版社，2000，707 页。

声。居御切。”（47 页）

“匊”组

0.“匊”字，《勹部》：“匊，在手曰匊。从勹、米。居六切。”（187 页）段玉裁注[①]：“俗作掬。”“匊”字音 jū。

1.【常】简帛“鞠”字，引书 52。石刻“鞠”字，寇峤妻志。《革部》：“鞠，蹋鞠也。从革匊声。居六切。𥷚，鞠或从簐。”（61 页）

2.【常】石刻“菊”字，李媛华志。《艸部》：“菊，大菊，蘧麦。从艸匊声。居六切。”（16 页）

3.【常 B】石刻“掬”字，李仙蕙志，从手匊声，《说文》无。

“巨”组

0.【常】金文“巨（榘）”字，西周 03.892、西周 16.10073、西周 15.9456、战国 04.2301。简帛“巨（榘）”字，语书 5、敦煌简 0062。石刻“巨（榘）”字，感孝颂、北海相景君碑。《工部》：“巨，规巨也。从工，象手持之。其吕切。巨，古文巨。榘，巨或从木、矢。矢者，其中正也。”（100 页）段玉裁注[②]：“今字作矩，省木。”《金文形义通解》[③]：“金文‘巨’字初文本象人伸臂分指以持工之形，工，即矩，曲尺也。……西周中期之后，持矩之人形与所持之矩形讹断，而人之手指形则讹离人臂，附着于工形之竖笔旁侧，呈半弧形，遂失造字初意。”

1.【常】金文“矩”字，西周 15.9456。石刻“矩”字，冯令华志，从矢巨声，《说文》无。《金文形义通解》[④]：“自西周中已讹断之形，复讹其‘夫’为‘矢’，则全字形义皆晦，故后人增从木以标义，即《说文》之或体榘字矣。”

2.【常】简帛“距”字，银贰 1145。石刻“距”字，石经尚书。《足部》：“距，鸡距也。从足巨声。其吕切。”（47 页）

3.【常】简帛“渠”字，为吏 16。石刻“渠”字，石经五经。《水部》：“渠，水所居。从水，榘省声。彊魚切。”（232 页）

4.【常】简帛“炬”字，敦煌简 0098。石刻“炬”字，陶贵志，

① （清）段玉裁：《说文解字注》，上海古籍出版社，2000，433 页。

② （清）段玉裁：《说文解字注》，上海古籍出版社，2000，201 页。

③ 张世超等：《金文形义通解》，中文出版社，1996，1099 页。

④ 张世超等：《金文形义通解》，中文出版社，1996，1099 页。

从火巨声，《说文》无。

5.【常】石刻“拒”字，拒斛律氏志，从手巨声，《说文》无。

“具”组

0.【常】甲骨文“具”字，合22153、花东333。金文“具”字，西周05.2838。简帛“具”字，为吏11、金关T06：019。石刻“具”字，郛休碑。《収部》：“具，共置也。从廾，从貝省。古以贝为货。其遇切。”（59页）段玉裁注①：“共、供古今字，当从人部作供。”《金文形义通解》②：“金文象二手持贝形，‘贝’或形讹为‘鼎’，或讹为‘目’。……此字初文当以从贝为是。‘具’本指礼器之备其数者，从贝从廾象礼用之意。”

1.【常】简帛“俱”字，仓颉篇68。石刻“俱”字，张玄志。《人部》：“俱，偕也。从人具声。舉朱切。”（164页）

2.【常B】“颶”字暂未见唐以前相关古文字形，从風具声，《说文》无。

“豦”组

0. 金文“豦”字，西周08.4167。《豕部》：“豦，斗相丮不解也。从豕、虍。豕、虍之斗，不解也。读若蘮蒘草之蘮。司马相如说：豦，封豕之属。一曰虎两足举。强魚切。”（197页）“豦”字音qú。

1.【常B】金文“遽”字，西周16.9897.1、西周09.4485.1。简帛“遽”字，日甲《诘》56。石刻“遽”字，卢修娥志、石经五经。《辵部》：“遽，传也。一曰窘也。从辵豦声。其倨切。”（42页）

2.【常】石刻“據”字，石经五经。《手部》：“據，杖持也。从手豦声。居御切。”（251页）段玉裁注③：“謂倚杖而持之也。……晉灼曰：据，今據字也。”“據”字简化作“据”。

3.【常】石刻“劇”字，石经五经。《刀部》：“劇，尤甚也。从刀，未详。豦声。渠力切。”（93页）《说文通训定声》④：“按：即勮字之误。”“劇”字简化作“剧”。

---

① （清）段玉裁：《说文解字注》，上海古籍出版社，2000，104页。

② 张世超等：《金文形义通解》，中文出版社，1996，553页。

③ （清）段玉裁：《说文解字注》，上海古籍出版社，2000，597页。

④ （清）朱骏声：《说文通训定声》，武汉古籍书店，1983，395页。

“䀠”组

0. 金文“䀠”字，西周 04.1816。《䀠部》：“，左右视也。从二目。读若拘。又若良士瞿瞿。九遇切。”（73 页）“䀠”字音 jù。

1.0【常 B】简帛“瞿”字，马壹 36_48。石刻“瞿”字，石经五经。《瞿部》：“，鹰隼之视也。从隹从䀠，䀠亦声。读若章句之句。九遇切。又音衢。”（79 页）

1.1【常】简帛“懼”字，为吏 7、马壹 76_65。石刻“懼”字，郑氏志、万寿寺记。《心部》：“，恐也。从心瞿声。其遇切。，古文。”（218 页）“懼”字简化作“惧”。

1.20 简帛“矍”字，马壹 212_39。石刻“矍”字，石经九经。《瞿部》：“，隹欲逸走也。从又持之，矍矍也。读若《诗》云‘穬彼淮夷’之‘穬’。一曰视遽皃。九缚切。”（79 页）

1.21【常 B】“籰”字暂未见唐以前相关古文字形，从竹矍声，《说文》无。

1.3【常 B】石刻“衢”字，冯邕妻元氏志。《行部》：“，四达谓之衢。从行瞿声。其俱切。”（44 页）

1.4【常 B】“㘗”字暂未见唐以前相关古文字形，从口瞿声，《说文》无。

“寽”组

0. 金文“寽”字，西周 08.4266、西周 05.2841B。石刻“寽”字，庆公神祠碑。《𠬪部》：“，五指持也。从𠬪一声。读若律。吕戌切。”（84 页）《金文形义通解》[①]：“‘寽’即‘捋’之初文。郭沫若曰：‘金文均作一手盛一物，别以一手抓之，乃象意字，说为五指捋甚是，然非从𠬪一声也。’”《文源》[②]：“一非声。”“寽”字音 lǜ。

1.【常 B】石刻“捋”字，石经五经。《手部》：“，取易也。从手寽声。郎括切。”（252 页）《说文解字注笺》[③]：“‘寽’‘捋’本一字，相承增偏旁。”

---

① 张世超等：《金文形义通解》，中文出版社，1996，974 页。

② 林义光：《文源》，中西书局，2012，卷六。

③（清）徐灏：《说文解字注笺》（续修四库全书），上海古籍出版社，2002，卷四下 437 页。

“吕”组

0.【常】甲骨文“吕”字，合811正、花东53。金文“吕”字，西周06.3348。简帛“吕”字，银贰1233。石刻“吕”字，徐显秀志、、石经九经。《吕部》：“，膂骨也。象形。昔太岳为禹心吕之臣，故封吕侯。力舉切。，篆文吕从肉从旅。”（152页）《甲骨文字诂林》[①]：“按：契文‘吕’即金文之，或从金作铝。‘金’字即从此。唐兰谓象‘金饼’形。”《金文形义通解》[②]：“金文‘吕’字本象金属坯鉼形，字形填实作，省写空书则作，……两周金文‘吕’字上下体间皆无竖画相连，秦简字同之。……汉印之篆亦或作，为《说文》篆文所本。《国语·周语》下：‘祚四岳国，命以侯伯，赐姓曰姜，氏曰有吕，谓其能为禹股肱心膂，以养物丰民人也。’以‘吕’‘膂’声同，故相训解。许书本此，以‘吕’‘膂’为同字，复以讹形为脊骨象形，殊误。”

1.0【常B】简帛“閭”字，马壹83_73、仓颉篇53。石刻“閭”字，闾叱地连志、王媛志。《門部》：“，里门也。从門吕声。《周礼》：‘五家为比，五比为闾。’闾，侣也，二十五家相群侣也。力居切。”（248页）“閭”字简化作“闾”。

1.1【常B】“櫚”字暂未见唐以前相关古文字形，从木閭声，简化作“榈”，《说文》无。

2.【常】简帛“侣”字，金关T21：142。石刻“侣”字，洛神十三行。《人部》：“，徒侣也。从人吕声。力舉切。”（168页）

3.【常A】金文“鋁”字，春秋01.184.1，从金吕声，简化作“铝”，《说文》无。

“女”组

0.【常】甲骨文“女”字，合19907、合19972。金文“女”字，商11.6150、商15.9177、西周03.641、战国18.12112。简帛“女”字，封诊式84、日甲《诘》32、两汉.西医药。石刻“女”字，石经周易。《女部》：“，妇人也。象形。王育说。尼吕切。”（258页）《甲骨文字诂林》[③]：“陈炜湛：‘象一个女人跪跽在地双手交叉于胸前之状，

① 于省吾主编：《甲骨文字诂林》，中华书局，1999，2099页。

② 张世超等：《金文形义通解》，中文出版社，1996，1912页。

③ 于省吾主编：《甲骨文字诂林》，中华书局，1999，446页。

又有少数作形，首部多一笔，象簪笄。'"

1.【常】甲骨文"汝"字，合 2791 反。简帛"汝"字，金关 T24：117。石刻"汝"字，杨胤志。《水部》："，水，出弘农卢氏还归山，东入淮。从水女声。人渚切。"（225 页）

"区"组

0.【常】甲骨文"區"字，合 458 反、合 685 正、合 34676。金文"區"字，战国 16.10374。简帛"區"字，马贰 78。石刻"區"字，高归彦造像。《匸部》："，踦區，藏匿也。从品在匸中。品，众也。豈俱切。"（267 页）《甲骨文字诂林》①："李孝定：'契文从品在冂下或乚上，亦有藏隐之意。'按：释区可从。林义光《文源》云：'象踦区隐匿形。'"《金文形义通解》②："朱芳圃曰：'区当为瓯之初文。'谓'瓯'为小盆，古代用以盛食，品象其形，匸所以藏之。可备一说。""區"字简化作"区"。

1.【常】甲骨文"驅"字，花东 14、合 28335。金文"驅"字，西周 08.4313.1、西周 05.2835。简帛"驅"字，敦煌简 0981、贼律 39。石刻"驅"字，长孙盛志、石经五经。《馬部》："，马驰也。从馬區声。豈俱切。，古文驅从攴。"（201 页）段玉裁注③："驱马也。各本作马驰也，今正。""驅"字简化作"驱"。

2.【常】金文"毆"字，集成 2835。简帛"毆"字，猩敞案 52、王杖 5。石刻"毆"字，石经五经。《殳部》："，捶毄物也。从殳區声。烏后切。"（66 页）段玉裁注④："谓用杖击中人、物也。""毆"字简化作"殴"。

3.【常】石刻"軀"字，重藏舍利记。《身部》："，体也。从身區声。豈俱切。"（170 页）"軀"字简化作"躯"。

4.【常】石刻"嫗"字，浯溪记。《女部》："，母也。从女區声。衣遇切。"（259 页）"嫗"字简化作"妪"。

5.【常】简帛"歐"字，金关 T31：149。石刻"歐"字，欧阳瑛妻志。《欠部》："，吐也。从欠區声。烏后切。"（179 页）"歐"字简

① 于省吾主编：《甲骨文字诂林》，中华书局，1999，747 页。
② 张世超等：《金文形义通解》，中文出版社，1996，3008 页。
③（清）段玉裁：《说文解字注》，上海古籍出版社，2000，466 页。
④（清）段玉裁：《说文解字注》，上海古籍出版社，2000，119 页。

化作“欧”。

6.【常】简帛“樞”字，马贰 12_2。石刻“樞”字，石经五经。《木部》：“樞，户枢也。从木區声。昌朱切。”（120 页）“樞”字简化作“枢”。

7.【常 B】石刻“傴”字，肥致碑。《人部》：“傴，僂也。从人區声。於武切。”（167 页）“傴”字简化作“伛”。

8.【常】石刻“摳”字，石经五经。《手部》：“摳，繑也。一曰抠衣升堂。从手區声。口矦切。”（251 页）“摳”字简化作“抠”。

9.【常】“鷗”字同“鸥”，简化作“鸥”。《鳥部》：“鷗，水鸮也。从鳥區声。烏侯切。”（81 页）

10.【常】石刻“嶇”字，祁惠志，从山區声，简化作“岖”，《说文》无。

11.【常】石刻“嘔”字，临辟雍碑，从口區声，简化作“呕”，《说文》无。

“凵”组

0. “凵”字暂未见唐以前、小篆外其他相关古文字形。《凵部》：“凵，凵卢，饭器，以柳为之。象形。去魚切。笑，凵或从竹去声。”（104 页）“凵”字音 qū。

1.0【常】甲骨文“去”字，合 5127。简帛“去”字，效律 20、金关 T24：201A、金关 T25：047。石刻“去”字，石经尚书。《去部》：“去，人相违也。从大凵声。丘據切。”（104 页）《甲骨文字诂林》①：“按：卜辞来去之去从大从口，商承祚以为笑之本字，非是。大者人也，与壶盖无涉。《说文》以为‘从大凵声’，亦不可据。”

1.1【常】简帛“劫”字，盗律 72。石刻“劫”字，石经五经。《力部》：“劫，人欲去，以力脅止曰劫。或曰以力止去曰劫。居怯切。”（292 页）

1.2【常】“怯”是“狯”字或体。简帛“怯”字，金关 T24：112A。石刻“怯”字，梁公妻志。《犬部》：“狯，多畏也。从犬去声。去劫切。怯，杜林说：狯从心。”（205 页）《说文通训定声》②：“按：劫省声，本义谓犬畏人也。”

① 于省吾主编：《甲骨文字诂林》，中华书局，1999，233 页。

② （清）朱骏声：《说文通训定声》，武汉古籍书店，1983，148 页。

"取"组

0.【常】甲骨文"取"字，合 19890。金文"取"字，商 10.4994.2、文物 98.9。简帛"取"字，日甲 12、金关 T24：084。石刻"取"字，常文贵志、石台孝经。《又部》："，捕取也。从又从耳。七庾切。"（64 页）《甲骨文字诂林》[①]："按：取字从又从耳，本义为军战获耳，引申为一切取获之义。"

1.【常】甲骨文"娶"字，合 3297 正。石刻"娶"字，石经尚书。《女部》："，取妇也。从女从取，取亦声。七句切。"（259 页）

2.【常】金文"趣"字，春秋 08.4152。简帛"趣"字，法律答问 199。石刻"趣"字，元昭志。《走部》："，疾也。从走取声。七句切。"（35 页）

3.【常】金文"叢"字，春秋 09.4623（从木）。简帛"叢"字，日甲《诘》67。石刻"叢"字，冯季华志、石经五经。《丵部》："，聚也。从丵取声。徂紅切。"（58 页）"叢"字简化作"丛"。

4.0【常】石刻"聚"字，崔昂志。《㐺部》："，会也。从乑取声。邑落云聚。才句切。"（169 页）

4.1【常】石刻"驟"字，石经五经。《馬部》："，马疾步也。从馬聚声。鉏又切。"（201 页）"驟"字简化作"骤"。

5.【常 B】石刻"諏"字，曹全碑、孙君妻李志。《言部》："，聚谋也。从言取声。子于切。"（52 页）"諏"字简化作"诹"。

"需"组

0.【常】金文"需"字，新收 41 页。石刻"需"字，石经五经。《雨部》："，䇓也。遇雨不進，止䇓也。从雨而声。相俞切。"（242 页）段玉裁注[②]："䇓者，待也。"《金文形义通解》[③]："金文'需'正从雨从天。刘钊谓'需'字古可能从'天'声，古读'需'应与'天''而''儒'等同属舌音，讹变而有'耎'字，字书'需''耎'二旁多通作。"

1.【常 B】简帛"濡"字，脉书 54。石刻"濡"字，石经五经。《水部》："，水，出涿郡故安，东入漆涑。从水需声。人朱切。"（228 页）

① 于省吾主编：《甲骨文字诂林》，中华书局，1999，652 页。

② （清）段玉裁：《说文解字注》，上海古籍出版社，2000，574 页。

③ 张世超等：《金文形义通解》，中文出版社，1996，2694 页。

2.【常】简帛“儒”字，仪礼甲《服传》37。石刻“儒”字，石经五经。《人部》：“，柔也。术士之偁。从人需声。人朱切。”（162页）《说文通训定声》[①]：“《法言》：君子通天地人曰儒。”

3.【常B】简帛“孺”字，仓颉篇50。石刻“孺”字，崔芬志、石经五经。《子部》：“，乳子也。一曰输也，输尚小也。从子需声。而遇切。”（310页）

4.【常】石刻“懦”字，石经五经。《心部》：“，驽弱者也。从心需声。人朱切。”（220页）

5.【常】石刻“蠕”字，冯明志，从虫需声，《说文》无。

6.【常】“糯”字暂未见唐以前相关古文字形，从米需声，《说文》无。

“于”组

0.【常】甲骨文“于（亏）”字，合6692、合38762。金文“于（亏）”字，商05.2694、商10.5417.1。简帛“于（亏）”字，奏谳书105。石刻“于（亏）”字，石台孝经、石经尚书。《亏部》：“，於也。象气之舒亏。从丂从一。一者，其气平之也。羽俱切。今变隶作于。”（101页）《金文形义通解》[②]：“‘于’之甲骨文与金文同构，作若，其初形所象难明。《说文》据已讹之篆文字形为说，不可据。李孝定曰：‘字作者，实为其本字；作者，其省文也。字盖竽之象形初文，竽为管乐，字象管之曲折，吹之成声，故引申有气之舒于之义，用为语词，则为假借。’可备一说。”

1.【常B】甲骨文“盂”字，合16239。金文“盂”字，西周14.9104。简帛“盂”字，遣策20。石刻“盂”字，姬温志。《皿部》：“，饭器也。从皿亏声。羽俱切。”（104页）

2.【常B】甲骨文“竽”字，合14617。石刻“竽”字，元馗志。《竹部》：“，管三十六簧也。从竹亏声。羽俱切。”（98页）

3.【常A】金文“粤”字，西周05.2837。石刻“粤”字，山徽志、元嵩志。《亏部》：“，亏也。审慎之词者。从亏从宷。王伐切。”（101页）《文源》[③]：“粤音本如于……字作（《毛公鼎》）。因音转如越，故小篆

① （清）朱骏声：《说文通训定声》，武汉古籍书店，1983，363页。

② 张世超等：《金文形义通解》，中文出版社，1996，1142页。

③ 林义光：《文源》，中西书局，2012，卷十一。

别为一字，其形由雩而变，非从宷也。"《金文形义通解》[1]："《说文》亏部有'粤'篆，乃古雩字之讹。王国维曰：'雩，古粤字，小篆作粵，犹霸之讹为霸（《说文》古文如此作）矣。'"

4.【常】金文"宇"字，西周16.10175、西周16.10175、西周01.252。简帛"宇"字，日甲17。石刻"宇"字，元悌志、石经五经。《宀部》："宇，屋边也。从宀于声。王榘切。寓，籀文宇从禹。"（150页）

5.【常】石刻"吁"字，石经尚书。《口部》："吁，惊也。从口于声。况于切。"（33页）

6.【常】金文"芋"字，战国18.11552A。简帛"芋"字，马贰262_54。石刻"芋"字，唐嘉会志。《艸部》："芋，大叶实根，骇人，故谓之芌也。从艸亏声。王遇切。"（16页）

7.【常】简帛"污（汙）"字，封诊式57、东牌楼037正。石刻"污（汙）"字，石经尚书、石经五经。《水部》："汙，薉也。一曰小池为汙。一曰涂也。从水于声。烏故切。"（235页）

8.【常】简帛"迂"字，银贰1540。石刻"迂"字，赵广者志、石经五经。《辵部》："迂，避也。从辵于声。憶俱切。"（42页）

9.【常B】简帛"紆"字，仓颉篇30。石刻"紆"字，元顺志、元茂志。《糸部》："紆，诎也。从糸于声。一曰萦也。億俱切。"（272页）"紆"字简化作"纡"。

"舁"组

0. 石刻"舁"字，支訢妻志。《舁部》："舁，共举也。从臼从廾。读若余。以諸切。"（59页）"舁"字音yú。

1.【常A】简帛"輿"字，秦律杂抄27。石刻"輿"字，石经周易。《車部》："輿，车舆也。从車舁声。以諸切。"（301页）"輿"字简化作"舆"。

"臾"组

0.【常B】甲骨文"臾"字，合1107、合17955。金文"臾"字，西周03.1352、西周01.141。简帛"臾"字，居新3847。石刻"臾"

[1] 张世超等：《金文形义通解》，中文出版社，1996，2689页。

字，敏之志。《申部》："，束缚捽抴为臾。从申从乙。羊朱切。"（311页）《甲骨文字诂林》[①]："和乃臾字的初文，象两手捉持人的头部而曳之。……又承字甲骨文作，金文作，象两手奉人之形。臾字两手在上，承字两手在下，两个字判然有别。"《金文形义通解》[②]："金文从臼从人。《说文》谓从申从乙，非是。""臾"字音 yú。

1.【常 B】简帛"腴"字，马壹 88_198。石刻"腴"字，元洛神志。《肉部》："，腹下肥也。从肉臾声。羊朱切。"（88 页）

2.【常 B】简帛"萸"字，汉流简纸。《艸部》："，茱萸也。从艸臾声。羊朱切。"（21 页）

"鱼"组

0.【常】甲骨文"魚"字，合 10480、屯 1054。金文"魚"字，商 04.1741、商 14.8437。简帛"魚"字，第八层 1705、脉书 21、仓颉篇 29。石刻"魚"字，李颐志、樊廉志、石经周易，简化作"鱼"。《魚部》："，水虫也。象形。鱼尾与燕尾相似。語居切。"（242 页）

1.【常】"漁"是"瀫"字篆文，简化作"渔"。甲骨文"漁（瀫）"字，合 713、合补 2661 正、合 10475。金文"漁（瀫）"字，商 16.10485、西周 05.2720、西周 08.4207。石刻"漁"字，石经五经。《鱟部》："，捕鱼也。从鱟从水。語居切。，篆文瀫从魚。"（245 页）《甲骨文字诂林》[③]："王襄：'契文之渔，最初为，盖先民见水中有鱼，搏而食之，始制此字。……渐衍为用手搏鱼之，……更衍为手持竿丝钓鱼之，……通敦作，从鱼从水从廾。'"

2.0【常】甲骨文"魯"字，合 22102。金文"魯"字，西周 15.9408、西周 05.2815。简帛"魯"字，马壹 77_72。石刻"魯"字，王震志、石经尚书。《白部》："，钝词也。从白，鮺省声。郎古切。"（74 页）《金文形义通解》[④]："段玉裁改为'鱼声'。甲文鲁字从口鱼声。姚孝遂曰：'鲁是从鱼衍生的，今作鲁，小篆讹从白（自）。鲁字所从之口，亦与口舌之口无关，纯粹是一个区别符号。'……周初金文皆从'口'作，晚周始于口形内加短画作曰，即讹从'甘'。""魯"字简化作"鲁"。

---

① 于省吾主编：《甲骨文字诂林》，中华书局，1999，112 页。

② 张世超等：《金文形义通解》，中文出版社，1996，3486 页。

③ 于省吾主编：《甲骨文字诂林》，中华书局，1999，1753 页。

④ 张世超等：《金文形义通解》，中文出版社，1996，838 页。

2.1【常B】甲骨文“橹”字，合20397。金文“橹”字，春秋15.9633.1。石刻“橹”字，崔植志。《木部》：“櫓，大盾也。从木魯声。郎古切。樐，或从卤。”（124页）“櫓”字简化作“橹”。

2.2【常B】“噜”字暂未见唐以前相关古文字形，从口魯声，简化作“噜”，《说文》无。

3.0 金文“穌”字，从木，西周05.2787。简帛“穌”字，秦律十八种8。石刻“穌”字，卫和志。《禾部》：“穌，把取禾若也。从禾魚声。素孤切。”（146页）段玉裁注[①]：“杷取禾若也。杷各本作把，今正。”“穌”字简化作“稣”。

3.1【常】金文“蘇”字，从木鱼声，西周08.4234。简帛“蘇”字，第八层1194、敦煌简0544、金关T30：266。石刻“蘇”字，李承乾志、石经周易。《艸部》：“蘇，桂荏也。从艸穌声。素孤切。”（15页）“蘇”字简化作“苏”。

“余”组

0.【常】甲骨文“余”字，合20233、合15496。金文“余”字，西周11.6014、西周16.10169。简帛“余”字，日书乙种《除》26。石刻“余”字，洛神十三行。《八部》：“余，语之舒也。从八，舍省声。以諸切。䤹，二余也。读与余同。”（28页）《甲骨文字诂林》[②]：“闻一多：‘窃谓余之本义当指畬刀。……古未有犁时，以刀耕，其刀即余也，以余耕田谓之畬，故畬田之刀谓之畬刀。’徐中舒：‘象木棍支撑屋顶之形。’按：余字当从亼从中，……余当属假借字，其本义已不可晓。”

1.0【常】甲骨文“涂”字，合28012。。简帛“涂”字，为吏33。石刻“涂”字，封龙山颂。《水部》：“涂，水，出益州牧靡南山，西北入渑。从水余声。同都切。”（225页）

1.1【常】简帛“塗”字，马壹48_13、居EPT56.107。石刻“塗”字，元斑志。《土部》：“塗，泥也。从土涂声。同都切。”（290页）“塗”字简化作“涂”。

2.0 甲骨文“俞”字，合10405正。金文“俞”字，商11.5990、西周11.5849、春秋09.4566、春秋01.271.2。简帛“俞”字，马壹136_164。石刻“俞”字，石经尚书。《舟部》：“俞，空中木为舟也。从

① （清）段玉裁：《说文解字注》，上海古籍出版社，2000，327页。

② 于省吾主编：《甲骨文字诂林》，中华书局，1999，1927页。

亼从舟从巜。巜，水也。羊朱切。”（176页）《金文形义通解》[①]：“金文从舟𠆢若𠆢声，𠆢即余（余）早期形式，𠆢则其增饰笔者。古音俞、余同纽，韵属侯、鱼，亦相近可转。”

2.1【常】甲骨文“榆”字，合23711、合37635。石刻“榆”字，元颢志。《木部》：“榆，榆，白枌。从木俞声。羊朱切。”（118页）

2.2【常】金文“愉”字，春秋16.10244。石刻“愉”字，王蕃志。《心部》：“愉，薄也。从心俞声。羊朱切。”（220页）段玉裁注[②]：“此‘薄也’当作‘薄乐也’，转写夺‘乐’字。谓浅薄之乐也。”

2.3【常】简帛“輸”字，效律49、金关T30：050。石刻“輸”字，尔朱绍志。《車部》：“輸，委输也。从車俞声。式朱切。”（302页）段玉裁注[③]：“委者，委随也。委输者，委随输写也。以车迁贿曰委输，亦单言曰输。”“輸”字简化作“输”。

2.4【常B】简帛“諭”字，马壹43_35。石刻“諭”字，石经九经。《言部》：“諭，告也。从言俞声。羊戍切。”（51页）“諭”字简化作“谕”。

2.5【常】石刻“逾”字，閰炫志。《辵部》：“逾，越进也。从辵俞声。羊朱切。”（40页）

2.6【常】简帛“渝”字，马壹44_36。石刻“渝”字，石经周易。《水部》：“渝，变污也。从水俞声。一曰渝水，在辽西临俞，东出塞。羊朱切。”（237页）

2.7【常B】石刻“瑜”字，元瞻志。《玉部》：“瑜，瑾瑜，美玉也。从玉俞声。羊朱切。”（10页）

2.8【常】石刻“喻”字，石经九经，从口俞声，《说文》无。

2.9【常】简帛“偷”字，金关T30：028A。石刻“偷”字，碧落碑、韦埙志，从人俞声，《说文》无。

2.（10）【常】石刻“愈”字，元悌志，从心俞声，《说文》无。

3.【常】金文“徐”字，春秋16.10391。简帛“徐”字，金关T23：735。石刻“徐”字，石经周易。《彳部》：“徐，安行也。从彳余声。似魚切。”（43页）

4.【常】简帛“餘”字，秦律十八种22。石刻“餘”字，石经周易。《食部》：“餘，饶也。从食余声。以諸切。”（108页）“餘”字简化

---

① 张世超等：《金文形义通解》，中文出版社，1996，2138页。

② （清）段玉裁：《说文解字注》，上海古籍出版社，2000，509页。

③ （清）段玉裁：《说文解字注》，上海古籍出版社，2000，727页。

作“余”。

5.0【常】简帛“除”字，除秦律杂抄37、除金关T24：710。石刻“除”字，除石经周易。《阜部》：“除，殿陛也。从𨸏余声。直魚切。”（306页）

5.1【常B】石刻“滁”字，滁卢翊志。《水部》：“滁，水名。从水除声。直魚切。”（238页）

6.【常】石刻“斜”字，斜元诲志、斜葛亮祠堂碑。《斗部》：“斜，杼也。从斗余声。读若茶。似嗟切。”（300页）段玉裁注[①]：“抒，各本从木，今正。手部曰：抒者，挹也。挹者，抒也。……凡以斗挹出之谓之斜，故字从斗。”

7.0石刻“荼”字，荼崔宣华志。《艸部》：“荼，苦荼也。从艸余声。同都切。臣铉等曰：‘此即今之茶字。’”（26页）“荼”字音tú。【常】石刻“茶”字，茶善悟塔铭，《说文》无。

7.1【常B】“搽”字暂未见唐以前相关古文字形，从手茶声，《说文》无。

8.0【常】“叙”字同“敘”。简帛“叙（敘）”字，叙魏晋残纸。石刻“叙（敘）”字，敘李寿志、敘石经五经。《攴部》：“敘，次弟也。从攴余声。徐吕切。”（69页）

8.1【常B】石刻“溆”字，溆刘晖志。《水部》：“溆，水浦也。从水敘声。徐吕切。”（238页）

9.【常A】“賒”字同“賖”，简化作“赊”。石刻“賒”字，賖元崇业志。《貝部》：“賖，贳买也。从貝余声。式車切。”（130页）

10.【常】石刻“途”字，途元悌志，从辵余声，《说文》无。

11.【常B】“蜍”字暂未见唐以前相关古文字形，从虫余声，《说文》无。

“羽”组

0.【常】甲骨文“羽”字，羽合集32967。简帛“羽”字，羽马贰20_31。石刻“羽”字，羽曹全碑。《羽部》：“羽，鸟长毛也。象形。王矩切。”（74页）

1.【常B】石刻“栩”字，栩石经五经。《木部》：“栩，柔也。从木羽

① （清）段玉裁：《说文解字注》，上海古籍出版社，2000，718页。

声。其皁，一曰様。況羽切。”（116 页）段玉裁注①：“陆机曰：栩，今柞栎也。徐州人谓栎为杼，或谓之为栩。按《毛传》、《说文》皆栩、柔、様为一木。”

“与”组

0.【常】石刻“与”字，朱庭玘志。《勹部》：“，赐予也。一勺为与。此与與同。余吕切。”（299 页）

1.0【常】简帛“與”字，秦律十八种 32、敦煌简 0058、敦煌简 0045。石刻“與”字，石经周易。《舁部》：“，党与也。从舁从与。余吕切。，古文與。”（59 页）《金文形义通解》②：“金文从舁，象四手与受之形，其中所从之乃牙字，为声符。”“與”字简化作“与”。

1.10【常】简帛“舉（擧）”字，日甲 8、敦煌简 0067。石刻“舉（擧）”字，石台孝经。《手部》：“，对举也。从手與声。居許切。”（254 页）段玉裁注③：“对举，谓以两手举之。”“舉”字简化作“举”。

1.11【常】“櫸”字暂未见唐以前相关古文字形，从木舉声，简化作“榉”，《说文》无。

1.2【常】石刻“譽”字，石经周易。《言部》：“，誦也。从言與声。羊茹切。”（53 页）“譽”字简化作“誉”。

1.3【常 B】石刻“歟”字，尔朱绍志、石台孝经。《欠部》：“，安气也。从欠與声。以諸切。”（179 页）“歟”字简化作“欤”。

1.4【常】石刻“嶼”字，龙泉记。《山部》：“，島也。从山與声。徐吕切。”（191 页）“嶼”字简化作“屿”。

“予”组

0.【常】金文“予”字，战国 15.9606.2、战国 17.11327。简帛“予”字，具律 95、金关 T21：162B。石刻“予”字，、石经九经。《予部》：“，推予也。象相予之形。余吕切。”（84 页）

1.0【常】金文“野”字，西周 05.2836、战国 05.2794。简帛“野”字，为吏 28、银贰 1743、金关 T23：965。石刻“野”字，

① （清）段玉裁：《说文解字注》，上海古籍出版社，2000，243 页。

② 张世超等：《金文形义通解》，中文出版社，1996，570 页。

③ （清）段玉裁：《说文解字注》，上海古籍出版社，2000，608 页。

侯愔志、石经周易。《里部》："野，郊外也。从里予声。羊者切。，古文野从里省，从林。"（290页）《金文形义通解》[①]："甲骨文'野'字……从林土声。上古音'野'在喻母鱼部，'土'在透母鱼部，喻、透二母均舌音，鱼部叠韵。金文与甲骨文形声同。睡虎地秦简作，加声符予，与《说文》古文相合。……小篆'野'字并非从'里'，乃从田也，以'田''土'上下相叠连，故许慎误说'从里'。"

1.1【常】石刻"墅"字，李氏室女志、仙宫铭，从土野声，《说文》无。

2.【常】金文"豫"字，战国.珍秦金/秦42页。简帛"豫"字，脉书56、仓颉篇46。石刻"豫"字，司马显姿志。《象部》："，象之大者。贾侍中说：不害于物。从象予声。羊茹切。，古文。"（198页）段玉裁注[②]："此豫之本义，故其字从象也。引伸之凡大皆偁豫。……大必宽裕，故先事而备谓之豫。"

3.【常】金文"舒"字，考古91.5。简帛"舒"字，金关T30：012、金关T27：048。石刻"舒"字，元纯陁志。《予部》："，伸也。从舍从予，予亦声。一曰舒，缓也。傷魚切。"（84页）

4.【常B】简帛"杼"字，第六层25、金关T05：039。石刻"杼"字，石经五经。《木部》："，机之持纬者。从木予声。直吕切。"（123页）

5.【常】简帛"序"字，马壹36_37、仓颉篇41。石刻"序"字，石经尚书。《广部》："，东西墙也。从广予声。徐吕切。"（192页）

6.【常】石刻"抒"字，石经五经。《手部》："，挹也。从手予声。神與切。"（254页）

7.【常】石刻"預"字，段威志。《頁部》："，安也。案：经典通用豫。从頁，未详。羊洳切。"（184页）"預"字简化作"预"。

"禺"组

0.金文"禺"字，战国.十四年相邦冉戈。简帛"禺"字，蓋卢37。石刻"禺"字，石经五经。《由部》："，母猴属。头似鬼。从由从内。牛具切。"（189页）《金文形义通解》[③]："'禺'与十卷'禹'当为一字

① 张世超等：《金文形义通解》，中文出版社，1996，3195页。

② （清）段玉裁：《说文解字注》，上海古籍出版社，2000，459页。

③ 张世超等：《金文形义通解》，中文出版社，1996，2302页。

所分化。其初文殆作、、等形，为爬虫之象形，变为类形式，复增饰笔作、。”

1.【常】金文“寓”字，西周07.3771。简帛“寓”字，日甲《玄戈》60。石刻“寓”字，寇臻志。《宀部》：“，寄也。从宀禺声。牛具切。，寓或从广。”（151页）

2.【常】简帛“遇”字，日书248、奏谳书157、金关T10：178。石刻“遇”字，石经周易。《辵部》：“，逢也。从辵禺声。牛具切。”（40页）

3.【常】简帛“愚”字，为吏32、金关T23：788A。石刻“愚”字，石经尚书。《心部》：“，戇也。从心从禺。禺，猴属，兽之愚者。麌俱切。”（220页）

4.【常A】简帛“隅”字，日甲《诘》40。石刻“隅”字，元乂志。《𨸏部》：“，陬也。从𨸏禺声。噳俱切。”（304页）

5.0 简帛“耦”字，日甲《除》9。石刻“耦”字，石经五经。《耒部》：“，耒广五寸为伐，二伐为耦。从耒禺声。五口切。”（93页）段玉裁注[①]：“耕，各本讹作耒，今依《太平御览》正。”

5.1【常】石刻“藕”字，大周智慧志，从艸耦声，《说文》无。

6.【常】简帛“偶”字，金关T01：115。石刻“偶”字，石经五经。《人部》：“，桐人也。从人禺声。五口切。”（167页）《说文通训定声》[②]：“相人也，从人禺声。按：各本作桐人也。桐相形近而误。相人者，像人也。”

“矞”组

0.【常B】简帛“矞”字，马贰37_60。石刻“矞”字，石经五经。《㕯部》：“，以锥有所穿也。从矛从㕯。一曰满有所出也。余律切。”（50页）“矞”字音yù。

1.【常】简帛“橘”字，仓颉篇16。石刻“橘”字，高僧护志。《木部》：“，果。出江南。从木矞声。居聿切。”（114页）

2.【常B】石刻“譎”字，张休光志。《言部》：“，权诈也。益、梁曰谬欺，天下曰譎。从言矞声。古穴切。”（56页）“譎”字简化作“谲”。

3.【常B】“鷸”字暂未见唐以前、小篆外其他相关古文字形。《鳥

① （清）段玉裁：《说文解字注》，上海古籍出版社，2000，184页。

② （清）朱骏声：《说文通训定声》，武汉古籍书店，1983，360页。

部》："鷸，知天将雨鸟也。从鳥矞声。余律切。鷸，鷸或从遹。"（81 页）"鷸"字简化作"鹬"。

"聿"组

0. 甲骨文"聿"字，合 22063。金文"聿"字，商 11.6040.2、西周 10.5391.1。简帛"聿"字，第八层背 200。石刻"聿"字，多宝塔碑。《聿部》："聿，所以书也。楚谓之聿，吴谓之不律，燕谓之弗。从聿一声。余律切。"（65 页）《金文形义通解》[①]："聿为笔之古字，金文象手持笔形，……《说文》'从聿一声'非是。""聿"字音 yù。

1.【常】甲骨文"律"字，合 28953、怀 1581。简帛"律"字，秦律十八种 3、具律 107。石刻"律"字，石经尚书。《彳部》："律，均布也。从彳聿声。吕戌切。"（43 页）段玉裁注[②]："律者，所以笵天下之不一而归于一，故曰均布也。"《金文形义通解》[③]："金文从辵，彳、辵义符通作也。"

"獄"组

0.【常】金文"獄"字，西周 08.4293。简帛"獄"字，为吏 44、金关 T10：120A。石刻"獄"字，石经周易。《㹜部》："獄，确也。从㹜从言。二犬，所以守也。魚欲切。"（206 页）《说文通训定声》[④]："按：㹜，两犬相争也，狱讼也。"《金文形义通解》[⑤]："金文从言，'狱之从言，犹讼训争亦从言矣。'所从'㹜'象二犬相向。""獄"字简化作"狱"。

1.【常】甲骨文"嶽"字，合 4972、合 9560、合 34227。简帛"嶽"字，敦煌简 2289。石刻"嶽"字，笱景志、郭达志、石经五经、石经五经。《山部》："嶽，东，岱；南，靃；西，华；北，恒；中，泰室。王者之所以巡狩所至。从山獄声。五角切。𡶳，古文象高形。"（190 页）"嶽"字简化作"岳"。

---

① 张世超等：《金文形义通解》，中文出版社，1996，672 页。

② （清）段玉裁：《说文解字注》，上海古籍出版社，2000，77 页。

③ 张世超等：《金文形义通解》，中文出版社，1996，389 页。

④ （清）朱骏声：《说文通训定声》，武汉古籍书店，1983，375 页。

⑤ 张世超等：《金文形义通解》，中文出版社，1996，2423 页。

“鬱”组

0. 金文“鬱”字，西周 08.4133.1。石刻“鬱”字，石经九经。《鬯部》：“鬱，芳艸也。十叶为贯，百廾贯筑以煑之为鬱。从臼、冂、缶、鬯；彡，其飾也。一曰鬱鬯，百艸之华，远方鬱人所贡芳艸，合釀之以降神。鬱，今鬱林郡也。迂勿切。”（106 页）段玉裁注[①]：“臼，叉手也。缶，瓦器。冖，覆也。鬯之言畅也。叉手筑之令糜，乃盛之于缶而覆之，封固以幽之，则其香气畅达。此会意之恉也。”“鬱”字音 yù。

1.【常】甲骨文“欝”字，合 8182。金文“欝”字，西周 08.4133.1。简帛“欝”字，仓颉篇 63。石刻“欝”字，长孙盛志、石经九经。《林部》：“欝，木丛生者。从林，鬱省声。迂弗切。”（126 页）《甲骨文字释林》[②]：“字……下象一人俯伏于地，上象人正立践踏其脊背；其从林，当是在野外林中。……是阶级社会人蹂躏人的具体表现。但是被蹂躏者肢体的折磨，心情的抑郁，是不言而喻的。”“欝”字简化作“郁”。

“曰”组

0.【常】甲骨文“曰”字，合 20898、拾遗六 27。金文“曰”字，商 10.5417.1、春秋 01.245。简帛“曰”字，效律 27。石刻“曰”字，石经周易。《曰部》：“曰，词也。从口乙声。亦象口气出也。王代切。”（100 页）《金文形义通解》[③]：“其本意乃加短画于口上，以示出于口，即表声气之出于口也。……《说文》谓‘乙声’非是。”

1.【常 B】石刻“汩”字，石经九经。《水部》：“汩，治水也。从水曰声。于筆切。”（238 页）

“奔”组

0.【常】甲骨文“奔”字，合 19875、合 34076、花东 381、合 21482。金文“奔”字，西周 08.4241、西周 05.2836。简帛“奔”字，秦律杂抄 9、银贰 1117。石刻“奔”字，寇治志。《夭部》：“奔，走也。从夭，贲省声。与走同意，俱从夭。博昆切。”（214 页）《金文形义

① （清）段玉裁：《说文解字注》，上海古籍出版社，2000，217 页。
② 于省吾：《甲骨文字释林》，中华书局，1979，307 页。
③ 张世超等：《金文形义通解》，中文出版社，1996，1110 页。

通解》[①]：“金文所从之‘夭’象奔走时双臂摆动形，下从三‘止’，示其疾也。‘止’渐讹为‘屮’，为小篆所本。”

1.0 简帛“賁”字，日甲《诘》56。石刻“賁”字，石经周易。《貝部》：“，饰也。从貝卉声。彼義切。”（130 页）《说文通训定声》[②]：“按：奔省声。”“賁”字简化作“贲”。

1.1【常】石刻“噴”字，关师志。《口部》：“，吒也。从口賁声。一曰鼓鼻。普魂切。”（33 页）“噴”字简化作“喷”。

1.2【常】简帛“墳”字，仓颉篇 19。石刻“墳”字，石经尚书。《土部》：“，墓也。从土賁声。符分切。”（289 页）“墳”字简化作“坟”。

1.3【常】简帛“憤”字，敦煌简 0044。石刻“憤”字，石经五经。《心部》：“，懑也。从心賁声。房吻切。”（221 页）“憤”字简化作“愤”。

“本”组

0.【常】金文“本”字，西周 04.2081。简帛“本”字，封诊式 53、金关 T01：139。石刻“本”字，赫连子悦志。《木部》：“，木下曰本。从木，一在其下。布忖切。，古文。”（118 页）《金文形义通解》[③]：“金文隆其木本以指事，《说文》古文乃其形之变。”

1.【常】“笨”字暂未见唐以前、小篆外其他相关古文字形。《竹部》：“，竹里也。从竹本声。布忖切。”（95 页）

2.【常 B】石刻“鉢”字，竖立生台记，从金本声，简化作“钵”，《说文》无。

“臣”组

0.【常】甲骨文“臣”字，合 20354。金文“臣”字，商 05.2653、西周 08.4224。简帛“臣”字，法律答问 108。石刻“臣”字，石经尚书。《臣部》：“，牵也。事君也。象屈服之形。植鄰切。”（66 页）《甲骨文字典》[④]：“郭沫若谓：‘以一目代表一人，人首下俯时则横目形为竖目形，故以竖目形象屈服之臣仆奴隶。’”

① 张世超等：《金文形义通解》，中文出版社，1996，2479 页。

② （清）朱骏声：《说文通训定声》，武汉古籍书店，1983，805 页。

③ 张世超等：《金文形义通解》，中文出版社，1996，1444 页。

④ 徐中舒主编：《甲骨文字典》，四川辞书出版社，1990，321 页。

1.0 甲骨文“臤”字，合 8461、合 18143。石刻“臤”字，校官碑。《臤部》：“，坚也。从又臣声。读若铿锵之铿。古文以为贤字。苦閑切。”（65 页）《金文形义通解》[①]：“金文象手抉目形。按：此即……瞍之古字。……《说文》‘坚也’乃声训，古臣、臤声近。”“臤”字音 qiān。

1.1【常】金文“賢”字，西周 07.4104.1。简帛“賢”字，为吏 27。石刻“賢”字，石经周易、敬觉志。《貝部》：“，多才也。从貝臤声。胡田切。”（130 页）段玉裁注[②]：“多财也。财，各本作才，今正。贤本多财之称，引申之，凡多皆曰贤。”《说文通训定声》[③]：“《庄子·徐无鬼》：以财分人之谓贤。”《金文形义通解》[④]：“战国中山文字，或从子臤声。”“賢”字简化作“贤”。

1.20【常】简帛“堅”字，银贰 1082。石刻“堅”字，张玄志、石经周易。《臤部》：“，刚也。从臤从土。古賢切。”（65 页）《说文通训定声》[⑤]：“按：从土臤声，刚土也。”“堅”字简化作“坚”。

1.21【常 B】石刻“鏗”字，姚存古志，从金堅声，简化作“铿”，《说文》无。

1.3【常】简帛“腎”字，法律答问 25。石刻“腎”字，石经尚书。《肉部》：“，水藏也。从肉臤声。時忍切。”（87 页）“腎”字简化作“肾”。

1.4【常】简帛“緊”字，马壹 249_1。石刻“緊”字，元显魏志。《臤部》：“，缠丝急也。从臤，从絲省。糾忍切。”（65 页）《说文通训定声》[⑥]：“按：从糸从臤会意，臤亦声。”“緊”字简化作“紧”。

“辰”组

0.【常】甲骨文“辰”字，合 19863、合 21145、合 1402 正。金文“辰”字，西周 10.5149、西周 04.2006、西周 11.5795。简帛“辰”字，日甲《除》13、历谱 14。石刻“辰”字，元璨志、石经尚书。《辰部》：“，震也。三月，阳气动，雷电振，民农时也。物皆生，从乙、匕，象芒达；厂，声也。辰，房星，天时也。从二，二，古文上字。

---

① 张世超等：《金文形义通解》，中文出版社，1996，681 页。
② （清）段玉裁：《说文解字注》，上海古籍出版社，2000，279 页。
③ （清）朱骏声：《说文通训定声》，武汉古籍书店，1983，823 页。
④ 张世超等：《金文形义通解》，中文出版社，1996，1550 页。
⑤ （清）朱骏声：《说文通训定声》，武汉古籍书店，1983，823 页。
⑥ （清）朱骏声：《说文通训定声》，武汉古籍书店，1983，823 页。

植鄰切。㕣，古文辰。”（311 页）《金文形义通解》[1]："郭沫若曰：'余以为辰实古之耕器，其作贝壳形者盖蜃器也，……于贝壳石片下附以提手，字盖象形，其更加以手形若足形者，则示操作之意。'"

1.【常】甲骨文“晨（晨）”字，合 22610、合 10976 正。金文“晨（晨）”字，西周 05.2816、西周 05.2835（从夕）。《晨部》："，早昧爽也。从臼从辰。辰，时也。辰亦声。丮夕为㚏，臼辰为晨，皆同意。食鄰切。”（60 页）《甲骨文字诂林》[2]："、二字用大辰星在草木丛中，以表示天色将晓的天象。……按：字当释晨，常正光说是对的。"《金文形义通解》[3]："案：'丮夕''臼辰'傅会之说，人已辨之。此字甲骨文作，象二手持辰形。辰，蜃之本字，先民以之制为农具除草。……晨初文为蜃器，象双手持蜃，以别于蛤蜃，构字之意与兵字作同。以蜃除草亦曰晨，后世假为早昧爽字。"

2.【常】甲骨文“震”字，合 4210 正。简帛“震”字，日甲 7。石刻“震”字，石经五经。《雨部》："，劈历，振物者。从雨辰声。章刃切。，籀文震。”（241 页）《甲骨文字诂林》[4]："按：甲骨文字……即**踬**、震、振之初形，后以用各有当，遂致分化。"

3.【常】甲骨文“振”字，合 32426。简帛“振”字，银贰 1166。石刻“振”字，石经尚书。《手部》："，举救也。从手辰声。一曰奮也。章刃切。”（254 页）

4.【常】简帛“脣”字，法律答问 87。石刻“脣”字，元诲志、多宝塔碑。《肉部》："，口耑也。从肉辰声。食倫切。，古文脣从頁。”（87 页）《说文通训定声》[5]："《释名·释形体》：脣，缘也，口之缘也。""脣"字简化作"唇"。

5.【常 B】石刻“蜃”字，尔朱袭志、石经九经。《虫部》："，雉入海，化为蜃。从虫辰声。時忍切。”（281 页）

“分”组

0.【常】甲骨文“分”字，花东 372。金文“分”字，西周 12.6372。简帛“分”字，秦律十八种 83、东牌楼 043。石刻“分”

① 张世超等：《金文形义通解》，中文出版社，1996，3472 页。

② 于省吾主编：《甲骨文字诂林》，中华书局，1999，1136 页。

③ 张世超等：《金文形义通解》，中文出版社，1996，575 页。

④ 于省吾主编：《甲骨文字诂林》，中华书局，1999，1132 页。

⑤（清）朱骏声：《说文通训定声》，武汉古籍书店，1983，793 页。

字，尹宙碑、杨乾志。《八部》：“，别也。从八从刀，刀以分别物也。甫文切。”（28 页）《金文形义通解》[①]：“林义光曰：‘八’、‘分’‘双声对转，实本同字。’高鸿缙曰：‘林说是也，八之本意为分，取假象分背之形，指事字，动词，后世（殷代已然）借用为数目八九之八，久而不返，乃加刀为意符（言刀所以分也）作分，已还其原。’”

1.【常】金文“盆”字，春秋 16.10340。简帛“盆”字，金关 T08：029。石刻“盆”字，石经五经。《皿部》：“，盎也。从皿分声。步奔切。”（104 页）

2.【常】石刻“釁”字，石经五经。《爨部》：“，血祭也。象祭灶也。从爨省，从酉。酉，所以祭也。从分，分亦声。虚振切。”（60 页）段玉裁注[②]：“祭灶亦血涂之，故从爨省。爨者灶也，从酉，酉，所以祭也。酉者酒之省。从分，取血布散之意，分亦声。”“釁”字简化作“衅”。

3.【常】简帛“忿”字，为吏 11、马壹 135。石刻“忿”字，石经周易。《心部》：“，悁也。从心分声。敷粉切。”（221 页）

4.【常】简帛“貧”字，日甲 18。石刻“貧”字，崔千里志。《貝部》：“，财分少也。从貝从分，分亦声。符巾切。，古文从宀、分。”（131 页）“貧”字简化作“贫”。

5.【常】石刻“紛”字，元暐志、石经周易。《糸部》：“，马尾韬也。从糸分声。撫文切。”（276 页）段玉裁注[③]：“韬，剑衣也。引申为凡衣之偁。”“紛”字简化作“纷”。

6.【常】“芬”是“岁”字或体。简帛“芬”字，马壹 146_47。石刻“芬”字，元洛神志、屈突通志。《屮部》：“，艸初生，其香分布。从屮从分，分亦声。撫文切。，芬或从艸。”（15 页）

7.【常】简帛“盼”字，马壹 174_33、金关 T23：924。石刻“盼”字，石经五经。《目部》：“，《诗》曰：‘美目盼兮。’从目分声。匹莧切。”（71 页）《说文通训定声》[④]：“目黑白分也，从目分声。”

8.【常】简帛“粉”字，仓颉篇 35。石刻“粉”字，石经尚书、张士陵志。《米部》：“，傅面者也。从米分声。方吻切。”（148 页）

9.【常】石刻“頒”字，刘阿素志。《頁部》：“，大头也。从頁分声。一曰鬢也。布還切。”（182 页）“頒”字简化作“颁”。

---

① 张世超等：《金文形义通解》，中文出版社，1996，112 页。

② （清）段玉裁：《说文解字注》，上海古籍出版社，2000，20 页。

③ （清）段玉裁：《说文解字注》，上海古籍出版社，2000，658 页。

④ （清）朱骏声：《说文通训定声》，武汉古籍书店，1983，779 页。

10.【常】石刻“氛”字，元悌志、华岳庙碑。《气部》：“氛，祥气也。从气分声。符分切。雰，氛或从雨。”（14 页）

11.【常】“扮”字暂未见唐以前、小篆外其他相关古文字形。《手部》：“扮，握也。从手分声。读若粉。房吻切。”（254 页）《说文通训定声》[①]：“今俗用为优人妆扮字。”

12.【常】“吩”字暂未见唐以前相关古文字形，从口分声，《说文》无。

“艮”组

0. 简帛“艮”字，脉书 13。石刻“艮”字，、石经五经。《匕部》：“艮，很也。从匕、目。匕目，猶目相匕，不相下也。匕目为皀，匕目为真也。古恨切。”（168 页）《说文通训定声》[②]：“按：艮者，很视也。仰目而视、倾目而视皆是，故从匕。”

1.【常】金文“限”字，西周 05.2838、西周 09.4466。石刻“限”字，石经周易。《阜部》：“限，阻也。一曰门榍。从阜艮声。乎簡切。”（304 页）

2.【常】简帛“根”字，上六天 5。石刻“根”字，曹全碑、韩氏志。《木部》：“根，木株也。从木艮声。古痕切。”（118 页）

3.0 简帛“豤”字，秦律十八种 8。《豕部》：“豤，啮也。从豕皀声。康很切。”（197 页）段玉裁注[③]：“豕啮也。豕字今补。人之啮曰齦，字见齒部。”“豤”字后作“啃”。

3.1【常】石刻“懇”字，多宝塔碑。《心部》：“懇，悃也。从心豤声。康恨切。”（224 页）“懇”字简化作“恳”。

3.2【常】石刻“墾（墾）”字，张方志。《土部》：“墾，耕也。从土豤声。康很切。”（290 页）“墾（墾）”字简化作“垦”。

4.【常 B】简帛“齦”字，脉书 51。《齒部》：“齦，啮也。从齒皀声。康很切。”（45 页）“齦”字简化作“龈”。

5.【常】简帛“銀”字，金布律 436。石刻“銀”字，唐邕刻经记。《金部》：“銀，白金也。从金艮声。語巾切。”（293 页）“銀”字简化作“银”。

6.【常】简帛“恨”字，金关 T23：896B。石刻“恨”字，元

① （清）朱骏声：《说文通训定声》，武汉古籍书店，1983，780 页。

② （清）朱骏声：《说文通训定声》，武汉古籍书店，1983，806 页。

③ （清）段玉裁：《说文解字注》，上海古籍出版社，2000，455 页。

显魏志。《心部》:“𢘓，怨也。从心艮声。胡艮切。”（221 页）

7.【常 B】石刻“垠”字，杨统碑、王季初志。《土部》:“垠，地垠也。一曰岸也。从土艮声。語斤切。圻，垠或从斤。”（288 页）

8.【常】石刻“眼”字，功德经幢。《目部》:“眼，目也。从目皀声。五限切。”（70 页）

9.【常】石刻“很”字，石经五经。《彳部》:“很，不听从也。一曰行难也。一曰盭也。从彳皀声。胡懇切。”（43 页）

10.【常】石刻“痕”字，张士陵志。《疒部》:“痕，胝瘢也。从疒艮声。户恩切。”（155 页）

11.【常】“狠”字，《犬部》:“狠，吠斗声。从犬艮声。五還切。”（204 页）

12.【常】“跟”字暂未见唐以前、小篆外其他相关古文字形。《足部》:“跟，足踵也。从足皀声。古痕切。𡶸，跟或从止。”（46 页）

“肯”组

0.【常】简帛“肯（肎）”字，得之案 184。石刻“肯（肎）”字，石经九经、闽 . 坚牢塔记。《肉部》:“肎，骨间肉肎肎箸也。从肉，从冎省。一曰骨无肉也。苦等切。肎，古文肎。”（90 页）《说文通训定声》[①]：“俗字误作肯。”

1.【常】“啃”字暂未见唐以前相关古文字形，从口肯声，《说文》无。

“门”组

0.【常】甲骨文“門”字，合 21085、合 13605。金文“門”字，商 06.3136。简帛“門”字，为吏 9、T23：897B。石刻“門”字，曹全碑、敬觉志，简化作“门”。《門部》:“門，闻也。从二户。象形。莫奔切。”（247 页）段玉裁注[②]：“闻者，谓外可闻于内，内可闻于外。”

1.【常】甲骨文“聞”字，合 1318 反、合 7214。金文“聞”字，西周 05.2837、文物 98.8。简帛“聞”字，法律答问 52。石刻“聞”字，石台孝经。《耳部》:“聞，知闻也。从耳門声。無分切。䎽，古文从

① （清）朱骏声：《说文通训定声》，武汉古籍书店，1983，78 页。

② （清）段玉裁：《说文解字注》，上海古籍出版社，2000，587 页。

昏。”（250 页）《甲骨文字诂林》①：“赵诚：‘象人坐着以手掩口耸耳而听之形，即闻之本字。’按：殷人以为神祖执掌人间祸福，故凡有灾眚，皆上达于神祖。”《金文形义通解》②：“徐锴《系传》‘知闻’作‘知声’。……战国间亦出现从耳昏声之新构，……古鉢则出现从耳门声之异构，即为小篆所本。金文‘昏庸’之‘昏’与‘闻’同源一字，《说文》日部‘昏’乃日冥专字。金文‘婚姻’之‘婚’皆假‘闻’字。”“聞”字简化作“闻”。

2.【常】甲骨文“問”字，合集 16419。金文“問”字，战国 17.11341。简帛“問”字，法律答问 122。石刻“問”字，石经周易。《口部》：“問，讯也。从口門声。亡運切。”（32 页）“問”字简化作“问”。

3.0【常】简帛“悶”字，马壹 96_30。石刻“悶”字，石经周易。《心部》：“悶，懑也。从心門声。莫困切。”（222 页）“悶”字简化作“闷”。

3.1【常 B】“燜”字暂未见唐以前相关古文字形，从火悶声，简化作“焖”，《说文》无。

4.【常 A】简帛“閩”字，马壹 5_28。石刻“閩”字，张轸志。《虫部》：“閩，东南越，蛇穜。从虫門声。武巾切。”（282 页）“閩”字简化作“闽”。

5.0“𨳝”字暂未见唐以前、小篆外其他相关古文字形。《門部》：“𨳝，登也。从門、二。二，古文下字。读若军敶之敶。直刃切。”（249 页）段玉裁注③：“按：从门二当作从门二（按：古文上）。”“𨳝”字音 zhèn。

5.10 简帛“藺”字，为吏 23、马壹 8_43。《隹部》：“藺，今藺。似雖鸹而黄。从隹，𨳝省声。良刃切。，籀文不省。”（76 页）

5.110【常 B】石刻“藺”字，赵广者志。《艸部》：“藺，莞属。从艸藺声。良刃切。”（17 页）“藺”字简化作“蔺”。

5.111【常 A】石刻“躪”字，李英志，从足藺声，简化作“躏”，《说文》无。

6.【常】“們”字暂未见唐以前相关古文字形，从人門声，简化作“们”，《说文》无。

---

① 于省吾主编：《甲骨文字诂林》，中华书局，1999，670 页。

② 张世超等：《金文形义通解》，中文出版社，1996，2784 页。

③（清）段玉裁：《说文解字注》，上海古籍出版社，2000，590 页。

“人”组

0.【常】甲骨文“人”字，合 19929、合 1085。金文“人”字，商 03.944。简帛“人”字，为吏 39。石刻“人”字，司马芳残碑额。《人部》：“，天地之性最贵者也。此籀文。象臂胫之形。如鄰切。”（161 页）《甲骨文字诂林》[①]：“按：徐灏《说文解字注笺》云：‘大象人正视之形，象侧立之形。侧立故见其一臂一胫。’此说最为精当。”

1.0 金文“㐱”字，西周 11.5942、集成 6823。《彡部》：“，稠发也。从彡从人。之忍切。，㐱或从髟真声。”（185 页）《金文形义通解》[②]：“金文‘㐱’字与小篆同形，造字之意不甚明了，疑从彡人声。”“㐱”字音 zhěn。

1.10【常】甲骨文“参（曑）”字，合 6626。金文“参（曑）”字，商 15.9370.1、西周 15.9456、战国 04.2451、战国 03.980。简帛“参（曑）”字，效律 6、金关 T23：217B。石刻“参（曑）”字，曹全碑、赵阿欢造像。《晶部》：“，商星也。从晶㐱声。所今切。，曑或省。”（141 页）《说文通训定声》[③]：“或省作。按：，象形，当是古文参商字。……今隶作參。”《金文形义通解》[④]：“字象参宿三星在人头上，……其后于人面前增彡形，彡即‘三’之微变，时‘参’多用如‘三’，增‘三’以标其音义。”“參”字简化作“参”。

1.11【常 B】“糝”是“糂”字古文，简化作“糁”。石刻“糝”字，石经五经。《米部》：“，以米和羹也。一曰粒也。从米甚声。桑感切。，籀文糂从朁。，古文糂从參。”（147 页）

1.12【常】石刻“慘”字，王基断碑、石经五经。《心部》：“，毒也。从心參声。七感切。”（222 页）“慘”字简化作“惨”。

1.13【常】石刻“滲”字，石经五经。《水部》：“，下漉也。从水參声。所禁切。”（231 页）“滲”字简化作“渗”。

1.14【常】石刻“摻”字，石经五经，从手參声，简化作“掺”，《说文》无。

1.15【常 A】石刻“叁”字，李祈年志、刘子志，《说文》无。

1.2【常】简帛“診”字，封诊式 64、具律 93。石刻“診”字，

① 于省吾主编：《甲骨文字诂林》，中华书局，1999，2 页。

② 张世超等：《金文形义通解》，中文出版社，1996，2229 页。

③（清）朱骏声：《说文通训定声》，武汉古籍书店，1983，98 页。

④ 张世超等：《金文形义通解》，中文出版社，1996，1693 页。

案真志。《言部》："診，视也。从言㐱声。直刃切。又之忍切。"（57 页）"診"字简化作"诊"。

1.3【常 A】"疹"是"胗"字籀文。简帛"胗"字，脉书 8。石刻"疹"字，元举志、李公政志。《肉部》："胗，唇疡也。从肉㐱声。之忍切。疹，籀文胗从疒。"（88 页）

1.4【常】简帛"珍"字，敦煌简 2126。石刻"珍"字，穆玉容志盖、元悰志、石经五经。《玉部》："珍，宝也。从玉㐱声。陟鄰切。"（12 页）

1.5【常】石刻"趁"字，刘濬志。《走部》："趁，𧼯也。从走㐱声。读若塵。丑刃切。"（36 页）

2.【常】金文"信"字，战国 04.2451。简帛"信"字，奏谳书 83。石刻"信"字，建宁三年残碑。《言部》："信，诚也。从人从言，会意。息晋切。㐰，古文从言省。䛨，古文信。"（52 页）《金文形义通解》[①]："案：此字从金文看，义符为'言'若'口'，'言''口'义近通用。《说文》谓'古文从言省'非是。其字声符为'人'若'身'，'人''身'音同通用。汉承秦系文字，始通用'从言人声'者。《说文》谓'从人从言会意'亦非是。"

3.【常】简帛"仁"字，郭店五 30、蓋卢 50、老子 3。石刻"仁"字，赵谧志。《人部》："仁，亲也。从人从二。如鄰切。忎，古文仁从千、心。𡰥，古文仁或从尸。"（161 页）《说文通训定声》[②]："按：人亦声。"

4.0【常】"鷹"是"雁"字籀文，简化作"鹰"。金文"雁"字，西周．保利、春秋 16.10391。石刻"鷹"字，郑舒妻刘氏残志。《隹部》："雁，鸟也。从隹，瘖省声。或从人，人亦声。於凌切。鷹，籀文雁从鳥。"（76 页）

4.1【常 B】甲骨文"膺"字，合 8239、合 10589。金文"膺"字，西周 05.2841A。简帛"膺"字，引书 28。石刻"膺"字，石经五经。《肉部》："膺，胸也。从肉雁声。於陵切。"（87 页）

4.2【常】简帛"應"字，日甲《诘》35。石刻"應"字，肥致碑。《心部》："應，当也。从心雁声。於陵切。"（217 页）"應"字简化作"应"。

① 张世超等：《金文形义通解》，中文出版社，1996，488 页。

② （清）朱骏声：《说文通训定声》，武汉古籍书店，1983，825 页。

“壬”组

0.【常】甲骨文“壬”字，合 20831、合 33314。金文“壬”字，商 04.1665、西周 08.4228。简帛“壬”字，日甲 105、奏谳书 75。石刻“壬”字，元纂志。《壬部》：“壬，位北方也。阴极阳生，故《易》曰：‘龙战于野。’战者，接也。象人褢妊之形。承亥壬以子，生之叙也。与巫同意。壬承辛，象人胫。胫，任体也。如林切。”（309 页）《甲骨文字诂林》①：“疑壬即纴之初形，纴乃壬之孳乳。……巠字即象巠缕在壬之形。嵇康《高士传》：‘接舆负釜甑，妻戴纴器，莫知所之。’壬当即纴器之属，形制较为原始。”《金文形义通解》②：“林义光曰：‘即滕之古文，机持经者也，象形。’”

1.0【常】甲骨文“任”字，合 34409。金文“任”字，西周 06.3455、西周 08.4269。简帛“任”字，语书 6、金关 T07：097。石刻“任”字，石经尚书。《人部》：“任，符也。从人壬声。如林切。”（165 页）

1.1【常 A】金文“賃”字，战国 18.12098。简帛“賃”字，为吏 9。石刻“賃”字，张迁碑。《貝部》：“賃，庸也。从貝任声。尼禁切。”（131 页）《说文通训定声》③：“《一切经音义》六引《说文》：佣也。”“賃”字简化作“赁”。

1.2【常 B】石刻“恁”字，董开志。《心部》：“恁，下赍也。从心任声。如甚切。”（220 页）段玉裁注④：“‘下赍也’，未闻。”

2.0 金文“巠”字，西周 08.4317。简帛“巠”字，银贰 1561。石刻“巠”字，石经五经。《川部》：“巠，水脉也。从川在一下。一，地也。壬省声。一曰水冥巠也。古靈切。巠，古文巠不省。”（239 页）《金文形义通解》⑤：“林义光曰：‘巠即经之古文，织纵丝也。巛象缕，壬持之。壬即滕字，机中持经者也。上从一，一亦滕之略形。’”

2.1【常】金文“經”字，西周 05.2837、西周 16.10173。简帛“經”字，为吏 41。石刻“經”字，石经尚书、李敬志，简化作“经”。《糸部》：“經，织也。从糸巠声。九丁切。”（271 页）《说文解字注

① 于省吾主编：《甲骨文字诂林》，中华书局，1999，3590 页。
② 张世超等：《金文形义通解》，中文出版社，1996，3442 页。
③ （清）朱骏声：《说文通训定声》，武汉古籍书店，1983，88 页。
④ （清）段玉裁：《说文解字注》，上海古籍出版社，2000，508 页。
⑤ 张世超等：《金文形义通解》，中文出版社，1996，2653 页。

笺》[1]："下文云：'纬，织横丝也。'则此似当有'纵丝'二字。"

2.2【常】金文"頸"字，春秋·上博十。简帛"頸"字，日甲《诘》35、银贰1145。石刻"頸"字，李偘偘志。《頁部》："，头茎也。从頁巠声。居郢切。"（182页）"頸"字简化作"颈"。

2.3【常】简帛"輕"字，置吏律215。石刻"輕"字，石经尚书。《車部》："，轻车也。从車巠声。去盈切。"（301页）段玉裁注[2]："轻本车名，故字从车。引申为凡轻重之轻。""輕"字简化作"轻"。

2.4【常】石刻"徑"字，石经五经、袁仁志。《彳部》："，步道也。从彳巠声。居正切。"（43页）段玉裁注[3]："谓人及牛马可步行而不容车也。""徑"字简化作"径"。

2.5【常】石刻"莖"字，贺拔昌志、石经五经，简化作"茎"。《艸部》："，枝柱也。从艸巠声。户耕切。"（22页）《说文通训定声》[4]："谓众枝之主。《玉篇》引《说文》：草木干也。"

2.6【常】简帛"勁"字，马贰32_20。石刻"勁"字，石经五经。《力部》："，彊也。从力巠声。吉正切。"（292页）"勁"字简化作"劲"。

2.7【常】"氫"字暂未见唐以前相关古文字形，从气巠声，简化作"氢"，《说文》无。

"刃"组

0.【常】甲骨文"刃"字，合19956。简帛"刃"字，封诊式67。石刻"刃"字，赵宽碑。《刃部》："，刀坚也。象刀有刃之形。而振切。"（93页）《甲骨文字诂林》[5]："李孝定：'许以象形说刃字，盖误。周伯琦、王筠辈以指事说之是也。'按：释'刃'可备一说。字或当是从'水'，与小篆'刃'形体有别。"

1.【常】简帛"忍"字，为吏36。石刻"忍"字，修定寺记碑。《心部》："，能也。从心刃声。而軫切。"（223页）

2.【常B】石刻"仞"字，元宝建志。《人部》："，伸臂一寻，八

① （清）徐灏：《说文解字注笺》（续修四库全书），上海古籍出版社，2002，卷十三上580页。

② （清）段玉裁：《说文解字注》，上海古籍出版社，2000，721页。

③ （清）段玉裁：《说文解字注》，上海古籍出版社，2000，76页。

④ （清）朱骏声：《说文通训定声》，武汉古籍书店，1983，873页。

⑤ 于省吾主编：《甲骨文字诂林》，中华书局，1999，2453页。

尺。从人刃声。而震切。”（161 页）

3.【常】石刻“紉”字，张氏志。《糸部》：“紉，繟绳也。从糸刃声。女鄰切。”（275 页）段玉裁注[①]：“单绳也。单，各本及《集韵》作繟，非其义。”“紉”字简化作“纫”。

4.【常】“韌”字暂未见唐以前、小篆外其他相关古文字形。《韋部》：“韌，柔而固也。从韋刃声。而進切。”（113 页）“韌”字简化作“韧”。

5.【常】石刻“認”字，顺禅师塔铭，从言忍声，简化作“认”，《说文》无。

“罙”组

0. 甲骨文“罙（突）”字，合 6807、合 18533、合 4185、合 6379 正。《穴部》：“突，深也。一曰竈突。从穴从火，从求省。式鍼切。”（152 页）段玉裁注[②]：“此以今字释古字也。突、滨古今字，篆作突滨，隶变作罙深。水部滨下但云水名，不言浅之反，是知古深浅字作罙，深行而罙废矣。……穴中求火，突之意也。此会意字。”“罙（突）”字音 shēn。

1.【常】甲骨文“深”字，合 557、合 18765。简帛“深”字，算数书 151。石刻“深”字，尔朱袭志。《水部》：“深，水，出桂阳南平，西入营道。从水罙声。式針切。”（226 页）

2.【常】石刻“探”字，王舍人碑、石经五经。《手部》：“探，远取之也。从手罙声。他含切。”（255 页）

“申”组

0.【常】甲骨文“申”字，合 20139、合 137 反。金文“申”字，商 14.9105.1、西周 05.2728、考古学报 02.1。简帛“申”字，日甲《除》5、东牌楼 117。石刻“申”字，石经尚书。《申部》：“申，神也。七月，阴气成，体自申束。从臼，自持也。吏臣《段注》‘臣’作‘以’餔时听事，申旦政也。失人切。𢆡，古文申。𣅀，籀文申。”（311 页）《甲骨文字诂林》[③]：“按：《说文》申字说解支离牵傅，但于虹字下谓‘籀文虹从申，申，电也’，则犹存古义。王筠《句读》云：‘象电光闪烁屈曲之

① （清）段玉裁：《说文解字注》，上海古籍出版社，2000，657 页。

② （清）段玉裁：《说文解字注》，上海古籍出版社，2000，344 页。

③ 于省吾主编：《甲骨文字诂林》，中华书局，1999，1172 页。

状，然则电字小篆加雨耳，分别文也。’徐灏《段注笺》云：‘申，古钟鼎文多作，盖象电光之形，隶变为，又作。’其说并是。”

1.【常】甲骨文“紳”字，乙77、英2415反。金文“紳”字，西周11.5991、西周08.4317、文物98.8、战国09.4649。简帛“紳”字，金关T28：010。石刻“紳”字，曹全碑、崔崇素志。《糸部》：“，大带也。从糸申声。失人切。”（274页）“紳”字简化作“绅”。

2.【常】金文“神”字，西周08.4171.1。简帛“神”字，银贰1025。石刻“神”字，寇峤妻志。《示部》：“，天神，引出万物者也。从示、申。食鄰切。”（8页）

3.【常】金文“陳”字，西周05.2831、西周07.3815、战国09.4595、战国18.11653。简帛“陳”字，日甲《土忌》138。石刻“陳”字，高元珪志。《𨸏部》：“，宛丘，舜后妫满之所封。从𨸏从木，申声。直珍切。，古文陳。”（306页）《说文解字注笺》[①]：“陈之本义即谓陈列，因为国名所专，后人昧其义耳。”《金文形义通解》[②]：“金文此字右旁实为‘東’，许慎析为‘木、申’非是。此字初文当从𨸏東声，……《说文》古文从申声，盖后世‘東’、‘陳’不相谐，战国间或易声符‘東’为‘申’。”“陳”字简化作“陈”。

4.【常】简帛“伸”字，银壹972。石刻“伸”字，赵宽碑。《人部》：“，屈伸。从人申声。失人切。”（165页）

5.【常】石刻“呻”字，杨陌陇志。《口部》：“，吟也。从口申声。失人切。”（34页）

6.【常】简帛“坤”字，马壹37_40下。石刻“坤”字，石门颂、石经周易。《土部》：“，地也。《易》之卦也。从土从申。土位在申。苦昆切。”（286页）

“审”组

0.【常】“審”是“宷”字篆文，简化作“审”。甲骨文“宷”字，合10678。金文“審”字，西周05.2832。简帛“審”字，效律50、金关T21：179。石刻“審（宷）”字，张宁志、祁惠志。《釆部》：“，悉也。知宷谛也。从宀从釆。式荏切。，篆文宷从番。”（28页）

1.【常】石刻“瀋”字，石经五经。《水部》：“，汁也。从水審

---

① （清）徐灏：《说文解字注笺》（续修四库全书），上海古籍出版社，2002，卷十四下100页。

② 张世超等：《金文形义通解》，中文出版社，1996，3357页。

声。昌枕切。"（236 页）"瀋"字简化作"沈"。

2.【常】"嬸"字暂未见唐以前相关古文字形，从女審声，简化作"婶"，《说文》无。

"甚"组

0.【常】金文"甚"字，西周 04.2410、新收 625 页。简帛"甚"字，为吏 2。石刻"甚"字，元暐志。《甘部》："，尤安乐也。从甘，从匹，耦也。常枕切。，古文甚。"（100 页）段玉裁注[1]："尤甘也，引伸凡殊尤皆曰甚。"《说文通训定声》[2]："从甘匹，匹，耦也，会意。古文从口从匹。按：甘者，饮食；匹者，男女；人之大欲存焉；故训安乐之大。一说，甘为食，匹为衣，衣食，人所大安乐也，存参。"《金文形义通解》[3]："金文不从匹，从甘从匕。"

1.【常 B】金文"湛"字，西周 16.10285.2。石刻"湛"字，元新成妃李氏志、元子正志。《水部》："，没也。从水甚声。一曰湛水，豫章浸。宅減切。，古文。"（233 页）段玉裁注[4]："古书浮沈字多作湛。湛、沈古今字。沉又沈之俗也。"

2.【常】简帛"堪"字，第八层背 2030、仓颉篇 21。石刻"堪"字，东堪石室铭、左太君志。《土部》："，地突也。从土甚声。口含切。"（287 页）段玉裁注[5]："地之突出者曰堪。《淮南书》曰：堪輿行雄以起雌。……堪言地高处无不胜任也，所谓雄也。輿言地下处无不居纳也，所谓雌也。引申之，凡胜任皆曰堪。"

3.【常】石刻"斟"字，元乂志、石经五经。《斗部》："，勺也。从斗甚声。職深切。"（300 页）

4.【常 B】石刻"葚"字，石经五经。《艸部》："，桑实也。从艸甚声。常衽切。"（21 页）

5.【常】石刻"勘"字，檀宾志。《力部》："，校也。从力甚声。苦紺切。"（293 页）

6.【常 B】"椹"字同"葚"。石刻"椹"字，石经五经，从木甚声，《说文》无。

---

[1] （清）段玉裁：《说文解字注》，上海古籍出版社，2000，202 页。

[2] （清）朱骏声：《说文通训定声》，武汉古籍书店，1983，86 页。

[3] 张世超等：《金文形义通解》，中文出版社，1996，1106 页。

[4] （清）段玉裁：《说文解字注》，上海古籍出版社，2000，556 页。

[5] （清）段玉裁：《说文解字注》，上海古籍出版社，2000，685 页。

7.【常B】"嵁"字暂未见唐以前相关古文字形，从山甚声，《说文》无。

"真"组

0.【常】金文"真"字，西周16.10091。简帛"真"字，为吏3、金关T10：223。石刻"真"字，朱昙思等造塔记、石经五经。《匕部》："眞，仙人变形而登天也。从匕，从目，从乚（音隐）。八，所乘载也。侧鄰切。，古文真。"（168页）《金文形义通解》[1]："殷商甲骨文'真'字作、，从匕置鼎中。……真盤字变鼎腹耳为贝形，又变足形为丌，小篆本此而复曲其横笔，作，许慎全据变异之形为说，非是。伯真甗字从匕从贝，下有●，《金文编》据徐同柏释之为'真'，未知塙否。"

1.0【常】甲骨文"顛"字，合6065、英1923、合18752。石刻"顛"字，娄叡志、石经五经。《頁部》："顛，顶也。从頁真声。都季切。"（181页）"顛"字简化作"颠"。

1.1【常】石刻"巔"字，北海相景君碑，从山顛声，简化作"巅"，《说文》无。

1.2【常B】"癲"字暂未见唐以前相关古文字形，从疒顛声，简化作"癫"，《说文》无。

2.【常】金文"慎"字，春秋01.245。简帛"慎"字，秦律十八种196、蓋卢29。石刻"慎"字，宇文永妻志、石经五经。《心部》："慎，谨也。从心真声。時刃切。，古文。"（217页）

3.【常】简帛"填"字，蓋卢29。石刻"填"字，韩曳云志。《土部》："填，塞也。从土真声。陟鄰切，今待季切。"（287页）

4.【常】石刻"鎮"字，曹真残碑、李祈年志。《金部》："鎮，博压也。从金真声。陟刃切。"（296页）"鎮"字简化作"镇"。

5.【常】石刻"滇"字，许抠志。《水部》："滇，益州池名。从水真声。都年切。"（225页）

6.【常B】"嗔"字暂未见唐以前、小篆外其他相关古文字形。《口部》："嗔，盛气也。从口真声。待年切。"（32页）

---

① 张世超等：《金文形义通解》，中文出版社，1996，2033页。

“𦎫”组

0. 甲骨文“𦎫”字，合 7947、合 37646。金文“𦎫”字，西周 10.5392.1、考古与文物 06.6。《亯部》：“𦎫，孰也。从亯从羊。读若純。一曰鬻也。常倫切。𦎫，篆文𦎫。”（111 页）《金文形义通解》①：“甲骨文𦎫字……从亯从羊，……其字似为献羊于宗庙之意。献宗庙亦有熟物，则其初义殆即𦎫熟也，故许慎训之为‘熟’。许书复言‘一曰鬻也’。杨树达曰：‘孙诒让云：𦎫不得训鬻，鬻疑当作鬻，鬻与煮古今字……树达按：孙说是也。孰、鬻二训虽异，义实相成，物以鬻而孰也。𦎫训鬻，以声音求之，殆即今口语之炖字也。’‘亯字隶变作享，而𦎫字之隶变亦作享，故今经传中享字有实当读𦎫，而今误读为许两切者，……𦎫当依《说文》训鬻，即今之炖也。’杨说可从。”“𦎫”字音 chún。

1.0【常 B】甲骨文“孰（䰯）”字，合 17936、花东 294。金文“孰（䰯）”字，西周 06.3490.1。简帛“孰（䰯）”字，为吏 26。石刻“孰（䰯）”字，元信志。《丮部》：“䰯，食饪也。从丮𦎫声。殊六切。”（63 页）《金文形义通解》②：“亯与亨同源。字从亯从丮，象献孰之意。下从女者，乃‘夂’形之讹。”

1.1【常 B】石刻“塾”字，祁惠志。《土部》：“塾，门侧堂也。从土孰声。殊六切。”（290 页）

1.2【常】石刻“熟”字，元显儁志、杨氏合祔志，从火孰声，《说文》无。

2.【常 A】金文“淳”字，考古 84.2。简帛“淳”字，金关 T04：154。石刻“淳”字，淳于元皓志。《水部》：“淳，渌也。从水𦎫声。常倫切。”（237 页）

3.0【常】简帛“敦”字，第六层 4。石刻“敦”字，石经五经。《攴部》：“敦，怒也。诋也。一曰谁何也。从攴𦎫声。都昆切。又丁回切。”（68 页）

3.1【常】“墩”字从土敦声，【常 B】“礅”字从石敦声，均暂未见唐以前相关古文字形，《说文》无。

4.【常】石刻“醇”字，石经五经。《酉部》：“醇，不浇酒也。从酉𦎫声。常倫切。”（312 页）段玉裁注③：“浇，㲸也。凡酒沃之以水则薄，

① 张世超等：《金文形义通解》，中文出版社，1996，1378 页。

② 张世超等：《金文形义通解》，中文出版社，1996，608 页。

③ （清）段玉裁：《说文解字注》，上海古籍出版社，2000，748 页。

不杂以水则曰醇。"

5.【常A】"諄"字,《言部》:"䜌,告晓之孰也。从言𦎫声。读若庉。章倫切。"(51页)"諄"字简化作"谆"。

"盾"组

0.【常】甲骨文"盾"字,合20220、合10514、合6973。金文"盾"字,商06.3121、西周08.4201、西周08.4322.2(豚声)、西周08.4218。简帛"盾"字,效律59。石刻"盾"字,石经五经。《盾部》:"盾,瞂也。所以扞身蔽目。象形。食問切。"(74页)

1.【常】简帛"循"字,法律答问187。石刻"循"字,石经五经。《彳部》:"循,行顺也。从彳盾声。詳遵切。"(43页)

2.【常B】简帛"遁"字,马壹110_162。石刻"遁"字,石经五经。《辵部》:"遁,迁也。一曰逃也。从辵盾声。徒困切。"(40页)

"昏"组

0.【常】甲骨文"昏"字,合29794、合23530。金文"昏"字,文物06.5。简帛"昏"字,金关T23:363。石刻"昏"字,元倪志、石经尚书。《日部》:"昏,日冥也。从日氐省。氐者,下也。一曰民声。呼昆切。"(138页)《甲骨文字诂林》[①]:"按:卜辞昏字从氏,不从民。……陈梦家以为'卜辞的昏、莫皆指天黑时的一段时间。'《书·尧典》疏:日入后二刻半为昏,故昏之引申义为闇昧。"

1.【常】金文"婚"字,西周08.4331、总集08.6786。石刻"婚"字,陆孟晖志、石经五经。《女部》:"婚,妇家也。《礼》:娶妇以昏时,妇人阴也,故曰婚。从女从昏,昏亦声。呼昆切。䰟,籀文婚。"(259页)

"圂"组

0.甲骨文"圂"字,合136正。金文"圂"字,西周05.2841B。简帛"圂"字,日甲21、仓颉篇55。《囗部》:"圂,厕也。从囗,象豕在囗中也。会意。胡困切。"(129页)《说文通训定声》[②]:"《仓颉篇》:

① 于省吾主编:《甲骨文字诂林》,中华书局,1999,2457页。

② (清)朱骏声:《说文通训定声》,武汉古籍书店,1983,804页。

圂，豕所居也。”

1.“橐”字暂未见唐以前、小篆外其他相关古文字形。《橐部》：“橐，橐也。从束圂声。胡本切。”（128 页）“橐”字音 gǔn。

“昆”组

0.【常】金文“昆”字，昆西周 01.46。简帛“昆”字，昆郭店六 29、昆马壹 72_4。石刻“昆”字，昆元愿平妻王氏志、昆赵璧志。《日部》：“昆，同也。从日从比。古渾切。”（139 页）段玉裁注[①]：“从日者，明之义也，亦同之义也。从比者，同之义。今俗谓合同曰浑，其实用昆。”《金文形义通解》[②]：“李孝定曰：‘金文此字下从𠃊𠃊，与龟、鹿等字下所从象足形者全同，似非从比，盖比从二人，与此不类。’”

1.【常】石刻“混”字，混娄黑女志、混朗宁公主志。《水部》：“混，丰流也。从水昆声。胡本切。”（229 页）

2.【常 B】石刻“焜”字，焜苏兖志。《火部》：“焜，煌也。从火昆声。孤本切。”（209 页）

3.【常 B】石刻“鯤”字，鯤郭达志，从魚昆声，简化作“鲲”，《说文》无。

4.【常】“棍”字暂未见唐以前相关古文字形，从木昆声，《说文》无。

“困”组

0.【常】甲骨文“困”字，困合 34235。简帛“困”字，困为吏 2。石刻“困”字，困石经尚书。《囗部》：“困，故庐也。从木在囗中。苦悶切。朱，古文困。”（129 页）

1.【常】“捆”字同“稛”，暂未见唐以前、小篆外其他相关古文字形。《禾部》：“稛，豢束也。从禾困声。苦本切。”（145 页）“稛”字音 kǔn。

“仑”组

0.【常】甲骨文“侖”字，侖合 18690。简帛“侖”字，侖金关 T27：099、侖金关 T04：079。《亼部》：“侖，思也。从亼从冊。力屯切。侖，籒

① （清）段玉裁：《说文解字注》，上海古籍出版社，2000，308 页。

② 张世超等：《金文形义通解》，中文出版社，1996，1655 页。

文侖。"（108 页）《说文通训定声》[①]："冊犹典也，好古敏求，用思之法。"《金文形义通解》[②]："甲骨文'侖'字……与'龠'字取象基本相同，而无管头之二口形。卌为所编之乐管，殆乐管编排有序，层次井然，故从'侖'得声之字多有条理、分析义。""侖"字简化作"仑"。

1.【常】石刻"淪"字，淪王蕃志、淪华岳庙碑，简化作"沦"。《水部》："淪，小波为沦。从水侖声。一曰没也。力迍切。"（230 页）

2.【常】简帛"輪"字，輪秦律十八种 89。石刻"輪"字，輪元谧志。《車部》："輪，有辐曰轮，无辐曰辁。从車侖声。力屯切。"（303 页）"輪"字简化作"轮"。

3.【常】简帛"論"字，論效律 39。石刻"論"字，論冯会志。《言部》："論，议也。从言侖声。盧昆切。"（52 页）"論"字简化作"论"。

4.【常 B】石刻"綸"字，綸元诱志、綸杨执一志。《糸部》："綸，青丝绶也。从糸侖声。古還切。"（274 页）"綸"字简化作"纶"。

5.【常】简帛"倫"字，倫银壹 403。石刻"倫"字，倫石经尚书。《人部》："倫，辈也。从人侖声。一曰道也。田屯切。"（164 页）"倫"字简化作"伦"。

6.【常】石刻"掄"字，掄石经五经。《手部》："掄，择也。从手侖声。盧昆切。"（252 页）"掄"字简化作"抡"。

7.【常 B】"圇"字暂未见唐以前相关古文字形，从囗侖声，简化作"囵"，《说文》无。

"闰"组

0.【常】金文"閏"字，閏文物 87.11。简帛"閏"字，閏为吏 22。石刻"閏"字，閏石经五经。《王部》："閏，余分之月，五岁再闰，告朔之礼，天子居宗庙，闰月居门中。从王在门中。如顺切。"（9 页）"閏"字简化作"闰"。

1.【常】石刻"潤"字，潤张贵男志。《水部》："潤，水曰润下。从水閏声。如顺切。"（235 页）"潤"字简化作"润"。

---

① （清）朱骏声：《说文通训定声》，武汉古籍书店，1983，799 页。

② 张世超等：《金文形义通解》，中文出版社，1996，1314 页。

“孙”组

0.【常】甲骨文“孫”字，怀434、合10554。金文“孫”字，商或西周04.2431、西周05.2585。简帛“孫”字，第八层2101、金关T24：269B、居新5701，简化作“孙”。石刻“孫”字，张迁碑、石经五经。《系部》：“，子之子曰孙。从子从系。系，续也。思魂切。”（270页）《甲骨文字集释》[①]：“金文孙字多见，均从子从糸。”《金文形义通解》[②]：“甲骨文‘孙’字作……字本从子，从幺。”

1.【常】石刻“遜”字，元纯陀志。《辵部》：“，遁也。从辵孫声。蘇困切。”（40页）“遜”字简化作“逊”。

2.【常B】甲骨文“鯀”字，合33162、屯2230。金文“鯀”字，西周16.10175。石刻“鯀”字，石经五经。《魚部》：“，鱼也。从魚系声。古本切。”（243页）“鯀”字简化作“鲧”。

“隼”组

0.【常B】“隼”是“鵻”字或体。简帛“隼”字，马壹97_63、奏谳书147。石刻“隼”字，石经周易。《鳥部》：“，祝鸠也。从鳥隹声。思允切。，鵻或从隹、一。一曰鶉字。”（79页）

1.【常】简帛“準”字，仓颉篇34。石刻“準”字，黄庭经、尔朱袭志，简化作“准”。《水部》：“，平也。从水隼声。之允切。”（235页）段玉裁注[③]：“谓水之平也。天下莫平于水，水平谓之准，因之制平物之器亦谓之准。”

“屍”组

0.【常】“臀”是“屍”字或体。甲骨文“屍”字，合7075正。金文“臀（屍）”字，西周16.10322、西周08.4313.1、西周04.2517。石刻“臀”字，石经周易。《尸部》：“，髀也。从尸下丌居几。徒魂切。，屍或从肉、隼。，屍或从骨殿声。”（174页）《说文通训定声》[④]：“字亦作臀。”“屍”字音tún。

① 李孝定：《甲骨文字集释》，台湾“中研院”历史语言研究所，1970，3865页。

② 张世超等：《金文形义通解》，中文出版社，1996，3051页。

③ （清）段玉裁：《说文解字注》，上海古籍出版社，2000，560页。

④ （清）朱骏声：《说文通训定声》，武汉古籍书店，1983，799页。

1.0【常】简帛“殿”字，脉书 12、敦煌简 2130、仓颉篇 54。石刻“殿”字，斛律氏志、颜家庙碑。《殳部》：“，击声也。从殳屍声。堂練切。”（66 页）

1.1【常】“澱”字暂未见唐以前、小篆外其他相关古文字形。《水部》：“，滓滋也。从水殿声。堂練切。”（236 页）“澱”字简化作“淀”。石刻“淀”字，祁慧志。

“昷”组

0. 甲骨文“昷”字，合 21374、合 17166 正、合 21386、合 17163、合 17159 反、合 17165、合 28905、合 8820 反。金文“昷”字，西周 16.10322、春秋 . 珍秦金 / 秦 30 页。石刻“昷”字，燕然山铭。《皿部》：“，仁也。从皿，以食囚也。官溥说。烏渾切。”（104 页）“昷”字音 wēn。

1.【常】甲骨文“温”字，合 137 正、安明 874。简帛“温”字，脉书 15、金关 T09：082。石刻“温”字，元子正志、石经九经。《水部》：“，水，出犍为涪，南入黔水。从水昷声。烏魂切。”（225 页）

2.【常 B】金文“慍”字，文物 93.1。石刻“慍”字，王悦及妻郭氏志。《心部》：“，怒也。从心昷声。於問切。”（221 页）

3.【常】简帛“媪”字，马壹 88、金关 T23：933。石刻“媪”字，成公氏志。《女部》：“，女老偁也。从女昷声。读若奥。烏皓切。”（259 页）

4.0【常 B】石刻“緼”字，石经五经。《糸部》：“，绋也。从糸昷声。於云切。”（277 页）“緼”字简化作“组”。

4.1【常】石刻“蘊”字，囗和志、甘基志，从艸緼声，简化作“蕴”，《说文》无。

5.【常】石刻“醖”字，颜勤礼碑。《酉部》：“，酿也。从酉昷声。於問切。”（311 页）“醖”字简化作“酝”。

6.【常】“瘟”字暂未见唐以前相关古文字形，从疒昷声，《说文》无。

“文”组

0.【常】甲骨文“文”字，合 1091、合 4611 反、合 946 正。金文

“文”字，商 04.2318、商 14.9088.1、西周 08.4224、西周 09.4414；从王，西周 05.2837。简帛“文”字，法律答问 162、金关 T24：845。石刻“文”字，石台孝经。《文部》：“文，错画也。象交文。無分切。”（185 页）《甲骨文字诂林》[①]：“按：徐灏《段注笺》云：‘文象分理交错形，因以为文字之称。……今字作纹，则其孳乳字。卜辞文或增饰作、，其错画之形愈显。’”《金文形义通解》[②]：“朱芳圃曰：‘文即文身之文，象人正立形，胸前……即刻画之文饰也。’……‘文’字简写省去胸前文饰则作文，小篆本此。许慎以其本义为‘错画’，以其形为‘象交文’，与初文形义不合。”

1.【常】甲骨文“吝”字，合 25216。金文“吝”字，春秋．音乐 49 页。简帛“吝”字，日甲《行》130。石刻“吝”字，元天穆志、石经五经。《口部》：“吝，恨惜也。从口文声。良刃切。，古文吝从彣。”（34 页）

2.0 简帛“閔”字，马壹 78_91。石刻“閔”字，华山庙碑。《門部》：“閔，吊者在门也。从門文声。眉殒切。，古文閔。”（249 页）“閔”字简化作“闵”。

2.1【常】石刻“憫”字，王豫志，从心閔声，简化作“悯”，《说文》无。

3. 石刻“彣”字，曹全碑。《彣部》：“彣，䬶也。从彡从文。無分切。”（185 页）段玉裁注[③]：“《有部》曰：‘䬶，有彣彰也。’是则有彣彰谓之彣，彣与文义别。凡言文章皆当作彣彰，作文章者，省也。……文亦声。”“彣”字音 wén。

4.【常 A】石刻“紊”字，元寿安志。《糸部》：“紊，乱也。从糸文声。亡運切。”（272 页）

5.【常】“玟”字，《玉部》：“玟，火齐，玫瑰也。一曰石之美者。从玉文声。莫桮切。”（13 页）《说文通训定声》[④]：“《仓颉篇》：玟瑰，火齐珠也。按：如云母重沓而可开，色黄赤似金，出日南。此字疑从枚省声，当作：玟，玟瑰，叠韵连语。”“玟”字后作“玫”。石刻“玫”字，于仙姬志。

6.【常】石刻“紋”字，崔玄藉妻志，从糸文声，简化作“纹”，

① 于省吾主编：《甲骨文字诂林》，中华书局，1999，3266 页。

② 张世超等：《金文形义通解》，中文出版社，1996，2231 页。

③ （清）段玉裁：《说文解字注》，上海古籍出版社，2000，425 页。

④ （清）朱骏声：《说文通训定声》，武汉古籍书店，1983，777 页。

《说文》无。

7.【常 A】石刻“斌”字，王普贤志，从文从武，文亦声，《说文》无。

8.【常 B】“雯”字暂未见唐以前相关古文字形，从雨文声，《说文》无。

“尊”组

0.【常】甲骨文“尊”字，合 21223、合 9、合 13566。金文“尊”字，西周 10.5296.1、西周 15.9726、商 03.886。石刻“尊”字，石经五经。《酋部》：“，酒器也。从酋，廾以奉之。祖昆切。，尊或从寸。”（313 页）《甲骨文字诂林》[①]：“罗振玉：‘或从寸作尊。卜辞象两手奉尊形。或从阜与古今文同。又古金文或从酉，或从酋。’按：契文作，从酉从廾，酉即象酒器，廾酒器以奉之，则‘尊’不得复谓之酒器。段玉裁注云：‘凡酒必实于尊以待酌者。……凡酌酒者必资于尊，故引申以为尊卑字。’乃曲为之解，不可据。‘**䢍**’本象奉承荐进之形，此当为其本义。”

1.【常】简帛“遵”字，金关 T23：244。石刻“遵”字，元勰志。《辵部》：“，循也。从辵尊声。將倫切。”（39 页）

2.【常】石刻“蹲”字，朱行斌志。《足部》：“，踞也。从足尊声。徂尊切。”（47 页）

3.【常 B】石刻“樽”字，石经周易，从木尊声，《说文》无。

“屯”组

0.【常】甲骨文“屯”字，合 812 正。金文“屯”字，西周 05.2791、西周 08.4250。简帛“屯”字，马壹 42_19、马壹 5_28。石刻“屯”字，荀岳志、石经周易。《屮部》：“，难也。象屮木之初生。屯然而难。从屮貫一。一，地也。尾曲。陟倫切。”（15 页）“屯”字音 zhūn。

1.0【常】甲骨文“春（萅）”字，合 20074、乙 8818、合 4596、合 8627、合 2358 正、合 8582 正、合 17314、合 18718、合 30851。金文“春（萅）”字，春秋 16.10008。简帛“春（萅）”字，

---

① 于省吾主编：《甲骨文字诂林》，中华书局，1999，2691 页。

日甲《取妻》155、田律 249、银贰 1623、金关 T30：202。石刻“春（萅）”字，寇炽志。《艸部》：“，推也。从艸从日，艸春时生也；屯声。昌純切。”（27 页）

1.1【常】简帛“蠢”字，日甲《诘》47。石刻“蠢”字，刘碑造像、石经尚书。《䖵部》：“，虫动也。从䖵春声。尺尹切。，古文蠢从𢦔。”（284 页）

1.2【常】石刻“椿”字，张乔志，从木春声，《说文》无。

2.【常】金文“純”字，西周 08.4332.1、新收 964 页、战国 16.10371。石刻“純”字，慈庆志。《糸部》：“，丝也。从糸屯声。常倫切。”（271 页）“純”字简化作“纯”。

3.【常】金文“邨”字，战国 17.11321。石刻“邨”字，卫和志。《邑部》：“，地名。从邑屯声。此尊切。”（136 页）《说文通训定声》[①]：“今字作村。”石刻“村”字，贾玄赞志。

4.0【常】简帛“頓”字，银贰 1139、敦煌简 1853。石刻“頓”字，石经九经。《頁部》：“，下首也。从頁屯声。都困切。”（183 页）“頓”字简化作“顿”。

4.1【常】“噸”字暂未见唐以前相关古文字形，从口頓声，简化作“吨”，《说文》无。

5.【常】石刻“鈍”字，立朝等字残碑、石经五经。《金部》：“，錭也。从金屯声。徒困切。”（299 页）“鈍”字简化作“钝”。

6.【常 B】石刻“沌”字，王璠志，从水屯声，《说文》无。

7.【常 B】“炖”字从火屯声，【常 A】“盹”字从目屯声，【常 A】“囤”字从囗屯声，均暂未见唐以前相关古文字形，《说文》无。

“囷”组

0. 简帛“囷”字，为吏 15。石刻“囷”字，张轸志。《囗部》：“，廩之圜者。从禾在囗中。圜谓之囷，方谓之京。去倫切。”（129 页）

1.【常】简帛“菌”字，第八层 459。石刻“菌”字，石经五经。《艸部》：“，地蕈也。从艸囷声。渠殞切。”（21 页）

① （清）朱骏声：《说文通训定声》，武汉古籍书店，1983，791 页。

“熏”组

0.【常】金文“熏”字，西周16.9898B、西周08.4326。石刻“熏”字，元桢志。《屮部》：“，火烟上出也。从屮从黑。屮黑，熏黑也。許云切。”（15页）《说文通训定声》[①]：“按：炎上出为烟，其色黑，中亦象烟上出形。此字当隶炎部或黑部，俗字作燻。”《金文形义通解》[②]：“早期金文从東（橐），上画四点以象熏染之意。……或增火以标其义。”

1.【常】“勛”是“勳”字古文，简化作“勋”。简帛“勳”字，金关T10：155。石刻“勛（勳）”字，曹全碑、尹宙碑。《力部》：“，能成王功也。从力熏声。許云切。，古文勳从員。”（292页）《金文形义通解》[③]：“金文‘勳’字从力員声，为《说文》古文所本，而古文较金文又有省简。”

2.【常B】石刻“薰”字，石经周易。《艸部》：“，香艸也。从艸熏声。許云切。”（16页）

3.【常B】“醺”字暂未见唐以前、小篆外其他相关古文字形。《酉部》：“，醉也。从酉熏声。許云切。”（312页）

4.【常B】石刻“曛”字，史怀训志，从日熏声，《说文》无。

“旬”组

0.【常】甲骨文“旬”字，合903正、合11697正乙。金文“旬”字，西周10.5430.2。简帛“旬”字，日乙45、仓颉篇45。石刻“旬”字，石经尚书。《勹部》：“，遍也。十日为旬。从勹、日。詳遵切。，古文。”（188页）《甲骨文字诂林》[④]：“王国维：‘、即旬字。’按：卜辞字，其义均为十日。卜旬之辞均以癸日，盖以旬之末日卜下旬之吉凶。……之形体乃由字演化而来。借助某些基本形体稍加变化以孳生新的文字形体，此为古代文字演化途径主要手段之一。”《金文形义通解》[⑤]：“甲骨文十日之‘旬’字但作，金文增从日。……小篆讹为勹。”

1.0【常】甲骨文“匀（匀）”字，美619。金文“匀（匀）”字，西周06.3381。石刻“匀（匀）”字，王播志。《勹部》：“，少也。从

① （清）朱骏声：《说文通训定声》，武汉古籍书店，1983，781页。

② 张世超等：《金文形义通解》，中文出版社，1996，76页。

③ 张世超等：《金文形义通解》，中文出版社，1996，3224页。

④ 于省吾主编：《甲骨文字诂林》，中华书局，1999，1153页。

⑤ 张世超等：《金文形义通解》，中文出版社，1996，2283页。

勹、二。羊倫切。”（187 页）《金文形义通解》[①]：“‘匀’即‘钧’之古字。金文‘匀’从⠅，𠃌声。⠅，本象金属坯饼形，……书写求简而瘦化作二。”

1.1【常】金文“鈞”字，西周 08.4180。简帛“鈞”字，数 80。石刻“鈞”字，于纂志。《金部》：“鈞，三十斤也。从金匀声。居匀切。𨥁，古文鈞从旬。”（296 页）《金文形义通解》[②]：“早期金文从⠅𠃌声，⠅……象凝结之金饼形；𠃌，古‘旬’字。后易义符⠅为金，则‘匀’实‘钧’之古字。篆文作鈞，乃重叠其义符。”“鈞”字简化作“钧”。

1.20【常】简帛“均”字，法律答问 187。石刻“均”字，元瓈志。《土部》：“均，平遍也。从土从匀，匀亦声。居匀切。”（286 页）

1.21【常 B】石刻“筠”字，元项志。《竹部》：“筠，竹皮也。从竹均声。王春切。”（99 页）

1.3【常 B】“昀”字暂未见唐以前相关古文字形，从日匀声，《说文》无。

2. 甲骨文“旬”字，合 21910、合 6861。金文“旬”字，新收 1074 页（匀声）、西周 04.2414。石刻“旬”字，石佛寺迦叶经碑、无量义经二。《目部》：“旬，目摇也。从目，匀省声。黄絢切。眴，旬或从旬。”（72 页）“旬”字音 xuàn。

3.0【常】金文“軍”字，文物 82.8。简帛“軍”字，秦律杂抄 8、奏谳书 40、蓋卢 11、敦煌简 0047，简化作“军”。石刻“軍”字，王蕃志、石经五经。《車部》：“軍，圜围也。四千人为军。从車，从包省。军，兵车也。舉云切。”（302 页）《金文形义通解》[③]：“金文从車𠃌声，𠃌，古‘旬’字。”

3.1【常】甲骨文“暈”字，合 13046、合 20985。石刻“暈”字，和邃志。《日部》：“暈，日月气也。从日軍声。王問切。”（139 页）《甲骨文字诂林》[④]：“罗振玉：‘象日光辉四射之状。’”“暈”字简化作“晕”。

3.2【常】简帛“運”字，脉书 18。石刻“運”字，鄯乾志。《辵部》：“運，移徙也。从辵軍声。王問切。”（40 页）“運”字简化作“运”。

3.3【常】简帛“揮”字，引书 15。石刻“揮”字，元隐志、石经五经。《手部》：“揮，奋也。从手軍声。許歸切。”（255 页）“揮”字简化作“挥”。

---

① 张世超等：《金文形义通解》，中文出版社，1996，2282 页。

② 张世超等：《金文形义通解》，中文出版社，1996，3258 页。

③ 张世超等：《金文形义通解》，中文出版社，1996，3324 页。

④ 于省吾主编：《甲骨文字诂林》，中华书局，1999，1095 页。

3.4【常】石刻“渾”字，奚智志。《水部》：“，混流声也。从水軍声。一曰洿下皃。户昆切。”（230页）“渾”字简化作“浑”。

3.5【常】石刻“葷”字，多宝塔碑。《艸部》：“，臭菜也。从艸軍声。許云切。”（16页）《说文通训定声》[1]：“《仓颉篇》：荤，辛菜也。”“葷”字简化作“荤”。

3.6【常】简帛“輝（煇）”字，脉书29。石刻“輝（煇）”字，元弼志盖、石经五经。《火部》：“，光也。从火軍声。况韋切。”（209页）《说文通训定声》[2]：“字亦作輝。”“輝”字简化作“辉”。

3.7【常B】石刻“暉”字，元思志。《日部》：“，光也。从日軍声。許歸切。”（138页）“暉”字简化作“晖”。

3.8【常B】“皸”字暂未见唐以前、小篆外其他相关古文字形。《皮部》：“，足坼也。从皮軍声。矩云切。”（67页）“皸”字简化作“皲”。

4.【常】简帛“詢”字，语书12。石刻“詢”字，石经尚书。《言部》：“，谋也。从言旬声。相倫切。”（57页）“詢”字简化作“询”。

5.【常B】简帛“荀”字，金关T25：121A。石刻“荀”字，荀岳志。《艸部》：“，艸也。从艸旬声。相倫切。”（27页）

6.【常】石刻“絢”字，石经九经。《糸部》：“，《诗》云：‘素以为绚兮。’从糸旬声。許掾切。”（273页）“絢”字简化作“绚”。

7.【常B】石刻“峋”字，史从庆志。《山部》：“，嶙峋也。从山旬声。相倫切。”（191页）

8.【常B】简帛“徇”字，张1077。石刻“徇”字，石经五经，从彳旬声，《说文》无。

9.【常】石刻“殉”字，张休光志、袁秀岩志，从歺旬声，《说文》无。

“卂”组

0. 金文“卂”字，西周06.3482.2。《卂部》：“，疾飞也。从飞而羽不见。息晉切。”（246页）“卂”字音xùn。

1.【常】甲骨文“訊”字，合19129、合19133、合36389。金文“訊”字，西周05.2832、西周08.4293、西周08.4329。石刻“訊”字，杨宇志。《言部》：“，问也。从言卂声。思晉切。，古文訊从

① （清）朱骏声：《说文通训定声》，武汉古籍书店，1983，786页。

② （清）朱骏声：《说文通训定声》，武汉古籍书店，1983，787页。

卤。”（52 页）《金文形义通解》[①]：“象以索倒缚人手形，从口以会讯问之意。执讯为其本义，‘从言卂声’者晚出，当源自秦系文字。”“訊”字简化作“讯”。

2.【常】甲骨文“迅”字，合 18277、合 31792、合 29092、合 29084。石刻“迅”字，洛神十三行。《辵部》：“迅，疾也。从辵卂声。息進切。”（40 页）

3.【常】石刻“虱（蝨）”字，韩震志、郑君残碑。《䖵部》：“蝨，啮人虫。从䖵卂声。所櫛切。”（283 页）

4.【常】“汛”字暂未见唐以前、小篆外其他相关古文字形。《水部》：“汛，洒也。从水卂声。息晉切。”（237 页）段玉裁注[②]：“卂，疾飞也。水之散如飞，此以形声包会意也。”

“云”组

0.【常】甲骨文“云”字，合 21197、合 21324、合 13397。金文“云”字，吴越 289 页。简帛“云（雲）”字，秦谳书 216、东牌楼 066、蓋卢 30。石刻“云（雲）”字，鲜于璜碑、韩曳云造像。《雲部》：“雲，山川气也。从雨，云象雲回转形。王分切。云，古文省雨。，亦古文雲。”（242 页）《甲骨文字诂林》[③]：“于省吾：‘云为雲之初文，加雨为形符，乃后起字。’按：契文与《说文》雲之古文同。或作，与旬之作者判然有别。”“雲”字简化作“云”。

1. 金文“芸”字，楚系彩版 10。简帛“芸”字，仓颉篇 28。石刻“芸”字，阿史那贞忠志。《艸部》：“芸，艸也，似目宿。从艸云声。王分切。”（19 页）

2.【常】石刻“魂”字，元倪志。《鬼部》：“魂，阳气也。从鬼云声。户昆切。”（188 页）

3.【常】“耘”是“䵴”字或体“𦔳”之省体。石刻“耘”字，石经五经。《耒部》：“䵴，除苗间秽也。从耒員声。羽文切。𦔳，䵴或从芸。”（93 页）《说文通训定声》[④]：“或从芸声，字亦作耘。”

---

① 张世超等：《金文形义通解》，中文出版社，1996，487 页。
② （清）段玉裁：《说文解字注》，上海古籍出版社，2000，565 页。
③ 于省吾主编：《甲骨文字诂林》，中华书局，1999，1148 页。
④ （清）朱骏声：《说文通训定声》，武汉古籍书店，1983，811 页。

“允”组

0.【常】甲骨文“允”字，合583反。金文“允”字，西周08.4341、西周08.4328。简帛“允”字，马壹128_2。石刻“允”字，石经九经。《儿部》：“，信也。从儿㠯声。樂準切。”（176页）《甲骨文字诂林》[①]：“赵诚：‘象人鞠躬低头双手向后下垂，以表示恭敬、诚信的样子。’按：篆文允字从㠯，乃形体之讹变。”

1.0 石刻“夋”字，石经五经。《夊部》：“，行夋夋也。一曰倨也。从夊允声。七倫切。”（112页）“夋”字音qūn。

1.1【常】金文“酸”字，战国17.10922。石刻“酸”字，元悌志。《酉部》：“，酢也。从酉夋声。关东谓酢曰酸。素官切。，籀文酸从畯。”（313页）

1.2【常】简帛“俊”字，病方367。石刻“俊”字，曹全碑、元项志。《人部》：“，材千人也。从人夋声。子峻切。”（162页）《说文通训定声》[②]：“字亦作儁。”

1.3【常A】石刻“竣”字，源公庙诗刻。《立部》：“，偓竣也。从立夋声。七倫切。”（216页）

1.4【常】简帛“駿”字，居新8011、金关T06：063。石刻“駿”字，石经尚书。《馬部》：“，马之良材者。从馬夋声。子峻切。”（200页）“駿”字简化作“骏”。

1.5“陖”字暂未见唐以前、小篆外其他相关古文字形。《𨸏部》：“，陗高也。从𨸏夋声。私閏切。”（305页）《说文通训定声》[③]：“按：㕙、峻皆此字之或体。”

1.6【常】“峻”是“㕙”字省体。石刻“峻”字，元暐志。《山部》：“，高也。从山陖声。私閏切。，㕙或省。”（190页）

1.7【常】石刻“梭”字，李仙蕙志。《木部》：“，木也。从木夋声。私閏切。”（116页）

1.8【常A】“唆”字从口夋声，【常B】“睃”字从目夋声，均暂未见唐以前相关古文字形，《说文》无。

2.【常】石刻“吮”字，耿文训志。《口部》：“，欶也。从口允声。徂沇切。”（31页）

---

① 于省吾主编：《甲骨文字诂林》，中华书局，1999，40页。

② （清）朱骏声：《说文通训定声》，武汉古籍书店，1983，783页。

③ （清）朱骏声：《说文通训定声》，武汉古籍书店，1983，784页。

“再”组

0. 甲骨文“再”字，合集 6087。金文“再”字，西周 15.9814、西周 15.9456、战国 05.2773.1。简帛“再”字，银壹 882。石刻“再”字，萧符志。《冓部》：“，并举也。从爪，冓省。處陵切。”（83 页）《甲骨文字诂林》[①]：“契文字象以手契物之形，自有举义，但不能确言所契何物耳。于氏谓再、称古今字，是也。其释再册之义亦确不可易。再、偁、称并可通假，徐灏段注笺‘再’下已言之。段氏谓：‘凡手举字当作再，凡偁扬当作偁，凡铨衡当作称。’是分别言之各有专字也。”“再”字音 chēng。

1.【常】简帛“稱”字，秦律十八种 130、银壹 35。石刻“稱”字，石经周易。《禾部》：“，铨也。从禾再声。春分而禾生。日夏至，晷景可度。禾有秒，秋分而秒定。律数：十二秒而当一分，十分而寸。其以为重：十二粟为一分，十二分为一铢。故诸程品皆从禾。處陵切。”（146 页）《说文通训定声》[②]：“俗字作秤。”“稱”字简化作“称”。

“乘”组

0.【常】甲骨文“乘（椉）”字，合 3999、合 4002。金文“乘（椉）”字，西周 05.2779、西周 08.4186、战国．三代二十 / 五十八 / 三。简帛“乘（椉）”字，秦律十八种 18、赐律 291。石刻“乘（椉）”字，石经五经、石经周易。《桀部》：“，覆也。从入、桀。桀，黠也。军法曰乘。食陵切。，古文乘从几。”（114 页）《甲骨文字诂林》[③]：“卜辞作，象人乘，为櫱之古文，从木无头。林义光《文源》据金文谓：‘从大象人形，象人在木上。’其说是也。《说文通训定声》谓：‘凡自下而升曰登，自上而加曰乘。’”《金文形义通解》[④]：“王国维曰：‘此字象人乘木之形。’其树木形中笔多不出头而惟存左右分支、中干及本根形，盖欲显示人登树上，足踏枝弯之意，并非表示必登于‘伐木余’之櫱也。周金文‘大’下树木之形多出头，且于‘大’形下增形以示二足趾，突出乘登之意。”

1.【常】简帛“剩”字，敦煌简 1050，从刀乘声，《说文》无。

① 于省吾主编：《甲骨文字诂林》，中华书局，1999，3138 页。
② （清）朱骏声：《说文通训定声》，武汉古籍书店，1983，69 页。
③ 于省吾主编：《甲骨文字诂林》，中华书局，1999，298 页。
④ 张世超等：《金文形义通解》，中文出版社，1996，1425 页。

“丞”组

0.【常B】甲骨文“丞”字，合2279正、合763。金文“丞”字，文物98.10。简帛“丞”字，效律51、金关T30：043。石刻“丞”字，高元珪志。《収部》：“，翊也。从廾从卩从山。山高，奉承之義。署陵切。”（59页）《甲骨文字诂林》[①]：“罗振玉：‘象人臽阱中有抍之者，臽者在下，抍者在上，故从廾象抍之者之手也。’”

1.0简帛“烝”字，马贰232_127。石刻“烝”字，石经尚书。《火部》：“，火气上行也。从火丞声。煑仍切。”（207页）《说文通训定声》[②]：“古多以蒸为之。”

1.1【常】石刻“蒸”字，元子正志。《艸部》：“，折麻中干也。从艸烝声。煑仍切。，蒸或省火。”（25页）《说文通训定声》[③]：“析麻中干也。”

2.【常】简帛“拯”字，张452。石刻“拯”字，石经五经，从手丞声，《说文》无。

“登”组

0.【常】甲骨文“登”字，合8564、合4646、合11484正、合30973、合38690、合15819。金文“登”字，商15.9771、西周06.3464。简帛“登”字，金关T01：133。石刻“登”字，石经尚书。《癶部》：“，上车也。从癶、豆。象登车形。都滕切。，籒文登从収。”（38页）《金文形义通解》[④]：“金文登字有两种基本形：其一，从廾从豆以象事；其二，从癶声。此两类形式均源自甲文。……其两手捧豆之形，象有所进献事，本义为荐新之祭，典籍皆作‘蒸’；其从癶声字，即《说文》‘登’下之籒文形，本义当为升，即自下而上之行为，《说文》所云‘上车也’，乃其中之一事耳，后世但用其省声字‘登’。周金文中，两字均可写蒸祭义及国名。”

1.0【常】金文“鄧”字，春秋．淅川8页。简帛“鄧”字，秩律457。石刻“鄧”字，暴诞志。《邑部》：“，曼姓之国。今属南阳。从邑登声。徒亙切。”（134页）“鄧”字简化作“邓”。

---

① 于省吾主编：《甲骨文字诂林》，中华书局，1999，2682页。

② （清）朱骏声：《说文通训定声》，武汉古籍书店，1983，66页。

③ （清）朱骏声：《说文通训定声》，武汉古籍书店，1983，66页。

④ 张世超等：《金文形义通解》，中文出版社，1996，250页。

1.1【常】石刻“證”字，塔基石函铭刻、清真寺碑。《言部》：“證，告也。从言登声。諸應切。”（57 页）“證”字简化作“证”。

1.2【常】金文“瀓”字，汉铭 . 池阳宫行镫。石刻“瀓”字，宋义及妻志。《水部》：“瀓，清也。从水，徵省声。直陵切。”（231 页）《说文通训定声》[①]：“字亦作澄。”石刻“澄”字，吐谷浑玑志。

1.3【常】“橙”字暂未见唐以前、小篆外其他相关古文字形。《木部》：“橙，橘属。从木登声。丈庚切。”（114 页）

1.4【常】“蹬”字暂未见唐以前、小篆外其他相关古文字形。《足部》：“蹬，蹭蹬也。从足登声。徒亘切。”（48 页）

1.5【常】石刻“燈”字，郑善妃志、长明灯楼颂，从火登声，简化作“灯”，《说文》无。

1.6【常】石刻“瞪”字，王有□造像，从目登声，《说文》无。

1.7【常】“凳”字从几登声，【常 B】“噔”字从口登声，均暂未见唐以前相关古文字形，《说文》无。

“丰”组

0. 甲骨文“丰（丯）”字，合 20576 正、合 36528 反、怀 445。金文“丰（丯）”字，商 10.4825。石刻“丰（丯）”字，斛律昭男志。《生部》：“丯，艸盛丯丯也。从生，上下达也。敷容切。”（127 页）《甲骨文字诂林》[②]：“郭沫若：‘即以林木为界之象形。’”《金文形义通解》[③]：“象移植之艸木，其根部敷土之形，《说文》所解非是。……封树敷土，双手相向以动，故‘丰’声字有逢牾义。其盛也、满也之义，源自鼓声之‘豐’，非此族也。”“丰（丯）”字音 fēng。

1.0【常】甲骨文“奉”字，拾遗六 27。金文“奉”字，西周 16.10176。简帛“奉”字，马壹 82_65。石刻“奉”字，逢哲志。《収部》：“奉，承也。从手从廾，丯声。扶隴切。”（59 页）《金文形义通解》[④]：“金文不从手，象廾（两手）捧树苗之形。”

1.1【常】石刻“棒”字，许儁卅人造像，从木奉声，《说文》无。

1.2【常】石刻“捧”字，徐盼志，从手奉声，《说文》无。

---

① （清）朱骏声：《说文通训定声》，武汉古籍书店，1983，68 页。

② 于省吾主编：《甲骨文字诂林》，中华书局，1999，1327 页。

③ 张世超等：《金文形义通解》，中文出版社，1996，1523 页。

④ 张世超等：《金文形义通解》，中文出版社，1996，542 页。

2.【常】甲骨文"封"字，合集36243。金文"封"字，商10.4825、西周08.4293、西周08.4287。简帛"封"字，效律30。石刻"封"字，石经五经。《土部》："𡉚，爵諸侯之土也。从之从土从寸，守其制度也。公侯，百里；伯，七十里；子男，五十里。府容切。𡊄，古文封省。𡊻，籀文从丰。"（287页）《甲骨文字诂林》①："丰、封实本同源。章炳麟《文始》云：'《春秋传》曰：宿敢不封殖此树。《周官·封人》注：聚土曰封，盖本以土培树，……封本丰之孳乳也。引申为封诸侯。'……《说文》训封为'爵诸侯之土'，乃晚起之义，本象树其经界。"

2.1【常】"幫"字暂未见唐以前相关古文字形，从封从帛，封亦声，简化作"帮"，《说文》无。

3.0 金文"夆"字，西周10.5245.1、考古与文物06.6。简帛"夆"字，马壹142_16。石刻"夆"字，石经五经。《夂部》："𡕒，啎也。从夂丰声。读若縫。敷容切。"（114页）《说文通训定声》②："按：凡耸而锐上者曰夆。"《金文形义通解》③："甲骨文有字，……当为'逢'之初文，……金文'夆'字即之省。""夆"字音fēng。

3.10【常】甲骨文"逢"字，合36904。简帛"逢"字，得之案178、蓋卢19、金关T21：058。石刻"逢"字，元愔志。《辵部》："𨗴，遇也。从辵，夆省声。符容切。"（40页）《说文通训定声》④："从辵夆声。字亦误作逄。"

3.11【常】石刻"縫"字，冯邕妻元氏志。《糸部》："縫，以针紩衣也。从糸逢声。符容切。"（275页）"縫"字简化作"缝"。

3.12【常】简帛"蓬"字，仓颉篇24。石刻"蓬"字，蓬莱题字。《艸部》："蓬，蒿也。从艸逢声。薄紅切。𦺅，籀文蓬省。"（26页）

3.13【常】"篷"字暂未见唐以前相关古文字形，从竹逢声，《说文》无。

3.14【常】简帛"蜂（䗬）"字，敦煌简1362。石刻"蜂（䗬）"字，大中正残石、窦泰志、石经五经。《蚰部》："䗬，飞虫螫人者。从蚰逢声。敷容切。𧈧，古文省。"（283页）

3.15【常B】简帛"烽（㷭）"字，敦煌简1557。石刻"烽（㷭）"字，元恭志、郭顺志。《火部》："㷭，燧，候表也。边有警则举火。从火逢声。敷容切。"（210页）

① 于省吾主编：《甲骨文字诂林》，中华书局，1999，1332页。

② （清）朱骏声：《说文通训定声》，武汉古籍书店，1983，54页。

③ 张世超等：《金文形义通解》，中文出版社，1996，1422页。

④ （清）朱骏声：《说文通训定声》，武汉古籍书店，1983，54页。

3.16【常】石刻“鋒（鏠）”字，赵宽碑、李寿志。《金部》：“，兵耑也。从金逢声。敷容切。”（297 页）《说文通训定声》①：“字亦作鋒。”“鋒”字简化作“锋”。

4.0【常】金文“邦”字，西周 08.4192.1、西周 08.4276、西周 08.4242、战国 17.11361.1。简帛“邦”字，为吏 11。石刻“邦”字，王基断碑、石经周易。《邑部》：“，国也。从邑丰声。博江切。，古文。”（131 页）

4.1【常】“梆”字从木邦声；【常】“綁”字从糸邦声，简化作“绑”；均暂未见唐以前相关古文字形，《说文》无。

5.【常】石刻“峰（峯）”字，元维志、冯季华志。《山部》：“，山耑也。从山夆声。敷容切。”（190 页）

6.【常】石刻“蚌”字，石经五经。《虫部》：“，蜃属。从虫丰声。步項切。”（282 页）

“庚”组

0.【常】甲骨文“庚”字，合 22226、合 536。金文“庚”字，商 04.1628、商 10.4967、商 10.5083、商 16.9867。简帛“庚”字，睡 104、金关 T21：036。石刻“庚”字，荀岳志、石经周易。《庚部》：“，位西方，象秋时万物庚庚有实也。庚承己，象人𪗋。古行切。”（309 页）《甲骨文字诂林》②：“按：‘庚’当象钟类乐器之有虡者。……郭沫若谓庚本象钲铙，其说是对的。”

1.0【常】甲骨文“康”字，合集 35965。金文“康”字，西周 16.9901.1。简帛“康”字，西 . 马简牍。石刻“康”字，石经周易。《说文》无。《金文形义通解》③：“郭沫若释‘庚’象乐器形，曰：‘余意此康字必以和乐为其义，故殷周帝王即以其字为名号。穅乃后起字，盖从禾康声。古人同音通用，不必康即是穅也。……然则康字从庚，庚亦声也。庚下之短撇，盖犹彭之作若，言之作若也。’”

1.1【常】甲骨文“穅”字，合 36010、合 36101。石刻“穅”字，崔顺志。《禾部》：“，谷皮也。从禾从米，庚声。苦岡切。，穅或

① （清）朱骏声：《说文通训定声》，武汉古籍书店，1983，54 页。

② 于省吾主编：《甲骨文字诂林》，中华书局，1999，2891 页。

③ 张世超等：《金文形义通解》，中文出版社，1996，3424 页。

省。”（145 页）《说文通训定声》[①]：“字亦作糠。”石刻“糠”字，糠赵本质志。“穅”字音 kāng。

1.2【常】石刻“慷”字，慷杨震碑，从心康声，《说文》无。

2.0【常】甲骨文“唐”字，唐合 19822、唐合 952 正。金文“唐”字，唐商 12.6367。简帛“唐”字，唐算数书 129。石刻“唐”字，唐从事冯君碑、唐石经尚书。《口部》：“唐，大言也。从口庚声。徒郎切。啺，古文唐从口、昜。”（33 页）《甲骨文字典》[②]：“唐与大甲大丁并告，又有连唐、大丁、大甲者，则此字为汤可知矣。……啺，古文唐，从口昜，与汤字形近。由啺转为汤，而后其本名废矣。”

2.1【常】“糖”字，《米部》：“糖，饴也。从米唐声。徒郎切。”（148 页）

2.2【常】石刻“塘”字，塘薛参志。《土部》：“塘，隄也。从土唐声。徒郎切。”（290 页）

2.3【常 B】石刻“瑭”字，瑭国礷志铭，从玉唐声，《说文》无。

2.4【常】“搪”字暂未见唐以前相关古文字形，从手唐声，《说文》无。

“楞”组

0.【常】石刻“楞”字，楞元顺志，从四方木，《说文》无。

1.【常】“愣”字暂未见唐以前相关古文字形，《说文》无。

“瞢”组

0. 简帛“瞢”字，瞢日甲《梦》13。《苜部》：“瞢，目不明也。从苜从旬。旬，目数摇也。木空切。”（77 页）“瞢”字音 méng。

1.【常】甲骨文“夢”字，夢合 19829、夢合 122、夢合 22145、夢合 17450、夢合 12713。简帛“夢”字，夢马壹 136_58。石刻“夢”字，夢石经九经、夢崔素志，简化作“梦”。《夕部》：“夢，不明也。从夕，瞢省声。莫忠切。又亡貢切。”（142 页）《说文通训定声》[③]：“按：夜不明也。”《甲骨文字诂林》[④]：“丁山：‘夢即㝱之初形。’按：丁山释‘夢’可信。《说文》训‘㝱’为‘寐而有觉’，‘从宀从爿夢声’（大徐本），训‘夢’为‘不明’。典籍则通作‘夢’，‘㝱’字久废。”

---

① （清）朱骏声：《说文通训定声》，武汉古籍书店，1983，925 页。

② 徐中舒主编：《甲骨文字典》，四川辞书出版社，1990，95 页。

③ （清）朱骏声：《说文通训定声》，武汉古籍书店，1983，75 页。

④ 于省吾主编：《甲骨文字诂林》，中华书局，1999，3107 页。

2.【常 B】“懵”字暂未见唐以前相关古文字形，从心瞢声，《说文》无。

“冡”组

0. 金文“冡”字，秦文字编 1225。石刻“冡”字，石经五经。《冃部》：“，覆也。从冃、豕。莫紅切。”（156 页）段玉裁注[①]：“凡蒙覆、僮蒙之字，今字皆作蒙，依古当作冡，蒙行而冡废矣。”“冡”字音 méng。

1.0【常】简帛“蒙”字，银贰 1459、敦煌简 0127。石刻“蒙”字，刘阿素志。《艸部》：“，王女也。从艸冡声。莫紅切。”（26 页）《说文通训定声》[②]：“钱辛楣师曰：女萝之大者名王女。”

1.1【常】“朦”字暂未见唐以前、小篆外其他相关古文字形。《月部》：“，月朦胧也。从月蒙声。莫工切。”（141 页）

1.2【常】“檬”字暂未见唐以前相关古文字形，从木蒙声，《说文》无。

“黾”组

0. 金文“黽”字，商 10.4979、西周 05.2779。石刻“黽”字，独孤开远志。《黽部》：“，鼃黽也。从它，象形。黽头与它头同。莫杏切。，籀文黽。”（285 页）“黽”字音 měng，简化作“黾”。

1.【常】简帛“蠅”字，马贰 70_54。石刻“蠅”字，石经五经。《黽部》：“，营营青蝇。虫之大腹者。从黽从虫。余陵切。”（285 页）“蠅”字简化作“蝇”。

2.【常】简帛“繩”字，金关 T04：086。石刻“繩”字，元徽志。《糸部》：“，索也。从糸，蠅省声。食陵切。”（275 页）“繩”字简化作“绳”。

3.【常 B】石刻“澠”字，长孙盛志，从水黽声，简化作“渑”，《说文》无。

① （清）段玉裁：《说文解字注》，上海古籍出版社，2000，353 页。

② （清）朱骏声：《说文通训定声》，武汉古籍书店，1983，57 页。

“朋”组

0.【常】甲骨文“朋”字，合 21773、合 19636、合 13。金文“朋”字，商 12.7011、西周 11.5985。石刻“朋”字，石经周易。《说文》无。《甲骨文字诂林》①：“《说文》以为凤之古文象形原不误，其下说假借之故亦沿讹已久。盖朋字只是朋之形讹，徒以其隶体与形近，许君遂以为朋党之朋，乃假凤之古文为之。实则朋贝之朋乃朋之讹字，朋党之朋又朋贝之假字，与凤之古文实无涉也。”

1.【常】“鹏”是“鳳”字古文，简化作“鹏”。石刻“鹏”字，元颢志。

2.0【常】简帛“崩（堋）”字，马壹 36_27。石刻“崩（堋）”字，元子直志。《山部》：“，山坏也。从山朋声。北滕切。，古文从自。”（191 页）

2.1【常】“蹦”字暂未见唐以前相关古文字形，从足崩声，《说文》无。

3.【常】“绷”字同“繃”，简化作“绷”。《糸部》：“，束也。从糸崩声。補盲切。”（272 页）

4.【常】“棚”字暂未见唐以前、小篆外其他相关古文字形。《木部》：“，栈也。从木朋声。薄衡切。”（123 页）

5.【常】“硼”字暂未见唐以前相关古文字形，从石朋声，《说文》无。

“升”组

0.【常】甲骨文“升”字，合 21146。金文“升”字，西周 08.4194.2。简帛“升”字，效律 5、金关 T09：237。石刻“升”字，石台孝经、石经五经。《斗部》：“，十龠也。从斗，亦象形。識蒸切。”（300 页）《金文形义通解》②：“金文象斗中有物形。高鸿缙曰：‘此升起之升字，倚斗画其已挹取有物而升上倾注之形，……动词。后世借为十合之名，非本意也。’”

1.【常】石刻“昇”字，檀宾志、高盛碑。《日部》：“，日上也。从日升声。古只用升。識蒸切。”（140 页）“昇”字简化作“升”。

---

① 于省吾主编：《甲骨文字诂林》，中华书局，1999，3288 页。

② 张世超等：《金文形义通解》，中文出版社，1996，3312 页。

“生”组

0.【常】甲骨文“生”字，合7776。金文“生”字，西周05.2791、西周06.3631、西周16.10175。简帛“生”字，金关T06：039。石刻“生”字，斛律氏志、匹娄思志。《生部》：“，进也。象艸木生出土上。所庚切。”（127页）《金文形义通解》[①]：“李孝定曰：‘从中从一，一，地也，象艸木生出地上。小篆从土者，乃由所演化，古文垂直长画多于中间加点，复由点演变为横画，此通例也。’早期金文与甲文同，后增饰点，或简变为横画。”

1.【常】甲骨文“姓”字，合14027、合18052。金文“姓”字，吴越286页。简帛“姓”字，秦律十八种102。石刻“姓”字，石经尚书。《女部》：“，人所生也。古之神圣母，感天而生子，故称天子。从女从生，生亦声。息正切。”（258页）《金文形义通解》[②]：“甲骨文有‘姓’字，……从女生声。然卜辞用例，‘姓’仍为女字，非姓氏之姓。金文‘姓’字无从女者，其先但以‘生’字为‘姓’，春秋时……‘姓’字从人，不从女。……以字词关系言之，‘姓’之语源为‘生’，‘姓’虽独立成词久矣，然长期借用词根书写形式‘生’……而后世通用之‘姓’字殆即战国晚期产物。”

2.0【常】“星”是“曐”字省体。甲骨文“曐”字，合11488、合11501。金文“曐”字，西周.周金三/四十一。简帛“星”字，睡120。石刻“星”字，石经九经。《晶部》：“，万物之精，上为列星。从晶生声。一曰象形。从口，古口复注中，故与日同。桑經切。，古文星。，曐或省。”（141页）《甲骨文字诂林》[③]：“古晶、星同字，其后始分化，加生为声符，卜辞皆无别。”

2.1【常】简帛“猩”字，猩敞案53。石刻“猩”字，石经五经。《犬部》：“，猩猩，犬吠声。从犬星声。桑經切。”（204页）

2.2【常】石刻“醒”字，元纯陀志。《酉部》：“，醉解也。从酉星声。按：酲字注云：一曰醉而觉也。则古酲，亦音醒也。桑經切。”（313页）

2.3【常】石刻“腥”字，石经五经。《肉部》：“，星见食豕，令肉中生小息肉也。从肉从星，星亦声。穌佞切。”（89页）

---

① 张世超等：《金文形义通解》，中文出版社，1996，1521页。

② 张世超等：《金文形义通解》，中文出版社，1996，2820页。

③ 于省吾主编：《甲骨文字诂林》，中华书局，1999，1327页。

3.【常】金文“牲”字，西周16.9901.1、新收1074。简帛“牲”字，秦律十八种151。石刻“牲”字，石经周易。《牛部》：“牲，牛完全。从牛生声。所庚切。”（29页）《说文通训定声》[①]：“按：‘牛完全’当为牷字之训。……《周礼·庖人》注：始养之曰畜，将用之曰牲。是牲者，祭祀之牛也，而羊豕亦以类称之。”

4.【常】简帛“笙”字，楚汇信7。石刻“笙”字，石经尚书。《竹部》：“笙，十三簧。象凤之身也。笙，正月之音。物生，故谓之笙。大者谓之巢，小者谓之和。从竹生声。古者随作笙。所庚切。”（98页）

5.【常B】简帛“旌”字，第八层1031。石刻“旌”字，石经五经。《㫃部》：“旌，游車載旌，析羽注旄首，所以精進士卒。从㫃生声。子盈切。”（140页）

6.【常】简帛“甥”字，服传甲。石刻“甥”字，元馗志。《男部》：“甥，谓我舅者，吾谓之甥也。从男生声。所更切。”（291页）

7.【常】石刻“性”字，石经周易。《心部》：“性，人之阳气性善者也。从心生声。息正切。”（217页）

“圣”组

0. 玺印“圣”字，汉印文字征。《土部》：“圣，汝颍之间謂致力于地曰圣。从土从又。读若兔窟。苦骨切。”（288页）

1.【常】简帛“怪”字，日甲《盗者》82。石刻“怪”字，石经尚书。《心部》：“怪，异也。从心圣声。古壞切。”（220页）

“曾”组

0.【常】甲骨文“曾”字，合22294。金文“曾”字，西周05.2678。简帛“曾”字，敦煌简1448、金关T11：001。石刻“曾”字，石经九经。《八部》：“曾，词之舒也。从八从曰，㓜声。昨稜切。”（28页）《甲骨文字诂林》[②]：“于省吾：‘契文字乃曾之初文，从口为后起字。’”《金文形义通解》[③]：“上象蒸气逸出之形，非从八。朱芳圃曰：‘其器下体承水，上体盛饭，中设一箅，金文曾字从，即象其形。……箅为

① （清）朱骏声：《说文通训定声》，武汉古籍书店，1983，853页。

② 于省吾主编：《甲骨文字诂林》，中华书局，1999，2123页。

③ 张世超等：《金文形义通解》，中文出版社，1996，114页。

甑之特征，故造字取以为象，下从▢，所以承之。’朱氏所言为塙。早期金文下从▢，象器形。春秋战国间增饰笔作‘甘’，篆文讹为‘曰’，象箅之▢讹为▢，而甑上之蒸气形亦解为‘八’。《说文》据小篆字形及假借义说解，非其朔也。”

1.【常】简帛“增”字，▢秦律十八种24。石刻“增”字，▢刘悦志。《土部》：“▢，益也。从土曾声。作滕切。”（288页）

2.【常】石刻“層”字，▢元倹志。《尸部》：“▢，重屋也。从尸曾声。昨棱切。”（175页）“層”字简化作“层”。

3.【常B】“罾”字，《网部》：“▢，鱼网也。从网曾声。作騰切。”（157页）

4.【常】石刻“憎”字，▢侯刚志。《心部》：“▢，恶也。从心曾声。作滕切。”（221页）

5.【常】石刻“贈”字，▢刘濬志。《貝部》：“▢，玩好相送也。从貝曾声。昨鄧切。”（130页）“贈”字简化作“赠”。

6.【常】石刻“僧”字，▢刘碑造像。《人部》：“▢，浮屠道人也。从人曾声。穌曾切。”（168页）

7.【常】“蹭”字暂未见唐以前、小篆外其他相关古文字形。《足部》：“▢，蹭蹬，失道也。从足曾声。七鄧切。”（48页）

8.【常B】“噌”字暂未见唐以前相关古文字形，从口曾声，《说文》无。

“争”组

0.【常】甲骨文“争（爭）”字，▢合26、▢合11499正。简帛“争（爭）”字，▢芮盗案68、▢敦煌简0239B。石刻“争（爭）”字，▢石经五经。《𠬪部》：“▢，引也。从𠬪、厂。側莖切。”（84页）段玉裁注[①]：“凡言争者，皆谓引之使归于己。”《说文解字注笺》[②]：“争之本义为两手争一物。”

1.【常】金文“静（靜）”字，▢西周08.4273、▢春秋16.10361。简帛“静（靜）”字，▢马壹141_5、▢居新7709。石刻“静（靜）”字，▢斛律氏志、▢王惠志。《青部》：“▢，审也。从青爭声。疾郢切。”（106页）

2.【常】石刻“净（淨）”字，▢无量义经二、▢志修塔记。《水部》：“▢，鲁北城门池也。从水爭声。士耕切。又才性切。”（227页）段玉裁

① （清）段玉裁：《说文解字注》，上海古籍出版社，2000，160页。

② （清）徐灏：《说文解字注笺》（续修四库全书），上海古籍出版社，2002，卷四下436页。

注[①]："净，今俗用为瀞字。"

3.【常】石刻"筝（箏）"字，韩裔志。《竹部》："箏，鼓弦竹身乐也。从竹爭声。側莖切。"（98 页）

4.【常 B】石刻"鋝"字，王太真志。《金部》："錚，金声也。从金爭声。側莖切。"（297 页）"鋝"字简化作"铮"。

5.【常】简帛"挣"字，马壹 133_30，从手争声，《说文》无。

6.【常】"睁"字从目争声，【常 A】"狰"字从犬争声，均暂未见唐以前相关古文字形，《说文》无。

"正"组

0.【常】甲骨文"正"字，合 1140 正、合 36534、H11：84、合 31791。金文"正"字，商 13.8200、商 12.6636、西周 07.4044、西周 08.4296、战国 18.12044。简帛"正"字，为吏 44。石刻"正"字，黄庭经、石经五经。《正部》："正，是也。从止，一以止。之盛切。𤴓，古文正从二。二，古上字。𤴔，古文正从一、足。足者亦止也。"（39 页）《金文形义通解》[②]："'正'字在殷商甲骨文中写作、，或偶作，其足趾皆朝向口形或填实之■形。口表城邑，足趾向之，则表征行之义。……甲文'正'字与'足'字异字同形，入周以后，二字已经分别：'足'字上部仍作〇形；而'正'字上部先作填实之圆体或方体，继之演变为一横划。……至战国，顶横上多缀饰一短横，……为《说文》古文所本。"

1.【常】"征"是"延"字或体。甲骨文"征（延）"字，合集 31791、H11：110。金文"征（延）"字，西周 10.5410.1、西周 09.4420.1。简帛"征"字，马壹 46_63。石刻"征"字，阿史那贞忠志。《辵部》："延，正行也。从辵正声。諸盈切。征，延或从彳。"（39 页）《金文形义通解》[③]："'延'、'征'实为'正'字加旁字。"

2.0【常】甲骨文"定"字，合 36850。金文"定"字，西周 05.2832。简帛"定"字，法律答问 121、马壹 39_11。石刻"定"字，桐柏淮源庙碑、石经五经。《宀部》："定，安也。从宀从正。徒徑

① （清）段玉裁：《说文解字注》，上海古籍出版社，2000，536 页。

② 张世超等：《金文形义通解》，中文出版社，1996，261 页。

③ 张世超等：《金文形义通解》，中文出版社，1996，283 页。

切。”（150 页）段玉裁注[①]：“从宀正声。”《金文形义通解》[②]：“甲骨文‘定’字作……从宀正声。”

2.1【常】金文“鋌”字，汉铭．骀荡宫高镫。《金部》：“，鐙也。从金定声。丁定切。”（295 页）“鋌”字简化作“锭”。

2.2【常】“綻”字，从糸定声，简化作“绽”，《说文》无。

3.【常】金文“政”字，西周 05.2841B、春秋 15.9696。简帛“政”字，为吏 41、金关 T31：064。石刻“政”字，元端志、逢哲志。《攴部》：“，正也。从攴从正，正亦声。之盛切。”（67 页）

4.【常】石刻“整”字，辛穆志、石经五经。《攴部》：“，齐也。从攴从束从正，正亦声。之郢切。”（67 页）

5.【常 B】石刻“鉦”字，臧怀亮志。《金部》：“，铙也。似铃，柄中，上下通。从金正声。諸盈切。”（297 页）“鉦”字简化作“钲”。

6.【常】石刻“怔”字，张叔遵志，从心正声，《说文》无。

7.【常】“症”字暂未见唐以前相关古文字形，从疒正声，《说文》无。

“充”组

0.【常】简帛“充”字，金关 T30：050。石刻“充”字，张整志、石经五经。《儿部》：“，长也。高也。从儿，育省声。昌終切。”（176 页）《说文通训定声》[③]：“充育一声之转。或曰从育省，会意，育子长大成人意，亦通。《方言》十三：充，养也。”

1.【常】简帛“統”字，仪礼甲《服传》20。石刻“統”字，石经周易。《糸部》：“，纪也。从糸充声。他综切。”（271 页）“統”字简化作“统”。

“舂”组

0.【常 B】甲骨文“舂”字，合 17078 正、合 9336。金文“舂”字，西周 15.9399。简帛“舂”字，秦律十八种 95、第八层 805、张 195。石刻“舂”字，执失善光志。《臼部》：“，擣粟也。从廾持杵临臼上。午，杵省也。古者雝父初作舂。書容切。”（148 页）《甲骨文字

① （清）段玉裁：《说文解字注》，上海古籍出版社，2000，339 页。

② 张世超等：《金文形义通解》，中文出版社，1996，1828 页。

③ （清）朱骏声：《说文通训定声》，武汉古籍书店，1983，41 页。

集释》[①]："契文正象一人两手奉杵临臼擣粟之形。"

1.【常】甲骨文"椿"字，花东11。《木部》："，橛杙也。从木舂声。啄江切。"（126页）"椿"字简化作"桩"。

"虫"组

0.【常】甲骨文"虫"字，合22296。金文"虫"字，西周04.2175。简帛"虫"字，日甲《诘》39。石刻"虫"字，张思鼎志。《虫部》："，一名蝮，博三寸，首大如擘指。象其卧形。物之微细，或行，或毛，或蠃，或介，或鳞，以虫为象。許偉切。"（278页）

1.【常】甲骨文"融"字，合23612。简帛"融"字，仓颉篇46。石刻"融"字，石经五经。《鬲部》："，炊气上出也。从鬲，蟲省声。以戎切。，籀文融不省。"（62页）

2.【常】简帛"蟲"字，日甲《盗者》74。石刻"蟲"字，石经五经。《蟲部》："，有足谓之蟲，无足谓之豸。从三虫。直弓切。"（284页）"蟲"字简化作"虫"。

"从"组

0.【常】甲骨文"从"字，合21355、花东290。金文"从"字，西周06.3455、西周09.4466。石刻"从"字，朱曼妻薛氏买地券。《从部》："，相听也。从二人。疾容切。"（169页）《说文解字注笺》[②]："从、從古今字，相听犹相从。"《甲骨文字诂林》[③]："按:《说文》以'二人为从，反从为比'，而金甲文反正无别，实为同字。金文'从'作，或从止作，或从彳作，或从辵作。"

1.0【常】甲骨文"從"字，合5716、H11：100。金文"從"字，西周11.5766、西周08.4328、战国16.10478A。简帛"從"字，为吏41、传食律233、金关T01：066。石刻"從"字，夏承碑、石经周易。《从部》："，随行也。从辵、从，从亦声。慈用切。"（169页）《金文形义通解》[④]："'從'字……为'从'之增加义符字，所增义符不一。或增从彳，……或增从止，……或增从辵。""從"字简化作"从"。

---

① 李孝定:《甲骨文字集释》，台湾"中研院"历史语言研究所，1970，2405页。

② （清）徐灝:《说文解字注笺》（续修四库全书），上海古籍出版社，2002，卷八上151页。

③ 于省吾主编:《甲骨文字诂林》，中华书局，1999，134页。

④ 张世超等:《金文形义通解》，中文出版社，1996，2040页。

1.1【常】简帛“縱”字，法律答问63。石刻“縱”字，斛律氏志。《糸部》：“，缓也。一曰舍也。从糸從声。足用切。”（272页）“縱”字简化作“纵”。

1.2【常】石刻“聳”字，张翼志。《耳部》：“，生而聋曰耸。从耳，從省声。息拱切。”（250页）“聳”字简化作“耸”。

1.3【常B】石刻“樅”字，石经五经。《木部》：“，松叶柏身。从木從声。七恭切。”（118页）“樅”字简化作“枞”。

1.4【常B】“慫（㦀）”字暂未见唐以前、小篆外其他相关古文字形。《心部》：“，惊也。从心從声。读若悚。息拱切。”（220页）“慫”字简化作“怂”。

1.5【常】石刻“蹤”字，敬羽高衡志、李淑姿志，从足從声，后作“踪”，《说文》无。

2.【常B】“”字暂未见唐以前相关古文字形，从土从声，《说文》无。“”字音zōng。

“东”组

0.【常】甲骨文“東”字，合25362。金文“東”字，西周07.4029。简帛“東”字，封诊式75、东牌楼130、魏晋残纸。石刻“東”字，张玄志。《東部》：“，动也。从木。官溥说：从日在木中。得紅切。”（126页）《甲骨文字诂林》[①]：“按：字本象实物囊中，束其两端之形。既不从木，亦不从日。”“東”字简化作“东”。

1.0【常】甲骨文“重”字，村中南483。金文“重”字，商11.6249、商11.6325、西周08.4241。简帛“重”字，银壹524。石刻“重”字，斛律氏志。《重部》：“，厚也。从壬東声。柱用切。”（169页）《金文形义通解》[②]：“早期铜器有、一类象形文，柯昌济释为‘重’之初文，谓‘象人荷束形’。……其说可从，盖表人形背脊之竖笔与表囊橐之束形中竖笔交叠重合……金文‘重’字或于字下增横画而作，……或字下从土者，当即形增饰点而成。”

1.1【常】金文“鍾”字，西周01.88、西周01.44、春秋01.175。石刻“鍾”字，石经五经。《金部》：“，酒器也。从金重声。職容切。”（294页）“鍾”字简化作“钟”。

① 于省吾主编：《甲骨文字诂林》，中华书局，1999，3011页。

② 张世超等：《金文形义通解》，中文出版社，1996，2057页。

1.2【常】简帛“動”字，脉书55。石刻“動”字，石经尚书。《力部》：“，作也。从力重声。徒總切。，古文動从辵。”（292页）“動”字简化作“动”。

1.3【常】简帛“種”字，金关T24∶557。石刻“種”字，石经五经、清河张氏志，简化作“种”。《禾部》：“，先穜后孰也。从禾重声。直容切。”（144页）。

1.4【常B】简帛“踵”字，引书9、敦煌简1949A。石刻“踵”字，元谭妻司马氏志。《足部》：“，追也。从足重声。一曰往來皃。之隴切。”（46页）

1.5【常】玺印“腫”字，汉印文字征。《肉部》：“，痈也。从肉重声。之隴切。”（88页）“腫”字简化作“肿”。

1.6【常】“衝”字同“衝”，简化作“冲”。简帛“衝”字，马贰12_4。石刻“衝（衝）”字，、石经九经。《行部》：“，通道也。从行童声。昌容切。”（44页）

1.70【常】简帛“董”字，金关T24∶262。石刻“董”字，于纂志、董文萼志，从艸重声，《说文》无。

1.71【常】“懂”字暂未见唐以前相关古文字形，从心董声，《说文》无。

2.【常】简帛“棟”字，马壹12_68。石刻“棟”字，石经周易。《木部》：“，极也。从木東声。多貢切。”（120页）《说文通训定声》[①]：“屋内至中至高处，亦曰阿，俗谓之正梁。”“棟”字简化作“栋”。

3.【常】石刻“凍”字，石经九经。《仌部》：“，仌也。从仌東声。多貢切。”（240页）“凍”字简化作“冻”。

“冬”组

0.【常】金文“冬”字，战国15.9703。石刻“冬”字，石经九经。《仌部》：“，四时尽也。从仌从夂。夂，古文終字。都宗切。，古文冬从日。”（240页）《金文形义通解》[②]：“金文冬字从日夂声。夂，甲骨文作，乃‘终’之初文。”

1.【常】甲骨文“終”字，合20729、合6057反。金文“終”字，商03.1450、西周11.6015、春秋05.2566、战国02.321.4A。简帛

① （清）朱骏声：《说文通训定声》，武汉古籍书店，1983，30页。

② 张世超等：《金文形义通解》，中文出版社，1996，2674页。

“終”字，秦律十八种171。石刻“終”字，夏承碑。《糸部》：“終，絿丝也。从糸冬声。職戎切。𠔇，古文終。”（273页）《甲骨文字诂林》[①]：“契文之𠔇、𠔇乃终之初形，金文作𠔇，已稍讹变。《说文》古文作𠔇，乃金文𠔇之进一步讹变。……契文之𠔇、𠔇，下垂者为纺专，象絿丝形。徐灏《段注笺》云：絿丝之器本作𠔇，象形，古文借为终。而冬从𠔇声，其后反于冬增糸旁为終。……古冬、终本同字，本义为终，借为冬夏字。初形皆作𠔇或𠔇，其后复增仌为冬，增糸为終。”“終”字简化作“终”。

2.【常】“疼”字从疒冬声，【常B】“咚”字从口冬声，均暂未见唐以前相关古文字形，《说文》无。

“工”组

0.【常】甲骨文“工”字，合21443、合18、合36489。金文“工”字，西周06.3433。简帛“工”字，秦律十八种99。石刻“工”字，卢修娥志。《工部》：“工，巧饰也。象人有规矩也。与巫同意。古紅切。𢒄，古文工从彡。”（100页）《金文形义通解》[②]：“杨树达曰：‘工盖器物之名也。……以字形考之，工象曲尺之形，盖即曲尺也。’”

1.【常】甲骨文“虹”字，合10405反。简帛“虹”字，马贰12_8。石刻“虹”字，元顼志、胡明相志。《虫部》：“虹，螮蝀也。状似虫。从虫工声。户工切。𧌑，籀文虹从申。申，电也。”（282页）《甲骨文字典》[③]：“象虹形，为虹字初文。……甲骨文虹字作两首，且有巨口，以其能饮也。”

2.0 金文“巩”字，西周16.10175。《丮部》：“巩，褱也。从丮工声。居悚切。𢀜，巩或加手。”（63页）

2.1【常】简帛“恐”字，上三中26、法律答问51。石刻“恐”字，尔朱袭志、、石经五经。《心部》：“恐，惧也。从心巩声。丘隴切。𢖶，古文。”（223页）

2.2【常】石刻“鞏”字，石经周易。《革部》：“鞏，以韦束也。《易》曰：‘巩用黄牛之革。’从革巩声。居竦切。”（60页）“鞏”字简化作“巩”。

3.0【常】简帛“江”字，语书8、秩律449。石刻“江”字，

① 于省吾主编：《甲骨文字诂林》，中华书局，1999，3132页。

② 张世超等：《金文形义通解》，中文出版社，1996，1095页。

③ 徐中舒主编：《甲骨文字典》，四川辞书出版社，1990，1426页。

石鼓志、石经尚书。《水部》："，水，出蜀湔氐徼外崏山，入海。从水工声。古雙切。"（224 页）

3.1【常】简帛"鴻"字，金关 T32 : 036B。石刻"鴻"字，檀宾志。《鳥部》："，鸿鹄也。从鳥江声。户工切。"（80 页）"鴻"字简化作"鸿"。

4.【常】金文"攻"字，春秋 01.93、春秋 01.95。简帛"攻"字，日甲《土忌》131。石刻"攻"字，元天穆志、石经尚书。《攴部》："，击也。从攴工声。古洪切。"（69 页）

5.0【常】金文"空"字，集成 11940。简帛"空"字，秦律十八种 125。石刻"空"字，王翊志。《穴部》："，窍也。从穴工声。苦紅切。"（152 页）

5.1【常】简帛"腔"字，封诊式 53。《肉部》："，内空也。从肉从空，空亦声。苦江切。"（90 页）

6.【常】简帛"杠"字，楚汇望 22。石刻"杠"字，李凤志。《木部》："，床前横木也。从木工声。古雙切。"（121 页）

7.【常】简帛"功"字，马壹 72_6、金关 T05 : 071。石刻"功"字，石经周易。《力部》："，以劳定国也。从力从工，工亦声。古紅切。"（292 页）

8.【常】简帛"紅"字，秦律十八种 111。石刻"紅"字，陈守素妻志、崔素志，简化作"红"。《糸部》："，帛赤白色。从糸工声。户公切。"（274 页）

9.【常】甲骨文"項"字，屯 463。简帛"項"字，法律答问 75。石刻"項"字，元延明志。《頁部》："，头后也。从頁工声。胡講切。"（182 页）"項"字简化作"项"。

10.【常】简帛"貢"字，仓颉篇 9。石刻"貢"字，曹全碑。《貝部》："，献功也。从貝工声。古送切。"（130 页）"貢"字简化作"贡"。

11.【常】石刻"控"字，元孟辉志。《手部》："，引也。从手空声。匈奴名引弓控弦。苦貢切。"（252 页）段玉裁注[①]："引者，开弓也。"

12.【常】石刻"扛"字，石经五经。《手部》："，横关对举也。从手工声。古雙切。"（254 页）段玉裁注[②]："以木横持门户曰关。凡大物而两手对举之曰扛。"

---

① （清）段玉裁：《说文解字注》，上海古籍出版社，2000，598 页。

② （清）段玉裁：《说文解字注》，上海古籍出版社，2000，603 页。

13.【常】“缸”字暂未见小篆之外其他相关古文字形。《缶部》：“缸，瓦也。从缶工声。下江切。”（109页）段玉裁注[①]：“瓨也。”

14.【常A】石刻“汞”字，唐思礼志，从水工声，《说文》无。

15.【常A】“肛”字暂未见唐以前相关古文字形，从肉工声，《说文》无。

“公”组

0.【常】甲骨文“公”字，合36545。金文“公”字，西周05.2837。简帛“公”字，敦煌简1897。石刻“公”字，杨君妻志。《八部》：“公，平分也。从八从厶音司。八犹背也。韩非曰：背厶为公。古紅切。”（28页）《甲骨文字典》[②]：“象瓮口之形，当为瓮之初文。”《金文形义通解》[③]：“周原甲骨此字作若，后者亦前者之稍变者，非从八。字象蒸汽逸出于器口，与‘曾’同意，……此当为‘融’字初文。”

1.【常】金文“訟”字，西周05.2837、西周08.4215.1。简帛“訟”字，银贰1244、金关T26：072、仓颉篇70。石刻“訟”字，赵宽碑。《言部》：“訟，争也。从言公声。曰：歌訟。似用切。䛦，古文訟。”（56页）“訟”字简化作“讼”。

2.0 金文“衮”字，西周16.9898A。简帛“衮”字，仓颉篇16。石刻“衮”字，高湝志。《衣部》：“衮，天子享先王，卷龙绣于下幅，一龙蟠阿上乡。从衣公声。古本切。”（170页）

2.1【常】“滚”字暂未见唐以前相关古文字形，从水衮声，《说文》无。

3.【常】金文“頌”字，西周08.4232.1。简帛“頌”字，金关T21：192，简化作“颂”。石刻“頌”字，张乔志。《頁部》：“頌，皃也。从頁公声。余封切。又似用切。額，籀文。”（181页）

4.0【常】金文“松”字，楚系彩版10。简帛“松”字，马贰32_9、仓颉篇63。石刻“松”字，肥致碑、和丑仁志。《木部》：“松，木也。从木公声。祥容切。㮤，松或从容。”（118页）

4.1【常】“蚣”是“蜙”字省体。石刻“蚣（蜙）”字，元恭志、石经五经。《虫部》：“蜙，蜙蝑，以股鸣者。从虫松声。息恭切。蚣，蜙或省。”（280页）

---

① （清）段玉裁：《说文解字注》，上海古籍出版社，2000，225页。

② 徐中舒主编：《甲骨文字典》，四川辞书出版社，1990，71页。

③ 张世超等：《金文形义通解》，中文出版社，1996，123页。

4.2【常B】"凇"字暂未见唐以前相关古文字形，从仌松声，《说文》无。

5.0【常】金文"翁"字，秦文字编606。简帛"翁"字，金关T07：015、金关T06：067A。石刻"翁"字，李虚中志。《羽部》："翁，颈毛也。从羽公声。烏紅切。"（75页）

5.1【常】"嗡"字暂未见唐以前相关古文字形，从口翁声，《说文》无。

6.【常】石刻"瓮"字，王宰妻志。《瓦部》："瓮，罂也。从瓦公声。烏貢切。"（269页）

"厷"组

0.【常B】"肱"是"厷"字或体。甲骨文"厷"字，合21565。金文"厷"字，商10.5055.2。石刻"肱"字，寇凭志、石经尚书。《又部》："厷，臂上也。从又，从古文。古薨切。𠃋，古文厷，象形。肱，厷或从肉。"（64页）《甲骨文字典》①："象于臂肘上加指事符号以表臂肘之义。"

1.【常】甲骨文"弘"字，合21895、合3076。金文"弘"字，西周04.2316。简帛"弘"字，第八层1554、仓颉篇60。石刻"弘"字，石经五经。《弓部》："弘，弓声也。从弓厶声。厶，古文肱字。胡肱切。"（270页）《金文形义通解》②："此字甲骨文作，与金文同，从弓从口。……篆文弘字所从之厶，乃由口而△，又由△讹变而来。"

2.【常】简帛"雄"字，马壹136_62。石刻"雄"字，乙瑛碑、石经五经。《隹部》："雄，鸟父也。从隹厷声。羽弓切。"（77页）

3.【常】金文"宏"字，秦文字编1160。简帛"宏"字，金关T23：288。石刻"宏"字，康健志。《宀部》："宏，屋深响也。从宀厷声。户萌切。"（150页）段玉裁注③："各本'深'下衍'响'字，此因下文屋响而误，今依《韵会》、《集韵》、《类篇》正。"

"弓"组

0.【常】甲骨文"弓"字，合20117、合9827。金文"弓"字，商

① 徐中舒主编：《甲骨文字典》，四川辞书出版社，1990，281页。

② 张世超等：《金文形义通解》，中文出版社，1996，3043页。

③（清）段玉裁：《说文解字注》，上海古籍出版社，2000，339页。

10.4968、西周 04.1678、西周 08.4276、西周 10.5408。简帛“弓”字，第八层 2200、马壹 8_41。石刻“弓”字，赫连子悦志。《弓部》：“弓，以近穷远。象形。古者挥作弓。居戎切。”（269 页）

1.0【常】“躬”是“躳”字或体。简帛“躳”字，包 210、银贰 1626。石刻“躬（躳）”字，石经九经、王容志。《吕部》：“躳，身也。从身从吕。居戎切。躬，躳或从弓。”（152 页）段玉裁注[①]：“从吕者，身以吕为柱也。”

1.1【常】“窮”字同“竆”，简化作“穷”。石刻“窮”字，元颢志、石经五经。《穴部》：“竆，极也。从穴躳声。渠弓切。”（153 页）

1.2【常 B】简帛“穹”字，金关 T26：151B。石刻“穹”字，石经五经。《穴部》：“穹，穷也。从穴弓声。去弓切。”（153 页）

“廾”组

0. 甲骨文“廾（収）”字，合 7279。金文“廾（収）”字，商 03.1091。《収部》：“収，竦手也。从𠂇从又。居竦切。今变隶作廾。𢪶，杨雄说：廾从两手。”（59 页）段玉裁注[②]：“此字谓竦其两手以有所奉也。”“廾（収）”字音 gǒng。

1.0【常】甲骨文“共”字，合 21449、合 14795 正。金文“共”字，近出 118、西周 08.4285.2、春秋 01.285.2、战国 05.2794。简帛“共”字，效律 35、马壹 132_29。石刻“共”字，窦泰志。《共部》：“共，同也。从廿、廾。渠用切。𢀜，古文共。”（59 页）《金文形义通解》[③]：“‘共’之初文，象执二玉而揖之形，故有‘拱’义，有‘恭’义，亦有‘同’义。……字形原作，其玉形加饰笔（殆受‘廿’之类化）作。春秋时受‘廿’字类化，饰笔之圆点变为短画，而二竖笔下部趋近作。战国时求其书写简易，则上下俱相连为‘廿’矣。”

1.1【常】石刻“恭”字，肥致碑、石经五经。《心部》：“恭，肃也。从心共声。俱容切。”（218 页）

1.2【常】简帛“拱”字，银壹 899。石刻“拱”字，石经五经。《手部》：“拱，敛手也。从手共声。居竦切。”（251 页）

1.3【常】石刻“供”字，韩曳云造像。《人部》：“供，设也。从人

① （清）段玉裁：《说文解字注》，上海古籍出版社，2000，343 页。
② （清）段玉裁：《说文解字注》，上海古籍出版社，2000，103 页。
③ 张世超等：《金文形义通解》，中文出版社，1996，567 页。

共声。一曰供给。俱容切。”（163 页）段玉裁注[①]：“设者，施陈也。”

1.4【常】石刻“洪”字，洪胡明相志。《水部》：“洪，洚水也。从水共声。户工切。”（229 页）

1.5【常】石刻“烘”字，烘杨孝恭碑、烘石经五经。《火部》：“烘，尞也。从火共声。呼東切。”（208 页）

1.6【常】“哄”字暂未见唐以前相关古文字形，从口共声，《说文》无。

“龙”组

0.【常】甲骨文“龍”字，龍合 6476、龍合 4035。金文“龍”字，龍西周 11.5809、龍西周 16.10249。简帛“龍”字，龍日乙 39、龍仓颉篇 29。石刻“龍”字，龍石经尚书。《龍部》：“龍，鳞虫之长。能幽，能明，能细，能巨，能短，能长；春分而登天，秋分而潜渊。从肉，飛之形，童省声。力鍾切。”（245 页）“龍”字简化作“龙”。

1.【常】甲骨文“聾”字，聾合 21099。《耳部》：“聾，无闻也。从耳龍声。虛紅切。”（250 页）“聾”字简化作“聋”。

2.【常】甲骨文“龐”字，龐合 1899 正、龐合 9538。简帛“龐”字，龐金关 T01：115。石刻“龐”字，龐石经五经。《广部》：“龐，高屋也。从广龍声。薄江切。”（192 页）段玉裁注[②]：“谓屋之高者也，故字从广。”“龐”字简化作“庞”。

3.【常】甲骨文“嚨”字，嚨花东 255。石刻“嚨”字，嚨黄庭经。《口部》：“嚨，喉也。从口龍声。盧紅切。”（30 页）“嚨”字简化作“咙”。

4.【常 B】金文“龔”字，龔西周晚期 08.4338。石刻“龔”字，龔唐.姬温志。《共部》：“龔，给也。从共龍声。俱容切。”（59 页）段玉裁注[③]：“《糸部》曰：给，相足也。此与《人部》‘供’音义同。今供行而龔废矣。”“龔”字简化作“龚”。

5.【常】金文“寵”字，寵西周 01.189.2。简帛“寵”字，寵日甲《生子》144。石刻“寵”字，寵石经周易。《宀部》：“寵，尊居也。从宀龍声。丑壟切。”（151 页）“寵”字简化作“宠”。

6.【常】石刻“壟”字，壟元斌志、壟崔君妻朱志。《土部》：“壟，丘壟也。从土龍声。力踵切。”（289 页）“壟”字简化作“垄”。

---

① （清）段玉裁：《说文解字注》，上海古籍出版社，2000，371 页。

② （清）段玉裁：《说文解字注》，上海古籍出版社，2000，445 页。

③ （清）段玉裁：《说文解字注》，上海古籍出版社，2000，105 页。

7.【常】石刻"籠"字，张海翼志。《竹部》："，举土器也。一曰笭也。从竹龍声。盧紅切。"（97页）"籠"字简化作"笼"。

8.【常B】简帛"隴"字，敦煌简2062。石刻"隴"字，曹全碑。《阜部》："，天水大阪也。从龍声。力鍾切。"（306页）"隴"字简化作"陇"。

9.【常B】石刻"瓏"字，李寿志。《玉部》："，祷旱玉。龙文。从玉从龍，龍亦声。力鍾切。"（11页）"瓏"字简化作"珑"。

10.【常B】"蘢"字暂未见唐以前、小篆外其他相关古文字形。《艸部》："，天蘥也。从艸龍声。盧紅切。"（20页）"蘢"字简化作"茏"。

11.【常】"朧"字，《月部》："，朦胧也。从月龍声。盧紅切。"（141页）"朧"字简化作"胧"。

12.【常】石刻"攏"字，元液志，从手龍声，简化作"拢"，《说文》无。

"农"组

0.【常】甲骨文"農（辳）"字，合10474、合9497。金文"農（辳）"字，西周04.2174。简帛"農（辳）"字，脉书15、脉书61、金关T30：205。石刻"農（辳）"字，李孟初神祠碑。《晨部》："，耕也。从晨囟声。奴冬切。，籀文農从林。，古文農。，亦古文農。"（60页）《金文形义通解》[①]："甲骨文作若，……象以蜃器除田中之杂草之意。……字多增'田'以标义，《说文》所从之'囟'乃'田'之讹。""農"字简化作"农"。

1.【常A】"膿"是"盥"字俗体，简化作"脓"。石刻"膿"字，曹全碑。《血部》："，肿血也。从血，農省声。奴冬切。，俗盥从肉農声。"（105页）

2.【常】石刻"濃"字，李仙蕙志。《水部》："，露多也。从水農声。女容切。"（234页）"濃"字简化作"浓"。

3.【常B】石刻"穠"字，辛云京妻志，从禾農声，简化作"秾"，《说文》无。

4.【常B】"儂"字从人農声，简化作"侬"；【常B】"噥"字从口農声，简化作"哝"；均暂未见唐以前相关古文字形，《说文》无。

① 张世超等:《金文形义通解》，中文出版社，1996，576页。

“戎”组

0.【常】甲骨文“戎（戒）”字，合 20218、合 20286、合 21252、合 6906、合 27997、屯 2286。金文“戎（戒）”字，商 13.8239、西周 05.2837、西周 08.4328。简帛“戎（戒）”字，日书 132、仓颉篇 8。石刻“戎（戒）”字，元详造像。《戈部》：“戎，兵也。从戈从甲。如融切。”（266 页）《甲骨文字典》[①]：“从戈从，象盾形，……古代戎族善用戈盾，故称之为戎。”《金文形义通解》[②]：“字本从戈从毌，毌写作，乃方盾之象形。……甲骨文契刻求简，方盾形转换为简线条十。周初金文亦或承甲骨文，简作十，与‘甲’字初文混同。‘甲’字作十，亦作，至小篆作甲，而戎字中之盾形被后人误认为甲而亦随同篆作甲。”

1.【常】石刻“絨”字，元厥志，从糸戎声，简化作“绒”，《说文》无。

“容”组

0.【常】金文“容”字，文物 72.6、文物 95.11。简帛“容”字，马壹 78_94、仓颉篇 62。石刻“容”字，石经周易。《宀部》：“容，盛也。从宀、谷。余封切。㝐，古文容从公。”（150 页）《金文形义通解》[③]：“段玉裁据小徐本改为‘谷声’，并与古文下注曰‘公声’。金文‘容’字从宀公声，与古鉢及《说文》古文同。”

1.【常】石刻“溶”字，幼觉大师志。《水部》：“溶，水盛也。从水容声。余隴切。又音容。”（231 页）

2.【常】石刻“蓉”字，南川县主志。《艸部》：“蓉，芙蓉也。从艸容声。余封切。”（27 页）

3.【常】“熔”字从火容声，【常】“榕”字从木容声，暂未见唐以前相关古文字形，《说文》无。

“同”组

0.【常】甲骨文“同”字，合 22202、合 21054。金文“同”字，西周 08.4261、西周 16.10322。简帛“同”字，效律 17、银贰 1187。

① 徐中舒主编：《甲骨文字典》，四川辞书出版社，1990，1359 页。

② 张世超等：《金文形义通解》，中文出版社，1996，2939 页。

③ 张世超等：《金文形义通解》，中文出版社，1996，1837 页。

石刻“同”字，暴诞志。《冃部》：“，合会也。从冃从口。徒紅切。”（156 页）《甲骨文字诂林》[①]：“按：林义光《文源》据金文以为从口凡，与咸同意。其说是对的。《说文》以为‘从冃从口’，乃据小篆立说。”《金文形义通解》[②]：“……是一种藏器物的匮子的名字。”

1.【常】甲骨文“桐”字，合 20975。金文“桐”字，西周 09.4460。简帛“桐”字，马贰 33_17。石刻“桐”字，石经尚书。《木部》：“，荣也。从木同声。徒紅切。”（117 页）

2.【常】简帛“銅”字，猩敞案 48、秩律 455。石刻“銅”字，默曹残碑、多宝塔碑。《金部》：“，赤金也。从金同声。徒紅切。”（293 页）“銅”字简化作“铜”。

3.【常】简帛“洞”字，第八层 1826。石刻“洞”字，元斌志。《水部》：“，疾流也。从水同声。徒弄切。”（230 页）

4.【常】“筒”字，《竹部》：“，通箫也。从竹同声。徒弄切。”（98 页）段玉裁注[③]：“所谓洞箫也。”

“童”组

0.【常】甲骨文“童”字，合 30178。金文“童”字，西周 16.10175。简帛“童”字，马壹 11_72。石刻“童”字，石经九经。《䇂部》：“，男有辠曰奴，奴曰童，女曰妾。从䇂，重省声。徒紅切。，籀文童，中与竊中同，从廿。廿，以为古文疾字。”（58 页）《甲骨文字诂林》[④]：“童字甲骨文作，妾字作，头上都有凿具标志，表示黥刑。”《金文形义通解》[⑤]：“早期金文从‘东’声。刘钊曰：‘甲骨文童字作，从辛从见。’……案：甲骨文象施刑于人目之意。童，古瞳字。”

1.【常】金文“鐘”字，西周 01.14、西周 01.46、西周 01.238.2、春秋 01.196。石刻“鐘”字，石经五经。《金部》：“，乐钟也。秋分之音，物穜成。从金童声。古者垂作钟。職茸切。，鐘或从甬。”（297 页）“鐘”字简化作“钟”。

2.【常 B】石刻“潼”字，杨无丑志。《水部》：“，水，出广汉梓潼北界，南入垫江。从水童声。徒紅切。”（224 页）

① 于省吾主编：《甲骨文字诂林》，中华书局，1999，2853 页。
② 张世超等：《金文形义通解》，中文出版社，1996，1934 页。
③ （清）段玉裁：《说文解字注》，上海古籍出版社，2000，197 页。
④ 于省吾主编：《甲骨文字诂林》，中华书局，1999，2501 页。
⑤ 张世超等：《金文形义通解》，中文出版社，1996，532 页。

3.【常B】简帛“憧”字，马壹43_36。石刻“憧”字，石经五经。《心部》：“，意不定也。从心童声。尺容切。”（220页）

4.【常】“撞”字，《手部》：“，丮擣也。从手童声。宅江切。”（255页）

5.【常A】石刻“幢”字，高归彦造像。《巾部》：“，旌旗之属。从巾童声。宅江切。”（160页）

6.【常B】石刻“曈”字，文宣王庙门碑。《日部》：“，曈昽，日欲明也。从日童声。徒紅切。”（139页）

7.【常】“瞳”字暂未见唐以前相关古文字形，从目童声，《说文》无。

“中”组

0.【常】甲骨文“中”字，合27244、合13375正、合补13169。金文“中”字，商14.8630、商17.10779、西周03.1194、战国17.11367A1；用为伯仲字，文物96.7。简帛“中”字，秦律杂抄2。石刻“中”字，檀宾志。《丨部》：“，内也。从口。丨，上下通。陟弓切。，古文中。，籒文中。”（14页）《甲骨文字诂林》[①]：“按：卜辞左中右之中作……伯仲之仲作，一般来说，区分甚严。”《金文形义通解》[②]：“唐兰曰：‘盖古者有大事，聚众于旷地，先建中焉，群众望建中而趋赴；群众来自四方，则建中之地为中央矣。列众为陈，建中之酋长或贵族，恒居中央，而群众左之右之望建中之所在，即知为中央矣。然则中本徽帜，而其所立之地，恒为中央，遂引申为中央之义，因更引申为一切之中。’”

1.【常】甲骨文“冲（沖）”字，合32906。石刻“冲（沖）”字，元思志、阳氏合祔志。《水部》：“，涌摇也。从水、中。读若動。直弓切。”（229页）

2.【常A】石刻“盅”字，碧落碑。《皿部》：“，器虚也。从皿中声。直弓切。”（104页）

3.【常】简帛“忠”字，为吏46、金关T02：016。石刻“忠”字，杨孝恭碑。《心部》：“，敬也。从心中声。陟弓切。”（217页）

4.【常】石刻“衷”字，石经五经。《衣部》：“，里亵衣。从衣中声。陟弓切。”（172页）

5.【常】金文“仲”字，西周07.3754。简帛“仲”字，金关

① 于省吾主编：《甲骨文字诂林》，中华书局，1999，2935页。

② 张世超等：《金文形义通解》，中文出版社，1996，69页。

T30：136。石刻“仲”字，仲尔朱绍志。《人部》：“仲，中也。从人从中，中亦声。直衆切。”（162 页）

6.【常 B】“忡”字暂未见唐以前、小篆外其他相关古文字形。《心部》：“忡，忧也。从心中声。敕中切。”（223 页）

“宗”组

0.【常】甲骨文“宗”字，合 333、合 34044 正、合 36148。金文“宗”字，西周 05.2626。简帛“宗”字，金关 T21：060A。石刻“宗”字，曹全碑。《宀部》：“宗，尊祖庙也。从宀从示。作冬切。”（151 页）段玉裁注[①]：“当云：尊也，祖庙也。”《甲骨文字诂林》[②]：“戴侗《六书故》云：‘宗，祭祖祢之室也。’”

1.【常】石刻“崇”字，高百年志。《山部》：“崇，嵬高也。从山宗声。鉏弓切。”（191 页）

2.【常】石刻“綜”字，曹全碑。《糸部》：“綜，机缕也。从糸宗声。子宋切。”（271 页）“綜”字简化作“综”。

3.【常 B】石刻“淙”字，麻姑仙坛记。《水部》：“淙，水声也。从水宗声。藏宗切。”（230 页）

4.【常 B】“鬃”字从髟宗声，【常 B】“粽”字从米宗声，均暂未见唐以前相关古文字形，《说文》无。

“囧”组

0. 甲骨文“囧”字，合 20041、屯 2858。金文“囧”字，西周 04.2406。石刻“囧”字，元广志。《囧部》：“囧，窗牖丽廔闿明。象形。读若犷。贾侍中说：读与明同。俱永切。”（142 页）《甲骨文字诂林》[③]：“按：段玉裁谓‘囧’字象‘窗牖玲珑形’。‘朙’字从此，引申之亦有明义。”《金文形义通解》[④]：“即‘窗’字象形古字。……‘囧’古读当与‘明’同。𥁰从囧声，亦从明声作盟可证，贾侍中说是也。‘囧’‘明’本同源字。”

1.0【常】“明”是“朙”字古文。甲骨文“明（朙）”字，合

① （清）段玉裁：《说文解字注》，上海古籍出版社，2000，342 页。

② 于省吾主编：《甲骨文字诂林》，中华书局，1999，1992 页。

③ 于省吾主编：《甲骨文字诂林》，中华书局，1999，3413 页。

④ 张世超等：《金文形义通解》，中文出版社，1996，1717 页。

20717、合 8104、合 11708 正。金文“明（朙）”字，西周 11.6015、西周 04.1988。简帛“明（朙）”字，语书 6、脉书 25。石刻“明（朙）”字，娄叡志、从事冯君碑、夏承碑。《朙部》：“朙，照也。从月从囧。武兵切。明，古文朙从日。”（141 页）《金文形义通解》[1]：“甲骨文‘明’字作……等形，……董作宾曰：‘明字在武丁时作或，右为窗囧即窗之象形字，左为月，取义于夜间室内黑暗，惟有窗前月光射入，以会明意。’……此字西周彝铭中皆作‘朙’，从日从月之‘明’始见于战国初年，六国文字中颇见之，盖《说文》古文之所从来。”

1.1【常】“盟”是“盟”字古文。甲骨文“盟”字，合集 22857。金文“盟（盟）”字，西周 08.4241、西周 15.9811.1。简帛“盟”字，为吏 48。石刻“盟”字，张忻志。《囧部》：“盟，《周礼》曰：‘国有疑则盟。’诸侯再相与会，十二岁一盟。北面诏天之司慎司命。盟，杀牲歃血，朱盘玉敦，以立牛耳。从囧从血。武兵切。盟，古文从明。盟，篆文从朙。”（142 页）《说文通训定声》[2]：“割牛耳盛朱盘，取其血歃于玉敦。按：从血囧声。”《甲骨文字诂林》[3]：“按：甲骨文‘盟’字与‘血’形近。‘盟’字从或，‘血’字从，从不相混。今本《说文》小篆、古文、籀文均从‘血’，段玉裁均改为从‘皿’，独具卓识。商周古文字均从‘皿’，不从‘血’。徐锴以为从‘囧’声是正确的。……甲骨文‘盟’字或从‘囧’，或不从‘囧’，显然增‘囧’是作为声符。”

1.2【常】石刻“萌”字，石台孝经、多宝塔碑。《艸部》：“萌，艸芽也。从艸明声。武庚切。”（22 页）

“冋”组

0. 金文“冋（冂）”字，商 13.8234、西周 05.2783。石刻“冋（冂）”字，公孙略志。《冂部》：“冂，邑外谓之郊，郊外谓之野，野外谓之林，林外谓之冂。象远界也。古荧切。冋，古文冂从囗，象国邑。坰，冋或从土（當作土）。”（110 页）“冋（冂）”字音 jiōng。

1. 【常 B】简帛“迥”字，马壹 7_45。石刻“迥”字，石经五经。《辵部》：“迥，远也。从辵冋声。户颖切。”（42 页）

2. 【常 B】石刻“炯”字，杨震碑。《火部》：“炯，光也。从火冋

① 张世超等：《金文形义通解》，中文出版社，1996，1713 页。

② （清）朱骏声：《说文通训定声》，武汉古籍书店，1983，920 页。

③ 于省吾主编：《甲骨文字诂林》，中华书局，1999，2638 页。

声。古迥切。”（209页）

“凶”组

0.【常】简帛“凶”字，日甲《土忌》138。石刻“凶”字，鲜于璜碑、李寿志。《凶部》：“，恶也。象地穿交陷其中也。許容切。”（148页）《说文解字系传》①：“恶不可居，象地之堑也，恶可以陷人也。”

1.0【常】金文“兇”字，秦文字编1148。简帛“兇”字，日书乙种《官》81、马壹5_19。石刻“兇”字，葛路志。《凶部》：“，扰恐也。从人在凶下。許拱切。”（148页）“兇”字简化作“凶”。

1.10 石刻“㚇”字，石经五经。《夂部》：“，斂足也。鹊鵙丑，其飞也㚇。从夂兇声。子紅切。”（112页）“㚇”字音zōng。

1.11【常】“棕”字同“椶”。金文“椶”字，秦文字编874。石刻“椶”字，王君志。《木部》：“，栟櫚也。可作萆。从木㚇声。子紅切。”（115页）《说文通训定声》②：“字亦作棕。其树有叶无枝，椶其皮也，可为蓑御雨，有可为索。”

2.【常】简帛“匈（胸）”字，张1192、脉书18。石刻“匈（胸）”字，长孙盛志、陶浚志、石经五经。《勹部》：“，声也。从勹凶声。許容切。，匈或从肉。”（188页）《说文通训定声》③：“匈，膺也，从勹凶声，或从肉，字亦作胷。”

3.【常】“汹”字同“洶”。石刻“洶”字，梁义方志。《水部》：“，涌也。从水匈声。許拱切。”（230页）

4.【常A】石刻“酗”字，石经尚书，从酉凶声，《说文》无。

“兄”组

0.【常】甲骨文“兄”字，合2876、合4306、合26689。金文“兄”字，商04.2335、春秋09.4615、西周05.2704。简帛“兄”字，贼律41、金关T31：141。石刻“兄”字，石经周易。《兄部》：“，长也。从儿从口。許榮切。”（177页）《甲骨文字诂林》④：“按：徐灏谓‘从人从口者，生长之义也。诸子同生，而以长者当之，故谓男子先生

① （南唐）徐锴：《说文解字系传》，中华书局，1998，146页。

② （清）朱骏声：《说文通训定声》，武汉古籍书店，1983，52页。

③ （清）朱骏声：《说文通训定声》，武汉古籍书店，1983，52页。

④ 于省吾主编：《甲骨文字诂林》，中华书局，1999，86页。

为兄矣'，其说皆难以当意。卜辞皆用为兄弟之兄。"

1.【常】"况"字同"況"。简帛"況"字，敦煌简 0984、仓颉篇 21。石刻"況"字，斛律氏志。《水部》："況，寒水也。从水兄声。許訪切。"（229 页）《说文通训定声》[①]："字亦误作况。"

"敻"组

0.【常 B】简帛"敻"字，马壹 7_40。石刻"敻"字，石经五经。《夏部》："敻，营求也。从夏，从人在穴上。𡿺，穴也。朽正切。"（70 页）"敻"字音 xuàn。

1.【常】石刻"瓊"字，元暐志、石经五经。《玉部》："瓊，赤玉也。从玉敻声。渠營切。璚，瓊或从矞。瓗，瓊或从巂。琁，瓊或从旋省。"（10 页）段玉裁注[②]："亦玉也。亦，各本作赤，非。""瓊"字简化作"琼"。

"邕"组

0. 石刻"邕"字，笔阵图。《川部》："邕，四方有水，自邕城池者。从川从邑。於容切。𡿧，籀文邕。"（239 页）段玉裁注[③]："邕，邑四方有水自邕成池者是也。邑，各本无，依《韵会》补。成，各本作城，误，依《广韵》、《韵会》正。自邕当作自拥，转写之误。"

1.0【常 B】甲骨文"雍（雝）"字，合 9799、合 6016 正、合补 4097、合 36593。金文"雍（雝）"字，西周 05.2531、西周 05.2660、战国 17.11093。简帛"雍（雝）"字，第八层 1712、奏谳书 105、敦煌简 0639A。石刻"雍（雝）"字，、、石经九经。《隹部》："雝，雝𪆫也。从隹邕声。於容切。"（76 页）《说文通训定声》[④]："今字误作雍。"《甲骨文字释林》[⑤]："甲骨文雍字作……等形，……字又孳乳作或。……小篆讹作雝，隶变作雍。"《甲骨文字诂林》[⑥]："按：字当释'雝'，从声，……典籍通作雍。"

---

① （清）朱骏声：《说文通训定声》，武汉古籍书店，1983，919 页。

② （清）段玉裁：《说文解字注》，上海古籍出版社，2000，10 页。

③ （清）段玉裁：《说文解字注》，上海古籍出版社，2000，569 页。

④ （清）朱骏声：《说文通训定声》，武汉古籍书店，1983，50 页。

⑤ 于省吾：《甲骨文字释林》，中华书局，1979，180 页。

⑥ 于省吾主编：《甲骨文字诂林》，中华书局，1999，1687 页。

1.1【常】石刻“擁（攡）”字，擁尔朱袭志、攡唐邕刻经记。《手部》：“攡，抱也。从手雝声。於隴切。”（254页）“擁”字简化作“拥”。

1.2【常B】“臃”字暂未见唐以前相关古文字形，从肉雍声，《说文》无。

“永”组

0.【常】甲骨文“永”字，合21381、合248正、合8940。金文“永”字，西周10.5426.2、西周04.2416。简帛“永”字，秩律463、敦煌简1974。石刻“永”字，永石经周易。《永部》：“永，长也。象水巠理之长。于憬切。”（240页）《甲骨文字诂林》①：“按：永、𠫓古本同字。”《金文形义通解》②：“甲骨文‘永’字……原从人从彳从水，象人在水中游泳之事，后或省水。周金文初承甲骨文之形，后渐演变而多作形，为小篆所本。高鸿缙曰：‘即潜行水中之泳字初文，原从人在水中行，……后人借用为长永，久而为借意所专，乃加水旁作泳以还其原。’”

1.【常】“咏”是“詠”字或体。金文“詠”字，秦文字编378。石刻“咏（詠）”字，詠元弼志、咏赵广者志、詠李凤妃志。《言部》：“詠，歌也。从言永声。爲命切。咏，詠或从口。”（53页）

2.【常】石刻“泳”字，泳元颢志、泳元譿志。《水部》：“泳，潜行水中也。从水永声。爲命切。”（233页）

“用”组

0.【常】甲骨文“用”字，合19762、合19887。金文“用”字，商05.2594、西周．上博七。简帛“用”字，法律答问32。石刻“用”字，用王基断碑。《用部》：“用，可施行也。从卜从中。卫宏说。余訟切。用，古文用。”（70页）《甲骨文字诂林》③：“用字初文本象日常用器的桶形，因而引申为施用之用。用、甬本是一字，……周代金文甬字作，上端加半圆形以区别于用，是后起的分别字。”

1.0【常】甲骨文“庸”字，合12839、合27137。金文“庸”字，西周08.4321。简帛“庸”字，猩敞案55。石刻“庸”字，庸元暐志。

① 于省吾主编：《甲骨文字诂林》，中华书局，1999，2275页。

② 张世超等：《金文形义通解》，中文出版社，1996，2665页。

③ 于省吾主编：《甲骨文字诂林》，中华书局，1999，3406页。

《用部》:"，用也。从用从庚。庚，更事也。余封切。"（70 页）《金文形义通解》[①]："于省吾曰：苗夔《说文声订》谓'用亦声'是对的。庸与用双声叠韵。庸字的解说应改作：'庸，用也，为人所劳役使用也，从庚用。庚，更事也。用亦声。'是会意兼形声字。"

1.1【常】简帛"傭"字，敦煌简 1462。石刻"傭"字，石经五经。《人部》:"，均直也。从人庸声。余封切。"（163 页）"傭"字简化作"佣"。

2.0 金文"甬"字，文物 92.12、西周 16.9898A。简帛"甬"字，效律 3。石刻"甬"字，袁从章志。《马部》:"，艸木华甬甬然也。从马用声。余隴切。"（142 页）《金文形义通解》[②]："杨树达曰：'甬者，钟之象形初文也。上象钟悬，下象钟体，中二横画象钟带。'杨说可从。"

2.10【常】甲骨文"通"字，合 19834、合 20516、合 20521。金文"通"字，西周 05.2831、西周 05.2827；上从止形，西周 01.249、文物 07.8。简帛"通"字，法律答问 181、金关 T01：164。石刻"通"字，石经周易。《辵部》:"，达也。从辵甬声。他紅切。"（40 页）

2.11【常 B】"嗵"字暂未见唐以前相关古文字形，从口通声，《说文》无。

2.2【常】"踴"是俗"踊"字。甲骨文"踊"字，合 19287。简帛"踊"字，马贰 37_51。石刻"踊（踴）"字，元瞻志、姜纂造像。《足部》:"，跳也。从足甬声。余隴切。"（46 页）

2.3【常 B】金文"勇（恿）"字，西周 09.4554。简帛"勇（恿）"字，马壹 144_33、银贰 1156、为吏 34、金关 T24：010。石刻"勇（恿）"字，奚真志、石经五经。《力部》:"，气也。从力甬声。余隴切。，勇或从戈、用。，古文勇从心。"（292 页）《金文形义通解》[③]："金文'勇'字从戈用声，为《说文》或体所本。睡虎地秦简作'恿'，与《说文》古文同。"

2.4【常】简帛"痛"字，仓颉篇 3。石刻"痛"字，秦洪志。《疒部》:"，病也。从疒甬声。他貢切。"（154 页）

2.5【常】"桶"字，《木部》:"，木方，受六升。从木甬声。他奉切。"（123 页）

2.6【常】简帛"誦"字，敦煌简 1557。石刻"誦"字，王诵妻

① 张世超等:《金文形义通解》，中文出版社，1996，790 页。

② 张世超等:《金文形义通解》，中文出版社，1996，1740 页。

③ 张世超等:《金文形义通解》，中文出版社，1996，3229 页。

志。《言部》:"䛬，讽也。从言甬声。似用切。"（51 页）"誦" 字简化作 "诵"。

2.7【常】石刻 "涌（湧）" 字，曹全碑、元彧志。《水部》:"涌，滕也。从水甬声。一曰涌水，在楚国。余隴切。"（230 页）

2.8【常 A】"蛹" 字暂未见唐以前、小篆外其他相关古文字形。《虫部》:"蛹，茧虫也。从虫甬声。余隴切。"（278 页）

2.9【常】简帛 "捅" 字，银贰 1166，从手甬声，《说文》无。

常用字及构成单位义类组

常用字及构成单位义类组是指以义类关联的若干常用字及构成单位。每一义类组共同的表意构成单位为组名，义类组主要以组名的现代汉语拼音声韵配合顺序相次，凡40组。

“華”组

“華”字暂未见唐以前、小篆外其他相关古文字形。《華部》：“，箕属。所以推弃之器也。象形。官溥说。北潘切。”（83页）段玉裁注[①]：“此物有柄，中直象柄，上象其有所盛。持柄迫地推而前，可去秽，纳于其中。”《甲骨文字典》[②]：“象长柄有网以覆鸟兽之狩猎工具，即《说文》畢之初文。”“華”字音 bān。

1.【常】“弃”是“棄”字古文。甲骨文“棄”字，合8451、合9100、合21430。金文“棄”字，西周16.10176。简帛“棄”字，具律88。石刻“棄”字，冯邕妻志、石经周易，简化作“弃”。《華部》：“，捐也。从廾推華弃之，从㐬。㐬，逆子也。詰利切。，古文棄。，籀文棄。”（83页）《甲骨文字典》[③]：“象双手执箕，推弃箕中之形。”《甲骨文字诂林》[④]：“按：甲骨文即从子，不从逆子。”

2.【常】甲骨文“畢”字，H11：45。金文“畢”字，西周07.4061、西周08.4208、春秋．淅川14页。简帛“畢”字，为吏12、马壹87_176。石刻“畢”字，曹全碑。《華部》：“，田罔也。从華，象畢形。微也。或曰：由声。卑吉切。”（83页）《说文通训定声》[⑤]：“畢，网形，小而柄长。”《甲骨文字典》[⑥]：“畢、華本为一字。”“畢”字简化作“毕”。

3.【常】甲骨文“糞（䊭）”字，合33374正、合18181、合

① （清）段玉裁：《说文解字注》，上海古籍出版社，2000，158页。

② 徐中舒主编：《甲骨文字典》，四川辞书出版社，1990，437页。

③ 徐中舒主编：《甲骨文字典》，四川辞书出版社，1990，439页。

④ 于省吾主编：《甲骨文字诂林》，中华书局，1999，549页。

⑤ （清）朱骏声：《说文通训定声》，武汉古籍书店，1983，640页。

⑥ 徐中舒主编：《甲骨文字典》，四川辞书出版社，1990，438页。

17961。简帛“糞（䊷）”字，秦律十八种 104、金关 T21：308、仓颉篇 25。石刻“糞（䊷）”字，白仵贵志。《華部》：“䊷，弃除也。从廾推華弃釆也。官溥说：似米而非米者，矢字。方問切。”（83 页）段玉裁注[①]：“古谓除秽曰粪，今人直谓秽曰粪。”《甲骨文字典》[②]：“象双手执箕弃除秽物之形。”“糞”字简化作“粪”。

“兵”组

【常】甲骨文“兵”字，合 27912。金文“兵”字，中原文物 07.5。简帛“兵”字，秦律十八种 102。石刻“兵”字，朝侯小子碑、李招儿志。《収部》：“兵，械也。从廾持斤，并力之皃。補明切。𠏮，古文兵，从人、廾、干。𢍮，籀文。”（59 页）《甲骨文字诂林》[③]：“李孝定：‘字从两手持斤，乃兵之古文。许训械以为凡兵之称，乃其引申谊。……引申以为执兵者之称矣。’”

1.【常】“乒”字从“兵”省，【常】“乓”字从“兵”省，均暂未见唐以前相关古文字形，《说文》无。

“竝”组

甲骨文“竝”字，合 4394、合 34557。金文“竝”字，商 13.7401、商 17.10851.1。简帛“竝”字，秦律十八种 137、金关 T10：156。石刻“竝”字，、石经九经。《竝部》：“竝，併也。从二立。蒲迥切。”（216 页）《甲骨文字诂林》[④]：“竝象二人并立形。……段氏盖谓‘竝’义为‘依傍’，‘併’义为‘兼并’，其说是对的。但不知‘併’实‘并’之累增字。契文‘并’作或作，本从二人相兼并之形，复从人作‘併’。”

1.【常】甲骨文“替（朁）”字，合 32892。金文“替（朁）”字，考古与文物 06.6。简帛“替（朁）”字，东牌楼 005。石刻“替（朁）”字，石经九经、石经尚书。《竝部》：“朁，废，一偏下也。从竝白声。他計切。暜，或从曰。㬱，或从兟从曰。”（216 页）《说文通训定声》[⑤]：“俗

① （清）段玉裁：《说文解字注》，上海古籍出版社，2000，158 页。
② 徐中舒主编：《甲骨文字典》，四川辞书出版社，1990，439 页。
③ 于省吾主编：《甲骨文字诂林》，中华书局，1999，2517 页。
④ 于省吾主编：《甲骨文字诂林》，中华书局，1999，304 页。
⑤ （清）朱骏声：《说文通训定声》，武汉古籍书店，1983，610 页。

字作替。'"《金文形义通解》[①]："金文从二立不平列。"

2.【常】"碰"字暂未见唐以前相关古文字形，从石並，《说文》无。

"步"组

【常】甲骨文"步"字，合 20375、合 67 正。金文"步"字，商 11.5716、新收 640 页、战国 16.10478A；加彳繁化，西周 15.9406。简帛"步"字，为吏 6、仓颉篇 7。石刻"步"字，石经五经。《步部》："，行也。从止少相背。薄故切。"（38 页）《甲骨文字诂林》[②]："按：甲骨文惟作或者为步字。……王筠《说文释例》谓：'止字象足形，本不分左右，若以两足取象，则必分左右矣。……步之足前后相随，是步行也。'"

1.【常】"涉"是"𣶒"字篆文。甲骨文"涉"字，合 20464、合 7320、合 28339。金文"涉（𣶒）"字，西周 16.10176、战国 17.10827。简帛"涉"字，马壹 5_22、秩律 454。石刻"涉"字，石婉志、石经五经。《沝部》："，徒行厉水也。从沝从步。時攝切。，篆文从水。"（239 页）《甲骨文字集释》[③]："契文即象徒行厉水之形，非足迹，王说误。许训乃其初谊，引申之凡渡水皆曰涉，不必徒行也。"

"艸"组

甲骨文"艸"字，合 6690、合 6、合 14001（"艸"之表意初文，卜辞多读为"早"）。简帛"艸"字，敦煌简 1092。石刻"艸"字，唐邕刻经记。《艸部》："，百芔也。从二屮。倉老切。"（15 页）

1.【常】石刻"卉"字，元斌志。《艸部》："，艸之总名也。从艸、屮。許偉切。"（25 页）

"车"组

【常】甲骨文"車"字，合 21778、合 6834 正、合 11449、合 11458、合 13624 正、FQ4。金文"車"字，西周 11.6015、西周 10.5398.1。简帛"車"字，秦律杂抄 25。石刻"車"字，穆玉容志

① 张世超等：《金文形义通解》，中文出版社，1996，2515 页。

② 于省吾主编：《甲骨文字诂林》，中华书局，1999，763 页。

③ 李孝定：《甲骨文字集释》，台湾"中研院"历史语言研究所，1970，3398 页。

盖。《車部》:“車，舆轮之总名。夏后时奚仲所造。象形。尺遮切。𨏖，籀文車。”（301 页）“車”字简化作“车”。

1.【常】“轟”字，《車部》:“轟，群车声也。从三車。呼宏切。”（303 页）“轟”字简化作“轰”。

2.【常】简帛“陣”字，陣马壹 82_59。石刻“陣”字，陣范安贵志，从阜从車，简化作“阵”，《说文》无。

“寸”组

【常】简帛“寸”字，寸秦律杂抄 9。石刻“寸”字，寸元演志。《寸部》:“寸，十分也。人手卻一寸，动衇，谓之寸口。从又从一。倉困切。”（67 页）《文源》[①]：“又，象手形；一，识手后一寸之处。”

1.【常】石刻“討”字，討曹全碑。《言部》:“討，治也。从言从寸。他皓切。”（57 页）“討”字简化作“讨”。

“麤”组

甲骨文“麤”字，麤合集 21771。石刻“麤”字，麤石经五经。《麤部》:“麤，行超远也。从三鹿。倉胡切。”（203 页）《甲骨文编》[②]：“卜辞麤从二鹿。”

1.【常】“塵”字同“𪋻”，简化作“尘”。简帛“𪋻”字，𪋻马壹 144_18、𪋻仓颉篇 16。石刻“𪋻”字，𪋻石经五经。《麤部》:“𪋻，鹿行扬土也。从麤从土。直珍切。𪋻，籀文。”（203 页）《说文通训定声》[③]：“籀文从二土。字亦省作塵。”

“而”组

【常】甲骨文“而”字，而合集 499。金文“而”字，而铭文选二 881。简帛“而”字，而语书 4、而引书 41。石刻“而”字，而西狭颂、而石经周易。《而部》:“而，颊毛也。象毛之形。如之切。”（196 页）《甲骨文字诂林》[④]：“白玉峥：‘盖而字之初谊，为两颊下垂之毛也。……而字自借

① 林义光:《文源》，中西书局，2012，卷七。

② 孙海波:《甲骨文编》，大化书局，1983，404 页。

③ （清）朱骏声:《说文通训定声》，武汉古籍书店，1983，824 页。

④ 于省吾主编:《甲骨文字诂林》，中华书局，1999，3443 页。

为语词字，本谊渐晦。’按：▇象须下垂之形。”

1.【常】“耐”是“耏”字或体。简帛“耐”字，▇法律答问 140、▇金关 T24：022。石刻“耐（耏）”字，▇皇甫诞碑、▇娄敬志。《而部》：“▇，罪不至髡也。从而从彡。奴代切。▇，或从寸。诸法度字从寸。”（196 页）《说文通训定声》[①]：“《汉书》师古注：耏谓颊旁毛也。”

2.【常】“耍”字暂未见唐以前相关古文字形，从女从而，《说文》无。

“戈”组

【常】甲骨文“戈”字，▇合 584 正甲、▇屯 2194。金文“戈”字，▇商 04.1515、▇商 06.3172、▇西周 08.4201、▇春秋 17.11020。简帛“戈”字，▇银贰 2138。石刻“戈”字，▇檀宾志。《戈部》：“▇，平头戟也。从弋，一横之。象形。古禾切。”（266 页）

1.【常 B】甲骨文“戍”字，▇合 25877、▇合 27970。金文“戍”字，▇西周 10.5420.1。简帛“戍”字，▇秦律十八种 101、▇仓颉篇 71。石刻“戍”字，▇石经五经。《戈部》：“▇，守边也。从人持戈。傷遇切。”（266 页）《甲骨文字诂林》[②]：“郭沫若：‘伐象以戈伐人，戈必及人身。戍示人以戈守戈，人立在戈下。此其大较也。’”

“兜”组

甲骨文“兜”字，▇合 16013、▇合 8987、▇合 5299 反、▇合 13219。《兜部》：“▇，廱蔽也。从人，象左右皆蔽形。读若瞽。公户切。”（177 页）《说文通训定声》[③]：“按：凡蛊惑字，经传皆以蛊为之，本字当作此。”“兜”字音 gǔ。

1.【常】石刻“兜”字，▇石经尚书。《兜部》：“▇，兜鍪，首鎧也。从兜，从皃省。皃象人頭也。當侯切。”（177 页）

“𠦬”组

简帛“𠦬（乖）”字，▇马壹 12_75、▇蓋卢 32。石刻“𠦬（乖）”

① （清）朱骏声：《说文通训定声》，武汉古籍书店，1983，184 页。

② 于省吾主编：《甲骨文字诂林》，中华书局，1999，2345 页。

③ （清）朱骏声：《说文通训定声》，武汉古籍书店，1983，415 页。

字，刘阿素志、姜纂造像。《𠦬部》："，背吕也。象脅肋也。古懷切。"（258 页）段玉裁注[①]："犹俗云背脊也。""𠦬（乖）"字音 guāi。

1.【常】甲骨文"脊"字，合 21892。金文"脊"字，商 04.1716。简帛"脊"字，法律答问 75、银贰 1919。《𠦬部》："，背吕也。从𠦬从肉。資昔切。"（258 页）

"㗊"组

甲骨文"㗊"字，村中南 468。《㗊部》："，众口也。从四口。读若戢。又读若呶。阻立切。"（49 页）"㗊"字音 jí。

1.【常】金文"器"字，西周 04.1974。简帛"器"字，奏谳书 215。石刻"器"字，穆亮志、石经尚书。《㗊部》："，皿也。象器之口，犬所以守之。去冀切。"（49 页）《金文形义通解》[②]："以犬守器，有悖于理，王筠、朱骏声固尝疑之。于省吾辨曰：'上古时代地旷人希，农民耕于荒野，饭于垄亩，故用犬以资警卫，并守护器物。'然'器'之本义当为器皿，于古字形体，早期金文用例皆可征。朱芳圃谓字从犬㗊，为'狺'之本字，犬吠声也。案：器皿字初文当作㗊，象众器形，后假而用为犬吠之意，增'犬'以标义作'器'。"

2.【常】石刻"嚻"字，元瞻志。《㗊部》："，声也。气出头上。从㗊从頁。頁，首也。許嬌切。，嚻或省。"（49 页）《金文形义通解》[③]："金文与篆文略同，象人首周围众口嗷嘈之意。""嚻"字简化作"嚣"。

"巾"组

【常】甲骨文"巾"字，合 11446。金文"巾"字，西周 08.4274.2。简帛"巾"字，马贰 243_248。石刻"巾"字，张迁碑。《巾部》："，佩巾也。从冂，丨象糸也。居銀切。"（158 页）《文源》[④]："象佩巾下垂形。"

1.【常】金文"佩"字，西周 08.4172.1、西周 11.5916、考古与文物 06.6、新收 737 页。简帛"佩"字，奏谳书 220。石刻"佩"字，王震志。《人部》："，大带佩也。从人从凡从巾。佩必有巾，巾谓之

① （清）段玉裁：《说文解字注》，上海古籍出版社，2000，611 页。

② 张世超等：《金文形义通解》，中文出版社，1996，459 页。

③ 张世超等：《金文形义通解》，中文出版社，1996，457 页。

④ 林义光：《文源》，中西书局，2012，卷一。

饰。蒲妹切。”（161页）《金文形义通解》[①]：“金文‘佩’字从人从巾，以表佩系大带之意；凡声。”

“绝”组

【常】“𢇍”是“绝”字古文。甲骨文“𢇍”字，合集36508。金文“𢇍”字，西周08.4262.2。《甲骨文字诂林》[②]：“按：字从刀断丝，乃‘𢇍’之省，增‘卩’即为‘绝’。段玉裁以为‘绝’从‘卩’声是对的。”“𢇍”字音jué。金文“絶”字，西周08.4262.2。简帛“絶”字，蓋卢32、敦煌简1448。石刻“絶”字，寇治志、郭寿志，简化作“绝”。《糸部》：“，断丝也。从糸从刀从卩。情雪切。，古文绝。象不连体，绝二丝。”（271页）

1.【常】金文“斷（㫁）”字，西周07.3908。简帛“斷（㫁）”字，法律答问208、仓颉篇39。石刻“斷（㫁）”字，元引志、石经五经，简化作“断”。《斤部》：“，截也。从斤从𢇍。𢇍，古文绝。徒玩切。，古文斷从皀。皀，古文叀字。，亦古文。”（300页）《金文形义通解》[③]：“郭沫若：‘此乃“剸”字之异，实从专省声也。’”

“㸚”组

“㸚”字暂未见唐以前、小篆外其他相关古文字形。《㸚部》：“，二爻也。力几切。”（70页）《说文通训定声》[④]：“按：象交文㸚尔之形，实即古文爾字。”“㸚”字音lǐ。

1.【常】甲骨文“爽”字，合34322、合418正、合32744、合36243、合36195。金文“爽”字，西周11.6016、西周08.4341、西周08.4240（从日丧声）。简帛“爽”字，马壹124_43。石刻“爽”字，李祈年志、元爽志。《㸚部》：“，明也。从㸚从大。疏两切。，篆文爽。”（70页）

---

① 张世超等：《金文形义通解》，中文出版社，1996，1983页。

② 于省吾主编：《甲骨文字诂林》，中华书局，1999，3192页。

③ 张世超等：《金文形义通解》，中文出版社，1996，3301页。

④ （清）朱骏声：《说文通训定声》，武汉古籍书店，1983，614页。

“詈”组

简帛“詈”字，▇贼律41。石刻“詈”字，▇三体石经尚书。《网部》：“▇，骂也。从网从言。网辠人。力智切。”（158页）

1.【常】金文“罰（罸）”字，▇西周05.2837。简帛“罰（罸）”字，▇仓颉篇10。石刻“罰（罸）”字，▇石经五经。《刀部》：“▇，辠之小者。从刀从詈。未以刀有所贼，但持刀骂詈，则应罚。房越切。”（92页）段玉裁注[①]：“罪，犯法也。罚为犯法之小者。”“罰”字简化作“罚”。

“鬲”组

石刻“鬲”字，▇石经九经。《鬲部》：“▇，歷也。古文亦鬲字。象孰飪五味气上出也。郎激切。”（62页）“鬲”字音lì。

1.【常】“羹”是“鬻”字篆文。石刻“羹”字，▇石经五经。《鬲部》：“▇，五味盉羹也。从䰜从羔。古行切。▇，或从美，鬻省。▇，鬻或省。▇，小篆从羔从美。”（62页）

“㝈”组

“㝈”字同“𡕥”，暂未见唐以前、小篆外其他相关古文字形。《夊部》：“▇，瑙蓋也。象皮包覆瑙，下有两臂，而夊在下。读若范。亡范切。”（112页）“𡕥”字音wǎn。

1.【常】“傻”字暂未见唐以前相关古文字形，从人从㝈，《说文》无。

“目”组

【常】甲骨文“目”字，▇合20173、▇合6946正。金文“目”字，▇商13.7493、▇西周13.7494、▇西周14.8964、▇春秋09.4612。简帛“目”字，▇日甲《诘》44。石刻“目”字，▇石经周易。《目部》：“▇，人眼。象形。重童子也。莫六切。▇，古文目。”（70页）

1.“𥄕”字暂未见唐以前、小篆外其他相关古文字形。《𥄕部》：“▇，目不正也。从𦫳从目。蒐从此。读若末。徒結切。”（77页）《说文通训定声》[②]：“按：当训羊目不正也。”“𥄕”字音mò。

---

① （清）段玉裁：《说文解字注》，上海古籍出版社，2000，182页。

② （清）朱骏声：《说文通训定声》，武汉古籍书店，1983，685页。

2.【常】石刻“看”字，■赫连子悦志。《目部》：“■，睎也。从手下目。苦寒切。■，看或从倝。”（72 页）《说文通训定声》[①]：“凡有所望者，常以手加目上障日聚光也。”

“聿”组

“聿”字暂未见唐以前、小篆外其他相关古文字形。《聿部》：“■，手之疌巧也。从又持巾。尼輒切。”（65 页）《文源》[②]：“按：聿为疌巧无所考。古聿字作■。此即聿字。”“聿”字音 niè。

1.【常】简帛“筆”字，■银贰 1779、■仓颉篇 18。石刻“筆”字，■斛律氏志、■雋敬碑，简化作“笔”。《聿部》：“■，秦谓之笔。从聿从竹。鄙密切。”（65 页）

“能”组

【常】甲骨文“能”字，■合 19703 正。金文“能”字，■西周 11.5984、■西周 08.4330、■西周 14.9059。简帛“能”字，■为吏 46、■金关 T23：731B。石刻“能”字，■肥致碑、■石经尚书。《能部》：“■，熊属。足似鹿。从肉㠯声。能兽坚中，故称贤能；而强壮，称能杰也。奴登切。”（207 页）《金文形义通解》[③]：“‘能’，古‘熊’之象形字，而‘熊’，本状火势之字。”

1.【常】金文“熊”字，■战国 17.11358。简帛“熊”字，■引书 101。石刻“熊”字，■元寿安志、■石经五经。《熊部》：“■，兽似豕。山居，冬蛰。从能，炎省声。羽弓切。”（207 页）

2.【常】石刻“態”字，■宗夫人志。《心部》：“■，意也。从心从能。他代切。■，或从人。”（220 页）《说文通训定声》[④]：“锴本：姿之余也。按：能声。”“態”字简化作“态”。

“牛”组

【常】甲骨文“牛”字，■合 21120。金文“牛”字，■西周

① （清）朱骏声：《说文通训定声》，武汉古籍书店，1983，732 页。

② 林义光：《文源》，中西书局，2012，卷六。

③ 张世超等：《金文形义通解》，中文出版社，1996，2425 页。

④ （清）朱骏声：《说文通训定声》，武汉古籍书店，1983，174 页。

06.1104.1、西周.上博八。简帛“牛”字，秦律十八种126。石刻“牛”字，寇凭志。《牛部》：“牛，大牲也。牛，件也；件，事理也。象角头三、封尾之形。語求切。”（28页）《说文通训定声》[①]：“按：封谓领脊高起也，一象之。牛角与头而三。”

1.【常】甲骨文“牧”字，合493正、合7343、合5842。金文“牧”字，西周05.2805。简帛“牧”字，为吏17、银贰1048。石刻“牧”字，石经五经。《攴部》：“牧，养牛人也。从攴从牛。莫卜切。”（69页）《甲骨文字诂林》[②]：“罗振玉：‘此或从牛，或从羊，牧人以养牲为职，不限以牛羊也。’”

2.【常】简帛“件”字，第八层背529、仓颉篇42。石刻“件”字，张安姬志。《人部》：“件，分也。从人从牛。牛大物，故可分。其輂切。”（168页）《说文通训定声》[③]：“愚按：即伴字，从人半省声。”

“尸”组

【常】甲骨文“尸”字，合20612、合6459。金文“尸”字，西周05.2740。简帛“尸”字，尸等案40。石刻“尸”字，李寿志、石经周易。《尸部》：“尸，陈也。象卧之形。式脂切。”（174页）《甲骨文字诂林》[④]：“郭沫若：‘旧多释尸为人，余为当是尸字，假为夷。’按：甲骨文、金文‘人’与‘尸’有别，尸亦用为夷，尸盖象蹲踞之形。……林义光《文源》即谓‘尸象人箕踞形’。”

1.【常】金文“尺”字，战国16.10478A。简帛“尺”字，封诊式65、金关T01：041。石刻“尺”字，元愿平妻王氏志。《尺部》：“尺，十寸也。人手却十分动脉为寸口。十寸为尺。尺，所以指尺规矩事也。从尸从乙。乙，所识也。周制，寸、尺、咫、寻、常、仞诸度量，皆以人之体为法。昌石切。”（175页）

“豕”组

甲骨文“豕”字，合19883、合6016正、合22355、合33615。金文“豕”字，西周08.4141.1。简帛“豕”字，暨过案99。石刻

---

① （清）朱骏声：《说文通训定声》，武汉古籍书店，1983，197页。

② 于省吾主编：《甲骨文字诂林》，中华书局，1999，1531页。

③ （清）朱骏声：《说文通训定声》，武汉古籍书店，1983，744页。

④ 于省吾主编：《甲骨文字诂林》，中华书局，1999，7页。

“豕”字，石经周易。《豕部》：“，彘也。竭其尾，故谓之豕。象毛足而后有尾。读与豨同。桉：今世字，误以豕为彘，以彘为豕。何以明之？为啄琢从豕，蠡从彘。皆取其声，以是明之。式视切。，古文。”（196页）《甲骨文字诂林》①：“按：今本《说文》豕字羼入后人说解，语多讹舛。”

1.【常】甲骨文“逐”字，合 10265、合 10654、合 20715。简帛“逐”字，蓋卢 40。石刻“逐”字，石经周易。《辵部》：“，追也。从辵，从豚省。直六切。”（41 页）《甲骨文字诂林》②：“罗振玉：‘象兽走圹而人追之，故不限何兽。许云从豚省，失之矣。’按：逐字或从豕，或从犬，或从兔，卜辞均通用无别。”

2.【常】甲骨文“豚”字，合 9774 正。金文“豚”字，西周 10.5365。简帛“豚”字，马壹 13_88、金关 T10：069。石刻“豚”字，安度志。《豚部》：“，小豕也。从彖省，象形。从又持肉，以給祠祀。徒魂切。，篆文从肉、豕。”（197 页）《甲骨文字集释》③：“从又作者，示豚尚小，可以置于把握之间，盖以对比见意也。”

“身”组

【常】甲骨文“身”字，合 21731、怀 504、H11：64。金文“身”字，西周 08.4139、西周 01.253、西周 01.106、文物 84.1。简帛“身”字，为吏 41。石刻“身”字，黄庭经、石经九经。《身部》：“，船也。象人之身。从人厂声。失人切。”（170 页）《甲骨文字诂林》④：“李孝定：‘契文从人而隆其腹，象人有身之形，当是身之象形初字。’”

1.“㐆”字暂未见唐以前、小篆外其他相关古文字形。《㐆部》：“，归也。从反身。於機切。”（170 页）“㐆”字音 yī。

2.【常】甲骨文“殷”字，合 15733、合 17979。金文“殷”字，考古与文物 86.4、西周 10.5421.2。简帛“殷”字，金关 T21：062。石刻“殷”字，殷比干墓前刻石、石经九经。《㐆部》：“，作乐之盛称殷。从㐆从殳。於身切。”（170 页）《甲骨文字释林》⑤：“甲骨文殷字从身从支，象人患腹疾用按摩器以治疗之。”

① 于省吾主编：《甲骨文字诂林》，中华书局，1999，1565 页。

② 于省吾主编：《甲骨文字诂林》，中华书局，1999，845 页。

③ 李孝定：《甲骨文字集释》，台湾“中研院”历史语言研究所，1970，3009 页。

④ 于省吾主编：《甲骨文字诂林》，中华书局，1999，35 页。

⑤ 于省吾：《甲骨文字释林》，中华书局，1979，323 页。

"黍"组

【常】甲骨文"黍"字，合 9949、合 11484 正、合 21221、合 32459、合 14 正、合 30981、合 9977。金文"黍"字，西周．三代十七/十。简帛"黍"字，日乙 47。石刻"黍"字，石经五经。《黍部》："，禾属而黏者也。以大暑而穜，故谓之黍。从禾，雨省声。舒吕切。"（146 页）《甲骨文字诂林》[①]："于省吾：'甲骨文黍字作、……等形，穗部作一个或二、三个三叉斜垂，又多从水旁，也有以数点代水者。'按：许慎关于'黍'字的说解，多属附会，而'从雨省声'实乃形讹。"

1.【常】甲骨文"香"字，合 36501。金文"香"字，考古与文物 06.6。石刻"香"字，高归彦造像。《香部》："，芳也。从黍从甘。許良切。"（147 页）

"卤"组

甲骨文"卤"字，合 11721。《卤部》："，艸木实垂卤卤然。象形。读若调。徒遼切。，籀文三卤为卤。"（143 页）《甲骨文字诂林》[②]："按：卜辞盛鬯之卣，即象卣器之形。《说文》无卣字，而以'卤'为象艸木实垂之形，诸家以为当系卣字之讹变。""卤"字音 tiáo。

1.【常】甲骨文"栗（㮚）"字，合 10934。简帛"栗（㮚）"字，引书 16。石刻"栗（㮚）"字，石经五经。《卤部》："，木也。从木，其实下垂，故从卤。力質切。，古文㮚从西从二卤。徐巡说：木至西方战㮚。"（143 页）《甲骨文字诂林》[③]："李孝定：'契文象木实有芒之形，以其形与卤近故篆误从卤。……按：木名栗从卣无义，若谓所从乃艸木实㲻之卤，则契文明是象形，不得以会意说之。且木实下㲻者不独栗木为然，何以㮚独从卤，义亦难通。盖从乃象实上有芒之形，篆从卤乃形近而讹也。'"

2.【常】简帛"粟（㮚）"字，效律 22。石刻"粟（㮚）"字，石经五经。《卤部》："，嘉谷实也。从卤从米。孔子曰：'㮚之为言续也。'相玉切。，籀文㮚。"（143 页）

① 于省吾主编：《甲骨文字诂林》，中华书局，1999，1442 页。

② 于省吾主编：《甲骨文字诂林》，中华书局，1999，1842 页。

③ 于省吾主编：《甲骨文字诂林》，中华书局，1999，1846 页。

"秃"组

【常】简帛"秃（秃）"字，第八层140、仓颉篇50。石刻"秃（秃）"字，崔德志、白敏中志。《秃部》："秃，无发也。从人，上象禾粟之形，取其声。王育说：苍颉出见秃人伏禾中，因以制字。未知其审。他谷切。"（177页）段玉裁注[①]："粟当作秀，以避讳改之也……取其声，谓取秀声也。"《说文通训定声》[②]："按：此字当从秀而断其下，指事。禾割穗则秃也，转注为无发。今苏俗老而秃顶曰秀顶。凡物老而椎钝皆曰秀，故铁刀生衣亦曰锈，秀、秃相近字也。"

1.【常】"穨"字同"積"，简化作"颓"。简帛"穨（頽）"字，脉书11。石刻"穨（頽）"字，王基断碑、张孃志。《秃部》："穨，秃皃。从秃貴声。杜回切。"（177页）

"妥"组

【常】甲骨文"妥"字，合7046、合36181。金文"妥"字，商03.1301、商03.1304。《甲骨文字诂林》[③]："罗振玉：'古绥字作妥，古金文与卜辞并同。《说文解字》有绥无妥，而今隶反有之。'……李孝定：'从女从爪，《说文》所无，段氏云从爪女会意是也。盖以手抚女，有安抚之意。'"段玉裁注[④]："安也，从爪女。妥与安同意，《说文》失此字，偏旁用之，今补。"《说文》无。

1.【常B】简帛"綏"字，金关T26：227A。石刻"綏"字，石经五经、朱君妻赵志。《糸部》："綏，车中把也。从糸从妥。息遺切。"（277页）"綏"字简化作"绥"。

2.【常】石刻"餒"字，张端志，从食从妥，简化作"馁"，《说文》无。

"戌"组

【常】甲骨文"戌"字，合248正、合37673。金文"戌"字，西周05.2754。简帛"戌"字，日乙30、金关T10：125。石刻"戌"

① （清）段玉裁：《说文解字注》，上海古籍出版社，2000，407页。
② （清）朱骏声：《说文通训定声》，武汉古籍书店，1983，370页。
③ 于省吾主编：《甲骨文字诂林》，中华书局，1999，470页。
④ （清）段玉裁：《说文解字注》，上海古籍出版社，2000，626页。

字，马少敏志。《戌部》：“，灭也。九月，阳气微，万物毕成，阳下入地也。五行，土生于戊，盛于戌。从戊含一。辛聿切。”（314 页）《说文通训定声》[①]：“戌，恤也，人被杀伤可矜恤也，从戊，古文矛字。”《甲骨文字诂林》[②]：“按：契文戌字作……诸形，变异多端，要皆象斧钺类之兵器。”

1.【常】金文“威”字，西周 08.4170.1、春秋 01.245。简帛“威”字，为吏 12。石刻“威”字，曹全碑、石经周易。《女部》：“，姑也。从女从戌。汉律曰：‘妇告威姑。’於非切。”（259 页）《金文形义通解》[③]：“所训乃后世义。彝铭所见，多用为‘威仪’、‘畏忌’义。……金文从女从戌，或从戌，或从戈，‘戌’‘戌’‘戈’皆兵器，象女见兵畏惧之意也。”

“穴”组

【常】简帛“穴”字，上二容 10、法律答问 152。石刻“穴”字，王基断碑、王蕃志。《穴部》：“，土室也。从宀八声。胡決切。”（152 页）《说文通训定声》[④]：“象嵌空之形，非八字。”《文源》[⑤]：“按：穴、八不同音。古作，象穴形。”

1.【常】简帛“穿”字，日甲《马禖》156、金关 T30：261。石刻“穿”字，石经五经。《穴部》：“，通也。从牙在穴中。昌緣切。”（152 页）

“页”组

【常】甲骨文“頁”字，合 22215、合 22215。金文“頁”字，西周 08.4327。石刻“頁”字，郑君妻志。《頁部》：“，头也。从𦣻从儿。古文䭫首如此。𦣻者，䭫首字也。胡結切。”（181 页）《甲骨文字集释》[⑥]：“古文頁𦣻首当为一字，頁象头及身，𦣻但象头，首象头及其上发，小异耳，此并发头身三者皆象之。”“頁”字简化作“页”。

① （清）朱骏声：《说文通训定声》，武汉古籍书店，1983，672 页。

② 于省吾主编：《甲骨文字诂林》，中华书局，1999，2411 页。

③ 张世超等：《金文形义通解》，中文出版社，1996，2850 页。

④ （清）朱骏声：《说文通训定声》，武汉古籍书店，1983，627 页。

⑤ 林义光：《文源》，中西书局，2012，卷一。

⑥ 李孝定：《甲骨文字集释》，台湾“中研院”历史语言研究所，1970，2837 页。

1.【常】甲骨文“須”字，合17931、合补6167。金文“須”字，西周09.4416、西周09.4370.1、文物09.1。简帛“須”字，为吏41、敦煌简1305。石刻“須”字，石经五经。《須部》：“須，面毛也。从頁从彡。相俞切。”（184页）《金文形义通解》[①]：“金文‘须’字象人面生鬚之形。彡象鬚，附加突出头部之人形，以明塙其为鬚也。”“須”字简化作“须”。

“㐺”组

甲骨文“㐺（乑）”字，一期甲二六五八。金文“㐺（乑）”字，商04.1981。《㐺部》：“㐺，众立也。从三人。读若欽崟。魚音切。”（169页）《金文形义通解》[②]：“甲骨文‘㐺’作，象众人立于一处之形。”“㐺（乑）”字音yín。

1.【常】甲骨文“眾”字，合5、合31992、合31986。金文“眾”字，西周05.2809、战国18.11758A。简帛“眾”字，法律答问51。石刻“眾”字，正直残碑、石经周易。《㐺部》：“眾，多也。从乑、目，衆意。之仲切。”（169页）《甲骨文字诂林》[③]：“李孝定：‘字从日者盖取众人相聚日出而作之意，其字已为㐺之繁体。’”“眾”字简化作“众”。

“雨”组

【常】甲骨文“雨”字，合20956、合20975、合63正、合38169。金文“雨”字，商04.1717。简帛“雨”字，秦律十八种115、银贰1788。石刻“雨”字，华山庙碑。《雨部》：“雨，水从云下也。一象天，冂象云，水霝其间也。王矩切。，古文。”（241页）《甲骨文字诂林》[④]：“叶玉森：‘按：契文雨字，别构孔繁。疑为初文，象雨霝形。、为准初文，增从一象天，状之小直线，或平列或参差上下两层或三层，当同状一物。’”

1.【常】金文“電”字，西周08.4326。石刻“電”字，、石经九经。《雨部》：“電，阴阳激耀也。从雨从申。堂練切。，古文電。”

① 张世超等：《金文形义通解》，中文出版社，1996，2228页。

② 张世超等：《金文形义通解》，中文出版社，1996，2050页。

③ 于省吾主编：《甲骨文字诂林》，中华书局，1999，153页。

④ 于省吾主编：《甲骨文字诂林》，中华书局，1999，1153页。

（241 页）《金文形义通解》[①]："'电'之初文为⿰……等形，即'申'之象形初文，本象电光回曲闪烁之形。后为地支申酉之'申'久借不归，周金文遂增从雨，以为区别。""電"字简化作"电"。

"玉"组

【常】甲骨文"玉"字，合 11364、合 7053 正。金文"玉"字，商 07.3940。简帛"玉"字，法律答问 203、东牌楼 117。石刻"玉"字，阿史那贞忠志。《玉部》："王，石之美。有五德：润泽以温，仁之方也；䚡理自外，可以知中，义之方也；其声舒扬，尃以远闻，智之方也；不桡而折，勇之方也；锐廉而不技，絜之方也。象三玉之连。丨，其贯也。阳冰曰：'三画正均如贯玉也。'魚欲切。𤣩，古文玉。"（10 页）《甲骨文字诂林》[②]："孙海波：'古代玉或贝皆一系贯五枚，此象贯玉之形。'"

1.【常】金文"弄"字，春秋 11.5761。简帛"弄"字，日甲《盗者》69、马壹 76_58。石刻"弄"字，尔朱绍志、卢修娥志、萧氏志。《収部》："弄，玩也。从廾持玉。盧貢切。"（59 页）

"黹"组

甲骨文"黹"字，花东 480、合 28135、合 20052、合 18836 反。金文"黹"字，西周 05.2813。《黹部》："黹，箴缕所紩衣。从㡀，丵省。陟几切。"（161 页）《甲骨文字诂林》[③]："按：金甲文'黹'字皆象刺绣之文饰。""黹"字音 zhǐ。

1.【常】简帛"繭"字，马贰 32_6。石刻"繭"字，石经五经。《糸部》："繭，蚕衣也。从糸从虫，黹省。古典切。絸，古文繭从糸、見。"（271 页）"繭"字简化作"茧"。

"夂"组

甲骨文"夂"字，乙二一一〇。《夂部》："夂，从后至也。象人两胫后有致之者。读若黹。陟侈切。"（114 页）"夂"字音 zhǐ。甲骨文"夂"

---

① 张世超等：《金文形义通解》，中文出版社，1996，2681 页。

② 于省吾主编：《甲骨文字诂林》，中华书局，1999，3282 页。

③ 于省吾主编：《甲骨文字诂林》，中华书局，1999，2891 页。

字，乙六六九〇。《夊部》："夊，行迟曳夊夊，象人两胫有所躧也。楚危切。"（112 页）《甲骨文字典》[①]："象倒止之形，与止同意，均以示行动之意。""夊"字音 suī。按：夂、夊均象倒止形，表意无别，实为一字。

1."丆"字暂未见唐以前、小篆外其他相关古文字形。《夊部》："丆，跨步也。从反夊。䯞从此。苦瓦切。"（114 页）"丆"字音 kuǎ。

"廌"组

甲骨文"廌"字，合 28421、屯 100、合 27498。金文"廌"字，商 12.7228。石刻"廌"字，石经五经。《廌部》："廌，解廌，兽也，似山牛，一角。古者决讼，令触不直。象形，从豸省。宅買切。"（202 页）"廌"字音 zhì。

1.【常】甲骨文"慶"字，合 24474、合 36550。金文"慶"字，西周 05.2832、西周 . 第三届 321 页。简帛"慶"字，绾等案 243、蓋卢 19。石刻"慶"字，宇文永妻志。《心部》："慶，行贺人也。从心从夊。吉礼以鹿皮为贽，故从鹿省。丘竟切。"（218 页）《甲骨文字诂林》[②]："按：契文'庆'字从'廌'从'心'，不从鹿。"《金文形义通解》[③]："篆文之'夊'乃'廌'尾形之讹也。……按：'慶'字西周金文多见，均从心廌声。""慶"字简化作"庆"。

"帚"组

【常】甲骨文"帚"字，合 20463 反、合 20505、合 14001 正、花东 492。金文"帚"字，商 16.9953。简帛"帚"字，马贰 73_104、金关 T04：047A。石刻"帚"字，石经五经。《巾部》："帚，粪也。从又持巾埽冂内。古者少康初作箕、帚、秫酒。少康，杜康也，葬长垣。支手切。"（159 页）《甲骨文字诂林》[④]："按：契文'帚'即象其形，唐兰谓以植物为之是也。篆文从又乃之讹，从巾乃之讹。其初形但作，其作者，乃字体之增繁，唐兰已详言之。卜辞假箕帚之'帚'为'婦'，金文犹然。其从女作'婦'者乃其孳乳字。《说文》以'婦'为会意，实当为形声。"

---

① 徐中舒主编：《甲骨文字典》，四川辞书出版社，1990，620 页。

② 于省吾主编：《甲骨文字诂林》，中华书局，1999，1876 页。

③ 张世超等：《金文形义通解》，中文出版社，1996，2532 页。

④ 于省吾主编：《甲骨文字诂林》，中华书局，1999，3027 页。

1.【常】甲骨文“婦”字，合 14025。金文“婦”字，商 10.5083、商 03.922、商 06.3082、西周 06.3619。简帛“婦”字，日甲 4、银贰 1762、东牌楼 051。石刻“婦”字，元诱妻志。《女部》：“婦，服也。从女持帚洒扫也。房九切。”（259 页）“婦”字简化作“妇”。

2.【常】甲骨文“埽”字，花东 391、明后 2599。石刻“掃”字，窦泰志、刘濬志。石刻“埽”字，石经五经。《土部》：“埽，弃也。从土从帚。稣老切。”（287 页）《甲骨文字诂林》[①]：“唐兰：‘从又之字，后世多变从手，则此字当释掃。……《说文》有埽字而无掃字，故后人多以掃为俗字。’按：即掃字。……乃《说文》埽之本字。”“掃”字简化作“扫”。

① 于省吾主编:《甲骨文字诂林》，中华书局，1999，3028 页。

独立常用字

独立常用字指暂未列入常用字及构成单位声类组、义类组的常用字。

1.【常】“凹”字暂未见唐以前相关古文字形，象凹陷形，《说文》无。

2.【常B】“鏖”字暂未见唐以前相关古文字形，从金从鹿，《说文》无。

3.【常】“掰”字暂未见唐以前相关古文字形，从二手从分，《说文》无。

4.【常】甲骨文“敗”字，合17318、合2274正。金文“敗”字，西周08.4216.2。简帛“敗”字，效律24、银贰1003。石刻“敗”字，李镐志。《金文形义通解》[1]：“金文皆从䞒，与《说文》籀文同。”《攴部》：“，毁也。从攴、貝。败、贼皆从贝，会意。薄邁切。，籀文敗从䞒。”（68页）“敗”字简化作“败”。

5.【常】简帛“報”字，秦律十八种184、金关T06：178。石刻“報”字，张俭及妻志、法玩塔铭。《㚔部》：“，当罪人也。从㚔从𠬝。𠬝，服罪也。博号切。”（215页）《说文通训定声》[2]：“按：《汉书》：凡言讯鞫论报，谓处分其罪以上闻也。”“報”字简化作“报”。

6.【常B】简帛“畚”字，仓颉篇63。石刻“畚”字，多宝塔碑，从廾，《说文》无。

7.【常A】“泵”字，从水石，《说文》无。

8.【常】金文“閉”字，西周08.4276。简帛“閉”字，日书乙种《除》35。石刻“閉”字，石经周易。《門部》：“，阖门也。从門；才，所以歫门也。博計切。”（248页）《金文形义通解》[3]：“金文‘闭’字从门，内有若十形。高鸿缙曰：‘字倚门画其已闭，自内见其门槓之形。’‘十非文字，乃物形，后变为才，意不可说。’”“閉”字简化作“闭”。

9.【常】“癟”字，从疒、自、侖，或谓从疒、目、侖，简化作“瘪”，《说文》无。

10.【常】甲骨文“秉”字，合17444。金文“秉”字，商11.6357。简帛“秉”字，金关T23：762A。石刻“秉”字，石经五经。《又部》：“，禾束也。从又持禾。兵永切。”（64页）《说文通训定

① 张世超等：《金文形义通解》，中文出版社，1996，750页。

② （清）朱骏声：《说文通训定声》，武汉古籍书店，1983，276页。

③ 张世超等：《金文形义通解》，中文出版社，1996，2770页。

声》[①]："手持一禾为秉，手持两禾为兼。"

11.【常】石刻"彪"字，口伯超志、唐直志。《虎部》："，虎文也。从虎，彡象其文也。甫州切。"（103页）

12.【常】"岔"字暂未见唐以前相关古文字形，从山从分，《说文》无。

13.【常B】金文"敕"字，秦公镈。简帛"敕"字，"束"或讹作"来"，"攴"或讹作力，居新6037。石刻"敕"字，閭吒地连志、石经五经。《攴部》："，诫也。臿地曰敕。从攴束声。耻力切。"（68页）《说文通训定声》[②]："按：从攴从束，会意，字亦作勅，作憖，相承又以勑为之。"《金文形义通解》[③]："金文从柬声，'柬'，'熏'之省体。……《说文》'束声'非是。此字金文或作，……所从柬字省作束。"

14.【常B】金文"齔"字，秦文字编314。石刻"齔"字，曹全碑、多宝塔碑。《齒部》："，毁齿也。男八月生齿，八岁而齔。女七月生齿，七岁而齔。从齒从七。初堇切。"（44页）"齔"字简化作"龀"。

15.【常】甲骨文"承"字，合4094。金文"承"字，西周10.5318.1。简帛"承"字，金布律431、金关T09：114。石刻"承"字，石经九经。《手部》："，奉也，受也。从手从卩从廾。署陵切。"（253页）《甲骨文字集释》[④]："卜辞之当为承之古文……从卩从廾，象两手自下奉之。"《甲骨文字诂林》[⑤]："按：丞为拯人于臽之形，承则为抍举之形，不得以为同字。"

16.【常】"匆"字暂未见唐以前相关古文字形，《说文》无，盖"囱"字形讹，《说文通训定声》[⑥]："又误作匆。"

17.【常】甲骨文"初"字，合31801。金文"初"字，西周05.2704、春秋07.3807。简帛"初"字，日甲《门》143、金关T10：066。石刻"初"字，元谧志。《刀部》："，始也。从刀从衣。裁衣之始也。楚居切。"（91页）

18.【常】"矗"字从三直，《说文》无。

19.【常】石刻"闖"字，石经五经。《門部》："，马出门皃。从马在门中。读若郴。丑禁切。"（249页）《说文通训定声》[⑦]："《公羊》哀六

① （清）朱骏声：《说文通训定声》，武汉古籍书店，1983，923页。
② （清）朱骏声：《说文通训定声》，武汉古籍书店，1983，217页。
③ 张世超等：《金文形义通解》，中文出版社，1996，736页。
④ 李孝定：《甲骨文字集释》，台湾"中研院"历史语言研究所，1970，783页。
⑤ 于省吾主编：《甲骨文字诂林》，中华书局，1999，417页。
⑥ （清）朱骏声：《说文通训定声》，武汉古籍书店，1983，59页。
⑦ （清）朱骏声：《说文通训定声》，武汉古籍书店，1983，97页。

传‘开之则闯然公子阳生也’注：出头皃，盖突兀惊人意。”“闖”字简化作“闯”。

20.【常B】“氹”字同“凼”，从水凵，暂未见唐以前相关古文字形，《说文》无。

21.【常】“呆”字暂未见唐以前相关古文字形，从口从木，《说文》无。

22.【常】甲骨文“吊（弔）”字，合6636正、合31807、合22301。金文“吊（弔）”字，商03.782、春秋16.10145。石刻“吊（弔）”字，口伯超志、胡明相志。白于兰说：从人从虫，会虫缠绕人身毒害人致死意。《人部》：“弔，问终也。古之葬者，厚衣之以薪。从人持弓，會敺禽。多嘯切。”（167页）

23.【常】“疊”字同“曡”，简化作“叠”。石刻“疊”字，、石经九经。《晶部》：“曡，杨雄说：以为古理官决罪，三日得其宜乃行之。从晶从宜。亡新以为叠从三日太盛，改为三田。徒叶切。”（141页）

24.【常】“丢”是俗“丟”字，从一去，暂未见唐以前相关古文字形，《说文》无。

25.【常】金文“奪”字，西周05.2835。石刻“奪”字，元纂志、石经五经。《奞部》：“奪，手持隹失之也。从又从奞。徒活切。”（77页）《说文通训定声》[①]：“既得而失去也。字亦作敚，从寸。”《金文形义通解》[②]：“金文‘夺’字乃夺取一隹之象意初文，与‘隻’（‘获’之初文）取意有近似之处而又显然区别，捕隹在手为‘隻’，手入他人衣衽内强取雀则为‘夺’。……小篆讹衣形为‘大’，且失落‘小’形，许慎所解，已非初形初谊。”“奪”字简化作“夺”。

26.【常】甲骨文“對”字，合30600。金文“對”字，西周05.2654、西周08.4165、西周08.4293、西周08.4302、西周.上博七。简帛“對”字，马壹132_30、金关T14_030。石刻“對”字，张迁碑、石经周易。《丵部》：“對，膺无方也。从丵从口从寸。都隊切。對，對或从士。汉文帝以为责对而为言，多非诚对，故去其口以从士也。”（58页）《金文形义通解》[③]：“金文多从丵从土从又而不从口从寸，从士为从土之误，当非汉文帝始作，赵明诚已辨之。此字林义光谓象手持業，業，版也，所以书思对命。朱芳圃谓象手持镫形。高鸿缙谓象执兵之形，持丵相抗为对。李孝定谓象以手持丵（植物之象形）树于土之

① （清）朱骏声：《说文通训定声》，武汉古籍书店，1983，685页。

② 张世超等：《金文形义通解》，中文出版社，1996，889页。

③ 张世超等：《金文形义通解》，中文出版社，1996，538页。

形。……诸家说均未有塙证。”“對”字简化作“对”。

27.【常】甲骨文“鬥”字，合 21524、合 14553。《鬥部》：“，两士相对，兵杖在后，象鬥之形。都豆切。”（63 页）《甲骨文字诂林》[①]：“罗振玉：‘卜辞诸字，皆象二人相搏，无兵杖也。……自字形观之，徒手相搏谓之斗矣。’按：甲骨文斗字象两人相对徒手搏斗形。争斗即有交接之意。《说文》又有训‘遇’之‘鬭’，实为后起之孳乳字，初本无别。”“鬥”字简化作“斗”。

28.【常】金文“噩”字，西周 07.40571。石刻“噩”字，石经五经，从㗊从屰，《说文》无。《金文形义通解》[②]：“《说文》未收‘噩’字，吴大澂、刘心源、容庚等俱指出‘咢’‘噩’为一字，闻一多、李孝定、高明俱以为‘噩’与‘丧’古同字。……金文中丧、噩已分别为两字。加‘亡’声者为‘丧’，无‘亡’声者为‘噩’，即‘咢’。”

29.【常】简帛“煩”字，为吏 13。石刻“煩”字，口伯超志。《頁部》：“，热头痛也。从頁从火。一曰焚省声。附袁切。”（183 页）“煩”字简化作“烦”。

30.【常】简帛“飛”字，上三周 56。石刻“飛”字，临辟雍碑。《飛部》：“，鳥翥也。象形。甫微切。”（245 页）“飛”字简化作“飞”。

31.【常】简帛“肥”字，为吏 35、奏谳书 164。石刻“肥”字，肥致碑、王祯志、石经五经。《肉部》：“，多肉也。从肉从卪。符非切。”（90 页）

32.【常】简帛“吠”字，银贰 1532、敦煌简 0423。石刻“吠”字，石经五经。《口部》：“，犬鸣也。从犬、口。符廢切。”（34 页）

33.【常】甲骨文“焚（樊）”字，合 10688、合 34495、合 20709、合 29284、屯 762。金文“焚（樊）”字，西周 05.2835。简帛“焚（樊）”字，仓颉篇 34。石刻“焚（樊）”字，石经尚书。《火部》：“，烧田也。从火、棥，棥亦声。附袁切。”（209 页）《甲骨文字诂林》[③]：“罗振玉：‘段先生改篆文樊为焚，改注“从棥，棥亦声”为“从火林”，谓“《玉篇》、《广韵》有焚无樊，……是许书当有焚字，况经传焚字不可枚举，而未见有樊。知火部之樊，即焚之讹。元应书引《说文》：‘焚，烧田也，字从火，烧林意也。’凡四见，然则唐初本有焚无樊。……”今证之卜辞，亦从林不从棥，可为段说左证。’”

① 于省吾主编：《甲骨文字诂林》，中华书局，1999，164 页。

② 张世超等：《金文形义通解》，中文出版社，1996，215 页。

③ 于省吾主编：《甲骨文字诂林》，中华书局，1999，1222 页。

34.【常】石刻“奮”字，石经五经。按：从隹从衣从田，隹在田被获后破衣奋飞。《奞部》：“，翬也。从奞在田上。方問切。”（77页）“奮”字简化作“奋”。

35.【常】金文“豐”字，西周15.9456。简帛“豐”字，金关T06：055。石刻“豐”字，石经周易。《豐部》：“，豆之丰满者也。从豆，象形。一曰《乡饮酒》有丰侯者。敷戎切。，古文豐。”（103页）《金文形义通解》[①]：“金文从壴声，即丰之繁。”“豐”字简化作“丰”。

36.【常】简帛“負”字，秦律十八种83、仓颉篇3。石刻“負”字，曹全碑。《貝部》：“，恃也。从人守贝，有所恃也。一曰受贷不偿。房九切。”（130页）“負”字简化作“负”。

37.【常B】“尜”字暂未见唐以前相关古文字形，从小从大从小，《说文》无。

38.【常B】“睪”字暂未见唐以前相关古文字形，从目从幸，是“罣”字分化字，《说文》无。

39.【常】甲骨文“宫”字，合4290、合36542。金文“宫”字，新收1074页、西周04.2342。简帛“宫”字，法律答问187。石刻“宫”字，张安姬志。《宫部》：“，室也。从宀，躳省声。居戎切。”（152页）《甲骨文字诂林》[②]：“以字形及卜辞之例考之，诸形并当释宫。……象正视之形，若则象俯视之形，罗氏之说是也。其省宀而仅作若形者，亦是宫字，盖字之本义训室，作若于义已显也。”《金文形义通解》[③]：“即象‘两两相套’之坑穴形，上覆以‘宀’，即为‘宫’。《说文》谓字从‘躳省声’非是。于省吾谓‘甲骨文宫字本从宀声’……‘但是，自商末以来，偏旁或合文中的，已有讹作者。……西周金文的宫字则均从。’”

40.【常】“箍”字暂未见唐以前相关古文字形，从竹从手从匝，《说文》无。

41.【常】金文“寡”字，西周10.5392.1。简帛“寡”字，为吏2、仓颉篇31。石刻“寡”字，曹全碑、石经五经。《宀部》：“，少也。从宀从頒。頒，分赋也，故为少。古瓦切。”（151页）《金文形义通解》[④]：“西周金文‘寡’字从宀从頁。”

---

① 张世超等：《金文形义通解》，中文出版社，1996，1172页。
② 于省吾主编：《甲骨文字诂林》，中华书局，1999，1985页。
③ 张世超等：《金文形义通解》，中文出版社，1996，1909页。
④ 张世超等：《金文形义通解》，中文出版社，1996，1865页。

42.【常】甲骨文“龜”字，合 21562、合 8996 正、屯 859。金文“龜”字，商 16.9951。简帛“龜”字，马壹 4_13。石刻“龜”字，石经五经、石经周易。《龜部》：“，舊也。外骨内肉者也。从它，龟头与它头同。天地之性，广肩无雄；龟鳖之类，以它为雄。象足甲尾之形。居追切。，古文龜。”（285 页）“龜”字简化作“龟”。

43.【常】甲骨文“寒”字，合 28873、合 28371、合 28129、怀 1447。金文“寒”字，西周 05.2836。简帛“寒”字，日甲《诘》50、蓋卢 31、金关 T24 : 015A、仓颉篇 59。石刻“寒”字，郭显志。《宀部》：“，冻也。从人在宀下，以茻荐覆之，下有仌。胡安切。”（151 页）

44.【常】甲骨文“好”字，合 32759、花东 296、花东 296。金文“好”字，西周 07.4113、商 03.1323、商 12.6859、商 16.9952。简帛“好”字，日甲《诘》32。石刻“好”字，冯季华志。《女部》：“，美也。从女、子。呼皓切。”（261 页）《金文形义通解》[①]：“或从母，与从女同意。……‘好’之初文即象母子相向、相近、相亲、相欢、相好之意。刘胜有曰：‘“好”字的构成，我以为，并不是“从女子”，其中的“女”本用作“母”，它实际是“母”与子组合而成的。’”

45.【常 A】“夯”字暂未见唐以前相关古文字形，从大从力，《说文》无。

46.【常 B】“壑”是“叡”字或体。石刻“壑”字，慈庆志。《㕡部》：“，沟也。从㕡从谷。读若郝。呼各切。，叡或从土。”（84 页）段玉裁注[②]：“（从㕡从谷）穿地而通谷也。（或从土）谓穿土也。”

47.【常】甲骨文“恒”字，合 14749 正、合 14768。金文“恒”字，文物 87.2、西周 04.2380。简帛“恒”字，为吏 12。石刻“恒”字，穆亮志。《二部》：“，常也。从心从舟，在二之间上下。心以舟施，恒也。胡登切。，古文恒从月。”（286 页）《甲骨文字诂林》[③]：“按：王国维释恒是对的。木部栖字古文作，实为恒之古文。徐灏《段注笺》云：‘月之半体如弦絙两端，故谓之弦。月盈则缺，唯弦时多，故谓之恒，而训为常。古只作亙，从月从二，指上下弦。为古文别体。恆从心从亙，则人心之恒也，当别为一字。月与舟篆体相似，故讹从舟。亙、恆、絙三字古通。’是先于王氏而论及恒当作亙，从舟乃形体之讹。”

---

① 张世超等：《金文形义通解》，中文出版社，1996，2867 页。

② （清）段玉裁：《说文解字注》，上海古籍出版社，2000，161 页。

③ 于省吾主编：《甲骨文字诂林》，中华书局，1999，2920 页。

48.【常】甲骨文“後”字，合 22283、合 25948、H11 : 83。金文“後”字，西周 05.2741、西周 12.6512、春秋 15.9445。简帛“後”字，秦律八种 46、老子 3。石刻“後”字，斛律氏志。《彳部》：“，迟也。从彳、幺、夊者，後也。胡口切。，古文後从辵。”（43 页）《甲骨文字释林》[①]：“甲骨文字……即後之初文，从彳作後乃后起字。……段注：‘幺者小也，小而行迟，后可知矣，故从幺夊，会意。’林义光《文源》：‘古玄字，系也。从行省，夊象足形；足有所系，故后不得前。’按：许说既不足据，段注又曲加傅会，林说也误。字的造字本义，还须待考。”《甲骨文字典》[②]：“甲骨文先字，从止在人上；从夊（倒止）系绳下，即表世系在后之意，此即後之本义。”“後”字简化作“后”。

49.【常】甲骨文“壺”字，合 18559、英 751、英 2674 正。金文“壺”字，西周 15.9519、西周 12.6456、西周 08.4141.1、西周 15.9579、春秋 15.9687、文物 84.9。简帛“壺”字，秦律十八种 100。石刻“壺”字，石经五经、许公妻志。《壺部》：“，昆吾圜器也。象形。从大，象其盖也。户吴切。”（214 页）“壺”字简化作“壶”。

50.【常】“互”是“箮”字省体。简帛“互”字，数 71、金关 T24 : 073A。石刻“互”字，元徽志、石经九经。《竹部》：“，可以收绳也。从竹，象形，中象人手所推握也。胡誤切。互，箮或省。”（97 页）

51.【常】金文“幻”字，西周 07.3962。石刻“幻”字，、石经九经。《予部》：“，相诈惑也。从反予。胡辦切。”（84 页）段玉裁注[③]：“倒予字也，使彼予我是为幻化。”《金文形义通解》[④]：“‘玄’‘幻’义通，本古同字分化也。”

52.【常】金文“宦”字，西周 04.2442。简帛“宦”字，置吏律 217。石刻“宦”字，石经五经。《宀部》：“，仕也。从宀从臣。胡慣切。”（151 页）

53.【常】简帛“毁”字，日甲《土忌》139、算数书 102。石刻“毁”字，皇女残碑、萧公夫人志。《土部》：“，缺也。从土，毇省声。許委切。，古文毁从壬。”（289 页）段玉裁注[⑤]：“缺者，器破也。

① 于省吾：《甲骨文字释林》，中华书局，1979，400 页。
② 徐中舒主编：《甲骨文字典》，四川辞书出版社，1990，164 页。
③ （清）段玉裁：《说文解字注》，上海古籍出版社，2000，160 页。
④ 张世超等：《金文形义通解》，中文出版社，1996，961 页。
⑤ （清）段玉裁：《说文解字注》，上海古籍出版社，2000，691 页。

因为凡破之称。”

54.【常】甲骨文“霍（靃）”字，合 36784、合 10989 正。金文“霍（靃）”字，西周 16.10270、西周 04.2413。石刻“霍（靃）”字，元子正志。《雔部》：“靃，飞声也。雨而双飞者，其声靃然。呼郭切。”（79 页）《金文形义通解》[①]：“金文‘雔’皆作二鸟相对形，而‘霍’中之二‘隹’同向，故非雔匹字。金文或从三‘隹’，甲文皆从三‘隹’。林义光曰：‘象群隹在雨中，其飞加疾，故声霍然。’小篆择简，从二隹，隶楷复省从一隹。”

55.【常 B】金文“戟（戟）”字，新收 335 页、战国 17.11214、战国 17.11098.1、战国 17.11176.1。石刻“戟（戟）”字，、石经五经。《戈部》：“戟，有枝兵也。从戈、倝。《周礼》：‘戟，长丈六尺。’读若棘。紀逆切。”（266 页）《金文形义通解》[②]：“据秦简文字，‘戟’塙从倝从戈。……南楚各国及齐鲁所见‘戟’字与秦系文字异，多作形声。”

56.【常 B】“羈”是“馽”字或体，简化作“羁”。甲骨文“羈（馽）”字，合 18305、合 28163。简帛“羈（馽）”字，敦煌简 0172。石刻“羈（馽）”字，尔朱袭志、石经五经。《网部》：“馽，马络头也。从网从馬。馬，马绊也。居宜切。羈，馽或从革。”（158 页）《说文解字注笺》[③]：“絷绊之义，从马而囗其足。隶不便于书而变为䍜；羈则省而为马也，盖既络其头，亦不必更囗其足矣。”

57.【常】简帛“計”字，秦律十八种 124、金关 T10：210A，简化作“计”。石刻“計”字，夏承碑。《言部》：“計，会也。筭也。从言从十。古詣切。”（53 页）

58.【常】简帛“尖”字，金关 T10：221A，从小从大，《说文》无。

59.【常】甲骨文“肩（肩）”字，合 21035、合 21036、合 97 正、合 13871。简帛“肩（肩）”字，日甲《盗者》75、金关 T10：141。石刻“肩（肩）”字，元诱志。《肉部》：“肩，髆也。从肉，象形。古賢切。肩，俗肩从户。”（87 页）

60.【常 B】简帛“孑”字，敦煌简 0245A。石刻“孑”字，崔湛志。《了部》：“孑，无右臂也。从了，乚象形。居桀切。”（310 页）

61.【常】甲骨文“晶”字，合 21419、合 18648、合 11504。石刻“晶”字，张安志。《晶部》：“晶，精光也。从三日。子盈切。”

---

① 张世超等：《金文形义通解》，中文出版社，1996，915 页。

② 张世超等：《金文形义通解》，中文出版社，1996，2942 页。

③ （清）徐灏：《说文解字注笺》（续修四库全书），上海古籍出版社，2002，卷七下 98 页。

（141 页）《甲骨文字诂林》[1]："按：古'晶'、'星'同字。'晶'本象群星之形，复增'生'为声符。"

62.【常】简帛"筋"字，日甲《诘》39、引书 99。石刻"筋"字，石经九经。《筋部》："，肉之力也。从力从肉从竹。竹，物之多筋者。居銀切。"（91 页）

63.【常】甲骨文"晉"字，合 19568。金文"晉"字，西周 10.5346、西周 07.3952、新收 664 页、东南文化 91.2。简帛"晉"字，魏盗案 166、仓颉篇 34。石刻"晉"字，辛穆志、宇文诚志、石经五经，简化作"晋"。《日部》："，进也。日出万物进。从日从臸。即刀切。"（138 页）《甲骨文字诂林》[2]："按：林义光《文源》云：'日出无物进之义，……实与至同字。……亦与臸同字。'林氏谓象两矢集于○之形，与臸同字是对的。……字非从日，金文犹然。"

64.【常】甲骨文"進"字，合 32535。简帛"進"字，田律 249、金关 T10：410。石刻"進"字，石经周易、樊廉志。《辵部》："，登也。从辵，閵省声。即刃切。"（39 页）《甲骨文字集释》[3]："卜辞进字作，从止从隹。此所从止，与从辵同。"《金文形义通解》[4]："金文从辵，与从止同意。《说文》解为'閵省声'，无据。""進"字简化作"进"。

65.【常】简帛"韭"字，第八层 1664、银贰 1779。石刻"韭"字，石经五经。《韭部》："，菜名。一穜而久者，故谓之韭。象形，在一之上。一，地也。此与耑同意。舉友切。"（149 页）

66.【常】简帛"開"字，日甲《秦除》16、马壹 137_60、金关 T23：731B。石刻"開"字，史晨碑、石经周易、张本志，简化作"开"。《門部》："，张也。从門从幵。苦哀切。，古文。"（248 页）《说文通训定声》[5]："古文，从廾一,一者，闗也。小篆与古文不异，笔画整齐之而，非从幵也。"

67.【常】甲骨文"克"字，合 13709 正、合 4989。金文"克"字，西周 05.2809。简帛"克"字，马壹 126_63、马壹 4_7。石刻"克"字，斛律氏志、石经周易。《克部》："，肩也。象屋下刻木之形。

① 于省吾主编：《甲骨文字诂林》，中华书局，1999，1109 页。

② 于省吾主编：《甲骨文字诂林》，中华书局，1999，2562 页。

③ 李孝定：《甲骨文字集释》，台湾"中研院"历史语言研究所，1970，1393 页。

④ 张世超等：《金文形义通解》，中文出版社，1996，290 页。

⑤ （清）朱骏声：《说文通训定声》，武汉古籍书店，1983，595 页。

苦得切。𠅩，古文克。𠅦，亦古文克。”（143 页）《甲骨文字诂林》[①]："按：徐锴《系传》云：'肩者任也，……任者又负荷之名也，与人肩膊之肩义通，故此字下亦微象肩字之上也。'小徐谓'克'字下象肩字之上，验之古文字，其说极确。俞樾《儿笘录》申徐锴之说，谓克字'象举物高出人上，故其义为肩'，'许君因误以𠅦为克之古文，而屋下刻木之说亦移之克下矣'。其说亦是。……李孝定《集释》谓卜辞克字'下从卩，与古文卩字形近，象人躬身以两手拊膝之形，上从凵，象所肩之物，肩重物者恒作此形也'。较徐锴、俞樾之说更进一境，得'克'字造字之本恉。"

68.【常】金文"孔"字，■西周 04.2021、■新收 1013 页、■战国 17.11290。简帛"孔"字，■日甲《盗者》69、■马壹 15_11、■金关 T09：056B。石刻"孔"字，■元文志。《乚部》："𡥂，通也。从乚从子。乚，请子之候鸟也。乚至而得子，嘉美之也。古人名嘉字子孔。康董切。"（246 页）《金文丛考》[②]："案：此乃指事字，与本末同例，乃指示小儿头角上有孔也。故孔之本义当为囟，囟者象形文，孔则指事字。引申之，则凡空皆曰孔，有空则可通，故有通义。"

69.【常】甲骨文"哭"字，■合 7815、■英 1996。简帛"哭"字，■日乙 191。石刻"哭"字，■李挺志、■石经五经。《哭部》："■，哀声也。从吅，獄省声。苦屋切。"（35 页）

70.【常】简帛"款（欵）"字，■仓颉篇 5。石刻"款（欵）"字，■、■石经五经。《欠部》："■，意有所欲也。从欠，𡩡省。苦管切。■，款或从柰。"（179 页）

71.【常 B】石刻"夔"字，■石经五经。《夊部》："■，神魖也。如龙，一足，从夊；象有角、手、人面之形。渠追切。"（112 页）

72.【常】"擴"字暂未见唐以前相关古文字形，从手从廣，简化作"扩"，《说文》无。

73.【常】甲骨文"牢"字，■合 321、■合 899。金文"牢"字，■西周 07.3979.2。简帛"牢"字，■日甲《秦除》16。石刻"牢"字，■元颢志。《牛部》："■，閑，养牛马圈也。从牛，冬省。取其四周帀也。鲁刀切。"（29 页）《说文通训定声》[③]："按：外象周匝坚固形，一以闲之。"《甲骨文字诂林》[④]："按：《说文》训牢为'闲养牛马圈'乃后起引申义。

① 于省吾主编：《甲骨文字诂林》，中华书局，1999，729 页。

② 郭沫若：《金文丛考》，人民出版社，1954，214 页。

③ （清）朱骏声：《说文通训定声》，武汉古籍书店，1983，279 页。

④ 于省吾主编：《甲骨文字诂林》，中华书局，1999，1517 页。

象牢阑之形，许慎以为从冬省，误。甲骨文字或从牛，或从羊。……‘牢’为专门圈养以供祭祀之牛，为专门圈养以供祭祀之羊。”

74.【常B】金文“耒”字，西周10.5117.1、西周11.5647。简帛“耒”字，仓颉篇45。石刻“耒”字，元宝建志。《耒部》：“，手耕曲木也。从木推丯。古者垂作耒相以振民也。盧對切。”（93页）

75.【常A】石刻“磊”字，常文贵志。《石部》：“，众石也。从三石。落猥切。”（195页）

76.【常】甲骨文“聯”字，花东203、花东475、合32721。金文“聯”字，新收1064页。石刻“聯”字，胡明相志。《耳部》：“，连也。从耳，耳连于頰也；从丝，丝连不绝也。力延切。”（249页）《说文通训定声》[1]：“按：凡联续联合牵联结联字经传皆以连为之。……盖自汉以来，习用连，不用联，故反以借字改正字。”《文源》[2]：“按：从耳，其连于颊之意不显。凡器物如鼎爵盤壶之属多有耳，欲联缀之，则以绳贯其耳，从丝从耳。”“聯”字简化作“联”。

77.【常】简帛“了”字，东牌楼068。石刻“了”字，多宝塔碑。《了部》：“，尥也。从子无臂。象形。盧鳥切。”（310页）段玉裁注[3]：“尥，行胫相交也。牛行脚相交为尥。”《说文解字注笺》[4]：“凡收束谓之结，故曰了结。”

78.【常】简帛“料”字，效律11。石刻“料”字，夫子残碑、石经五经。《斗部》：“，量也。从斗，米在其中。读若遼。洛蕭切。”（300页）段玉裁注[5]：“称其轻重曰量，称其多少曰料，其义一也。”《金文形义通解》[6]：“金文从‘米’从‘升’（斗中有物），会意。”

79.【常】金文“亮”字，春秋18.11424B。石刻“亮”字，石经尚书，从儿（人），高省，会人处高则明意，《说文》无。段玉裁注[7]：“亮，明也，从儿，高省。”

80.【常】石刻“劣”字，石经五经。《力部》：“，弱也。从力少声。力輟切。”（292页）段玉裁注[8]：“从力少，会意。”

---

① （清）朱骏声：《说文通训定声》，武汉古籍书店，1983，767页。

② 林义光：《文源》，中西书局，2012，卷八。

③ （清）段玉裁：《说文解字注》，上海古籍出版社，2000，743页。

④ （清）徐灝：《说文解字注笺》（续修四库全书），上海古籍出版社，2002，卷十四下114页。

⑤ （清）段玉裁：《说文解字注》，上海古籍出版社，2000，718页。

⑥ 张世超等：《金文形义通解》，中文出版社，1996，3309页。

⑦ （清）段玉裁：《说文解字注》，上海古籍出版社，2000，405页。

⑧ （清）段玉裁：《说文解字注》，上海古籍出版社，2000，700页。

81.【常A】甲骨文“鹵”字，合5596。金文“鹵”字，西周16.10161。简帛“鹵”字，东牌楼048、仓颉篇61。石刻“鹵”字，臧怀亮志。《鹵部》：“，西方咸地也。从西省，象盐形。安定有鹵县。东方谓之㡿，西方谓之鹵。郎古切。”（247页）《说文通训定声》[①]：“《释名》：地不生物曰鹵，鹵，炉也，如炉火处也。”《金文形义通解》[②]：“戴侗曰：‘内象盐，外象盛盐器，与卣同。’戴说可从。”“鹵”字简化作“卤”。

82.【常】金文“卵”字，文物89.12。简帛“卵”字，仓颉篇28。石刻“卵”字，元暐志、元玕志、石经九经。《卵部》：“，凡物无乳者卵生。象形。盧管切。”（285页）

83.【常】甲骨文“履”字，合33283。金文“履”字，西周05.2832、西周08.4262.2、西周08.4298、西周16.10134、西周16.10176。简帛“履”字，法律答问162。石刻“履”字，、石经五经。《履部》：“，足所依也。从尸从彳从夂，舟象履形。一曰尸声。良止切。，古文履从頁从足。”（175页）《金文形义通解》[③]：“卫鼎字下之形，象一人而特写其足趾，足下作舟形者，可如许慎之说‘象履形’，偶同舟形相似，象人纳足于履而步履践踏之事。《说文》古文之正本于此而讹断错位。…………‘眉’字初文。……睡虎地秦简字本之作，讹为‘尸’，‘夂’上之人形讹而类‘舟’，为《说文》篆文所本。”

84.【常】甲骨文“旅”字，合20505、怀1640。金文“旅”字，西周06.3352、西周09.4626、西周05.2816；从车，商10.5362.1、西周03.515。简帛“旅”字，效律41。石刻“旅”字，石经尚书。《㫃部》：“，军之五百人为旅。从㫃从从。从，俱也。力舉切。，古文旅。古文以为鲁卫之鲁。”（141页）《甲骨文字诂林》[④]：“李孝定：‘契文与小篆同，象旂下聚众之形，军旅之本义也。’按：《说文系传》旅之古文作，大徐本古文作，当以《系传》本为是。”

85.【常】甲骨文“枚”字，合19078。简帛“枚”字，第八层124。石刻“枚”字，石经尚书。《木部》：“，干也。可为杖。从木从攴。莫桮切。”（118页）《说文通训定声》[⑤]：“枝干也，可为杖。从木从支

① （清）朱骏声：《说文通训定声》，武汉古籍书店，1983，410页。

② 张世超等：《金文形义通解》，中文出版社，1996，2750页。

③ 张世超等：《金文形义通解》，中文出版社，1996，2134页。

④ 于省吾主编：《甲骨文字诂林》，中华书局，1999，3061页。

⑤ （清）朱骏声：《说文通训定声》，武汉古籍书店，1983，594页。

会意。《释名》：竹曰个，木曰枚。"《金文形义通解》[①]："金文象手执刀斤形器以伐枝柯。……此字是否释'枚'，尚待证明。"

86.【常】甲骨文"美"字，合 31023。金文"美"字，商 03.1361、西周 14.9086。简帛"美"字，银贰 1511、金关 T24：416B。石刻"美"字，石经周易。《羊部》："美，甘也。从羊从大。羊在六畜主给膳也。美与善同意。無鄙切。"（78 页）《甲骨文字诂林》[②]："李孝定：'契文羊大二字相连，疑象人饰羊首之形，与羌同意。'按：甲骨文、金文'美'字均不从'羊'。其上为头饰。羊大则肥美，乃据小篆形体附会之谈。"

87.【常】金文"覓"字，西周 08.4341。简帛"覓"字，金关 T03：105。石刻"覓"字，浯溪记，从爪从見，简化作"觅"，《说文》无。

88.【常】甲骨文"鳴"字，合 4155、花东 53、合 17369。金文"鳴"字，文物 89.4。简帛"鳴"字，脉书 8。石刻"鳴"字，檀宾志。《鳥部》："鳴，鸟声也。从鳥从口。武兵切。"（82 页）"鳴"字简化作"鸣"。

89.【常】"拿"字暂未见唐以前相关古文字形，从合手，《说文》无。

90.【常】石刻"鬧"字，义造桥残碑。《鬥部》："鬧，不静也。从市、鬥。奴教切。"（64 页）"鬧"字简化作"闹"。

91.【常 B】简帛"赧"字，脉书 2、仓颉篇 49。石刻"赧"字，石经五经。《赤部》："赧，面惭赤也。从赤𠬝声。周失天下于赧王。女版切。"（213 页）《说文解字注笺》[③]："从𠬝不误。"

92.【常】"嫩"字暂未见唐以前相关古文字形，从女从束从攴，《说文》无。

93.【常】甲骨文"尿"字，一期．菁五。《尾部》："尿，人小便也。从尾从水。奴弔切。"（175 页）《文源》[④]："尿，人小水也，从尾水。"《甲骨文字典》[⑤]："从人前加水点，象人遗溺形，为尿字初文。"

94.【常 B】甲骨文"廿"字，合 21249、合 9460。金文"廿"字，商 14.9105.1、文物 03.6、总集 10.7823。简帛"廿"字，效律 7。石刻"廿"字，石经尚书。《十部》："廿，二十并也。古文省。人汁切。"（51 页）

---

① 张世超等：《金文形义通解》，中文出版社，1996，1448 页。

② 于省吾主编：《甲骨文字诂林》，中华书局，1999，224 页。

③（清）徐灏：《说文解字注笺》（续修四库全书），上海古籍出版社，2002，卷十下 333 页。

④ 林义光：《文源》，中西书局，2012，卷十。

⑤ 徐中舒主编：《甲骨文字典》，四川辞书出版社，1990，945 页。

95.【常】石刻“抛”字，李祈年志。《手部》：“，弃也。从手从尢从力，或从手尥声。案：《左氏传》通用摽。《诗》：‘摽有梅。’摽，落也。义亦同。匹交切。”（258 页）

96.【常】金文“匹”字，西周 07.4044。简帛“匹”字，敦煌简 1044。石刻“匹”字，王蕃志、石经五经。《匚部》：“，四丈也。从八、匚。八揲一匹，八亦声。普吉切。”（267 页）《文源》[①]：“匹，不从八，象布一匹数揲之形。”《金文形义通解》[②]：“较早金文作，从，从。乃（丙）之半，据殷虚卜辞，马一丙，即同驾一车之马二匹，半‘丙’则为单马。为区别符号，殆以别于（石）也。”

97.【常】石刻“片”字，管洛志、元延明志。《片部》：“，判木也。从半木。匹見切。”（143 页）段玉裁注[③]：“谓一分为二之木。片判以叠韵为训，判者，分也。……从半木。木字之半也。”

98.【常】石刻“凭”字，张正子父母镇石。《几部》：“，依几也。从几从任。《周书》：‘凭玉几。’读若馮。皮冰切。”（299 页）

99.【常 B】金文“虔”字，西周 08.4224。简帛“虔”字，金关 T24：808。石刻“虔”字，石经五经。《虍部》：“，虎行皃。从虍文声。读若矜。渠焉切。”（103 页）段玉裁注[④]：“按：‘声’当是衍字。虎形而著其文，此会意。”《金文形义通解》[⑤]：“金文所见皆训敬，此早期用例，敬当即字之本义，乃从文虍声。”

100.【常】简帛“囚”字，第八层 141、仓颉篇 51。石刻“囚”字，石经尚书。《囗部》：“，繫也。从人在囗中。似由切。”（129 页）

101.【常】金文“曲”字，商 14.8501。简帛“曲”字，包山文 260、睡 42、金关 T01：040。石刻“曲”字，安元寿志。《曲部》：“，象器曲受物之形。或说曲，蚕薄也。丘玉切。，古文曲。”（268 页）《金文形义通解》[⑥]：“‘曲’之象形初文象曲尺之形，上有纵横纹饰。”

102.【常】甲骨文“日”字，合 20397。金文“日”字，商 03.922、商 11.5949。简帛“日”字，日甲 10。石刻“日”字，李

① 林义光：《文源》，中西书局，2012，卷一。

② 张世超等：《金文形义通解》，中文出版社，1996，3015 页。

③（清）段玉裁：《说文解字注》，上海古籍出版社，2000，318 页。

④（清）段玉裁：《说文解字注》，上海古籍出版社，2000，209 页。

⑤ 张世超等：《金文形义通解》，中文出版社，1996，1176 页。

⑥ 张世超等：《金文形义通解》，中文出版社，1996，3024 页。

府君妻祖氏志。《日部》：“，实也。太阳之精不亏。从囗一。象形。人質切。，古文。象形。”（137 页）《金文形义通解》[①]：“金文‘日’字象日形，体圆。殷商甲骨文作……等形。罗振玉曰：‘日体正圆，卜辞中诸形或为多角形，或正方者，非日象如此，由刀笔能为方不能为圆故也。’字形中加一点画者，以别于天干之‘丁’也。”

103.【常】石刻“染”字，无量义经二。《水部》：“，以繒染为色。从水杂声而琰切。”（237 页）《说文通训定声》[②]：“当从水从木从九会意。裴光远谓：‘木者栀茜、橡斗之属，所以染也。染之数，究于九，故从九。’”

104.“儿”字暂未见唐以前、小篆外其他相关古文字形。《儿部》：“，仁人也。古文奇字人也。象形。孔子曰：‘在人下，故詰屈。’如鄰切。”（176 页）

105.【常】石刻“茸”字，韩承志。《艸部》：“，艸茸茸皃。从艸，聰省声。而容切。”（27 页）

106.【常】甲骨文“冗（宂）”字，屯 1050。简帛“冗（宂）”字，效律 23、史律 479。石刻“冗（宂）”字，于纂志。《宀部》：“，椒也。从宀，人在屋下，无田事。而隴切。”（151 页）《说文通训定声》[③]：“《汉书·谷永传》‘流散宂食’注：‘宂，亦散也。’按：字从宀，当犹今言公所也。人众闲杂，故为椒。”

107.【常】甲骨文“乳”字，合 22246。简帛“乳”字，日甲《诘》29。石刻“乳”字，元延明志。《乚部》：“，人及鸟生子曰乳，兽曰产。从孚从乚。乚者，玄鸟也。《明堂月令》：‘玄鸟至之日，祠于高禖，以请子。’故乳从乚。请子必以乚至之日者，乚，春分来，秋分去，开生之候鸟，帝少昊司分之官也。而主切。”（246 页）《甲骨文字诂林》[④]：“李孝定：‘契文象怀子哺乳之形，从子与篆文同。……然鸟卵生与哺乳之事无与。乳字固当从人，不则从兽耳。今得契文此字，状哺乳之事如绘。篆文形体虽有讹变，然递嬗之迹犹可寻也。’按：许慎以‘孚’为‘卵孚’，据小篆立说，乃‘乳’字后起之义，非其初朔。林义光《文源》谓‘乳本义当为人乳，象爪抚子就乳形’，其说近是。契文象哺乳之形，引申为生育之义。”

---

① 张世超等：《金文形义通解》，中文出版社，1996，1642 页。

② （清）朱骏声：《说文通训定声》，武汉古籍书店，1983，127 页。

③ （清）朱骏声：《说文通训定声》，武汉古籍书店，1983，50 页。

④ 于省吾主编：《甲骨文字诂林》，中华书局，1999，436 页。

108.【常】甲骨文“入”字，合1210。金文“入”字，西周05.2837。简帛“入”字，秦律十八种7、金关T06：052。石刻“入”字，元纂志。《入部》：“入，内也。象从上俱下也。人汁切。”（109页）《甲骨文字诂林》[①]：“按:《说文》以入为‘象从上俱下’不可解。朱骏声《通训定声》以为‘象丱木根入地形’，……林义光《文源》以为‘象锐端之形，形锐乃可入物也’。凡此诸说，均难以置信。……卜辞‘六’字之最初形体作，与入无别，其后逐渐分化，唯兆序纪数字犹有作者。‘入’与‘六’乃同源字。……古文字‘入’、‘内’、‘纳’皆同源，于先生曾论及之。”

109.【常】石刻“煞”字，元朗志，从攴从刍从火，三者分别有击打、割取、焚烧义，会杀意，《说文》无。

110.【常】甲骨文“三”字，合22600。金文“三”字，西周05.2661。简帛“三”字，秦律十八种78。石刻“三”字，石经周易。《三部》：“三，天地人之道也。从三数。稣甘切。弎，古文三从弋。”（9页）《甲骨文字诂林》[②]：“按：数字之‘三’，其三画等长。”

111.【常】“閃”字，《門部》：“閃，窥头门中也。从人在門中。失冉切。”（249页）《说文通训定声》[③]：“闪是忽有忽无，故字从门中人也，经传多以掩为之。”“閃”字简化作“闪”。

112.【常】“傘”字暂未见唐以前相关古文字形，象伞形，简化作“伞”，《说文》无。

113.【常】甲骨文“上”字，合20024、合14258。金文“上”字，西周05.2735、战国17.11039、战国05.2793.1。简帛“上”字，效律3、马贰213_19、金关T01：091。石刻“上”字，杨震碑。《丄部》：“丄，高也。此古文上，指事也。時掌切。丄，篆文丄。”（7页）《甲骨文字诂林》[④]：“按：徐灏《说文解字注笺》谓：‘上下无形可象，故于一画作识，加于上为上，缀于下为下。’证之以金甲文字，此意最为显明。其与‘二’字的区别，则为下画明显地长于上画。”

114.【常】简帛“色”字，第八层1524。石刻“色”字，石勘志、石经尚书。《色部》：“色，颜气也。从人从卪。所力切。䬨，古文。”（187页）

---

① 于省吾主编:《甲骨文字诂林》，中华书局，1999，1903页。

② 于省吾主编:《甲骨文字诂林》，中华书局，1999，3571页。

③（清）朱骏声:《说文通训定声》，武汉古籍书店，1983，127页。

④ 于省吾主编:《甲骨文字诂林》，中华书局，1999，1043页。

115.【常】甲骨文“舌”字，合 21118、合 22405、合 17455、合 6248。金文“舌”字，商 10.4767。简帛“舌”字，脉书 39。石刻“舌”字，无量义经二。《舌部》:“𦧆，在口，所以言也、别味也。从干从口，干亦声。食列切。”（49 页）《甲骨文字诂林》[①]：“按：舌本象舌出于口之形，不从干。”

116.【常】简帛“設”字，银贰 1576。石刻“設”字，石经周易。《言部》:“設，施陈也。从言从殳。殳，使人也。識列切。”（53 页）“設”字简化作“设”。

117.【常】石刻“社”字，穆绍志、李寿志。《示部》:“社，地主也。从示、土。《周礼》:‘二十五家为社，各树其土所宜之木。’常者切。䄕，古文社。”（9 页）《金文形义通解》[②]：“此从木，与《说文》古文同。”

118.【常】甲骨文“森”字，合 11323、英 1288。石刻“森”字，元维志。《林部》:“森，木多皃。从林从木。读若曾参之参。所今切。”（126 页）

119.【常】甲骨文“省”字，合 11176、合 28992、合 5980。金文“省”字，商 05.2694、西周 16.10176。简帛“省”字，第八层 145、东牌楼 033。石刻“省”字，石经周易。《眉部》:“省，视也。从眉省，从屮。所景切。𡮐，古文从少从囧。”（74 页）《说文通训定声》[③]：“古文从少从囧。按：囧当作目，古文目字。”《甲骨文字诂林》[④]：“按：王襄释省，并疑省、眚古本一字，其说可从。……小篆‘省’字，实亦从目从生，不过形体稍有讹误而已。”

120.【常】金文“實”字，西周 08.4317。简帛“實”字，效律 19、奏谳书 34。石刻“實”字，刘娘子志。《宀部》:“實，富也。从宀从貫。贯，货贝也。神質切。”（150 页）段玉裁注[⑤]：“以货物充于屋下，是为实。”《金文形义通解》[⑥]：“‘實’字则象屋内有贝及雕琢之玉。……许慎以富为‘实’之本义，甚是。屋内充满玉贝之属，固富实之意也。……秦简及小篆皆讹从贯。”“實”字简化作“实”。

---

① 于省吾主编:《甲骨文字诂林》，中华书局，1999，694 页。
② 张世超等:《金文形义通解》，中文出版社，1996，33 页。
③ （清）朱骏声:《说文通训定声》，武汉古籍书店，1983，854 页。
④ 于省吾主编:《甲骨文字诂林》，中华书局，1999，578 页。
⑤ （清）段玉裁:《说文解字注》，上海古籍出版社，2000，340 页。
⑥ 张世超等:《金文形义通解》，中文出版社，1996，1836 页。

121.【常】甲骨文“屎”字，合集 5624。石刻“屎”字，石经五经。《甲骨文字集释》[①]：“字正象人遗屎形。”《说文》无。

122.【常】甲骨文“首”字，花东 304、合 916 正、合 6033 反、合 22133、合 29279、英 2526。金文“首”字，西周 05.2803、西周 08.4252.1。简帛“首”字，日甲《诘》41、奏谳书 143。石刻“首”字，石经尚书。《首部》：“，百同。古文百也。巛象髪，谓之鬊，鬊即巛也。書九切。”（184 页）《金文形义通解》[②]：“百、‘首’本一字繁简之异体。许慎以其各有所属之字，分立为二部之首。甲骨文‘首’字作、等形，象首形。前者毫无毛发，后者有毛发，此繁简之异。金文‘首’字多作有毛发形，……小篆即承省简之形，而许慎所言‘古文百’之即承金文之基本形。”

123.【常】金文“手”字，西周 08.4237。简帛“手”字，第八层背 76、东牌楼 055。石刻“手”字，元纯陀志、高婉志。《手部》：“，拳也。象形。書九切。，古文手。”（250 页）《说文通训定声》[③]：“拳也，象形，谓象指掌聚也。古文，疑象手文。今舒之为手，卷之为拳。”《金文形义通解》[④]：“金文‘手’字象人手有五指之形。”

124.【常 B】石刻“嵩”字，高崧妻志、王普贤志。《山部》：“，中岳，嵩高山也。从山从高，亦从松。息弓切。”（191 页）

125.【常 B】石刻“竦”字，娄黑女志。《立部》：“，敬也。从立从束。束，自申束也。息拱切。”（216 页）

126.【常】甲骨文“宋”字，合 20233、合补 1265。金文“宋”字，西周 11.5987。简帛“宋”字，敦煌简 0062。石刻“宋”字，李道因志。《宀部》：“，居也。从宀从木。读若送。蘇統切。”（151 页）《金文形义通解》[⑤]：“当从宀木声。……‘木’有桑音。”

127.【常 A】甲骨文“祟”字，合 15663、合 25371、合 15701。简帛“祟”字，仓颉篇 52。石刻“祟”字，石经五经。《示部》：“，神祸也。从示从出。雖遂切。，籀文祟从䨻省。”（9 页）

128.【常】“酥”字暂未见唐以前相关古文字形，从酉从禾，《说文》无。

---

① 李孝定：《甲骨文字集释》，台湾“中研院”历史语言研究所，1970，2753 页。
② 张世超等：《金文形义通解》，中文出版社，1996，2223 页。
③ （清）朱骏声：《说文通训定声》，武汉古籍书店，1983，266 页。
④ 张世超等：《金文形义通解》，中文出版社，1996，2795 页。
⑤ 张世超等：《金文形义通解》，中文出版社，1996，1880 页。

129.【常】甲骨文“鼠”字，合2805。简帛“鼠”字，法律答问140。石刻“鼠”字，石经周易。《鼠部》：“，穴虫之总名也。象形。書吕切。”（206页）

130.【常B】甲骨文“夙（夙）”字，合20346反、花东39、花东236、合3131、怀1567、合13890。金文“夙（夙）”字，西周10.5410.1、西周08.4224、西周08.4291、西周08.4313.1、春秋09.4458.1。简帛“夙（夙）”字，日甲《诘》39。石刻“夙（夙）”字，斛律氏志。《夕部》：“，早敬也。从丮，持事；雖夕不休：早敬者也。息逐切。，古文夙从人、囪。，亦古文夙，从人、西。宿从此。”（142页）《甲骨文字诂林》[①]：“按：卜辞夙字从月，则象拜祷之形，‘祝’字即从此。罗振玉、胡光炜谓象人执事形，乃拘于许慎之说解，不可据。殷人犹盛行自然崇拜，举凡自然界之山川河土、风雨雷云皆有祭。‘出日’‘入日’亦有祭，惟未见祭月者。……《说文》夙之俗体作夙，训为‘早’，乃后起引申义。至于《说文》以及为夙之古文，李氏谓当为‘宿’之古文是对的。”

131.【常】金文“素”字，假“索”字为之，西周08.4286。简帛“素”字，金关T29：114B。石刻“素”字，元弘嫔侯氏志、石经九经。《素部》：“，白致缯也。从糸、𠂹，取其澤也。桑故切。”（278页）《说文通训定声》[②]：“按：俗字作素。”《金文形义通解》[③]：“按：槃、素、索三字古本同字。……后世‘槃’字废，凡绳索、搓绞、索求等意义皆用‘索’字，‘素’字则用于本色、本色之生帛、质朴等意义，而‘素’此类意义形似假借而实非假借，亦本义之引申也。盖先民以麻、丝之类织布帛制衣裳之前，当先能搓绞丝麻之索，即拈丝成线，进而方始联缀成布帛，而人工染色必迟于采用物之本色。”

132.【常】石刻“些”字，张婵志。《此部》：“，语辞也，见《楚辞》。从此从二。其义未详。蘇箇切。”（38页）

133.【常】甲骨文“帥”字，合21374、合8947正、合18589、英769正。金文“帥”字，西周08.4171.1。简帛“帥”字，日甲《除》7。石刻“帥”字，应迁等字残碑、卢令媛志、石经周易。《巾部》：“，佩巾也。从巾、𠂤。所律切。，帥或从兑。又音税。”（158页）

---

① 于省吾主编：《甲骨文字诂林》，中华书局，1999，423页。

② （清）朱骏声：《说文通训定声》，武汉古籍书店，1983，408页。

③ 张世超等：《金文形义通解》，中文出版社，1996，3102页。

《甲骨文字释林》[①]："甲骨文𠂤字象两手执席形，……这是从正面看，如从侧面看，则作丨形。金文帥字习见，左旁都从𠂤……𠂤是帥字的初文。……周代金文加上形符的巾旁，才变成形声字之帥。汉隶的帥字从𠂤与从自互见，六朝以后帥字行而𠂤字废。""帥"字简化作"帅"。

134.【常】"甩"字暂未见唐以前相关古文字形，《说文》无。

135.【常】简帛"雙"字，■东牌楼 110。石刻"雙"字，■圉令赵君碑、■石经五经。《雔部》："雙，隹二枚也。从雔，又持之。所江切。"(79 页)"雙"字简化作"双"。

136.【常 B】"忐"字，从心上，《说文》无。

137.【常】"套"字暂未见唐以前相关古文字形，从长从大，《说文》无。

138.【常 B】金文"忑"字，■战国 . 楚系 472 页。简帛"忑"字，■第五层 5，从心下，《说文》无。

139.【常 B】石刻"倜"字，■李寿志。《人部》："倜，倜傥，不羈也。从人从周。未詳。他歴切。"(168 页)

140.【常】金文"彤"字，■西周 16.10170。简帛"彤"字，■马贰 238_192。石刻"彤"字，■石经五经。《丹部》："彤，丹饰也。从丹从彡。彡，其画也。徒冬切。"(106 页)段玉裁注[②]："以丹拂拭而涂之，故从丹彡。彡者，毛饰画文也。"

141.【常】金文"圖"字，■商 16.9870、■西周 16.10176、■战国 16.10478A(从心)。简帛"圖"字，■日甲《盗者》73。石刻"圖"字，■石经五经。《囗部》："圖，画计难也。从囗从啚。啚，难意也。同都切。"(129 页)《积微居小学述林》[③]："依形求义，图当训地图。……从啚者，……啚为鄙之初字，……物具国邑，又有边鄙，非图而何哉？""圖"字简化作"图"。

142.【常】石刻"凸"字，■大岯山铭，象凸起形，《说文》无。

143.【常】甲骨文"突"字，■合 33568、■英 1871。简帛"突"字，■效律 42。石刻"突"字，■石经五经。《穴部》："突，犬从穴中暂出也。从犬在穴中。一曰滑也。徒骨切。"(153 页)

144.【常】简帛"瓦"字，■日甲《盗者》74、■金关 T04：023B。石刻"瓦"字，■张景造土牛碑。《瓦部》："瓦，土器已烧之总名。象形。五寡切。"(268 页)

---

① 于省吾：《甲骨文字释林》，中华书局，1979，281 页。

② （清）段玉裁：《说文解字注》，上海古籍出版社，2000，215 页。

③ 杨树达：《积微居小学述林》，中国科学院，1954，56 页。

145.【常】“歪”字暂未见唐以前相关古文字形，从不正，《说文》无。

146.【常】金文“外”字，西周08.4273、春秋01.96。简帛“外”字，法律答问129、金关T31：009。石刻“外”字，石经九经。《夕部》：“外，远也。卜尚平旦，今夕卜，于事外矣。五會切。外，古文外。”（142页）《金文形义通解》[①]：“甲骨文‘外’字作卜，与占卜字同形。……周金文‘在卜（读外）形上加表声的“月”字，……甲骨文月、夕不分，金文月、夕亦互作，金文外或从月或从夕。’”

147.【常】简帛“卧”字，脉书41、仓颉篇41。石刻“卧”字，崔祐甫志。《卧部》：“卧，休也。从人、臣，取其伏也。吾貨切。”（169页）

148.【常B】石刻“兀”字，李蕤志。《儿部》：“兀，高而上平也。从一在人上。读若敻。茂陵有兀桑里。五忽切。”（176页）《文源》[②]：“兀，盖与元同字。”

149.【常B】甲骨文“兮”字，合13173、怀1379、合7772正。金文“兮”字，西周07.3812。简帛“兮”字，敦煌简2253。石刻“兮”字，元谭妻志、瘗琴铭。《兮部》：“兮，語所稽也。从丂，八象气越亏也。胡雞切。”（101页）《金文形义通解》[③]：“惟盂爵作形，余皆作八在丂上之形。高鸿缙曰：‘八，非文字，只象气越于形，丂声。’”

150.【常】金文“席”字，西周05.2831（从巾，石省声）。简帛“席”字，日甲《诘》41。石刻“席”字，石经五经。《巾部》：“席，籍也。《礼》：天子、諸侯席，有黼绣纯饰。从巾，庶省。祥易切。𢂍，古文席从石省。”（159页）《金文形义通解》[④]：“唐兰释九年卫鼎之字为‘席’。甚塙。何琳仪曰：‘《说文》“𢂍古文席，从石省”……𢂍之所从为形符，“厂”乃声符，“厂”，“石”之省。……“席”从“石”得声，声韵俱合。’案：此字六国文字上部皆无点，秦简文字始作，上讹增点。”

151.【常】甲骨文“下”字，合34103。金文“下”字，西周08.4326、春秋05.2782。简帛“下”字，效律25、敦煌简0006A。石刻“下”字，石经尚书。《上部》：“丅，底也，指事。胡雅切。下，篆文丅。”（7页）《甲骨文字典》[⑤]：“用一符置于一条较长横画之上下，以标

---

① 张世超等：《金文形义通解》，中文出版社，1996，1726页。

② 林义光：《文源》，中西书局，2012，卷七。

③ 张世超等：《金文形义通解》，中文出版社，1996，1137页。

④ 张世超等：《金文形义通解》，中文出版社，1996，1954页。

⑤ 徐中舒主编：《甲骨文字典》，四川辞书出版社，1990，138页。

识上下之意。最早本用上仰或下伏之弧形，加一以表示上下之意。后因契刻不便，而改弧形作横画。”《金文形义通解》[①]：“避与数字符号之二相淆，东周文字于短画之侧增一竖画作下。”

152.【常】简帛“銜”字，銜第八层 2030。石刻“銜”字，銜檀宾志。《金部》：“銜，马勒口中。从金从行。銜，行马者也。户監切。”（298 页）段玉裁注[②]：“銜以铁为之，故其字从金……凡马提控其銜以制其行止，此释从行之意。”“銜”字简化作“衔”。

153.【常】甲骨文“興”字，合 19907、合 35234、合 21056、合 7076 正。简帛“興”字，第八层 1490、興仓颉篇 27。石刻“興”字，興石经尚书。《舁部》：“興，起也。从舁从同。同力也。虚陵切。”（59 页）《甲骨文字诂林》[③]：“商承祚：‘象四手各执盤之一角而兴起之。’”“興”字简化作“兴”。

154.【常】甲骨文“杏”字，合 17524。简帛“杏”字，杏仓颉篇 63。石刻“杏”字，杏独孤澄志。《木部》：“杏，果也。从木，可省声。何梗切。”（114 页）《甲骨文字集释》[④]：“从木从口不从囗，乃真杏字，人名。”

155.【常】甲骨文“休”字，合 21722。金文“休”字，西周 05.2778。简帛“休”字，休第八层 2030。石刻“休”字，休石经五经。《木部》：“休，息止也。从人依木。許尤切。庥，休或从广。”（125 页）《甲骨文字诂林》[⑤]：“按：休字从人依木，正象息止之形。”

156.【常】甲骨文“尋（㝷）”字，合 6406、合 16070、合 33286、合 28060。金文“尋（㝷）”字，商．三代六/四十八。简帛“尋（㝷）”字，引书 67。石刻“尋（㝷）”字，尋元纂志、尋石经九经。《寸部》：“㝷，绎理也。从工从口从又从寸。工、口，乱也。又、寸，分理之。彡声。此与𤔔同意。度，人之两臂为寻，八尺也。徐林切。”（67 页）《甲骨文字诂林》[⑥]：“唐兰：‘余谓若实寻之古文。由字形言，八尺曰寻，……《小尔雅》云：“寻舒两肱也。”按：度广曰寻，古尺短，伸两臂为度，约得八尺。卜辞偏旁之，正象伸两臂之形。其作丨者丈形。《说

① 张世超等：《金文形义通解》，中文出版社，1996，14 页。
② （清）段玉裁：《说文解字注》，上海古籍出版社，2000，713 页。
③ 于省吾主编：《甲骨文字诂林》，中华书局，1999，2851 页。
④ 李孝定：《甲骨文字集释》，台湾“中研院”历史语言研究所，1970，1939 页。
⑤ 于省吾主编：《甲骨文字诂林》，中华书局，1999，176 页。
⑥ 于省吾主编：《甲骨文字诂林》，中华书局，1999，2145 页。

文》丈作，从十，十在古文当为丨，以手持杖是为丈。卜辞作，则伸两臂与杖齐长，可证其当为寻丈之寻也。'……李孝定：'唐释寻于形义两皆允当，于契文、小篆、隶体衍变之迹又弇若合符，说不可易也。……至从口从言之字，唐以为寻绎之本字，其说或是。至小篆则寻绎、寻常已混为一字矣。屈君谓字象张两臂度物形，其意是也。'按：字当从唐兰说释'寻'，李孝定已就其形体进一步加以申论。许慎说解'寻'字多误，唯谓'度人之两臂为寻，八尺也'，犹存本形本义。""尋"字简化作"寻"。

157.【常】"丫"字暂未见唐以前相关古文字形，象树枝丫形，《说文》无。

158.【常】金文"衍"字，商16.9879。简帛"衍"字，银贰1549、金关T03：049。石刻"衍"字，石经周易。《水部》："，水朝宗于海也。从水从行。以淺切。"（229页）

159.【常】甲骨文"燕"字，合5280、合5290。简帛"燕"字，马壹91_274。石刻"燕"字，石经五经。《燕部》："，玄鸟也。籋口，布翄，枝尾。象形。於甸切。"（245页）

160.【常B】甲骨文"杳"字，屯2682。石刻"杳"字，元澄妃志。《木部》："，冥也。从日在木下。烏皎切。"（119页）

161.【常B】石刻"燁"字，石经五经、苏恩妻志，从火从華，简化作"烨"，《说文》无。

162.【常】甲骨文"逸"字，合864、合18707、合137正、合568正、合6664正。金文"逸"字，春秋18.11547.2、西周08.4327、春秋.珍秦金/秦43页。简帛"逸"字，东牌楼035。石刻"逸"字，石经九经。《兔部》："，失也。从辵、兔。兔謾訑善逃也。夷質切。"（203页）

163.【常】甲骨文"一"字，合5289。金文"一"字，西周05.2837。简帛"一"字，法律答问129、病方367。石刻"一"字，朝侯小子碑。《一部》："一，惟初太始，道立于一，造分天地，化成万物。於悉切。，古文一。"（7页）

164.【常】简帛"飲"字，敦煌简0177、敦煌简0043，简化作"饮"。石刻"飲"字，熹平石经易、石经周易，从食从欠，《说文》无。

165.【常B】金文"胤"字，西周07.4075。石刻"胤"字，郭槐柩记、石经尚书。《肉部》："，子孙相承续也。从肉；从八，象其长也；从幺，象重累也。羊晋切。，古文胤。”（88 页）《金文形义通解》[①]：“朱骏声曰：‘从八犹从分，分祖父之遗体也，从幺如丝之继续也，会意。’案：从八之说，古今一词，然不无可疑之处。金文‘胤’字最早……皆不从八。”

166.【常】简帛“郵”字，秦律十八种 3、东牌楼 035。石刻“郵”字，曹全碑、石经五经。《邑部》：“，境上行书舍。从邑、垂。垂，边也。羽求切。”（132 页）“郵”字简化作“邮”。

167.【常】金文“禹”字，商 04.2111、商 15.9806、春秋 08.4315.1。简帛“禹”字，日乙 106、金关 T24：366A。石刻“禹”字，石经尚书。《内部》：“，虫也。从厹，象形。王矩切。，古文禹。”（308 页）《金文形义通解》[②]：“刘钊谓‘禹’即由增内式饰笔而成。良是。”

168.【常】甲骨文“淵”字，合 29401、屯 722。金文“淵”字，西周 08.4330、西周 16.10175。简帛“淵”字，马壹 13_86、仓颉篇 57。石刻“淵”字，尚博残碑、寇偘志。《水部》：“，回水也。从水，象形。左右，岸也。中象水皃。烏玄切。，淵或省水。，古文从囗、水。”（231 页）《甲骨文字诂林》[③]：“孙海波：‘从囗、水，与《说文》古文同。’”《金文形义通解》[④]：“（）字唐兰释之为。”“淵”字简化作“渊”。

169.【常】简帛“冤”字，敦煌简 0769、居 ESC46。石刻“冤”字，石经九经。《兔部》：“，屈也。从兔从冖。兔在冖下，不得走，益屈折也。於袁切。”（203 页）

170.【常 B】石刻“鳶”字，石经五经，从弋从鳥，简化作“鸢”，《说文》无。

171.【常】甲骨文“月”字，合 21021、合 94 正、合补 11470、H11：40。金文“月”字，商 10.5414.1、西周 16.10161、西周 16.10170、春秋 16.10008.1。简帛“月”字，日乙 101。石刻“月”字，石经尚书。《月部》：“，阙也。大阴之精。象形。魚厥切。”（141 页）《甲骨文字诂林》[⑤]：“按：卜辞月字象月阙之形，与夕字大体有所区

① 张世超等：《金文形义通解》，中文出版社，1996，1001 页。
② 张世超等：《金文形义通解》，中文出版社，1996，3394 页。
③ 于省吾主编：《甲骨文字诂林》，中华书局，1999，1300 页。
④ 张世超等：《金文形义通解》，中文出版社，1996，2607 页。
⑤ 于省吾主编：《甲骨文字诂林》，中华书局，1999，1116 页。

分。……‘月’与‘夕’在书写时是相对加以区分的。凡以为月者，则‘夕’字必作。反之，凡以为月者，其‘夕’字必作，此其大别。”

172.【常】甲骨文“孕”字，合 21071、合 10136 正。简帛“孕”字，日书甲种《诘》41。石刻“孕”字，石经五经。《子部》：“，裹子也。从子从几。以證切。”（310 页）《甲骨文字诂林》[1]：“商承祚：‘唐氏谓当是孕之本字，即字，象人大腹之形，故古者称孕曰有身，象子在腹中也。’按：字当释‘孕’，与‘身’字有别。篆文从乃，属于形体之讹。”

173.【常】“咱”字暂未见唐以前相关古文字形，从口从自，《说文》无。

174.【常】甲骨文“再”字，合 6162、合 28043。金文“再”字，战国 15.9700A、文物 87.11。简帛“再”字，封诊式 65、算数书 40、金关 T14：037、金关 T24：219A。石刻“再”字，临辟雍碑。《冓部》：“，一举而二也。从冓省。作代切。”（83 页）《甲骨文字诂林》[2]：“按：甲骨文再字从冓省。”《金文形义通解》[3]：“西周金文未见‘再’字，春秋战国间则数见，多从‘二’以标其义。”

175.【常】甲骨文“鑿”字，合 32885。石刻“鑿”字，石经五经。《金部》：“，穿木也。从金，糳省声。在各切。”（295 页）“鑿”字简化作“凿”。

176.【常】“找”字暂未见唐以前相关古文字形，从手从戈，《说文》无。

177.【常】金文“竈”字，西周 04.2278、春秋 15.9709A、战国 17.11082、春秋 01.270.1。简帛“竈”字，日乙 40。石刻“竈”字，石经五经。《穴部》：“，炊灶也。从穴，鼀省声。则到切。，竈或不省。”（152 页）《金文形义通解》[4]：“金文秦公簋字从穴从黽，与小篆近合。……许慎解为‘炊竈’字，然金文‘炊竈’义另有其字。”《金文形义通解》[5]：“字从穴从火，乃‘炊竈’之‘竈’象意初文。”“竈”字简化作“灶”。

178.【常】简帛“這”字，张 629、魏楼．纸。从辵从言，简化作“这”，《说文》无。

---

① 于省吾主编：《甲骨文字诂林》，中华书局，1999，37 页。

② 于省吾主编：《甲骨文字诂林》，中华书局，1999，3134 页。

③ 张世超等：《金文形义通解》，中文出版社，1996，937 页。

④ 张世超等：《金文形义通解》，中文出版社，1996，1914 页。

⑤ 张世超等：《金文形义通解》，中文出版社，1996，1919 页。

179.【常】“着”字暂未见唐以前相关古文字形，《说文》无。

180.【常】甲骨文“隻”字，合集10411。金文“隻”字，商.殷新107、西周08.4322.1、战国05.2794。简帛“隻”字，敦煌简1477、金关T10：069。石刻“隻”字，元嘉元年画像石、石经五经。《隹部》：“，鸟一枚也。从又持隹。持一隹曰隻，二隹曰雙。之石切。”（76页）《甲骨文字诂林》①：“按：卜辞隻皆用为獲。从手持隹为獲，引申之为凡一切獲得之意。隻为獲之初文，獲为后起形声字。许慎训‘隻’为‘鸟一枚’，义乃晚出，非其初朔。”“隻”字简化作“只”。

181.【常B】甲骨文“陟”字，屯142。金文“陟”字，西周08.4330、西周01.248。石刻“陟”字，石经尚书。《𨸏部》：“，登也。从𨸏从步。竹力切。，古文陟。”（305页）《甲骨文字诂林》②：“罗振玉：‘案：从阜，示山陵形。从步，象二足由下而上。此字之意，但示二足上行，不复别左右足。’”

182.【常B】简帛“炙”字，日甲21。石刻“炙”字，石经尚书。《炙部》：“，炮肉也。从肉在火上。之石切。，籀文。”（212页）

183.【常B】石刻“粥（鬻）”字，、石经五经。《䰜部》：“，健也。从䰜米声。武悲切。”（62页）段玉裁注③：“鬻，会意。……铉本误衍声字。”

184.【常】甲骨文“舟”字，合21659、合655正甲、合11461。金文“舟”字，商03.1298、商04.1857、西周04.1953。简帛“舟”字，银贰1554。石刻“舟”字，石经尚书。《舟部》：“，船也。古者，共鼓、货狄，刳木为舟，剡木为楫，以济不通。象形。職流切。”（176页）《甲骨文字诂林》④：“按：契文即象舟船之形。”

185.【常】甲骨文“晝”字，合22942。金文“晝”字，西周08.4317。简帛“晝”字，封诊式95、马贰21_24。石刻“晝”字，石经周易。《畫部》：“，日之出入，与夜为界。从畫省，从日。陟救切。，籀文晝。”（65页）《金文形义通解》⑤：“何琳仪、黄锡全曰：‘金文分明从日从聿，不可能是象形，也不可能是会意。’‘昼字日为义符，表示白天；聿则为音符。’”“晝”字简化作“昼”。

---

① 于省吾主编：《甲骨文字诂林》，中华书局，1999，1672页。

② 于省吾主编：《甲骨文字诂林》，中华书局，1999，1254页。

③（清）段玉裁：《说文解字注》，上海古籍出版社，2000，113页。

④ 于省吾主编：《甲骨文字诂林》，中华书局，1999，3162页。

⑤ 张世超等：《金文形义通解》，中文出版社，1996，678页。

186.【常】“咒”字同“呪”。甲骨文“呪”字，屯 3035。石刻“呪”字，皇甫诞碑、礼佛图，从口从(祝),《说文》无。《甲骨文字诂林》[①]：“疑为祝字之异构，卜辞所仅见，存以待考。”今“咒”字通行。

187.【常】甲骨文“祝”字，合 2331、合 27283、合 33425、合 8093、合 15280、合 9803。金文“祝”字，商. 近出 253、西周 04.1938、西周 07.4041。简帛“祝”字，仓颉篇 46。石刻“祝”字，苏斌志。《示部》：“，祭主赞词者。从示从人口。一曰从兑省。之六切。”(8 页)《甲骨文字诂林》[②]：“按：祝象人跪祷之形。许慎据小篆立说，不可据。王筠《说文释例》据大祝禽鼎释祝字为‘人跪向神之形’。林义光《文源》谓‘象人形，口哆于上，以表祝之意’。卜辞祝或省示，孙海波《甲骨文编》误混入兄字，以为‘兄用为祝’。实则凡卜辞之省示者作或，象人跪形。亦有象人立形作者，突出手掌形以区别于‘兄’字，金文则以为兄，已混。”

188.【常】石刻“贅”字，石经五经。《貝部》：“，以物质钱。从敖、貝。敖者，猶放；貝，当复取之也。之芮切。”(130 页)“贅”字简化作“赘”。

189.【常 B】简帛“斫”字，语书 12。石刻“斫”字，石经尔雅。《斤部》：“，擊也。从斤石声。之若切。”(299 页)

---

① 于省吾主编：《甲骨文字诂林》，中华书局，1999，443 页。

② 于省吾主编：《甲骨文字诂林》，中华书局，1999，349 页。

独立构成单位

独立构成单位是暂未列入常用字及构成单位声类组、义类组的非常用字构成单位。

1. 金文“皀”字，西周06.3453。《皀部》：“皀，谷之馨香也。象嘉谷在裹中之形。匕，所以扱之。或说皀，一粒也。又读若香。皮及切。”（106页）《金文形义通解》[1]：“戴家祥谓‘即簋之象形字’，详《释皀》，《国学论丛》一卷四期。所释甚塙。象盛满食物之簋。”“皀”字音 bī。

2. 甲骨文“髟”字，合14295、花东267、合766正、合27789。金文“髟”字，西周.中国文物精华、西周16.10175。石刻“髟”字，元悌志。《髟部》：“髟，长发猋猋也。从長从彡。必凋切。又所衔切。”（185页）“髟”字音 biāo。

3. 金文“𠬪”字，商12.6935。《𠬪部》：“𠬪，物落；上下相付也。从爪从又。读若《诗》‘摽有梅’。平小切。”（84页）段玉裁注[2]：“付，与也。以覆手与之，以手受之，象上下相付。”“𠬪”字音 biào。

4. 甲骨文“鬯”字，合22323、合22546、花东463。金文“鬯”字，西周05.2837、西周08.4133.1。石刻“鬯”字，石经九经。《鬯部》：“鬯，以秬酿鬱艸，芬芳攸服，以降神也。从凵，凵，器也；中象米；匕，所以扱之。丑諒切。”（106页）《甲骨文字诂林》[3]：“按：鬯即象酒在器中之形，鬯之为酒不为草，当成定论。许慎以为‘中象米’，徐锴以为象秬及鬱形，均失之。契文或从点，或不从点，或点在外，既酿秬为酒，筑合鬱金之草，无由复见秬及鬱形。”“鬯”字音 chàng。

5. “彳”字暂未见唐以前、小篆外其他相关古文字形。《彳部》：“彳，小步也。象人胫三属相连也。丑亦切。”（42页）“彳”字音 chì。

6. “㲋”字暂未见唐以前、小篆外其他相关古文字形。《㲋部》：“㲋，兽也。似兔，青色而大。象形。头与兔同，足与鹿同。丑略切。㲋，篆文。”（203页）“㲋”字音 chuò。

7. 简帛“辵”字，第八层687。石刻“辵”字，石经五经。《辵

---

① 张世超等:《金文形义通解》，中文出版社，1996，1270页。

② （清）段玉裁:《说文解字注》，上海古籍出版社，2000，160页。

③ 于省吾主编:《甲骨文字诂林》，中华书局，1999，2832页。

部》:“，乍行乍止也。从彳从止。丑略切。”（39 页）“辵”字音 chuò。

8. 石刻“爨”字，石经五经。《爨部》:“，齐谓之炊爨。臼象持甑，冂为灶口，廾推林内火。七亂切。，籒文爨省。”（60 页）

9. “屵”字暂未见唐以前、小篆外其他相关古文字形。《屵部》:“，岸高也。从山、厂，厂亦声。五葛切。”（191 页）“屵”字音 è。

10. 甲骨文“甶”字，花东 125。《甶部》:“，鬼头也。象形。敷勿切。”（189 页）《甲骨文字诂林》[①]：“姚孝遂、肖丁:‘《说文》训“甶”为“鬼头”，训“囟”为“头会匘盖”，区分为“甶”“囟”二字，实则古为同字。’”“甶”字音 fú。

11. “乀”字暂未见唐以前、小篆外其他相关古文字形。《丿部》:“，左戾也。从反丿。讀與弗同。分勿切。”（265 页）段玉裁注[②]：“自左而曲于右，故其字象自右方引之。乀音义略同拂。书家八法谓之磔。”“乀”字音 fú。

12. “𨸏”字暂未见唐以前、小篆外其他相关古文字形。《𨸏部》:“，两𠂤之间也。从二𠂤。房九切。”（307 页）“𨸏”字音 fù。

13. “夃”字暂未见唐以前、小篆外其他相关古文字形。《夂部》:“，秦以市买多得为夃。从乛从夂，益至也。从乃。古乎切。”（114 页）“夃”字音 gǔ。

14. “丨”字暂未见唐以前、小篆外其他相关古文字形。《丨部》:“，上下通也。引而上行读若囟，引而下行读若逻。古本切。”（14 页）“丨”字音 gǔn。

15. 甲骨文“𠦪”字，合 21179、合 22184、合 38684。金文“𠦪”字，西周 05.2626、西周 08.4302、西周 15.9721、西周 08.4318.2、西周 16.9901.1。《夲部》:“，疾也。从夲卉声。拜从此。呼骨切。”（215 页）《金文形义通解》[③]：“龙宇纯谓字本象草根形。……‘茇’即‘𠦪’之晚出字。引申而为‘拔’，又引申而为‘袚’，除不祥求福之祭也。”“𠦪”字音 hū。

16. 金文“丌”字，战国 17.11093。《丌部》:“，下基也。薦物之丌。象形。读若箕同。居之切。”（99 页）“丌”字音 jī。

17. “禾”字暂未见唐以前、小篆外其他相关古文字形。《禾部》:“，

---

① 于省吾主编:《甲骨文字诂林》，中华书局，1999，1035 页。

② （清）段玉裁:《说文解字注》，上海古籍出版社，2000，627 页。

③ 张世超等:《金文形义通解》，中文出版社，1996，2497 页。

木之曲头止不能上也。古兮切。”（128 页）《说文通训定声》①："从木而屈其上，指事。”“禾”字音 jī。

18. 甲骨文“丮”字，合 21188、合 734 正。金文“丮”字，商 12.6995、西周 08.4330、西周 08.4341。《丮部》："丮，持也。象手有所丮据也。读若戟。几劇切。”（63 页）《甲骨文字集释》②："契文正象两手有所丮据之形。”“丮”字音 jí。

19. “亼”字暂未见唐以前、小篆外其他相关古文字形。《亼部》："亼，三合也。从入、一，象三合之形。读若集。秦入切。”（108 页）“亼”字音 jí。

20. “県”字暂未见唐以前、小篆外其他相关古文字形。《県部》："県，到首也。賈侍中说：此断首到縣県字。古堯切。”（184 页）段玉裁注③："‘到’者今之‘倒’字，此亦以形为义之例。”“県”字音 jiāo。

21. 简帛“臼”字，睡 239。石刻“臼”字，郭克全志。《臼部》："臼，叉手也。从𦥑、彐。居玉切。”（60 页）“臼”字音 jū。

22. 甲骨文“珏”字，合 20316、合 14588。金文“珏”字，新收 1306 页、西周 05.2810（从璧之象文，㱿声）。石刻“珏”字，石经五经。《珏部》："珏，二玉相合为一珏。古岳切。瑴，珏或从㱿。”（14 页）《甲骨文字诂林》④："王国维：‘殷时，玉与贝皆货币也……其用为货币及服御者皆小玉小贝而有物焉以系之。所系之贝玉，于玉则谓之珏，于贝则谓之朋，然二者于古实为一字。’”“珏”字音 jué。

23. 简帛“凵”字，包山遣 271。《凵部》："凵，张口也。象形。口犯切。”（35 页）《说文通训定声》⑤："一说坎也，堑也，象地穿，凶字从此。”“凵”字音 kǎn。

24. 甲骨文“䖵”字，合 14704。《䖵部》："䖵，虫之总名也。从二虫。读若昆。古魂切。”（283 页）《甲骨文字诂林》⑥："契文从二‘它’，篆文‘虫’即由‘它’所孳生。而偏旁中‘虫’‘䖵’实无别。”“䖵”字音 kūn。

25. 金文“冖”字，西周 05.2837。《冖部》："冖，覆也。从一下垂

---

① （清）朱骏声：《说文通训定声》，武汉古籍书店，1983，566 页。

② 李孝定：《甲骨文字集释》，台湾“中研院”历史语言研究所，1970，867 页。

③ （清）段玉裁：《说文解字注》，上海古籍出版社，2000，423 页。

④ 于省吾主编：《甲骨文字诂林》，中华书局，1999，3284 页。

⑤ （清）朱骏声：《说文通训定声》，武汉古籍书店，1983，141 页。

⑥ 于省吾主编：《甲骨文字诂林》，中华书局，1999，1786 页。

也。莫狄切。”（156 页）“冖”字音 mì。

26. 甲骨文“宀”字，合 22246。金文“宀”字，集成 6417。《宀部》：“宀，交覆深屋也。象形。武延切。”（150 页）《甲骨文字释林》[①]：“自来文字学家对宀字的形与音均无异议。今以甲骨文验之，则宀字本象宅形，也即宅的初文。……王筠《说文释例》谓宀‘乃一极两宇两墙之形也’，这是对的。但还不知其为宅字的初文。”“宀”字音 mián。

27. 甲骨文“疒”字，合集 7568、南地 0493。《疒部》：“疒，倚也。人有疾病，象倚箸之形。女戹切。”（154 页）《说文通训定声》[②]：“字从牀省，一，指事。人疒则常在牀也。或曰一声。经传皆以疾为之，而疒废矣。”《甲骨文字释林》[③]：“疒为疒病之疒，甲骨文作，象人卧床上。”“疒”字音 nè。

28. “𣏟”字暂未见唐以前、小篆外其他相关古文字形。《𣏟部》：“𣏟，葩之总名也。𣏟之为言微也，微纤为功。象形。匹卦切。”（149 页）“𣏟”字音 pài。

29. “丿”字暂未见唐以前、小篆外其他相关古文字形。《丿部》：“丿，右戾也。象左引之形。房密切。”（265 页）《说文通训定声》[④]：“今书家命曰撇。”“丿”字音 piě。

30. 甲骨文“攴”字，合集 18764、英 1330。简帛“攴”字，银贰 1554。石刻“攴”字，法懃塔铭。《攴部》：“攴，小击也。从又卜声。普木切。”（67 页）“攴”字音 pū。

31. 玺印“肸”字，汉印文字征。《肉部》：“肸，振肸也。从肉八声。許訖切。”（88 页）《说文通训定声》[⑤]：“按：此即舞佾字，后又加人旁耳。许云振肸者，犹言振万振羽也。字当从背省，从八会意。舞者用足相背，八，人数也。”“肸”字音 qì。

32. 甲骨文“辛”字，合 22219、合 137 反、屯 215、合 2279。《辛部》：“辛，辠也。从干、二。二，古文上字。读若愆。张林说。去虔切。”（58 页）《甲骨文字诂林》[⑥]：“按：王国维论‘辛’‘辛’之别，其说是对的。《说文》‘辛’‘辛’二部所属诸字，实多相混，与古文字形体不

① 于省吾：《甲骨文字释林》，中华书局，1979，334 页。
② （清）朱骏声：《说文通训定声》，武汉古籍书店，1983，638 页。
③ 于省吾：《甲骨文字释林》，中华书局，1979，320 页。
④ （清）朱骏声：《说文通训定声》，武汉古籍书店，1983，625 页。
⑤ （清）朱骏声：《说文通训定声》，武汉古籍书店，1983，634 页。
⑥ 于省吾主编：《甲骨文字诂林》，中华书局，1999，2500 页。

符。……郭沫若以‘辛’‘辛’‘[illegible]’同字，均象剞劂之形。溯其原始，或当如此。然无确证，且卜辞已区分显然，只能存参。”“辛”字音 qiān。

33. “臸”字，《至部》：“[illegible]，到也。从二至。人質切。”（247 页）段玉裁注[1]：“会意，至亦声。”“臸”字音 rì。

34. 甲骨文“卅”字，[illegible]合 10459。金文“卅”字，[illegible]西周 08.4320、[illegible]战国 05.2764.2。简帛“卅”字，[illegible]第八层 906、[illegible]金关 T08：004。石刻“卅”字，[illegible]卢修娥志。《卅部》：“[illegible]，三十并也。古文省。蘇沓切。”（51 页）“卅”字音 sà。

35. “𦣻”字暂未见唐以前、小篆外其他相关古文字形。《𦣻部》：“[illegible]，头也。象形。書九切。”（184 页）《说文通训定声》[2]：“即首字，頁字之小篆。”“𦣻”字音 shǒu。

36. “𣥠”字暂未见唐以前、小篆外其他相关古文字形。《止部》：“[illegible]，蹈也。从反止。读若撻。他達切。”（38 页）“𣥠”字音 tà。

37. 金文“尣（尢）”字，[illegible]西周 16.10175。简帛“尣（尢）”字，[illegible]秦文字编 1592。石刻“尣（尢）”字，[illegible]杨舒志。《尣部》：“[illegible]，尳，曲胫也。从大，象偏曲之形。烏光切。[illegible]，古文从㞷。”（214 页）“尣（尢）”字音 wāng。

38. 金文“𢻹”字，[illegible]西周 05.2835、[illegible]西周 08.4313.1。《攴部》：“[illegible]，坼也。从攴从厂。厂之性坼，果孰有味亦坼。故谓之𢻹，从未声。許其切。”（69 页）“𢻹”字音 xī。

39. “匸”字暂未见唐以前、小篆外其他相关古文字形。《匸部》：“[illegible]，衺徯，有所侠藏也。从乚，上有一覆之。读与傒同。胡礼切。”（267 页）“匸”字音 xì。

40. 甲骨文“夐”字，[illegible]合 16981。金文“夐”字，[illegible]西周 14.9034。《夐部》：“[illegible]，举目使人也。从攴从目。读若颰。火劣切。”（70 页）“夐”字音 xuè。

41. “灥”字，《灥部》：“[illegible]，三泉也。阙。詳遵切。”（239 页）“灥”字音 xún。

42. “广”字暂未见唐以前、小篆外其他相关古文字形。《广部》：“[illegible]，因广为屋，象对剌高屋之形。读若俨然之俨。魚儉切。”（192 页）段玉裁注[3]：“剌各本作刺，今正。”“广”字音 yǎn。

---

① （清）段玉裁：《说文解字注》，上海古籍出版社，2000，585 页。
② （清）朱骏声：《说文通训定声》，武汉古籍书店，1983，264 页。
③ （清）段玉裁：《说文解字注》，上海古籍出版社，2000，442 页。

43. 简帛“㹜”字，马壹256_3。石刻“㹜”字，王偃志。《㹜部》：“㹜，两犬相啮也。从二犬。語斤切。”（206页）“㹜”字音yín。

44. “廴”字暂未见唐以前、小篆外其他相关古文字形。《廴部》：“廴，长行也。从彳引之。余忍切。”（44页）《说文解字注笺》[①]：“长行者，连步行也，故从彳而引长之。”“廴”字音yǐn。

45. “乚”字暂未见唐以前、小篆外其他相关古文字形。《乚部》：“乚，匿也，象迟曲隐蔽形。读若隐。於謹切。”（267页）“乚”字音yǐn。

46. “㐱”字暂未见唐以前、小篆外其他相关古文字形。《几部》：“㐱，新生羽而飞也。从几从彡。之忍切。”（66页）《说文通训定声》[②]：“从几从彡，象形。与从彡人声之㐱别。”“㐱”字音zhěn。

47. 甲骨文“豸”字，合集13521。金文“豸”字，西周.中国文物精华。石刻“豸”字，何楚章志。《豸部》：“豸，兽长膂，行豸豸然，欲有所司杀形。池爾切。司杀读若伺候之伺。”（197页）“豸”字音zhì。

48. 甲骨文“夨”字，合11016、合19682、合1051正、合39461。金文“夨”字，商12.6559、西周04.2149。《夨部》：“夨，倾头也。从大，象形。阻力切。”（213页）《甲骨文字诂林》[③]：“金甲文夨字作，亦作，不分左右。篆文则夨作，夭作。容庚释为夭，谓‘夨象头之动作，夭象手之动作’；陈梦家释为夭，谓夨、夭皆‘象人头倾侧之貌’。容氏强调其异，陈氏强调其同，皆得其偏，而未得其全，所释均误。就金甲文而言，、均为夨字，小篆分化为夨、夭二字。”“夨”字音zè。

49. “丶”字暂未见唐以前、小篆外其他相关古文字形。《丶部》：“丶，有所绝止，丶而识之也。知庾切。”（105页）《说文通训定声》[④]：“按：今诵书点其句读，亦其一耑也。”“丶”字音zhǔ。

50. “丵”字暂未见唐以前、小篆外其他相关古文字形。《丵部》：“丵，丛生艸也。象丵岳相竝出也。读若浞。士角切。”（58页）“丵”字音zhuó。

---

① （清）徐灝：《说文解字注笺》（续修四库全书），上海古籍出版社，2002，卷二下274页。

② （清）朱骏声：《说文通训定声》，武汉古籍书店，1983，812页。

③ 于省吾主编：《甲骨文字诂林》，中华书局，1999，318页。

④ （清）朱骏声：《说文通训定声》，武汉古籍书店，1983，355页。

附录　字形拓片引用书目及简称表

一、甲骨文字形引用书目

1. 董作宾主编：殷墟文字甲编，“中研院”历史语言研究所，1948。
2. 董作宾主编：殷墟文字乙编，“中研院”历史语言研究所，1948。
3. 郭沫若主编：甲骨文合集，中华书局，1978。
4. 李学勤、齐文心、艾兰编：英国所藏甲骨集，中华书局，1985。
5. 胡厚宣辑，王宏、胡振宇整理：甲骨续存补编，天津古籍出版社，1996。
6. 中国社会科学院历史研究所编：甲骨文合集补编，语文出版社，1999。
7. 曹玮编著：周原甲骨文，世界图书出版公司，2002。
8. 中国社会科学院考古研究所编著：殷墟花园庄东地甲骨，云南人民出版社，2003。
9. 刘忠伏、孔德明：安阳殷墟殷代大墓及车马坑，载国家文物局主编：中国重要考古发现 2005，文物出版社，2006。
10. 段振美等编著：殷墟甲骨辑佚，文物出版社，2008。
11. 焦智勤：殷墟甲骨拾遗（续五），载纪念王懿荣发现甲骨文 110 周年国际学术研讨会论文集，社会科学文献出版社，2009。
12. 焦智勤：殷墟甲骨拾遗（续六），载宋镇豪主编：甲骨文与殷商史（新二辑），上海古籍出版社，2011。
13. 中国社会科学院考古研究所编：殷墟小屯村中村南甲骨，云南人民出版社，2012。

二、金文拓片引用书目

1. 王杰等：西清续鉴甲编，清宣统三年涵芬楼石印宁寿宫写本。
2. 王杰等：西清续鉴乙编，北平古物陈列所依宝蕴楼钞本石印本，1931。
3. 严一萍编：金文总集，艺文印书馆，1983。
4. 罗振玉编：三代吉金文存，中华书局，1983。

5. 中国社会科学院考古研究所编：殷周金文集成（全十八册），中华书局，1984—1994。
6. 马承源主编：商周青铜器铭文选，文物出版社，1986。
7. 唐兰：西周青铜器铭文分代史征，中华书局，1986。
8. 河南省文物研究所等编：淅川下寺春秋楚墓，文物出版社，1991。
9. 刘彬徽：楚系青铜器研究，湖北教育出版社，1995。
10. 曹金炎编：商周金文选，西泠印社，1998。
11. 施谢捷编著：吴越文字汇编，江苏教育出版社，1998。
12. 保利藏金编辑委员会编著：保利藏金，岭南美术出版社，1999。
13. 保利藏金编辑委员会编著：保利藏金（续），岭南美术出版社，2001。
14. 中国音乐文物大系总编辑部：中国音乐文物大系，大象出版社，2001。
15. 陕西省文物局、中华世纪坛艺术馆编：盛世吉金，北京出版社，2003。
16. 刘雨、卢岩编著：近出殷周金文集录，中华书局，2004。
17. 刘庆柱、段志洪、冯时主编：金文文献集成，线装书局，2005。
18. 钟柏生、陈昭容、黄铭崇、袁国华编：新收殷周青铜器铭文暨器影汇编，艺文印书馆，2006。
19. 澳门基金会：珍秦斋藏金，2006。
20. 李朝远：青铜器学步集，文物出版社，2007。
21. 首阳斋等编：首阳吉金，上海古籍出版社，2008。
22. 中国社会科学院考古研究所、安阳市文物考古研究所编：殷墟新出土青铜器，云南出版社，2008。
23. 霍彦儒、辛怡华主编：商周金文编，三秦出版社，2009。

三、简帛字形引用书目

1. 银雀山汉墓竹简整理小组编：银雀山汉墓竹简（壹），文物出版社，1985。
2. 银雀山汉墓竹简整理小组编：银雀山汉墓竹简（贰），文物出版社，2010。
3. 甘肃省文物考古研究所、中国社会科学院历史所编：居延新简，中华书局，1994。
4. 走马楼简版整理组编：长沙走马楼三国吴简 嘉禾吏民田家莂，文物出版社，1999。
5. 侯灿、杨代欣：楼兰汉文简纸文书集成，天地出版社，1999。

6. 睡虎地秦墓竹简小组编：睡虎地秦简，文物出版社，2001。
7. 湖北省荆州市周梁玉桥遗址博物馆编：关沮秦汉简牍，中华书局，2001。
8. 张家山二四七号汉墓竹简整理小组编：张家山汉墓竹简，文物出版社，2001。
9. 甘肃省博物馆、中国科学院考古研究所编著：武威汉简，中华书局，2005。
10. 长沙市文物考古研究所编：长沙东牌楼东汉简牍，文物出版社，2006。
11. 胡之：敦煌汉简，重庆出版社，2008。
12. 湖南省文物考古研究所编：里耶秦简，文物出版社，2012。
13. 北京大学出土文献研究所编：北京大学藏西汉竹书（壹），上海古籍出版社，2015。
14. 北京大学出土文献研究所编：北京大学藏西汉竹书（贰），上海古籍出版社，2012。
15. 朱汉民、陈长松主编：岳麓书院藏秦简，上海辞书出版社，2010—2022。
16. 复旦大学出土文献与古文字研究中心、湖南省博物馆编：长沙马王堆汉墓简帛集成（壹），中华书局，2014。
17. 复旦大学出土文献与古文字研究中心、湖南省博物馆编：长沙马王堆汉墓简帛集成（贰），中华书局，2014。
18. 甘肃简牍博物馆等编：肩水金关汉简（五），中西书局，2016。

四、石刻拓片引用书目（以墓主姓氏名字为简称）

1. 北京图书馆金石组编：北京图书馆藏中国历代石刻拓本汇编，中州古籍出版社，1989
2. 高峡主编：西安碑林全集，广东经济出版社、海天出版社，2000
3. 中国文物研究所、河南省文物考古研究所编：新中国出土墓志 河南（贰），文物出版社，2002
4. 中国文物研究所、重庆博物馆编：新中国出土墓志 重庆，文物出版社，2002
5. 中国文物研究所、陕西省古籍整理办公室编：新中国出土墓志 陕西（贰），文物出版社，2003

附表 1-1　拓片引用书目简称对照表

分类	简称	书名
甲骨文	甲	殷墟文字甲编
	乙	殷墟文字乙编
	合	甲骨文合集
	英	英国所藏甲骨集
	存补	甲骨续存补编
	合补	甲骨文合集补编
	对应灰坑编号及出土甲版编号	周原甲骨文
	花东	殷墟花园庄东地甲骨
	大墓	安阳殷墟殷代大墓及车马坑
	辑佚	殷墟甲骨辑佚
	拾遗五	殷墟甲骨拾遗（续五）
	拾遗六	殷墟甲骨拾遗（续六）
	村中南	殷墟小屯村中村南甲骨
金文	总集	金文总集
	三代	三代吉金文存
	对应册号及拓片号	殷周金文集成（全十八册）
	铭文选	商周青铜器铭文选
	史征	西周青铜器铭文分代史征
	淅川	淅川下寺春秋楚墓
	楚系	楚系青铜器研究
	商周	商周金文选
	吴越	吴越文字汇编
	保利	保利藏金
	保利续	保利藏金（续）
	音乐	中国音乐文物大系
	吉金	盛世吉金
	近出	近出殷周金文集录
	文献集成	金文文献集成
	新收	新收殷周青铜器铭文暨器影汇编
	珍秦金	珍秦斋藏金
	学步集	青铜器学步集
	首阳	首阳吉金
	殷新	殷墟新出土青铜器
	商金	商周金文编

分类	简称	书名
简帛	银壹	银雀山汉墓竹简（壹）
	银贰	银雀山汉墓竹简（贰）
	居新	居延新简
	吴简嘉禾	长沙走马楼三国吴简 嘉禾吏民田家莂
	魏晋残纸	楼兰汉文简纸文书集成
	对应篇名	睡虎地秦简
	关	关沮秦汉简牍
	张	张家山汉墓竹简
	对应篇名	武威汉简
	东牌楼	长沙东牌楼东汉简牍
	敦煌简	敦煌汉简
	里	里耶秦简
	北壹	北京大学藏西汉竹书（壹）
	北贰	北京大学藏西汉竹书（贰）
	岳	岳麓书院藏秦简
	马壹	长沙马王堆汉墓简帛集成（壹）
	马贰	长沙马王堆汉墓简帛集成（贰）
	金关	肩水金关汉简（五）
石刻	对应墓主姓氏名字	北京图书馆藏中国历代石刻拓本汇编
		西安碑林全集
		新中国出土墓志 河南（贰）
		新中国出土墓志 重庆
		新中国出土墓志 陕西（贰）

参考文献

（东汉）许慎:《说文解字》，中华书局，2003
（南唐）徐锴:《说文解字系传》，中华书局，1998
《宋本玉篇》，中国书店，1983
（清）段玉裁:《说文解字注》，上海古籍出版社，2000
（清）朱骏声:《说文通训定声》，武汉古籍书店，1983
（清）徐灏:《说文解字注笺》（续修四库全书），上海古籍出版社，2002
（清）顾南原:《隶辨》，中国书店，1982
李孝定:《甲骨文字集释》，台湾“中研院”历史语言研究所，1970
于省吾:《甲骨文字释林》，中华书局，1979
于省吾主编:《甲骨文字诂林》，中华书局，1999
徐中舒主编:《甲骨文字典》，四川辞书出版社，1990
何景成:《甲骨文字诂林补编》，中华书局，2017
孙海波:《甲骨文编》，大化书局，1983
刘钊主编:《新甲骨文编》，福建人民出版社，2014
刘钊主编:《马王堆汉墓简帛文字全编》，中华书局，2020
朱芳圃:《殷周文字释丛》，中华书局，1962
容庚:《金文编》，中华书局，1985
郭沫若:《金文丛考》，人民出版社，1954
张世超等:《金文形义通解》，中文出版社，1996
董莲池编著:《新金文编》，作家出版社，2011
何琳仪:《战国文字通论》，中华书局，1989
何琳仪:《战国古文字典》，中华书局，1998
汤余惠主编:《战国文字编》，福建人民出版社，2001
马承源主编:《上海博物馆藏战国楚竹书》，上海古籍出版社，2001
《睡虎地秦墓竹简》，文物出版社，1990
滕壬生:《楚系简帛文字编》（增订本），湖北教育出版社，2008
骈宇骞编著:《银雀山汉简文字编》，文物出版社，2001
罗福颐:《古玺汇编》，文物出版社，1981
杨树达:《积微居小学述林》，中国科学院，1954

林义光:《文源》，中西书局，2012
唐兰:《中国文字学》，上海古籍出版社，2004
裘锡圭:《文字学概要》，商务印书馆，2004
李学勤:《古文字学初阶》，中华书局，2006
臧克和:《说文解字的文化说解》，湖北人民出版社，1995
臧克和:《汉字取象论》，圣环图书有限公司，1995
臧克和:《中古汉字流变》，华东师范大学出版社，2009
臧克和、郭瑞主编:《秦汉魏晋六朝字形谱》，华东师范大学出版社，2019
毛远明:《汉魏六朝碑刻校注》，线装书局，2008
李国英:《小篆形声字研究》，北京师范大学出版社，1996
季旭升:《说文新证》，福建人民出版社，2010

笔画检字索引

一画
〇 112
乚 315
乙 315
亅 372
𠄌 372
乛 585
乀 592
丨 592
丿 594
𠃊 596
丶 596

二画
八 3
匕 24
乃 35
㔾 50
厂 54
132
马 56
匚 118
勹 149
424
刀 153
刁 155
丂 159
𠂇 203
丩 220
九 220
又 233
二 251
匕 277
几 285
288
力 295
儿 300
577
七 304
广 319
乂 326
十 334
厶 342
卩 358
丁 398
卜 417
几 445
凵 470
593
人 490
了 573
入 578
冖 593
匸 595
廴 596

三画
叉 5
大 7
么 11
马 11
才 28
凡 48
干 52
90
山 58
彡 59
千 78
川 93
丸 101
万 101
丈 123
乡 128
广 142
595
亡 145
冃 166
勺 169
小 181
幺 185
口 211
久 222
屮 236
乇 246
囗 269
卫 270
及 286
己 288
已 289
彑 290
乞 306
习 309
夕 310
义 319
亿 324
弋 324
士 334
尸 344
554
巳 344
之 347
子 355
也 367
个 432
亏 435
土 451
女 468
于 472
与 478
门 488
刃 493
卂 509
工 528
弓 531
廾 532
寸 548
巾 550
夂 560
干 561
飞 566
孑 570
三 578
上 578
兀 583
下 583
丫 585
彳 591
丌 592
亼 593
宀 594
少 595
尣 595
夨 596

四画
巴 3
乏 8
币 13
牙 19
化 24
爪 25
丏 31
仍 35
太 37
巛 37
夬 38
丹 45
凤 49
风 49
反 54
先 63
办 67
卞 68
见 74
丏 77
欠 81
天 82
毌 97
专 103
叱 104
犬 107
劝 108
元 111
仓 116
办 116
长 117
方 118
亢 120
从 126
卯 128
卬 137
爿 139
王 143
冈 147
毛 163
冃 167
叉 172
少 182
夭 186
爻 187
火 197
丑 206
232
斗 207
566
勾 212
内 215
仇 221
六 224
友 233
尤 233
歹 238
书 248
贝 253
内 257
水 267
队 268
韦 269
产 272
为 273
比 278
币 281
讥 286
无 291
历 297
切 304
气 306
厄 315
扎 316
以 316
忆 324
艺 327
什 334
氏 340
支 346
止 350
𠂔 355
介 359
丯 360
斤 377
今 378
仅 387
心 388
冘 392
尹 394
引 395
夬 396
订 399
仃 399
井 402
壬 412
厅 412

仆 417
442
不 417
夫 422
艮 422
父 427
户 437
木 441
殳 445
乌 452
无 454
午 455
五 456
毋 458
勿 458
巨 465
区 469
予 478
曰 482
分 485
仁 491
壬 492
认 494
仑 500
文 503
屯 505
匀 507
云 510
允 511
邓 513
丰 514
567
日 576
升 519
519
从 525
525
公 530
厷 531
中 537
凶 540
540
车 547
戈 549
牛 553
尺 554
互 569
幻 569
计 570
开 571
孔 572
廿 575
匹 576
片 576
冗 577
手 580
双 582
瓦 582
兮 583
月 586
刅 592
卂 593
支 594
卅 595

五画

扒 3
叭 3
犮 4
发 4
190
卡 9
它 12
匝 13
乍 14
加 16
甲 18
瓜 21
冎 22
白 26
匃 31
扔 35
奶 35
台 37
316
艼 38
甴 39
半 41
延 42
戋 44
旦 47
氾 50
犯 50
甘 51
刊 52
冉 58
仙 58
占 65
兰 72
边 77
田 83
㕣 91
训 94
丣 98
厉 102
玄 110
夗 114
仗 123
让 127
央 133
包 150
召 153
叨 154
叼 155
可 159
叵 161
号 162
162
巧 162
矛 164
务 164
卯 165
夲 170
辽 179
鸟 180
幼 186
癶 190
末 191
朮 193
左 203
头 207
叩 211
句 211
纠 220
叫 220
尻 221
旧 222
圥 224
丘 226
由 230
右 234
册 234
禾 242
尔 250
250
北 252
归 259
未 274
汇 275
276
尼 279
氏 283
击 285
饥 286
叽 286
记 289
礼 292
立 295
斥 300
皮 300
叱 305
写 311
轧 315
札 315
议 320
仪 320
必 325
代 326
艾 326
失 331
石 332
仕 334
汁 334
史 334
矢 336
世 339
示 340
丝 341
司 342
四 344
只 346
588
市 348
卮 349
仔 356
白 356
节 358
且 364
他 368
业 368
叶 369
戉 372
灭 372
乐 374
民 383
皿 383
汉 387
叹 387
印 395
冯 396
丙 396
汀 399
打 400
叮 400
另 405
令 405
宁 408
463
平 409
圣 412
521
丕 419
出 419
刍 420
弗 423
处 425
布 430
付 430
古 431
乎 434
卢 435
母 439
奴 441
扑 442
疋 444
术 449
449
驭 455
戊 459
主 462
去 470
丛 471
本 483
们 489
㐱 490
仞 493
申 494
讯 509
生 520
正 523
东 526
冬 527
功 529
弘 531
龙 533
问 539
兄 540
永 542
用 542
卉 547
讨 548
目 552
聿 553
穴 558
电 559
玉 560
凹 563
匆 564
对 565
夯 568
因 576
闪 578
帅 581
甩 582
凸 582
外 583
孕 587
屵 592
朩 592
疒 594
夙 596

六画

达 7
驮 7
伐 9
吗 11
妈 11
杀 12
杂 14
夹 15
邪 20
讶 20
襾 20
价 20
亚 21
它 21
过 22
夸 23
华 24
划 25
百 26
在 29
存 29
亥 32
岂 33
买 35
𠂢 36
决 39
诀 39
安 46
延 42
讽 49
帆 49
厌 51
压 51
奸 52
汗 53
产 55
那 58
幵 70
纤 70
忏 71
年 79
阡 79
先 83
㫃 89
巡 93
驯 94
舛 94
关 98
纨 101
迈 102
传 103
团 104
龹 105
全 107
吅 108
观 108
权 108
欢 109
亘 109
阮 112
创 116
匠 118
防 119
仿 119
访 120
行 121
夅 124
向 129
131
当 132
羊 134
阳 136
扬 136
汤 136
场 136
伤 137
仰 137
妆 139
壮 140
庄 140
光 141
犷 142
匡 144
巟 145
妄 146
芒 146
忙 146
网 146
刚 147
导 155
乔 156
考 161
朽 161
老 163
刘 166
约 170
芍 170
早 172
兆 174
交 175
丝 185
吆 186
尧 188
多 194
朵 195
伙 197
叒 200
缶 208
讲 209
后 210
569
扣 212
牟 214
肉 215
州 219
收 220
守 221
轨 221
旭 222
臼 222
优 228
有 234
列 238
各 239
合 242
吓 243
则 245
宅 246
托 246
耳 250
厺 256
讷 257
自 258
圭 260
灰 264
回 265
会 266
岁 268
讳 270
伟 270
危 272
伪 274
讹 274
旨 279
玑 285
机 286
级 287
汲 287
吸 287
圾 287
吉 287
肌 288
纪 289
圮 289
肋 295
米 298
糸 298
屰 299
齐 303
吃 306
迄 307
屹 307
西 307
汐 310
衣 312
夷 313
似 318
异 318
曳 319
亦 322
式 325
次 328
朿 329
师 332
吏 335
至 336
冰 338
死 343
妃 345
寺 347
芝 349
企 351
此 351
字 356
自 356
阶 357
韧 360
执 364
劦 366
协 367
爷 367
地 367
驰 368
弛 368
池 368
她 368
乓 369
青 373
血 374
吁 375
473
尽 377
阴 380
份 381
囟 390
迁 390
因 390
伊 394
并 397
成 398
贞 400
刑 402
阱 403
邢 403
名 407
廷 413
凫 424
伏 424
虍 434
戏 435
朴 442
如 443
尗 446
吐 451
许 456
伍 457
朱 459
竹 461
伫 463
吕 468
汝 469
伛 470
宇 473
芋 473
污 473
迂 473
纡 473
羽 477
屿 478
聿 481
臣 483
艮 487
问 489
任 492
纫 494
论 501
伦 501
孙 502
旬 507
军 508
迅 510
汛 510
丞 513
灯 514
邦 516
争 522
充 524
虫 525
525
动 527
冲 527
537
巩 528
江 528
红 529
扛 529
讼 530
共 532
农 534
戎 535
同 535

仲 537
匈 540
毕 545
乒 546
乓 546
艸 547
阵 548
尘 548
而 548
戍 549
兆 549
件 554
肙 555
戌 557
页 558
似 559
众 559
庆 561
妇 562
扫 562
闭 563
闯 564
囟 565
吊 565
丢 565
夺 565
负 567
好 568
尖 570
扩 572
耒 573
劣 573
曲 576
伞 578
色 578
舌 579
设 579
夙 581
兴 584
休 584
寻 584
再 587
舟 588
妥 591
由 592
肎 594
辛 594

七画

把 3
芭 4
吧 4
杈 5
坏 8
怀 8
泛 8
咔 9
玛 11
作 14
诈 15
伽 17
匣 19
芽 20
呀 20
呙 22
花 24
抓 25
伯 27
戋 28
材 29
财 29
来 34
麦 34
汰 37
灾 37
抉 39
快 39
块 39
判 41
伴 41
叙 43
灿 44
坍 45
但 47
坛 47
62
旱 52
肝 53
罕 52
轩 53
杆 53
严 54
返 55
饭 55
阪 55
扳 55
杉 59
夹 60
釆 68
汴 69
妍 70
歼 70
间 75
连 76
沔 77
免 77
佥 79
次 81
坎 82
吞 82
男 83
佃 83
甸 83
闲 85
针 86
县 87
言 88
妟 92
串 97
奂 98
乱 100
励 102
抟 103
弃 104
完 111
员 112
远 113
还 113
园 113
肙 114
苍 116
怆 117
沧 117
抢 117
呛 117
张 117
怅 118
帐 118
纺 119
芳 120
妨 120
坊 120
彷 120
抗 120
沆 120
坑 120
吭 121
杖 123
良 125
网 126
两 126
亨 130
羌 134
杨 136
肠 137
迎 137
囱 138
床 140
状 141
旷 142
㞢 143
汪 143
狂 144
忘 146
岗 147
纲 147
刨 151
诏 154
钊 154
告 158
何 160
阿 160
诃 160
劳 162
孝 163
芼 164
皃 168
扰 168
杓 170
灼 170
皂 174
角 177
疗 179
岛 180
沙 182
妙 183
抄 183
纱 183
吵 183
肖 183
沃 186
芙 186
妖 187
驳 188
叟 193
没 193
孛 193
沛 193
我 194
护 198
佐 203
坐 204
寿 205
纽 207
妞 207
扭 207
抖 207
豆 207
沟 209
旱 210
佝 212
局 212
吼 212
匽 214
走 219
虬 220
肘 221
鸠 221
究 221
灸 222
玖 222
㐬 223
陆 224
求 227
秀 228
忧 228
攸 229
条 229
酉 232
犹 232
佑 234
删 235
彻 235
坝 239
耴 247
折 247
你 250
狈 253
呗 253
纳 257
肉 257
呐 257
吹 257
兑 259
坠 268
围 269
违 270
纬 270
苇 270
尾 273
庇 278
坒 278
批 278
屁 279
尚 280
诋 284
低 284
弟 284
极 286
杞 289
忌 289
际 292
体 293
里 293
293
利 294
位 295
丽 296
沥 297
系 299
诉 300
启 306

306
汽 306
希 308
鸡 308
医 313
313
叵 314
扼 315
呃 315
冶 317
佁 317
矣 317
邑 318
译 321
役 321
狄 322
忒 326
吃 327
赤 328
拟 338
纸 340
私 342
词 343
伺 343
祀 345
改 346
技 346
岐 346
妓 346
吱 347
时 347
志 348
识 349
址 352
沚 352
芷 352
扯 352
姊 355
李 356
孜 356
即 358
戒 359
芥 359
尬 359
呈 362
助 365
诅 365
阻 365
昏 370
谷 373
433
壳 373
近 377
芹 378
含 380
岑 380
吟 380
邻 382
沁 388
芯 388
辛 388
迟 389
沉 392
忱 393
君 394
抑 396
更 397
钉 399
盯 400
形 403
灵 404
别 405
伶 406
冷 407
咛 408
甹 408
评 409
声 411
听 412
呈 414
钋 417
否 418
诎 420
扶 422
芙 422
佛 423
孚 423
甫 428
补 430
附 431
估 433
却 433
庐 435
芦 436
驴 436
妒 437
沪 437
库 438
每 439
亩 440
沐 441
努 442
足 444
投 446
束 448
牡 451
杜 451
肚 452
巫 452
坞 453
呜 453
吴 453
庑 454
抚 454
芜 455
妩 455
吾 457
吻 458
囫 459
住 462
拒 466
寽 467
驱 469
妪 469
抠 470
岖 470
呕 470
劫 470
苏 475
余 475
476
欤 478
序 479
抒 479
汩 482
坟 483
坚 484
辰 484
纷 486
芬 486
扮 487
吩 487
闷 489
诊 490
应 491
至 492
劲 493
忍 493
韧 494
陈 495
伸 495
沈 495
困 500
沦 501
纶 501
抡 501
囵 501
闰 501
吝 504
闵 504
彣 504
纹 504
纯 506
村 506
吨 506
沌 506
囤 506
均 508
甸 508
运 508
芸 510
夋 511
吮 511
证 514
夆 515
层 522
纵 526
坳 526
冻 527
巩 528
攻 529
杠 529
贡 529
汞 530
肛 530
宏 531
穷 532
忡 538
囧 538
汹 540
况 541
佣 543
甬 543
華 545
弃 545
兵 546
步 547
豕 554
身 555
秃 557
妥 557
弄 560
报 563
岔 564
初 564
呆 565
吠 566
龟 568
进 571
克 571
牢 572
卤 574
卵 574
尿 575
抛 576
社 579
宋 580
忐 582
忑 582
彤 582
杏 584
饮 585
邮 586
找 587
灶 587
这 587
皀 591
辵 591
臼 593
百 595
豸 596

八画

杷 4
爸 4
爬 4
拔 4
钗 5
衩 5
贬 8
法 9
码 11
刹 12
沱 12
拖 12
驼 13
陀 13
沓 13
咂 14
怍 15
咋 15
侠 16
驾 16
茄 17
咖 17
闸 19
呷 19
押 19
狐 21
弧 22
孤 22
呱 22
货 24
画 25
敝 25
刷 25
忝 25
陌 26
帛 27
迫 27
怕 27
泊 27

拍 27
帕 27
采 30
隶 30
341
刻 33
该 33
凯 34
卖 35
抬 37
乖 38
届 39
绊 41
拌 41
扶 42
诞 42
浅 44
饯 45
线 45
单 45
坦 48
枫 49
矾 50
范 50
50
邯 51
秆 52
岸 53
岩 54
贩 55
版 55
板 55
函 56
肤 58
衫 59
陕 60
昙 61
担 62
殀 63
斩 64
拈 65
苫 65
沾 65
帖 65
店 66
典 69
郑 69
戋 70
帘 71
拦 72
练 72
拣 73
建 73
现 75
软 82
忝 82
臽 87
炎 89
沿 91
奄 91
官 96
贯 97
变 99
叀 103
转 103
券 105
卷 106
弦 110
玩 112
环 113
宛 114
苑 115
昌 115
枪 117
戗 117
胀 118
账 118
放 119
枋 119
房 119
肪 120
炕 120
杭 120
航 121
降 125
郎 126
享 129
尚 131
英 133
怏 133
详 135
飏 137
畅 137
昂 138
戕 139
矿 143
诓 144
往 144
旺 144
枉 144
丧 145
盲 146
氓 146
罔 146
匋 149
苞 150
饱 150
抱 150
泡 151
咆 151
绍 153
沼 154
招 154
迢 154
到 154
侨 157
河 160
苛 160
坷 161
呵 161
佬 163
表 164
茅 165
钓 170
的 170
庙 171
枣 172
郊 176
苗 180
炒 183
坳 186
拗 186
学 187
肴 188
侥 189
废 191
拨 191
泼 191
沫 191
抹 191
茉 191
肺 193
侈 195
剁 195
果 196
或 198
国 198
罗 199
若 200
叕 202
卓 203
宝 208
购 209
构 209
狗 211
驹 211
拘 211
苟 212
陋 214
育 215
受 217
周 218
疚 222
咎 223
坴 224
油 230
妯 230
宙 231
迪 231
抽 231
姗 235
疌 236
导 237
例 238
冽 238
和 242
舍 244
侧 245
厕 246
诧 246
者 248
弥 250
卑 251
备 252
非 253
炊 258
垂 258
卦 261
厓 261
佳 261
规 261
柜 264
刽 266
𣏟 267
刿 268
祎 270
委 271
诡 272
妹 274
味 275
隹 276
枇 278
诣 279
泥 279
怩 280
妮 280
呢 280
畀 281
抵 284
底 284
邸 284
坻 284
亟 286
诘 288
泣 295
拉 295
垃 296
枥 297
戾 298
泪 298
拆 300
陂 301
坡 301
彼 301
波 301
披 301
妻 301
其 302
剂 304
奇 305
疙 307
析 309
昔 310
泻 311
依 312
宜 314
始 316
治 317
饴 317
怡 317
苔 317
择 320
绎 320
泽 320
驿 321
易 321
夜 322
希 323
宓 325
泌 325
试 326
岱 326
哎 327
势 327
责 329
刺 331
迭 332
拓 333
饲 333
饰 333
使 335
事 335
驶 335
侄 337
知 338
泄 339
屉 339
视 340
奈 341
咝 342
驷 344
泗 344

枝 346
肢 346
歧 347
侍 348
诗 348
织 349
帜 349
直 350
齿 351
制 353
所 354
质 354
甾 354
季 355
杰 358
卒 363
组 365
沮 365
咀 365
姐 365
妾 366
胁 366
耶 367
迤 368
邺 369
话 370
刮 370
疟 373
祈 377
欣 377
金 378
念 379
贪 379
衾 380
林 381
怜 382
亩 382
岷 383
孟 384
艰 386
衬 389
细 390
枕 393
凭 396
576
诚 399
顶 399
侦 400
京 400
麦 404
拐 405
命 406
岭 406
泠 406
拎 407
泞 408
狞 408
拧 408
坪 409
苹 409
怦 409
青 409
顷 411
垩 414
幸 415
坯 418
音 418
杯 419
屈 419
拙 420
咄 420
茁 420
邹 420
豖 421
服 422
沸 423
佛 423
拂 423
虎 425
阜 427
斧 428
怖 430
府 431
拊 431
咐 431
姑 432
固 432
苦 432
沽 433
咕 433
呼 434
泸 435
虏 436
炉 436
肤 436
所 437
录 438
拇 441
姆 441
弩 441
驽 442
孥 442
股 446
叔 446
述 449
怵 449
肃 450
兔 452
於 452
武 455
杵 456
物 458
忽 458
茂 459
诛 460
侏 460
卒 460
竺 461
注 462
驻 462
拄 463
贮 463
居 464
匊 465
炬 465
具 466
侣 468
殴 469
欧 469
枢 470
怯 470
取 471
盂 472
臾 473
鱼 474
杼 479
岳 481
郁 482
奔 482
臤 484
贤 484
肾 484
岔 486
贫 486
氛 487
限 487
肯 488
参 490
叁 490
经 492
径 493
茎 493
罙 494
绅 495
呻 495
坤 495
审 495
昏 499
昆 500
轮 501
屄 502
玫 504
炖 506
困 506
昀 508
询 509
虱 510
奉 514
庚 516
黾 518
朋 519
姓 520
性 521
怪 521
净 522
征 523
定 523
怔 524
枞 526
怂 526
肿 527
终 527
咚 528
空 529
松 530
瓮 531
肱 531
穹 532
供 532
庞 533
咙 533
宠 533
垄 533
陇 534
茏 534
拢 534
侬 534
忠 537
宗 538
明 538
迥 539
拥 542
咏 542
泳 542
轰 548
佩 550
叕 551
态 553
牧 554
雨 559
帚 561
败 563
秉 563
承 564
肥 566
奋 567
肩 570
枚 574
觅 575
鸣 575
闹 575
乳 577
实 579
些 581
图 582
卧 583
杳 585
鸢 586
炙 588
咒 589
玨 593
杭 594
夏 595
炢 596

九画
趴 3
疤 4
臿 5
差 6
查 6
拏 7
挞 7
闼 7
耷 8
眨 9
阀 9
珐 9
剌 10
骂 11
蚂 11
昨 15
炸 15
怎 15
峡 15
狭 15
挟 16
荚 16
贺 16
枷 17
架 17
叚 18
虾 18
鸦 20
哑 21
娅 21
挖 21
骨 23
挎 23
垮 23
哗 24
柏 26

珀 27
拜 28
哉 29
荏 29
荐 29
73
带 30
钙 31
曷 31
咳 33
孩 33
骇 33
脉 36
派 36
按 40
胖 41
涎 42
贱 44
栈 45
残 45
战 46
毡 48
疯 49
恹 51
恬 52
柑 52
竿 53
炭 53
俨 54
叛 55
彦 55
南 57
娜 58
哪 58
挪 58
胆 63
点 65
贴 65
玷 66
扁 66
便 67
羿 70
研 70
柬 72
烂 72
栏 72
炼 73
览 74
砚 75
勉 78
面 78
剑 79
俭 79
险 80
前 80
砍 82
洗 84
咸 85
86
显 87
匽 92
顺 93
耑 95
段 95
峦 99
弯 99
彖 101
弆 102
砖 104
选 104
胜 105
送 105
拴 107
畎 107
泉 107
宣 109
垣 110
姮 110
牵 110
炫 110
爱 110
冠 111
院 111
陨 112
怨 115
疮 117
荇 121
姜 124
134
俩 126
响 129
巷 129
相 130
尝 131
挡 132
殃 134
映 134
养 135
洋 135
徉 135
昜 136
殇 137
砀 137
荡 137
总 138
将 141
奖 141
恍 142
哐 144
皇 144
荒 145
茫 146
虻 146
钢 147
袄 149
炮 151
胞 151
保 151
昭 154
骄 157
娇 157
荞 157
柯 161
珂 161
拷 161
姥 163
敄 164
柳 165
贸 165
浏 166
冒 167
𡿺 169
恼 169
哟 170
草 172
蚤 172
姚 175
逃 175
挑 175
洨 176
狡 176
绞 176
饺 176
咬 176
标 181
砂 182
钞 182
眇 183
秒 183
赵 184
削 184
诮 184
俏 185
幽 185
党 188
垚 188
挠 188
绕 188
饶 189
娆 189
浇 189
要 190
癹 190
勃 193
俄 194
哆 195
垛 195
钮 207
竖 207
侯 209
厚 210
垢 211
钩 211
娄 212
哞 214
某 215
柔 215
叟 216
洲 219
陡 219
奏 219
狩 221
羑 222
秋 226
诱 228
修 229
胄 230
柚 230
轴 231
斿 231
酋 232
宥 234
栅 235
珊 235
皆 236
洌 238
咧 238
革 238
洛 239
骆 239
客 240
络 240
阁 240
恪 241
咯 241
科 242
苔 242
给 243
拾 243
洽 243
恰 243
哈 243
测 246
吒 246
挓 246
饵 250
洱 251
贰 251
背 252
垒 256
256
眉 256
钠 257
追 259
说 260
洼 260
娃 260
奎 260
闺 261
挂 261
哇 261
鬼 262
畏 262
癸 263
贵 264
恢 265
洄 265
徊 265
苘 265
绘 266
荟 266
豖 267
退 269
昧 274
胃 275
虽 276
陛 278
秕 278
砒 279
指 279
昵 280
祇 283
剃 285
急 287
结 288
拮 288
㕣 290
既 291
厘 293
俐 294
飒 296
洒 297
类 298
迷 298
咪 298
逆 299
柝 300
咢 299
玻 301
济 304
荠 304
挤 304

砌 305
柒 305
昪 307
覂 308
哀 313
姨 314
咦 314
怠 316
殆 317
胎 317
贻 317
俟 318
拽 319
蚁 320
疫 321
迹 322
弈 322
奕 322
拭 326
贷 326
茨 329
咨 329
姿 329
帝 330
适 330
昳 332
狮 332
柘 333
食 333
蚀 333
室 336
是 339
思 341
祠 343
枳 346
待 347
恃 348
持 348
峙 348
炽 349
栀 350
兹 354
柿 355
籽 356
皆 357
诫 359
界 359
契 360
洁 361
宪 361
垫 364
祖 365
殂 365
荔 366
窃 367
施 368
桊 369
活 370
括 370
虐 372
恤 374
栎 374
药 374
烁 375
钥 375
隶 376
津 376
钦 379
矜 380
荫 380
衿 380
品 384
临 385
侵 385
亲 389
咽 391
茵 391
姻 391
音 391
眈 393
咿 394
郡 395
柄 397
屏 398
骈 398
饼 398
迸 398
拼 398
城 399
亭 399
型 402
荆 402
玲 407
柠 408
庭 413
挺 414
盈 416
荧 416
荣 417
赴 417
胚 419
费 423
俘 424
畐 425
复 426
匍 430
故 432
胡 432
枯 432
俗 433
诲 440
侮 440
挈 442
怒 442
茹 443
促 444
胥 445
浊 447
独 447
度 450
诬 452
屋 453
误 454
洊 456
卸 456
语 457
毒 458
茱 460
笃 461
柱 462
壴 463
树 464
矩 465
捋 467
闾 468
鸥 470
竽 472
异 473
俞 475
除 477
荼 477
叙 477
举 478
禺 479
律 481
狱 481
贲 483
盆 486
盼 486
垦 487
恨 487
垠 488
很 488
狠 488
闻 488
闽 489
珍 491
信 491
轻 493
氢 493
神 495
甚 496
盾 499
逊 502
昷 503
春 505
钝 506
盹 506
勋 507
钧 508
挥 508
浑 509
荤 509
荀 509
绚 509
峋 509
徇 509
俊 511
陖 511
爯 512
拯 513
封 515
帮 515
绑 516
星 520
牲 521
挣 523
狰 523
政 524
统 524
重 526
钟 526
536
种 527
栋 527
虹 528
项 529
缸 530
拱 532
洪 533
哄 533
珑 534
胧 534
浓 534
哝 534
绒 535
洞 536
盅 537
炯 539
癹 540
勇 543
诵 543
耐 549
耍 549
绝 551
罚 552
茛 552
看 553
香 556
卤 556
威 558
穿 558
须 559
茧 560
泵 563
汆 567
宫 567
恒 568
宦 569
韭 571
亮 573
美 575
染 577
茸 577
省 579
屎 580
首 580
突 582
歪 583
衍 585
胤 585
禹 586
咱 587
陟 588
昼 588
祝 589
斫 589
皀 591
県 593

十画

耙 4
笆 4
钹 4
罢 5
泰 7
罘 8
鸵 13
扇 13
砸 14
窄 15
痂 16
家 17
鸭 19
钾 19
夏 19
蚜 20
贾 20
恶 21
娲 22
涡 23
胯 23

桦 24
爱 26
栽 28
载 29
豺 29
核 33
莱 34
寅 36
宰 38
缺 39
案 40
晏 40
桉 40
氨 40
班 41
畔 41
钱 44
盏 45
祖 48
般 48
钳 51
悍 52
捍 52
赶 53
扇 61
蚕 63
展 64
砧 65
站 66
笄 70
兼 71
涟 72
健 73
监 74
盐 74
舰 75
笕 75
涧 76
莲 76
挽 78
娩 78
验 80
捡 80
眚 81
钻 84
娴 85
陷 87
唁 89
谈 89
轨 90
铅 91
俺 92
艳 92
宴 93
倌 97
𫄧 98
宽 98
换 98
涣 98
唤 99
恋 100
祘 100
砺 102
朕 105
拳 106
倦 106
隽 106
栓 107
原 107
桓 110
眩 110
浣 111
顽 112
损 112
圆 112
袁 112
涓 114
捐 114
绢 114
娟 114
剜 115
鸳 115
倡 115
舱 117
涨 118
旁 119
舫 120
航 121
莽 121
脏 122
139
桑 122
畕 123
娘 125
狼 125
朗 126
浪 126
卿 129
哼 130
党 132
档 132
倘 133
晌 133
盎 134
鸯 134
秧 134
样 135
祥 135
氧 135
烫 136
赃 139
奘 140
浆 141
桨 141
晃 142
框 144
逛 144
罡 147
敖 148
陶 149
袍 150
倒 154
高 155
桥 156
轿 157
羔 157
造 158
浩 158
荷 160
啊 160
哥 161
烤 161
涝 162
唠 162
捞 162
哮 163
耗 164
耄 164
留 166
铆 166
脑 169
豹 169
酌 169
皋 170
扉 174
唣 174
桃 175
晁 175
效 176
校 176
较 176
窍 178
臬 180
莎 182
娑 182
宵 183
消 184
屑 184
悄 184
峭 184
哨 185
捎 185
窈 186
笑 186
烧 189
晓 189
舀 189
莫 191
悖 193
荸 193
娥 194
饿 194
峨 194
哦 194
爹 195
郭 196
课 196
获 197
匿 200
诺 200
弱 201
衰 201
眞 201
唢 202
索 202
桌 204
挫 204
座 204
捣 206
涛 206
羞 206
蚪 207
逗 208
莆 209
候 210
䍃 216
调 218
凋 218
柏 222
流 223
胶 224
读 225
逑 227
臭 227
透 228
涤 229
绦 229
倏 229
袖 230
铀 231
酒 232
贿 234
娶 235
烈 238
格 240
胳 240
赂 241
烙 241
盍 241
涩 244
射 245
贼 245
哲 247
浙 247
逝 247
诸 248
都 248
玺 250
匪 254
诽 254
蚋 257
豖 258
阅 259
悦 260
恚 260
桂 261
散 270
倭 272
桅 272
脆 272
娓 273
叀 273
谁 277
龇 278
耆 279
脂 279
毙 281
砥 284
鸱 284
涕 285
桔 288
起 289
继 289
狸 294
埋 294
哩 294
娌 294
莉 294
莅 295
鬲 296
骊 296
晒 297
秝 297
朔 299
被 301
破 301
疲 301
凄 302
萋 302
斋 304
脐 304
倚 305

栖 307
奚 308
厝 311
借 311
臬 312
胰 314
谊 314
姬 314
埃 318
涘 318
唉 318
挨 318
浥 318
虒 319
递 319
牺 320
铎 320
剔 321
荻 323
益 323
秘 325
盐 325
轼 326
热 327
离 327
郝 328
哧 328
资 329
恣 329
瓷 329
积 329
债 330
敌 330
秩 332
致 336
疾 337
配 345
郎 345
翅 347
屐 347
特 348
蚩 348
值 350
柴 351
耻 352
兹 354
息 356
桀 357
唧 358
挈 361
害 361
袜 362
涅 363
捏 363
臬 363
聂 363
挚 364
赘 364
租 365
欸 371
戚 372
散 373
砾 375
宾 375
隶 377
烬 377
颀 378
衾 380
涔 380
蚊 383
眠 383
浸 386
难 386
秦 387
屖 389
烟 391
恩 391
胭 391
耽 393
罟 393
笄 395
蚓 395
埂 397
哽 397
病 397
瓶 398
桢 400
祯 400
凉 401
谅 401
耕 403
竞 403
陵 405
凌 405
捌 405
铃 406
冥 407
骋 408
娉 408
秤 409
砰 409
请 410
倩 410
倾 411
耿 412
铁 414
逞 414
症 413
524
莹 417
莺 417
部 418
倍 418
剖 418
陪 418
倔 420
皱 420
冢 421
畜 421
蚨 422
浮 424
尃 428
圃 429
捕 430
浦 430
哺 430
俯 431
鸪 433
钴 433
浴 433
峪 434
虑 436
隺 437
顾 437
剥 439
海 440
悔 440
莓 440
恕 444
辱 444
捉 444
础 445
俶 446
烛 448
速 448
悚 449
秫 449
绣 450
徒 451
娱 454
悟 457
捂 457
殊 459
珠 460
株 460
俱 466
剧 466
眀 467
诹 471
涂 475
475
徐 476
途 477
栩 477
预 479
钵 483
紧 484
振 485
唇 485
粉 486
颁 486
根 487
恳 487
哥 489
疹 491
赁 492
恁 492
真 497
谆 499
圂 499
捆 500
润 501
隼 502
准 502
悯 504
紊 504
顿 506
晕 508
晖 509
殉 509
耘 510
骏 511
峻 511
唆 511
称 512
乘 512
烝 513
逢 515
梆 516
峰 516
蚌 516
唐 517
冢 518
钲 524
桩 525
耸 526
疼 528
恐 528
衮 530
颂 530
蚣 530
凇 531
翁 531
躬 532
恭 532
烘 533
脓 534
容 535
桐 536
衷 537
胸 540
邕 541
通 543
涌 544
捅 544
竝 546
涉 547
脊 550
笔 553
能 553
逐 555
殷 555
栗 556
绥 557
馁 557
畚 563
龀 564
烦 566
壶 569
晋 571
哭 572
料 573
旅 574
拿 575
虔 576
祟 580
素 581
套 582
倜 582
席 583
烨 585
冤 586
髟 591
郳 591
丵 596

十一画

袭 6
麻 10
萨 12
蛇 12
舵 13
笳 17
戛 17
假 18
琊 20
祸 22
瓠 23
涮 25
唰 25
啪 27
舶 27

菜 30
彩 30
逮 30
谒 31
铠 34
皑 34
率 39
蛋 42
谗 43
弹 46
掸 46
郸 46
惮 46
阐 46
婵 47
盘 48
笵 50
甜 51
焊 52
敢 53
谚 55
铲 56
涵 56
菡 56
㒼 57
渐 64
惭 64
崭 64
粘 65
掂 66
惦 66
偏 66
匾 66
掷 69
谏 72
绵 77
冕 78
晚 78
敛 79
检 80
脸 80
剪 81
添 82
铣 84
减 85
悬 87
阎 88
掐 88
萏 88
馅 88
焉 88
淡 89
旋 90
乾 91
船 91
掩 91
淹 91
庵 92
偃 92
绾 96
馆 97
惯 97
患 97
莧 98
焕 99
蛎 102
啭 103
圈 106
眷 106
痊 107
舷 110
婉 115
惋 115
唱 116
猖 116
梁 116
跄 117
章 122
商 122
隆 125
琅 125
廊 126
辆 126
烹 130
厢 130
偿 131
堂 131
常 132
铛 132
裆 132
淌 133
徜 133
象 133
羕 135
痒 135
悤 138
黄 142
眶 144
凰 145
谎 146
惘 146
望 148
萄 150
淘 150
掏 150
曹 152
巢 153
笤 154
矫 156
毫 157
窑 158
铐 161
姨 164
[illegible] 165
聊 166
曼 167
盗 171
眺 175
窕 175
皎 176
较 176
斛 177
猫 180
描 180
喵 180
票 180
挲 182
梢 184
教 187
淆 188
脖 193
移 195
堕 195
隋 195
随 195
域 198
萝 199
逻 199
啰 199
喏 200
琐 201
掇 202
缀 202
绰 204
悼 204
掉 204
售 205
祷 206
够 212
寇 212
偻 213
扁 214
眸 214
谋 215
兽 217
授 218
绸 218
惆 218
凑 220
绺 223
琉 223
翏 223
续 225
渎 225
蚯 226
救 227
球 227
悠 230
笛 231
舳 231
捷 236
得 237
略 240
硌 241
盖 241
鸽 243
盒 243
啥 244
啬 244
铡 246
辄 247
堵 248
奢 248
猪 249
屠 249
渚 249
绪 249
著 249
狝 250
您 250
婢 251
啤 252
葡 252
菲 254
徘 254
排 254
绯 254
啡 255
累 256
唾 258
捶 258
脱 259
崖 261
涯 261
畦 261
硅 261
偎 262
傀 263
匮 264
盔 265
彗 265
雪 266
秽 269
绥 271
逶 272
萎 272
尉 275
谓 275
唯 276
淮 276
奞 276
维 276
惟 276
推 277
帷 277
崔 277
堆 277
旎 280
啚 280
敝 280
跃 283
枼 283
梯 285
第 285
秸 288
惊 290
祭 291
理 293
犁 294
梨 294
勒 295
笠 295
粒 295
啦 295
翌 296
眯 298
谜 298
鄂 299
婆 301
菠 301
颇 301
桼 302
基 303
骑 305
寄 305
绮 305
猗 305
崎 305
晞 308
淅 309
悉 309
措 311
惜 311
铱 313
殹 313
笞 317
惕 321
液 322
掖 322
密 325
袋 326
埶 327

赦 328
渍 330
绩 330
啧 330
商 330
硕 333
窒 337
铚 337
匙 340
捺 341
职 349
疵 351
眦 352
砦 352
徙 352
跐 352
谐 357
偕 357
械 359
啮 360
猎 362
粗 365
蛆 366
接 366
离 367
谍 369
谑 373
雀 373
掀 378
捻 379
龛 379
婪 381
彬 381
淋 381
猛 384
祲 386
堇 386
梓 390
谙 392
寅 392
隐 393
梗 397
盛 399
停 399
掠 401
弶 401
硎 403
竟 404
棂 404
绫 405
菱 405
领 406
蛉 406
聆 406
翎 407
羚 407
铭 407
寍 408
萍 409
清 410
情 410
猜 410
戢 414
淫 415
悻 415
婴 415
萦 416
营 416
萤 417
菩 418
培 418
崛 419
掘 419
涿 421
啄 421
麸 422
袱 425
唬 425
副 426
匐 426
埠 427
辅 429
脯 430
符 431
菇 432
做 432
涸 432
欲 433
脚 434
虖 434
虚 435
舻 436
颅 436
掳 436
扈 437
鹿 438
绿 439
敏 440
梅 440
晦 440
皋 441
梳 445
淑 446
菽 446
戚 446
寂 447
宿 448
欶 448
庶 449
萧 450
啸 450
堍 452
淤 453
梧 457
晤 457
焐 457
惚 458
唿 458
铢 460
啐 461
悴 461
猝 461
族 462
蛀 463
菊 465
掬 465
距 465
渠 465
据 466
惧 467
铝 468
躯 469
娶 471
萸 474
渔 474
谕 476
偷 476
斜 477
赊 477
野 478
隅 480
偶 480
笨 483
晨 485
衅 486
银 487
眼 488
痕 488
啃 488
焖 489
惨 490
渗 490
掺 490
颈 493
深 494
探 494
婶 496
勘 496
孰 498
淳 498
婚 499
混 500
淀 503
酝 503
菌 506
铍 509
梭 511
捧 514
烽 515
康 516
梦 517
绳 518
渑 518
崩 519
绷 519
笙 521
旋 521
铮 523
睁 523
绽 524
舂 524
鸿 529
控 529
聋 533
龚 533
笼 534
秾 534
铜 536
崇 538
综 538
淙 538
萌 539
酗 540
庸 542
桶 543
兜 549
乘 549
断 551
爽 551
㛐 552
豚 555
彪 564
敕 564
赧 575
衔 584
逸 585
渊 586
着 588
華 592
産 595

十二画

琶 4
跛 4
插 5
嗟 6
搓 6
喳 6
渣 6
猹 6
傣 7
筏 9
喇 10
麾 11
集 14
颊 16
蛱 16
葭 18
遐 18
厦 19
雅 20
锅 23
窝 23
滑 23
猾 23
湃 28
裁 29
滞 31
渴 31
揭 32
喝 32
遏 32
葛 32
睐 34
斑 41
辇 42
筳 42
蜓 42
搀 43
馋 43
践 44
溅 44
禅 46
殚 47
楙 49
猒 51
酣 52
雁 56
喃 57
然 58
彭 59
椒 60
散 60
善 61
覃 62
晳 63
珏 63
暂 64
编 66
遍 66
骗 66
番 68

腆 69
奠 69
谦 71
阑 72
揽 75
缆 75
链 76
棉 77
缅 78
睑 80
羡 82
嵌 82
[illegible] 84
绒 85
喊 86
湿 86
焰 88
焱 89
毯 89
氮 89
嵒 89
韩 90
腌 92
揠 92
堰 92
舜 94
窜 94
湍 95
喘 95
揣 95
缎 96
棺 96
掼 97
痪 99
蛮 99
湾 99
矞 100
缘 101
喙 101
孱 103
巽 104
喧 109
渲 109
缓 111
援 111
皖 111
罥 114
鹃 114
腕 115
谤 119
傍 119
舛 121
葬 122
强 124
榔 126
啷 126
量 127
港 129
湘 130
赏 131
棠 131
傥 132
敞 132
掌 133
翔 135
窗 138
葱 138
装 140
蒋 141
筐 144
惶 145
徨 145
慌 145
傲 148
奥 148
跑 151
葆 152
堡 152
貂 153
超 154
道 155
鹄 159
窖 159
皓 159
毳 163
鹜 165
帽 167
朝 171
骚 173
搔 173
蛟 176
焦 176
确 177
赍 178
渺 183
缈 183
稍 184
销 184
硝 185
搅 188
翘 189
募 192
渤 193
鹁 193
鹅 194
惰 196
椭 196
棵 197
惑 198
惹 200
锁 202
辍 202
棹 204
锉 204
畴 205
[illegible] 205
铸 205
短 208
痘 208
喉 210
猴 210
缕 213
搂 213
蒌 213
屡 213
喽 213
媒 215
揉 215
谣 216
搜 217
嫂 217
嗖 217
揍 220
晷 223
硫 223
犊 225
赎 225
牍 225
啾 226
揪 226
釉 231
游 231
遒 233
就 233
蹒 235
悳 237
裂 238
落 239
搁 240
塔 243
嗒 243
搭 243
翕 243
答 243
蛤 243
谢 245
煮 248
储 248
暑 249
赌 249
脾 252
牌 252
畚 253
悲 254
辈 254
扉 254
黑 255
湄 257
媚 257
税 259
锐 260
街 260
蛙 261
猥 262
喂 262
愧 263
嵬 263
葵 263
阕 263
遗 264
馈 264
蒉 264
溃 264
蛔 265
惠 265
惢 267
遂 268
犀 273
寐 274
渭 275
猬 275
椎 276
最 277
琵 278
颉 287
壹 287
敬 290
溉 291
慨 291
痢 294
隔 296
鹂 297
厤 297
雳 297
愕 299
跛 301
棋 303
斯 303
期 303
欺 303
琪 303
椅 305
敧 305
茸 307
揖 307
缉 307
湮 308
堙 308
稀 308
晰 309
喜 312
隙 312
释 320
赐 321
腋 322
隘 324
啻 324
谥 325
亵 327
缔 331
啼 331
蒂 331
棘 331
策 331
跌 332
筛 332
智 338
堤 339
提 339
崽 341
等 347
戬 349
植 350
殖 350
紫 351
掣 353
滋 354
揩 357
絜 360
割 361
腊 362
蛰 364
锄 365
趄 365
椰 367
聒 370
阔 370
厥 371
越 372
靳 377
禽 378
揿 379
琴 380
琳 381
粦 381
锌 390
罨 390
暗 392
裙 395
窘 395
硬 397
婷 399

鼎 400
景 401
晾 401
棱 405
晴 410
腈 411
惩 413
铤 414
蜓 414
艇 414
程 414
锃 414
赔 419
焙 419
趋 420
琢 421
琥 425
富 426
幅 426
逼 426
博 428
傅 429
铺 430
葡 430
腑 431
辜 432
湖 432
葫 432
裕 433
雇 437
裤 438
禄 439
氯 439
羙 442
普 443
絮 444
疏 445
婿 445
椒 446
属 447
渡 450
锈 451
握 453
喔 453
赋 455
御 455
456
蛛 459
筑 461
461
尌 464
厨 464
飔 466
粤 472
腴 474
鲁 474
愉 476
逾 476
渝 476
喻 476
搽 477
溆 477
舒 479
寓 480
遇 480
矞 480
喷 483
愤 483
铿 484
趁 491
湛 496
堪 496
葚 496
嵁 497
敦 498
循 499
遁 499
焜 500
棍 500
温 503
愠 503
媪 503
缊 503
斌 505
雯 505
尊 505
辉 509
竣 511
睃 511
剩 512
登 513
棒 514
锋 516
愣 517
棚 519
猩 520
甥 521
曾 521
筝 523
董 527
腔 529
雄 531
筒 536
童 536
棕 540
琼 541
痛 543
粪 545
替 546
喦 550
詈 552
黍 556
粟 556
黹 560
掰 563
焚 566
寒 568
戟 570
晶 570
筋 571
款 572
联 573
森 579
竦 580
酥 580
凿 587
粥 588
蛐 593
铚 595

十三画

靶 4
摆 5
楂 6
跶 7
赖 10
隡 12
塌 13
嫁 17
暇 18
蜗 23
跨 23
靴 24
嗳 26
睬 30
肆 30
歇 32
塞 36
滓 38
筷 39
缠 43
粲 43
亶 47
搬 49
厥 54
满 57
楠 57
詹 62
碘 69
签 70
80
廉 71
蒹 71
嫌 71
键 73
毽 73
鉴 74
蓝 74
榄 75
滥 75
尴 75
简 76
腼 78
煎 81
遣 81
跣 84
感 85
鸽 88
痰 89
滟 92
献 93
瑞 95
蒜 100
腾 105
誊 105
媵 105
豢 106
源 108
腺 108
暖 111
韵 112
睘 113
猿 114
碗 115
粱 116
嗓 122
搡 122
漳 123
障 123
粮 127
想 130
像 133
蜈 134
葛 137
酱 140
幌 142
觥 142
煌 144
嗷 148
遨 148
雹 150
鲍 151
剿 153
照 154
蒿 155
缟 157
搞 157
嗬 160
雾 165
溜 166
馏 166
遛 166
谩 167
瑙 169
嗥 171
臬 173
跳 175
跤 176
敫 178
锚 180
瞄 180
艄 185
跷 189
滔 190
腰 190
蓦 192
幕 192
墓 192
漠 192
寞 192
摸 192
馍 192
蛾 194
躲 195
跺 195
廓 196
裸 197
窠 197
稞 197
蒦 197
罹 199
锣 199
羸 199
溺 201
蓑 201
嗦 202
罩 203
筹 206
数 213
楼 213
煤 215
摇 216
遥 216
飕 217
稠 218
碉 218
酬 219
甥 222
谬 224
睦 225
窦 225
愁 226

裘 227
嗅 228
惪 228
睫 237
碍 237
338
趔 238
路 240
酪 241
阖 241
嗑 241
署 249
睹 249
腻 251
裨 251
碑 252
睥 252
罪 253
痱 254
雷 255
楣 257
锤 258
睡 258
蜕 260
褂 261
窥 262
携 262
槐 263
魁 263
瑰 263
腿 269
微 271
矮 272
跪 272
艉 273
辔 273
锥 276
睢 277
催 277
蓖 278
嗜 279
鄙 280
痹 281
辟 282
麂 288
魝 291
蓟 291
概 291
豊 292
嗝 296
腭 299
溯 299
塑 300
睨 300
跻 304
畸 305
辑 307
楫 307
溪 309
皙 309
鹊 311
错 311
裔 313
颐 314
罣 320
锡 321
肆 323
溢 324
意 324
瑟 325
漓 328
谪 331
筮 336
嫉 337
痴 338
雉 338
腮 341
辞 342
嗣 343
嗤 349
置 350
跐 352
觜 352
锱 354
慈 354
媳 357
楷 357
解 358
楔 360
摄 363
雎 366
牒 369
阙 371
毂 373
缤 376
滨 376
锨 378
锦 379
颔 380
禁 381
禀 382
锰 384
频 384
寝 385
滩 387
摊 387
谨 387
勤 387
新 388
稚 389
嗯 391
暗 392
群 394
零 406
龄 407
聘 408
靖 410
睛 410
颖 411
戥 414
蓓 418
窟 419
雏 420
蓄 421
搐 421
福 425
辐 426
腹 427
搏 428
缚 429
溥 429
蒲 430
锢 432
瑚 432
虘 435
鲈 436
滤 436
碌 439
嗨 440
楚 445
督 446
蜀 447
触 447
虞 453
蜈 454
鹉 455
衙 457
窣 460
碎 461
瘁 461
鼓 463
锯 464
豦 466
遽 466
椆 468
稣 475
榆 476
输 476
瑜 476
愈 476
滁 477
蜍 477
榉 478
誉 478
愚 480
蜃 485
貇 487
跟 488
斟 496
椹 496
慎 497
填 497
滇 497
嗔 497
殿 503
椿 506
筠 508
魂 510
蒸 513
缝 515
蓬 515
蜂 515
塘 517
搪 517
楞 517
蒙 518
鹏 519
硼 519
腥 520
锭 524
滚 530
嗡 531
溶 535
蓉 535
盟 539
雍 541
嗵 543
蛹 544
碰 547
傻 552
颓 557
鹰 561
叠 565
毁 569
煞 578
嵩 580
鼠 581

十四画

碴 6
辣 10
嘛 11
榨 15
箧 16
嘉 16
嘎 18
魄 27
碧 27
箔 27
褐 32
竭 32
蔼 32
碣 32
赛 36
寨 36
摔 40
蝉 46
箪 47
碳 53
煽 61
谭 62
辗 64
辡 67
歉 71
赚 71
谰 72
槛 75
潋 79
舔 83
碱 86
鲜 86
縣 86
嫣 88
蔫 88
漩 90
端 95
锻 95
管 96
銮 99
算 100
蜷 106
愿 108
辕 114
蜿 115
榜 119
膀 119
彰 123
獐 123
嶂 123
幛 123
踉 126
酿 128
裳 132
嫦 132
漾 135
臧 139
墙 140
锵 141
塱 147
熬 148
褓 152
漕 152

遭 153
嘈 153
韶 154
膏 156
豪 156
敲 157
酷 159
歌 161
酵 163
髦 164
榴 166
蔓 167
幔 167
慢 167
墁 167
漫 167
馒 168
貌 168
肇 174
肇 174
僚 179
嫖 181
缥 181
漂 181
谯 184
慕 192
摹 192
模 192
膜 192
暮 192
裹 197
颗 197
蝈 198
箩 199
骡 200
箬 200
踌 206
蔻 212
镂 213
褛 213
漏 214
瑶 216
飙 216
瘦 217
蜩 218
蓼 223
廖 224
寥 224
锹 226
瞅 226
摺 240
褡 243
瘩 243
赫 243
翟 244
蔷 244
榭 245
誓 247
嘟 249
箸 249
翡 254
裴 254
摞 256
睽 263
隧 268
褪 269
魅 274
蔚 275
摧 277
蔽 281
弊 281
撇 281
鼻 281
翟 282
毂 285
鎜 289
蔡 292
察 292
貍 293
漆 302
箕 302
厮 303
旗 303
漪 305
旖 305
耤 310
蜴 321
豪 323
蜜 325
璃 328
嫡 330
摘 331
滴 331
嘀 331
疑 337
蜘 339
熙 346
龇 351
雌 351
屣 352
壼 352
磁 355
熄 356
锲 360
辖 361
蜡 362
蔑 362
碟 369
魆 372
截 373
殡 376
膑 376
粼 382
蜢 384
榛 388
演 392
戬 393
稳 393
誩 403
兢 403
境 404
暝 407
精 410
蜻 410
賏 415
缨 415
嘤 415
榅 416
孵 424
膊 429
腐 431
骷 433
滹 434
嘘 435
墟 435
虚 435
蘆 435
漉 438
谱 443
喊 447
缩 448
漱 449
嗽 449
蔌 449
镀 450
遮 450
蔗 450
箫 450
潇 450
舞 454
瘖 457
翠 460
粹 461
聚 471
需 471
舆 473
墅 479
谲 480
龈 487
蔺 489
糁 490
塾 498
瘟 503
熏 507
酸 511
凳 514
慷 517
瑭 517
蝇 518
僧 522
静 522
熔 535
榕 535
粽 538
踊 543
熊 553
罩 567
箍 567
寡 567
嫩 575
赘 589

十五画
摩 11
踏 13
蚱 15
稼 17
踩 30
蝎 32
鞍 40
撵 42
廛 43
樊 49
憨 54
橄 54
颜 55
瞒 57
髯 58
澎 59
潸 61
撒 61
潭 62
潜 63
碾 64
踮 66
篇 66
翩 66
蝙 66
播 68
蕃 68
潘 68
澜 72
褴 75
劓 77
箭 80
谴 81
箴 85
撺 94
篡 101
潺 103
撰 104
滕 105
镌 106
豌 115
磅 119
镑 119
璋 123
樟 123
僵 124
螂 126
箱 130
膛 131
撑 133
躺 133
趟 133
橡 133
聪 139
横 143
蝗 145
篁 145
澳 149
懊 149
噢 149
褒 152
槽 153
髫 154
稿 157
镐 157
靠 159
撬 164
螯 165
镏 166
瘤 166
熳 168
潮 171
嘲 172
蕉 177
憔 177
槲 177
潦 179
缭 179
獠 179
撩 179
嘹 179
飘 181
膘 181
鲨 182
霄 184
鞘 185
稻 189
篓 213
艘 217

戮 224
鲦 229
澈 235
撤 235
稷 236
德 237
骼 241
额 240
磕 242
瞌 242
蝌 242
樯 244
墨 255
嘿 255
晶 255
鞋 261
聩 264
慧 266
蕊 267
霉 271
慰 275
熨 275
璀 277
撮 277
嘬 277
稽 279
憋 281
劈 282
僻 282
噎 287
鲤 293
黎 294
頪 298
颚 299
膝 302
嘶 303
撕 303
蕲 306
熠 310
醋 311
嬉 312
嘻 312
踢 321
毅 323
题 339
鲫 358
瞎 361
鼹 362
镍 363
镊 363
蝶 369
撅 371
噘 371
擒 378
嶙 382
凛 383
瘫 387
憬 401
影 401
瞑 407
徵 413
霆 414
樱 416
蝠 426
敷 430
糊 432
蝴 432
觑 435
鹤 437
镳 438
噗 443
暴 443
褥 444
蔬 445
嘱 447
醉 460
踞 464
趣 471
噜 475
豫 479
耦 480
震 485
雁 491
镇 497
𦎧 498
熟 498
墩 498
醇 498
鲧 502
蕴 503
遵 505
澄 514
噔 514
蓸 517
增 522
憎 522
噌 522
踪 526
懂 527
潼 536
憧 537
撞 537
幢 537
夐 541
瘪 563
磊 573
履 574
䁥 592

十六画

褎 8
獭 10
懒 10
磨 11
瘸 16
餐 44
擅 47
瞰 54
燃 58
膨 59
膳 61
澹 63
辨 67
辩 67
斓 72
篮 75
赞 84
撼 85
憾 85
擀 90
翰 90
虜 93
踹 95
篡 100
缳 113
寰 113
螃 119
衡 121
瘴 123
彊 124
缰 124
窿 125
镗 131
氂 132
磺 143
輮 152
篙 157
糕 158
糙 158
橇 164
翱 170
操 173
澡 173
噪 173
樵 177
缴 178
激 178
邀 178
燎 179
瓢 181
瞟 181
镖 181
蟆 192
嬴 199
雔 204
篝 209
擞 213
蹂 215
雕 218
辙 235
辥 236
薛 236
潞 240
薯 249
霏 254
默 255
擂 256
蕾 256
薇 271
擢 276
瞥 281
壁 282
避 282
噼 282
髻 288
擎 290
翮 296
霓 300
斲 306
窸 309
褶 310
熹 312
冀 319
羲 320
噫 324
薏 324
篱 328
螭 328
蹄 331
噬 336
凝 338
嘴 352
髭 352
憩 356
懈 359
霎 366
橛 371
樾 372
檎 378
黔 379
噤 381
霖 381
辚 382
廪 382
濒 384
臻 388
薪 389
瘾 393
鲸 401
镜 404
螟 407
磬 411
鹦 415
薄 429
穆 441
璞 442
蹼 450
麈 462
橱 464
儒 472
橹 475
橘 480
闇 489
颠 497
鲲 500
樽 505
橙 514
篷 515
糖 517
醒 520
赠 522
整 524
融 525
踵 527
瞳 537
器 550
彌 552
噩 566
霍 570
羁 570
燕 585

十七画

糜 11
嬷 11
蹋 13
霞 18
髁 23
戴 28
薹 37
蟀 40
毚 43
璨 43
檀 47
鼾 53
蹒 57
檐 62
赡 63
黏 65
辫 67
戳 70
鞯 74

薛 86
癌 89
瞬 94
藿 108
襁 124
襄 127
霜 130
螳 131
藏 139
簧 143
糟 152
壕 156
濠 156
嚎 156
鍪 165
蹓 166
邈 168
藐 168
燥 173
臊 173
瞧 177
礁 177
镣 179
瞭 179
黝 186
蹈 190
赢 200
鳅 226
鹫 234
霎 239
鞳 243
曙 249
髀 252
螺 256
偪 256
穗 265
邃 268
徽 271
魏 272
臂 282
濯 283
擢 283
嚁 283
擦 292
嚓 292
鳄 299
蟋 309
藉 311
翳 313
翼 319
臆 324
黛 326
螯 328
鳃 341
嚏 353
豁 361
篾 362
蹑 363
爵 370
镢 371
龠 375
瞵 382
磷 382
檩 383
霝 404
罄 411
罅 434
繁 440
瞩 447
簌 449
簇 462
鞠 465
骤 471
濡 471
孺 472
懦 472
鹬 480
膺 491
礅 498
臀 502
薰 507
瞪 514
糠 517
朦 518
檬 518
罾 522
瞳 537
臃 542
壑 568

十八画

癞 10
龏 59
瞻 62
簪 63
褻 64
鞭 67
蟠 68
翻 68
镰 71
藤 105
鬈 106
糨 124
蹚 131
鳌 148
髅 213
鹭 240
躇 249
镭 256
嶲 262
鳍 279
璧 282
曜 283
戳 283
黠 288
彝 290
襟 381
覆 427
馥 427
瀑 443
蹙 447
镯 448
瞿 467
藕 480
鹰 491
橐 500
曛 507
懵 518
蹦 519
鬃 538
嚣 550

十九画

籁 10
靡 10
蘑 11
霭 32
巉 43
颤 48
攀 50
瓣 67
酂 84
攒 84
癣 86
瀚 90
蹿 94
䜌 99
疆 123
嬰 168
藻 173
醮 177
亹 196
羸 200
蹴 234
孽 236
鼈 281
警 290
镲 292
簸 301
骥 319
曦 320
蟹 359
簿 429
麓 438
蹼 443
爆 443
曝 443
巅 497
蹲 505
蹬 514
蹭 522
羹 552
鏖 563

二十画

魔 11
赣 56
臜 84
纂 101
灌 109
獾 109
壤 127
攘 128
嚷 128
孀 130
躁 173
齎 225
巍 271
譬 282
糴 283
耀 283
黧 294
籍 311
嚼 371
鳜 371
鬓 376
鳞 382
馨 411
矍 467
蠕 472
糯 472

二十一画

赣 57
羼 60
曩 128
髓 196
霸 239
露 240
麝 245
霹 282
鞏 384
黯 391
礴 429
嚁 467
躏 489
癫 497
蠢 506
醺 507
夔 572

二十二画

鹳 109
囊 128
镶 128
瓤 128
蘸 177
懿 288
霾 293

二十三画

鼹 40
巘 93
攥 101
罐 109
颧 109
鬟 113
籥 375

二十四画

矗 14
衢 467
蠹 564

二十五画

囔 128

二十六画

籰 467

二十七画

蠡 595

二十八画

鬱 482

三十画

爨 592

三十二画

龖 6

三十三画

麤 548